KB015644

행정기관에 의한 수사권 행사

－특별사법경찰관제도와 행정조사를 중심으로－

김 택 수

法 文 社

머리말

소위 '검수완박'으로 불리는 검찰과 경찰 간의 수사권 조정의 파장이 가시지 않은 상황에서 그간 크게 주목받지 못했던 무거운 주제를 끄집어냈다. 전통적 수사기관인 경찰, 검찰에 더하여 행정기관이 제3의 수사기관으로서의 면모를 갖추고 사실상의 수사권을 행사하는 문제는 많은 법학적 논점들이 얽혀있어 그 실마리를 찾기가 쉽지 않다. 저자가 이 주제를 다루게 된 계기는 사법경찰관제도에 대한 연구과정에서 우리 법의 원류라고 할 수 있는 프랑스와 일본은 특별사법경찰관리의 종류가 적은 데 반하여 우리나라는 특사경의 직무범위가 매우 다양하고 계속해서 확대되는 것에 대해 원인을 찾게 되면서부터다. 하지만 연구를 수행할수록 특별사법경찰관제도가 형사법의 영역에 한정된 주제가 아니라 행정기관이 수행하는 법 위반 단속과 행정조사, 범칙금 통고처분, 범칙조사 등 행정법적인 주제들과 깊게 관련되어 있으며, 이러한 요소들이 결합되어 '행정기관에 의한 수사권 행사'라는 우리 사회의 새로운 법현상으로 나타나고 있음을 실감하게 되었다.

본서는 형사법과 행정법이 교차하는 영역으로서 아직까지 이론적 정비가 덜 되어 있고 학계의 입장도 전공별로 극명한 차이를 보이는 주제에 관한 것이기 때문에 집필이 조심스러웠으며 최대한 균형 있는 시각을 견지하려고 노력하였다. 그렇다고 본서가 단순히 학계의 다양한 입장을 소개하는 것에 그친 것은 아니며 학계의 입장을 체계화시키면서 동시에 기존의 논의를 뛰어넘는 새로운 이론과 주장을 과감하게 피력하였다. 또한 법 이론적 고찰과 함께 구체적으로 행정기관들이 어떠한 조직체계를 갖추고 어떤 방식으로 어떠한 활동을 하고 있는지 그 실태를 보여주기 위해 노력하였다. 다만 중앙행정기관이나 지방자치단체 등에서 운용하고 있는 특사경 전담 조직에 대한 개별적 고찰은 지면의 제약과 무엇보다도 시간적 제약으로 인해 모든 기관을 망라하지 못하고 대표적인 기관만을 선별하여 기술하였다.

본서는 크게는 행정기관에 의한 수사권 행사의 문제에 관심이 있거나 작게는 특별사법경찰관제도, 행정기관의 전담 수사조직, 범칙조사와 통고처분, 행정조사를 통하여 수집된 증거의 형사절차상 활용, 전속고발제도, 행정조사에서의 영장제도 등 세부주제에 관심이 있는 학계의 교수님들, 관련 전공의 대학원생들과 학부생들에게 좋은 참고자료가 될 것이라 기대한다. 또한 검찰, 경찰 등 수사실무자들과 특사경의 업무를 담당하는 행정실무자들에게도 참고가 될 것이다. 물론 형사절차와 행정절차에 관심이 있는 일반 시민들도 다양한 정보를 얻을 수 있을 것이다. 본서의 내용 대부분은 저자가 새롭게 작성한 것들이지만 일부는 그동안 저자가 각종 학술지에 발표한 논문과 저자가 수행한 연구용역 보고서에 포함된 내용을 발췌하거나 수정한 것이 포함되어 있으며, 별도의 목차로 '심화' 표기를 하거나 본문에서 인용표기를 하였다.

연구년을 다녀온 후 연구결과물을 학교에 제출해야 하는 상황에서 시작된 연구가 책으로 발간되기까지 3년에 가까운 시간이 흘렀다. 20년 전 박사학위 논문을 쓴 이후 가장 많은 시간과 노력이 투입되었다. 학자로서 방대한 양의 자료들을 수집하고 이를 체계화하는 작업은 가끔 농담 삼아 주변에 얘기하기도 했지만, 단순히 글을 쓰는 것이 아니라 흡사 예술가처럼 하나의 조각품을 만들어가는 과정에 비유할 수 있다. 그만큼 많은 고민과 창조의 시간이 필요하다는 의미이다. 비록 처음의 욕심만큼 만족스러운 모습을 갖추지는 못했지만 적어도 사람인지 물건인지는 알 수 있을 정도의 형태는 갖춘 것 같다. 어설픈 미완의 작품이라는 것을 알면서도 내놓는다는 것은 또한 누군가 더 가다듬어 줬으면 하는 염원을 담고 있다.

집필을 마친 현시점에서 '행정기관에 의한 수사권 행사'의 문제는 단순히 법학의 문제로 그치는 것이 아니라 우리 사회에 만연한 기관 또는 조직 이기주의의 표출이라는 인상을 지우기 어렵다. 아무쪼록 본서를 통하여 국민을 위해 봉사하고 헌법의 이념에 따라 적법절차를 준수해야 할 행정기관과 수사기관이 본래의 자리로 돌아갈 수 있는 계기가 되고, 우리 학계도 이러한 문제들에 대하여 더욱더 비판적이고 균형 있는 시각을 갖추었으면 하는 바람을 갖는다. 마지막으로 오랜 시간 묵묵히 옆에서 지원을 아끼지 않은 아내에게 고마움을 전하며 급하게 출판을 요청하였음에도 흔쾌히 수락하고 빠른 진행을 위해 애써준 법문사 영업부 유진걸 과장님과 편집자분들께도 감사의 마음을 전한다.

2022년 6월

계명대 쉐턱관 연구실에서

저자 김택수

차 례

서론

행정기관에 의한 수사권 행사의 메카니즘

'행정기관에 의한 수사권 행사'라는 표현은 그 용어사용 자체에서 모순성이 나타난다. 수사는 수사기관이 행하며 행정기관은 통상 각종 인허가 업무를 포함하여 국민 또는 시민을 상대로 행정사무를 수행한다는 고정관념 때문에 행정기관이 수사를 한다는 것은 매우 생소하게 들릴 수 있다. 법적인 관점에서도 본래 행정사무를 수행하는 행정기관[1]과 수사를 담당하는 수사기관이 엄격하게 구별되는 것이지만 현실에서는 행정기관이 마치 수사기관처럼 수사권한을 행사하는 경우가 자주 발생한다. 예를 들어 각종 언론에 기사화되듯이 행정기관들이 특별사법경찰관리를 통하여 단속과 수사를 하고, 각종 독립위원회나 중앙행정기관 또는 지방자치단체 등이 범칙조사를 통하여 벌금에 준하는 금액의 통고처분을 하거나 각종의 과징금을 부과하는 것들이 일상화되어 있다. 이러한 상황에서 간혹 시민들은 행정기관이 수사기관처럼 단속과 조사를 하고 위반행위에 대하여 직접 범칙금 통고처분을 하거나 과징금 등을 부과하는 것이 과연 적법하고 타당한 것인가에 대한 의문을 갖기도 한다. 본 연구는 이처럼 우리 생활주변에서 접할 수 있는 행정기관에 의한 사실상의 수사권 행사에 대하여 의문점을 갖는 것에서부터 출발하였다.

이러한 의문점을 풀어나가는 연구는 결코 쉬운 작업은 아니다. 수사와 행정이 교묘하게 결합되어 있어 접근하는 학문분야의 입장에 따라 전혀 다르게 설명되기 때문에 합치된 이론을 만들어 내는 것은 사실상 불가능에 가깝다고 할 수 있다. 그 동안 학계를 중심으로 단편적으로 특사경의 문제나 행정기관의 조사권에 대한 문제들

1) 행정조사기본법 제2조 제2호는 행정기관을 "법령 및 조례 · 규칙(이하 "법령등"이라 한다)에 따라 행정권한이 있는 기관과 그 권한을 위임 또는 위탁받은 법인 · 단체 또는 그 기관이나 개인"으로 규정하고 있다. 국가 및 지방자치단체는 그 기관을 수족으로 삼아 활동하게 되며, 일정한 권한의 귀속자인 기관의 각종 행위의 효과는 궁극적으로 그의 주체(국가 또는 지방자치단체)에 귀속하게 된다. 김남진 · 김연태, 행정법 II, 법문사 제24판, 9면.

이 다루어져 왔지만 관련된 여러 문제들을 하나의 틀 안에서 체계적으로 설명하려는 시도는 사실상 없었다고 해도 과언이 아니다. 이 연구는 행정기관에 의한 수사권 행사의 실태를 보여주고 그것이 가능하도록 하는 법적 토대와 그로 인해 발생하는 문제점이 무엇인지를 규명하고자 하는 작업이라고 할 수 있다.

행정기관에 의한 수사권 행사의 문제를 풀어나가기 위해서는 먼저 조직법적 차원과 작용업적 차원을 구분하여 접근하는 것이 필요하다. 조직법적인 차원에서 행정기관에 의한 수사권 행사의 문제는 무엇보다도 수사주체를 중심으로 고찰되어야 한다. 수사를 담당하는 수사기관과 행정업무를 수행하는 행정기관이 조직법적으로 명확하게 구분되지만, 현실에서는 행정공무원에 의한 수사가 행해지며 이를 가능하게 하는 장치가 특별사법경찰관제도이다. 형사소송법상 수사기관이란 엄격하게 말하자면 수사권을 행사할 수 있는 법적자격을 가지는 자를 지칭하며, 통상 검사와 사법경찰관리가 여기에 해당한다. 이들은 국가경찰조직인 경찰청(국가수사본부) 및 해양경찰청과 법무부 산하의 검찰청에 소속되어 있으며 일반적으로 이러한 조직들도 수사기관으로 불려진다. 우리 형사소송법은 국가경찰조직에 소속된 경찰공무원에 대하여 일반사법경찰관리의 지위를 부여하여 원칙적으로 모든 범죄에 대하여 수사를 할 수 있도록 규정하고 있으며, 이외에도 법률이 사법경찰관리로서의 직무를 수행할 자를 정할 수 있도록 규정하고 있는데 이것이 바로 특별사법경찰관리이다. 이처럼 행정기관에 의한 수사권 행사는 특별사법경찰권의 자격을 부여받은 행정공무원이 본래의 행정업무가 아닌 수사활동을 수행하는 것을 의미한다. 그런데 특별사법경찰관리는 형사소송법상 수사기관인 동시에 행정기관에 소속된 행정공무원이라는 이중적 지위를 갖기 때문에 이들이 수행하는 법위반에 대한 조사활동이 수사에 해당하는지 아니면 행정조사에 해당하는지에 대한 판단을 어렵게 만들며 복잡한 법적 문제들을 야기한다.

특정 행정기관에 소속된 행정공무원이 특사경의 자격을 부여받아 실제로 수사활동을 한다면 해당 공무원이 소속된 행정기관도 이들을 통하여 사실상 수사를 한다는 평가가 가능해 진다. 근래에 들어 행정공무원에 대한 특사경의 자격부여가 대폭 확대되고 더불어 중앙행정부처나 광역자치단체를 중심으로 특사경 전담조직(부서)들이 생겨나는 현상들은 행정기관들이 수사기관으로서의 면모를 강하게 보이도록 만들고 있다.

조직법적 차원에서 행정기관에 의한 수사권 행사는 수사주체들 사이의 관계를 복잡하게 만드는 요인이 된다. 수사기관은 수사권을 행사하기 때문에 검사와 사법기관으로부터 다양한 통제를 받게 되며, 특사경도 수사과정에서 검사의 각종 지휘와 통제를 받게 되는데 단순히 검사와 특사경의 관계문제로 그치는 것이 아니라 이들이 소속된 검찰과 행정기관의 관계문제로 변질된다. 여기에는 무엇보다도 대부분의 특사경들이 지방검찰청 검사장에 의하여 지명을 받는다는 점이 작용한다. 이에 따라 행정기관에 대하여 검찰이 영향력을 가지게 되며 일정부분 행정기관에 대한 통제가 가능해진다. 이러한 점에서 특사경에 대한 지휘의 한계와 행정기관과의 관계설정을 어떻게 할 것인지의 문제가 발생시킨다.

작용법적 차원에서 행정기관에 의한 수사권 행사의 문제는 전체 형사사법시스템의 관점에서 고찰될 필요가 있다. 범죄에 대한 대처는 일반적으로 형사사법기관에 맡겨져 있다. 형사절차를 단순화시켜 보면 범죄가 발생하면 통상 수사기관인 경찰이 수사를 개시, 진행하고 수사결과에 따라 검사가 기소를 하면 법원이 공판절차를 통하여 유무죄의 판단과 함께 형을 선고하게 된다. 그런데 형사사법시스템의 작동은 범죄를 전제로 하며, 죄형법정주의의 헌법적 요청에 따라 사전에 범죄로 규정되어 있어야 한다. 반면에 범죄에 해당하지 않는 불법행위로 인하여 다른 사람에게 피해를 입힌 경우에는 민사상의 손해배상청구의 대상이 될 수 있을 뿐이며 행정법의 영역에서 법령이 부과하는 의무를 위반하는 행위는 과태료 등의 행정질서벌이나 행정처분의 대상이 된다. 이처럼 범죄와 범죄가 아닌 법위반 행위의 구분이 명확한 것처럼 보이지만 실제에 있어서 이에 대한 구별은 그렇게 용이하지 않다.

여기에는 여러 가지 요인들이 작용한다. 첫째, 특히 형법의 영역과 행정법의 영역간의 관계면에서 법규위반에 대하여 어떠한 제재를 가할 것인지에 대한 결정은 입법자들이 헌법적 한계의 범위 내에서 자유롭게 결정을 하게 된다. 예를 들어 자동차관리법상 자동차 관련 변경등록과 말소등록 위반은 과태료 부과 대상이지만 이전등록의 위반은 형벌(1년 이하의 징역 또는 1천만원 이하의 벌금)의 대상에 해당하여 유사한 성격의 신고의무 위반이 행정질서벌과 형벌의 대상으로 각기 달리 정해져 있고 이에 대한 명확한 기준은 제시되고 있지 않다.[2] 형사적 제재와 행정법적 제재의 구

---

2) "입법자는 행위의 법익침해의 정도가 강하여 강한 처벌이 필요하면 행정형벌로 규정할 것이고, 미약하다면 행정질서벌로 규정할 것이므로 하나의 행위는 원칙적으로 행정형벌의 대상이 되면서 행정질서벌의 대상이 될 수는 없다." 법제처, 행정규칙 입안 · 심사 기준, 2019, 90면; "행정상 의무의 내용 · 성질에 따라 무거운 형벌에 처하도록 할 것인가, 가벼운 형벌에 처하도록 할 것인가, 또는 행정질서벌인 과태료를 부과하도록 할 것인가를 결정해야 한다.", 국가공무원인재개발원, 법제

별은 이론적 측면과 달리 실제 수범자인 국민의 입장에서 볼 때 사법절차를 통하여 가해지는 것인지 아니면 행정절차를 통하여 제재가 가해지는 것인지의 차이는 중요하게 체감되지 못한다. 신체를 구속하는 자유형의 경우를 제외하고 일정한 금전을 납부하도록 하는 내용의 제재수단들, 구체적으로 벌금, 과료, 과태료, 과징금, 범칙금 등은 이들 사이의 유사성과 가변성으로 인해 제재를 목적으로는 하는 각종의 조사가 수사에 해당하는지 아니면 행정조사에 해당하는지의 구별을 어렵게 만드는 요인으로 작용한다.

둘째, 행정기관에 의한 행정조사와 수사기관에 의한 수사가 완전히 분리되지 못한 것도 문제의 요인이다. 행정법규의 위반행위에 대하여 행정기관이 조사를 하여 위반사실을 특정해야 구체적으로 행정제재의 대상인지 아니면 형사처벌의 대상인지를 판단할 수 있게 된다. 따라서 행정기관이 행정조사를 하는 첫 단계에서부터 수사대상 여부를 명확히 판단하기는 어려우며, 일정한 조사를 통하여 혐의사실을 확정한 후에야 이에 대한 판단이 가능해지기 때문에 범죄영역에 대한 조사를 완전히 배제하기 어렵다.

셋째, 여기에 더하여 행정법규를 위반한 행위가 형벌에 의해 처벌하도록 규정되었더라도 개별법에 근거하여 행정기관이 개입을 하여 범칙조사를 통하여 통고처분을 하거나 고발을 하는 경우에 수사기관 또는 사법기관에 앞서 이뤄지는 행정기관에 의한 조사행위가 수사에 해당하는지 아니면 행정조사에 해당하는지를 판단하는 것이 매우 난해해진다. 또한 증거법적 관점에서 보면 행정조사를 통하여 수집한 증거를 고발과 함께 수사기관에 인계한 경우 형사절차에서 이를 유죄의 증거로 사용할 수 있느냐의 문제가 발생하게 되는데, 형사절차에서 증거로 사용가능하다면 행정조사는 사실상 수사로서 기능하게 된다.

행정기관에 의한 수사권 행사와 관련하여 발생하는 다양한 문제점을 분석하고 이에 대한 개선방안을 마련하는 논의에 있어서 무엇보다도 중요한 것은 행정기관에 의한 수사권 행사가 나타나는 정형성에 대하여 이해하는 것이다. 즉, 행정기관에 의한 수사권 행사는 일정한 메카니즘을 따른다. 통상적인 형태는 행정기관 소속 공무원을 특별사법경찰관리로 지명하는 방식을 따른다. 특별사법경찰관리의 자격을 부여하는 것은 수사를 가능하도록 하는 것이지만 실제로는 범죄수사의 목적보다는 단

업무의 이해, 2018, 138면.

속의 실효성을 확보하기 위한 측면이 강하다. 또 다른 정형성은 행정기관이 보유하고 있는 통고처분의 권한과 결합되어 나타난다는 것이다. 즉, 행정기관이 보유하고 있는 통고처분을 위한 범칙조사에 있어서 필요한 강제조사를 위하여 조사공무원에게 특별사법경찰관리의 자격을 부여하게 된다. 아울러 통고처분제도는 행정기관의 전속고발권과도 밀접하게 연결되어 있으며, 이러한 요소들이 행정기관이 수사권을 행사하는 하나의 메카니즘을 형성한다고 할 수 있다.

행정기관에 의한 수사권 행사의 문제를 정확히 분석하기 위해서는 이러한 메카니즘에 대한 이해와 함께 이를 구성하는 요소인 특별사법경찰관리, 단속과 행정조사, 통고처분, 범칙조사, 전속고발권 등의 유기적 관계에 대한 종합적인 고찰이 필요하다. 어느 하나를 분리하여 개별적으로 고찰하는 것은 행정기관의 수사권 행사와 관련된 문제들에 대한 올바른 접근방법이 될 수 없다. 특히 다수의 관련 연구들은 행정공무원에 의한 '수사'에 초점을 맞추었을 뿐 행정기관이 본래 가지고 있는 행정조사의 권한과의 관계에 대한 문제에는 주목하지 못한 문제점이 있었다.

따라서 본 연구에서는 행정법과 형사법이 교차하는 영역이면서도 법의 사각지대가 되어 버린 행정기관에 의한 수사권 행사의 문제에 대하여 조직법적 차원에서 특사경제도를 중심으로 전개과정과 실태를 파악하고, 작용법적 관점에서 범죄수사와 행정조사가 결합되어 운용되는 법적 문제점을 분석함으로써 궁극적으로 국민들의 권리보호 측면에서 적법절차가 보장될 수 있는 정비방안을 도출하고자 한다.

제 1 장

행정기관에 의한 수사권 행사의 조직법적 전개

제1장

행정기관에 의한 수사권 행사의 조직법적 전개

Ⅰ. 특사경제도를 통한 수사권 행사의 출범

1. 특별사법경찰관제도의 이론적 고찰

가. 특별사법경찰관제도의 개념[1)]

특별사법경찰관제도란 특정분야의 전문성과 장소적 접근성으로 인하여 관련분야의 행정공무원 또는 이에 준하는 자로 하여금 단속과 수사를 하도록 하는 것이 일반 사법경찰관리에 비해 더 효율적이기 때문에 이들에게 사법경찰권(수사권)을 부여하여 운용하는 체계를 말한다. 그러나 특별사법경찰관제도는 단순히 행정공무원에 대한 수사권의 부여라는 의미로 그치는 것은 아니며, 범죄수사가 가지는 기본권 제한의 속성으로 인해 사법적 통제가 필요하다는 의미까지도 포함하는 개념으로 이해할 필요가 있다. 행정기관이 수사권을 행사하는 기본적 형태는 행정기관에 소속된 공무원에게 특별사법경찰관의 자격을 부여하여 형사소송법에 따른 각종의 수사권한을 행사할 수 있도록 하는 것이다. 따라서 행정기관에 의한 수사권 행사의 문제는 사법경찰관제도라는 큰 틀에서 접근되어야 한다.

1) 사법경찰관제도의 특징

먼저 사법경찰관제도[2)]는 프랑스, 일본, 한국 등 일부 국가들이 가지고 있는 독특

---

1) 김택수 외, 불법사행산업 단속을 위한 특별사법경찰관제도 연구, 사행산업통합감독위원회 연구용역보고서, 2015 내용 중 일부를 발췌, 수정한 것임을 밝힌다.

2) 사법경찰관제도의 특징 및 구조에 관한 자세한 설명으로는 김택수a, “사법경찰관제도의 구조에

한 제도로서, 조직법적인 실체가 없는 사법경찰관리라는 집단개념을 매개로 하여 형사소송법상의 각종의 권한을 부여함으로써 입법기술상의 경제성을 높이고 수범자들로 하여금 수사의 주체와 권한에 대한 통일적 이해를 용이하게 한다는 이점을 가진다. 사법경찰관리라는 가상의 조직 또는 집단을 설정하지 않으면 수사기관의 수사권한과 관련한 형사절차법상의 개별규정에서 매번 그러한 권한을 행사할 수 있는 주체들을 열거해야 하는 번거로움이 발생한다. 예를 들어, 독일의 경우 수사권한을 행사할 수 있는 집단을 검사의 수사관(수사요원)으로 설정하면서 동시에 그 외 경찰기관 등으로 나열하는 방식을 혼용하고 있다.

2) 사법경찰관제도의 구조

사법경찰관제도의 구조는 횡적, 종적 측면에서 고찰될 수 있다. 횡적으로 사법경찰관리는 일반사법경찰관리와 특별사법경찰관리로 구분된다. 일반사법경찰관리는 원칙적으로 모든 범죄에 대하여 제한 없이 수사를 할 수 있다. 형사소송법 제197조 제1항과 제2항에 따라 경무관, 총경, 경정, 경감, 경위는 사법경찰관으로, 경사, 경장, 순경은 사법경찰리에 해당한다.[3] 여기에 열거된 계급은 모두 국가경찰공무원을 지칭하며 그 소속은 경찰청 또는 해양경찰청이 된다. 그런데 일반사법경찰관리에는 경찰공무원만 있는 것이 아니다. 형사소송법 제245조의9(검찰청 직원) 제1항은 검찰청 직원으로서 사법경찰관리의 직무를 행하는 자와 그 직무의 범위는 법률로 정하도록 규정하고 있으며, 이에 근거하여 검찰청법은 검찰청 직원을 사법경찰관과 사법경찰리로 지명하여 형사소송법상의 수사권한을 행사할 수 있도록 규정하고 있다.[4] 이에 반하여 특별사법경찰관리는 일정한 장소적 범위 내에서만 수사를 할 수 있거나 장소와 상관없이 일부 범죄에 대하여만 수사를 할 수 있지만 일단 직무범위에 포함되면 일반사법경찰관리와 동등하게 모든 수사권한을 행사할 수 있다. 따라서 특별사법

관한 비교법적 고찰-프랑스, 일본, 한국을 중심으로-", 경찰법연구 제10권 제1호(2012), 3-29면 참조.

3) 제197조(사법경찰관리) ① 경무관, 총경, 경정, 경감, 경위는 사법경찰관으로서 범죄의 혐의가 있다고 사료하는 때에는 범인, 범죄사실과 증거를 수사한다.
② 경사, 경장, 순경은 사법경찰리로서 수사의 보조를 하여야 한다. 〈개정 2020. 2. 4.〉

4) 검찰수사관이 일반사법경찰관리에 해당하는지에 대하여는 다소 의문이 제기된다. 경찰공무원인 사법경찰관리와 달리 모든 범죄에 대한 수사개시 및 진행권이 보장되지 않고 검사가 직접 수사를 개시할 수 있는 2개 분야 범죄에 한정하여 수사를 개시할 수 있으므로 완전한 일반사법경찰관리로 보기 어렵다.

경찰관리는 직무범위에 있어서 장소적 또는 사항적으로 제한을 받을 뿐 권한면에 있어서 일반사법경찰관리와 차이가 없다. 형사소송법 제245조의10 제1항은 "삼림, 해사, 전매, 세무, 군수사기관, 그 밖에 특별한 사항에 관하여 사법경찰관리의 직무를 행할 특별사법경찰관리와 그 직무의 범위는 법률로 정한다."[5]고 규정하고 있으며 이를 근거로 제정된 「사법경찰관리의 직무를 수행할 자와 그 직무범위에 관한 법률」(이하 '특사경법'이라 칭함)은 특사경의 지정과 그 직무범위에 관한 세부적 사항을 규정하고 있다.

종적으로 사법경찰관리는 사법경찰관과 사법경찰리로 구분된다. 이러한 구분은 계급 또는 직급을 기준으로 하며 이에 따라 수사권한의 차등이 생긴다. 형사소송법에 의하면 사법경찰관은 모든 수사권한을 행사할 수 있지만, 사법경찰리는 현행범인의 체포 및 인수, 영장의 집행 등 매우 제한된 수사권한을 행사할 수 있다. 그러나 수사실무에서는 사법경찰리의 경우에도 사법경찰관의 권한을 행사하는 사례가 많으며 대법원 판례에 따르면 본래 작성권한이 없는 사법경찰리가 작성한 피의자신문조서의 경우에도 사법경찰관사무취급의 자격으로 작성한 것이므로 사법경찰관 작성의 조서와 동일한 요건 하에 증거능력이 인정된다.[6] 경찰공무원의 경우에는 경위 이상

[표 1-1] 일반사법경찰과 특별사법경찰의 구분

구분		일반사법경찰		특별사법경찰
		경찰공무원	검찰수사관	
공통점	검사의 지휘·감독	받지 않음[7]	받음	받음
	형사소송법의 적용	받음	받음	받음
차이점	직무범위의 제한	없음	없음 (수사개시권 제한)	있음
	수사관할의 제한	없음	없음	있음
	수사분야	살인, 강도, 강간, 절도 등 일반 형법범과 특별형법범		환경, 산림, 철도 등 특정분야

출처: 김찬동·이세구, 2009 특별사법경찰제도의 장기발전방안, 서울시시정개발연구원, 2010, 15면 수정.

5) 2020년 개정 전 형사소송법 제197조는 "삼림, 해사, 전매, 세무, 군수사기관 기타 특별한 사항에 관하여 사법경찰관리의 직무를 행할 자와 그 직무의 범위는 법률로써 정한다"고 규정하였다.

6) 대법원 1982. 12. 28. 선고 82도1080 판결.

7) 수사지휘권은 폐지되었으나 영장신청 및 송치사건에 대한 보완수사요구, 불송치결정 사건에 대한 재수사요청과 관련하여 통제장치가 마련되어 있다.

의 계급이 사법경찰관에 해당하며, 일반 행정공무원의 경우에는 통상 7급(주사보) 이상의 공무원이 사법경찰관으로 지명을 받거나 자격을 부여 받는다.

나. 연 혁

사법경찰관제도의 기원은 가깝게는 일본에서 멀게는 프랑스에서 찾을 수 있다. 주지하다시피 일본은 명치유신 이후 서구의 근대화된 사회·법제도를 받아들이기 위해 대규모의 사찰단을 유럽에 파견하여 선진 여러 국가들의 제도를 면밀하게 검토하였으며, 그 중에서도 나폴레옹의 민법전과 형법전 등 근대 성문법전을 먼저 완성시킨 프랑스의 법제를 수용하기로 하였으며, 여기에는 사법경찰관제도를 포함한 근대 경찰제도도 포함되었다. 경찰의 개념을 행정경찰과 사법경찰로 구분한 최초의 성문법전이 1795년 죄와형벌법전(Code des délits et des peines)이며, 1808년의 나폴레옹 치죄법(Code d'instruction criminelle) 제9조는 사법경찰이 왕립법원의 통제하에 전원삼림감시원과 경찰위원, 시장 및 부시장, 군경찰의 장교 등에 의하여 행사될 것을 규정하였다. 이 규정을 통해 볼 때 치죄법 제정당시에는 사법경찰의 개념은 존재하지만 일반사법경찰과 구별되는 특별사법경찰에 대한 관념은 없었던 것으로 보인다.

일본은 법률고문으로 초빙한 프랑스 파리대학의 G. Boissonade(구스타브 브와소나드) 교수의 주도로 프랑스의 치죄법(Code d'instruction criminelle)을 모델로 하여 1880년 최초의 근대 형사절차법인 치죄법을 제정하게 되는데 이를 통해 사법경찰관제도가 수용되었다. 이후 1890년(명치 23년) 제정된 명치형사소송법 제84조는 해선내의 범죄에 대하여 선장이 사법경찰의 직무를 행할 수 있도록 하는 규정을 마련하였다. 이것이 일본에 있어서 특별사법경찰관제도의 원형이라고 할 수 있다. 1922년 제정된 대정형사소송법 제250조는 제247조부터 제249조에서 규정한 사법경찰관 및 사법경찰리 이외에 별도의 칙령으로 일반사법경찰관리를 정할 수 있도록 규정하면서, 제251조에서 "삼림, 철도 등 지역의 특별한 사항에 대해 사법경찰관리의 직무를 행해야 하는 자 및 그 직무의 범위는 칙령으로써 정한다."고 규정하였다. 이 조문내용은 특별사법경찰관리의 근거규정이 되는 우리 형사소송법 제245조의10 제1항(2020년 개정전 제197조)의 내용과 상당부분 유사하다.

대정형사소송법 제251조에 근거하여 대정 12년(1923년) 12월 28일 제정된 '사법경찰관리 및 사법경찰관리의 직무를 행할 자의 지정 등에 관한 건'(칙령 제528호) 제

2조는 검사정(檢事正)이 특히 지명한 지방재판소 검사국 및 구(區)재판소 검사국의 서기가 검사국이 수리한 사건에서 사법경찰관의 직무를 취급할 수 있도록 하였으며, 제3조는 감옥 또는 분감의 장에 대하여 형사소송법 제284조의 규정에 따른 사법경찰관의 직무를 행하도록 하고, 제4조는 소속관청의 소재지를 관할하는 지방재판소 검사정과 협의하여 지명을 받은 자로 하여금 형사소송법 제284조의 규정에 따른 사법경찰관 또는 사법경찰리의 직무를 수행할 수 있도록 규정하였다. 제4조에 열거된 사법경찰관리의 종류는 총 8가지이며, 여기에는 삼림, 감옥, 철도, 하천 등에 관한 것이 대부분이다. 이 칙령은 총 7차례의 개정을 거쳤으며, 1947년(소화 22년) 12월 17일에 최종 개정되었다.

식민지 조선에서도 1924년 5월 31일 조선총독부령 제33호로 '사법경찰관리의 직무를 행할 자 및 그 직무의 범위'가 제정된다.[8] 이 조선총독부령에 의하면 지방법원 검사국 또는 그 관내 지방법원지청 검사분국에 근무하는 서기와 고원(雇員)은 지방법원 검사장의 지명을 받아, 전자는 사법경찰관으로서, 후자는 사법경찰리로서 소속국에 수리된 사건에 관하여 그 직무를 행할 수 있었다(제1조). 또한 조선의 감옥 또는 분감의 장은 감옥 또는 분감에서의 범죄에 대하여 형사소송법 제248조에서 규정하는 사법경찰관의 직무를 행할 수 있었다(제2조). 아울러 제3조는 사법경찰관 또는 사법경찰리의 직무를 수행할 자를 다음과 같이 열거하였다.

제3조 다음 각 호의 자로 그 소속 장관이 그 자의 근무지를 관할하는 지방법원의 검사정과 협의하여 지명한 것으로 제1호 내지 제5호에 게기한 자는 형사소송법 제248조에서 규정하는 사법경찰관의 직무를, 제6호 내지 제9호에 게기한 자는 사법경찰리의 직무를 행한다.

1. 조선의 감옥 또는 분감의 장이 아닌 조선총독부 전옥보 및 간수장
2. 조선총독부 영림지창에 근무하는 조선총독부 영림창 기사・서기・기수 및 삼림주사
3. 조선총독부 식산국 산림과 출장소에 근무하는 조선총독부 기사・속 및 기수
4. 조선총독부 임업시험장의 시험림보호의 사무에 종사하는 조선총독부 임업시험장 기사・속 및 기수
5. 조선총독부 도삼림주사

8) 구체적인 내용은 법제처 국가법령정보센터 근대법령 '사법경찰관리의직무를행할자및그직무의범위' 검색자료 참조.

6. 조선총독부 간수
7. 조선총독부 영림지창에 근무하는 고원
8. 조선총독부 식산국 산림과 출장소에 근무하는 고원
9. 조선총독부 임업시험장의 시험림보호의 사무에 종사하는 고원

또한 제5조는 해선의 선장이 사법경찰관으로서, 갑판부・기관부 또는 사무부의 해원을 사법경찰리로서 직무를 수행할 수 있도록 규정하였다. 이상의 내용들을 종합하면 총 6가지 유형의 특별사법경찰관리가 존재하고 있었음을 알 수 있다. 그러나 제3조가 사실상 삼림분야의 특별사법경찰관리를 지정하고 있다는 점에서 특별사법경찰관리의 분야는 매우 제한적이었음을 알 수 있다. 이후 이 총독부령은 11차례의 개정을 거치면서 특별사법경찰관리의 종류를 추가하였으며 최종적으로 개정이 이루어진 1944년 7월 1일 조선총독부령 제265호에 의하면 제3조에 열거된 유형은 총 9가지로 전매와 관세 분야가 추가된다. 이처럼 감옥・산림・전매 등 특수직원에 대하여는 소속장관과 관할 검사정이 협의하여 특별사법경찰관리로 지명하여 특수분야에 관련된 범죄에 대해 사법경찰관리의 직무를 행하도록 하였다.[9)]

제3조 다음 각 호의 자로 그 소속 장관이 그 자의 근무지를 관할하는 지방법원의 검사정과 협의하여 지명한 것으로 제1호 내지 제9호에 게기한 자는 조선형사령 제5조에서 규정하는 사법경찰관의 직무를, 제10호 내지 제18호에 게기한 자는 사법경찰리의 직무를 행한다.
1. 조선의 감옥 또는 분감의 장이 아닌 조선총독부 전옥보 및 간수장
2. 조선총독부 임업시험장의 시험림보호의 사무에 종사하는 조선총독부 임업시험장 기사・속 및 기수
3. 도에 근무하고 국유임야의 보호 및 경영의 사무에 종사하는 이사관・기사・속・기수 및 삼림주사
4. 영림서에 근무하고 국유임야의 보호 및 경영 사무에 종사하는 이사관・기사・속・기수 및 삼림주사
5. 조선총독부 부군도 삼림주사
6. 부군도에 근무하고 임업에 관한 기술에 종사하는 기수

9) 대검찰청, 한국검찰사, 1976, 176면.

7. 도로 소유하는 임야의 소재지에 근무하고 임업에 관한 기술에 종사하는 기수
8. 전매국 · 전매국 지국 또는 전매국 출장소에 근무하며 아편에 관한 사무에 종사하는 조선총독부 전매국 사무관 · 기사 · 속 및 기수
9. 지방교통국 부두국 · 지방교통국 부두국 분국 · 지방교통국 부두국 출장소 또는 지방교통국 부두국 감시서에 근무하고 관세경찰 및 범칙처분에 관한 사무에 종사하는 조선총독부 교통국 사무관 및 서기
10. 조선총독부 간수
11. 조선총독부 임업시험장의 시험림보호의 사무에 종사하는 고원
12. 조선총독부도삼림주사보
13. 조선총독부 부군도 삼림주사보
14. 도 또는 영림서에 근무하고 국유임야의 보호 및 경영의 사무에 종사하는 고원
15. 부군도에 근무하고 공유 또는 사유의 임야의 보호에 종사하는 도 이원
16. 부군도에 근무하고 임업사무에 종사하는 고원
17. 전매국 · 전매국 지국 또는 전매국 출장소에 근무하며 아편에 관한 사무에 종사하는 조선총독부 전매국 고원
18. 지방교통국 부두국 · 지방교통국 부두국 분국 · 지방교통국 부두국 출장소 또는 지방교통국 부두국 감시서에 근무하고 관세경찰 및 범칙처분에 관한 사무에 종사하는 조선총독부 교통국 고원

일제강점기로부터 해방된 후 우리나라는 1954년 형사소송법을 제정하였으나, 과거 일본 형사소송법의 내용을 그대로 답습하는 수준에 머물렀다. 특별사법경찰관리의 지정에 관한 사항에 대하여도 당시 형사소송법 제197조(특별사법경찰관리)는 “삼림, 해사, 전매, 세무, 군수사기관 기타 특별한 사항에 관하여 사법경찰관리의 직무를행할자와 그 직무의 범위는 법률로써 정한다.”고 규정하여 특사경의 지정을 다른 법률에 위임하였다. 우리 법제에 ‘특별사법경찰관리’라는 용어가 처음 등장한 것도 이 때이다.[10] 이를 근거로 1956년 1월 12일 법률 제380호로 ‘사법경찰관리의직무를행할자와그직무범위에관한법률’이 제정됨으로써 우리나라에서도 특별사법경찰제도가 전면적으로 실시되었다. 이 법률의 주요 내용을 보면, 제2조(검찰청서기, 서기보)는 “지방검찰청과 그 지청근무의 서기 또는 서기보로서 소속지방검찰청검사장이 지명한 자는 당해검찰청 또는 당해지청에서 수리한 사건에 관하여 서기는 형사소송법

10) 김용주, “행정조사와 특별사법경찰관리의 수사의 경계획정”. 경찰학연구, 제14권 제4호(2014), 81면.

第196조제1항의 규정에 의한 사법경찰관(이하 "사법경찰관"이라 한다)의 직무를 서기보는 동법 제196조제2항의 규정에 의한 사법경찰리(이하 "사법경찰리"라 한다)의 직무를 행한다."고 규정하였으며, 제3조는 형무소장 및 소년원장, 제4조는 산림주사 및 산림주사보 등에 대하여 지역적으로 제한된 범위내에서 사법경찰관리의 직무를 수행하도록 규정하였으며, 제5조는 지방검찰청 검사장의 지명에 의하여 사법경찰관리의 직무를 수행할 공무원 등의 목록을 10가지의 유형으로 규정하였다.

제5조(검사장의 지명에 의한 사법경찰관리) 좌에 게기한 자로서 그 소속관서의 장의 제청에 의하여 그 근무지를 관할하는 지방검찰청검사장이 지명한 자중 4급 이상의 국가공무원과 3급 이상의 지방공무원은 사법경찰관의 직무를, 5급 국가공무원과 4급 지방공무원은 사법경찰리의 직무를 행한다.

1. 형무소 또는 그 지소의장이 아닌 전옥보, 간수장, 간수
2. 소년원 또는 그 분원의장이 아닌 3급 내지 5급 국가공무원
3. 영림서에 근무하며 국유임야의 보호경영사무에 종사하는 3급 내지 5급 국가공무원
4. 중앙임업시험장, 그 지장과 출장소에 근무하며 시험림보호사무에 종사하는 4급, 5급 국가공무원
5. 농림부산림국에 근무하며 산림보호사무에 종사하는 3급 내지 5급 국가공무원
6. 특별시(특별시유림사업소를 포함한다), 도(도유림사업소, 도사방관리소, 도임업시험장을 포함한다)에 근무하며 산림보호와 국유임야경영사무에 종사하는 3급 내지 5급 국가공무원과 3급, 4급 지방공무원
7. 시, 군에 근무하며 산림보호사무에 종사하는 4급, 5급 국가공무원과 3급, 4급 지방공무원
8. 지방전매청, 그 지청, 전매서에 근무하며 전매단속사무에 종사하는 3급 내지 5급 국가공무원
9. 보건사회부, 특별시, 도, 군에 근무하며 마약 또는 아편단속사무에 종사하는 3급 내지 5급 국가공무원과 3급, 4급 지방공무원
10. 등대에서 근무하며 등대사무에 종사하는 4급, 5급 국가공무원

이상의 규정들을 종합해 볼 때 오늘날 검찰수사관의 전신인 지방검찰청과 그 지청 근무의 서기 또는 서기보가 일반사법경찰관리가 아닌 특별사법경찰관리의 형태로 규정되었다는 것을 알 수 있으며, 제5조가 비록 10개의 호로 구분하여 지방검찰청 검사장의 지명에 의하여 사법경찰관리의 직무를 수행할 자를 열거하고 있지만

실질적인 유형은 교정, 삼림, 전매, 마약, 등대사무 등 5개의 분야에 불과하였음을 알 수 있다. 다만, 추가적으로 특사경법이 아닌 개별법에서 직접 사법경찰관리의 직무를 행할 자를 지정하는 경우가 있다는 점을 고려하여야 한다. 예를 들어, 형사소송법이 제정되기 이전인 1951년 12월 6일 관세법의 개정으로 제224조의2가 신설되어 "세관장의 제청에 의하여 그 관할지방검찰청 검사장이 지명한 세관관리는 관세범에 관하여 사법경찰관리의 직무를 행한다"고 규정하였다. 따라서 특사경법이 제정되기 이전에 이미 세관관리(세관공무원)가 지방검찰청 검사장의 지명을 받아 사법경찰의 직무를 수행하였으며, 1981년 12월 31일 특사경법의 개정으로 제5조 19호 및 제6조 제14조가 신설되어 통합하여 규정되었다.

다. 특사경 자격 부여의 논거

특별사법경찰제도를 둔 취지는 크게 두 가지로 설명된다. 장소적으로 일반사법경찰관리의 통상적인 직무수행의 범위를 벗어나기 때문에 범죄의 적발과 수사의 실행이 어렵다는 점과 일반사법경찰관리가 범죄가 발생하는 특정분야에 대한 전문적 지식이나 경험의 부족으로 인하여 마찬가지로 범죄의 적발과 수사실행이 어렵다는 점에서 찾을 수 있다.[11)]

1) 장소적 제약성

특사경 자격부여의 정당성은 장소적 제약성으로 인한 소관업무의 긴급성과 현장성에서 찾을 수 있다. 행정분야에서 직접적으로 범죄혐의를 인지하는 경우 우선적으로 증거의 수집 및 법위반사항의 포착이 용이하며 일반적으로 접근할 수 없는 공간에서 현행범을 체포하거나 증거를 수집하는 것이 업무의 특성상 유리하기 때문이다.[12)13)] 이런 경우 해당 업무 담당 공무원에게 특별사법경찰권을 부여하여 신속한 제재권을 발동하고 수사에 착수할 수 있다. 교도소, 구치소, 소년원 보호・치료감호

---

11) 특별사법경찰제도의 특징으로 전문성, 격리성, 현장성, 고도의 보안성으로 구분하여 설명하는 입장으로는 고문현, 환경특별사법경찰제도 개선방안에 관한 연구, 환경부 연구용역보고서, 2009, 18-19면.

12) 김혜리, 조세범칙조사에서 특별사법경찰권 부여방안에 관한 연구, 석사학위논문, 고려대학교 법무대학원, 2014, 56-57면.

13) 국회 법제사법위원회, 사법경찰관리의 직무를 수행할 자와 그 직무범위에 관한 법률 일부개정법률안(한정애의원 대표발의, 의안번호: 213500) 검토보고, 2020.11. 9면.

소, 산림 보호, 등대 업무에 종사하는 자의 경우에 긴급성 및 현장성을 요하는 목적에 해당하는 것이라고 볼 수 있다. 특히 공무원이 아닌 민간인에 대하여 사법경찰권을 부여하는 것은 일반사법경찰의 장소적 접근성이 극도로 제약되는 경우에 인정된다. 예를 들어, 선박 및 항공기 안에서 발생하는 범죄에 관하여 선장・기장 등이 사법경찰관리로서 직무를 수행하게 하는 경우와 국립공원관리공단 직원이 국립공원 내에서 경범죄를 범한 현행범에 대하여 사법경찰관리로서 직무를 수행하는 경우이다. 이는 일반사법경찰의 접근이 어려운 장소에서 범죄・사고로 인한 피해 확대를 최소화하기 위하여 비공무원에게 사법경찰권을 부여할 긴급성 및 불가피성이 인정된 것이라고 하겠다.[14)]

2) 사항적 제약성(업무의 전문성)

일반 행정공무원에 대한 특사경 자격부여의 근거는 일반사법경찰이 모든 영역에서 범죄의 인지와 증거자료의 확보가 어려우므로 관련 분야에서 직접적인 업무를 담당하고 있는 공무원으로 하여금 현장에서의 업무수행 중에 법적용의 위반사실을 곧바로 인지하여 수사할 수 있도록 한다는 점에서 찾을 수 있다.[15)] 즉 업무의 전문성이 요구되어 일반사법경찰관의 효율적 수사가 어려운 경우에 특사경의 지위부여가 정당화된다.[16)] 오늘날의 특별사법경찰권을 부여받은 많은 분야들이 여기에 해당하며, 예를 들어 출입국관리, 근로감독, 식품・의약품, 관세, 공중위생, 환경, 전기・통산, 원산지 표시, 가축・식물방역 등이 있다. 따라서 특정 행정기관의 소속 공무원에 대하여 특별사법경찰권을 부여하는 방안을 추진하는 경우에는 우선적으로 일반사법경찰관리가 적발하기 어려운 분야로서 특정 행정업무를 처리하는 공무원이 전문성을 갖추고 있을 것이 요구된다고 하겠다.

라. 특사경 자격부여의 정당성에 대한 비판

1) 범죄수사의 효율성이라는 모호한 기준에 의한 심사

통상적으로 행정기관 소속 공무원에 대하여 특사경의 자격을 부여하는 내용의 특

14) 국회 법제사법위원회, 사법경찰관리의 직무를 수행할 자와 그 직무범위에 관한 법률 일부개정법률안(박용진의원 대표발의, 의안번호: 2012609)검토보고, 2018. 9. 9-10면.

15) 이근우a, 앞의 글, 188면.

16) 김찬동・이세구, 2009 특별사법경찰제도의 장기발전방안, 서울시시정개발연구원, 2010, 27면.

사경법 개정안이 국회에 제출되어 소관 상임위원회와 법제사법위원회의 검토를 받는 과정에서 그 타당성에 대하여 기본적으로 장소적 제한성과 사항적 제한성(업무의 전문성)을 기준으로 심사가 이루어진다. 즉, 특별사법경찰이 일정 범죄의 수사나 단속에 있어 특별한 전문성이 필요한 경우 또는 시간적·공간적인 이유로 일반사법경찰의 접근가능성이 낮은 경우에 더 신속하고 효율적으로 수사를 할 수 있어야 한다는 원칙이 제시된다. 하지만 개별적 심사과정에서는 장소적 특성과 사항적 특성과 같은 기준들은 하나의 고려요소에 불과하고 그 이외에 다양한 요소들이 중요하게 작용한다. 실제 여러 특사경법 개정안에 대한 국회 법제사법위원회의 검토보고서들을 살펴보면 특별사법경찰권의 부여는 일정한 범죄의 수사가 특별사법경찰권을 부여하기에 적당한 업무인지, 특별사법경찰권을 부여할 현실적 필요성이 있는지 및 해당 범죄를 수사하기에 적합한 자가 누구인지 등을 종합적으로 고려하여 판단하는 것으로 기술되어 있다.[17] 더 나아가 특별사법경찰의 확대는 ① 특별사법경찰은 관련분야 단속 사무 담당공무원을 임명하므로 직무에 대한 지식과 범법행위에 대한 단속업무 측면에서 일반사법경찰보다 전문성이 높다고 볼 수 있으며, ② 특별사법경찰은 지속적으로 해당 업무를 담당하여와 전문성을 갖추고 있기 때문에 보다 신속하고 효율적으로 수사할 수 있으므로 그 필요성이 인정된다고 설명되고 있다.[18] 이처럼 장소적으로 일반사법경찰관리의 접근이 어렵고 사항적으로 전문성이 요구된다는 전통적 기준이 오늘날에 와서는 범죄수사의 효율성의 문제로 치환되고 있는 것을 알 수 있다.

특별사법경찰은, 일정 범죄의 수사나 단속에 있어 특별한 전문성이 필요한 경우 또는 시간적·공간적인 이유로 일반사법경찰의 접근가능성이 낮은 경우에 더 신속하고 효율적으로 수사를 할 수 있는 자에게 수사권을 부여하여 범죄수사의 효율성을 높이려는 제도로, 특별사법경찰권의 부여는 일정한 범죄의 수사가 특별사법경찰권을 부여하기에 적당한 업무인지, 특별사법경찰권을 부여할 현실적 필요성이 있는지 및 해당 범죄를 수사하기에 적합한 자가 누구인지 등을 종합적으로 고려하여 행해지게 됨.[19]

---

17) 국회 법제사법위원회, 사법경찰관리의 직무를 수행할 자와 그 직무범위에 관한 법률 일부개정법률안(윤상직의원 대표발의, 의안번호: 2001127) 검토보고, 2016.11. 5면.

18) 국회 법제사법위원회, 사법경찰관리의 직무를 수행할 자와 그 직무범위에 관한 법률 일부개정법률안(정부 제출, 의안번호: 1906650) 검토보고, 2014. 2. 5면.

결국 특사경의 자격부여는 어떤 기관에게 수사권을 부여하는 것이 범죄수사의 효율성 측면에서 우월한가라는 모호하며 주관적인 판단의 문제로 변질되고, 명확한 기준이 없이 수사권을 획득하고자 하는 행정기관의 로비와 설득에 못 이겨 법 개정이 이루어지는 현상이 발생하게 되며, 이것이 현재와 같이 50개의 이상의 분야에 특사경이 존재하게 된 이유를 설명한다.

2) 장소적 접근성과 관련된 문제

특별사법경찰권을 부여할 수 있는 조건이라고 할 수 있는 장소적 제약성과 사항적 제약성은 절대적 기준이 아닌 상대적인 기준으로 작용하고 범죄수사의 효율성이 중요한 고려요소로 작용한다. 그런데 범죄수사의 효율성은 국가가 투입하는 비용과 산출이라는 관점에서 접근될 수밖에 없으며 무엇보다도 일반사법경찰의 대부분을 차지하고 있는 경찰청이 특사경의 도입에 대하여 어떠한 정책과 입장을 견지하는지에 따라 그 판단이 달라질 수 있다. 구체적으로 장소적 제약성의 경우 범죄의 종류와 발생빈도가 판단의 고려요소가 될 수 있다. 예를 들어 성범죄나 절도범죄가 빈번하게 발생하는 지하철과 같은 도시철도의 경우 경찰청 산하에 지하철수사대가 설치되어 운영되고 있으나 한국철도공사가 운영하는 철도에 대하여는 철도경찰대가 설치되어 운영되고 있어 이원적 체계를 갖추고 있다. 반면에 장소적 특수성으로 인해 선장이나 기장과 같이 민간인에게 부여되는 경우도 있다.

그런데 장소적 접근성의 문제와 상관없이 민간인에게 특사경의 자격을 부여하여 논란을 불러오는 경우가 있다. 가장 논란이 된 것은 금융감독원 소속 조사역(민간인)에게 특사경의 자격을 부여하여 '자본시장과 금융투자업에 관한 법률'위반의 범죄를 수사할 수 있도록 한 2015년 8월 15일의 특사경법 개정이었다. 장소적 제약성으로 인하여 극히 예외적으로 행정공무원이 아닌 민간인에게 특사경의 자격을 부여할 수 있으나 장소적 제약성이 없음에도 업무의 전문성을 이유로 민간인에게 특사경의 자격을 부여하는 것은 그 정당성을 찾기 어렵다.[20] 또 다른 시각에서의 비판은 민간인에 대한 특사경의 자격부여는 일종의 행정사무에 대한 민간위탁에 해당하며,

---

19) 국회 법제사법위원회, 사법경찰관리의 직무를 수행할 자와 그 직무범위에 관한 법률 일부개정법률안(윤상직의원 대표발의, 의안번호: 2001127) 검토보고, 2016.11. 5면.

20) 이근우, "검・경 수사지휘 논의에서 잊힌 문제-특별사법경찰관리에 대한 수사지휘-", 형사정책 제30권 제2호(2018), 249면.

정부조직법 제5조 제3항이 "행정기관은 법령이 정하는 바에 의하여 그 소관사무중 조사・검사・검정・관리업무등 국민의 권리의무와 직접 관계되지 아니하는 사무를 지방자치단체가 아닌 법인・단체 또는 그 기관이나 개인에게 위탁할 수 있다."라고 규정하고 있는 바와 같이 국민의 권리・의무와 관련이 있는 행정사무를 법적・정치적으로 책임을 지지 않는 사인에게 위탁하는 것은 행정사무의 책임성・공공성 및 공정성의 측면에서나 입법한계에 있어서나 받아들일 수 없는 것이다.[21] 물론 수사사무는 행정사무의 일종으로 보기 어려우며 사법작용의 일환으로 보는 것이 타당할 것이지만 수사사무는 행정사무에 비하여 고권적 성격이 강하므로 민간인에게 위탁 또는 위임은 더욱 불가하다고 보아야 한다.

3) 업무의 전문성과 관련된 문제

사항적 제한성은 곧 행정공무원의 업무 전문성으로 귀결된다. 그러나 해당분야의 전문성 여부와 수사의 전문성은 구별을 요하는 별개의 문제이다. 특정 행정영역에서 종사하는 행정공무원의 경우 일상적인 업무수행과정에서 법령위반에 대한 적발이 용이하며 전문자격을 보유하여 시료 등에 대한 과학적 분석능력을 갖춘 경우가 있다. 하지만 이러한 전문성이나 특별한 자격의 보유가 곧 법적 지식을 토대로 범인을 검거하고 증거를 수집하고 실체적 진실을 밝혀내는데 있어서도 전문성을 갖췄다고 보는 것은 무리이다. 특히 피의자와 피고인의 인권보호와 적법절차의 보장이 강조되는 민주주의 사회에서는 고도의 법적 지식과 수사능력이 요구된다고 하겠다.

특사경법 개정안에 대한 국회의 검토보고서들도 수사의 비전문가가 인신구금 등 강제수사에 관한 권한을 부여받을 경우 강제수사 과정에서 국민의 재산권 및 신체의 자유 등의 기본권 침해가 확대될 우려가 있다는 점을 한계로 지적하거나,[22] 사법경찰권은 국민의 인권침해와 직접적으로 연결될 수 있는 부분이므로 적법절차의 준수 및 인권침해 방지를 위한 고도의 주의의무가 요구되며, 따라서 수사에 관한 전문성이나 경험이 부족한 특별사법경찰은 그 필요성이 명백한 경우에 필요최소한의 범

---

21) 손영택, "사법경찰관리의 직무를 행할 자와 그 직무범위에 관한 법률: 비공무원에 대한 사법경찰권의 부여에 관하여", 법제 제483호(1998). https://www.moleg.go.kr/mpbleg/mpblegInfo.mo?mid=a10402020000&mpb_leg_pst_seq=129608

22) 예를 들어, 국회 법제사법위원회, 사법경찰관리의 직무를 수행할 자와 그 직무범위에 관한 법률 일부개정법률안(한정애의원 대표발의, 의안번호: 213500) 검토보고, 2020.11. 6면.

위에서 보충적으로 운영되어야 한다는 평가[23]도 이러한 취지를 반영하고 있다고 할 수 있다.

특사경의 직무분야를 신설하는 문제를 단순히 장소적 접근성과 사항적 전문성의 문제로 접근하는 것은 특사경제도가 전체 형사사법시스템에서 어떠한 기능을 하는지 더 나아가 특사경을 통하여 행정기관이 사실상의 수사권을 행사한다는 점에서 행정법의 체계나 일반 법원리와 충돌될 수 있는 문제점들을 고려하지 못하고, 더 근원적으로는 행정기관이 행정조사와 수사권을 행사하는 것에 대한 헌법적 차원에서의 분석이나 논의는 전혀 이루어지지 못하는 문제점이 있다.

마. 특별사법경찰관제도 관련 법령과 특징

1) 형사소송법

형사소송법(2020. 2. 4. 개정)

제197조(사법경찰관리) ① 경무관, 총경, 경정, 경감, 경위는 사법경찰관으로서 범죄의 혐의가 있다고 사료하는 때에는 범인, 범죄사실과 증거를 수사한다. 〈개정 2020. 2. 4.〉
② 경사, 경장, 순경은 사법경찰리로서 수사의 보조를 하여야 한다. 〈개정 2020. 2. 4.〉
[제196조에서 이동, 종전 제197조는 삭제 〈2020. 2. 4.〉]

제245조의10(특별사법경찰관리) ① 삼림, 해사, 전매, 세무, 군수사기관, 그 밖에 특별한 사항에 관하여 사법경찰관리의 직무를 행할 특별사법경찰관리와 그 직무의 범위는 법률로 정한다.
② 특별사법경찰관은 모든 수사에 관하여 검사의 지휘를 받는다.
③ 특별사법경찰관은 범죄의 혐의가 있다고 인식하는 때에는 범인, 범죄사실과 증거에 관하여 수사를 개시·진행하여야 한다.
④ 특별사법경찰관리는 검사의 지휘가 있는 때에는 이에 따라야 한다. 검사의 지휘에 관한 구체적 사항은 법무부령으로 정한다.
⑤ 특별사법경찰관은 범죄를 수사한 때에는 지체 없이 검사에게 사건을 송치하고, 관계 서류와 증거물을 송부하여야 한다.
⑥ 특별사법경찰관리에 대하여는 제197조의2부터 제197조의4까지, 제221조의5, 제245조의5부터 제245조의8까지의 규정을 적용하지 아니한다. [본조신설 2020. 2. 4.]

23) 국회 법제사법위원회, 사법경찰관리의 직무를 수행할 자와 그 직무범위에 관한 법률 일부개정법률안(정부 제출, 의안번호: 1906650) 검토보고, 2014. 2. 5면; 국회 법제사법위원회, 사법경찰관리의 직무를 수행할 자와 그 직무범위에 관한 법률 일부개정법률안(임내현의원 대표발의, 의안번호: 1912559) 검토보고, 2015.2, 4-5면.

형식적 의미의 형사소송법은 1954년에 제정된 '형사소송법' 법률을 지칭하지만, 실질적 의미의 형사소송법은 이 법률 이외에도 형사절차를 규율하는 법률들을 지칭한다. 형사소송법은 수사, 공소제기, 재판절차, 형집행 등 형사절차에 전반에 관하여 규율하고 있으며, 형사절차에 관한 일반법에 해당한다. 반면에 특정된 범죄, 대상, 절차, 기관 등에 적용되는 절차를 규정하는 특별법들이 다수 존재하고 있어 수사기관은 형사소송법뿐만 아니라 관련 특별법상의 절차에 대하여도 전문적인 지식을 갖추고 있어야 한다. 형사소송법은 개별 수사권한과 관련하여 일반사법경찰관리와 특별사법경찰관 사이에 아무런 차등을 두고 있지 않으며, 특별사법경찰관리는 원칙적으로 형사소송법상 사법경찰관리의 권한으로 규정된 모든 수사권한을 행사할 수 있다.

다만, 검사와의 관계에 있어서 2020년 2월 4일 개정된 형사소송법에 따라 일반사법경찰관리에게 적용되는 규정들에 대하여 일부 예외가 존재한다. 즉, 특별사법경찰관리에 대하여는 검사와의 지휘관계가 종전과 동일하게 유지되며, 수사의 개시, 진행, 종결 등에 있어서 일반사법경찰관리와는 다른 체계를 따른다. 이러한 맥락에서 형사소송법 제245조의10가 신설되었으며, 이 규정에 따라 특별사법경찰관리는 모든 수사에 관하여 검사의 지휘를 받아야 하며(제2항),[24] 범죄의 혐의가 있다고 인식하는 때에는 범인, 범죄사실과 증거에 관하여 수사를 개시・진행하여야 하며(제3항), 검사의 지휘가 있는 때에는 이에 따라야 하며(제4항), 범죄를 수사한 때에는 지체 없이 검사에게 사건을 송치하고, 관계 서류와 증거물을 송부하여야 한다(제5항). 특별히 형사소송법 제245조의10 제4항은 특별사법경찰관리에 대한 검사의 지휘에 관한 구체적 사항을 법무부령으로 정하도록 위임하고 있다.

2) 사법경찰관리의 직무를 수행할 자와 그 직무범위에 관한 법률

2020년 2월 4일 개정된 형사소송법 제245조의10 제1항(종전 제197조)은 "삼림, 해사, 전매, 세무, 군수사기관 기타 특별한 사항에 관하여 사법경찰관리의 직무를 행할 특별사법경찰관리와 그 직무의 범위는 법률로 정한다."고 규정하고 있으며, 이를 근거로 제정된 '사법경찰관리의 직무를 수행할 자와 그 직무범위에 관한 법률'(일명

24) 아울러 검찰청법 제4조(검사의 직무) 제1항 제2호는 검사의 직무로서 범죄수사에 관한 특별사법경찰관리에 대한 지휘 및 감독을 명시하고 있다.

특사경법)[25]은 특별사법경찰관리의 종류와 직무범위를 규정하고 있다. 이 법률은 대부분의 특별사법경찰관리를 망라하여 규정하고 있지만, 이 외에도 「군사법원법」과 「대통령등의경호에관한법률」 등과 같은 개별 법률이 특별사법경찰관리를 지정하는 경우가 있다. 따라서 특사경법과 이 법률들은 특별사법경찰관리의 지정에 관하여 일반법과 특별법의 관계에 있다고 할 수 있다.[26] 최근 들어 특별사법경찰권이 부여된 분야들이 급증하고 그에 따라 일반사법경찰관리의 수사권과 중첩되는 직무분야가 확대됨에 따라 일반 수사기관인 경찰청(국가수사본부)이 특사경의 업무분야에 속하는 범죄에 대하여 수사를 기피하는 현상이 나타나고 있다.

이 법률은 사법경찰권의 부여방식과 관련하여 일부 조문에서 직접 사법경찰의 직무를 행사할 자와 직무범위를 동시에 규정한 경우도 있으나, 대부분의 경우는 제5조 각호에서 사법경찰관리의 직무를 행할 국가공무원이나 지방공무원에 대하여 지방검찰청 검사장의 지명을 받도록 하고, 제6조에서는 제5조 각호에서 지명을 받은 공무원에 대응하여 개별적으로 수사대상에 해당하는 관련 법률에 규정된 모든 범죄 또는 일부 범죄 및 수사관할을 명시하는 방식을 취하고 있다. 2015년 8월 11일 개정된 특사경법은 제11조를 신설하여 지방검찰청 검사장이 이 법에 따른 사법경찰관리 및 군사법경찰관리의 지명과 적격 여부 확인 등을 위하여 범죄경력조회 및 수사경력조회를 할 수 있는 근거를 마련하였으며, 또한 제12조를 신설하여 사법경찰관리 소속 관서의 장이 사법경찰 직무의 효율적인 수행을 위하여 그 직무를 전담하는 부서를 설치할 수 있는 근거를 마련하였다. 이 법률의 개정과정과 이 법률에 따른 특사경의 종류, 특사경 지위의 부여방식, 특사경의 직무범위 등에 대하여는 뒤에서 논하기로 한다.

3) 특별사법경찰관리에 대한 검사의 수사지휘 및 특별사법경찰관리의 수사준칙에 관한 규칙

2011년 1차 수사권 조정에 따른 형사소송법의 개정으로 일반사법경찰관리에게 수사의 주체성을 명문화하게 되었으며, 이에 따라 검사의 지휘에 관한 구체적 사항

25) 법제처 법률정보시스템을 보면 '사법경찰직무법'으로 약칭하고 있으나 일반사법경찰관리의 직무를 규정하고 있는 법률로 잘못 오해될 소지가 있어 본서에서는 일반적으로 통용되는 '특사경법'으로 약칭한다.

26) 김택수a, 앞의 글, 13면.

을 대통령령으로 위임하도록 하여 종전의 '사법경찰관집무규칙'(법무부령)을 폐지하고 대통령령으로 '검사의 사법경찰관리에 대한 수사지휘 및 사법경찰관리의 수사준칙에 관한 규정'을 제정하여 2012년부터 시행하였다. 이후 검찰과 경찰 사이의 2차 수사권 조정에 따라 2020년 2월 형사소송법과 검찰청법이 개정되면서 이 규정은 폐지되고 새로운 '검사와 사법경찰관의 상호협력과 일반적 수사준칙에 관한 규정'(대통령령)(이하 '수사준칙')이 제정되었다.

이 과정에서 일반사법경찰관리와 달리 특별사법경찰관에 대하여는 '사법경찰관리 집무규칙'을 그대로 적용할 수 없는 문제점과 산재된 규칙들을 통합적으로 규정하기 위하여 2004년 4월 26일 「특별사법경찰관리 집무규칙」이 제정되었다. 이 집무규칙은 구체적으로 소속과 업무내용이 다양한 특별사법경찰관리가 범죄수사 과정에서 지켜야 할 집무상의 준칙과 각종 서식을 정하여 그 직무범위와 한계를 명확히 함으로써 범죄수사의 효율성을 높이고 인권침해를 방지하는 것을 목적으로 하였다.[27]

그 주요 내용은 ① 일반사법경찰관리와 특별사법경찰관리의 중복단속을 피하기 위하여 필요한 때에는 관계행정기관의 장과 협의하여 합동단속반을 설치·운영하고, ② 특별사법경찰관은 반기별로 단속계획 및 단속실적을 지방검찰청 검사장(지청장)에게 보고하며, ③ 특별사법경찰관리가 소속된 행정기관의 장이 고발한 사건은 원칙적으로 검사의 지휘를 받아 수사하며, ④ 특별사법경찰관리가 범죄수사과정에서 사용하는 각종 서식을 정하도록 하였다.

2020년 수사와 기소를 분리하는 내용의 2차 수사권 조정이 입법화되고 신설된 형사소송법 제245조의10 제4항이 특별사법경찰관리에 대한 검사의 지휘에 관한 구체적 사항을 법무부령으로 정하도록 규정함에 따라 기존의 「특별사법경찰관리 집무규칙」을 폐지하고 특별사법경찰관리의 수사 일반에 적용되는 기본지침으로서 2021년 1월 1일 '특별사법경찰관리에 대한 검사의 수사지휘 및 특별사법경찰관리의 수사준칙에 관한 규칙'(이하 '특별사법경찰 수사준칙'으로 칭함)이 제정되었다. 이 규칙은 제1장 총칙(제1조-제5조), 제2장 수사(제6조-제108조), 제3장 사건송치 등(제109조-제121

---

27) "많은 부처가 강제조사권을 행사할 수 있게 됨에 따라 법무부는 최근 특별사법경찰관리들의 부당한 조사 등으로 인한 인권침해와 중복적인 단속을 피하기 위해 특별사법경찰의 직무범위와 통제장치 등을 규정한 '특별사법경찰관리집무규칙'을 제정하여 운영하고 있다.", 신종익·임상준, 행정조사의 실태와 개선방안-규제개혁 차원의 접근을 중심으로-, 한국경제연구원 연구보고서, 2004, 138-139면.

조), 제4장 장부와 비치서류(제122조-제135조)로 구성되어 있으며, 특히 제2장 수사는 제1절 통칙, 제2절 수사의 개시, 제3절 수사사무의 보고, 제4절 수사지휘, 제5절 임의수사, 제6절 강제수사, 제7절 고소·고발 사건, 제8절 소년·장애인·외국인 등 사건에 관한 특칙, 제9절 수사서류, 제10절 범죄수익의 몰수·부대보전·추징보전 등으로 편제되어 수사절차 전반에 대하여 상세하게 규정하고 있다. 이 규칙의 주요 내용은 다음과 같다.[28)]

가. 수사의 기본원칙 규정(제3조부터 제5조까지)

1) 특별사법경찰관리는 모든 수사과정에서 헌법과 법률에 따라 보장되는 피의자와 그 밖의 피해자·참고인 등의 권리를 보호하고 적법한 절차에 따르도록 함.
2) 특별사법경찰관리는 피의자나 사건관계인이 인권침해 신고 등의 행위를 하였다는 이유로 부당한 대우를 하거나 불이익을 주지 못하도록 함.
3) 특별사법경찰관리는 범죄를 수사할 때에는 기밀을 엄수하고, 피의자와 사건관계인의 사생활의 비밀을 보호하도록 함.

나. 인권보호 강화(제10조, 제12조, 제39조 및 제40조)

1) 피의자에 대한 신문이 아닌 단순 면담 등이라는 이유로 변호인의 참여·조력을 제한하지 못하도록 함.
2) 오후 9시부터 오전 6시까지의 심야조사와 12시간을 초과하는 장시간 조사를 제한하고, 피의자 등에게 조사 도중 최소한 2시간마다 10분 이상의 휴식시간을 주도록 함.
3) 특별사법경찰관리는 피해자가 피의자 등으로부터 생명·신체에 위해를 입거나 입을 염려가 있다고 인정되는 경우에는 직권 또는 피해자의 신청에 따라 신변보호에 필요한 조치를 강구하도록 함.

다. 수사 개시에 관한 절차 규정(제19조)

피혐의자에 대한 출석조사, 피의자신문조서 작성, 긴급체포, 체포·구속 영장의 신청 등을 한 경우 즉시 입건하도록 하고, 수사 중인 사건의 범죄 혐의를 밝히기 위한 목적으로 관련 없는 사건의 수사를 개시하거나 수사기간을 부당하게 연장하지 못하도록 함.

라. 검사의 수사지휘에 관한 일반원칙 규정(제28조부터 제35조까지)

1) 검사는 특별사법경찰관을 존중하고 법률에 따라 특별사법경찰관리의 모든 수사를 적정하게 지휘하도록 함.

---

28) 법제처 제정·개정이유 참조.

2) 특별사법경찰관은 사건을 수사할 때 검사의 지휘가 필요하면 수사지휘 건의서로 건의하여 구체적 지휘를 받아 수사할 수 있도록 함.
3) 구체적 사건과 관련된 검사의 수사지휘의 적법성 또는 정당성에 이견이 있는 경우 등에는 의견을 밝히고 재지휘를 건의할 수 있도록 함.

법무부령인 이 규칙이 모든 특사경에게 적용되는 공통적 사항들을 규정한 일반법으로서의 기능을 수행하고 있다면 개별 특사경의 분야와 관련하여 소속 기관별로 전담조직의 설치, 직무범위, 지휘 감독, 교육 연수 등에 관한 사항들을 별도의 규칙을 제정하여 운용하는 사례가 많다. 예를 들어 「금융위원회의 설치 등에 관한 법률」에는 금감원장이 업무 수행과 관련하여 필요한 경우 규칙을 제정할 수 있다고 규정하고 있으며(제39조)[29], 특허청, 관세청, 국립공원관리공단 등 기관들은 모두 기관(또는 기관장)의 훈령, 예규, 규칙 등 자체 규정으로 특별사법경찰관리의 운용과 관련한 집무(직무)규칙을 제정하고 있다.[30]

4) 특별사법경찰관리 지명절차 등에 관한 지침

2000년 6월 1일 법무부예규 제530호로 제정된 '특별사법경찰관리 지명절차 등에 관한 지침'은 사법경찰관리의 직무를 행할 자와 그 직무범위에 관한 법률 제5조, 제6조의2 제2항, 제7조의2, 제7조의3, 제9조에 따라 지방검찰청 검사장이 사법경찰관리를 지명함에 있어 그 지명방법 등 세부절차를 규정함을 목적으로 제정되었다. 2003년 12월 24일의 일부개정(제685호) 후 2018년 9월 21일까지 총 8회의 개정을 거쳐 현재에 이르고 있다.

이 지침에 의하면, 특별사법경찰관리의 지명을 제청 또는 추천하고자 하는 소속 관서의 장은 특별사법경찰관리 지명제청(추천)서에 관련 서류를 첨부하여 관할 지방검찰청 검사장 또는 지청장에게 제출하여야 하며(제2조), 지명의 유효기간은 사법경찰관리로 지명 받아 그 직무를 수행하는 기간으로 한다(제3조). 또한 특별사법경찰관리의 지명에 관한 사항을 심의하기 위하여 지방검찰청에 특별사법경찰관리 지명심의회를 두도록 하였다(제5조). 지명심의회는 퇴직 또는 보직 변경으로 인한 지

29) 예를 들어, 「자본시장특별사법경찰 집무규칙」(금융위원회 훈령 제119호)이 제정되어 2022년 3월 31일 시행되었다.
30) 신현기a, "금융감독원 특별사법경찰제도 운용 방안", 금융감독연구, 제6권 제1호(2019), 128면.

명철회 신청이 있거나 직무집행에 관하여 부당한 행위를 발견한 때에는 특별사법경찰관리에 대하여 지명철회 여부에 대한 심의를 하여 그에 따라 지방검찰청 검사장은 지명철회를 하게 되며, 이 경우 지명을 제청 또는 추천한 소속 관서장 또는 당해 특별사법경찰관리는 이의를 제기할 수 없다(제8조).

이 지침은 지명절차와 직접적인 관련이 없는 직무교육에 관한 규정을 포함하고 있으며, 지방검찰청 검사장 또는 지청장이 소속 검사 또는 5급 이상 직원으로 하여금 매년 1회 이상 특별사법경찰관리에 대한 직무교육을 실시하도록 규정하고 있다(제9조).

[그림 1-1] 지명절차(특별사법경찰관리 지명절차 등에 관한 지침)31)

지명제청서 제출 (관서장 → 검사장 또는 지청장)	➡	지방검찰청 검사장 또는 지청장	➡	특별사법경찰관리 지명심의회	➡	특별사법경찰 지명 통보 (검사장 또는 지청장→관서장)
지명(갱신) 제청서, 인사기록요약서 등		의견서 작성 (범죄경력조회, 적격여부 판단)		위원장: 부장검사 위원: 2명(검사 및 5급 이상 검찰공무원) 감사: 1명		소속관서의 장에게 지명결과 통보 및 지명서 배부

5) 대검찰청 특별사법경찰 운영팀 운영규정

2008년 1월 4일 특별사법경찰의 역량강화와 검찰의 특사경 지휘체제 확립에 관한 특사경 운영팀 업무를 효율적으로 수행하기 위한 목적으로 '대검찰청 특별사법경찰 운영팀 운영규정'(대검찰청 훈령)이 제정되어 같은 해 1월 7일부터 시행되었다. 특사경 운영팀은 고검 검사급 검사 1명, 사무관 1명, 일반직 2명, 관리운영직 1명으로 구성되며(제2조), 대검찰청 형사부장이 관장한다(제3조). 특사경 운영팀은 특사경 성과관리 및 평가, 특사경 관련 법령정비 및 제도 개선, 일선청 특사경 지휘지원 및 특사경 전담검사・부서관리, 특사경 지휘 관련 매뉴얼 개발, 특사경에 대한 교육 및 교육지원, 특별사법경찰 지휘 관련 일선청의 건의 및 애로사항 검토, 유관기관과

---

31) 부산광역시, 특별사법경찰 백서, 2019, 23면.

의 연락 · 협조 등의 임무를 수행(제4조)하고 있다. 또한 이 특사경 운영팀은 매년 2월 일선청으로부터 특별사법경찰 소속 기관별로 전년도의 업무실적을 취합하여 전문화율, 전담조직화율, 송치인원, 송치율, 기소율, 특사경 수사지휘 지수 등의 성과지표를 측정하고 있다(제5조). 평가결과는 일선청에 송부하여 일선청의 특사경 지명 및 지명철회 업무에 참고할 수 있도록 하고 있다. 그런데 이 운영규정에 다소 특이한 것으로 제12조(특사경 운영기관 별 전담 조직 구성지원)는 특사경 운영팀이 "특사경 운영기관의 특사경 전담조직 설립 · 운영을 지원한다."고 규정하고 있다. 이는 검찰이 중앙행정기관 및 지방자치단체에 소속된 특사경들을 기관별로 전담조직을 설립하여 운용하는 것을 장려하며, 검찰이 이에 대한 감독업무를 수행하겠다는 의도를 보여준다. 특사경 운영팀에 관련하여 문제점으로 지적할 수 있는 것은 무엇보다도 특사경 업무와 관련된 자료들을 국민들에게 공개하지 않고 폐쇄적으로 운영하고 있다는 점이다. 특사경들은 검찰의 하부조직이 아니며 전체 형사사법시스템의 한 구성요소라고 볼 수 있으며, 국가예산이 투입되어 범죄에 대한 단속과 수사업무를 수행하고 있기 때문에 특사경들의 구체적인 인력현황과 업무실적에 대하여는 정기적으로 국민들에게 공개하여야 한다. 그럼에도 불구하고 관련 자료를 공개하고 있지 않아 오히려 검찰에 대한 불신을 증대시키고 있다. 향후 기관별 특사경의 인력현황들과 기관별 사건처리건수, 구속건수, 송치건수, 고발건수 등 제반 정보들에 대한 정확한 공개가 이루어져야 할 것이다.

6) 특별사법경찰직무집행법 제정 논의

특사경들의 수사권한은 형사소송법 및 관련 특별법의 규율대상이지만 지명에 관한 내용과 검사의 수사지휘에 관한 사항 및 집무규칙에 관한 사항들은 하위 법령인 대통령령, 법무부령, 대검찰청 훈령 및 예규 등에 의하여 규율됨으로써 사실상 법률로서 규율되어야 할 사항 등이 내부적인 예규나 지침 등의 변경만으로 특별사법경찰제도의 중요한 운영 내용이 좌우될 수 있는 문제점이 있으므로 일반사법경찰관리인 경찰공무원에 대하여 마련된 '경찰관직무집행법'과 균형을 맞춰 '특별사법경찰직무집행법'을 제정하자는 논의가 있다.[32] 이러한 법률에 포함될 사항은 경찰장비 및

32) 정병하 · 임정호, 특별사법경찰 조직의 전문화 방안에 관한 연구, 대검찰청 연구용역보고서, 한국형사정책연구원, 2009, 217-218면.

장구의 사용, 불심검문의 권한 등이 주된 내용이 되겠지만 기본적으로는 일반 사법경찰과 구별되는 특별사법경찰의 운영 전반을 아우르는 총칙적인 규정을 포함하고, 일반 사법경찰관리와 비교되는 특수한 사항으로서 합동단속반의 설치, 중요 범죄 보고의무, 단속계획 등의 보고의무 등을 포함하자는 것이다.[33] 그러나 경찰관직무집행법은 비록 그 적용대상이 일반사법경찰관리인 국가경찰공무원이지만 대부분의 규정내용들이 행정경찰 차원에서의 위험방지와 범죄예방과 제지들과 같은 표준조치들에 관한 것으로서 수사와 직접적인 관련성이 약하므로 범죄수사를 임무로 하는 특사경에게 유사한 내용의 법률을 제정하는 것은 타당하지 않다. 또한 무기의 사용이나 장구의 사용 등은 법률에 규정할 사항에 해당하지만 특사경들의 직무분야와 직무의 특수성이 다양하기 때문에 모든 특사경에게 공통적으로 적용되는 단일법을 제정하는 것은 바람직하지 않다. 현재와 같이 개별법에서 필요한 경우에 이를 규정하는 것이 타당할 것이다.

2. 특사경 지위인정의 판단기준

특정 행정기관에 소속된 공무원이 특별사법경찰관리에 해당하는지의 여부, 즉 특사경의 지위를 가지는지의 여부는 통상 사법경찰의 직무를 수행할 자와 직무범위를 정하고 있는 특사경법의 적용대상에 포함되는지의 여부에 따라 형식적으로 판단될 수 있다. 반면에 특사경법의 적용대상에 포함되지 않는 경우에도 실질적 측면에서 그 지위가 인정될 수 있다.

가. 자격부여 절차에 따른 형식적 판단

1) 특사경법에 따른 자격부여 방식

특별사법경찰관리를 지정하는 일반법인 특사경법은 행정기관 소속의 공무원 또는 민간인이 수사권을 행사하기 위한 자격부여의 방법으로서 첫째, 별도의 절차 없이 법률에서 직접 사법경찰권을 부여하는 방식, 둘째, 소속 관서장의 제청에 의하여 관할 지방검찰청 검사장이 지명하는 방식, 셋째, 소속 기관장의 보고에 의하여 사법경

33) 같은 글, 217-218면.

찰권을 부여하는 방식으로 구분하여 규정하고 있다.

① 법률에서 직접 부여하는 방식

특사경법이 직접 특사경의 자격을 부여하는 경우로는 제3조, 제6조의2, 제8조 및 제10조에 열거된 공무원들과 제7조에 열거된 민간인 등이 해당된다. 먼저 특사경법 제3조가 열거하는 교정시설의 장 또는 교정업무와 관련된 공무원들로서, 교도소·소년교도소·구치소 또는 그 지소(支所)의 장(제1항), 소년원 또는 그 분원의 장이나 소년분류심사원 또는 그 지원의 장(제2항), 보호감호소·치료감호시설 또는 그 지소의 장(제3항), 교정시설 순회점검 업무에 종사하는 국가공무원(제4항), 보호관찰소 또는 그 지소의 장(제6항)이 있다. 다음으로 출입국관리 업무에 종사하는 국가공무원(제5항)이 있다. 이상의 공무원들은 모두 법무부에 소속되어 있다는 공통점이 있다.[34]

다음으로 근로기준법에 따른 근로감독관(제6조의2 제1항) 및 선원법에 따른 선원근로감독관(제6조의2 제3항)의 경우에도 마찬가지로 법률에 의해 직접 사법경찰권이 부여된 경우이다. 특사경법 제8조에 따른 국가정보원 소속 공무원의 경우에도 비록 국가정보원장이 지명하는 방식을 취하고 있으나 이것은 내부적인 절차에 불과할 뿐이므로 법률에 의해 직접 특사경의 지위를 부여받는 경우로 분류할 수 있다. 다만 2020년 12월 15일 국정원법의 개정으로 국정원의 대공수사권이 개편된 국가수사본부로 이관되고 해당조문은 2024년 1월 1일에 폐지될 예정이다. 이 외에도 제주특별자치도 자치경찰공무원 중 자치경무관·자치총경·자치경정·자치경감·자치경위는 사법경찰관의 직무를, 자치경사·자치경장·자치순경은 특사경법에 의해 당연히 사법경찰관리의 자격을 부여받는다(제10조).

공무원은 아니지만 해선(연해항로이상의 항로를 항행구역으로 하는 총 톤수 20톤 이상 또는 적석수(積石數) 2백 석 이상의 것)의 선장과 사무장 또는 갑판부 등 해원 중 선장의 지명을 받은 자(제7조 제1항), 항공기의 기장과 승무원 중 기장의 지명을 받은 자(제7조 2항)는 관할 지방검찰청검사장의 지명절차 없이 법률에 의하여 특별사법경찰관리의 자격을 부여받는다.

---

34) 다만 민영교도소 등의 설치·운영에 관한 법률 제37조 제3항의 규정에 따라 민영교도소등의 장 및 직원은 「형사소송법」이나 특사경법을 적용할 때에는 교도소장·구치소장 또는 교도관리로 의제되기 때문에 비록 민영교도소장 등은 공무원이 아니지만 특별사법경찰관리에 해당한다.

② 소속 관서장의 제청에 의한 지방검찰청 검사장의 지명 방식

대부분의 특사경에 대한 자격부여는 이 방식을 따른다. 특사경법 제5조는 일반적인 특별사법경찰관리의 자격부여 방식으로서 제5조 각호에 규정된 자로서 그 소속 관서장의 제청에 의하여 그 근무지를 관할하는 지방검찰청검사장이 지명한 자 중 7급 이상의 국가공무원 또는 지방공무원은 사법경찰관, 8급・9급의 국가공무원 또는 지방공무원에게 특사경의 자격을 부여하고 있다. 구체적으로 교도소・구치소, 소년원, 보호・치료감호소, 산림 보호, 식품・의약품, 등대, 철도 공안, 소방, 문화재 보호, 계량 검사, 공원 관리, 관세, 어업 감독, 광산 보안, 국가 보훈, 공중위생, 환경, 전기・통신, 차량 운행, 관광 지도, 청소년 보호, 원산지 표시(농수산, 무역), 외화 획득용 원자재 수입 등, 농약・비료, 하천 감시, 가축・식물 방역, 자동차 정비 등이 업무에 종사하는 자들이다.[35] 또한 특사경법 제5조는 각호에 규정되어 있지 않지만 본문에서 별도로 지방검찰청검사장이 지명한 소방위 이상의 소방공무원은 사법경찰관, 소방장 이하의 소방공무원은 사법경찰리의 직무를 수행하도록 명시하고 있다. 1956년 특사경법 제정 당시에는 지명에 의한 특별사법경찰관리의 자격부여 대상이 10개에 지나지 않았으나, 2021년 6월 9일 현재 53개의 호로 대폭 확대되었다.

그런데 대부분의 특사경 지정이 제5조 각호를 통하여 이루어지고 있는 것과 달리 별도의 조문을 통하여 지명절차와 직무범위가 명시된 경우가 있다. 특사경법 제6조의2 제2항은 법률에 의하여 직접 특사경의 지위를 부여하고 있는 근로감독관과 선원근로감독관과 달리 지방고용노동청, 지청 및 그 출장소에 근무하며 근로감독, 노사협력, 산업안전, 근로여성 보호 등의 업무에 종사하는 공무원에 대하여도 소속 관서의 장의 추천에 의하여 그 근무지를 관할하는 지방검찰청검사장이 지명한 자에 대하여 특사경의 지위를 부여하고 있다. 이 경우 통상적인 소속 관서장의 '제청'이 아닌 '추천'에 의하도록 규정하고 있으나 실질적인 차이는 없다고 하겠다. 이와 함께 특사경법 제7조의2는 국립공원공단 또는 그 분사무소에 근무하는 임직원으로서 국립공원공단이사장의 추천에 의한 지명절차를 규정하고 있다. 또한 2015년 8월 11일 개정된 특사경법은 제7조의3을 신설하여 금융감독원 또는 그 지원이나 출장소에 근무하는 직원으로서 금융감독원 원장의 의견을 들은 금융위원회 위원장의 추천에 의하여 4급 이상의 직원 및 금융위원회 위원장의 추천한 5급 직원에 대하여 자본시장

35) 김찬동・이세구, 앞의 보고서, 23면.

법에 규정된 범죄에 대한 특사경의 지명절차를 규정하고 있다.

그런데 지명방식이 중복적인 형태가 있다. 특사경법 제9조는 군사법원법에 따른 군사법경찰관리로서 지방검찰청검사장의 지명을 받은 자에 대하여 특사경의 지위를 부여하고 있다. 군사법경찰관리의 경우 군사법원법 제43조와 제46조에 따라 국가정보원 직원을 제외하고(국가정보원장의 지명필요) 자동적으로 군사법경찰관리의 신분을 부여받지만 민간인을 피의자로 하는 군용물범죄나, 군사기밀보호범죄 등에 대하여는 군사법경찰관리 중 지방검찰청 검사장의 지명을 받아 사법경찰관리의 직무를 수행한다.36) 따라서 특사경의 지위를 받은 자에 대하여 재차 특사경의 지위부여가 이루어지고 있다는 점에서 이른바 '중복적 자격부여'에 해당한다고 할 수 있다.

세부적인 지명절차에 대하여는 앞서 언급한 법무부예규인 '특별사법경찰관리 지명절차 등에 관한 지침'이 규정하고 있다. 지명심의회는 당해 지방검찰청 소속 부장검사를 위원장으로 하고, 검사 및 5급 이상 검찰공무원중에서 당해 검찰청 검사장이 임명하는 위원 2인으로 구성하며, 심의회에 그 사무를 담당하게 하기 위하여 당해 지방검찰청 소속 공무원 중에서 검사장이 지명하는 간사 1인을 둔다. 이처럼 심의회의 구성은 부장검사를 포함하여 오로지 검찰청 소속의 공무원으로만 되어 있으며, 지명대상자가 소속된 기관을 대표하는 자나 일반사법경찰관리를 대표할 수 있는 경찰공무원, 그리고 해당분야의 전문가 등 외부인사를 전혀 포함시키고 있지 않다. 비록 소속 기관장의 제청을 받아 지명을 하게 되며, 심의기준에 따라 결정하게 되지만 지명여부에 대한 결정이 검찰의 의견이 절대적으로 작용한다는 점에서 문제가 있다. 구체적으로 지명절차 등에 관한 지침에 규정된 심의기준(제5조의2) 제2항 제3호 '기타 특별사법경찰관리 직무취급에 부적합하다고 판단되는 자'를 결격사유로 규정하고 있으나, 매우 주관적인 평가요소로서 자의적으로 운용될 소지가 있다. 행정공무원이 단속업무와 수사업무를 동시에 담당하는 경우에 특별사법경찰관리로 지명을 받지 못하게 되면 해당 단속업무도 수행할 수 없게 되는 결과가 발생할 소지가 있다. 무엇보다도 지명거부를 하거나 지명철회 결정을 하는 경우에 대한 이의제기 또는 불복절차를 마련하지 않은 것은 검찰에 과도한 권한을 준 것이라고 할 수 있다. 그렇다면 단위 검찰청의 검사장에 의한 특사경 지명의 본질과 그 정당성이 무엇인

36) 김택수a, 앞의 글, 14면.

지에 대한 의문이 제기된다. 학계 일부에서는 지명의 형태로 특정인에게 수사권이 부여되는 것은 미국식으로 '위임'이라고 설명하면 일응 이해된다는 의견이 있다.37) 이는 수사권의 귀속주체가 누구냐의 물음과도 연결될 수 있으며 과거 수사권은 오로지 검사에게 있으며 사법경찰관리는 검사의 수사 보조자라는 관점에서 보게 되면 그의 권한을 위임한 것이라는 설명이 가능하다. 하지만 수사권의 귀속주체가 검사가 아니며 더욱이 수사권 조정 이후 일차적 수사권이 경찰공무원인 사법경찰관리에게 부여되었다는 점에서 보면 권한의 위임으로 보기는 더욱 어려워진다. 현재의 상황에서 특사경은 여전히 모든 수사에 있어 검사의 지휘를 받아야 하며, 수사결과는 검사의 공소제기 여부에 대한 판단을 거쳐 종국적으로는 검사의 공소유지를 통하여 유무죄의 판결에 도달한다는 점에서 단위 검찰청 검사장에 의한 특사경 지명은 그 타당성이 인정된다고 하겠다. 수사에 대하여 검사가 통제권한을 가지며 검사의 본질적 기능과 분리되기 어렵다는 점에서 사법경찰관리의 자격부여라는 지명절차의 정당성을 찾을 수 있겠다. 다만 지명권한을 빌미로 행정기관의 검찰에 대한 예속성이 심화되고 검찰이 행정기관에 대한 통제 또는 영향력을 행사할 수 있다는 폐단에 대하여는 유의해야 한다. 아울러 지명절차를 통한 검찰과 행정기관 사이의 지휘관계와 공조체계의 구축은 사실상 경찰이 들어갈 자리를 없앰으로써 궁극적으로는 경찰이 수사역량을 강화하는데 저해요소로 작용할 수 있다는 점도 고려해야 한다.

③ 소속 기관장의 보고에 의한 부여 방식

근무지를 관할하는 지방검찰청검사장의 지명절차 없이 소속 기관장이 보고에 의하여 특사경의 자격을 부여하는 방식이 있다. 특사경법 제4조에 따라 산림청과 그 소속 기관 또는 지방자치단체에 소속되어 산림보호를 위한 단속사무를 전담할 자로서 그 소속기관의 장이 관할 지방검찰청검사장에게 보고한 임업주사 및 임업주사보는 사법경찰관의 직무를, 임업서기 및 임업서기보는 사법경찰리의 직무를 수행한다. 이 경우 실질적인 특사경의 지명권자는 공무원이 소속된 기관의 장이라고 할 수 있다.

37) 이근우, "특별사법경찰 제도 전면 개편의 필요성", 형사정책 제32권 제3호(통권 제63호), 2020, 52-53면, 각주 22.

2) 특사경법 이외의 법률에 따른 방식

① 경호공무원

'대통령 등의 경호에 관한 법률' 제17조는 대통령경호처장의 제청으로 서울중앙지방검찰청 검사장이 지명한 경호공무원이 이 법률에 따른 경호대상에 대한 경호업무 수행 중 인지한 그 소관에 속하는 범죄에 대하여 직무상 또는 수사상 긴급을 요하는 한도 내에서 사법경찰관리의 직무를 수행할 수 있도록 규정하고 있다(제1항). 이 경우 7급 이상 경호공무원은 사법경찰관의 직무를 수행하고, 8급 이하 경호공무원은 사법경찰리의 직무를 수행한다(제2항). 따라서 경호공무원의 경우도 소속 관서장의 제청에 의하여 지방검찰청검사장의 지명을 받는 통상적인 방식을 따른다.

② 군사법경찰관리

'군사법원법' 제43조와 제46조에 따라 「군인사법」 제5조 제2항에 따른 기본병과 중 수사 및 교정업무 등을 주로 담당하는 병과(이하 "군사경찰과"라 한다)의 장교, 준사관 및 부사관과 법령에 따라 범죄수사업무를 관장하는 부대에 소속된 군무원 중 국방부장관 또는 각 군 참모총장이 군사법경찰관으로 임명하는 사람, 「국군조직법」 제2조 제3항에 따라 설치된 부대 중 군사보안 업무 등을 수행하는 부대로서 국군조직 관련 법령으로 정하는 부대(이하 "군사안보지원부대"라 한다)에 소속된 장교, 준사관 및 부사관과 군무원 중 국방부장관이 군사법경찰관으로 임명하는 사람, 국가정보원 직원으로서 국가정보원장이 군사법경찰관으로 지명하는 사람, 검찰수사관 등은 군사법경찰관으로서 범죄를 수사한다. 군사경찰과에 속하는 군인(이하 "군사경찰"이라 한다)인 병, 군사안보지원부대에 소속되어 보안업무에 종사하는 병, 국가정보원장이 군사법경찰리로 지명하는 국가정보원 직원은 군사법경찰리로서 군검사 또는 군사법경찰의 명령을 받아 수사를 보조한다. 단, 민간인을 피의자로 하는 군용물범죄나, 군사기밀보호범죄 등의 경우에는 위에 열거된 군사법경찰관리 중 지방검찰청 검사장의 지명을 받아 사법경찰관리의 직무를 수행한다.

나. 특사경의 지위인정에 대한 실질적 판단

특사경의 지위인정 여부는 실질적으로 판단되어야 하며, 특사경법 또는 다른 법률에 의하여 명시적으로 특사경의 자격을 부여하는 절차를 두고 있는지의 형식적 기준에 의해 판단하는 것은 타당하지 않다. 특사경의 지위인정 여부는 특사경제도의 본질 또는 속성의 측면에서 접근할 필요가 있다. 특사경의 자격을 부여하는 취지는 단순히 수사권한을 부여하는 것에 그치는 것이 아니라 형사소송법상의 적법절차의 준수와 통제를 받도록 한다는 의미를 담고 있다. 이 점에서 특사경의 자격을 부여하는 형식인 검사장에 의한 지명절차도 검사에 의한 통제 즉, 수사에 대한 검사의 지휘권한을 전제로 하는 것이므로 검사와의 지휘관계의 유무도 중요한 판단기준이 된다. 또한 특사경의 지위를 인정하기 위해서는 무엇보다도 형사소송법상의 수사권한을 행사할 수 있어야 한다. 이와 관련하여 통고처분과 결부된 범칙조사를 수행하는 공무원에게 특사경의 자격을 부여하는 것이 타당한지의 문제와 함께 범칙조사의 수행주체가 특사경인 경우에 범칙조사권의 법적 성격이 수사에 해당하는 것인지 아니면 행정조사에 해당하는지에 대한 논란을 발생시키며 이에 대하여는 뒤에서 다루기로 한다.

또 한 가지 유의해야 할 것은 특정 분야의 공무원에게 특사경의 자격을 부여하는 것이 타당한지의 문제에만 초점을 맞추어서는 안 되며, 반대로 통상적 기준에 따르면 특사경의 지위를 부여하는 것이 합리적인데도 불구하고 그 지위를 부여하지 않는 경우도 있다는 점이다. 특별사법경찰관제도는 수사권을 행사하는 행정공무원에 대한 사법적 통제장치를 마련하여 적법성을 확보하고자 하는 취지가 담겨 있기 때문에 수사에 관한 정당한 외부적 통제를 회피하기 위해 해당 기관이 특사경의 자격 부여를 오히려 꺼려하는 문제에 대해서는 특별히 경계해야 한다. 물론 여기에는 나름대로의 이유가 제시될 수 있다. 특사경의 자격을 부여 받게 되면 행정기관 소속 공무원과 검사 사이에 지휘관계가 설정되어 결과적으로 행정기관이 검찰의 통제를 받을 있다는 점과 검사의 간섭으로 인해 행정의 독립성을 확보하기 어려워진다는 우려가 있을 수 있으므로 이 점도 고려해야 한다. 실질적인 특사경 지위의 인정 여부가 논란이 되는 부류는 대표적으로 세무공무원, 공정거래위원회 소속 조사공무원, 금융위원회 소속 조사공무원 등이다.

1) 심화: 세무공무원[38)]

조세범칙조사를 수행하는 세무공무원이 특별사법경찰관리에 해당하는지의 논란

38) 김택수b, "행정기관에 의한 수사권 행사의 문제와 규제방안", 경찰법연구 제16권 제2호(2018), 74-75면의 내용을 대폭 수정한 것임을 밝힌다.

은 특사경법이 세무공무원에 대한 자격부여에 관하여 명시적 규정을 두고 있지 않으며, 다른 법령에서 특사경법과 유사한 지명절차를 규정하고 있기 때문이다. 즉, '조세범처벌절차법'에 따라 범칙조사를 하는 세무공무원에 대한 지명은 법무부 예규인 「특별 사법경찰관리 지명절차 등에 관한 지침」 제10조에 따라 일반적인 특별사법경찰관리에 대한 지명절차를 준용하도록 하고 있다. 이를 근거로 소속 지방국세청장의 제청으로 해당 지방국세청 또는 세무서 소재지를 관할하는 지방검찰청의 검사장이 일괄 지명하고 있다.[39] 세무공무원으로 지명되지 아니한 자는 '조세범처벌절차법'이 규정한 세무공무원에 해당하지 않는다.[40] 세무공무원이 특사경의 지위를 갖는지에 대한 논의는 그에 따라 범칙조사의 성격이 달라질 수 있으며 또한 검사가 범칙조사에 대한 지휘를 할 수 있는지에 대한 판단이 달라질 수 있다는 점에서 중요한 의미를 갖는다. 또한 증거법적인 측면에서 세무공무원이 작성한 심문조서의 증거능력에 판단기준이 달라질 수 있다.[41] 통설적 견해에 의하면 특사경의 지위가 부인되지만, 일부 특사경의 지위를 긍정하는 입장도 있다. 예를 들어 신동운 교수는 형사소송법 제197조(현행 제245조의10 제1항)의 '세무'에 대한 문리해석, 조세범처벌절차법 시행령이 세무공무원을 지방검찰청 검사장이나 검찰총장의 지명을 받은 자로 한정하고 있는 점에 대한 논리적 해석, 검사의 영장청구권에 따른 목적론적 해석 등을 토대로 세무공무원이 특별사법경찰관리에 해당한다고 주장한다.[42] 특히 역사적 해석의 관점에서 헌법과 형사소송법이 강제수사를 위한 영장의 청구권자를 검사로 한정하고 있는 상황에 비추어 볼 때 세무공무원을 사법경찰관리로 파악하지 않는 부정설은 시대착오라는 평가를 하고 있다.[43]

그러나 이러한 주장의 논거 중에 특사경 자격부여의 문제는 검사의 영장청구권의 문제와 직접적으로 연결되는 것은 아니며, 별개의 문제로 다루어져야 한다. 왜냐하면 범죄수사의 분야뿐만 아니라 행정조사의 분야에서도 영장을 신청하기 위해서는 행정공무원이 특사경의 지위에 있어야 한다는 주장과 다를 바가 없어 타당한 주장

---

39) 자세한 지명절차에 대하여는 권광현, "일본의 조세범죄 수사실무-실제 사례를 중심으로", 형사법의 신동향 통권 제26호(2010 · 6), 293면.

40) 대법원 1997. 4. 11. 선고 96도2753판결.

41) 김태희, "조세범칙조사시 세무공무원이 작성한 심문조서의 증거능력", 조세법연구 제25권 제3호(2019), 405-406면.

42) 신동운, "조세범칙사건의 처리절차", 서울대학교 법학, 제39권 제2호(1998), 126-130면.

43) 같은 글, 129-130면.

이라고 할 수 없다. 검사에게 영장을 신청해야 하는 이유는 해당 조사행위가 수사에 해당하거나 특사경의 지위라는 이유와 직접 관련되는 것이 아니라 헌법상 영장을 검사가 신청하도록 한 검사의 독점적 영장청구권에서 발생하는 문제에 불과하기 때문이다.[44] 비록 범죄수사와 관련하여 영장청구권이 검사에게 독점되어 있는 것은 사실이지만 이것이 곧 행정조사에 있어서도 검사의 독점적 영장청구권이 인정된다는 것을 의미하는 것은 아니다. 행정조사와 관련한 영장청구권의 문제는 후술하기로 한다.

세무공무원에 대하여 특사경의 지위를 인정할 수 있다는 주된 논거는 자격부여의 절차가 일반적인 특사경에 대한 자격부여의 절차를 따르고 있다는 점이다. '조세범처벌 절차법' 제2조 3호 '조세범칙조사'와 제4호 '세무공무원'의 정의를 종합하면 지방국세청 또는 세무서에 소속되어 조세범칙조사를 담당하는 세무공무원은 소속 관서장의 제청으로 소재지를 관할하는 지방검찰청검사장의 지명을 받도록 되어 있다. 같은 맥락에서 법무부 예규인 '특별사법경찰관리 지명절차 등에 관한 지침' 제10조 제1항은 「조세범처벌절차법 시행령」 제1조의 규정에 의한 세무공무원의 지명에 준용하도록 규정하고 있으며, 대검찰청의 특별사법경찰관리 현황자료에도 세무공무원으로 지명을 받은 자를 특별사법경찰관리로 분류하고 있다. 또한 특별사법경찰관리의 지위를 가지는 세관공무원과의 균형 및 일반적으로 통고처분과 결부된 범칙조사의 권한을 가진 행정기관 소속 공무원에 대하여 특사경의 자격을 부여하고 있다는 점에 비춰볼 때 세무공무원이 실질적으로 특사경의 지위를 가지고 있다고 평가할 수 있다.[45]

하지만, 지명절차의 유사성에도 불구하고 특사경의 지위를 인정할 수 없다는 주장도 있다. 주된 논거는 특사경법이 세무공무원에 대한 자격부여에 관하여 아무런 규정을 두고 있지 않다는 것이다.[46] 또한 '조세범처벌법'과 '조세범처벌절차법'도 해당 세무공무원이 사법경찰관리의 신분을 가진다고 규정하고 있지도 않다.[47] 그런데

---

44) 이에 대한 문제제기로는 황문규, "헌법상 검사 독점적 영장청구제도의 의의와 한계", 경찰법연구 제15권 제1호(2017), 24-25면.

45) 조세범칙조사를 수행하는 세무공무원이 특별사법경찰관리에 해당한다는 주장의 논거에 대하여는, 김태희, 앞의 글, 414-420면.

46) 세무공무원에 대한 지명절차의 문제점을 이유로 특별사법경찰관리로 볼 수 없으며, 범칙조사의 성격은 수사와 유사할지라도 수사는 아니고 행정조사에 해당한다는 견해로는, 권광현, 앞의 글, 293면.

여기서 우리가 주목해야 하는 것은 단순히 지명절차가 어떤 법률에 규정되어 있는지가 중요한 것이 아니라 특별사법경찰관의 자격을 부여받음으로써 검사와의 관계에서 실질적인 지휘관계가 성립되고 있는지를 더욱 중요한 기준으로 삼아야 한다. 이러한 관점에서 보면 특사경의 지위를 인정하기 위해서 요구되는 검사와 세무공무원 사이에 지휘감독관계가 성립하지 않는다는 것을 알 수 있다.[48] 조세범처벌법이나 그 시행령 어디에도 특별사법경찰관리라는 용어가 등장하지 않는다. 그런데 이 용어는 바로 형사소송법과 검찰청법을 통하여 검사와 특별사법경찰관리의 관계를 연결시켜주는 고리의 역할을 하고 있기 때문에 지휘관계의 설정 근거를 찾을 수 없다.[49]

세무공무원이 특별사법경찰관리에 해당하지 않으므로 논리적 귀결로서 '특별사법경찰 수사준칙'의 적용대상에서도 제외된다. 여기에 덧붙여 특사경의 자격을 부여하는 것은 형사소송법상의 모든 수사권한을 행사할 수 있도록 허용하는 것이므로 범칙조사를 완전한 수사로 볼 수 없는 한 범칙조사를 수행하는 세무공무원에게 특사경의 자격을 부여하였다고 보기 어려운 점도 있다.

그렇다면 한편으로는 특사경의 지명절차를 따르면서 다른 한편에서는 특사경의 지위를 인정할 수 없는 상황에 대하여 어떻게 이해해야 하느냐의 문제가 남는다. 이는 법적인 문제라기보다는 정책적이며 정치적 고려가 반영된 것이라고 보는 것이 합리적이다. 국세청 내부적으로는 검사의 지휘와 통제를 받지 않으려는 이해관계와 함께 외부적으로는 국가기관 간의 권력배분이라는 정치적 또는 정책적 고려가 반영된 것이라고 할 수 있다. 국세청은 검찰, 경찰, 공정거래위원회와 함께 이른바 주요 '사정기관'의 하나로 손꼽히기 때문에 국세청의 업무에 대하여 검찰이 수사지휘권을 근거로 한 통제가능성은 검찰에 대한 과도한 권한집중을 가져오고 또 다른 권한남용의 소지가 있기 때문이다. 궁극적으로 세무공무원에 대하여 특사경의 지위를 인정할 수 있는지에 대한 법해석의 문제와 특사경의 지위를 부여하는 것이 타당한지에

---

47) 김용주, 앞의 글, 100면.

48) 검사의 지휘를 받지 않는다 하더라도 세무공무원을 사법경찰관리로 보아야 한다는 주장으로는, 김태희, 앞의 글, 418면.

49) 이에 반해 국세청 홈페이지 용어사전(세무공무원지명서)에 따르면 "지명을 받은 세무공무원은 형사소송법에 규정된 특별사법경찰관리로서 범칙사건을 조사하기 위하여 필요한 때에는 범칙혐의자나 참고인을 심문·압수 또는 수색할 수 있다"고 설명하고 있다. 출처: https://txsi.hometax.go.kr/docs/customer/dictionary/view.jsp?word=&word_id=5606

대한 입법 정책상의 문제는 달리 취급되어야 한다.

세무공무원은 부분적으로는 특별사법경찰관리로 볼 수 있는 여지가 있지만 특별사법경찰관제도의 전체적 측면에서 볼 때 특사경의 지위를 갖는다고 보기 어렵다. 결론적으로 세무공무원에 대한 지명방식은 기형적 또는 변칙적 특별사법경찰관제도의 형태라고 할 수 있다.

특별사법경찰관리 지명절차 등에 관한 지침

제10조(세무공무원 등에의 준용) ① 제2조, 제3조, 제5조, 제5조의2, 제6조, 제7조, 제8조, 제8조의2의 규정은 「조세범처벌절차법 시행령」 제7조[50]의 규정에 의한 세무공무원 또는 「지방세기본법 시행령」 제102조의 2의 규정에 의한 범칙사건조사공무원의 지명에 준용한다. 다만, 세무공무원의 지명에 있어서 "특별사법경찰관리"는 "세무공무원"으로, "지방검찰청 검사장 또는 지청장"은 "검찰총장 또는 지방검찰청 검사장"으로, "지방검찰청"은 "대검찰청 또는 지방검찰청"으로, "당해 지방검찰청 소속 부장검사"는 "대검찰청 과장 또는 당해 지방검찰청 소속 부장검사"로, "소속 관서장"은 "국세청장 또는 지방국세청장"으로 한다.

② 제2조, 제3조, 제5조, 제5조의2, 제6조, 제7조, 제8조, 제8조의2의 규정은 「자본시장과 금융투자업에 관한 법률 시행령」 제378조의 규정에 의한 조사공무원의 지명에 준용한다. 이 경우 "특별사법경찰관리"는 "조사공무원"으로, "지방검찰청 검사장 또는 지청장"은 "검찰총장"으로, "지방검찰청"은 "대검찰청"으로, "당해 지방검찰청 소속 부장검사"는 "대검찰청 과장"으로, "소속 관서장"은 "증권선물위원회 위원장"으로 한다.

2) 공정거래위원회 조사공무원

특사경법과 공정거래법 등 관련 법령에 대한 체계적 해석에 따르면 조사공무원에 대하여 특사경의 지위를 인정하는 것은 무리이다. 하지만 형벌로 규정된 위반사항에 대한 조사업무를 수행하는 공무원에 대하여 특사경의 자격을 부여하는 것이 우리법의 일반적 태도라는 점에 비춰볼 때 공정거래위원회 소속 조사공무원에 대하여 현행 법률이 특사경의 자격을 부여하지 않고 있는 것은 오히려 부자연스럽게 비춰진다.

---

50) 2010. 2. 18. 전부개정된 조세범 처벌절차법 시행령 제7조를 가리키지만 현재 조문은 폐지되고 2011. 12. 31. 전부개정된 조세범처벌법 제2조 제4항에 삽입되었다.

우선 공정거래위원회가 형벌로 처벌되는 위반사항에 대하여 조사를 한 후에 고발 또는 과징금의 부과처분을 할 수 있는데 과징금 부과처분을 범칙금 통고처분과 유사한 형벌의 부과절차로 보게 되면 조사절차는 수사절차에 준하는 범칙조사의 성격과 유사한 것으로 평가할 수 있다. 관세범이나 출입국사범 등에 대한 범칙조사 권한을 통상 특사경에게 부여하고 있는 우리 법의 태도를 고려하면 공정거래위원회의 조사공무원은 그 권한면에서 특별사법경찰관리와 다를 바가 없다고 할 수 있다. 다만, 공정거래법은 압수, 수색과 같은 강제처분의 권한을 마련하고 있지 않지만 광범위한 조사권한과 함께 금융거래정보제출 요구권을 보유하고 있어 그 권한이 결코 작다고 할 수 없다. 현재의 상황에서 공정거래위원회 소속 조사공무원은 특별사법경찰관리에 준하는 지위를 갖는 것으로 볼 수 있다. 최근에도 공정거래위원회 소속 공무원에 대한 사법경찰권의 부여가 논란의 중심이 되고 있는 상황이지만 후술하는 바와 같이 특사경의 자격부여가 바람직하다고 평가하지 않는다.

3) 금융위원회 조사공무원

'자본시장과 금융투자업에 관한 법률' 제427조 제1항은 불공정거래 조사를 위한 압수·수색의 권한을 금융위원회 소속공무원 중 대통령령으로 정하는 자(조사공무원)에게 부여하고 있으며, 이 법률 시행령 제378조는 조사공무원을 "금융위원회 소속 공무원 중에서 증권선물위원회 위원장의 제청에 의하여 검찰총장이 지명하는 자"로 정의하고 있다. 따라서 조사공무원은 검찰총장의 지명을 받아 압수·수색 등의 수사에 준하는 강제처분을 할 수 있으므로 이들의 경우에도 세무공무원의 경우와 마찬가지로 검찰에 의한 지명절차를 통하여 특사경의 자격을 부여 받았다고 볼 수 있는지에 대한 논란이 생긴다. '특별사법경찰관리 지명절차 등에 관한 지침' 제10조 제2항도 금융위원회 소속 조사공무원의 지명에 이 지침의 규정을 준용하도록 명시하고 있다.

다만, 법률이 아닌 시행령이 이러한 지명절차를 규정하고 있다는 것은 다른 특사경들에 대한 지위부여 방식과 균형이 맞지 않으며, 조세범칙조사를 수행하는 세무공무원의 경우와 마찬가지로 기형적, 변칙적 특별사법경찰관리의 형태라고 할 수 있다. 다만 세무공무원의 경우와 차이점은 특사경법 제5조는 금융위원회에 근무하며 자본시장 불공정거래 조사·단속 등에 관한 사무에 종사하는 국가공무원(49호)에 대하여 검사장의 지명을 받아 사법경찰관리의 직무를 수행하도록 규정하고 있기 때문에, 특사경으로 지명을 받지 않은 조사공무원에 대하여 별도로 특사경의 지위를 인정하는 것은 중복적이며 체계적이지 못한 면이 있다.

결론적으로 조사공무원이 압수・수색 등의 강제처분을 할 수 있는 권한을 가지고 있으며 검찰총장으로부터 지명을 받더라도 이들이 수행하는 직무가 수사가 아닌 행정조사에 한정된다면 본질적으로 수사의 직무를 수행하는 특별사법경찰관리로 보기 어려우며, 따라서 지명절차 역시 검찰총장이나 지방검찰청 검사장이 아닌 기획재정부장관 등 금융・증권관련 주무 부처 장관이나 금융위원회 위원장이 직접 지명하도록 하는 것이 타당할 것이다.

3. 특사경제도의 발전과정

가. 인원 및 업무 현황

1) 개 관[51)]

특사경의 직무분야는 특사경법이 제정된 이래 현재까지 빠르게 확대되는 현상을 보인다. 1956년 1월 12일 특사경법 제정 당시 특별사법경찰관리는 ① 검찰 ② 형무소 ③ 소년원 ④ 농림부 ⑤ 산림국 ⑥ 영림서 ⑦ 임업시험장 ⑧ 특별시・도 및 시・군 산림보호담당 ⑨ 전매청 ⑩ 보사부 마약 ⑪ 선장 및 선원 등 10여개 부처공무원(3~5급)으로 이루어져 있었다.[52)]

이것은 일본의 응급조치법에 열거된 특사경의 직무분야와 유사하다. 반면에 일본은 현재 13개 종류의 특별사법경찰관리가 존재하며, 오히려 그 종류가 축소되는 추세로 우리와는 매우 다른 양상을 보인다.

1956년 특사경법이 제정될 당시의 시대상황을 고려하여 볼 때, 수적으로 일반경찰이 부족할 뿐만 아니라 일반경찰이 개별 행정영역에 대한 전문성이 부족하여 특별사법경찰제도의 설치 및 운영에 관한 근거 법률을 마련하였음을 알 수 있다.[53)] 특

51) 김택수 외, 불법사행산업 단속을 위한 특별사법경찰관제도 연구, 사행산업통합감독위원회 연구용역보고서, 2015 내용 일부를 수정한 것임을 밝힌다.

52) 김민규, “특별사법경찰제도의 공법적 고찰-일반행정기관에의 ‘사법경찰권’에 관한 법치국가적 타당성 검토-”, 석사학위논문, 고려대학교 대학원, 2009, 13면.

53) 이근우a, 앞의 글, 187면.

별사법경찰관제도의 도입초기에는 1차 산업분야의 일부에 있어 범칙사건만을 다루고 있었으나, 사회환경의 변화와 인구 및 경제규모의 확대, 정부조직의 거대화 및 분화에 따라 다양한 분야의 관련 행정공무원들에게 특별사법경찰권을 부여하게 되면서 그 종류가 대폭 증가하였다.[54] 우리 법제도에 절대적인 영향을 미친 일본의 경우와 달리 우리나라에서 유독 특사경의 분야가 확대되는 현상은 매우 특이하다고 하겠으며 여기에는 여러 행정기관들이 조직의 권한강화에 대한 의욕이 깔려 있으며 이를 수용하는 주변의 환경적 요소들이 작용하고 있다고 하겠다.

우리나라 17개 광역자치단체와 18개 정부기관 중 14개 정부기관인 국토교통부, 기획재정부, 고용노동부, 문화체육관광부, 환경부, 국방부, 농림축산식품부, 행정안전부, 법무부, 산업통상자원부, 여성가족부, 보건복지부, 과학기술정보통신부, 해양수산부 등과 그 하부기관인 관세청, 식품의약품안전처, 소방방재청 등에서 특별사법경찰제도를 운용하고 있다. 정부부처 중 교육부, 외교부, 통일부, 중소벤처기업부에서는 필요성이 대두되지 않아 아직 특별사법경찰제도가 운영되지 않고 있지만 나머지 대부분의 부처들에서는 비교적 활발하게 운용 중에 있다.

[표 1-2] 중앙부처 특사경 조직 현황

연번	부처	소속기관 또는 업무
1	국토교통부	국토관리청. 철도공안
2	기획재정부	국세청, 관세청
3	고용노동부	노동사무소
4	문화체육관광부	문화재청, 저작권보호과, 관광지도업무
5	환경부	환경청
6	국방부	병무청, 군사안보지원사령부, 군사경찰, 군수품단속위원회
7	농림축산식품부	국립농산물품질관리원, 농촌진흥청, 산림청
8	행정안전부	소방방재청
9	법무부	교정본부, 보호관찰소
10	산업통상자원부	원재료 수입 등 승인, 원산지표시 단속업무
11	여성가족부	아동청소년

54) 곽영길, "지방정부의 특별사법경찰제도에 관한 연구", 한국자치행정학보, 제26권 제1호(2012), 147면.

12	보건복지부		식품의약품안전처
13	과학기술정보통신부		전파관리소
14	해양수산부		해양환경단속, 수산물검역
15	교육부, 외교부, 통일부, 중소벤처기업부		없음
16	기타	대통령실	경호처
		국립대학교	서울대, 강원대(실습림)
		방송통신위원회	전기통신설비, 영리목적 광고단속사무

2) 특별사법경찰관리 지명 현황[55)]

① 연도별 중앙행정기관 및 지자체 특별사법경찰관리 지명인원 현황

연도별로 특별사법경찰관리로 지명을 받은 특별사법경찰관리의 인원을 보면, 2002년도 12,234명, 2003년도 10,188명, 2004년도 10,144명, 2005년도 11,041명, 2006년도 13,114명, 2007년 12,423명, 2008년 14,050명, 2011년 13,796명, 2012년 14,558명, 2013년 16,222명, 2014년 15,551명, 2015년 17,117명, 2016년 19,095명, 2017년 19,479명, 2018년 20,771명, 2019년 20,523명, 2020년 22,031명[56)]으로 20년이 안 되는 기간 동안 2배 가까이 인원이 증가하였다.[57)] 2007년부터 2020년까지 중앙행정기관 및 지방자치단체별 지명된 특별사법경찰관리의 현황을 보면 아래 표와 같다.

[표 1-3] 연도별 특별사법경찰관리 지명현황

(단위: 명)

구분	2007	2008	2011	2012	2013	2014	2015	2016	2017	2018	2019	2020
중앙행정기관	7,071	7,908	8,275	8,637	10,216	7,566	9,204	10,026	11,088	11,530	11,529	15,115
지방자치단체	5,361	6,142	5,521	5,921	6,006	7,985	7,913	9,069	8,391	9,241	8,994	6,916
합계	12,423	14,050	13,796	14,558	16,222	15,551	17,117	19,095	19,479	20,771	20,523	22,031

55) 이하에 제시된 통계자료들은 국회 법제사법위원회, 사법경찰관리의 직무를 수행할 자와 그 직무범위에 관한 법률 일부개정법률안 검토보고서에 첨부된 참고자료들을 종합한 것임을 밝힌다.

56) 2020년 자료는, "대검, 특별사법경찰 현장 지원 강화", 법률신문 인터넷 기사(2021.08.09.).

57) 많은 정부기관에서 1~2년을 주기로 보직을 변경하는 인사원칙을 준수하고 있으며 이에 따라 특별사법경찰관리로 지명되고, 또 지명이 철회되는 과정에서 전체적으로 정확한 인원조차 파악하기 곤란한 것이 현실이다. 특별사법경찰관리의 업무에 대하여 전체적으로 중앙행정부처나 지방자치단체를 대상으로 파악하기도 쉽지 않은 상황이다. 김종오 · 김태진, "특별사법경찰의 교육훈련 효율성 제공 방안에 관한 연구", 한국공안행정학회보 제20권 제3호(2011), 13면, 곽영길, 앞의 글, 151면 재인용.

위 표에서 보듯이 2020년 12월 말 기준 지명된 특별사법경찰은 총 22,031명으로 중앙행정기관 15,115명과 지방자치단체 6,916명으로 구성되어 있다. 증가추이를 보면 중앙행정기관의 경우 2007년과 2020년 사이 일부 감소한 경우도 있으나 인원이 2배 이상 증가한 반면에 지방자치단체의 경우에는 2007년 5,361명에서 2018년 최고 9,241명까지 증가하였다가 이후 2년 동안 감속하여 2020년에는 6,916명이다. 이는 지방자치단체의 인력 증가보다 중앙행정기관의 특별사법경찰관리의 인력이 더 빠른 속도로 증가하였음을 보여준다.

② 기관 및 분야별 특별사법경찰관리 지명인원

중앙행정기관의 특별사법경찰관리 지명인원 현황을 보면, 아래 표에서 보는 바와 같이 기획재정부 산하 국세청 및 관세청 소속으로 약 6천여 명의 특사경들이 근무하고 있어 그 규모가 제일 크다. 법무부의 경우에도 교정본부 소속 교정직 공무원 800여 명이 특사경으로 활동하고 있으며 아래 표에 포함되어 있지 않지만 지명을 받지 않고 법률에 의해 직접 특사경의 자격을 부여 받은 출입국관리공무원 약 1,800명[58]과 공식적인 통계에 잡히지 않은 보호관찰소 소속 특사경(전자감독 전담 보호관찰관) 인원 467명[59]을 포함하면 그 규모는 3,000여 명이 넘는 것으로 추산된다. 농림축산식품부의 경우에도 1,200여 명이 특사경으로 지명을 받아 근무하고 있으며, 국토교통부의 경우에도 520여 명이 특사경으로 지명을 받아 근무하고 있다. 반면에 문화체육관광부는 30명 미만이 특별사법경찰관리로 지명을 받았으며, 여성가족부의 경우에도 10명 미만이 지명을 받아 다른 부처와 대조를 보인다.

[표 1-4] 기관 및 분야별 특별사법경찰관리 지명인원(2020. 12. 31.현재)

연번	기 관	업무분야	인 원(명)			
			'13	'14	'19	'20
1	기획재정부(관세청)	관세법 등 위반 범죄	442	453	461	437
2	기획재정부(국세청)	조세 관련 범죄	2,200	2,041	4,602	5,366
3	법무부(교소도등)	교도소, 구치소 등 내에서 발생한 범죄	1,109	782	822	811

58) 2021. 12. 14 개정된 법무부와 그 소속기관 직제 시행규칙 [별표12]에 따른 출입국・외국인청, 출입국・외국인사무소, 외국인보호소 및 출입국・외국인지원센터 공무원 정원표 기준 추산.

59) "보호관찰관 1명이 17건 담당…사법경찰 지위는 있으나마나", 파이낸셜뉴스 인터넷 기사(2012. 09.05.).

4	국방부(기무사등)	군용물, 군사기밀보호법, ·병역법 등 위반 범죄	321	326	197	135
5	병무청	병역법 위반 범죄			37	37
6	소방방재청※	소방기본법 등 위반 사범	1,402	27	29	2,303
7	문화체육관광부 (문화재청)	문화재보호법 위반 범죄 저작권 침해에 관한 범죄	5	5	2	3
8	문화체육관광부 (저작권보호과)	저작권 침해에 관한 범죄	35	32	8	24
9	농림축산식품부 (국립농산물품질관리원)	원산지 허위 표시 등 위반 사범	1,183	1,068	1,033	1,009
10	농림축산식품부 (국립종자원)	종자사업법 위반 범죄	20	24	36	44
11	농림축산식품부 (농림축산검역본부)	가축전염병예방법, 식품방역법 위반 범죄	194	163	181	173
12	농림수산식품부 (농촌진흥청)	농약관리법 및 비료관리법 위반 범죄	11	11	10	10
13	농림축산식품부(산림청)	산림, 임산물, 수렵 관련 범죄	207	264	239	212
14	산업통상자원부 (광산안전사무소)	광산보안법위반범죄	9	8	11	13
15	산업통상자원부 (특허청)	부정경쟁행위, 상표법 등 위반 범죄	14	22	33	35
16	여성가족부 (청소년보호과)	청소년보호법 위반 범죄	17	15	11	9
17	환경부(공원관리)	환경 관련 위반 범죄 경범죄 처벌법 위반 범죄	379	248	480	534
18	환경부(환경청)	환경 관련 위반 범죄	67	70	58	67
19	고용노동부	근로기준법 위반 범죄	860	890	1,918	2,443
20	국토교통부 (지방국토관리청)	도로법 등 위반 범죄	61	68	57	52
21	국토교통부 (철도특별사법경찰대)	철도시설 및 열차 안에서 발생하는 범죄	409	403	441	459
22	과학기술정보통신부 (중앙전파관리소)	전파법 등 위반 범죄	166	166	144	144
23	해양수산부 (국립수사물품질관리원)	수산물 원산지 허위 표시 등 위반 범죄	84	104	121	135
24	해양수산부 (어업관리단)	어업자원보호법 위반 범죄	269	255	371	445

25	원자력안전위원회	방사성폐기물 안전규제 범죄			29	27
26	해양수산부 (지방해양수산청)	해양환경관리법 등 위반 범죄	73	72	43	30
27	식품의약품안전처	식품, 약사, 보건범죄 위반 범죄	57	45	76	63
28	보건복지부	공중위생관리법 및 의료법 등 위반 범죄			12	10
29	방송통신위원회	전기통신설비 및 방송통신설비 위반 범죄			20	25
30	대통령경호처	경호 임무 수행 관련 범죄	4	4	5	8
31	행정안전부	안전분야 관련 범죄			4	5
32	환경부	환경 관련 위반 범죄			16	18
33	국토교통부	교통 등 불법행위 조사, 단속			6	13
34	금융감독원	자본시장 범죄			15	15
35	금융위원회	자본시장 불공정거래 범죄			1	1
		합　계	9,598	7,566	11,529	15,115

※ 2013년 소방서는 직제상 지자체 소속이나, 통계의 편의상 안전행정부(소방방재청) 소속으로 처리

광역시도별 특별사법경찰관리의 지명현황을 보면 2019년 8,948명에서 2020년 6,908명으로 대폭 감소하였으며, 2019년도와 비교하여 모든 시도에서 감소한 것으로 나타났다. 이는 특사경 전담조직(부서)을 설치하여 지방자치단체 단위에서 민생과 관련된 범죄들을 척결하겠다는 당초의 계획과 달리 실제 운영상의 난맥이 있음을 보여준다고 하겠다. 2020년 기준 경기도가 1,056명으로 서울특별시 415명에 비하여 2배 이상 많으며, 대전광역시(229명), 대구광역시(179명) 및 세종특별자치시(62명)의 경우 다른 시도에 비하여 비교적 인원이 적은 편이다.

[표 1-5] 지방자치단체별 특별사법경찰 지명현황

연번	기 관	업무분야	인 원(명)			
			'13	'14	'19	'20
1	서울특별시	식품, 공중위생, 차량운행제한, 환경 등 관련 범죄	618	775	697	415
2	부산광역시	〃	339	350	477	379
3	인천광역시	〃	320	367	385	357
4	대구광역시	〃	229	256	239	179
5	대전광역시	〃	231	208	288	229

6	광주광역시	〃	170	262	243	205
7	울산광역시	〃	182	225	381	313
8	세종특별자치시	〃	26	37	83	62
9	경기도	〃	993	1,501	1,649	1,056
10	경상남도	〃	601	687	677	472
11	경상북도	〃	662	753	753	644
12	충청남도	〃	513	598	711	648
13	충청북도	〃	381	395	575	543
14	전라남도	〃	600	642	719	532
15	전라북도	〃	308	373	427	359
16	강원도	〃	430	515	625	495
17	제주도	〃	21	41	65	28
합 계			6,624	7,985	8,948	6,908

3) 특별사법경찰관리의 기관별 업무실적

2019년 기준으로 특사경을 포함한 수사기관별 사건처리현황을 보면, 발생건수는 전체 176만7천여 건 중 경찰청이 88.8%, 검찰이 2.1%를 차지하고 특별사법경찰은 118,519건으로 6.7%를 차지하였다. 검거건수를 보면 전체 147만9천여 건 중 경찰청이 87.8%, 검찰이 1.8%를 차지하고 특별사법경찰은 11만여 건으로 7.4%를 차지하였다. 검거인원의 경우에는 전체 175만5천여 건 중 경찰이 91%, 검찰 2.4%, 특별사법경찰 10만 9천여 건으로 6.2%를 차지하였다. 이러한 통계수치를 보면 경찰청이 절대적 우위를 점하고 있으나 특별사법경찰의 사건처리 실적도 전체 사건의 7% 내외를 점하고 있어 그 비중을 무시할 수 없다.

[표 1-6] 2019년 수사기관별 사건처리현황[60)]

기관별	발생건수(비율)	검거건수(비율)	검거인원(비율)
경찰청	1,568,815(88.7%)	1,300,040(87.8%)	1,596,379(91.0%)
해양경찰	42,938(2.4%)	42,698(2.9%)	7,402(0.4%)
검찰	37,412(2.1%)	27,029(1.8%)	42,128(2.4%)
특별사법경찰	118,519(6.7%)	110,137(7.4%)	108,899(6.2%)
전체	1,767,684(100%)	1,479,904(100%)	1,754,808(100%)

60) 대검찰청, 2020 범죄분석통계, 2020 자료를 정리한 것임(출처: https://kosis.kr/).

2019년 사건처리현황을 형법범과 특별법범으로 구분하여 세부적으로 살펴보면, 아래 표와 같이 형법범은 발생건수 대비 96.1%인 2,503명을 검거하였으며, 특별법범은 발생건수 대비 92.9%인 106,396명을 검거하였다. 검거된 법인의 수를 보면 특별법범 12,042개로 형법범 37개에 비해 월등히 많다는 것을 알 수 있다.

[표 1-7] 2019 범죄의 발생 및 검거현황(특별사법경찰)[61)]

범죄별	발생건수 (건)	검거건수 (건)	발생건수대비 검거건수 (%)	검거인원 (명)	남자검거 인원 (명)	여자검거 인원 (명)	미상검거 인원 (명)	법인 (개)
총계	118,519	110,137	92.9	108,899	91,305	15,583	2,011	12,079
형법범	2,565	2,464	96.1	2,503	2,089	275	139	37
특별법범	115,954	107,673	92.9	106,396	89,216	15,308	1,872	12,042

출처: 검찰청, 「범죄분석통계」, 통계표URL, https://kosis.kr/statHtml/statHtml.do?orgId=135&tblId=DT_135N_1A007A&conn_path=I3

다음으로 2002년부터 2020년까지의 연도별 특별사법경찰의 사건처리 현황의 추이를 살펴보면 아래 표와 같이 2002년 65,337명 검거하였으며 이후 꾸준히 증가하여 2009년 110,247명까지 늘어났다가 이후 다소 감소한 후 증가하여 2013년 124,893명에 이르렀으며, 점차 감소하여 2020년 90,354명에 달하였다.

[표 1-8] 연도별 특별사법경찰 사건처리 현황[62)]

연도	발생건수 (건)	검거건수 (건)	검거인원 (명)
2002	68,906	62,968	65,337
2003	62,660	56,226	59,729
2004	71,405	61,815	64,585
2005	90,877	72,247	75,680
2006	106,075	79,633	81,414
2007	104,257	81,584	82,887
2008	104,979	82,954	85,990
2009	129,802	105,458	110,247
2010	118,257	94,872	98,380
2011	121,390	89,127	93,588

61) 대검찰청, 2020 범죄분석통계, 2020 자료를 정리한 것임(출처: https://kosis.kr/).

62) 대검찰청, 범죄분석통계(2014~2021) 범죄의 발생 검거상황(특별사법경찰)(출처: https://kosis.kr/).

2012	110,854	94,023	124,893
2013	119,308	100,315	131,218
2014	124,604	108,130	110,697
2015	122,406	108,519	107,518
2016	124,765	111,686	108,491
2017	121,798	112,202	109,061
2018	119,655	109,545	106,686
2019	118,519	110,137	108,899
2020	97,089	90,407	90,354

다음으로 중앙행정기관별 송치실적은 최근의 통계자료를 확인할 방법이 없어 2013년과 2014년을 기준으로 살펴보면, 고용노동부(노동사무소), 기획재정부(관세청), 국토교통부(철도특별사법경찰대), 농림축산식품부(농산물품질관리원), 문화체육관광부(저작권보호과)의 송치실적이 높은 반면에 문화재청, 국립종자원, 농촌진흥청, 산림청의 실적은 매우 저조한 것으로 나타났으며, 심지어 여성가족부, 대통령경호실은 실적이 전무한 것으로 나타났다.

[표 1-9] 중앙행정기관 특별사법경찰관리 업무현황(실적포함)

2014. 12. 31.기준

연번	기 관		송치실적	
			건	명
1	기획재정부(관세청)	2013년	2,561	2,966
		2014년	2,290	2,828
2	기획재정부(국세청)	이하 동일	72	124
			10	14
3	법무부(교소도등)		486	633
			550	725
4	국방부(기무사등)		97	106
			39	52
5	행정안전부 (소방방재청등)		639	909
			5	11
6	문화체육관광부(문화재청)		0	0
			3	4
7	문화체육관광부 (저작권보호과)		1,192	1,192
			2,136	2,136

8	농림축산식품부 (농산물품질관리원)		2,443	2,516
			1,879	1,971
9	농림축산식품부(국립종자원)		16	18
			19	20
10	농림축산식품부 (농림축산검역)		46	58
			9	10
11	농림수산식품부(농촌진흥청)		3	3
			0	0
12	농림수산식품부(산림청)		59	63
			4	4
13	산업통상자원부 (광산보안사무소)		10	16
			2	3
14	산업통상자원부(특허청)		148	151
			320	328
15	여성가족부		0	0
			0	0
16	환경부(국립공원관리공단)		0	0
			4	4
17	환경부(환경청)		273	472
			699	989
18	고용노동부(노동사무소)		50,157	56,826
			49,269	54,761
19	국토교통부 (지방국토관리청)		47	85
			18	26
20	국토교통부 (철도특별사법경찰대)		1,008	1,109
			1,149	1,252
21	과학기술정보통신부 (중앙전파관리소)		521	773
			566	669
22	해양수산부 (국립수산물품질관리원)		47	53
			83	101
23	해양수산부(어업관리단)		652	717
			323	466
24	해양수산부(지방해양수산청)		76	77
			47	65
25	식품의약품안전처		154	238
			207	372

26	대통령경호실		0	0
			0	0
합 계		2013년	60,707	69,105
		2014년	59,802	67,020

다음으로 지방자치단체의 업무실적을 보면 2013년 기준으로 49,342건에 52,564명을 송치하였으며, 지방자치단체 중에서 경기도가 12,542건에 13,457명으로 가장 많은 사건을 송치하였으며 나머지 서울, 인천, 충청남도, 부산광역시, 경상북도의 순으로 송치건수가 많았다.

[표 1-10] 지방자치단체 특별사법경찰관리 업무현황(실적 포함)

2013. 12. 31.현재

연번	기관	송치실적	
		건	명
1	서울특별시	5,100	5,394
2	부산광역시	3,245	3,418
3	인천광역시	4,094	4,322
4	대구광역시	2,781	2,982
5	대전광역시	1,951	2,129
6	광주광역시	1,258	1,396
7	울산광역시	2,524	2,586
8	세종특별자치시	270	310
9	경기도	12,542	13,457
10	경상남도	1,765	1,898
11	경상북도	3,112	3,286
12	충청남도	3,548	3,760
13	충청북도	1,259	1,298
14	전라남도	2,012	2,183
15	전라북도	1,804	1,895
16	강원도	1,510	1,642
17	제주도	567	608
합 계		49,342	52,564

나. 특사경의 직무범위 확대과정[63)]

1) 직무범위의 양적 확대

형사소송법 제245조의10 제1항은 "삼림, 해사, 전매, 세무, 군수사기관 기타 특별한 사항에 관하여 사법경찰관리의 직무를 행할 특별사법경찰관리와 그 직무의 범위는 법률로 정한다."고 규정하고 있었으며, 이를 근거로 제정된 '특사경법'은 특별사법경찰관리의 종류와 직무범위를 규정하고 있다. 특사경법의 개정에 의한 특별사법경찰권이 부여된 직무분야의 확대추이를 살펴보면 1956년 특사경법이 시행된 이래 1960년대에 7개 분야가 추가되고 70년대에 2개 분야가 추가되는 수준에 그쳤다. 그러나 80년대에 7개 분야가 추가되고 90년대에 총 4회에 걸쳐 12개 분야가 추가되었으며, 2000년대에 들어서면서 2021년까지 포함하여 총 6회에 걸쳐 15개 분야가 증가하였다. 이처럼 특사경의 직무분야가 갈수록 증가하고 있으며 이 속도도 빨라지고 있다. 특사경의 직무분야의 확대는 곧 중앙행정기관 및 지방자치단체 소속 행정공무원들이 광범위하게 특사경의 지위를 갖게 되었다는 것을 보여준다.

[표 1-11] 연도별 특사경 신설 분야 수(시행일 기준) 총 54개 분야

연도	'56	'61	'62	'66	'68	'70	'74	'82	'90	'95	'97	'99	'00	'06	'08	'10	'12	'15	'17	'18	'21
분야	5	4	1	1	1	1	1	7	2	2	5	3	1	1	4	3	2	3	1	5	1

구체적으로 2000년 이후 특사경의 직무분야를 신설한 특사경법의 주요 개정내용을 연도순으로 살펴보면 다음과 같다.

- 2000. 12. 29. 개정된 특사경법은 ① 시・군・구에 근무하며 자동차관리법에 규정된 무등록자동차정비업 등에 관한 단속업무 및 자동차손해배상보장법에 규정된 강제보험미가입자동차 운행에 관한 단속업무에 종사하는 공무원, ② 국립식물검역소에 근무하며 식물방역법 제3조에 의하여 식물방역관으로 임명된 공무원 등에게 사법경찰권을 부여하였다.[64)]
- 2006. 7. 19. 개정된 특사경법은 「제주특별자치도 설치 및 국제자유도시 조성을

---

63) 김택수, 수사의 효율성 및 공정성 향상을 위한 사법경찰관제도의 정비방안, 치안정책연구소 연구보고서, 2013, 26-29면 내용 중 일부를 수정한 것임.

64) 사법경찰관리의직무를행할자와그직무범위에관한법률(법률 제6311호, 2000. 12. 29), 개정이유 및 주요골자 참조.

위한 특별법」이 제정(법률 제7849호, 2006. 2. 21. 공포, 2006. 7. 1. 시행)되어 제주특별자치도의 자치경찰이 처리하는 사무를 특사경법에 정하도록 함에 따라, 제주특별자치도의 관할구역 안에서 발생하는 범죄 중 식품・보건・환경 등에 관한 범죄에 대하여 자치경찰공무원 중 자치경위 이상은 사법경찰관의 직무를, 자치경사 이하는 사법경찰리의 직무를 수행하도록 하였다.

- 2008. 6. 13. 개정된 특사경법은 ① 방송통신위원회 소속의 영리목적의 광고성 정보 단속 사무에 종사하는 공무원, ② 문화체육관광부 및 지방자치단체 소속의 저작권 침해에 관한 단속 사무에 종사하는 공무원, ③ 농림수사식품부, 국립농산물품질관리원, 국립수산물 품질검사원 및 지방자치단체 소속의 인삼 단속 및 양곡 관리 사무에 종사하는 공무원, ④ 국토해양부 및 지방자치단체 소속의 개발제한구역 단속 사무에 종사하는 공무원, ⑤ 국토해양부 및 지방자치단체 소속의 해양환경 관련 단속 사무에 종사하는 공무원에게 새롭게 특별사법경찰권을 부여하였다.[65]
- 2010. 5. 4. 개정된 특사경법은 ① 특허청, 특별시・광역시・도 및 시・군・구에 근무하며 부정 경쟁행위, 상표권 및 전용사용권 침해에 관한 단속 사무에 종사하는 4급부터 9급까지의 국가공무원 및 지방공무원, ② 특별시・광역시・도 및 시・군・구에 근무하며 여객자동차 운수사업 및 화물자동차 운수사업의 단속 사무에 종사하는 4급부터 9급까지의 지방공무원, ③「도시공원 및 녹지 등에 관한 법률」 제20조에 따른 공원관리청에 근무하며 같은 법에 따라 도시공원 관리업무에 종사하는 4급부터 9급까지의 지방공무원 등을 추가하였다.
- 2012.1.17. 개정된 특사경법은 ① 병무청과 그 소속 기관에 근무하며「병역법」에 규정된 병역 기피・감면 목적의 신체손상이나 속임수를 쓴 행위에 관한 단속 사무와 징병검사 또는 신체검사 사무에 종사하는 4급부터 9급까지의 국가공무원, ② 농림수산식품부와 그 소속 기관, 산림청, 특별시・광역시・도 및 시・군・구에 근무하며「종자산업법」에 규정된 품종보호권 침해행위의 조사 사무 및 종자의 유통 조사 등에 관한 사무에 종사하는 4급부터 9급까지의 국가공무원 및 지방공무원 등을 추가하였다.

65) 2008. 6. 13일 개정된 특사경법에 의한 사법경찰권의 신규부여와 기존 특사경의 직무범위 확대에 대하여는 오병두, "특별사법경찰관리제도에 관한 소고", 강원법학 제27권(2008. 12.), 67-69면 참조.

- 2015. 8. 11. 개정된 특사경법은 ① 기존 시 · 군 · 구에 근무하는 공무원에게만 부여되어 있던 무등록자동차정비업, 자동차 무단방치 및 의무보험 미가입 자동차 운행에 관한 「자동차관리법」 및 「자동차손해배상보장법」 위반 범죄에 대한 사법경찰권을 특별시 · 광역 시 · 도에 근무하는 공무원에게까지 확대하여 부여하고, ② 자본시장 불공정거래행위 조사 · 단속 등에 관한 사무에 종사하는 금융위원회 소속 공무원 및 금융위원회 위원장의 추천을 받은 금융감독원 직원에게 「자본시장과 금융투자업에 관한 법률」에 규정된 범죄에 대한 사법경찰권을 부여하고, ③ 그 밖에 목재제품, 화장품, 의료기기, 석유, 석유대체연료, 대부업, 방문판매업 및 선불식 할부거래업 등의 단속 사무에 종사하는 공무원에게 관련 법률에 규정된 범죄에 대한 사법경찰권을 부여하였다.
- 2016. 12. 20. 개정된 특사경법은 원자력 안전과 관련된 범죄행위 단속 사무의 실효성을 높이고 이를 통해 국민의 안전을 도모하기 위하여, 원자력안전위원회 및 그 소속기관에서 근무하는 공무원에게 사법경찰권을 부여하였다.
- 2017. 12. 19. 개정된 특사경법은 ① 「검역법」에 따른 검역공무원과 「감염병의 예방 및 관리에 관한 법률」에 따라 방역관 또는 역학조사관으로 임명된 공무원에게 「검역법」 또는 「감염병의 예방 및 관리에 관한 법률」 위반 범죄 중 일부에 대한 사법경찰권을 부여하고, ② 농림축산식품부, 농림축산검역본부, 지방자치단체에 근무하며 「동물보호법」에 따라 동물보호감시원으로 임명된 공무원에게 「동물보호법」 위반 범죄에 대한 사법경찰권을 부여하고, ③ 고용노동부와 그 소속 기관에 근무하며 「고용보험법」 또는 「근로자직업능력 개발법」에 따른 실업급여 및 직업능력개발 훈련비용 등의 부정수급에 관한 사무에 종사하는 공무원에게 「고용보험법」 또는 「근로자직업능력 개발법」에 규정된 범죄에 대한 사법경찰권을 부여하고, ④ 국토교통부와 그 소속기관에 근무하며 「시설물의 안전 및 유지관리에 관한 특별법」 제13조에 따른 긴급안전점검 업무에 종사하는 공무원에게 「시설물의 안전 및 유지관리에 관한 특별법」에 규정된 긴급안전점검과 관련된 범죄에 대한 사법경찰권을 부여하고, ⑤ 국토교통부에 근무하며 부동산 관련 불법행위 조사 · 단속 등에 관한 사무에 종사하는 공무원에게 「공인중개사법」, 「주택법」등에 규정된 범죄에 대한 사법경찰권을 부여하였다.
- 2020. 12. 8. 개정된 특사경법은 「전자장치 부착 등에 관한 법률」에서는 전자장

치를 훼손하는 등 효용을 해하거나 피해자에 대한 접근금지, 외출제한 등의 준수사항을 위반하는 등의 전자장치 부착명령 위반행위가 발생한 즉시 최대한 신속하게 대응할 필요가 있으나 피부착자의 관리·감독과 위반행위에 대한 수사가 이원화되어 있어 수사기관의 제도에 대한 이해 부족, 업무 과중 등으로 사건처리가 지연되는 문제를 보완하고 피부착자의 재범을 효과적으로 방지하기 위하여 보호관찰소 또는 그 지소의 장 및 소속 직원에게 사법경찰권을 부여하였다.

2) 특사경의 직무범위의 질적 확대

2000년 이후 특사경법의 개정을 통하여 기존 특사경의 직무범위를 추가로 확대한 주요 개정내용을 살펴보면 다음과 같다.

- 2000. 12. 29. 개정된 특사경법은 유전자변형농수산물표시에 대한 단속의 효율성을 제고하기 위하여 원산지표시 단속 공무원에게 유전자변형농수산물표시에 관한 단속권한을 추가로 부여하였다.
- 2003. 7. 18. 개정된 특사경법은 소프트웨어 불법복제와 감청설비에 대한 단속의 효율성을 높이기 위하여 기존 정보통신부·중앙전파관리소 및 체신청 직원에게 컴퓨터프로그램보호법의 프로그램저작권 및 통신비밀보호법의 감청설비에 관한 범죄의 단속권한을 추가로 부여하였다.
- 2010. 5. 4. 개정된 특사경법은 ① 근로감독관 등의 직무범위에 「고용상 연령차별금지 및 고령자고용촉진에 관한 법률」에 규정된 범죄를 추가하고, ② 제주자치경찰공무원의 직무범위에 「제주특별자치도 설치 및 국제자유도시 조성을 위한 특별법」에 규정되어 있는 관광분야 및 환경분야에 관한 범죄를 추가하여 확대하였다.
- 2012. 1. 17. 개정된 특사경법은 원산지 등 표시 또는 유전자변형농수산물 표시에 관한 단속 사무에 대하여 사법경찰권이 있는 농림수산식품부 및 지방자치단체 소속 공무원의 직무범위를 농·축·수산물에 관한 범죄 전반으로 확대하였다.
- 2015. 8. 11. 개정된 특사경법은 ① 사법경찰관리로 지명된 소방공무원의 직무범위에 「119구조·구급에 관한 법률」 등에 규정된 범죄를 추가하고, ② 사법경찰관리로 지명된 세관공무원의 직무범위에 현재 사법경찰 업무를 수행하고 있는 범죄와 경합범 관계에 있는 「형법」 제2편 제20장 문서에 관한 죄 및 제21장 인장에 관한 죄에 해당하는 범죄를 추가하고, ③ 사법경찰관리로 지명된 환경

관계 단속 사무에 종사하는 환경부 및 지방자치단체 소속 공무원의 직무범위에 「환경보건법」에 규정된 범죄를 추가하고, ④ 제주도 자치경찰공무원의 직무범위에 「석유 및 석유 대체연료 사업법」, 「대부업 등의 등록 및 금융이용자 보호에 관한 법률」 등에 규정된 범죄를 추가하였다.

- 2017. 12. 19. 개정된 특사경법은 ① 식품의약품안전처와 그 소속 기관 및 지방자치단체에 근무하며 식품 단속 사무에 종사하는 공무원이 「수입식품안전관리 특별법」등 위반 범죄에 대하여 사법경찰관리의 직무를 수행할 수 있도록 하고, ② 「관세법」에 따라 관세범(關稅犯)의 조사 사무에 종사하는 세관공무원이 수입물품에 대한 「식품위생법」, 「수입식품안전관리 특별법」, 「건강기능식품에 관한 법률」, 「약사법」 등에 규정된 범죄와 「외국환거래법」 제8조제3항제1호의 외국환업무를 한 자와 그 거래 당사자·관계인에 관하여 「외국환거래법」에 규정된 범죄 등에 대하여 사법경찰관리의 직무를 수행할 수 있도록 하고, ③ 「수산업법」에 따른 어업감독 공무원이 「어선법」, 「내수면 어업법」 위반 범죄에 대하여 사법경찰관리의 직무를 수행할 수 있도록 하고, ④ 환경부와 그 소속 기관 및 지방자치단체에 근무하며 환경 관계 단속 사무에 종사하는 공무원이 「석면안전관리법」, 「화학물질의 등록 및 평가 등에 관한 법률」, 「생물다양성 보전 및 이용에 관한 법률」, 「환경분야 시험·검사 등에 관한 법률」, 「잔류성유기오염물질 관리법」, 「환경오염피해 배상책임 및 구제에 관한 법률」 또는 「환경오염시설의 통합관리에 관한 법률」 위반 범죄에 대하여 사법경찰관리의 직무를 수행할 수 있도록 하고, ⑤ 과학기술정보통신부와 그 소속 기관 및 방송통신위원회에 근무하며 미등록 불법감청설비탐지업자 단속업무에 종사하는 공무원이 「통신비밀보호법」에 따른 불법감청설비탐지업의 등록 등 위반 범죄에 대하여 사법경찰관리의 직무를 수행할 수 있도록 하였다.
- 2018. 12. 18. 개정된 특사경법은 기존에 특허청이나 지방자치단체에 근무하면서 부정경쟁행위, 상표권 및 전용사용권 침해에 대한 단속 사무에 종사하는 공무원에게 사법경찰관리로서의 직무수행을 할 수 있는 권한을 부여하는 것에 더하여 특허청 공무원에게 「특허법」상의 특허권·전용실시권 침해행위, 「디자인보호법」상의 디자인권 또는 전용실시권 침해행위, 「부정경쟁방지 및 영업비밀 보호에 관한 법률」상의 부정경쟁행위 및 영업비밀의 취득·사용·누설행위

등에 대하여 사법경찰권을 부여하여 재차 직무범위를 확대하였다.[66)]

- 2022. 1. 4. 개정된 특사경법은 2022년 「중대재해 처벌 등에 관한 법률」 시행을 앞두고 해당법에 규정된 중대산업재해와 관련한 범죄를 근로감독관의 직무범위에 포함시키고 또한, 「산업재해보상보험법」을 위반한 사건의 경우에도 노동관계법에 대한 전문성이 없는 일반 사법경찰관이 담당하고 있어 수사의 한계가 있다는 지적이 있어 근로감독관의 직무범위에 「중대재해 처벌 등에 관한 법률」에 규정된 '중대산업재해 사업주와 경영책임자등의 처벌', '중대산업재해 양벌규정' 및 「산업재해보상보험법」에 규정된 '불이익 처우 금지 위반'과 관련한 범죄를 포함하였다.

3) 특별사법경찰권 부여대상과 직무범위 현황

[표 1-12] 특별사법경찰권 부여대상 및 직무범위[67)]

<table>
<tr><th colspan="2">부여대상(제5조)</th><th>직무범위(제6조)</th><th>비고
(제5조)</th></tr>
<tr><td>1</td><td>교도소·소년교도소·구치소에 근무하는 공무원</td><td>교도소,소년교도소·구치소 또는 그 지소 안에서 발생하는 범죄</td><td>1호</td></tr>
<tr><td>2</td><td>지방교정청 근무하는 공무원</td><td>지방교정청 관할 교정시설 안에서 발생하는 범죄</td><td>2호</td></tr>
<tr><td>3</td><td>소년원·그 분원· 소년분류심사원 또는 그 지원에 근무하는 공무원</td><td>소년원 또는 그 분원, 소년분류심사원 또는 그 지원 안에서 발생하는 범죄
재원자나 가위탁자 도주한 경우 체포</td><td>3호</td></tr>
<tr><td>4</td><td>보호감호소, 치료감호시설 근무하는 공무원</td><td>감호소 또는 그 지소 안에서 발생하는 범죄</td><td>4호</td></tr>
<tr><td>5</td><td>보호관찰소 또는 그 지소 근무하는 공무원</td><td>「전자장치 부착 등에 관한 법률」 제38조 또는 제39조에 규정된 피부착자의 범죄</td><td>4의2</td></tr>
<tr><td>6</td><td>산림청, 소속기관에 근무하며 산림보호·경영사무 및 목재제품 규격·품질 단속 사무에 종사하는 공무원</td><td rowspan="4">산림 보호·경영 사무에 종사하는 사람: 소속 관서 소관 임야에서 발생하는 산림, 그 임산물과 수렵에 관한 범죄
목재제품 규격·품질 단속 사무에 종사하는 사람: 소속 관서 관할 구역에서 발생하는 「목재의 지속가능한 이용에 관한 법률」에 규정된 범죄</td><td>5호</td></tr>
<tr><td>7</td><td>특별시·광역시·도에 근무하며 산림보호와 국유림 경영사무 및 목재제품 규격·품질 단속 사무에 종사하는 공무원</td><td>6호</td></tr>
<tr><td>8</td><td>시·군·구 또는 읍·면에 근무하며 산림 보호 사무 및 목재제품 규격·품질 단속 사무에 종사하는 공무원</td><td>7호</td></tr>
<tr><td>9</td><td>국립학교에 근무하여 그 학교의 실습림 및 관리림의 보호사무에 종사하는 공무원</td><td>13호</td></tr>
</table>

66) 국회 법제사법위원회, 사법경찰관리의 직무를 수행할 자와 그 직무범위에 관한 법률 일부개정법률안(한정애의원 대표발의, 의안번호: 213500) 검토보고, 2020. 11. 6면.

67) 국회 법제사법위원회, 사법경찰관리의 직무를 수행할 자와 그 직무범위에 관한 법률 일부개정법률안(정부 제출, 의안번호: 1810986) 검토보고, 2011.11. 11-16면 표를 수정한 것임.

10	식약처, 소속기관, 지자체 식품단속 사무에 종사하는 공무원	「식품위생법」, 「수입식품안전관리 특별법」 및 「건강기능식품에 관한 법률」에 규정된 범죄와 「보건범죄 단속에 관한 특별조치법」 중 식품위생에 관한 범죄	8호
11	식약처, 소속기관, 지자체 의약품 · 화장품 · 의료기기 단속 사무 및 「식품 · 의약품분야 시험 · 검사 등에 관한 법률」에 규정된 시험 · 검사에 관한 단속 사무에 종사하는 공무원	「약사법」 · 「화장품법」 · 「의료기기법」 · 「식품 · 의약품분야 시험 · 검사 등에 관한 법률」에 규정된 범죄와 「보건범죄 단속에 관한 특별조치법」 중 약사(藥事)에 관한 범죄	9호
12	등대에 근무하며 등대사무에 종사하는 공무원	소속 등대에서 발생하는 범죄	10호
13	국토교통부와 그 소속기관에서 철도경찰사무에 종사하는 공무원	철도시설 및 열차 안에서 발생하는 「철도안전법」에 규정된 범죄와 역 구내 및 열차 안에서의 범죄	11호
14	소방준감 이하의 소방공무원	「소방기본법」,「소방시설설치유지 및 안전관리에 관한 법률」, 「소방시설공사업법」, 「위험물안전관리법」, 「다중이용업소의 안전관리에 관한 특별법」, 「119구조 · 구급에 관한 법률」 및 「초고층 및 지하연계 복합건축물 재난관리에 관한 특별법」에 규정된 범죄	12호
15	문화재청, 그 사무소 등, 현충사관리소, 칠백의총관리 세종대왕유적관리소, 지자체 문화재의 보호 사무에 종사하는 공무원	「문화재보호법」 및 「매장문화재 보호 및 조사에 관한 법률」에 규정된 범죄와 국가지정문화재의 시 · 도지정문화재의 구역이나 그 보호구역 안에서 발생하는「경범죄처벌법」에 규정된 범죄의 현행범	14호
16	「계량에 관한 법률」에 따른 계량검사공무원	「계량에 관한 법률」에 규정된 범죄	15호
17	「자연공원법」 제34조에 따라 공원관리청에 근무하며 공원관리업무에 종사하는 공무원	「자연공원법」에 규정된 범죄와 「경범죄처벌법」에 규정된 범죄의 현행범	16호
18	「관세법」에 따라 관세범의 조사업무에 종사하는 세관공무원	가 「관세법」, 「관세사법」, 「대외무역법」, 「외국환거래법」 등 위반사범 등	17호
		나 가목의 규정된 범죄에 대한 「특정경제범죄 가중처벌등에 관한 법률」 제4조에 규정된 재산국외도피사범	
		다 가목 및 나목에 규정된 범죄에 대한「범죄수익은닉의 규제 및 처벌 등에 관한법률」 위반사범	
		라 국외왕래 항공기 또는 선박이 입 · 출항하는 공항 · 항만과 보세구역에서 발생하는 마약 · 향정신성의약품 및 대마사범	
		마 가목에 규정된 범죄와 경합범 관계에 있는 형법 문서 및 인장에 관한 죄	
		바 수출입물품 및 그 가공품과 관련된 원산지표시 위반, 식품위생법, 약사법, 화장품법, 의료기기법 사범 등	
19	「수산업법」에 따른 어업감독 공무원	「수산업법」, 「양식산업발전법」, 「어업자원보호법」, 「수산자원관리법」, 「어선법」 「내수면어업법」에 규정된 범죄	18호

<table>
<tr><td>20</td><td>「광산보안법」에 따른 광산안전관</td><td colspan="3">「광산안전법」에 규정된 범죄</td><td>19호</td></tr>
<tr><td>21</td><td>국가보훈처와 그 소속기관 공무원</td><td colspan="3">「국가유공자 등 예우 및 지원에 관한 법률」에 따른 정양, 양로, 양육시설에서 발생하는 범죄</td><td>20호</td></tr>
<tr><td rowspan="4">22</td><td rowspan="4">보건복지가족부, 지자체 4개 분야(공중 위생, 의료, 정신건강증진시설 등 인권침해 및 시설운영, 사회복지시설 및 보조금) 단속 사무에 종사하는 공무원</td><td>가</td><td colspan="2">「공중위생관리법」에 규정된 범죄</td><td rowspan="4">21호</td></tr>
<tr><td>나</td><td colspan="2">「의료법」에 규정된 범죄</td></tr>
<tr><td>다</td><td colspan="2">「정신건강증진 및 정신질환자 복지서비스 지원에 관한 법률」 제84조부터 제87조에 규정된 범죄와 이와 관련되는 같은 법 제88조에 규정된 범죄</td></tr>
<tr><td>라</td><td colspan="2">「사회복지사업법」 제53조 및 제54조에 규정된 범죄와 이와 관련되는 같은 법 제56조에 규정된 범죄</td></tr>
<tr><td>23</td><td>검역공무원, 방역관 또는 역학조사관</td><td colspan="3">「검역법」에 규정된 일부범죄와 「감염병의 예방 및 관리에 관한 법률」에 규정된 일부 범죄</td><td>21의2</td></tr>
<tr><td>24</td><td>환경부, 지자체 환경 관계 단속 사무에 종사하는 공무원</td><td colspan="3">「대기환경보전법」, 등 39개 법률에 규정된 범죄</td><td>22호</td></tr>
<tr><td rowspan="4">25</td><td rowspan="4">과학기술통신부, 소속기관, 방송통신위원회에 근무하며, 무선설비・전기통신설비・방송통신설비, 감청설비, 미등록 불법감청설비탐지업자, 영리 목적의 광고성 정보에 관한 단속 사무에 종사하는 공무원</td><td>가</td><td colspan="2">「전파법」중 무선설비나 방송통신기자재 등에 관한 범죄</td><td rowspan="4">23호</td></tr>
<tr><td>나</td><td colspan="2">전기통신설비에 관한 범죄 및 방송통신설비에 관한 범죄</td></tr>
<tr><td>다</td><td colspan="2">「통신비밀보호법」 감청설비와 관련 범죄</td></tr>
<tr><td>라</td><td colspan="2">영리 목적의 광고성 정보에 관한 범죄</td></tr>
<tr><td>26</td><td>지방국토관리청, 국토관리사무소, 지자체에서 차량운행제한 단속 사무 및 도로시설 관리 사무에 종사 하는 공무원</td><td colspan="3">「도로법」 도로의 점용, 통행의 금지나 제한, 차량의 운행 제한, 자동차 전용도로의 통행제한 등 위반 범죄</td><td>24호</td></tr>
<tr><td>27</td><td>문화체육관광부, 지자체에 근무하며 관광지도업무에 종사하는 공무원</td><td colspan="3">「관광진흥법」에 규정된 범죄</td><td>25호</td></tr>
<tr><td>28</td><td>문화체육관광부, 지자체에 근무하며 저작권 침해에 관한 단속 사무에 종사하는 공무원</td><td colspan="3">「저작권법」중 저작권 침해에 관한 범죄</td><td>26호</td></tr>
<tr><td>29</td><td>여성가족부, 지자체에 근무하며 청소년보호 업무에 종사하는 공무원</td><td colspan="3">「청소년 보호법」에 규정된 범죄</td><td>27호</td></tr>
<tr><td rowspan="6">30</td><td rowspan="6">농림축산식품부, 해양수산부, 식품의약품안전처, 소속기관, 지자체 단속 사무에 종사하는 공무원</td><td>가</td><td>원산지표시</td><td>「농수산물의 원산지 표시 등에 관한 법률」에 규정된 범죄</td><td rowspan="6">28호</td></tr>
<tr><td>나</td><td>농수산물</td><td>「농수산물 품질관리법」에 규정된 범죄</td></tr>
<tr><td>다</td><td>친환경
농산물</td><td>「친환경농어업 육성 및 유기식품 등의 관리・지원에 관한 법률」에 규정된 범죄</td></tr>
<tr><td>라</td><td>축산물</td><td>「축산물위생관리법」에 규정된 범죄</td></tr>
<tr><td>마</td><td>인삼</td><td>「인삼산업법」에 규정된 범죄</td></tr>
<tr><td>바</td><td>양곡</td><td>「양곡관리법」에 규정된 범죄</td></tr>
</table>

31	산업통상자원부, 지자체에서 「대외무역법」에 규정된 원산지 표시에 관한 단속 사무에 종사하는 공무원	「대외무역법」중 원산지 표시에 관한 범죄	29호
32	산업통상자원부, 지자체에서 외화 획득용 원료·기재의 수입 및 사용목적 변경승인 업무에 종사하는 공무원	「대외무역법」중 생물자원 보호등을 위하여 수출·수입 승인 대상물품을 승인 없이 또는 부정하게 수입·수출한 자, 수입에 대응하는 외화 획득을 하지 아니한 자	30호
33	농촌진흥청, 농업과학기술원, 지자체에서 농약 및 비료 단속 사무에 종사하는 공무원	「농약관리법」, 「비료관리법」에 규정된 범죄	31호
34	국토교통부, 지자체에서 하천 감시 사무에 종사하는 공무원	「하천법」에 규정된 범죄	32호
35	국토교통부, 지자체에서 개발제한구역 단속 사무에 종사하는 공무원	「개발제한구역의 지정 및 관리에 관한 특별조치법」에 규정된 범죄	33호
36	농림축산식품부, 농림축산검역본부 및 그 지역본부, 지자체에서 「가축전염병예방법」 또는 「식물방역법」에 따라 임명된 가축방역관, 동물검역관, 식물검역관	가축방역관, 동물감역관: 「가축전염병예방법」에 규정된 범죄 식물검역관: 「식물방역법」에 규정된 범죄	34호
37	지자체에 근무하며 무등록자동차 정비업, 자동차 소유권 이전등록 미신청, 자동차 무단방치 및 의무보험 미가입 자동차 운행 단속 사무에 종사하는 공무원	「자동차관리법」에 규정된 무등록 자동차 정비업, 자동차 소유권 이전등록 미신청 및 자동차 무단방치에 관한 범죄와 「자동차손해배상 보장법」에 규정된 의무보험 미가입 자동차 운행에 관한 범죄	35호
38	해양수산부, 소속기관, 지자체에서 해양환경 관련 단속 사무에 종사하는 공무원	「해양환경관리법」 등 9개 법률에 규정된 범죄	37호
39	특허청, 지자체에서 부정경쟁행위, 상표권 및 전용사용권 침해 단속 사무에 종사하는 공무원	「부정경쟁방지 및 영업비밀보호에 관한법률」에 규정된 부정경쟁행위에 관한 범죄 및 「상표법」에 규정된 상표권 또는 전용사용권 침해에 관한 범죄	38호
40	특허청에 근무 특허권·전용실시권 침해, 부정경쟁행위, 영업비밀의 취득·사용·누설 및 디자인권·전용실시권 침해에 관한 단속 사무에 종사하는 직원	특허권 또는 전용실시권 침해에 관한 범죄, 상품형태 모방 등 부정경쟁행위에 관한 범죄 및 영업비밀의 취득·사용·누설에 관한 범죄, 디자인권 또는 전용실시권 침해에 관한 범죄	38의2
41	지자체에서 여객자동차 운수사업 및 화물자동차 운수사업의 단속 사무에 종사하는 공무원	「여객자동차 운수사업법」 제90조, 제 92조 일부, 제93조, 「화물자동차 운수사업법」에 규정된 범죄	39호
42	공원관리청에 근무하며 도시공원 관리업무에 종사하는 지방공무원	「도시공원 및 녹지 등에 관한 법률」에 공원시설 훼손 등 규정된 범죄의 현행범	40호
43	병무청, 소속 기관에서 병역 기피·감면 목적의 신체손상이나 속임수를 쓴 행위에 관한 단속 사무와 병역판정검사 또는 신체검사 사무에 종사하는 공무원	「병역법」법에 규정된 병역 기피·감면 목적의 신체손상이나 속임수를 쓴 행위에 관한 범죄와 병역판정검사 또는 신체검사에 관한 범죄	41호

44	농림축산식품부, 소속 기관, 산림청, 지자체에서 품종보호권 침해행위의 조사 사무 및 종자의 유통 조사 등에 관한 사무에 종사하는 공무원		「종자산업법」에 규정된 일부 범죄와 「식물신품종 보호법」에 규정된 일부 범죄	42호
45	동물보호감시원		「동물보호법」에 규정된 범죄	42의2
46	행정안전부, 소속 기관, 지자체에 서 「재난 및 안전관리 기본법」에 따른 긴급안전점검 업무에 종사하는 공무원		「재난 및 안전관리 기본법」에 규정된 범죄	43호
47	산업통상자원부, 지자체에서 석유 및 석유대체연료 관련 검사·단속 등에 관한 사무에 종사하는 공무원		「석유 및 석유대체연료 사업법」에 규정된 범죄	44호
48	지자체에 근무하며 대부업 및 대부중개업의 검사·단속 등에 관한 사무에 종사하는 지방공무원		「대부업 등의 등록 및 금융이용자 보호에 관한 법률」에 규정된 범죄	45호
49	지자체에서 방문판매, 전화권유판매, 다단계판매, 후원방문판매, 계속거래 및 사업권유거래 관련 조사·단속 등에 관한 사무에 종사하는 지방공무원		「방문판매 등에 관한 법률」에 규정된 범죄	46호
50	지자체에서 선불식 할부거래업의 조사·단속 등에 관한 사무에 종사하는 지방공무원		「할부거래에 관한 법률」에 규정된 범죄	47호
51	수산생물방역관 및 수산생물검역관		「수산생물질병 관리법」에 규정된 범죄	48호
52	금융위원회에서 자본시장 불공정거래 조사·단속 등에 관한 사무에 종사하는 국가공무원		「자본시장과 금융투자업에 관한 법률」에 규정된 범죄	49호
53	원자력안전위원회와 그 소속기관에서 원자력안전관리와 관련된 조사·단속 등에 관한 사무에 종사하는 국가공무원	가	「원자력안전법」에 규정된 일부 범죄	50호
		나	「원자력시설 등의 방호 및 방사능 방재대책법」에 규정된 일부 범죄	
		다	「생활주변방사선 안전관리법」에 규정된 일부 범죄	
54	고용노동부, 소속 기관에서 실업급여, 육아휴직 급여, 출산전후휴가 급여등의 부정수급 또는 국민평생 직업능력 개발법」에 따른 직업능력개발 훈련비용·훈련수당 등의 부정수급에 관한 사무에 종사하는 공무원		「고용보험법」에 규정된 일부 범죄 및 「국민 평생 직업능력 개발법」에 규정된 일부 범죄	51호
55	국토교통부, 소속 기관, 지자체에서 「시설물의 안전 및 유지관리에 관한 특별법」 제13조에 따른 긴급안전점검 업무에 종사하는 공무원		「시설물의 안전 및 유지관리에 관한 특별법」에 규정된 긴급안전점검과 관련된 범죄	52호
56	국토교통부, 지자체에서 부동산 관련 불법행위 조사·단속 등에 관한 사무에 종사하는 공무원	가	「공인중개사법」에 규정된 범죄	53호
		나	「부동산 거래신고 등에 관한 법률」에 규정된 범죄	
		다	「주택법」 제64조제1항 및 제65조제1항을 위반한 범죄	

4) 특사경 직무분야 신설 및 직무범위 확대의 요구증가

2020년 5월 30일부터 임기에 들어간 21대 국회에 2022년 4월 15일 기준으로 특사경의 직무범위 신설 또는 확장을 내용으로 하는 특사경법 개정 법률안이 30건 제출되었으며 이 중 2건이 통과 되었다. 국회에 계류 중인 법률안들 중 특사경의 직무영역을 새롭게 신설하거나 기존에 부여된 특사경의 권한을 확대하는 것을 내용으로 하는 법률안은 총 28건으로서 주요 내용은 다음과 같다.

연번	의안번호	제안일자	주요내용
1	2115027	2022.03.31	특허청 특별사법경찰의 직무범위에 「산업기술의 유출방지 및 보호에 관한 법률」상의 산업기술의 유출 및 침해에 관한 범죄를 포함시킴
2	2113981	2021.12.20	특허청 특별사법경찰의 직무 범위에 부정경쟁방지법상 데이터의 기술적 보호조치 무력화 행위와 영업비밀 침해범죄 전체를 포함해 수사가 가능하도록 함
3	2113513	2021.11.24	도시철도운영자인 법인 소속 임직원에게 지하철 내에서 발생하고 있는 경범죄의 단속과 관련된 사법경찰권을 부여함
4	2113268	2021.11.11	광역자치단체에도 근로감독관을 두도록 하여 근로감독, 노사협력, 산업안전, 근로여성 보호 등의 업무에 있어서 사법경찰관리의 직무를 수행할 수 있도록 함
5	2112635	2021.09.23	하도급 관련 법률 위반행위의 실효적 단속과 공정한 하도급 거래질서 확립을 위해 하도급 관련 불법행위 조사·단속 사무를 수행하고 있는 공무원이 사법경찰관리의 직무를 수행할 수 있도록 함
6	2112558	2021.09.14	대부업 및 대부중개업을 단속하는 사법경찰관리 직무 범위에 「전기통신사업법」·「전자금융거래법」·「채권의 공정한 추심에 관한 법률」에 규정된 범죄를 포함시킴
7	2109993	2021.05.10	중고자동차매매에 있어서 허위과장광고를 근절해 중고자동차매매시장의 신뢰를 회복할 수 있도록 사법경찰관리의 직무범위에 자동차매매업자의 거짓이나 과장된 표시·광고를 포시킴
8	2109887	2021.05.03	병역면탈행위 등의 단속에 종사하는 병무청 소속 공무원에게 대체역 편입의 허위에 관한 단속 사무 및 대체역의 허위증명서 등의 발급에 관한 단속 사무를 수행할 수 있도록 함
9	2109225	2021.03.31	농지 소유 등에 관한 조사 사무를 수행하고 있는 공무원에 대한 사법경찰관(리)의 직무수행 권한을 부여함
10	2107304	2021.01.11	특별사법경찰관리에 아동학대전담공무원을 포함시키고 아동학대범죄에 대한 수사권한을 부여함

11	2106103	2021.12.03	식품의약품안전처 공무원에게 마약류 단속 사무에 관한 사법경찰관리의 직무수행 권한을 부여함
12	2105722	2020.11.25	병무청 공무원에게 부여된 사법경찰관리로서의 권한을 사회복무요원 등의 복무이탈 및 복무의무 위반 행위에 대한 수사로 권한을 확대함
13	2105633	2020.11.23	국민건강보험공단 직원에게 사무장병원과 면허대여약국 범죄에 대한 특별사법경찰권 부여
14	2105035	2020.11.06	특허청 특별사법경찰의 직무범위에 「실용신안법」상의 실용신안권 또는 전용실시권 침해를 포함 확대하고 「부정경쟁방지 및 영업비밀보호에 관한 법률」개정사항을 반영함
15	2104992	2020.11.05	고용노동부와 그 소속 기관 및 특별시·광역시·도에 근로감독관을 두고 고용노동부장의 권한 일부를 시·도지사에게 위임할 수 있도록 함
16	2104844	2020.11.02	가습기살균제사건과 4·16세월호참사의 원인 규명, 진상조사 등을 위한 특별조사위원회의 업무를 수행하는 공무원도 특별사법경찰관으로 지명이 가능하도록 함
17	2104793	2020.11.02	근로감독관이 「채용절차의 공정화에 관한 법률」에 규정된 범죄에 관하여도 사법경찰관의 직무를 수행하도록 함
18	2103500	2020.09.03	감염병예방법상 조사·단속 등을 수행하는 공무원도 특별사법경찰관으로 지명이 가능하도록 하고, 직무범위에 감염병예방법에 규정된 범죄 전부로 확대함
19	2103460	2020.09.02	문화체육관광부 소속 「국민체육진흥법」 위반에 관한 단속 공무원 및 「국민체육진흥법」 제35조에 따른 한국도핑방지위원회의 관리, 감독 업무 종사 공무원을 특별사법경찰관으로 지명하여 도핑범죄 및 스포츠윤리센터가 고발하는 범죄 등에 대한 수사권 부여
20	2103450	2020.09.02	문화체육관광부 산하에 설립될 스포츠윤리센터 직원에게 사법경찰 직무를 부여하도록 하여 체육계 인권침해 사례에 대하여 수사와 고발이 가능하도록 함
21	2103404	2020.09.01	국민건강보험공단 임직원에게 특별사법경찰권을 부여하여 사무장병원과 면허대여약국 범죄에 대한 수사를 가능하게 함
22	2103023	2020.08.18	식약처 소속 위생용품 단속 업무를 맡고 있는 담당 공무원 등에게 사법경찰권을 부여하고 관련 범죄에 대해 사법경찰관리로서의 직무를 수행할 수 있도록 함
23	2103006	2020.08.18	건강보험 급여 관리·지급 업무담당 국민건강보험공단의 임직원을 특별사법경찰관으로 지명하여 사무장병원·약국 불법개설 범죄에 대한 수사권을 부여함
24	2102992	2020.08.14	아동학대 전담공무원에게 특별사법경찰권을 부여하여 아동학대 범죄에 대한 수사권을 부여함

25	2102367	2020.07.24	관세범의 조사 업무에 종사하는 세관공무원에게 「관세법」, 「대외무역법」, 「외국환거래법」 위반행위를 수단으로 한 사기 및 횡령, 배임 등의 범죄에 대하여 사법경찰권을 부여함
26	2102110	2020.07.17	철도경찰에게 일반철도뿐만 아니라 도시철도시설 및 열차 안에서 발생하는 「철도안전법」 위반의 주취업무 범죄에 대한 사법경찰권을 부여함
27	2101643	2020.07.08	문화체육관광부 소속 공무원에게 「국민체육진흥법」 위반 범죄와 스포츠윤리센터에서 고발하는 범죄에 관한 사법경찰관의 직무를 부여함
28	2101238	2020.07.01	농림축산식품부 소속 공익직불금 단속 공무원에 대하여 특별사법경찰권을 부여함으로써 공익직불금 부정수급 관련 범죄에 대한 수사권을 부여함

다. 특사경 전담 조직화

1) 특사경 전담부서 설치의 과정

2004년 4월 26일 '특별사법경찰관리 집무규칙'이 제정되고, 2008년 1월 4일 대검찰청 특별사법경찰 운영팀 업무에 관한 기본적 사항을 규정하여, 특별사법경찰의 역량강화와 검찰의 특사경 지휘체제 확립에 관한 특사경 운영팀의 업무를 효율적으로 수행하기 위하여 '대검찰청 특별사법경찰 운영팀 운영규정'(대검찰청 훈령)이 제정되었다. 이 규정 제12조(특사경 운영기관별 전담 조직 구성지원)는 대검찰청 내 '특별사법경찰 운영팀'을 두고 특사경 운영기관의 특사경 전담조직 설립과 운영을 지원하는 것으로 명시하고 있다. 이처럼 대검찰청 차원에서 기관별로 분산된 특사경들을 조직화하여 이들을 효율적으로 관리하고 지원할 필요성이 인식되기 시작하면서 2008년을 기점으로 중앙행정기관뿐만 아니라 지방자치단체에 대하여도 특별사법경찰 운영협의회를 구성하여 공식적으로 특별사법경찰 전담조직의 설립을 장려하고 요청하기에 이르렀다.[68]

특사경으로 지명을 받은 공무원의 소속 행정기관에 특사경 전담부서를 설치하는 방안에 대하여는 2008년도와 2009년도를 중심으로 대검찰청이 발주한 여러 연구용역을 통해서 그 정당성에 대한 활발한 연구가 이루어졌다. 특사경 관련 연구보고서들을 살펴보면, ① 박미숙 · 이권철, '외국의 특별사법경찰제도 운영실태에 관한 연

68) 부산광역시, 특별사법경찰 백서, 2019, 40면 참조.

구-미국과 프랑스-', 대검찰청 연구용역 보고서(2009년), ② 이효원, '특별사법경찰관리의 조직, 직무범위관련 법률체계 정비에 관한 연구', 대검찰청 용역과제(2008년)69), ③ 정병하 · 임정호, '특별사법경찰 조직의 전문화 방안에 관한 연구', 대검찰청 연구용역보고서(2009년) 등이 있다. 또 다른 2009년 형사정책연구원이 수행한 대검찰청 연구용역보고서는 특사경이 조사현장에 접근하여 최소한의 물리력을 사용하기 위한 수사장구 등과 관련된 근거규정이 없고, 아울러 범죄혐의자에 대한 불심검문 규정 등도 마련되어 있지 않아 효율적 특사경 업무수행을 위해 제도도입을 제안하고 있다.70)

이 중에서 2009년 발간된 정병하 · 임정호의 대검찰청 연구용역보고서 '특별사법경찰 조직의 전문화 방안에 관한 연구'는 특별사법경찰의 운영 실태 및 현황에 대한 분석에서 종래 특별사법경찰의 운용과 관련하여 특별사법경찰의 전문성 결여가 가장 큰 문제점으로 지적되어 왔다는 점을 언급하면서 그 이유로 본래의 행정업무와 특별사법경찰의 수사업무를 중복적으로 처리하는 데에서 오는 업무 분담 및 비전문성의 문제가 중요한 해결과제라고 평가하고 있다.71) 이러한 분석을 토대로 이미 전담화 조직이 구성된 서울특별시, 대구광역시, 부산광역시, 인천광역시, 충청남도, 대전광역시, 식품의약품안전청 외에 특히 중앙부처 소속의 특별사법경찰의 업무를 전담하는 부서의 신설을 제안하고 있다.72)

이후 2012년 발간된 박경래 외 3인의 한국형사정책연구원 연구보고서 '특사경 전담조직 활성화 방안에 관한 연구'에서는 전담조직이 없는 조직의 경우 특사경 전담조직을 설치할 것을 강도 있게 제안하고 있다. 이 보고서에 따르면 "전담조직이 있는 경우가 없는 경우보다 업무수행의 성과는 물론 특사경 개개인의 직무만족도도 높은 것으로 나타나고 있다"고 분석하면서, 실무에서 큰 불안으로 제시되고 있는 부분이 특사경의 일반 업무와 특사경 업무의 중복이라는 점을 지적하면서 "일반 업무만으로도 업무량이 많은 담당자들에게 특사경업무에 집중하고 수사의 전문성까지

---

69) 이 연구는 정책연구관리시스템(PRISM)의 과제정보에서 확인할 수 있으나, 이효원 교수가 2007년 대검찰청으로부터 용역을 받아 수행한 '특별사법경찰업무 관련 법률체계 정비에 관한 연구'와 함께 비공개된 상태로 자세한 내용은 확인이 불가능하다.

70) 박경래 · 이원상, 특별사법경찰의 효율적 직무수행 방안에 관한 연구: 수사장구 사용 및 불심검문을 중심으로, 한국형사정책연구원 연구용역 보고서, 2009, 2-3면.

71) 정병하 · 임정호, 앞의 보고서, 33-34면.

72) 같은 글, 177-178면.

갖추라고 하는 것은 현실적으로 무리한 요구일 수 있다."고 분석하여 전담조직의 설치와 활성화에 대한 정당성을 부여하고 하고 있다.[73)]

2013년의 한 연구에서는 특별사법경찰 자체 전담기구 설치의 논거로서 국가경찰과 특별사법경찰 사이에 수사권을 배분하는 것이 적정하다는 주장이 제시되기도 하였다. 즉, ① 일반사법경찰, 즉 국가경찰의 경우 행정법규 위반 범죄의 수사를 위한 별도의 조직이 마련되어 있지 않으며, 경찰은 일반 형사범죄 수사에 집중하고 있어 행정법규 위반 수사를 위한 인력이 부족하고, ② 일반사법경찰의 수사권이 미치기 어려운 특정지역과 시설, 특정범죄 수사시에 전문지식과 특정분야의 업무처리에 특별한 경험을 축적하고 있는 특별사법경찰과 역할을 분담하는 것이 업무의 전문성, 효율성 등의 측면에서 유리하며, ③ 따라서 국가경찰은 각종 범죄에서 전문성과 조직을 집중시키고 특별사법경찰은 행정법규 위반 범죄에 대해 지자체의 조직력과 전문성을 집중시킨다는 것이다.[74)]

2015년 발간된 승재현·전현욱이 공동수행한 형사정책연구원 연구보고서 '특별사법경찰 역량강화 및 지휘체계 개선 방안'은 국민의 인권 침해요소를 방지하기 위한 특사경 교육시행의 방법과 특별사법전담검사의 배치를 포함하여 특별사법경찰에 대한 검사의 지휘권을 확보할 수 있는 방안들을 제시하였다.[75)]

이러한 일련의 연구보고서를 근거로 대검찰청 차원에서 우선적으로 광역시 단위를 중심으로 특사경 전담조직을 구성하도록 방침을 세우고 각 지검별로 광역시와 협의과정을 거치게 된다. 이처럼 2008년 이후 광역자치단체 단위에서 특별사법경찰 전담부서가 설치된 과정을 살펴보면, 서울특별시 특별사법경찰 지원과(2008.1.1.), 대구광역시 특별사법경찰 행정팀(2008.3.5.), 부산광역시 특별사법경찰관리담당(2008.7.7. 이후 2009.3.30. 특별사법경찰지원팀으로 명칭 변경), 인천광역시 특별사법경찰 수사팀(2008.8.26.), 충청남도 특별사법경찰 지원단(2008.9.1.), 대전광역시 특별사법경찰계(2009.1.1.), 경기도 특별사법경찰단(2009.3.24.) 등 2008년부터 2009년 초반까지 광

73) 박경래 외 3인, 특사경 전담조직 활성화 방안에 관한 연구, 한국형사정책연구원 연구보고서, 2012, 227면.

74) 이현우·이미애, 광역자치단체 특별사법경찰의 운영 개선 방안, 경기개발연구원 연구보고서, 2013, 45면.

75) 승재현·전현욱, 특별사법경찰 역량강화 및 지휘체계 개선 방안, 대검찰청 연구용역보고서, 한국형사정책연구원, 2015.

역시와 일부 도를 중심으로 전담조직이 빠르게 설치되었다.[76] 이후 광주광역시와 울산광역시, 세종시와 대부분의 도에는 다소 늦은 2012년도와 2013년도 사이에 설치되었다. 또한 특사경 전담부서를 설치와 함께 일부 중앙행정기관 및 광역자치단체에 법률자문검사를 파견하기 시작하였다.

[표 1-13] 광역시 · 도별 특별사법경찰 전담부서 설치 및 운영 현황(2018. 6월 말 기준)[77]

시도명	신설일자	조직	인력	비고
서울	2008.1.1.	민생사법경찰단 (1단 2반 8팀/1TF)	104명 (시 62, 구 42)	법률자문 검사 파견
경기	2009. 3. 24.	특별사법경찰단 (1단 7팀)	102명 (도 42, 시 · 군 60)	검사 파견 중단
부산	2008. 7. 7.	특별사법경찰과 (1과 3팀)	24명 (시 24)	검사 파견 중단
대구	2008. 3. 5.	민생사법경찰과 (1과 2팀)	13명 (시 10, 군 · 구 3)	
인천	2008. 8. 26.	특별사법경찰과 (1과 3팀)	21명 (시 19, 군 · 구 2)	검사 파견 중단
광주	2013. 8. 1.	민생사법경찰과 (1과 3팀)	14명 (시 14)	검사 파견 중단
대전	2009. 1. 1.	민생사법경찰과 (1과 2담당)	13명 (정원 10, 파견 3)	
울산	2013.12.31 (2013. 1. 1. 팀 신설)	민생사법경찰과 (1과 2담당)	12명 (시 12)	
강원	2012. 7. 20.	민생사법경찰팀 (1담당)	5명	
충북	2013. 7. 17.	민생사법경찰팀 (1팀)	5명 (도 5)	
충남	2008. 9. 1.	민생사법경찰팀 (1팀, 15시군)	44명 (도 6, 시 · 군 38)	검사 파견 중단
전북	2013. 10. 4.	민생특별사법경찰 (1팀)	6명 (도 6)	
전남	2013. 8. 1.	민생사법경찰팀 (1팀)	4명 (도 4)	
경북	2013. 7. 11.	민생사법경찰담당 (1담당)	4명	

76) 정병하 · 임정호, 앞의 보고서, 177면 참조 및 일부 수정함.

77) 서울특별시, 민생사법경찰 백서, 2018, 272-273면 표내용 일부 수정함.

경남	2012. 7. 17.	특별사법경찰담당 (1담당)	4명	
제주	2006. 7. 1.	자치경찰단	23명 (도 23)	
세종	2012. 7.1.	민생사법팀 (1팀)	4명	

전담부서의 설치가 대검찰청의 주도하에 수사조직을 확보하고자 하는 지방자치단체의 이해관계와 맞물려 신속하게 진행되고 아울러 특사경 전담부서 설치의 법적 근거마련의 필요성이 제기되면서[78] 2015년 8월 11일 특사경법 제12조[79]를 신설하여 법적인 정비를 하였다. 물론 이 법률은 지방자치단체만을 고려한 것은 아니며 중앙행정기관 단위에서의 전담부서의 설치까지도 고려한 것이다.

2) 특사경 전담부서 설치의 의미

1990년대 이후 특사경의 직무영역이 대폭 확대됨에 따라 특사경 전담부서의 설치라는 수순으로 넘어가게 된다. 특사경제도가 본래 중앙행정부처 또는 지방자치단체 소속으로 특정 분야의 행정업무를 수행하는 공무원에게 사법경찰권을 부여하는 형태를 취하고 있다면 전담부서의 설치는 단순히 특사경의 자격을 부여하는 것으로 그치지 않고 직무영역별로 분산되어 있는 특사경들을 행정기관별로 통합하여 운용하는 방식의 변화를 의미한다. 여기서 주목할 부분은 특별사법경찰관리를 통합, 운영하는 체제의 도입은 행정기관을 수사기관으로서의 모습을 갖추도록 하는 중요한 요인으로 작용하였다는 것이다.

특히 광역자치단체를 중심으로 특별사법경찰 전담부서를 두게 된 배경에는 종전과 같이 도청 및 시·군에 소속된 행정공무원을 특별사법경찰로 지정하고 식품위생, 환경, 원산지 단속, 교통, 소방분야 등에서 단속 및 조사 등의 사법경찰업무를 수행함에 따라, 체계적인 관리를 위한 전담 조직이 없고 기본 행정업무와 병행함에 따라 수사관련 전문성이 부족하여 특별사법경찰 직무를 제한적이고 소극적으로 추진할 수밖에 없었다는 점들이 이유로 제시된다. 이에 특별사법경찰 전담 조직이 가동되면

78) 박경래 외 3인, 앞의 보고서, 2012, 216면.

79) 제12조(사법경찰 직무 전담 부서 설치) 이 법에 따른 사법경찰관리의 소속 관서의 장은 사법경찰 직무의 효율적인 수행을 위하여 그 직무를 전담하는 부서를 설치할 수 있다.

식품위생, 농수산물 원산지 표시, 공중위생, 환경보호, 청소년 보호 등의 분야를 집중적으로 단속하고, 체계적인 교육훈련을 통한 특별사법경찰 업무의 전문성 강화와 함께 효율성을 높일 수 있는 시스템을 구축할 수 있다는 것이다.[80] 그러나 명목상의 이유는 단속의 효율성과 전문성을 높이는 것에 있지만 실질적인 이유는 행정목적 달성을 위해 행사할 수 있는 행정조사 등의 실효성 확보수단에 있어서 조금 더 강제력・집행력 있는 실효성 확보 혹은 운영상의 편리함을 위한 도구로서 이 제도를 활용하고자 하는 측면이 담겨 있다.[81]

그런데 전담부서의 설치는 검찰과 특사경을 두고 있는 행정기관의 이해관계가 일치하고 있음을 보여준다. 검찰은 특별사법경찰관리의 수사에 대한 지휘권자로서 또한 지명권을 가지고 있는 감독자로서의 입장에서 특별사법경찰의 전문성을 높이고 분산되어 있는 특별사법경찰관리를 체계적으로 지휘하고자 하는 목적으로 특별사법경찰 전담조직의 설치를 새로운 대안으로 제시하였다. 검찰은 이미 2004년 '특별사법경찰관리집무규칙'을 제정하였으며, 그 동안 종합적인 관리조차 없이 방치하고 있던 것을 2005년도부터 이들에 대한 관리를 시작하였다.[82] 이 규칙 제정으로 특별사법경찰관리는 경찰의 도움을 받지 않고도 독자적으로 사건을 처리할 수 있게 되었다.

중앙행정부처 및 지방자치단체의 입장에서도 행정의 효율성을 높이고 조직의 권한확대라는 욕구와 이해관계가 결합되게 된다. 그런데 전담조직의 설치는 중앙행정기관과 지방자치단체 간에 그 의미가 다소 차이가 있다. 행정기관의 수사기관화는 중앙행정기관의 경우에는 특정 전문 영역에 한정하여 전문인력을 집중시키고 효율적으로 관리함으로써 조사 및 수사의 역량을 강화시킨다는 방향성을 찾을 수 있다면, 지방자치단체의 경우에는 다양한 직무영역과 지역적으로 분산된 특사경들을 통합하여 관리함으로써 민생과 관련된 범죄들에 있어서 지방자치단체의 조직적 대응역량을 강화시킨다는 방향성을 찾을 수 있다. 따라서 중앙행정기관보다 지방자치단체의 경우에 직무영역이 다양하며 그 성격이 이질적이라고 할 수 있다.

전담부서의 설치는 법적인 관점에서 보면 긍정적인 측면도 있다. 행정권한과 수사권한의 결합이라는 비판에 있어서 전담부서의 설치는 사법경찰권을 부여받은 공

80) "경남, 특별사법경찰 가동", 김해신문 인터넷 기사(2012.07.09.).
81) 이근우d, 앞의 글, 92면 이하 참조.
82) 민형동, "특별사법경찰의 운용실태 및 개선과제에 관한 소고", 한국민간경비학회보 제10호(2007), 64면.

무원이 수사업무에 전종할 수 있도록 하고 일반 행정업무에서 배제되도록 한다는 효과를 가진다. 그러나 전담부서의 설치는 특히 지방자치단체의 경우에 특사경제도의 본질에 반하는 것이라는 비판이 가능하다. 제한된 특사경의 인력으로 다양한 직무분야에 대한 단속과 수사를 한다는 것은 결국 전문성이 없는 직무영역에 대해서도 지방자치단체의 정책에 따라 불가피하게 업무를 수행하게 된다는 것을 의미하기 때문이다.[83)]

라. 검사의 행정기관에 대한 통제[84)]

1) 수사지휘권을 통한 통제장치

특사경의 확대는 사법경찰권의 부여와 함께 검사의 지휘를 받는 조직이 많아진다는 점에서 보면 검찰권의 강화에 기여한다. 특사경법의 개정 과정에서 특사경이 광범위하게 인정되는 것이 바람직한 것인지 그리고 특사경들에 대해서 뚜렷한 사전·사후 감독체계를 갖추고 있는지에 대한 지적에 대하여, 법무부는(법무부장관은) "일반 경찰관을 쓰나 특별 사법경찰관을 쓰나 하는 일은 같은 일을 대상으로 하기 때문에", 사전·사후 감독은 문제가 없을 거라고 답하고 있다. 이는 기소독점주의에 의하여 일원화되는 체계에서는 검찰권의 행사방식은 특사경과 일반사경이 다를 바 없다는 취지로 들린다.[85)] 즉, 일단 특사경법에 의해 수사권을 부여 받더라도 검사장에 의한 지명절차와 형사소송법 등을 통하여 검사의 강력한 통제가 가능하기 때문에 수사권조정과 관련하여 갈등을 빚고 있는 일반사법경찰 보다 이들을 통한 수사가 검찰 수사권 확보에 이로울 수 있다는 속뜻을 내비친 것이다.

특별사법경찰관리를 보유하게 되는 행정기관의 입장에서 업무량의 증가와 추가적인 부서신설과 예산확보의 문제에 직면하게 되는 것과 달리 법무부는 해당 행정기관의 인력과 예산을 활용할 수 있다는 점에서 법무부나 검찰의 인력을 늘리는 것보다 한결 유리하며,[86)] 행정기관에 대한 통제와 수사력의 강화라는 이중적 효과를 가져 오게 되므로 굳이 이를 반대할 이유가 없는 것이다. 더 나아가 수사권 독립논의

83) 예를 들어, 제주자치경찰의 수사 직무 범위는 19개 분야에 관련 법률이 90개에 달한다.
84) 김택수, 수사의 효율성 및 공정성 향상을 위한 사법경찰관제도의 정비방안, 치안정책연구소 2013, 53면 이하의 내용을 수정한 것임.
85) 오병두, 앞의 글, 80면.
86) 오병두, 같은 글, 80면.

와 관련하면, 특사경은 일면에서는, 경찰의 업무영역이 확대되는 것을 외곽에서 차단하면서 다른 면에서는 수사영역에 대한 검찰의 직접적인 통제를 강화하도록 하는 장치로서 작동할 수 있게 된다.[87)]

특사경제도의 확대는 이처럼 검찰에게 여러 면에서 실익을 가져온다. 또한 특사경제도는 경찰 수사권독립에 대한 대비책이 된다. 오병두 교수는 "검찰에게 있어서 특사경은 향후 경찰수사권의 독립을 대비하여 경찰의 (제1차적) 수사권을 제한할 수 있도록 하면서 동시에 현재에 있어서는 검찰의 직접적인 통제를 가능한 수사조직으로서 그리고 광범위한 영역의 정보를 수집할 수 있는 조직으로서 기능할 수 있는 가능성을 의미한다."[88)]는 분석을 내놓고 있다. 이에 대한 근거로 제시되는 것이 '특별사법경찰 수사준칙' 제119조이다. 이 규정에 따라 특별사법경찰관리가 소속된 행정기관의 장이 고발한 사건은 해당 기관의 특별사법경찰관이 검사의 지휘를 받아 수사함을 원칙으로 한다. 일반사법경찰관리의 수사를 배제하고 수사지휘권을 통하여 특사경을 적극 활용하겠다는 의지를 보여주는 대목이다.

그렇다면 검찰이 특사경제도를 통하여 행정기관을 통제하고 검찰권을 강화시키는 구체적인 장치들을 살펴볼 필요가 있다. 먼저, 특별사법경찰관리의 지명절차와 관련된 검찰의 권한이다. 특별사법경찰관리는 검사의 지휘를 받아 수사를 하여야 하므로 검사장에 의한 지명절차가 필요하다는 점이 설명될 수 있지만, 특별사법경찰관리로 지명되는 공무원들은 행정기관에 소속되어 단속 및 행정업무를 수행하는 자라는 면에서 지명절차는 행정기관 내부의 인사권과 충돌의 여지가 있다. 또한 행정기관을 형사사법기관인 검찰에 예속시켜, 행정기관을 통제하고 그 결과 검찰의 권한을 비대화 시키는 문제점을 가지고 있다. 또한 '특별사법경찰 수사준칙'은 특별사법경찰관리에 대한 검사의 수사지휘에 관하여 세부적 사항들을 규정하고 있으며, 이에 따르면 ① 특별사법경찰관은 사건 수사와 관련하여 일반사법경찰관리 또는 다른 기관의 특별사법경찰관리와 업무권한의 충돌이나 분쟁이 생겨 기관 간의 업무 조정이 필요한 경우에도 수사지휘 건의서로 건의하여 구체적 지휘를 받아 수사할 수 있으며(제30조 제2항), ② 검사는 사건이 복잡하여 설명이 필요한 경우 특별사법경찰관에게 대면하여 설명할 것을 요구할 수 있고, 특별사법경찰관은 수사 중인 사건에 관하여 필요할

87) 오병두, 같은 글, 80면.
88) 오병두, 같은 글, 84면.

때에는 검사에게 대면하여 보고할 수 있으며(제31조 제4항), ③ 특별사법경찰관이 검사가 지휘한 기한 내에 지휘 사항을 이행하지 못하였을 때에는 그 사유를 소명하여 검사에게 수사기일 연장지휘를 건의해야 하며(제34조), ④ 중요범죄에 대하여 수사를 개시했을 때에는 검사에게 지휘를 건의하고 입건 여부에 대한 검사의 의견에 따라야 한다(제35조 제1항). 이 수사준칙은 또한 전속고발 기관에 소속된 특별사법경찰관이 송치 등 사건을 종결하는 처분(고발)을 하기 전에 검사로부터 증거 판단과 법령의 해석·적용 등에 관한 지휘를 받을 것을 규정하고 있다(제110조 제2항). 고발의 권한이 행정기관의 고유한 권한이라는 면에서 검사의 고발과 관련한 지휘는 행정기관의 권한을 일정 부분 침해하는 것이라고 할 수 있다.

같은 맥락에서 중앙행정부처 및 광역자치단체들이 특별사법경찰 전담부서를 신설하면서 특사경제도의 효율적 운영과 신속한 사건처리를 명목으로 일명 '특별사법보좌관'을 두어 부장급의 검사를 파견 받아 법률적 자문을 받도록 한 사례를 들 수 있다. 그러나 이러한 명분에도 불구하고 실제상 중앙행정기관 또는 광역자치단체의 행정업무에 대한 정보수집과 법률적 자문을 빙자한 행정사무에 개입할 위험성을 가지고 있는 제도라고 하겠다. 결국 사법경찰의 분야뿐만 아니라 행정경찰의 분야에도 간섭을 하는 것으로, 특사경제도는 탈경찰화(Entpolizeilichung)를 배경으로 하는 것인데 현재의 상황, 즉 경찰행정적 권한들을 집결시키는 것은 이른바 "재경찰화(Re-polizeilichung)"에 해당한다는 평가가 가능하다.[89]

2) 법률자문 검사 파견제도

검찰은 특사경 전담부서가 설치된 중앙행정부처와 광역자치단체에 대하여 신속한 수사지휘와 법률적 자문을 명목으로 2008년도부터 부장급 검사를 '사법정책보좌관'(특별사법경찰 지도검사)으로 임명하여 파견을 해왔다. 이후 파견검사의 역할과 지위에 적합한 명칭을 사용하고자 '사법정책보좌관'에서 '법률자문검사'로 명칭을 변경하였다. 법률자문검사의 역할은 ① 수사계획 수립 및 수사활동 지도·자문, ② 사건송치 서류작성 지도(수사의 완성도 제고), ③ 수사 실무교육 및 특별사법경찰의 효율적 운영방안 제도 연구 등이다.[90] 하지만 검찰권 확대에 대한 시민들의 우려가 커지고

---

89) 오병두, 같은 글, 82면.
90) 서울특별시, 민생사법경찰 백서, 2018, 50면.

검사의 타 기관 파견에 대한 비판이 제기되었다. 특히 법무·검찰개혁위원회(위원장 한인섭)는 2018년 5월 '검사의 타 기관 파견 최소화'에 관한 권고안을 발표하였으며, 이 권고안에 따르면 '구체적이고 특별한 사유가 없는 경우' 단순 법률자문을 위한 검사의 파견을 할 수 없도록 하였다.[91] 여기에는 검사의 타 기관 파견이 일부 검사들의 휴식, 승진코스가 되어 온 관행이 있다는 비판도 반영되었다.[92] 명목상은 특사경들에 대한 수사방향과 기법들에 대한 지도가 주된 임무이지만 실제 특사경 전담부서는 파견된 법률자문검사가 아닌 관할 지방검찰청의 형사부로부터 해당 사건에 대한 지휘를 받고 있으며, 광역자치단체 내에 법률전문가인 변호사를 별도로 채용하여 운용하는 문제점이 있었다.[93] 그러나 법률자문검사 파견제도는 무엇보다도 수사기관인 검사와 지역 행정의 책임을 맡고 있는 자치단체장을 연결시키는 통로 역할을 하며, 검사가 법률자문이나 수사지휘를 명목으로 행정기관의 조사와 단속 업무에 깊게 관여하여 수사기관이 행정기관을 통제하고 예속시킬 우려가 있었다. 검사 파견은 특사경제도와 맞물려 행정부 전체에 대한 검사의 영향력 확대라는 관점에서 볼 필요가 있으며,[94] 이는 결국 검찰권한의 확대와 검찰권의 남용문제로 연결될 수밖에 없는 구조를 취하게 된다.

이러한 외부적 비판과 문재인 정부시기 검찰개혁을 강하게 추진하면서 파견검사의 규모는 대폭 축소되었다. 특히 법무부는 2019년 10월 '검사 파견 심사위원회 설치 및 운영에 관한 지침'(법무부예규)을 제정하여 검사의 외부 기관 파견 여부를 '검사 파견 심사위원회'가 심의하도록 하였다. 이에 따라 외부 파견 검사의 전원 복귀 방침에도 불구하고 심의위원회의 심의를 거쳐 일부 파견 검사들에 대해서는 잔류할 수 있는 길을 열어 두었으며,[95] 그 결과 2017년부터 대부분의 광역자치단체에 법률자문검사라는 직함으로 파견되었던 검사들이 복귀하였으나 아래 표에서 보는 바와

---

91) 권고의 배경에 대하여는 법무부 보도자료(2018.05.04.) '검사의 타기관 파견 최소화 권고' 참고.

92) "검사 외부기관 파견 줄인다", 조선일보 인터넷 기사(2018.05.04).

93) 광주광역시의 경우 2013년부터 파견된 검사에게 실장급(2급)에 준하는 대우를 해주고 별도의 사무실과 비서를 제공하였으며, 실장급 이상에게만 제공되는 2000cc급 관용 승용차와 운전원도 배정하였다. 또한 검찰에서 받는 급여와는 별도로 매월 업무수행경비로 70만원을 지급하고 시책업무추진비 명목으로 월 70만원까지 사용할 수 있는 법인카드도 지급하였다. "지방자치단체에 웬 검사실? … 광주 등 6곳 부장검사 파견 논란", 경향신문, 인터넷 기사(2017.08.09).

94) "최강 검찰의 탄생(10화)", 브런치북. 출처: https://brunch.co.kr/@haass8/2

95) "[단독]방침 다 정해놓고 "검사 파견 필요하냐"…법무부發 검찰개혁 곳곳서 잡음", 조선일보 인터넷 기사(2019.10.31.).

같이 서울시와 일부 중앙행정기관에 여전히 검사의 파견이 이루어지고 있다. 특히 중앙행정기관이나 행정위원회의 경우 특사경 전담조직과 밀접하게 관련되어 있음을 알 수 있다.

이러한 검사의 외부파견에 대하여 참여연대는 검찰청법 제4조에 검사의 직무와 권한이 명확하게 명시되어 있으나, 이와 관련 없는 단순한 법률 업무나 자문업무, 감독 업무에 검사를 파견하는 것은 근절되어야 하며, 검찰은 물론이거니와 정부기관들도 법률전문가 인력 수급을 검사 파견으로 충원하려는 관행을 스스로 근절해야 한다는 평가를 내리고 있다.[96]

[표 1-14] (2010.1.~2021.3.) 중앙행정기관 및 지방자치단체에 파견된 검사의 연도별 수(명)[97]

구분	기관	'10	'11	'12	'13	'14	'15	'16	'17	'18	'19	'20	'21.3.
중앙행정 기관/ 행정 위원회	감사원	1	1	1	1	1	4	3	2	1	1	1	0
	미래창조과학부	0	0	0	0	0	1	1	0	0	0	0	0
	산업통상자원부	1	0	0	0	0	1	1	0	0	0	0	0
	식품의약품안전처	1	1	1	1	1	1	1	1	1	1	1	1
	여성가족부	1	1	1	1	1	1	1	1	1	1	1	1
	환경부	0	0	0	0	0	0	1	1	1	1	1	1
	공정거래위원회	2	2	2	0	2	2	2	2	2	2	2	2
	금융위원회	4	4	5	7	7	7	7	7	7	7	6	6
	방송통신위원회	2	1	1	0	0	0	0	1	1	1	1	1
공공/ 기타기관	금융감독원	1	1	1	1	1	1	1	1	1	1	1	1
	금융부실책임조사본부	2	2	2	3	3	3	2	3	3	3	3	2
	한국거래소	1	1	1	1	1	1	1	1	1	1	1	1
지방자치 단체	경기도	1	1	1	1	1	1	1	0	0	0	0	0
	광주광역시	0	0	0	1	1	1	1	0	0	0	0	0
	부산광역시	1	1	1	1	1	1	1	0	0	0	0	0
	서울시	1	1	1	1	1	1	1	1	1	1	1	1
	인천광역시	1	1	1	0	1	1	0	1	0	0	0	0
	충청남도	1	1	1	0	1	1	1	0	0	0	0	0
총계 (명)		21	19	20	19	23	28	26	22	20	20	19	17

96) 참여연대, 문재인정부 4년 검찰보고서, 참여연대 사법감시센터, 2021, 94면.

97) 참여연대, 법무부 등 외부 기관에 파견된 검사 현황 보고서, 이슈리포트, 2015, 6-7면 및 참여연대, 문재인정부 4년 검찰보고서, 참여연대 사법감시센터, 2021, 92-93면 수정한 것임.

[표 1-15] 외부기관에 파견된 검사의 업무98)

업무 구분	기관 구분	기관	업무
사건검토·수사지원	중앙행정기관/행정위원회	식품의약품안전처	식품위해사범 수사 등
		여성가족부	청소년 유해사범 단속 및 특사경 지휘·감독
		공정거래위원회	공정거래법 위반 관련 고발검토 등
		금융정보분석원	특정금융거래심사·분석 등
	독립기구	감사원	감사와 관련 수사요청 내지 고발 사건 검토
	지방자치단체	경기도	법률자문 및 특사경 교육·감독 등
		광주광역시	
		부산광역시	
		서울시	
		인천광역시	
		충청남도	
	공공/기타 기관	금융부실책임조사본부	부실채무기업 귀책 여부 조사 등
		한국거래소	자본시장범죄 수사지원 등
법령검토·법률자문	중앙행정기관/행정위원회	미래창조과학부	법률자문 및 법령제·개정검토 등
		보건복지부	보건·의료정책, 법령 등 정비
		산업통상자원부	법률자문 및 법령제·개정검토 등
		환경부	법률자문 및 특사경 교육, 감독
		금융위원회	불공정거래 사건 조사
	독립기구	국가정보원	대공사건 법률검토 및 지원 등
		방송통신위원회	방송·통신법률 위반 관련 사건 법률검토 등
	기타 기관	금융감독원	법률자문 및 안건심의
	사법부(기관)	형사정책연구원	특사경제도 등 형사정책 연구

98) 참여연대, 법무부 등 외부 기관에 파견된 검사 현황 보고서, 이슈리포트, 2015, 9면 일부 수정한 것임.

Ⅱ. 행정기관의 수사조직

1. 주요 중앙행정기관

가. 위해사범중앙조사단(식품의약품안전처)

1) 연 혁

식품의약품안전처는 보건복지부 소속 식품의약품안전청에서 승격되어 현재에 이르고 있다. 과거 보건복지부 소속 식품의약품안전청에 식품분야 51명과 의약품 8명 등 총 59명의 식의약품 특별사법경찰관리가 임명되어 있었지만 이들을 관리할 전담조직이 부재하였다.[99] 반복되는 식 · 의약품 안전사고를 근절시키고 다양화 및 전문화되는 식 · 의약품 위해사범에 신속하고 엄정하게 대처하기 위해 2009년 2월 9일 차장 직속으로 특사경 전담부서인 위해사범중앙조사단의 전신인 위해사범중앙수사단이 출범하였다. 이와 함께 식약청은 위해사범중앙수사단을 미국 FDA(식품의약품청)의 범죄수사부(OCI)와 같은 준사법권을 가진 수사전담조직으로 운영하기 위해 검찰청과 협의를 거쳐 식 · 의약품 수사전담검사를 '특별수사기획관'으로 파견 받았다.[100]

위해사범중앙수사단의 수사요원들은 특사경으로 지명을 받은 80명의 인력으로 출발하였으며 이중 본청에 수사전담요원 20명이 상근하고 서울식약청, 부산식약청, 경인식약청, 대구식약청, 광주식약청, 대전식약청 등 전국에 6개의 지방청에 60명이 지원 활동을 하였다. 위해사범중앙수사단은 국민 먹거리에 대한 범죄행위의 척결과 불법 · 부정 의약품 및 의료기기 단속을 최우선 목표로 하고 있어 저질불량 원료를 사용한 제조행위, 유해물질을 고의적으로 첨가해 경제적 이득을 취하는 행위, 의약품 · 의료기기 등의 위조 및 불법 유통 등에 대한 감시와 단속에 초점을 맞추었다.[101]

2009년 4. 30. 식품의약품안전청과 그 소속기관 직제가 개정되어 5월부터 본부에는 위해사범중앙조사단으로 정식 직제화되었으며, 이와 달리 6개 지방청에는 수사전담 T/F가 설치되었다. 수사의 전문성 확보 및 직무 활성화를 위해 정규직제로의

---

99) 신현기b, "식품의약품안전처 특별사법경찰 운영에 관한 실태분석", 한국민간경비학회보 제15권 제3호(2016), 39면.

100) "식의약품 위해사범 '수사단' 출범", 의사신문 인터넷 기사(2009-02-11).

101) "식 · 의약품위해사범중앙수사단 출범", 한의신문 인터넷 기사(2009-02-13).

전환이 필요[102]함에 따라 2018년 11월 지방청 "위해사범조사T/F" 업무를 지방청 운영지원과로 이관하여 현재까지 운영되고 있다.

주요 연혁[103]

- '09. 2. 차장직속 「위해사범중앙수사TF팀」 설치
- '09. 4. 「위해사범중앙조사단」 정식 직제 및 지방청 "위해사범조사T/F" 설치
- '11. 5. 과학적 수사지원을 위한 디지털포렌식 장비 도입 · 운영
- '13. 3. 정부조직 개편에 따른 직무범위 확대(축산물, 농수산물)
- '15. 8. 「사법경찰관리의 직무를 수행할 자와 그 직무범위에 관한 법률」개정
⇒ 식약처 특사경의 직무범위 확대(의료기기, 화장품)
- '17. 12. 「사법경찰관리의 직무를 수행할 자와 그 직무범위에 관한 법률」개정
⇒ 식약처 특사경의 직무범위 확대(수입식품, 시험검사기관)
- '18. 11. 지방청 "위해사범조사T/F" 업무를 지방청 운영지원과로 이관

2) 조 직

2019년 7월 기준 식약처 및 소속기관에 부여된 식품위생 · 의약품 관련 특사경 운영현황을 살펴보면, 식약처 위해사범중앙조사단 24명과 소속기관인 지방식품의약품안전처 18명, 총 42명으로 구성되어 있다.[104]

식품의약품안전처와 그 소속기관 직제 [2019. 12. 31., 일부개정]

제9조(위해사범중앙조사단) ① 위해사범중앙조사단장은 3급 또는 4급으로 보한다.
② 위해사범중앙조사단장은 다음 사항에 관하여 차장을 보좌한다.
1. 식품 · 의약품등의 위해사범 수사
2. 식품 · 의약품등의 상습적 · 고의적 범죄행위 발굴 및 조사
3. 2개 이상의 광역지방자치단체에 걸쳐서 발생한 식품 · 의약품등의 사고에 대한 조사
4. 식품 · 의약품등의 위해사범 수사정보 수집 및 분석
5. 특별사법경찰관리 지휘 총괄 및 역량 강화를 위한 지도 · 교육

102) 박기종, "식품위해사범 동향 및 단속 현황", 2012, 1. 27. 국회입법조사처, 세미나자료집, 22면.
103) 식품의약품안전처, 2019회계연도 세출 사업별 설명자료, 2019. 1. 222면.
104) 국회 법제사법위원회, 사법경찰관리의 직무를 수행할 자와 그 직무범위에 관한 법률 일부개정법률안(최도자의원 대표발의, 의안번호: 2021022), 2019. 11. 5면.

[그림 1-2] 조직[105)]

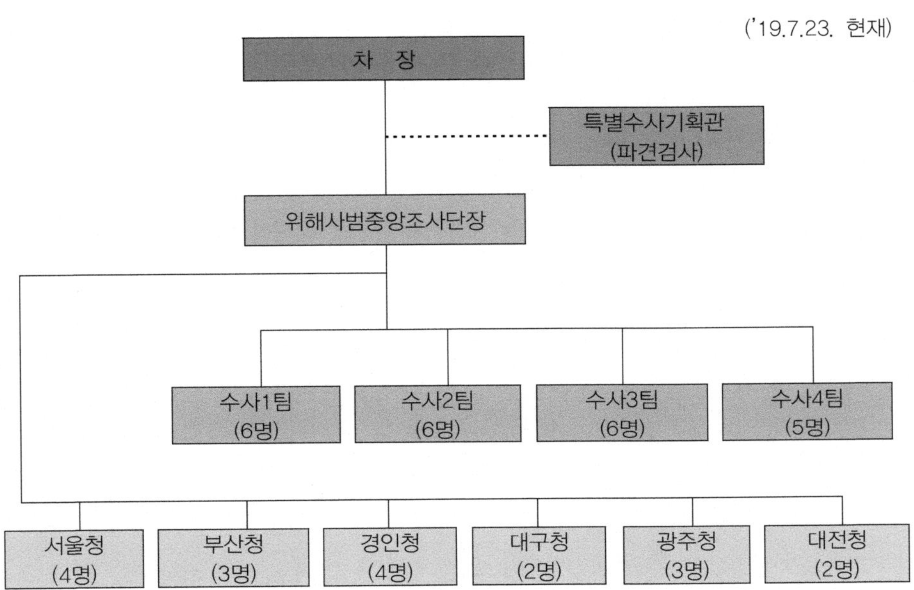

식품의약품안전처는 위해사범중앙조사단을 설치하였을 뿐만 아니라 「식품·의약품 사이버조사단 구성 및 운영에 관한 규정」[106)](식품의약품안전처 훈령, 2018. 4. 3. 제정, 2021. 6. 30.)에 근거하여 2018년 2월부터 온라인상 식품·의약품 불법유통과 허위·과대광고 행위 등을 단속하기 위한 전담조직인 '식품·의약품 사이버조사단'을 차장 직속의 TF로 구성하여 운영 중에 있다.[107)] 사이버조사단의 주요 업무는 ① 온라인(인터넷, 방송 등) 및 간행물(신문, 잡지, 인쇄물 등)에서의 허위·과대 광고(온라인 불법 광고)의 판단기준을 마련하고 적발 및 차단 조치, ② 온라인으로 유통되는 위해우려 제품(온라인 불법 제품)의 신속한 차단, ③ 온라인 불법 광고 및 불법 제품

105) 국회 법제사법위원회, 사법경찰관리의 직무를 수행할 자와 그 직무범위에 관한 법률 일부개정법률안(최도자의원 대표발의, 의안번호: 2021022), 2019. 11. 5면.

106) 「식품·의약품 사이버조사단 구성 및 운영에 관한 규정」 제3조(설치 및 기능) ① 식품·의약품 분야 온라인 등 허위·과대광고와 위해우려 제품의 온라인 유통 관리를 위한 전담조직으로 식품의약품안전처(이하 '식약처'라 한다)에 차장 직속으로 식품·의약품 사이버조사단(이하 '사이버조사단'이라 한다)을 둔다.

107) 국회 보건복지위원회, 약사법 일부개정법률안(전혜숙의원, 홍익표의원, 신상진의원 대표발의, 의안번호: 2016828, 2017697, 2018525) 검토보고, 2019. 3. 23면.

의 신속 차단을 위한 소비자, 관계부처, 업체 등과의 협력체계 구축 등이다(운영규정 제3조 제2항).

조사단은 총괄운영팀(1팀)·식품조사팀(2팀)·의료제품조사팀(3팀)으로 구성되며, 인력은 총 32명이다. 사이버조사단은 업무 수행을 위하여 필요한 경우에는 관계 행정기관, 공공기관, 공공단체 등의 장에게 필요한 인력의 파견을 요청할 수 있으며(운영규정 제6조 제1항), 관계 기관, 단체 등에 대하여 자료 또는 의견 제출 등의 업무의 협조를 요청할 수 있다(제6조 제2항). 사이버조사단은 주요 온라인 쇼핑몰과 불법 사이트 적발 시 신속차단을 위해 민관 협력체계를 구축 중에 있으나 법적근거가 없는 양해각서 체결 수준으로 실효성이 낮고 차단의 소요기간이 길어지는 문제점이 있어 방송통신심의위원회를 거치지 않고 식약처가 독자적으로 정보통신 서비스 제공자에게 불법유통 제품 취급 정지 명령을 할 수 있도록 하는 법안의 처리를 요구하고 있다.[108]

사이버조사단이 임시조직인 TF이기 때문에 장기적이고 안정적 비전을 가지고 업무를 추진하기에는 제도적으로 기반이 약한 한계가 있어 사이버조사단을 정규 조직화함으로써 정보통신망을 이용한 의약품 불법판매에 대한 조사 및 사후조치 등을 수행할 수 있도록 하는 약사법 개정안이 2009년 국회에 제출되었다. 그러나 위해사범중앙조사단의 업무 범위에 포함될 수 있는 조직의 설치·운영 근거를 법률에 규정하는 것은 체계상 부합하지 않는 측면이 있다는 비판[109]에 직면하여 회기만료에 따라 폐기되었으며, 이에 불구하고 정규직제화를 위하여 사이버조사단은 행정안전부, 기획재정부 등과 협의를 진행 중에 있다.[110] 하지만 사이버조사단은 수사권을 부여 받지 않았으나 온라인 불법식품, 불법의약품의 유통을 감시하고 조사하는 권한을 통하여 사실상 위해중앙사범조사단과 함께 수사부서처럼 운영되고 있으며 이를 빌미로 추후 특사경의 확대요구까지 가능할 수 있다는 점에서 특별히 사이버범죄에 대한 수사역량이 높은 경찰청(국가수사본부)과의 협의가 필요하다고 하겠다.

108) "식약처, 온라인 불법약 '직권차단권·국장급 조직' 필요", 데일리팜 인터넷 기사(2021. 11. 11.).
109) 국회 보건복지위원회, 약사법 일부개정법률안(전혜숙의원, 홍익표의원, 신상진의원 대표발의, 의안번호: 2016828, 2017697, 2018525) 검토보고, 2019. 3. 25면.
110) "식약처, '의약품 등 사이버조사단' 정규직제 전환 추진", 히트뉴스 인터넷 기사(2020.08.19.).

[그림 1-3] 사이버조사단 구성 및 인력 현황[111)]

○ 기구: 차장 직속 TF

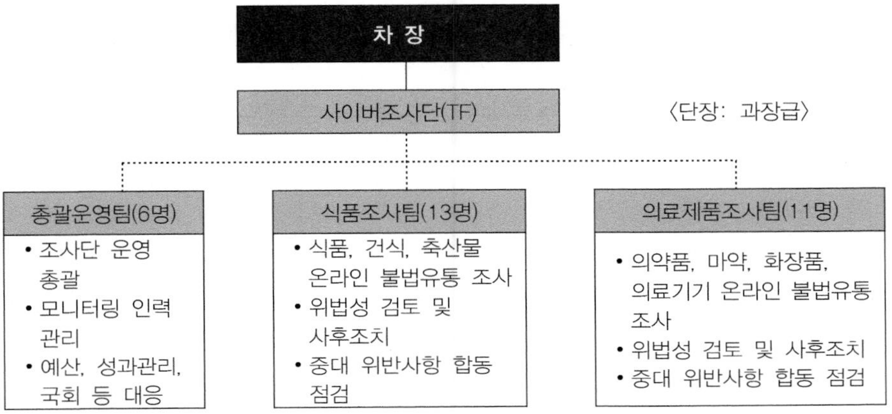

차 장

사이버조사단(TF) 〈단장: 과장급〉

총괄운영팀(6명)	식품조사팀(13명)	의료제품조사팀(11명)
• 조사단 운영 총괄 • 모니터링 인력 관리 • 예산, 성과관리, 국회 등 대응	• 식품, 건식, 축산물 온라인 불법유통 조사 • 위법성 검토 및 사후조치 • 중대 위반사항 합동 점검	• 의약품, 마약, 화장품, 의료기기 온라인 불법유통 조사 • 위법성 검토 및 사후조치 • 중대 위반사항 합동 점검

○ 인력: 총 32명 (공무원 11명, 모니터링 전담 21명)

구 분	공무원				모니터링*(계약직)
	소계	단장	4-5급	6급이하	
총 32명	11	1	3	7	21

* 2019년 5명 추가 채용 예정 (21명 → 26명)

3) 법적 근거

특사경법에 근거하여 위해사범중앙조사단의 직무범위에 포함되는 범죄에는 식품위생과 관련한 「식품위생법」, 「수입식품안전관리 특별법」 및 「건강기능식품에 관한 법률」에 규정된 범죄와 「보건범죄 단속에 관한 특별조치법」 중 식품위생에 관한 범죄(제6조 제6호)들과 의약품, 화장품, 의료기기 등과 관련한 「약사법」·「화장품법」·「의료기기법」·「식품·의약품분야 시험·검사 등에 관한 법률」에 규정된 범죄와 「보건범죄 단속에 관한 특별조치법」 중 약사(藥事)에 관한 범죄(제6조 제7호)[112)]들이 있다.

111) 국회 보건복지위원회, 약사법 일부개정법률안(전혜숙의원, 홍익표의원, 신상진의원 대표발의, 의안번호: 2016828, 2017697, 2018525) 검토보고, 2019. 3. 24면.

112) 식약청의 업무범위와 특사경 직무범위를 일치시키기 위해 「약사법」·「화장품법」·「의료기기법」·「식품·의약품분야 시험·검사 등에 관한 법률」에 규정된 범죄가 추가되었다.

[표 1-16] 식품의약품안전처 공무원의 특별사법경찰권 비교

직무범위		근거법률
식품 위생	식품위생법, 「수입식품안전관리 특별법 「건강기능식품에 관한 법률」 「보건범죄 단속에 관한 특별조치법」 중 식품위생에 관한 범죄	특사경법 제6조 제6호
의약품	약사법, 화장품법, 의료기기법 「보건범죄 단속에 관한 특별조치법」 중 약사(藥事)에 관한 범죄	특사경법 제6조 제7호

4) 수사실적

식약처는 수사 전담부서로서 위해사범중앙조사단을 두고 특별사법경찰제도를 운영하고 있으며, 2013년부터 2020년 11월까지의 수사실적을 보면 2013년 240건에 374명을 송치하였으며 해마다 실적이 계속 증가하여 2017년 569건에 847명을 송치하였다. 이후 2018년에 감소하여 369건에 568명을 송치한 후 2019년과 2020년에 다소 감소하는 추세를 보였다.

[표 1-17] 식품위생 · 의약품 관련 수사실적 현황

(단위: 건/명)

연도	계	식품	건강식품	축산물	의약품	화장품	의료기기
2013	240/374	114/183	26/41	5/7	95/143	-	-
2014	268/437	114/191	23/41	40/60	74/118	-	-
2015	368/670	146/243	18/37	28/46	98/198	12/13	40/44
2016	570/834	198/281	38/46	35/51	69/118	106/129	124/209
2017	569/847	255/342	24/33	43/63	51/114	38/44	158/251
2018	373/576	158/248	14/21	34/54	45/61	31/33	91/159
2019	313/471	166/251	5/7	34/54	46/73	34/37	28/49
2020.11	312/446	148/194	2/4	10/17	122/177	15/21	15/33

출처: 식약처

5) 향후 전망 및 문제점

위해사범중앙조사단과 일부 업무가 중복될 수 있는 사이버조사단을 설치하여 운영하고 있어, 이 부서에 대한 정규조직화와 특사경의 자격부여에 대한 요구가 예상되며, 특히 마약류 의약품의 오 · 남용을 효과적으로 감시하기 위해서는 의약품 관리

에 전문성이 있는 식품의약품안전처 공무원에게 '마약류 관리에 관한 법률'에서 규정하는 범죄에 대해 사법경찰관리의 권한을 부여하자는 주장이 강하게 제기되고 있다. 20대 국회에서 이와 관련한 법률안이 한차례 제출된 바가 있으며,113) 21대 국회에 들어와서 다시 한 번 유사한 내용의 법률안이 제출되어 심사 중에 있다.114) 이와 관련하여 법제사법위원회의 검토보고서에 따르면 식약처는 마약류통합관리시스템115)운영, 마약정책의 수립 및 마약류 취급 승인 등 마약류 관리의 주무부처로서의 기능을 수행한다는 점에서 마약류 단속에 관한 전문성이 인정되는 측면이 있으므로, 개정안은, 식약처 등 관련 업무 종사 공무원의 전문성과 자료 접근성을 활용하여 마약류 관련 범죄에 대한 체계적 · 효율적인 수사를 가능하게 한다는 긍정적인 평가를 하였다.116) 이러한 분석과 평가에 따르면 향후 식약처는 의료용 마약류와 관련한 '마약류 관리에 관한 법률'위반의 범죄에 대한 수사권을 새롭게 부여 받을 것으로 예상된다.117) 다만 20대 국회 최도자 의원의 대표발의안에 대하여 법무부는 기존 식약처 소속 공무원의 광범위한 단속권한과 수사권과의 구분이 불명확해져 수사권 남용 우려가 있으므로 단속부서와 수사부서간의 업무 · 조직 등의 분리문제도 함께 추진되어야 한다는 입장을 표명하였다.118)

---

113) 사법경찰관리의 직무를 수행할 자와 그 직무범위에 관한 법률 일부개정법률안(최도자의원 대표발의, 의안번호: 2021022).

114) 사법경찰관리의 직무를 수행할 자와 그 직무범위에 관한 법률 일부개정법률안(강병원의원 대표발의, 의안번호: 2106103).

115) 「마약류관리법」 제11조의3(마약류통합관리시스템의 구축 · 운영) ① 식품의약품안전처장은 마약류 통합정보 등을 효과적으로 관리하기 위하여 마약류통합관리시스템(이하 "마약류통합관리시스템"이라 한다)을 구축 · 운영하여야 한다.

116) 이 검토보고서는 다만, 특별사법경찰관리는 수사의 비전문가로서, 이들에게 인신구금 등 강제수사에 관한 권한을 부여하는 경우 강제수사 과정에서 국민의 재산권 및 신체의 자유 등의 기본권 침해가 확대될 우려가 있다는 점을 지적하면서, 수사에 관한 전문성을 제고할 수 있도록 관련 교육과정을 내실화하는 등 제도적인 뒷받침이 함께 이루어져야 한다는 의견을 덧붙이고 있다. 국회 법제사법위원회, 사법경찰관리의 직무를 수행할 자와 그 직무범위에 관한 법률 일부개정법률안(강병원의원 대표발의, 의안번호: 2106103) 검토보고, 2021. 2. 8면.

117) 20대 국회에서 제출된 개정안은 의료용마약류에 한정하도록 하였으나, 21대 국회에 제출된 개정안은 의료용 마약류에 한정하지 않고 모든 마약류로 대상을 확대하였다는 차이가 있다.

118) 국회 법제사법위원회, 사법경찰관리의 직무를 수행할 자와 그 직무범위에 관한 법률 일부개정법률안(최도자의원 대표발의, 의안번호: 2021022) 검토보고, 2019.11. 9면.

나. 자본시장 특별사법경찰(금융위원회 · 금융감독원)

1) 연 혁

① 특사경 도입의 배경

금융위원회는 「금융위원회의 설치 등에 관한 법률」 제3조에 따라 금융정책, 외국환업무 취급기관의 건전성 감독 및 금융감독에 관한 업무를 수행하게 하기 위하여 국무총리 소속으로 설치된 중앙행정기관으로서 그 권한에 속하는 사무를 독립적으로 수행한다. 금융위원회는 기획재정부차관, 금융감독원 원장, 예금보험공사 사장, 한국은행 부총재 등 9명의 위원으로 구성된다. 금융감독원은 「금융감독기구의 설치 등에 관한 법률」에 따라 종전의 은행감독원, 증권감독원, 보험감독원, 신용관리기금을 통합하여 1999년 1월 2일[119]에 설립된 무자본 특수법인으로서, 금융위원회나 증권선물위원회의 지도 · 감독을 받아 금융기관에 대한 검사 · 감독 업무 등을 수행하기 위하여 설립되었다. 이후 「금융위원회의 설치 등에 관한 법률」개정에 따라 2008년 2월 29일 금융위원장과 금융감독원장이 분리되어 운영되고 있다. 금융감독원은 증권선물위원회('증선위')로부터 불공정거래 조사업무의 집행을 위탁받아 '자본시장과 금융투자업에 관한 법률'(약칭: 자본시장법)에 따른 불공정거래에 관한 조사를 실시하고 있다(제438조 제4항[120]). 금융감독원은 공공 서비스를 수행하는 행정적 영조물법인에 해당하며, 공행정주체로서 공권력 행사를 할 수 있다.[121]

자본시장법상 "불공정거래행위"란 시장의 가격형성기능을 왜곡하거나 정보비대칭 등을 이용하여 다른 투자자에게 손해를 입히는 사기적 거래를 통칭하는 것으로, 미공개중요정보 이용행위(제174조), 시세조종행위(제176조), 부정거래행위(제178조)로 구분하여 규정하고 있으며, 위반 시 형사처벌의 대상이 된다.[122] 한편, 불공정거래행위에 비하여 위법성의 정도는 낮으나 시장의 건전성을 훼손하는 행위는 별도의

119) '금융감독기구의 설치 등에 관한 법률'(약칭: 금융위원회법) 제24조(금융감독원의 설립) ① 금융감독위원회 또는 증권선물위원회의 지시를 받아 금융기관에 대한 검사 · 감독업무등을 수행하기 위하여 금융감독원을 설립한다. ② 금융감독원은 무자본특수법인으로 한다.

120) 자본시장법 시행령 제387조 ③ 금융위원회 또는 증권선물위원회는 법 제438조제4항에 따라 별표 20 각 호에 따른 권한을 금융감독원장에게 위탁한다.

121) 강현호, "금융감독원의 법적 성격". 공법연구 제31권 제3호(2003), 138면.

122) 기본적으로 1년 이상의 유기징역 또는 부당이득액의 3-5배 이하의 벌금에 처하며, 부당이득액이 5억 이상인 경우 3년 이상의 징역, 50억 이상인 경우에는 무기 또는 5년 이상의 징역으로 가중된다.

"시장질서 교란행위"(제178조의2)로서 과징금 부과대상이다.[123)]

[표 1-18] 자본시장법상 대표적 불공정거래 행위[124)]

구 분	내 용	규제목적
미공개 정보이용 (제174조)	정보접근이 용이한 내부자가 상장법인 내부 정보를 이용하여 당해 회사의 증권 등을 매매하거나 또는 타인(1차 수령자)에게 이용하게 하는 행위	모든 투자자가 균등한 조건하에 거래에 참여하도록 보장
시세조종 (제176조)	매매를 유인할 목적으로 인위적으로 유가증권의 시세를 변동시켜 합리적인 가격결정과 자유로운 수급질서를 저해하는 행위	시장의 합리적 가격결정과 수급질서 보호
부정거래행위 (제178조)	투자자를 기망하여 시장의 기능을 훼손하는 행위 (풍문 유포, 거짓시세이용, 중요정보의 부실표시 등)	상동

금융감독원은 자체 인지정보, 한국거래소가 통보한 혐의거래, 민원 등 제보를 토대로 자본시장법 위반사항을 확인하기 위해 관련자에 대한 자료제출 요구, 출석 요구 등의 방법으로 조사를 실시하고 발견된 혐의자의 위법행위에 대해서는 증선위의 심의·의결 절차를 거쳐 검찰에 고발 또는 수사의뢰, 과징금 부과, 금융투자업자에 대한 행정제재 등의 조치를 취하고 있다.[125)]

제427조(불공정거래 조사를 위한 압수·수색) ① 증권선물위원회는 제172조부터 제174조까지, 제176조, 제178조, 제178조의2, 제180조 및 제180조의2부터 제180조의5까지의 규정을 위반한 행위(이하 이 조에서 "위반행위"라 한다)를 조사하기 위하여 필요하다고 인정되는 경우에는 금융위원회 소속공무원 중 대통령령으로 정하는 자(이하 이 조에서 "조사공무원"이라 한다)에게 위반행위의 혐의가 있는 자를 심문하거나 물건을

123) "시장질서 교란행위"는 형사처벌 대상인 불공정거래행위(미공개 정보이용, 시세조종, 부정거래)에 비하여 위법성의 정도는 낮으나 시장의 건전성을 훼손하는 행위로, 기존 불공정거래행위 규제의 사각지대를 해소하려는 취지로 2014년 자본시장법 개정시 도입되었다. 시장질서 교란행위에 대해서는 5억원 이하의 과징금을 부과할 수 있도록 하되, 위반행위에 따른 이익의 1.5배에 해당하는 금액이 5억원을 초과시 1.5배에 상당하는 금액 이하의 과징금을 부과할 수 있다. 국회 정무위원회, 자본시장과 금융투자업에 관한 법률 일부개정법률안(윤관석의원, 박용진의원 대표발의, 의안번호: 2103921, 2104121) 검토보고, 2020.11. 8-9면.

124) 국회 법제사법위원회, 사법경찰관리의 직무를 수행할 자와 그 직무범위에 관한 법률 일부개정법률안(박용진의원 대표발의, 의안번호: 2012609) 검토보고, 2018. 9. 6면.

125) 신현기a, 앞의 글, 119면.

> 압수 또는 사업장 등을 수색하게 할 수 있다. 〈개정 2008.2.29., 2016.3.29. 2021.1.5.〉
> ② 조사공무원이 위반행위를 조사하기 위하여 압수 또는 수색을 하는 경우에는 검사의 청구에 의하여 법관이 발부한 압수·수색영장이 있어야 한다.
> ③ 조사공무원이 제1항에 따라 심문·압수·수색을 하는 경우에는 그 권한을 표시하는 증표를 지니고 이를 관계자에게 내보여야 한다.
> ④ 형사소송법 중 압수·수색과 압수·수색영장의 집행 및 압수물 환부(還付) 등에 관한 규정은 이 법에 규정된 압수·수색과 압수·수색영장에 관하여 준용한다.
> ⑤ 조사공무원이 영치·심문·압수 또는 수색을 한 경우에는 그 전 과정을 기재하여 입회인 또는 심문을 받은 자에게 확인시킨 후 그와 함께 기명날인 또는 서명하여야 한다. 이 경우 입회인 또는 심문을 받은 자가 기명날인 또는 서명을 하지 아니하거나 할 수 없는 때에는 그 사유를 덧붙여 적어야 한다.
> ⑥ 조사공무원이 위반행위의 조사를 완료한 경우에는 그 결과를 증권선물위원회에 보고하여야 한다.

자본시장법 제427조 및 동법 시행령 제378조[126]에 따라 금융위원회 소속 공무원 중 증선위원장의 제청으로 검찰총장이 지명한 자(조사공무원)[127]는 불공정거래의 혐의자에 대한 심문, 압수·수색 등 강제조사를 할 수 있지만, 금융위원회 인력의 한계 등으로 활용되지 못하고, 검찰 수사 이전 단계에서는 증선위로부터 불공정거래 조사권(제426조)을 위탁받은 금융감독원이 실질적으로 조사업무를 전담하였으나 임의조사의 한계로 증거수집 및 신속한 조사에 애로가 있었다. 이에 따라 2013년 '주가조작 등 불공정거래근절 종합대책'으로 금융위원회 내 조사전담부서를 신설하는 등의 조사기능 강화 및 Fast Track 제도가 마련되었다. 구체적으로 압수수색 등 강제수사가 가능한 자본시장법상의 조사공무원을 지명하여 금융위원회의 조사기능을 강화하고 조사전담부서인 '자본시장조사단'을 신설하여 여기에 조사공무원을 배치하고 검찰수사관, 금융감독원 직원 등을 파견 받아 거래소 송부 사건을 우선 분석하여 검찰 강제수사가 즉시 필요한 '긴급사건'으로 판단될 경우 증선위원장이 바로 검찰에 수사 통보하는 이른바 패스트 트랙 대상사건을 분류하고 조사업무를 담당하도록

126) 제378조(조사공무원) 법 제427조 제1항에서 "대통령령으로 정하는 자"란 금융위원회 소속 공무원 중에서 증권선물위원회 위원장의 제청에 의하여 검찰총장이 지명하는 자를 말한다(2008년부터 시행).

127) 조사공무원의 수사기관 해당여부에 대한 논의로는, 안현수, "자본시장법상 불공정거래 조사권한의 법적 성질에 관한 연구", 법조 제68권 제4호(2019), 96-98면.

하였다. 이로써 금융위 및 금감원이 각각 조사업무를 수행하는 이원적 구조로 변경되었다.[128]

자본시장조사단은 사무처장 직속으로 금융위원회 소속 공무원과 법무부, 금감원, 증권거래소, 금융감독원 파견 인원 등 20여 명으로 구성되어, 자본시장법의 위반행위를 조사하고 증선위원회에 올려 과징금이나 과태료를 부과하고 수사가 필요한 사건은 검찰에 이송하는 방식을 채택하고 있으며, 자본시장조사단은 강제조사권을 통

[표 1-19] 금융위원회 · 금융감독원 조사담당 조직 및 업무 현황[129]

❑ 금융위원회 자본시장조사단

1. 구성 (총 22명, 사무처장 직속)
   - ○ 금융위(9명): 단장, 사무관 3, 주무관 4, 여직원 1
   - ○ 법무부 파견(6명): 조사기획관(부장검사), 조사담당관(평검사), 검찰수사관 4명
   - ○ 금감원 파견(4명): 수석조사역 1, 선임조사역 3
   - ○ 거래소 파견(2명): 과장 1, 사원 1
   - ○ 예금보험공사 파견(1명): 선임 1
2. 주요 업무 (금융위 직제 제11조의2)
   - ○ 자본시장 등에서의 불공정거래 사건 조사 기획·총괄 및 조정
   - ○ 한국거래소에서 통보된 불공정거래 사건의 분석 및 분류
   - ○ 자본시장 등에서의 불공정거래 직접조사 및 이에 따른 조치
   - ○ 국제증권감독기구(IOSCO)의 불공정거래 조사관련 집행위원회(C4)에 가입하여, 해외 조사당국과의 정보교환 및 조사공조
   - ○ 금융감독원의 불공정거래 조사 업무에 대한 관리·감독 등
   - ○ 불공정거래 조사 관련기관 협의, 사전 심의 회의 주관

❑ 금융감독원

구분	조사기획국	자본시장조사국	특별조사국
업무	증권시장 불공정거래 조사 및 결과조치, 사후관리	증권시장 불공정거래 조사 및 결과조치, 사후관리	증권 및 파생상품시장 불공정거래 기획조사, 일반조사, 결과조치, 사후관리
편성	조사총괄팀, 조사제도팀, 사건분석팀, 시장정보분석팀, 정보조사 1~2팀	조사기획팀, 조사 1~4팀, 파생상품조사팀	조사기획팀, 테마조사팀, 조사 1~2팀, 복합조사팀, 국제조사팀
인원	29명	28명	30명

128) 신현기a, 앞의 글, 119면.

129) 국회 법제사법위원회, 사법경찰관리의 직무를 수행할 자와 그 직무범위에 관한 법률 일부개정법률안(박용진의원 대표발의, 의안번호: 2012609) 검토보고, 2018. 9. 13면.

[그림 1-4] 자본시장 불공정거래 조사 운영체계[130)]

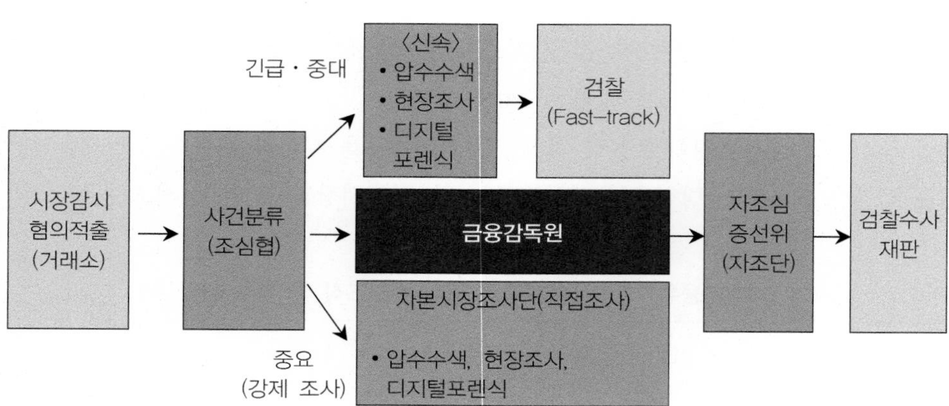

하여 현장조사, 영치, 압수, 소환조사도 가능하지만 금융감독원의 조사는 임의조사로 법적인 강제력이 없다는 한계가 있다.[131)]

이와 함께 특사경법을 개정하여 금융위원회 소속 공무원을 특사경으로 지명하는 방안을 추진하였다. 이는 금융위원회 조사공무원의 경우에 압수 · 수색[132)]은 가능하나 통신사실조회, 출국금지 등이 불가능하다는 한계에 따른 것이다. 또한 법원이 금융감독원 조사역의 조사행위를 권한 없는 자의 심문행위로 보아 증거능력이 없다고 본 것[133)]에 대한 대응방안으로 금융감독원 직원을 특사경으로 지명하는 방안도 검토하였다. 다만 민간인 신분인 금융감독원 직원을 특사경으로 지명하는 부분에 대한 논란이 있어 우선적으로 금융위원회 조사부서에 파견 근무하는 금융감독원 직원에 한해 특사경 지명을 추진하는 것으로 방향을 잡았다.

---

130) 국회 법제사법위원회, 사법경찰관리의 직무를 수행할 자와 그 직무범위에 관한 법률 일부개정법률안(박용진의원 대표발의, 의안번호: 2012609) 검토보고, 2018. 9. 7면.

131) "자본시장 특사경 대책", 현대경영 인터넷 기사(2019.06.16).

132) 자본시장법 제427조.

133) 서울중앙지방법원 2011. 1. 28. 선고 2010고합11 판결; 이와 달리 금융감독원 조사역이 작성한 문답서의 증거능력을 인정한 사례로는, 서울중앙지방법원 2013. 12. 5. 선고 2013고단3067 판결; 금융감독원 소속 검사역이 작성한 문답서 등의 증거능력을 인정한 대법원 판례로는 대법원 2015.02.26 선고 2014도16973 판결 참조.

② 특사경법의 개정(2015. 8.)

2013년 불공정거래 종합 근절대책의 일환으로 특별조사국이 신설되고 2015년 8월 11일 특사경법의 개정을 통하여 금융위 공무원과 금감원 직원이 자본시장 불공정거래 조사·단속업무에 한해 특별사법경찰(이하 '특사경')에 지명될 수 있는 근거가 마련되었다. 개정된 특사경법은 우선 제5조 49호를 신설하여 금융위원회에 근무하며 자본시장 불공정거래 조사·단속 등에 관한 사무에 종사하는 4급부터 9급까지의 국가공무원에 대하여 관할 지방검찰청 검사장이 사법경찰관리로 지명할 수 있도록 하였다. 다음으로 제7조의3(금융감독원 직원)을 신설하여 금융감독원 또는 그 지원이나 출장소에 근무하는 직원으로서 금융위원회 위원장의 추천에 의하여 그 근무지를 관할하는 지방검찰청 검사장이 지명한 사람은 사법경찰관 또는 사법경찰관리의 직무를 수행할 수 있도록 하였다. 특사경 제도의 도입은 당시 강제조사권이 없는 임의조사의 한계로 필요한 증거수집이 쉽지 않았던 금감원으로서는 특사경 제도를 통하여 조사 초기단계부터 강제수단을 활용하여 보다 신속하고 효율적으로 조사업무를 수행될 수 있을 것이라는 취지가 담겨 있다.[134]

사법경찰관리의 직무를 수행할 자와 그 직무범위에 관한 법률(2015.8.11. 개정)

제5조(검사장의 지명에 의한 사법경찰관리) 49. 금융위원회에 근무하며 자본시장 불공정거래 조사·단속 등에 관한 사무에 종사하는 4급부터 9급까지의 국가공무원 〈신설〉

제7조의3(금융감독원 직원) ① 금융감독원 또는 그 지원이나 출장소에 근무하는 직원으로서 금융위원회 위원장의 추천에 의하여 그 근무지를 관할하는 지방검찰청 검사장이 지명한 사람 중 다음 각 호의 직원은 관할 구역에서 발생하는 「자본시장과 금융투자업에 관한 법률」에 규정된 범죄에 관하여 사법경찰관의 직무를 수행하고, 그 밖의 직원은 그 범죄에 관하여 사법경찰리의 직무를 수행한다. 〈신설〉

1. 4급 이상의 직원
2. 금융위원회 위원장이 사법경찰관의 직무를 수행하는 것이 적절하다고 인정하여 사법경찰관으로 추천한 5급 직원

② 금융위원회 위원장은 제1항에 따른 추천을 할 때에는 금융감독원 원장의 의견을 들어야 한다.

134) 금융감독원, 자본시장 불공정거래 조사 30년사, 2019, 68면 이하 참조.

그런데 금융위원회와 금융감독원에 특사경을 도입하게 됨으로써 부정거래행위에 대한 조사권한은 금융위에 소속된 조사공무원의 조사권, 금감원 직원의 조사권, 특사경의 수사권이라는 세 가지 유형으로 구분되며, 그에 따라 신문권, 압수・수색권, 계좌추적권 등에 있어서 각각 그 권한의 유무도 다르게 나타났다. 결과적으로 금융감독원 직원으로서 특사경의 지명을 받은 자(특사경법 제7조의3)는 금융위원회 소속 공무원으로 특사경의 지명을 받은 자(특사경법 제5조 49호)와 동등한 수사권한을 가지게 된다.

[표 1-20] 조사공무원・금감원 직원・특사경 조사권 비교[135)]

권한	조사공무원	금감원 직원	특사경
관계자 신문권	O	O	O
당사자 신문권	O	X	O
압수・수색권	O	X	O
계좌추적권	O	O	△*
출국금지요청권	X	X	O
통신사실조회권	X	X	O
증거보전신청권	X	X	O

* 계좌추적시 영장에 금융거래정보제공 요청서 첨부 필요.
출처: 금융위원회

2) 자본시장 특별사법경찰의 출범(2019.7.)

① 특사경 도입의 한계

2015년 특사경제도가 도입되었으나 실제 운용성과는 매우 부진한 것으로 드러났다. 2015년 8월 특사경법 개정 이후 2019년 전반기까지 금융감독원 직원 중 사법경찰관리로 지명된 자가 한 명도 없어 제도가 실효적으로 운영되지 못하였다. 주된 이유는 금융감독원 직원이 사법경찰관리로 지명받기 위해서는 금융위원회 위원장의 추천이 필요한데 금융위원회 위원장의 추천이 없었기 때문이다. 여기에는 조사공무원 제도 운영을 통해 불공정거래 조사에 필요한 수준의 조사권을 가지고 있으며, 신속처리절차(Fast-track)를 통해 검찰이첩이 이루어져 특별사법경찰의 활용실익이

135) 국회 법제사법위원회, 사법경찰관리의 직무를 수행할 자와 그 직무범위에 관한 법률 일부개정법률안(박용진의원 대표발의, 의안번호: 2012609) 검토보고, 2018. 9, 7면.

크지 않다는 금융위원회의 입장136)이 반영된 것으로 보인다.

이에 2018년 3월 박용진 의원이 대표발의한 특사경법 개정안은 금융감독원 직원에 대한 사법경찰권 부여를 실효적으로 운용할 수 있도록 금융감독원 원장에게도 사법경찰관리 추천권을 부여하는 내용이 담겼다. 그러나 2015년 특사경을 도입할 당시 비공무원인 민간인 신분의 금융감독원 직원에게 사법경찰권을 부여하는 것은 부적절하다는 문제제기와 함께 법무부가 금융위원회의 조사부서에 파견된 금감원 직원에 한해 한시적으로 운용하겠다는 취지에 따라 금융감독원장이 아닌 금융위원회 위원장의 추천을 받도록 하는 예외적 절차를 마련하였다는 점 등의 문제제기로 개정안은 국회를 통과하지 못하고 폐기되었다.137)

그런데 위 개정안에 대한 금융감독원의 입장과 달리 금융위원회의 부정적 입장에서 주목할 만한 부분이 있다. 금융위원회는 금융위원회의 지도하에 금융기관에 대한 검사・감독을 위하여 설립된 민간조직인 금융감독원 직원을 수사조직으로 편입하는 것은 신중한 검토가 필요하다는 의견을 표명하였다.138) 표면적으로는 민간인 신분인 금융감독원 직원에게 특사경의 지위를 부여하면 사법경찰찰권의 오남용 우려가 있다는 것이지만 실제로는 금융기관에 대한 검사・감독을 위하여 설립된 금융감독원이 수사조직으로 편입하는 경우에 조사기능과 수사기능이 혼재되는 문제와 검찰의 지휘와 통제를 받게 되는 관계 설정에 대한 우려가 크게 작동한 것으로 보인다.

그러나 이후 금감원과 검찰이 특사경의 도입을 적극 요구하고 국회에서도 금융위를 질타하는 상황에 이르자,139) 국회 법제사법위원회의 논의 과정 중 법률 개정 없이 금융위원회 위원장이 금융감독원 직원에 대하여 사법경찰관리를 추천하는 방법으로 특별사법경찰을 운영하는 방안에 대한 논의가 진전되었으며, 결국 2019년 4월 1일 금융위원회는 법무부, 검찰, 금융감독원과 협의를 통한 금융감독원의 특별사법경찰 운영방안을 국회에 제출하였다.140)

---

136) 같은 검토보고서, 6면.
137) 같은 검토보고서, 9면.
138) 같은 검토보고서, 11면.
139) "'자본시장 경찰' 금감원 특별사법경찰 출범", 한겨레 인터넷 기사(2019.07.18.).
140) 국회 법제사법위원회, 제367회 법제사법소위 제2차 회의록, (2019. 4. 1.), 4면, 안현수, 앞의 글, 107면 재인용.

주요경과[141)]

1 (운영방안 마련) 금융위는 관계기관간 협의를 거쳐 특별사법경찰 운영방안을 마련하고 국회 법제사법위원회 법안심사 제1소위원회에 보고 (2019. 4. 1.)
2 (조사업무규정 개정) 금융위는 조사·수사업무간 부당한 정보교류 차단 의무 신설 등 「자본시장조사 업무규정」 개정 (2019. 5. 3.)
3 (집무규칙 제정) 금감원장은 금감원 특별사법경찰의 업무 수행 절차를 규정한 「금융감독원 특별사법경찰관리 집무규칙」 제정 (2019. 6. 26.)
4 (특별사법경찰 추천) 금융위원장은 남부지검장에게 금융위 공무원·금감원 직원 특별사법경찰 지명을 추천 (2019. 7. 3.)
5 (예산승인) 금융위는 금감원 특별사법경찰 운영을 위한 예비비 사용을 승인 (2019. 7. 11.)

② 관련규정의 정비

금융감독원이 자본시장특별사법경찰에 적용되는 특별사법경찰관리 집무규칙을 마련하는 과정에서 금융위원회와 일부 사안에 대하여 의견 충돌이 있었던 것으로 파악된다.[142)] 먼저 초기 금융감독원 안에는 "특사경은 자본시장법에 규정된 범죄에 관해 범죄의 혐의가 있다고 인식한 때에는 수사를 개시해야 한다"는 규정을 두는 것이었다. 이는 형사소송법의 규정에 수사의 주체인 일반사법경찰관(경찰공무원)이 검사의 지휘가 없이도 독자적으로 수사를 개시할 수 있도록 허용한 조문을 가져온 것이다. 이에 대하여 금융위원회가 발표한 '자본시장 불공정거래 특별사법경찰 운영방안 주요내용'에서는 특사경은 증권선물위원회 위원장이 패스트트랙 사건으로 선정해 검찰에 통보한 긴급 중대한 자본시장 불공정거래 사건을 신속 처리한다고 명시하고, 수사 종결 사안은 증선위원장에게 보고 하는 것으로 정하였다.

금감원이 발표한 안에 따르면 특사경의 수사개시에 대한 검사의 지휘가 무력화될 우려가 있으며, 더욱이 자본시장법상의 불공정거래 사건에 대하여 행정조사가 아닌 수사를 우선시하는 문제가 발생한다는 우려를 불러 온 것이다.

결국 금감원세칙으로 제정된 '금융감독원 특별사법경찰관리 집무규칙'은 다른 기

141) 금융위원회 보도자료(2019.7.18.) 자료출처: http://www.fsc.go.kr
142) "특사경 두고 신경전 금융위 vs 금감원…패스트트랙쟁점", 뉴스핌 인터넷 기사(2019.05.23).

관에 속하는 특사경들과 검사와의 관계에 대한 기본틀에 맞춰 제9조 제2항에서 검사의 지휘를 받을 것을 명시하고 특별히 수사개시에 관한 제22조 제1항을 마련하여 "특별사법경찰관은 자본시장법에 규정된 범죄 중 검사의 수사지휘를 받은 사건에 관하여 수사를 개시·진행하여야 한다."고 규정하게 되었다. 이 규정에 따르면 특사경은 범죄 혐의에 대하여 알게 된 경우에도 반드시 검사의 지휘를 받아 수사를 개시할 수 있으며, 독자적으로 수사를 개시할 수 없다. 결국 집무규칙에는 명시되지 않았지만 금융위원회의 안과 같이 특사경은 증권선물위원회 위원장이 패스트트랙 사건으로 선정해 검찰에 통보한 긴급·중대한 자본시장 불공정거래 사건에 대하여 검사의 지휘를 받아 처리하는 구조를 따르게 되었다.

금융감독원 특별사법경찰관리 집무규칙[시행 2019. 6. 26.] [금융감독원세칙]

제7조(조직) ① 금감원장은 법 제7조의3에 따른 자본시장법에 규정된 범죄 수사의 효율적인 수행을 위하여 자본시장담당 부원장(이하 "부원장"이라 한다) 직속으로 자본시장특별사법경찰 전담부서(이하 "특사경 전담부서"라 한다)를 설치·운영할 수 있다.
② 자본시장특별사법경찰은 특사경 전담부서 소속으로 한다.
③ 특사경 전담부서의 장(이하 "전담부서장"이라 한다)은 자본시장특별사법경찰로 지명된 부서장이 되며, 전담부서장은 특사경 전담부서의 업무를 총괄한다.
④ 금감원장은 관계 기관과의 원활한 업무 협조를 위하여 특사경 전담부서 소속 자본시장특별사법경찰을 검찰청 등에 파견할 수 있다.

제8조(수사업무의 운영) ① 전담부서장은 특사경 전담부서의 수사업무와 조사부서의 조사업무가 혼재되지 않도록 업무, 조직, 사무공간 및 전산설비를 분리·운영한다.
② 금감원장은 제1항의 수사업무가 적정하게 운영될 수 있도록 적극 지원하여야 한다.
③ 전담부서장은 특사경 전담부서의 사무공간에 대한 출입 및 전산설비(제16조, 제17조 및 제20조에 따른 장비 등을 포함한다.) 등에 대한 관리를 철저히 하여야 한다.

제9조(지휘·감독) ① 전담부서장은 특사경 전담부서의 소관업무 수행과 관련하여 소속 직원을 지휘·감독한다.
② 자본시장특별사법경찰은 수사와 관련하여 「형사소송법」 및 「특별사법경찰관리 집무규칙」의 절차에 따라 검사의 지휘를 받아야 한다.
③ 이 규칙에서 정한 사항 외에 특사경 전담부서 운영에 필요한 세부적인 사항은 전담부서장이 따로 정하여 시행할 수 있다.

제10조(자본시장특별사법경찰의 선정기준) 금감원장은 법 제7조의3에 따른 자본시장법상 범죄 수사를 위하여 다음 각 호의 직원 중에서 자본시장특별사법경찰 지명추천 대상

> 자를 선정한다.
> 1. 변호사, 공인회계사, 전문 자격증 소지자 또는 관련 분야의 석사학위 이상의 학위 소지자
> 2. 불공정거래 조사 또는 수사업무 경력자로 금감원장이 자본시장특별사법경찰의 직무를 수행하는 것이 적절하다고 인정하는 자
> 3. 기타 이에 준하는 자격을 갖춘 자로 금감원장이 인정하는 자
>
> **제11조(자본시장특별사법경찰의 지명 및 철회)** ① 금감원장은 법 제7조의3에 따른 적정한 직무수행을 위하여 금융위원회 위원장(이하 "금융위원장"이라 한다)에게 제10조에 따라 선정한 자에 대하여 자본시장특별사법경찰 지명대상자의 추천을 건의한다.
>
> **제22조(수사의 개시)** ① 특별사법경찰관은 자본시장법에 규정된 범죄 중 검사의 수사지휘를 받은 사건에 관하여 수사를 개시 · 진행하여야 한다.
>
> ② 특별사법경찰관은 수사 중 그 직무범위에 속하지 아니하는 범죄나 이에 대한 증거자료를 발견한 경우에는 즉시 검사에게 보고하여야 한다.
>
> **제24조(범죄의 인지 등)** 제22조의 규정에 따른 수사과정에서 자본시장법에 규정된 범죄의 혐의를 인식한 때에는 검사의 지휘를 받아 범죄인지보고서를 작성하여야 한다.

금융감독원 특별사법경찰관리 집무규칙 제11조에 따르면 자본시장특별사법경찰 지명 절차는 아래 그림과 같이 도식화할 수 있다.

[그림 1-5] 자본시장특별사법경찰 지명 절차(집무규칙 제11조)

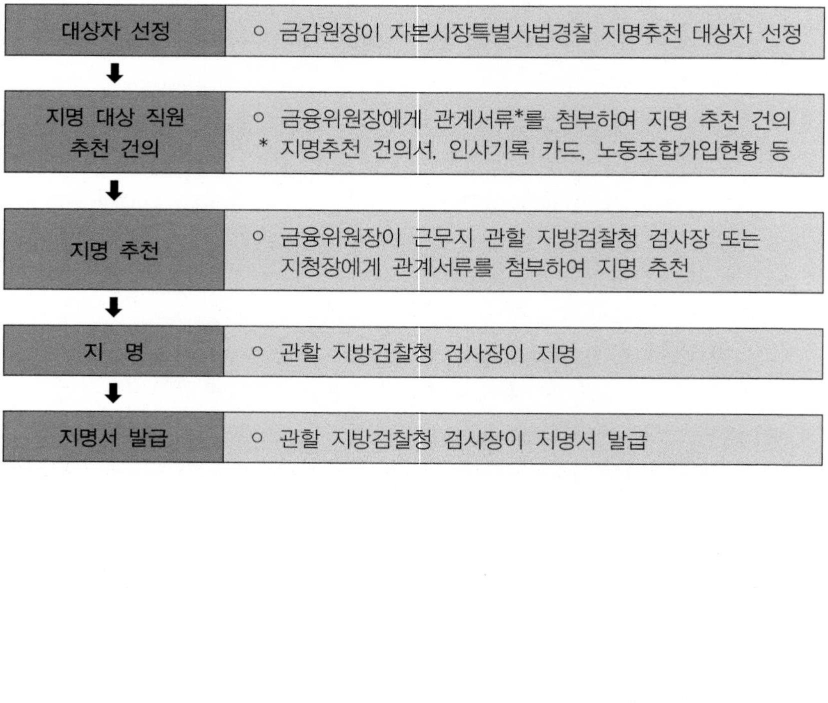

대상자 선정	○ 금감원장이 자본시장특별사법경찰 지명추천 대상자 선정
⬇	
지명 대상 직원 추천 건의	○ 금융위원장에게 관계서류*를 첨부하여 지명 추천 건의 * 지명추천 건의서, 인사기록 카드, 노동조합가입현황 등
⬇	
지명 추천	○ 금융위원장이 근무지 관할 지방검찰청 검사장 또는 지청장에게 관계서류를 첨부하여 지명 추천
⬇	
지 명	○ 관할 지방검찰청 검사장이 지명
⬇	
지명서 발급	○ 관할 지방검찰청 검사장이 지명서 발급

이상의 지명절차는 특사경법에서 규정하고 있는 지명절차와 일치하는 것은 아니다. 특사경법에서는 금융위원장이 특사경의 지명을 추천하는 것으로 규정되어 있으며, 다만 금감원장의 의견을 듣도록 규정되어 있을 뿐이다. 집무규칙에 따르는 경우에는 금융위원장의 지명 추천 권한이 제약을 받을 수 있다. 따라서 이 집무규칙이 금융감독원세칙이라는 점에서 금융위원장에 대하여 구속력은 없다고 해석하는 것이 타당하다. 이러한 내용의 집무규칙의 제정은 특사경 전담부서의 설치와 함께 금융감독원의 위상 강화를 보여주는 것이라고 하겠다.

③ 금감원 자본시장특별사법경찰의 출범

'금융감독원 자본시장 특별사법경찰'은 2019년 7월 18일 금감원 자본시장 담당 부원장 직속으로 설치되어 출범하였다. 관계기관(금융위, 법무부, 대검, 금감원) 협의를 거쳐 2019년 7월 19일 금융당국 직원 16명(금융위 1명, 금감원 15명)을 자본시장 특사경으로 지명하였다.143) 집무규칙에서 규정한 것과 같이 변호사, 회계사 등 자격증 소지자와 디지털포렌식 전문가 등을 포함한 불공정거래 조사경력자로 구성하였다. 담당업무는 증권선물위원회 위원장이 Fast-Track(패스트트랙) 사건으로 선정하여 검찰청에 이첩한 자본시장 불공정거래 사건 중 서울남부지검이 지휘한 사건을 처리하게 된다. 앞서 설명한 바와 같이 패스트트랙은 긴급・중대사건에 대해 증권선물위원회 심의를 생략하고 증권선물위원장(금융위원회 부위원장) 결정으로 검찰에 이첩하는 제도로서, 독자적인 인지수사의 권한은 부여하지 않는다. 서울 남부지검에 파견 근무 중인 특별사법경찰(6명)은 남부지검 관할 자본시장법 위반사건을 처리하게 된다. 본격적인 특사경 전담부서가 설치됨에 따라 검사의 지휘가 강화되어 압수수색 등의 강제수사뿐만 아니라 특사경 업무 전반에 대한 검사의 지휘가 가능하게 되었다. 또한 다른 중앙부처와 서울시의 경우처럼 법률자문검사(파견검사)를 두어 특별사법경찰이 관계법령에 따라 인권보호와 적법절차에 따라 수사를 하도록 지도하고 자문하는 역할을 수행하게 하였다.144) 검찰청은 수사 종결 후 증권선물위원회 위원장에게 수사결과를 통보하게 된다. 그리고 2년 동안 운영 후 관계기관이 특별사법경찰의 성과 등을 점검하여 보완방안 등을 검토하는 것으로 협의하여 사실상 시

143) 금융위원회・금융감독원 보도자료(2021.12.28.).

144) 신현기a, 앞의 글, 130면.

범운용 기간을 두었다.

④ 금융위·금감원 자본시장 특별사법경찰의 개편(2021.12)

금감원 본원 특사경은 2019년 7월부터 2021년 12월까지 총 11건의 불공정거래 사건을 수사종결하고 이 중 4건을 검찰에 기소의견으로 송치하였으며, 그 밖에 7건에 대해서는 불기소(5건) 또는 기소중지(2건) 의견으로 송치하는 성과를 거두었다. 특히 증권사 애널리스트 부정거래 사건과 리서치센터장 부정거래 사건에 대하여는 수사 및 유죄판결을 받았다. 일부 성과에도 불구하고 금감원 본원 내 수사인원은 10명으로 제한되고 직무범위가 증권선물위원회 위원장이 검찰에 이첩한 긴급조치(Fast-Track)사건 중 검사가 지휘하여 배정한 사건에 대한 수사로 한정된 문제점이 있어 자본시장특사경의 직무범위 및 규모를 확대하고 관리를 효율화하여 불공정거래에 대한 대응역량을 강화할 필요성이 새롭게 제기되었다. 늘어나는 자본시장 범죄에도 불구하고 인원 부족과 직무범위 제한 등으로 신속하고 효율적인 수사를 하는데 미흡하다는 지적 때문이다.[145] 이에 따라 금융위와 금감원은 2021년 12월 금융위 공무원 및 금감원 직원의 특사경 지명을 확대하고 특사경의 직무범위를 자본시장 불공정거래 사건 전반으로 확대하는 자본시장특사경 개편방안을 발표하였다. 이와 함께 검찰(남부지검 금융·증권범죄 수사협력단)과의 협력강화 방안을 제시하였다.[146]

자본시장특사경 개편방안은 세 가지 골자로 되어 있다.

첫째, 금융위 자본시장조사단에 특사경으로 지명된 금융위 공무원(3명) 및 금감원 직원(4명)으로 하여금 자본시장특사경 전반(총 31명, 검찰파견 9명 포함)에 대한 관리·지원업무 및 특정사건 수사업무를 수행하도록 하는 것이다. 이를 위해 금감원 본원에 현재 특사경 지명 인원을 10명에서 15명으로 증원예정이다. 둘째, 기존 금감원 특사경 직무범위인 Fast-Track 사건[147] 외에 증선위 의결로 고발·통보한 사건 등에 대해서도 검사 지휘 하에 자본시장특사경이 수사업무를 수행하도록 하고, 또한 금융위 내 특사경이 자체 내사 후 수사가 필요하다고 판단해 증선위원장에 보고한

145) "자본시장 특사경 세진다 …인원 2배로 늘리고 인지수사도 맡아", 중앙일보, 인터넷 기사(2021. 12.27.).

146) 금융위원회·금융감독원 보도자료(2021.12.28.).

147) 긴급·신속한 수사가 필요하여 증선위 심의·의결을 거치지 않고 증선위원장 결정으로 검찰에 이첩한 사건

[표 1-21] 자본시장특사경 개편방안에 따른 직무범위 확대방안[148]

구분	직무범위
현재	Fast-Track 사건 중 검찰이 특사경에 배정한 사건
개편 (추가)	① 증선위 의결로 검찰 고발·통보한 사건 중 검찰이 특사경에 배정한 사건 ② 거래소 심리자료에 대한 기초조사 또는 금융위 특사경 자체 내사 후 수사가 필요하다고 판단하여 증선위원장에게 보고한 사건

사건에 대한 인지수사권을 부여하도록 하는 것이다. 이 경우 인지수사의 민감성을 고려해 금융위 자본시장조사단 내 특사단에서만 인지수사가 가능하도록 하였다.[149]

셋째, 남부지검 금융·증권범죄 수사협력단에 기존 6명에서 9명으로 증원하여 파견하는 것이다. 금융·증권범죄에 대한 수사역량 강화를 위해 2021년 9월 1일 남부지검에 금융·증권범죄 수사협력단이 출범하였으며, 금융위·금감원은 수사협력단의 원활한 운영을 위해 인력 지원(파견)을 확대한 것이다. 파견된 특사경은 검사의 직접적인 수사지휘 하에 불공정거래 사건의 수사업무를 수행한다.[150]

2021년 12월 28일 발표한 한「자본시장특사경 개편방안」에 따라「자본시장특별사법경찰 집무규칙」(금융위원회 훈령 제119호)이 제정되어 2022년 3월 31일부터 시행되며, 이 집무규칙 제6조는 금융위원회 위원장은 '자본시장법'에 규정된 범죄수사를 효율적으로 수행하기 위하여 자본시장조사단 내에 자본시장특별사법경찰 수사부서(금융위 특사경 수사부서)를 설치·운영하고(제1항), 금융감독원장은 특사경법 제5조 제49호 및 제7조의3의 업무를 수행하기 위하여 자본시장 담당 부원장 직속으로 자본시장특별사법경찰 수사부서(금감원 특사경 수사부서)를 설치·운영(제2항)하는 것으로 규정하고 있다. 또한 금융위원장 및 금융감독원장은 각각 해당 특사경 수사부서(자본시장특사경 수사부서)의 업무를 총괄하는 자(수사부서장)를 임명하도록 규정하였다. 이상의 조직개편 내용은 결국 기존에 금감원에 두었던 '자본시장특별사법부서'(금감원 특사경 수사부서)와 병렬적으로 금융위원회 산하 자본시장조사단내에 또 다른 자본시장특별사법경찰' 수사부서(금융위 특사경 수사부서)'를 두는 것을 골자

148) 금융위원회·금융감독원 보도자료(2021.12.28.).
149) "자본시장 범죄는 초기 판단이 어려운데다, 수사의 파급력이 크기 때문에 민간 조직인 금감원이 아닌 금융위 자조단 특사단에 한해서만 해당 기능을 부여하기로 했다", "자본시장 특사경 세진다 …인원 2배로 늘리고 인지수사도 맡아", 중앙일보 인터넷 기사(2021.12.27.).
150) 금융위원회·금융감독원 보도자료(2021.12.28.).

[그림 1-6] 자본시장특사경 개편방안151)

◇ 금융위(자조단)에서 자본시장특사경 전반(금융위, 금감원, 남부지검 총 31명)에 대한 관리・지원 및 특정사건 수사업무 수행

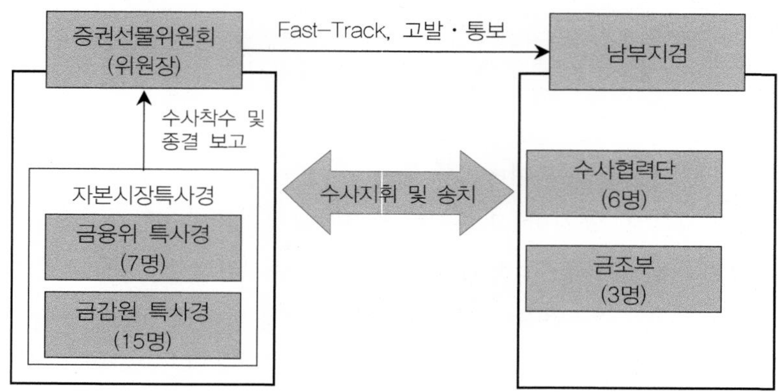

◇ (인력증원) 현재 16명 ⇒ 31명으로 증원

	현재(16명)		개편안(31명)
금융위	-	➡	7명 (금융위 3, 금감원 4)
금감원	10명		15명
남부지검	6명(금융위 1, 금감원 5)		9명(금융위 2, 금감원 7)

로 하는 것이다. 이러한 조직개편은 금융위가 금감원에 대한 감독과 통제권한을 강화하겠다는 의도를 보여주는 것이며 다른 한편으로는 행정조사의 차원에서 불공정거래 행위 등에 대한 조사업무뿐만 아니라 수사업무까지도 직접 수행하겠다는 의도를 보여준다고 하겠다.

⑤ 자본시장특사경 운영계획152)

2022년 3월 31일 금융위 자본시장특사경이 출범하면서 금융위와 금감원의 특사경, 검찰의 역할에도 변화가 생겼다. 이전까지 금융감독원 자본시장특사경은 증선위원장 긴급조치(Fast-Track) 사건 중 검사의 지휘 사건에 한정하여 수사하였다. 하지

151) 금융위원회・금융감독원 보도자료(2021.12.28.).
152) "금융위 자본시장특사경 출범", 금융위원회 보도자료(2022.03.30).

만 2022년 3월 31일부터 금융위·금감원 특사경은 ① 증선위가 검찰에 고발·통보하거나, ② 증선위원장 긴급조치(Fast-Track) 사건 중 검사의 지휘를 거쳐 특사경에 배정된 사건을 우선적으로 수사하며, ③ 한국거래소의 심리결과 통보에 따른 조사 또는 금융위·금감원 공동조사를 통해 일정수준 조사가 이뤄진 사건 중 수사전환 필요성이 인정된(수사심의위원회 심의 要) 사건도 수사할 수 있게 되었다. 또한 ④ 특사경이 자체적으로 범죄혐의를 인지하는 사건은 수사업무의 특수성, 국민 법 감정 등을 고려하여 금융위 소속 특사경만 수행하기로(수사심의위원회 심의 要) 하였다. 자본시장특사경 수사심의위원회는 자체인지 사건 등에 대한 무리한 수사개시를 방지하기 위하여, 사건의 긴급성 등 수사개시 필요성에 대한 사전 심의기능을 수행하는 내부통제장치로서, 수사심의위는 ① 금융위 자본시장조사단장(위원장), ② 조사담당관(검사), ③ 금융위 공정시장과장 또는 증선위상임위원이 지정하는 4급 이상의 공무원, ④ 금감원 부원장보 ⑤ (필요시)증선위상임위원이 지정하는 자조심위원으로 구성하도록 하였다.

[그림 1-7] 자본시장특사경 수사대상 및 절차153)

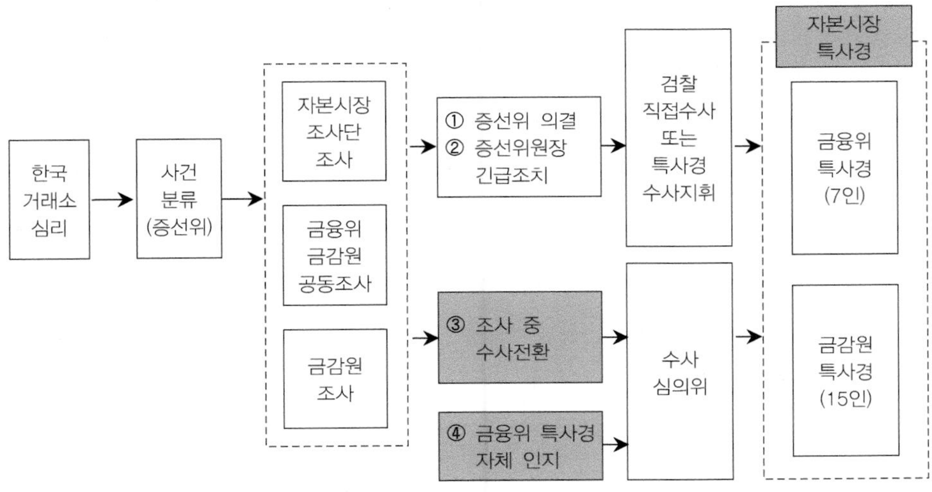

153) "금융위 자본시장특사경 출범", 금융위원회 보도자료(2022.03.30).

3) 평 가

① 검찰, 금융위원회, 금융감독원의 삼각관계

2015년 8월 특사경법의 개정으로 금융감독위원회 직원에 대하여 금융위원장의 추천으로 특사경 지명이 가능하도록 하는 법적 근거가 마련되었으나 지명절차 없이 사문화 상태로 남아 있었다. 이후 금융감독원과 검찰의 적극적 요구와 국회의 압력에 의해 금융위원회가 특사경 전담부서의 설치를 수용하는 것으로 일단락 났지만 여전히 금융위원회의 입장은 특사경 지명 및 특사경 전담 부서의 운용에 대하여는 부정적 시각이 큰 것으로 보인다.[154] 무엇보다 특사경 도입으로 인해 수사의 개시에서부터 수사 종결에 이르기까지 검사의 지휘를 받게 됨으로써 금감원에 대한 금융위의 권한과 위상이 떨어질 수 있다는 우려가 크며, 아울러 기존 금융위 산하 자본시장조사단의 위상이 약화될 수 있다는 우려도 작용하고 있다.[155] 자본시장법에 따른 불공거래의 규모가 커지고 엄정한 조사와 처벌을 요구하는 여론이 거세지면서 특사경전담부서의 도입을 수용하였지만 소극적인 태도를 보이고 있는 것이다. 이러한 현상은 검찰, 금융위원회, 금융감독원의 삼각 구도에서 힘의 우위를 차지하고자 하는 권력다툼의 모습을 띄게 된다. 이와 같은 미묘한 삼각구도는 2020년 검찰과 경찰 사이의 수사권 조정에 따른 경찰수사에 대한 검사의 지휘폐지와 검찰의 직접수사를 억제하는 정책으로 인하여 변화가 발생하였다. 검찰, 금융위, 금감원 세 주체가 모두 상생하는 방안을 마련하게 된 것이다.

여기에는 물론 자본시장 범죄에 대한 수사역량 강화의 사회적 요구가 있었던 것도 작용한 측면이 있다. 2021년 12월 말에 금융위와 금감원이 발표한 자본시장특사경 개편방안은 금융위에 특사경 전담부서를 새롭게 신설하고 금감원의 특사경을 확대하면서 동시에 증원된 인력의 일부를 서울남부지검(금융범죄중점검찰청)에 파견하여 2020년 1월 서울남부지검 증권범죄합동수사단이 해체된 후 2021년 9월 새롭게 출범한 금융증권범죄수사협력단의 수사인력을 보충하여[156] 실질적으로 자본시장 범

154) "금감원 예산 쥔 금융위, 특사경 확대 요청에도 '요지부동'", 뉴데일리 인터넷 기사(2020.12.02.).
155) 같은 기사.
156) "서울남부지검 증권범죄합동수사단이 없어지면서 생긴 수사 공백을 메우기 위해서다…특사경 규모 확대에 힘이 실리는 것은 금감원이 인력 및 장비 충원을 꾸준히 요청해 온 데다 검찰이 최근 서울남부지검에 다시 금융범죄수사협력단을 꾸리면서 특사경 증원을 요구하고 있기 때문이다. 검경 수사권 조정으로 직접수사가 어려워진 검찰이 수사권을 가진 자본시장 특사경을 적극적으로 활용하겠다는 취지로 해석된다.", "금융범죄 수사공백 우려"… 특사경 확대 방안 유력

죄에 대한 검찰의 수사기관으로서의 위상회복과 금융감독기관에 대한 통제권을 강화시켰다는 의미를 갖는다. 그 동안 검찰은 금융기관과의 협력체제를 구축하여 자본시장 범죄사건의 상당수를 금융위와 금감원으로부터 이첩받아 수사함으로써 금융·경제범죄에 대한 위상을 지켜왔기 때문이다.

[표 1-22] 금융·증권 범죄 수사조직 현황157)

조직	주무기관	업무
자본시장조사단	금융위원회	자본시장 불공정거래 조사
자본시장 특별사법경찰	금융감독원	금융위 증권선물위원회가 패스트트랙으로 지정해 검찰에 이첩한 사건 수사
금융범죄수사협력단	검찰	금융·증권 범죄 수사
금융범죄수사대(2021.1.신설)	경찰	경제·금융 범죄 수사

금융위의 입장에서는 자본시장조사단 내에 특사경 전담부서를 두고 자본시장특사경 전반(금융위, 금감원, 남부지검 총 31명)에 대한 관리·지원 및 특정사건 수사업무를 수행하는 권한을 받게 되어 나름대로의 실리를 챙겼다고 할 수 있다. 그러나 이러한 특사경의 확대가 국민의 입장에서 이로운 것인지 금융당국의 수사권 행사가 권한남용의 우려가 없는지에 대하여는 주의 깊게 살펴보아야 할 것이다. 아울러 검찰과 금융당국과의 이러한 밀월관계(?)는 일반사법경찰관리를 두고 모든 범죄에 대한 수사권한을 가지고 있는 경찰청(국가수사본부)이 개입할 여지를 없애는 것으로서 궁극적으로는 이 분야에서의 경찰 수사역량 강화에 저해요소로 작용한다고 하겠다. 자본시장 교란행위를 막기 위해 정부가 노력하고 있다는 모습을 보여주고 있지만 정작 최대 수사조직인 경찰청(국가수사본부)의 전문성과 역할에 대한 고민은 나타나지 않고 있어 장차 경찰이 금융경제 범죄에서 제 역할을 수행할 수 있도록 국가수사시스템의 개혁과 경찰 내부의 자구책 마련이 필요하다고 하겠다. 컨트롤타워가 없는 현재의 상황에서 향후 자본시장 불공정거래에 대한 조사와 수사권한을 가지고 있는 금융위원회(자조단 및 특사경), 금융감독원(특사경), 검찰(금융증권범죄수사협력단)158),

검토", 동아일보 인터넷 기사(2021.7.26.).

157) 같은 기사 참조.

158) "법무부와 대검찰청이 서울남부지검 금융증권범죄수사협력단장에 공인전문검사를 배치한 데 이

경찰청(금융범죄수사대) 사이에 주도권을 차지하기 위한 경쟁이 치열해질 것으로 전망된다.

② 조사기능과 수사기능의 분리문제

금융위원회는 기존 조사절차와 관련한 적법절차의 문제와 당사자의 방어권 보장의 문제들을 개선시키는 동시에 특사경 운영과 관련하여 조사기능과 수사기능이 혼재되는 경우에 발생할 수 있는 권한남용의 문제를 개선하기 위하여 2019년 5월 3일 「자본시장조사 업무규정」을 개정한다. 신설된 업무규정 제2조의2(정보차단장치 구축)는 금융위위원장 및 금융감독원장이 특사경의 수사업무와 조사부서 업무간 부당한 정보교류를 차단하기 위하여 업무 및 조직을 분리하고 더 나아가 사무공간 및 전산설비를 분리하는 등의 조치를 취하도록 규정하고 있다. 특사경 전담부서의 출범 이전에 이러한 조문을 두게 된 것은 특사경의 수사기능을 최대한 축소하고 기존의 조사기능에 영향을 주지 않으려는 방안으로 이해된다. 그러나 이러한 조사기능과 수사기능의 분리 노력에도 불구하고 조사를 수행하는 기관 소속 직원이나 공무원에게 사법경찰권을 부여하는 경우에 필연적으로 발생하는 조사와 수사의 중복 또는 결합 문제는 원천적으로 해소되기 어렵다. 개정된 업무규정에서도 이를 엿볼 수 있는데 별표 1 조사원 복무수칙에 금기사항으로서 조사과정에서 지득한 정보를 원래의 조사 목적 이외의 용도로 이용하거나 타인에게 제공하는 것을 금지하면서 그 예외로서 '사법경찰관리가 직무와 관련하여 요청하는 경우'를 신설하였다. 따라서 특별사법경찰이 조사공무원에 대하여 조사상 취득한 정보나 자료를 요구하는 경우에 이에 응하여야 하며, 그 한계설정의 문제가 제기된다.

그런데 2021년 12월 28일 발표한 「자본시장특사경 개편방안」은 그 동안 금융위와 금감원에 특사경 도입의 반대 논리로 강하게 제시되었던 수사와 조사의 분리라는 원칙을 사실상 폐기한 것으로 받아들여진다. 금융위의 자본시장조사단에 특사경을 두면서 금감원의 특사경과 협력체계를 강화하면 실상 민간조직인 금감원이 일반국민을 대상으로 한 강제조사에 대한 부담을 경감시키게 되며, 행정조사를 수행하는 금융위가 수사기관의 위상을 갖게 되는 계기가 될 것이다.[159]

어 특진과 장기근무 등 파격적인 조건을 걸고 에이스 수사관들을 선발하고 있다. 부활하는 협력단이 자본시장범죄에 대응하는 핵심 역량으로 기능할 수 있을지 주목된다.", "금융증권범죄수사협력단에 "파격적 대우"", 법률신문 인터넷 기사(2021.08.19).

다. 세관 특별사법경찰(관세청)

1) 개 요

관세청은 국가 경제의 발전을 위하여 수출·입 통관 질서를 관리함으로써, 국가 재정수입을 확보하고 밀수단속을 통한 국내산업 보호 임무를 수행하기 위하여 출범하였으나 국가의 경제발전, 개방화, 세계무역의 자유화 등 관세행정 환경변화에 따라 그 역할과 임무가 사회안전·국민건강·환경보호기능과 원산지 허위표시·지식재산권침해·불법 외환거래·자금세탁의 단속 등 대외거래 종합단속기능으로 확대되었다.[160]

관세청의 임무분야

1. 급증하는 수출입물량과 여행자에 대한 통관관리
2. 수입물품에 대한 관세 및 내국세 부과로 재정수입확보
3. 밀수단속을 통한 국내산업 보호기능 수행
4. 사회안전과 국민건강 보호를 위한 마약, 총기류 및 유해식품 불법반입 단속
5. 환경보호를 위한 유해화학물질, 희귀동식물 불법반입 단속
6. 공정한 경쟁을 위한 원산지 허위표시, 지식재산권 침해물품의 단속
7. 불법외환거래 및 자금세탁방지를 위한 새로운 대외거래 종합단속 등

관세청은 대전에 위치하는 본청과 서울, 부산, 인천(공항 및 항만), 대구, 광주, 평택 등의 본부세관을 두고 있다. 관세청은 2021.3. 30. 관세청 본청 및 세관 전반에 걸쳐 조직을 구조개편하고 업무체계를 재정비하였다.[161] 20년 만에 이루어진 조직개편의 주요 내용은 ① 위험물품 분석·검사 업무와 수출입 현장 감시 업무의 통합·연계, ② 우리기업의 해외활동 지원을 위한 관세외교와 기업지원 업무의 일원화, ③ 수출입 물류 데이터 활용과 디지털 혁신을 총괄하는 지휘 본부 구축이다. 특히 국민안전을 위한 위험물품 검사와 현장 감시 업무 통합·협계의 차원에서 본청

159) 참고로 2014년 12월에 신설된 '자본시장법' 제178조의3(불공정거래행위 통보 등) 제2항은 "증권선물위원회는 검찰총장이 제173조의2제2항, 제174조, 제176조 또는 제178조를 위반한 자를 소추하기 위하여 관련 정보를 요구하는 경우에는 이를 제공할 수 있다."고 규정하고 있다.

160) 관세청 홈페이지(https://www.customs.go.kr/)

161) 이하 내용은 관세청 보도자료(2021.3.23.) 일부 내용을 발췌한 것임.

통관지원국과 관세국경감시과(개편 전 조사감시국 소속)를 '통관국'으로 통합하고, 수출입화물에 대한 모든 검사 업무를 총괄하는 '수출입안전검사과'를 신설하였다. 또한 세관의 수입과, 수출과 및 화물검사과를 '통관검사과'로 통합해 마약, 방사능, 폐기물 등 사회안전·민생 침해물품을 집중 검사하도록 하였다. 이밖에도 급증하는 마약·국제환경범죄 대응을 강화하기 위해 조사국 국제조사팀(비상설기구)을 국제조사과로 승격하고 서울세관에 '디지털포렌식센터'(팀단위)를 신설하였다. 관세청의 조사와 수사의 역량강화라는 측면에서 조직개편은 관세국경감시업무를 조사부서와 분리하여 수사부서로서의 정체성을 명확히 하고, 과학수사·정보분석 인프라를 보강하는 개편을 단행하였다는 의미를 갖는다.162)

[그림 1-8] 관세청 조직도163)

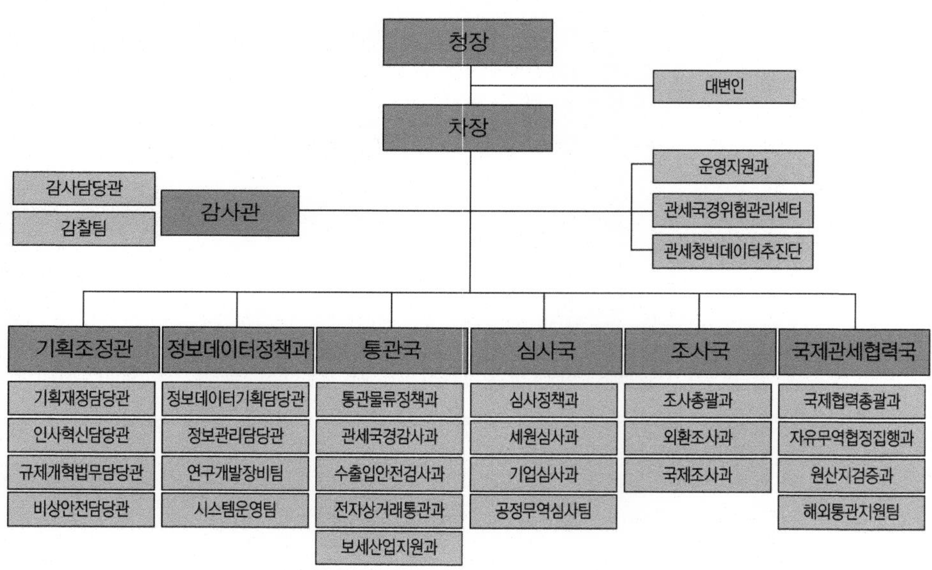

162) "관세청 조직개편의 주요내용과 영향", 법률신문 인터넷 기사(2021.06.15.).

163) "관세청, 포스트 코로나 시대를 대비한 조직 전면개편 시행", 헤럴드경제 인터넷 기사(2021.03.23.).

특사경법 제5조 제17호는 「관세법」에 따라 관세범(關稅犯)[164]의 조사 업무에 종사하는 세관공무원은 소속 관서의 장(세관장)의 제청에 의하여 관할 지방검찰청 검사장이 특별사법경찰관리로 지명하도록 규정하고 있다. 이에 따라 본부세관 및 산하세관의 조사국 또는 조사과에 근무하는 6급 이하 세관공무원은 특별사법경찰관으로, 7급 이하의 세관공무원들은 특별사법경찰리로 지명되어 있다. 각 세관의 조사국 및

[그림 1-9] 인천본부세관 조직도[165]

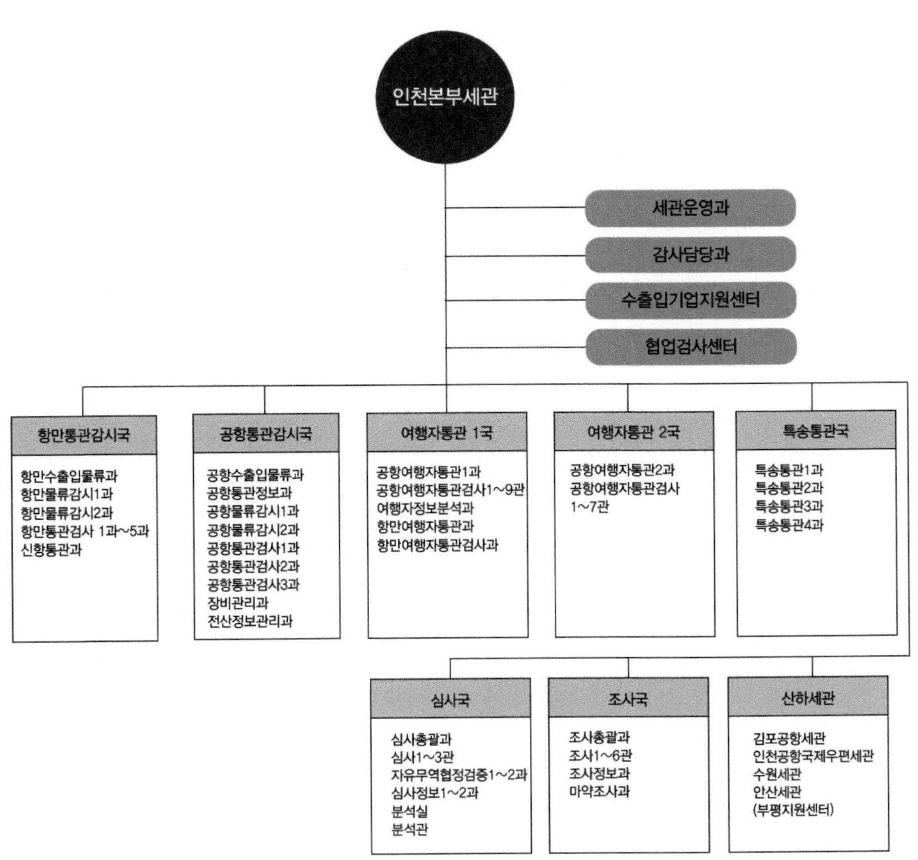

164) 관세법 제293조 제1항은 관세범을 "이 법 또는 이 법에 따른 명령을 위반하는 행위로서 이 법에 따라 형사처벌되거나 통고처분되는 것"으로 정의하고 있으며, 제2항은 "관세범에 관한 조사·처분은 세관공무원이 한다."고 규정하고 있다.

165) 인천본부세관 홈페이지(https://www.customs.go.kr/incheon/main.do)

조사과는 특사경법이 요구하는 별도의 특별사법경찰 전담부서를 설치한 경우로 볼 수 있다.[166)]

특사경으로 지명받은 세관공무원은 수출입과정에서 발생하는 특사경법 제6조 제14호에 열거된 관세법, 외국환거래법, 대외무역법 등 20여개의 다양한 법률 위반 범죄들과 마약・향정신성의약품 및 대마사범 등에 대한 수사업무를 수행한다. 따라서 세관공무원은 관세법상 관세범죄에 대한 조사(수사)뿐만 아니라 수출입관련 외국환거래범죄, 대외무역사범, 마약사범, 지적재산권 침해범죄, 재판도피사범(특경법위반), 범죄수익은닉사범 등 상당히 넓은 분야에 대한 수사권을 보유하고 있다.[167)]

2) 특별사법경찰관 현황 및 실적

최근 5년간 관세청 특별사법경찰관 현황을 보면, 2016년 426명에서 2020년 8월 현재 총 462명으로 인원이 증가하였으며, 본부세관별로 살펴보면 인천 156명, 서울 132명, 부산 108명, 대구 22명, 광주 35, 평택 9명으로 인천, 서울, 부산 본부세관에 집중되어 있음을 알 수 있다.

[표 1-23] 최근 5년간 관세청 특별사법경찰관 현황[168)]

(단위: 명)

구분	2016년	2017년	2018년	2019년	2020.8월
특별사법경찰관리 인원	426	430	429	458	462

출처: 기동민 의원실

[표 1-24] 관세청 특별사법경찰 인원수 및 2019년도 검거실적[169)]

연번	본부세관	인원		검거실적(2019년) (건수)
		특별사법경찰관	특별사법경찰리	
1	인천세관	79	77	4,524
2	서울세관	71	49	257
3	부산세관	60	48	580

166) 신현기a, 앞의 글, 111면.
167) 박영기, 관세형사법, 세창출판사, 2020, 12면.
168) 기동민 의원 보도자료(2020.10.15.) 출처: https://blog.naver.com/gidongmin
169) 국회 법제사법위원회, 사법경찰관리의 직무를 수행할 자와 그 직무범위에 관한 법률 일부개정법률안(구자근의원 대표발의, 의안번호: 2102367) 검토보고, 2020. 9. 6면.

4	대구세관	15	7	48
5	광주세관	19	16	124
6	평택세관	5	4	48
합계		249	201	5,581

출처: 관세청

인천본부세관의 경우 관세범의 조사를 담당하는 특별사법경찰 전담부서는 조사국으로서, 조사총괄과, 조사 1~6관, 조사정보과, 외환조사과, 마약조사과가 설치되어 있으며, 조사국장 및 각 과장을 제외한 세관공무원은 특별사법경찰로 지명되어 있다.[170] 이 중에 마약조사 인력의 운영 현황을 살펴보면 2021. 10. 기준 인천세관 47명, 부산세관 10명, 서울세관 3명, 김해공항세관 1명으로 총 61명이 실제 근무하고 있다.

[표 1-25] 마약조사 인력[171] 운영 현황(2021.10.기준)

구분	정원/현원	자체인력 조정	실제 근무인원	비고
인천세관 마약조사과	34명/31명*	+16명	47명	마약조사 T/F
부산세관 조사2관	0명	+10명	10명	
서울세관 조사1관	0명	+3명	3명	
김해공항세관 조사심사과	1명/1명		1명	
합계	35명/32명	+29명	61명	-

관세청에 부여된 특별사법경찰의 운영성과를 살펴보면, 관세법 위반 범죄에 대해서는 2015년부터 2019년까지 매년 약 2,000건의 검거실적을 보였으며, 마약범죄에 대해서는 검거건수가 2015년 325건에서 2019년 661건으로 매년 증가하였다.

170) 관세청, 세관공무원의 특별사법경찰 직무 및 제도 개선방안 연구, 연구보고서, 2017, 26면, 신현기a, 앞의 글, 111면 재인용.

171) 국회의원 정의당 장혜영 보도자료(2021.10.6.) 출처: https://janghyeyeong.com/20/?idx=8307696&bmode=view

[표 1-26] 연도별 관세청 수사권 범죄 검거 실적[172]

(단위: 건, 억원)

구분	가목								나목		다목		라목		마목		바목	
	관세		지재권		대외 무역법		외국환 거래법		특경법 (재산 도피)		범수법		마약		형법 (문서 인장죄)		보건 범죄	
	건수	금액	건수	금액	건수	금액	건수	금액	건수	금액	건수	금액	건수	금액	건수	금액	건수	금액
'15	2,169	12,442	192	4,653	64	5,085	1,183	44,456	22	1,764	48	920	325	2,140	5	-	-	-
'16	2,187	15,859	178	3,323	73	1,852	695[173]	38,401	25	2,198	17	529	382	887	15	-	-	-
'17	2,721	59,036	155	1,486	90	2,175	359	38,285	19	1,080	11	675	429	880	16	-	-	-
'18	3,376	43,013	174	5,181	94	1,483	581	27,859	14	2,508	10	113	660	6,884	17	-	26	239
'19	4,088	11,114	273	6,609	145	6,538	352	31,833	10	1,708	7	922	661	8,733	14	-	49	316

3) 세관공무원의 수사직무 확대과정

관세의 부과·징수 및 수출입물품의 통관을 적정하게 하여 국민경제의 발전에 기여하고 관세수입의 확보를 기하려는 목적으로 1949년 11월 2일 제정된 관세법은 수출입물품의 통관절차를 규정하면서 세관관리에게 관세범에 대한 전속적 조사(수사) 권한을 부여하였다. 이후 1951년 12월 6일 개정된 관세법은 밀수사범에 대한 벌칙을 강화함과 동시에 제224조의2를 신설하여 세관장의 제청에 의하여 그 관할지방검찰청 검사장이 지명한 세관관리는 관세범에 관하여 사법경찰관리의 직무를 행하도록 규정하였다. 관세법보다 한참 후인 1956년 1월 12일 제정된 '사법경찰리의직무를행할자와그직무범위에관한법률'은 세관공무원에 대한 특별사법경찰권 부여에 대하여 아무런 규정을 두고 있지 않았다. 따라서 특사경법이 아닌 관세법이 직접 특별사법경찰관리의 지명절차를 규정하였다.[174] 이후 1981년 12월 31일 개정된 특사경법은 비로서 제5조 19호 및 제6조 제14조를 신설하여 관세법의 규정에 의하여 관세범의 조사업무에 종사하는 세관공무원을 지방검찰청검사장의 지명을 받아 수사권을 행사할 수 있도록 규정하였다.

---

172) 국회 법제사법위원회, 사법경찰관리의 직무를 수행할 자와 그 직무범위에 관한 법률 일부개정법률안(구자근의원 대표발의, 의안번호: 2102367) 검토보고, 2020. 9. 7면.

173) 2016. 6. 외국환거래법 개정에 따라 미화 3만불 이하 지급수단(현금 등) 수출입미신고 행위가 과태료로 전환되어 건수가 감소하였다.

174) 제295조(사법경찰권) 세관공무원은 관세범에 관하여 「사법경찰관리의 직무를 수행할 자와 그 직무범위에 관한 법률」에서 정하는 바에 따라 사법경찰관리의 직무를 수행한다.

이후 국내 히로뽕 생산 및 투약자가 지속적으로 증가함에 따라 국무총리실이 관계기관과 협의하여 마련한 「마약근절종합대책」에 세관의 마약수사권을 포함시켰으며, 이에 따라 1990년 8월 1일 개정된 특사경법은 제6조 제14호에서 관세범뿐만 아니라 공항·항만과 보세구역안에서 발생하는 마약·향정신성의약품 및 대마의 불법수출입사범에 대한 수사를 그 직무범위에 포함시켰다.[175] 이로써 세관공무원의 마약류범죄에 대한 수사권이 확보되었으나 관세범의 경우와 달리 장소적으로 공항, 항만과 보세구역 안으로 제한을 가하였다. 이후 1995년 1월 5일 개정된 특사경법은 제6조 제14호를 개정하여 수출입물품의 가격조작사범 및 수출입물품의 통관과 관련된 지적재산권침해사범, 공항 및 항만 등에서의 외국환관리법중 지급수단·귀금속 또는 증권의 불법수출입사범을 추가하여 특사경으로 지명된 세관공무원의 직무범위로 추가하였다. 이전에는 세관의 외환업무는 수사권 없이 공항만에서 엑스레이 검색 등에 의한 외화밀반출 단속업무만을 수행하였으며, 특사경법의 개정에도 불구하고 적극적인 수사가 이루어지지 못하였다. 하지만 1997년 5월 1일 외국환관리규정의 개정으로 외환거래에 대한 외환검사권이 세관장에게 위탁되고, 1997년 12월 13일 특사경법이 개정으로 지급수단 등의 불법수출입사범에 대한 수사권을 공항만 및 보세구역 내에서 관할 구역으로 확대하고, 수출입거래 및 이와 직접 관련되는 용역거래에 관한 외국환관리법 위반사범에 대한 수사권도 추가되었다.[176]

이후에도 2001년 및 2008년 개정된 특사경법은 각각 관세사범, 대외무역사범, 지적재산권사범, 외국환사범과 관련한 자금세탁사범과 재산도피사범에 대한 수사권을 직무범위에 추가하였다. 2017년 12월 19일 개정된 특사경법은 「식품위생법」, 「건강기능식품법」, 「수입식품안전관리특별법」, 「약사법」, 「화장품법」, 「의료기기법」 등의 보건사범에 대한 수사를 직무범위에 추가하였다. 이와 함께 식약처 위해사범 중앙수사단, 서울시 특사경 등 전문단속기관과 협업체계를 구축하여 식약처 식품정보시스템에 대한 접근 권한을 확보함으로써 식품 안전관리를 추구하고 있다.[177]

175) 관세청, 관세청 50년사 제1권, 2020, 462면.
176) 같은 책, 477면.
177) 관세청, 관세청 50년사 제2권, 2020, 231면.

[표 1-27] 세관의 특별사법경찰권 도입연혁[178]

구분	범위	비고
관세사범	관세법 위반사항(밀수입, 관세포탈, 부정수입 등)	1949 (1981)
	환급특례법, 관세사법 등 위반사항	
대외무역사범	대외무역법 위반사항(원산지, 전략물자, 가격조작 등)	1995
	불공정무역행위 조사 및 산업피해 구제에 관한 법률 위반사항 (원산지표시 위반 물품 수출입 행위)	2010
지재권사범	수출입 통관, 환적 물품의 지식재산권 침해	1995
외환사범	지급수단 등 불법수출입	1995
	수출입거래 및 이와 관련된 용역·자본거래	1997
	대체송금(일명 '환치기') 목적의 용역·자본거래	2010
재산도피사범	상기 수사권 해당 범죄에 대한 재산도피사범	2008
자금세탁사범	상기 수사권 해당 범죄에 대한 자금세탁사범	2001
마약사범	공항, 항만과 보세구역 안에서 발생하는 마약사범	1990
문서·인장위조사범	형법상 문서·인장죄	2015
보건사범	식품위생법, 약사법, 화장품법 위반 등 보건사범	2017

4) 세관공무원의 조사권한

① 법적 근거

세관공무원의 조사권한은 관세법에 규정된 일반 행정조사의 권한과 관세범에 대한 범칙조사 권한 및 관세범 이외에 특사경법 제6조 제14호 각 목에 규정된 범죄에 대한 수사권한으로 구분할 수 있다. 범칙조사의 권한과 수사권한은 특별사법경찰관리의 자격을 부여받은 세무공무원에게 한정된다. 세관공무원이 수행하는 범칙조사에 관한 기준 및 절차를 규정함을 목적 제정된 '세관공무원의 범칙조사에 관한 훈령'(관세청훈령 2021. 2. 1. 개정) 제13조는 관세법 등을 위반한 관세범의 처리는 「관세범의 고발 및 통고처분에 관한 훈령」에서 정하는 바에 따라 통고처분 또는 고발하도록 하고(제1항), 관세범 이외의 범죄에 대하여는 「특별사법경찰관리에 대한 검사의 수사지휘 및 특별사법경찰관리의 수사준칙에 관한 규칙」에서 정하는 바에 따라 관할 지방검찰청검사장에게 송치하도록 규정(제2항)하고 있다. 이 훈령은 또한 범칙조사의 방법으로서 내사절차를 마련하고 있으며, 피의자신문 등의 임의조사와

178) 박영기, 앞의 책, 124면 표 내용을 일부 수정함.

체포・구속, 압수・수색, 금융거래정보 요구, 통신제한조치 등의 강제조사에 대하여도 매우 상세하게 규정하고 있다. 하지만 이 관세청 훈령과 별도로 관세범에 대한 범칙조사의 절차에 대하여는 관세법 제12장 '조사와 처분'의 제목으로 제283조부터 제319조까지 상세하게 규정하고 있어 형사소송법을 포함하여 다른 법률과의 충돌문제 또는 비통일성의 문제가 발생할 소지가 있다.

② 세관에 의한 통관절차와 범칙조사의 권한

관세법은 일반 세관공무원의 권한과 사법경찰관리로 지명을 받은 세관공무원의 관세범 조사권한을 분리하여 규정하고 있다. 세관에 의한 통관절차[179]는 공항만 여행자 통관, 특송화물 및 우편물 통관[180], 화물 통관[181] 등으로 구분되며, 각각의 경우에 세부적인 통관절차는 다소 차이가 있을 수 있으나, 관세법 제265조는 "물품 또는 운송수단 등에 대한 검사 및 필요한 조치를 할 수 있다"고 규정하여 검색에 관한 일반조항을 두고 있으며, 제246조 및 제257조는 각각 수출입 물품과 우편물에 대한 검색절차를 규정하고 있다. 통관물품에 대한 검사는 세관공무원이 검색권한을 근거로 대상자 또는 물품 선별, 개장(수색), 시료채취, 성분분석의 일반적 절차를 따르게 되며, 관세법 제246조 제2항의 위임에 따라 관세청훈령과 관세청고시가 검사대상, 검사범위, 검사방법 등에 관한 필요한 기준을 정하고 있다.[182]

관세법은 통상적인 통관검사 차원에서의 검색권한과는 별도로 '제12장 조사와 처분'에서 범칙조사를 위한 임의적 및 강제적 조사권한을 마련하고 있다.[183] 다만 마약류의 밀수입 행위는 관세법상의 관세범[184]에 해당하지 않아 범칙조사의 대상에 포함되지 않는다. 종합하면 일반 세관공무원은 행정조사차원에서 통관물품에 대한 검색, 검사의 권한을 가지며, 특별사법경찰관리로 지명을 받은 세무공무원은 관세법과 '세관공무원의 범칙조사에 관한 훈령'(관세청 훈령)[185]에 따라 관세범에 대한 범

---

179) 이하의 내용은 김택수c, "세관공무원에 의한 마약류 압수의 절차적 문제점과 해결방안", 경찰법연구 제14권 제2호(2016), 62면 내용을 발췌한 것임.

180) 이에 대하여는 '국제우편물 수입통관 사무처리에 관한 고시'(관세청고시) 참조.

181) 이에 대하여는 '수출입물품 등의 분석사무 처리에 관한 시행세칙'(관세청훈령) 참조.

182) 전승수, "국제우편물에 대한 세관 검사와 통제배달", 형사판례연구 제23권(2015), 665면.

183) 관세범 범칙조사 절차에 대하여는 후술한다.

184) 제283조(관세범) ① 이 법에서 "관세범"이란 이 법 또는 이 법에 따른 명령을 위반하는 행위로서 이 법에 따라 형사처벌되거나 통고처분되는 것을 말한다.
② 관세범에 관한 조사・처분은 세관공무원이 한다.

칙조사의 권한을 가진다.[186] 관세법 제284조의 규정에 따라 관세범에 대하여는 전속적 고발권과 전속적 수사권이 인정된다. 즉, 관세범에 관한 사건에 대하여는 관세청장이나 세관장의 고발이 없으면 검사는 공소를 제기할 수 없으며, 다른 수사기관이 관세범에 관한 사건을 발견하거나 피의자를 체포하였을 때에는 즉시 관세청장이나 세관에게 인계하여야 한다.

하지만 세관에서 수사하는 다른 법령상의 범죄들(대외무역법위반, 회국환거래법위반, 특경법위반 등)에 대해서는 원칙적으로 관세청장 또는 세관장에게 고발권이나 통고처분의 권한이 없기 때문에 수사 후 사건을 검찰에 송치하는 절차를 거쳐야 한다.[187] 관세청 훈령인 '관세범의 고발 및 통고처분에 관한 훈령'은 관세범의 고발대상과 기준 및 통고금액의 세부사항을 정하고 있다. 아울러 세관공무원은 관세법 또는 이 법에 따른 명령을 집행하기 위하여 필요하다고 인정될 때에는 운송수단의 출발을 중지시키거나 그 진행을 정지시킬 수 있으며(관세법 제262조), 직무수행을 위하여 무기의 휴대 및 사용이 가능하다(관세법 제267조).[188]

③ 세관공무원의 통제배달권한

관세청과 산하세관은 갈수록 대형화, 조직화, 지능화되는 밀수 및 부정무역에 적극 대처하기 위하여 내부(수출입통관자료) 및 외부자료(외환거래자료, 출입국기록, 선박 및 선원자료 등)을 연계, 분석하는 통합정보시스템을 조사활동에 적극 활용하고 있고, 또한 계좌추적, 통제배달 등 특수조사기법도 활용하고 있다.[189] 특히 통제배달(Controlled Delivery)기법은 마약류범죄가 국제화되어 가는 추세에 대응하기 위한 특수수사방법으로서 마약류유통의 흐름을 중간에서 통제하지 않도록 하는 것은 물론 국내의 유통경로를 파악하여 공급조직을 일망타진함에 있어 출입국관리법상 또

185) 이 훈령은 세관공무원이 수행하는 범칙조사에 관한 기준 및 절차를 규정함을 목적으로 하며(제1조), 특별사법경찰관리인 세무공무원과 관련한 개별 특별사법경찰 집무규칙 없는 상태에서 이와 유사한 내용을 규정하고 있다.

186) 제295조(사법경찰권) 세관공무원은 관세범에 관하여 「사법경찰관리의 직무를 수행할 자와 그 직무범위에 관한 법률」에서 정하는 바에 따라 사법경찰관리의 직무를 수행한다.

187) 박영기, 앞의 책, 669-670면.

188) 종전에는 관세청장이나 세관장이 직무를 집행하기 위하여 필요하다고 인정하는 경우 소속 공무원에게 총기로 한정하여 휴대하게 할 수 있었으나, 2017년 12월 법 개정을 통하여 권총 또는 소총, 도검, 분사기 또는 전자충격기로 확대하였다.

189) 박영기, 앞의 책, 12면.

는 관세법상의 제한을 제거하여 주기 위한 수사기법이다.[190] 특별사법경찰관인 세관공무원이 통관절차에서 화물 또는 국제우편물에 마약류가 감추어져 있는 것이 밝혀지거나 그러한 의심이 드는 경우 검사에게 신청하여 검사가 세관장에게 통제배달의 조치를 요청하는 형식을 취하게 된다.

국내 통제배달에 관한 법규정의 문제점에 대하여는 필자의 논문 중 일부를 인용한다.[191]

통제배달기법은 이미 1983년 국제연합 마약위원회에서 마약류부정거래에 대한 효과적인 수사방법이라고 결의된 이래로 1988년 12월 채택된 '마약 및 향정신성물질의 불법거래방지에 관한 유엔협약'에서는 국제적으로 실시하기에 필요한 조치를 취할 의무를 체약국에 부과하였다. 이에 따라 우리나라도 마약류범죄를 가중처벌하고, 마약류범죄행위로 취득한 불법수익 등을 철저히 추적·환수하기 위한 제도적 장치와 외국의 몰수·추징재판의 집행을 위한 국제공조절차 등을 마련하는 내용의 「마약류 불법거래방지에 관한 특례법」을 1995년 12월 제정하였으며, 이 법률은 특히 마약류범죄의 효율적 수사를 위하여 마약류의 분산 및 범인의 도주 방지를 위한 충분한 감시체제가 확보된 경우 마약류범죄 혐의자의 입국 및 마약류의 반입을 예외적으로 허용하는 입국및 상륙절차의 통제배달 절차를 규정하고 있다. 그러나 이 법률은 그 적용이 마약류범죄에 한정되며, 통제배달과 관련하여 국제적 공조차원에서의 절차만을 예정하고 있을 뿐, 국내적 차원에서의 마약류 유통과 관련한 절차에 대하여는 아무런 언급을 하고 있지 않은 한계와 모순성을 가지고 있다. 이러한 점은 프랑스의 사례와 비교할 때 큰 차이점이 있다. 1991년 프랑스는 형사소송법 제706-32조를 신설하여 국내적 차원에서의 통제감시 및 통제배달의 절차를 마련하였을 뿐만 아니라, 관세법전(Code de douane)을 개정하여 국제적 차원에서의 통제배달의 절차를 마련하였다. 따라서 비록 마약류가 외국으로부터 국내로 반입된 경우라고 하더라도 국내 유통을 위한 것이라면 이에 대한 단속은 위 특례법이 아닌 별도의 절차를 통하여 이루어지는 것이 타당하다.

190) 조은석·김광준, 마약류 확산실태와 21세기 마약류 통제정책의 방향, 형사정책연구원 연구보고서, 2001, 255면.

191) 이하의 내용은 김택수d, "조직범죄 대처를 위한 잠입수사기법의 허용성과 법적 체계 -프랑스 사례를 중심으로-", 경찰법연구 제14권 제1호(2016), 11면을 발췌한 것임.

마약류 불법거래 방지에 관한 특례법(약칭: 마약거래방지법)

제4조(세관 절차의 특례) ① 세관장은 「관세법」 제246조에 따라 화물을 검사할 때에 화물에 마약류가 감추어져 있다고 밝혀지거나 그러한 의심이 드는 경우, 그 마약류의 분산을 방지하기 위하여 충분한 감시체제가 확보되어 있는 마약류범죄의 수사에 관하여 그 마약류가 외국으로 반출되거나 대한민국으로 반입될 필요가 있다는 검사의 요청이 있을 때에는 다음 각 호의 조치를 할 수 있다. 다만, 그 조치를 하는 것이 관세 관계 법령의 입법 목적에 비추어 타당하지 아니하다고 인정할 때에는 요청한 검사와의 협의를 거쳐 그 조치를 하지 아니할 수 있다.

1. 해당 화물(그 화물에 감추어져 있는 마약류는 제외한다)에 대한 「관세법」 제241조에 따른 수출입 또는 반송의 면허
2. 그 밖에 검사의 요청에 따르기 위하여 필요한 조치

② 제1항(같은 항 제1호는 제외한다)은 「관세법」 제257조에 따라 우편물을 검사할 때에 그 물건에 마약류가 감추어져 있는 것이 밝혀지거나 그러한 의심이 드는 경우에 준용한다. 이 경우 그 마약류에 대하여는 「관세법」 제240조를 적용하지 아니한다.

③ 사법경찰관은 제1항 및 제2항에 따라 요청을 할 것을 검사에게 신청할 수 있다. 이 경우 검사가 제1항 및 제2항에 따른 요청을 한다.

5) 향후 전망 및 평가

먼저, 세관공무원이 가지고 있는 수사권을 확대하자는 요구가 있다. 세관공무원의 수사권한이 밀수와 관세포탈, 불법 외환거래 등에 한정되어 있어, 무역 관련 범죄 수사 중에 사기·횡령 등의 혐의가 확인됐거나 의심되더라도 직접 수사를 할 수 없는 문제로 인해 수사가 지연되거나 증거 확보에 어려움이 있다는 지적이 있다. 이에 따라 관세범의 조사 업무에 종사하는 세관공무원에게 「관세법」, 「대외무역법」, 「외국환거래법」 위반행위를 수단으로 한 「형법」 제347조(사기) 및 제355조(횡령, 배임) 등의 범죄에 대하여 사법경찰권을 부여하는 것을 내용으로 하는 입법안의 발의되어 있다.[192] 이러한 요구는 세관업무와 직접적으로 관련되지 않은 일반 형법범에 대해서까지 수사권을 확대하자는 주장으로서 수사의 전문성 부족의 문제와 기존에 수사를 담당하였던 경찰청과의 수사중복이나 경합의 문제가 발생할 소지가 있어 충분한 검토가 필요할 것으로 판단된다. 이에 대해 경찰청은 반대 입장을 피력하였으나, 법

192) 사법경찰관리의 직무를 수행할 자와 그 직무범위에 관한 법률 일부개정법률안(구자근의원 대표발의, 의안번호: 2102367)

무부는 초동 단계의 신속한 증거수집 및 범죄수익환수조치가 필요하다는 측면에서 관세청 특사경의 업무범위를 수출입거래 또는 외국환거래와 관련된 형법상 사기·횡령·배임 행위로 확대하려는 개정안의 취지에 공감한다는 입장을 밝혔으며, 반면에 법원행정처는 실제 세관공무원들이 사기죄 및 횡령 배임죄에 대한 수사 역량을 갖추고 있는지 및 그 확보 방안은 제대로 마련되어 있는지 등에 관하여 추가적인 검토가 필요하다는 유보적인 입장을 취하였다.[193)]

다음으로 마약조사와 관련한 세관공무원 인력 증원의 요구이다. 현재 관세청 마약조사 수사인력은 총 61명으로 이 중에 47명이 인천세관 마약조사과에 소속되어 있어 인천세관에 집중되어 있으며, 인천 외 세관은 전담인력이 없어 일반 조사 직원이 마약조사를 겸임하고 있는 실정으로 인력이 부족한 것으로 평가된다. 특히 이러한 인력 부족의 문제는 검찰청법 개정에 따라 검찰의 직접 수사를 개시할 수 있는 범죄가 제한됨으로써 더욱 심화될 것으로 예상된다.[194)] 검찰과 경찰 간의 수사권 조정이 이루어지기 이전에 세관에서 적발한 마약류 범죄는 검찰·세관 합동수사반 운영에 따라 검찰에 즉시 인계 후 검찰청 주도로 수사했으나, 검찰청법의 개정으로 2021년 1월부터 수사 대상 마약류 512종에 대한 모든 수사(피의자 신문, 통제배달 등 사건수사 일체)는 세관 특사경이 단독 수행한 뒤 검찰청으로 사건을 송치하고, 검찰은 가액 500만원이 넘는 마약류 12종에 대해서만 직접 수사를 하도록 하면서 인력 부족의 문제가 더 심화된 것이다.[195)] 인력 증원계획이 수립되어 있으나 단기간에 충분한 인력확보는 어려울 것으로 보인다. 과거 검찰주도로 마약류범죄 수사가 이루어졌다면 수사권 조정 이후 경찰의 마약류수사에 대한 역량강화의 요구는 더욱 커지고 있다고 하겠다. 경찰청은 과거 본청에 마약수사과를 두었으나 이를 폐지하고 시도지방청에 마약수사대를 중심으로 마약류수사를 담당하고 있다. 최근 들어 국제특송화물과 온라인 판매 등으로 다시 급증하고 있는 마약류범죄를 근절시킬 수 있도록 세관과의 수사공조에 대한 협의와 협력체계를 구축하여야 할 것이다.

---

193) 국회 법제사법위원회, 사법경찰관리의 직무를 수행할 자와 그 직무범위에 관한 법률 일부개정법률안(구자근의원 대표발의, 의안번호: 2102367) 검토보고, 2020. 9. 13-14면.

194) 국회의원 정의당 장혜영 보도자료(2021.10. 6.) 출처: https://janghyeyeong.com/20/?idx=8307696&bmode=view.

195) "세관 마약업무 인력 충원 없이 '기형 운영'…수사 구멍 우려", 세계일보 인터넷 기사(2021.10. 03.).

라. 철도특별사법경찰(국토교통부)

1) 개 요

현재 철도 및 지하철 치안을 담당하는 기관은 국토교통부(철도특별사법경찰대)와 경찰청(지하철수사대)으로 이원화되어 있으며, 국토교통부 철도특별사법경찰대는 한국철도공사, 공항철도 등 사업장내에서 특별사법경찰 업무를 수행하고 있다.[196] 철도특별사법경찰대는 철도에서의 치안유지와 철도범죄에 대한 수사 등의 사법경찰관리의 직무를 수행하고 있다. 철도특별사법경찰대의 효시는 1946년 1월 25일 설치된 운수경찰부로 알려져 있다. 1949년 4월 26일 제정·시행된 '철도경찰대설치령'(대통령령 제75호)은 철도경비 및 기타 이에 관련한 경찰사무를 분장하기 위하여 내무부 치안국 보안과내에 철도경찰본대를 두고 12개의 대도시에 철도경찰을 두도록 규정하였으며, 철도경찰대의 인력은 경무관 이하 경찰공무원으로 구성하도록 규정하였다. 1963년 교통부 산하 철도국으로 출범 후 2005년 철도청이 한국철도공사로 전환되면서 철도공안은 건설교통부(현 국토교통부) 소속으로 이관되었다.[197] 2008년 6월 13일 건설교통부에서 국토해양부로 그 소속이 변경된 후 2009년 12월 29일 철도공안에서 현재의 철도특별사법경찰대로 명칭이 바뀌었으며, 2013년 3월 다시 국토교통부로 소속이 변경되어 현재에 이르고 있다.[198]

'국토교통부와 그 소속기관 직제'(대통령령)는 철도특별사법경찰대(철도경찰대)에 관하여 규정하고 있으며, 제38조는 철도특별사법경찰대가 1. 철도역 구내 및 열차 내부의 치안유지, 2. 철도범죄의 수사, 사건 송치 등 사법경찰관리의 직무 수행, 3. 즉결심판 청구 및 피의자 호송과 대기실 관리, 4. 경찰청 및 한국철도공사와의 업무협정 체결·운용, 5. 범죄에 대한 정보수집과 다른 기관과의 수사협조, 6. 지방철도

---

196) 김종용, 철도치안 효율화를 위한 철도경찰 조직 분석 및 설계에 관한 연구, 국토교통부 훈련과제 연구보고서, 2019, 48면.

197) 철도청이 한국철도공사로 전환되면서 철도청의 공안직 공무원을 한국철도공사 직원으로 승계하여 사법경찰권을 부여하는 방안과 건설교통부소속으로 이관하여 철도공안 업무를 계속 수행하는 방안 및 일반 경찰에게 맡길 것인지에 대한 검토가 있었으며, 철도청 소속 공안직공무원 345명 전원을 건설교통부 소속으로 이관하여 그대로 근무하는 것으로 결론이 났다. 이에 대하여는 김종두 수석전문위원, '사법경찰관리의직무를행할자와그직무범위에관한법률중개정법률안(정부제출)' 검토보고서, 2004. 12. 2-6면 참조.

198) 철도특별사법경찰의 주요 연혁에 대하여는, 전대양·김종오, "철도특별사법경찰제도의 문제점과 개선방안에 관한 연구", 경찰학논총 제7권 제1호(2012), 307-308면; 우지훈, 철도범죄분석과 철도공안업무 개선방안에 관한 연구, 석사학위논문, 고려대학교 행정대학원, 2008, 25-26면.

[표 1-28] 연혁[199]

1961.05	여객전무 · 차장에게 열차 현행범에 대한 사법권부여 ※ 특사경법에 의해 철도치안 업무 수행
1963.04	철도공안제도 설치(교통부 법무관실)
1966.06	교통부에서 철도청 분리(차장 직속 공안실 설치)
1968.07	열차내 및 역구내 현행범과 철도법에 규정된 범죄 직무범위 확대(특사경법 개정)
1979.10	공무원임용령 개정, 철도공안직렬 신설
1992.11	철도청 직제개정, 철도공안직급 상향조정(4급)
2004.12	철도안전법에 규정된 범죄와 그 소속 관할구역 및 열차안에서의 현행범으로 직무범위와 수사관할 확대(특사경법 개정)
2005.01	건설교통부 소속 이관/경찰청과 수사업무 한계협정 체결
2008.06	철도안전법에 규정된 범죄와 그 소속 관할구역 및 열차안에서의 범죄로 직무범위와 수사 관할 개정(특사경법 개정)
2009.12	'국토해양부와 그 소속기관 직제'개정(철도특별사법경찰대 기관명칭 변경)
2012.11	철도안전법시행령 개정(철도특별사법경찰대장에게 음주 · 약물 검사, 과태료 부과 · 징수 권한 위임)
2013.03	정부조직법 개정에 따른 국토교통부 소속기관 편제 개편
2013.11	공무원 임용령 개정(직렬명칭 변경, 철도공안직 → 철도경찰직)

특별사법경찰대 및 철도특별사법경찰대센터에 대한 지도 · 감독, 7. 철도특별사법경찰관의 대테러 예방업무에 관한 사항 등의 사무를 관장하도록 규정하고 있다. 또한 제42조 제1항은 철도경찰대장의 소관사무를 분장하기 위하여 철도경찰대장 소속으로 지방철도경찰대를 두도록 규정하고 있으며, 제5항은 철도경찰대장 및 지방철도경찰대장의 소관사무를 분장하기 위하여 철도경찰대장 및 지방철도경찰대장 소속으로 철도경찰대센터를 두도록 규정하고 있다. '국토교통부와 그 소속기관 직제'가 철도특별사법경찰대 설치의 조직법적 근거에 해당하는 규정이라고 한다면 철도경찰관[200]의 직무집행에 대한 작용법적 근거에 해당하는 규정은 '철도특별사법경찰 직무집행 규정'(국토교통부훈령)이다. 이 훈령 제4조는 철도경찰관의 직무범위를 규정

199) 철도특별사법경찰대 공식 홈페이지(https://police.molit.go.kr/USR/WPGE0201/m_14999/DTL.jsp) 및 김종용, 앞의 보고서, 10-12면 정리.

200) "철도경찰관"이란 「사법경찰관리의 직무를 수행할 자와 그 직무범위에 관한 법률」(이하 "「사법경찰직무법」"이라 한다) 및 「특별사법경찰관리 지명절차 등에 관한 지침」에 따라 특별사법경찰관(리)의 지명을 받은 자로써 국토교통부와 그 소속기관에서 철도경찰 사무에 종사하는 공무원을 말한다(철도특별사법경찰 직무집행 규정 제2조).

하고 있다.

철도특별사법경찰 직무집행 규정[2019. 11. 5., 일부개정]

제4조(직무범위) 철도경찰관은 다음 각 호의 직무를 수행한다.

1. 소속관서 관할구역인 철도시설 및 열차 안에서 발생하는 「철도안전법」에 규정된 범죄와 소속관서 역 구내 및 열차 안에서의 범죄에 대한 특별사법경찰관리의 직무
2. 「경범죄처벌법」 위반자 통고처분
3. 철도보안검색 및 테러 예방
4. 철도종사자 음주 또는 약물사용 확인 · 검사[201]
5. 철도종사자(도시철도 종사자를 포함한다) 준수사항 위반여부 조사 및 과태료 부과 · 징수
6. 철도시설 및 열차 내 질서위반행위자 단속 및 과태료 부과 · 징수
7. 가출인 발견 · 보호 및 보호자 인계 등
8. 특별동차 등 운행에 따른 경비

2) 조직 및 인력

철도경찰대는 소속기관으로 본대가 대전에 소재하고 있으며, 4개 지방철도경찰대(서울, 부산, 광주, 영주), 1반(서울지방철도경찰대 전동차특별수사반) 및 전국 주요 역에 26개 센터가 있다. 대전 본부에서는 대전, 천안, 오송, 서대전, 구미센터를 담당하며, 서울지방대에서는 서울, 용산, 영등포, 수원, 청량리, 광명, 부평, 남춘천, 수서센터를 담당하고 있다. 부산지방대에서는 부산, 동대구, 신경주, 구포센터와 광주지방은 익산, 광주송정, 목포, 순천센터, 그리고 영주지방대는 제천, 안동, 동해센터를 담당하고 있다.[202]

---

201) 철도종사자의 음주 또는 약물사용 확인 · 검사의 세부절차와 방법 등에 필요한 사항은 '철도종사자 음주 또는 약물사용 확인 · 검사 등에 관한 규정'(국토부훈령)이 규율하고 있다.

202) 박지현, 철도의 안전성 확보를 위한 철도특별사법경찰의 제도적 개선 방안 연구- 관할권 제도를 중심으로-, 석사학위논문, 서울과학기술대학교 철도전문대학원, 2019, 16면.

[그림 1-10] 철도특별사법경찰대 조직 현황[203)]

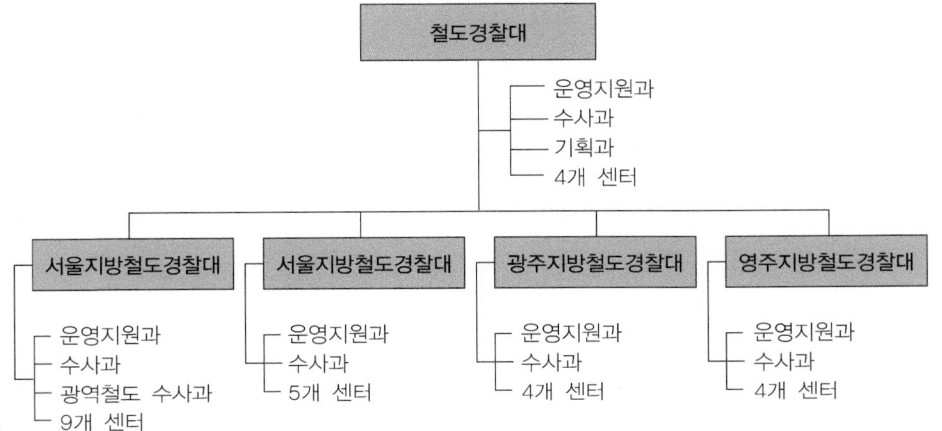

철도경찰관의 현황을 보면, 2017년 철도경찰대의 정원은 428명이지만, 업무에 투입되어 운영되고 있는 인원은 405명이다.[204)] 2020. 8. 31. 현재 484명의 정원을 두고 있다.[205)]

[표 1-29] 철도경찰관 현황[206)]

(단위: 명)

연도	2013	2014	2015	2016	2017
정원	421	426	426	422	428

철도경찰대와 별도로 서울, 부산, 대구, 광주, 인천 등 지하철이 운행되는 광역시와 서울의 지하철이 연결되는 경기도 지역을 관할하는 시도경찰청 산하에 지하철경찰대가 설치되어 지하철의 치안업무를 담당하고 있으며,[207)] 지하철경찰대가 설치된

203) 국회 법제사법위원회, 사법경찰관리의 직무를 수행할 자와 그 직무범위에 고나한 법률 일부개정법률안(조응천의원 대표발의, 의안번호: 2102110) 검토보고, 2020. 9. 7면.

204) 박지현, 앞의 글, 13면.

205) 국회 법제사법위원회, 사법경찰관리의 직무를 수행할 자와 그 직무범위에 고나한 법률 일부개정법률안(조응천의원 대표발의, 의안번호: 2102110) 검토보고, 2020. 9. 6면.

206) 박지현, 앞의 글, 14면.

207) 지하철경찰대의 운영실태에 대하여는, 김종오 · 유영현, “지하철 경찰대의 운영실태와 역할제고

지하철에는 철도경찰대가 설치되어 있지 않다.[208] 2021.8.31. 기준 지하철경찰대는 서울, 부산, 대구, 인천, 경기남부, 경기북부, 광주(출장소), 대전(출장소)에 설치되어 있으며, 총 233명의 경찰관이 근무하고 있다.

[표 1-30] 지하철경찰대 현황[209] (2021. 8. 31. 기준)

구 분	계	서울	부산	대구	인천	경기남부	경기북부	광주	대전
현원	233	182	13	8	9	12	7	1	1

서울경찰청 소속 지하철경찰대는 서울메트로와 도시철도를 담당하고 경기남부경찰청과 경기북부경찰청 소속 지하철경찰대는 지하철 4호선 정부청사역, 분당선 서현역, 경부선 수원역의 치안업무를 각각 담당하고 있다.[210] 2021.10.1. 기준 경기남부경찰청 지하철경찰대의 정원 12명이며 경감 1명, 경위 1명 경사 이하 10명으로 구성되어 있다.[211] 지하철경찰대는 지하철 역과 인근에서 벌어지는 범죄를 검거하고

[그림 1-11] 서울경찰청 지하철경찰대 조직도[212]

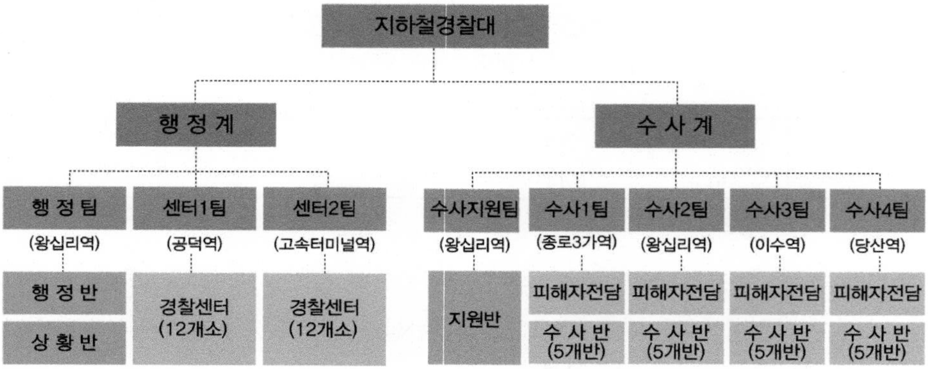

지하철경찰대
행 정 계
수 사 계
행 정 팀 (왕십리역)
센터1팀 (공덕역)
센터2팀 (고속터미널역)
수사지원팀 (왕십리역)
수사1팀 (종로3가역)
수사2팀 (왕십리역)
수사3팀 (이수역)
수사4팀 (당산역)
행 정 반
상 황 반
경찰센터 (12개소)
경찰센터 (12개소)
지원반
피해자전담
수 사 반 (5개반)
피해자전담
수 사 반 (5개반)
피해자전담
수 사 반 (5개반)
피해자전담
수 사 반 (5개반)

방안", 한국자치행정학보 제26권 제3호(2012), 481-485면 참조.

208) 조병인 외, 철도치안 효율화 방안 연구, 국토해양부연구용역보고서, 한국형사정책연구원, 2011, 87면.

209) 경찰청 정보공개 사이트.

210) 조병인 외, 앞의 보고서, 87면.

211) 경기남부경찰청 정보공개자료실(2021.10.14.)

212) 서울경찰청 지하철경찰대 공식 홈페이지(https://www.smpa.go.kr/user/nd49025.do)

예방하는 활동이 주 임무이며, 특히 최근 사회적으로 문제가 되는 불법촬영, 추행 등 성폭력 범죄에 대한 집중 검거활동을 벌이고 있다.213)

3) 철도특별사법경찰관리의 직무범위

특사경법 제5조 제11호는 국토교통부와 그 소속 기관에 근무하며 철도경찰 사무에 종사하는 4급부터 9급까지의 국가공무원에 대하여 그 소속 관서의 장의 제청에 의하여 그 근무지를 관할하는 지방검찰청검사장이 사법경찰관리로 지명하도록 규정하고 있으며, 같은 법 제6조 제9호는 소속 관서 관할 구역인 철도시설 및 열차 안에서 발생하는 「철도안전법」에 규정된 범죄와 그 소속 관서 역 구내 및 열차 안에서의 범죄를 직무범위로 설정하고 있다.

1961년 5월 5일 개정된 특사경법은 최초로 열차에 승무하여 여객 또는 화물에 관한 사무에 종사하는 4급, 5급의 공무원에게 열차내에서의 현행범에 대한 수사권한을 부여하였다. 2008년 6월 13일 특사경법의 개정 이전에는 철도공안이 철도구역인 철도시설 및 열차 안에서 발생하는 범죄로서 「철도안전법」에 규정된 범죄와 그 소속 관서역구내 및 열차안에서의 현행범에 한하여 수사권을 행사할 수 있었으며, 법 개정으로 비현행범에 대하여도 수사권을 보유하게 되었다. 이에 따라 「철도안전법」에 규정된 범죄 이외에 일반 형사범에 대하여 비현행범죄를 발견한 경우 종전 경찰에 인계하였던 것을 장차 자체적으로 인지하여 수사할 수 있게 되었다.214)

그런데 철도안전법 제48조의2 제1항은 국토교통부장관이 철도차량의 안전운행 및 철도시설의 보호를 위하여 필요한 경우에는 철도특별사법경찰관리로 하여금 여객열차에 승차하는 사람의 신체·휴대물품 및 수하물에 대한 보안검색을 실시하게 할 수 있도록 규정하고 있다. 아울러 같은 조 제5항은 제1항에 따른 보안검색의 실

---

213) 경기남부경찰청장, 지하철경찰대 방문"불법촬영 범죄 엄정 대응", 뉴스데일리(2020.08.31) 기사.

214) 국토해양부장관과 경찰청장 사이에 작성되어 2009년 9월 1일 시행된 '수사업무 협조사항'에서는 살인, 방화, 변사 등 중요사건에 대하여는 철도경찰이 위 사건의 발생 즉시 협조 요청하여 경찰청이 이를 인지하거나, 경찰청이 수사 결과 인지한 경우 경찰청에서 처리하도록 규정(제2조)하고 있었다. 그러나 2015년 7월 10일 국토교통부와 경찰청 간 체결된 '수사업무 공조협정'은 이러한 내용이 삭제되었으며 중요강력사건 등에 대한 합동수사본부의 설치와 지명수배자 발견의 경우 즉시통보와 피의자의 유치장 입감, 과학수사시설의 사용 등의 내용이 포함되었다. 따라서 종전과 달리 살인사건 또는 변사사건의 경우에도 국토교통부가 협조를 요청한 경우에 한하여 경찰청이 해당사건을 인수하여 수사할 수 있게 되었다. 이에 대하여는 각각 조병인 외, 앞의 보고서, 101면 및 국토교통부 보도자료(2015.7.9.) 참조.

시방법과 절차 및 보안검색장비 종류 등 필요한 사항에 대하여는 국토교통부령으로 정하도록 규정하고 있다. 이처럼 철도특별사법경찰관리의 임무는 범죄수사에 한정된 것이 아니라 일종의 위험방지 및 질서유지와 관련한 행정경찰의 임무까지도 수행하고 있음을 알 수 있다. 더 나아가 철도특별사법경찰관리는 소란행위, 불안감 조성 등의 (기초)질서위반 사건의 단속과 함께 범칙금[215] 및 과태료 부과・징수의 임무도 수행하고 있다.

경범죄처벌법

제7조(통고처분) ① 경찰서장, 해양경찰서장, 제주특별자치도지사 또는 철도특별사법경찰대장은 범칙자로 인정되는 사람에 대하여 그 이유를 명백히 나타낸 서면으로 범칙금을 부과하고 이를 납부할 것을 통고할 수 있다.

철도경찰관의 직무수행상 필요한 장비(직무장비)의 사용에 관하여 종전 '철도특별사법경찰 직무집행 규정'(국토교통부훈령) 제5조 제1항은 철도경찰관이 직무수행을 위하여 가스분사기, 가스발사총, 전자충격기, 경비봉, 수갑, 포승 등의 이른바 위해성 장비를 사용할 수 있도록 규정하였다. 이 규정은 국가경찰공무원의 장비사용에 관한 경찰관직무집행법 제10조의 규정과 유사하다. 다만 이 규정은 국토교통부 훈령에 불과하여 국민의 권리를 제한하는 경찰행위에 대한 법적 근거로 보기 어려우므로 철도 현장에서 발생하는 범죄에 대한 대응에 한계가 있으므로, 수갑 등 직무장비에 대한 휴대・사용의 법적 근거를 마련하자는 입법안[216]이 발의되어 2018년 6월 12일 '철도안전법'에 신설되었다. 철도차량의 안전운행 및 철도시설의 보호의 필요성과 범죄자에 대한 효과적인 제압을 위해서 최강도의 무기사용을 제외하고 최소한의 물리력 행사에 대한 법적 근거를 마련하는 것은 타당한 것으로 평가된다.

215) 2012.2.28. '경범죄처벌법'이 개정됨에 따라 열차내 음주소란 등 기초질서 위반사건에 대하여 2013년부터 일반경찰에 인계하지 않고 철도경찰이 직접 범칙금을 부과할 수 있게 되었다. 국토해양부 보도자료(2012.3.9.)

216) 국회 국토교통위원회, 철도안전법 일부개정법률안(박찬우의원 대표발의, 의안번호: 2008903) 검토보고, 2017. 11. 1면.

철도안전법

제48조의5(직무장비의 휴대 및 사용 등) ① 철도특별사법경찰관리는 이 법 및 「사법경찰관리의 직무를 수행할 자와 그 직무범위에 관한 법률」 제6조제9호에 따른 직무를 수행하기 위하여 필요하다고 인정되는 상당한 이유가 있을 때에는 합리적으로 판단하여 필요한 한도에서 직무장비를 사용할 수 있다.

② 제1항에서의 "직무장비"란 철도특별사법경찰관리가 휴대하여 범인검거와 피의자 호송 등의 직무수행에 사용하는 수갑, 포승, 가스분사기, 전자충격기, 경비봉을 말한다.

③ 철도특별사법경찰관리가 제1항에 따라 직무수행 중 직무장비를 사용할 때 사람의 생명이나 신체에 위해를 끼칠 수 있는 직무장비(전자충격기 및 가스분사기를 말한다)를 사용하는 경우에는 사전에 필요한 안전교육과 안전검사를 받은 후 사용하여야 한다. 〈개정 2020. 6. 9.〉

철도특별사법경찰관리가 범죄수사를 함에 있어 적법절차 준수원칙을 명시하여 수사의 효율성을 높이고 인권침해를 방지함을 목적으로 제정된 [철도특별사법경찰관 범죄수사규칙](국토교통부훈령 제1384호 2021.4.29. 일부개정)은 구체적인 수사절차에 관하여 규정하고 있으며, 특히 제3조 제3항은 철도특별사법경찰관리가 직무범위 안에서 수사하거나 그 수사를 보조하는 때에는 검사의 지휘를 받도록 규정하고 있다. 이와 함께 철도특별사법경찰관리의 직무수행에 필요한 사항을 규정하기 위하여 제정된 '철도특별사법경찰관 직무집행 규정'(국토교통부훈령 제1408호. 2021.7.2. 일부개정)은 철도경찰관이 범죄수사에 착수 할 때에 종전 「철도특별사법경찰관 범죄수사규칙」을 따르도록 규정하였던 것을 「특별사법경찰관리에 대한 검사의 수사지휘 및 특별사법경찰관리의 수사준칙에 관한 규칙」(법무부령) 및 「철도특별사법경찰관 범죄수사규칙」을 따르도록 변경하였다.

4) 운용실적

철도치안 교란행위는 형사범(철도안전법 위반 포함)과 행정사범으로 분류되며, 형사범은 주로 강도, 절도, 폭력, 사기, 공갈, 공무집행방해, 성폭력범죄와 특별법인 철도안전법 위반이 관련되며, 행정사범은 주로 인근소란, 금연장소 흡연, 음주소란, 불안감 조성, 무단출입, 오물방치, 무임승차, 구걸행위, 선로보행, 노상방뇨 등이 주로 관련된다.[217] 철도경찰대의 운용실적을 살펴보면, 형사범죄에 대하여는 최근 5년간

9,655건의 범죄사실 중 8,895건을 검거하였으며(검거율 96%), 행정범에 대하여는 최근 5년간 124,131건의 단속 실적을 보였다.

[표 1-31] 최근 5년간 철도경찰대의 형사범 검거 현황[218]

(단위: 건)

구분 / 연도	범죄유형						처리결과	
	계	절도	폭력	성폭력	철도안전법 위반*	기타**	검거(건)	검거율 (%)
계	9,655	1,599	1,310	3,612	708	2,426	8,895	96
2015	1,491	288	228	413	126	436	1,410	95
2016	1,661	319	214	566	105	457	1,619	97
2017	1,951	301	218	785	140	507	1,893	97
2018	2,093	327	261	912	147	446	2,028	97
2019	2,459	364	389	936	190	580	2,312	94

* 철도안전법 위반: 종사자 직무집행방해, 여객열차내 금지행위, 열차투석, 음주 등
** 기타: 손괴, 공무방해, 횡령, 사기 등(출처: 국토교통부 철도안전정책과)
출처: 국토교통부

[표 1-32] 최근 5년간 철도경찰대의 행정범 단속 현황[219]

(단위: 건)

구분 / 연도	계	소란행위	불안감 조성	무단출입	무허가 물품판매	흡연	기타
계	124,131	57,011	9,720	4,459	10,509	1,606	40,826
2015	31,949	10,911	2,317	1,809	2,609	126	14,177
2016	29,804	12,028	1,878	1,097	2,758	102	11,941
2017	21,905	12,165	2,140	368	1,422	116	5,694
2018	20,387	11,968	1,902	328	1,612	187	4,390
2019	20,086	9,939	1,483	857	2,108	1,075	4,624

* 기타: 철도종사자 준수사항 위반, 열차승강장 비상정지 버튼 작동, 쓰레기 투기 등
출처: 국토교통부

217) 조병인 외, 앞의 보고서, 2-3면.
218) 국회 법제사법위원회, 사법경찰관리의 직무를 수행할 자와 그 직무범위에 고나한 법률 일부개정 법률안(조응천의원 대표발의, 의안번호: 2102110) 검토보고, 2020. 9. 8면.
219) 같은 검토보고서, 8면.

5) 평가와 전망

① 직무범위의 축소 필요성

철도특별사법경찰대는 철도시설 및 열차 안에서의 보안검색, 질서유지, 범죄예방 및 범죄수사를 담당하는 실질적인 보안경찰로서의 역할을 수행하고 있다. 철도노선이 다양하고 노선거리가 길다는 점에서 국토교통부소속 일반 공무원에 대하여 특별사법경찰권을 부여하는 것은 일정부분 그 필요성이 인정된다. 다만, 2008년 철도경찰의 직무범위 확대로 철도안전법 위반 사범에 대한 단속과 수사에 그치지 않고 역구내 및 열차안에서 발생한 일반 형사범에 대하여 현행범죄가 아닌 경우까지 수사권을 확대한 것은 정당성이 약하다고 할 수 있다. 철도경찰의 인력규모나 전문성, 제반 수사시스템의 미비 등을 고려할 때 비현행범에 대하여는 범죄를 인지 또는 적발한 경우에 일반 경찰에 인계하는 것이 타당할 것이다. 더 나아가 현행범에 대하여도 체포 및 초동적인 수사에 그치지 않고 송치까지 하도록 하는 것에 대하여도 재검토가 필요하다.[220] 체포 후 현장에서의 압수·수색 등의 처분을 통하여 증거가 확보된 경우에는 범죄발생지 또는 범인의 소재지를 관할하는 일반 경찰에 인계하여 수사를 진행하도록 하는 것이 타당하다.

다음으로 특별사법경찰권을 보유한 다른 행정기관의 경우와 마찬가지로 과태료 부과의 대상이 되는 철도안전법 위반 사항에 대한 단속과 범죄수사의 기능이 특별한 영역 구분 없이 철도경찰관에게 통합적으로 부여되어 있다는 문제점이 있다. 철도경찰관이 질서유지 및 위험방지 차원에서의 단속권한과 수사권한을 동시에 보유하는 것은 법적 성질의 혼재와 권한남용의 문제가 있다. 더욱이 철도특별사법경찰이라는 이름에 걸맞지 않게 행정경찰 중심으로 치안활동이 전개되고 있다는 문제점이 지적된다.[221] 따라서 철도경찰을 존치시키는 경우에도 조직적으로 두 기능을 분리하여 운용하는 방안이 마련되어야 할 것이다.

② 경찰청과의 협력체계 구축 필요

한국철도공사가 운영하는 철도와 대도시 중심으로 운영되는 지하철에서의 사법경찰권의 보유주체가 다르다는 점에서 관련 기관의 역할조정과 협력체계가 구축될 필

220) 일본은 국유철도가 민영화되면서 철도경찰의 신분이 특별사법경찰에서 일반사법경찰로 전환되었다. 전대양·김종오, 앞의 글, 312면.

221) 같은 글, 319면.

요가 있으며, 더욱이 수사권 행사에 있어서 공백이 생기지 않도록 할 필요가 있다. 특히 서울지하철의 경우 서울경찰청 소속으로 지하철경찰대가 운영되고 있으나 증가하는 절도·성범죄 등에 대처하는데 역부족이라는 평가와 함께 서울메트로 및 도시철도공사 등이 도시철도 시설 및 차량 내부에서의 범죄예방 및 치안유지를 위해 2011년부터 채용, 운용하고 있는 지하철 보안관에게 특별사법경찰권을 부여하자는 주장[222]이 제기되었으며 20대 국회에 관련 법률안이 제출된 바가 있다.[223] 비슷한 취지로 다른 도시의 경우에도 도시철도 임직원들에게 제한적인 사법권을 부여해달라는 요구가 제기되고 있다.[224] 이러한 상황에서 근원적으로는 공기업인 한국철도공사가 관리, 운영하는 철도시설 및 열차 안에서 국가공무원인 철도경찰관이 보안검색 및 치안을 담당하고 있는 것은 다른 공기업들과의 형평성 문제와 비용부담의 문제가 있다.[225]

추가적으로 철도경찰의 「철도안전법」 제41조 제1항 위반행위(주취업무 범죄)에 대한 "확인·검사권한"은 국유철도, 도시철도를 불문하고 인정됨에도 불구하고 특사경법 제6조 제9호가 철도시설 및 열차 안에서 발생하는 철도안전법 위반 범죄에 대한 수사권한만을 규정하면서 도시철도시설 및 열차 안에서 발생하는 철도안전법 위반범죄에 대한 수사권한을 규정하지 않고 있다.[226] 이로 인하여 도시철도시설 및 열차 내에서 주취업무 범죄가 발생한 경우에는 철도경찰이 확인·검사 이후 일반사

---

222) 김동수, 사법경찰관리의 직무를 수행할 자와 그 직무범위에 관한 법률 개정건의안(의안번호: 625) 심사보고서, 서울특별시의회 교통위원회, 2015, 5-6면; 이은주·유영재, "특별사법경찰제도의 활성화 방안에 관한 연구-지하철 보안관을 중점으로-", 한국경찰연구 제14권 제4호(2015), 461-482면.

223) 사법경찰관리의 직무를 수행할 자와 그 직무범위에 관한 법률 일부개정법률안(의안번호: 2006378)의 제안이유와 주요내용을 보면 다음과 같다. "최근 증가하고 있는 지하철 내 성범죄 및 경범죄 등의 단속·예방을 위해 도시철도운영기관에서는 자체적으로 지하철보안관제도 등을 운영하며 관련 범죄를 근절·예방하는 데 노력하고 있음. 그러나 관련 범죄를 단속하는 지하철보안관 등에게 실질적인 사법경찰권은 주어져 있지 않아, 이들이 지하철에서 범죄 행위를 적발한다 하더라도 경찰에 신고하는 수준의 단속만 가능하기 때문에 범죄를 효과적으로 단속하는 데 현실적인 어려움이 있음. 이에 지하철보안관 등 도시철도운영기관의 임직원에게 지하철 내에서 빈번히 발생하고 있는 범죄의 단속과 관련된 사법경찰권을 부여함으로써, 시민 다수가 이용하는 지하철에서 범죄행위를 보다 효과적으로 근절·예방할 수 있도록 하려는 것임(안 제7조의4 신설)."

224) "도시철도 직원도 현행범 직접 잡게 하자" 부산일보 인터넷 기사(2011.11.07.).

225) 전대양·김종오, 앞의 글, 317-320면.

226) 국회 법제사법위원회, 사법경찰관리의 직무를 수행할 자와 그 직무범위에 고나한 법률 일부개정법률안(조응천의원 대표발의, 의안번호: 2102110) 검토보고, 2020. 9. 9-11면.

법경찰관에게 인계를 하는 문제가 발생하여 주취업무 범죄에 대하여도 철도경찰에게 수사권을 부여하자는 입법안이 발의되어 있다. 한국철도공사 소속 직원에게 최소한의 범죄적발권을 부여하여 일반경찰에게 인계하도록 하고, 경찰청 소속으로 철도경찰대를 조직하여 지하철경찰대와 통합하여 철도치안을 담당하도록 하는 것을 고려하여야 하겠다.[227)]

2015년 7월 10일 철도시설 및 열차 안에서 발생하는 중요철도사고, 살인, 방화, 사건 등을 효율적으로 수사하기 위하여 경찰청과 수사업무 공조협정을 체결하였다.[228)] 중요 강력사건 등에 대하여 합동수사본부를 설치하여 수사관을 지원하고 수사를 분담하고, 지명수배자 발견이나 수사관할이 다른 피의자 체포 할 경우 즉시 통보하고 철도특별사법경찰이 체포한 피의자의 유치장 입감과 과학수사시설의 사용하는 내용을 포함하고 있다.[229)]

국토부와 경찰청간 수사업무 공조협정 전문(2015. 7. 10.)

국토교통부(철도특별사법경찰대)와 경찰청(철도인접경찰관서)은 철도시설 및 열차 안에서 발생하는 범죄와 철도사고를 효율적으로 수사하기 위하여 아래와 같이 협정한다.

제1조(정의) 이 협정에서 사용하는 용어의 뜻은 다음과 같다.

1. "역 구내"란 대합실, 정거장(승강장 · 조차장 · 신호장을 포함), 신호소 및 최외방장내 신호기(정거장 경계표) 사이의 담장 또는 경계선 안을 말한다.
2. "중요 강력사건"이란 살인 · 강도 · 강간 · 약취유인 및 방화 등의 사건을 말한다.
3. "중요 철도사고"란 「철도안전법」 시행령 제57조 제3호에 따라 철도차량이나 열차의 운행과 관련하여 3명 이상 사상자가 발생한 철도사고를 말한다.

제2조(수사의 분담) ① 국토교통부는 「사법경찰관리의 직무를 수행할 자와 그 직무범위에 관한 법률」 제6조에 따라 「철도안전법」에 규정된 범죄와 역구내 및 열차 안에서 발생

227) 형사범 처리보다는 행정범의 단속에 집중되어 있다는 지적으로는, 전대양 · 김종오, 앞의 글, 318면.

228) 2008년 철도경찰의 직무범위 확대 이전 2005년 2월 3일 시행된 '건설교통부와 경찰청과의 수사업무 한계협정'은 "1. 철도시설 및 열차안에서 발생하는 철도안전법에 규정된 범죄와 역구내 및 열차안에서 발생한 현행범 처리 일체를 건설교통부에서 책임 처리하고 그 외의 범죄는 경찰청에서 처리한다. 2. 역구내 및 열차안에서 발생한 현행범중 살인 · 화재 · 변사 등 중요사건에 대하여 건설교통부로부터 협조의뢰가 있을 때에는 경찰청에서 처리한다."고 규정하였다.

229) 국토교통부 공식 홈페이지 뉴스 · 소식 보도자료(2015.7.16), (http://www.molit.go.kr/USR/NEWS/m_71/dtl.jsp?lcmspage=10&id=95075933)

한 범죄를 담당한다.

② 제1항의 범죄 중 중요 강력사건, 중요 철도사고 및 변사사건에 대하여 국토교통부가 협조를 요청하는 때에는 경찰청에서 해당 사건을 인수하여 수사할 수 있다. 이 때 경찰청은 사건의 중요성, 수사의 난이도 및 효율성 등을 종합적으로 고려하여 국토교통부에서 수사하기 곤란하다고 인정되는 경우에 한하여 사건을 인수한다.

③ 경찰청이은 제2항에 따라 국토교통부의 사건을 인수하여 수사하는 경우에는 국토교통부에 철도특별사법경찰의 파견을 요청할 수 있으며 국토교통부는 적극적으로 협력하여야 한다.

④ 경찰청이 제1항의 범죄를 국토교통부보다 먼저 인지한 때에는 지체 없이 국토교통부에 통보하고 사건을 인계하여야 한다. 다만 수사할 사항이 간단하거나 이미 현행범 체포가 이루어진 경우 등 사건을 인계하는 것이 비효율적이라고 판단되는 경우에는 사건의 통보 또는 인계 없이 경찰청에서 계속 수사할 수 있다.

⑤ 제2항과 제3항에 있어 어느 기관이 수사를 담당해야 하는지에 대하여 이견이 있는 경우에는 해당 사건을 관할하는 소속관서의 장들이 상호 협의를 통해 조정한다.

제3조(합동수사본부) ① 국토교통부와 경찰청은 사건의 성질 상 공조수사가 필요할 때에는 합동수사본부를 설치 · 운영할 수 있으며, 특별한 사유가 없는 한 상대 기관의 요청에 응하여야 한다.

② 합동수사본부의 조직 · 설치장소 · 인원구성 · 수사분담 등에 관하여 상호 협의하여 정한다.

제4조(초동조치) 국토교통부는 제2조 제2항에 규정된 사건이 발생하여 경찰청에 협조를 요청하는 경우, 신속하게 경찰청에 관련 내용을 통보하고 사건현장의 보존조치를 하는 등 수사에 최대한 협조하여야 한다.

제5조(수배의 협조) ① 국토교통부에서 협조를 의뢰한 경우, 국토교통부가 처리하여야 할 사건의 피의자는 경찰청에서 수배할 수 있다.

② 국토교통부는 경찰청의 요청이 있는 경우 역 구내 및 열차 안에서의 경찰수배자에 대한 신원 확인을 할 수 있으며, 수배자 발견 시 요청 경찰관서에의 통보하여야 한다.

제6조(즉결심판) 국토교통부는 즉결심판 청구요건에 해당하는 사건은 관련 서류 등을 구비하여 관할 경찰서장에게 인계하여야 한다.

제7조(피의자 입감 의뢰) ① 국토교통부는 소속 철도특별사법경찰대 관할 경찰서에 피의자의 입감을 의뢰할 수 있다. 이 때 관할 경찰서에 유치장이 없는 경우에는 해당지역 담당 통합 유치장을 운영하는 경찰서에 의뢰한다.

② 제1항에 의해 피의자를 호송하는 철도특별사법경찰은 피의자 인적사항의 확인 등 입감 업무에 협조하여야 한다.

③ 경찰청은 제1항의 피의자 입감과 관련하여 다수의 피의자를 입감의뢰 받은 경우 국토교통부에 피의자 감시인력 등 필요한 사항을 요청할 수 있으며, 이 경우 국토교통

부는 적극 협력한다.

제8조(상호통보) 국토교통부와 경찰청은 각각 상대 기관이 수사하여야 할 범죄를 인지하거나 피의자를 체포한 때에는 그 사실을 상대 기관에 통보할 수 있다. 통보를 할 경우에는 가급적 신속하게 하여야 한다.

제9조(사건인계 방법 및 처리결과 통보) ① 사건 또는 피의자를 인계할 때에는 사건 또는 피의자 인계서 2통을 작성하여 정본은 인수기관에 교부하고 부본은 인수기관의 서명날인을 받아 보관한다.

② 제1항에 따라 사건을 인수한 수사기관은 해당사건의 수사를 종결함에 있어 인계기관의 요청이 있을 경우 그 처리결과를 통보할 수 있다.

제10조(수사의 지원) 국토교통부와 경찰청은 범죄의 수사를 위해 필요한 경우 상대기관에 조사시설 및 사무공간 등의 제공을 요청할 수 있으며, 요청을 받은 기관은 적극적으로 협조하여야 한다.

제11조(기타 업무협조) 경찰청과 국토교통부는 위에서 정한 사항 이외에도 범죄의 수사를 위해 상호 적극적으로 협조하여야 한다.

제12조(교육 및 표창) ① 국토교통부와 경찰청은 상호 교육기관에 소속 경찰 및 철도특별사법경찰을 위탁하여 교육하거나 교육강사를 지원하는 등 교육 및 수사기법의 연구·개발에 상호 협력하여야 한다.

② 국토교통부와 경찰청은 매년 상대기관의 업무유공자에 대하여 표창을 수여할 수 있다.

제13조(기타) ① 양 기관은 필요한 경우에는 상호 협의하여 본 「국토교통부와 경찰청 간 수사업무 공조협정」을 개정할 수 있다.

② 이 협정은 체결일로부터 3년간 유효하며, 협정 종료일 이전에 양 기관 사이에 특별한 이의가 없으면 유효기간을 3년씩 자동 연장한다.

마. 공정거래위원회

1) 개 요

① 연 혁[230]

'독점규제 및 공정거래에 관한 법률'(이하 '공정거래법'이라 한다)이 1981년 4월 1일 시행되고, 1981년 4월 3일 경제기획원(현 기획재정부) 산하에 공정거래실이 신설된 후 1981년 5월 7일 공정거래위원회라는 독립기구가 최초로 창설되었다. 1989년 전국 10개 대형백화점들이 세일가격을 속인 소위 사기세일사건을 계기로 공정거래기

230) 이하의 내용은 공정거래위원회, 공정거래위원회 40년사, 2021, 2-5면을 정리한 것임을 밝힌다.

구가 전면 개편되었으며, 아울러 법 운영의 실효성을 확보하기 위한 공정거래기능 강화와 공정거래운영기구의 독립성과 전문성을 확충하였다. 법 개정에 따라 공정거래업무를 전담하는 합의제 독립행정기관인 공정거래위원회 조직이 새롭게 출범하여 종래 경제기획원장관이 수행하던 공정거래법 운영을 공정거래위원회가 독립적으로 관장・수행하게 되었고, 공정거래제도 운영에 관한 모든 권한을 지니게 되었다.

1994년에는 국무총리실 소속의 중앙행정기관인 독립부처로서의 위상을 갖추게 되었으며 공정거래위원회 정원은 343명으로 늘어났다. 1996년에는 공정거래위원회 위원장 직급이 차관급에서 장관급으로 격상되고 소비자보호국과 하도급국이 신설되는 등 위원회의 조직과 기능이 대폭 보강되었다. 참여정부가 들어서면서 조직, 인력의 보강이 이루어졌으며 정부가 발표한 '대규모기업집단시책 개편 방안'(2006.11.15)에 따라 기존의 사전적・획일적 규제가 사후적・개별적 규제로 전환되고, 대규모기업집단 관련 시장의 정교한 분석 및 각종 업무의 통합 추진 필요성이 증가함에 따라 조직의 보강이 이루어졌다. 2008년도 새 정부의 '정부 기능과 조직개편'(2008.1.16) 방안에 따라 정부조직법이 2008년 2월 29일자로 개정되어 소비자정책기능이 기획재정부로부터 공정거래위원회로 일원화되었다. 이에 따라 3개 법률(소비자기본법・소비자생활협동조합법・제조물책임법)이 이관되어 공정거래위원회의 소관법률은 총 12개 법률로 늘어나게 되었다.

2011년에는 할부거래에 관한 법률(이하 '할부거래법'이라 한다)이 전면 개정됨에 따라 상조업 등 선불식 할부거래 제도의 운영에 필요한 인력을 증원하고 하도급법 강화 및 동반성장 추진을 위한 기구신설 및 인력증원이 이루어졌다. 2013년에는 '대규모유통업법' 제정에 따라 대규모유통업 분야 업무를 전문적으로 수행하기 위한 유통거래과 신설 및 인력증원이 이루어졌고, 박근혜 정부 국정과제 중 하나인 입찰담합에 대한 감시 및 제재 강화를 위해 입찰담합조사과 신설 및 인력증원이 이루어졌다. 2016년에는 지식재산권 남용행위에 대한 경쟁당국의 체계적 감시와 적기대응이 중요해짐에 따라 전담부서인 지식산업감시과 신설 및 인력증원이 이루어졌다.

문재인 정부 출범 이후, 2017년에는 대기업집단의 소유지배구조와 경영의 투명성을 제고하기 위해 주식소유현황, 특수관계인과의 거래현황 등 공시를 강화하고 대기업집단 불공정거래행위에 대한 집행력 강화 필요성에 따라 기업집단국을 신설하였다. 또한 급변하는 기업업무환경 하에서 종이문서를 대상으로 했던 과거의 증거수집

방식으로는 법위반행위 적발이 점차 어려워짐에 따라 전자적 증거에 관한 조사・분석 기능을 강화하기 위해 디지털조사분석과를 신설하였다. 2018년에는 유통 분야의 불공정거래행위로부터 소상공인을 두텁게 보호하기 위하여 기업거래정책국에서 가맹・유통 분야 업무를 분리하여 유통정책관을 신설하였다. 또한 대리점 분야의 불공정거래행위에 대한 감시・제재를 전담할 대리점거래과 대기업들의 기술탈취를 감시하고 방지하기 위하여 기술유용감시팀을 신설하였다. 2019년 3월에는 본부에 가맹거래조사팀, 2020년 9월에는 서울지방공정거래사무소에 가맹유통팀을 신설하여 가맹사업거래 분야 불공정거래행위를 집중감시하고 가맹, 유통, 대리점 분야의 신고에 대해 적극 대응할 수 있는 기반을 조성하였다.

[표 1-33] 공정거래위원회 연혁[231]

연도	내용
1981.04.03	경제기획원장관 소속하에 공정거래위원회 설치 (공정거래실 신설: 1심의관 2심사관 5개과, 정원 75명)
1990.04.07	경제기획원에서 공정거래위원회를 분리하여 공정거래업무 이관 (사무처 신설: 3국 1관 12개과, 3개 지방사무소, 정원 221명)
1994.12.23	경제기획원에서 국무총리 산하의 중앙행정기관으로 독립 (위원장・부위원장→차관급 , 5국 1관 21개과 2담당관 4개 지방사무소, 정원 343명)
1996.03.08	위원장이 차관급에서 장관 급으로 격상 (소비자보호국・하도급국 신설, 조사1・2국 → 조사국, 정원 385명)
1997.08.12	기획관리관 및 심판관리관 신설 (6국 3관 23개과 4담당관, 4개지방사무소, 정원 422명)
1999.05.24	방문판매 및 할부거래 관련 소비자보호 기능을 산업자원부에서 이관
2005.12.19	사무처 조직을 [본부-팀제]로 개편 (4본부 2관 2단 33팀 1담당관 1실, 5개 지방사무소, 정원 484명)
2007.08.07	시장분석본부 신설 (5본부 2관 2단 36팀 1담당관 1실, 5개 지방사무소, 정원 504명)
2008.02.29	정부조직개편에 따라 재경부로부터 소비자정책기능의 이관 및 [대국-대과체제]로 개편 (5국 3관 1대변인, 25과 11담당관(2팀), 5개 지방사무소, 정원 493명)
2011.09.15	하도급법 강화 및 동반성장 추진을 위한 기구신설 및 인력증원 (5국 3관 1대변인, 22과 11담당관 1팀(총 34개과・팀), 5개 지방사무소, 정원 514명)

231) 공정거래위원회 홈페이지 참조 수정함. 출처: https://ftc.go.kr/www/contents.do?key=416.

2011.09.15	하도급법 강화 및 동반성장 추진을 위한 기구신설 및 인력증원 (5국 3관 1대변인, 22과 11담당관 1팀(총 34개과·팀), 5개 지방사무소, 정원 514명)
2013.03.23	대규모유통업법 제정에 따라 유통거래과 신설 및 인력증원 (5국 3관 1대변인, 23과 11담당관 1팀(총 35개과·팀), 5개 지방사무소, 정원 523명)
2013.09.17	입찰담합에 대한 감시 및 제재 강화를 위하여 기구 신설 및 인력 증원 (5국 3관 1대변인, 25과 11담당관(총 36개과), 5개 지방사무소, 정원 530명)
2016.12.13	지식산업 분야 공정거래법 집행 강화를 위해 지식산업감시과 신설 및 인력증원 (5국 3관 1대변인 26과 11담당관(37개과), 5개 지방사무소, 정원 536명)
2017.09.21	대기업의 부당내부거래 등 불공정거래행위 방지 및 전자적증거에 관한 조사·분석 기능을 강화하기 위하여 기업집단국·디지털조사분석과 신설 및 인력증원 (6국 3관 1대변인(42개과), 5개 지방사무소, 정원 601명)
2018.11.19	유통 분야에서의 소상공인 보호 강화 및 대기업의 기술유용(탈취) 행위를 근절하기 위하여 유통정책관·기술유용감시팀 신설 및 인력 증원 (6국 4관 1대변인(44개과), 5개 지방사무소, 정원 648명

② 지위와 조직

공정거래위원회는 공정거래법에 의한 사무를 독립적으로 수행하기 위하여 공정거래법 제35조에 의하여 국무총리 소속 하에 설치된 중앙행정기관이다. 또한 공정거래위원회는 공정거래법 등 소관법령의 집행권한 및 준사법권과 준입법권을 갖춘 독립규제위원회로서의 성격을 지니고 있으며, 공정거래법의 시행에 필요한 규칙과 고시를 제정하고, 공정거래법상 금지되는 행위에 대한 예외를 인정하는 준입법적 권한도 가지고 있다.232)

공정거래법 제55조(구 제36조)는 공정거래위원회의 소관사무를 다음과 같이 규정하고 있다.

1. 시장지배적지위의 남용행위 규제에 관한 사항
2. 기업결합의 제한 및 경제력 집중의 억제에 관한 사항
3. 부당한 공동행위 및 사업자단체의 경쟁제한행위 규제에 관한 사항
4. 불공정거래행위, 재판매가격유지행위 및 특수관계인에 대한 부당한 이익제공의 금지행위 규제에 관한 사항
5. 경쟁제한적인 법령 및 행정처분의 협의·조정 등 경쟁촉진정책에 관한 사항
6. 다른 법령에서 공정거래위원회의 소관으로 규정한 사항

232) 공정거래위원회, 공정거래위원회 40년사, 2021, 6면.

공정거래위원회는 의사결정기구인 위원회와 실무기구인 사무처로 구성되어 있다. 위원회는 위원장 1인, 부위원장 1인을 포함한 위원 9인으로 구성되며, 그 중 4인은 비상임위원으로 한다(공정거래법 제37조 제1항). 2020년 8월 현재 공정위는 본부와 서울·부산·광주·대전·대구의 5개 지방공정거래사무소를 운영하고 있으며, 본부는 6국 4관 1대변인과 이를 구성하는 32과 11담당관 2팀을 운영하고 있다.[233] 공정위 정원은 본부와 5개 지방공정거래사무소를 합쳐 658명으로, 이 중 본부가 489명이며 지방사무소는 169명이다.[234] 2019회계연도 공정거래위원회 소관 세입예산액

[그림 1-12] 공정거래위원회 조직도

(2021. 7월 기준)

출처: 2021년판 공정거래백서, 공정거래위원회, 2021, 583면.

233) 같은 글, 7-8면.
234) 공정거래위원회, 2020년판 공정거래백서, 2020, 84면.

은 4,247억원으로 전년 대비 17.1% 감소한 규모이다.[235)]

2) 공정위의 사건처리 절차

① 법적 근거

공정위의 소관 법률은 '독점규제 및 공정거래에 관한 법률'(공정거래법) 외에 '하도급거래 공정화에 관한 법률'(하도급법), '가맹사업거래의 공정화에 관한 법률'(가맹사업법), '방문판매 등에 관한 법률'(방문판매법), '약관의 규제에 관한 법률'(약관법), '전자상거래 등에서의 소비자보호에 관한 법률'(전자상거래법), '표시・광고의 공정화에 관한 법률'(표시광고법), '할부거래에 관한 법률'(할부거래법), '대규모유통업에서의 거래 공정화에 관한 법률'(대규모유통업법), '대리점거래의 공정화에 관한 법률'

[표 1-34] 공정거래위원회 소관 조사 현황[236)]

구분	조사명		근거조항
법률 위반행위 조사	1	공정거래법 위반 여부 조사	공정거래법 제49조, 제50조
	2	하도급법 위반 여부 조사	하도급법 제22조, 제27조
	3	가맹사업법 위반 여부 조사	가맹사업법 제32조의3, 제37조
	4	방문판매법 위반 여부 조사	방문판매법 제43조, 제57조
	5	약관법 위반 여부 조사	약관법 제20조
	6	전자상거래법 위반 여부 조사	전자상거래법 제26조, 제39조
	7	표시광고법 위반 여부 조사	표시광고법 제16조
	8	할부거래법 위반 여부 조사	할부거래법 제35조, 제47조
	9	대규모유통업법 위반 여부 조사	대규모유통업법 제29조, 제38조
	10	대리점법 위반 여부 조사	대리점법 제27조
서면실태조사	1	하도급 분야 서면실태조사	하도급법 제22조의2
	2	가맹 분야 서면실태조사	가맹사업법 제32조의2
	3	유통 분야 서면실태조사	대규모유통업법 제30조
	4	대리점 분야 서면실태조사	대리점법 제27조의2
	5	특수판매 분야 실태조사	방문판매법 제43조의2

※ 1. 공정거래위원회 소관 법률인 「대규모유통업법」 및 「대리점법」에 따른 법률위반행위조사는 「행정조사 기본법」의 적용제외대상으로 규정되어 있지 않음(행정조사기본법 제3조 제2항 제7호 참조).

235) 공정거래위원회, 2020년판 공정거래백서, 2020, 84면.

236) 이천현 외 3인, 행정기관의 범죄조사권 현황분석 및 개선방안 연구, 한국형사정책연구원, 2020, 81면 재인용.

(대리점법), 제조물책임법 등 다수의 법률이 있다. 이 법률은 법률위반행위에 대한 조사 또는 실태조사를 할 수 있는 여러 근거조항들을 두고 있으며 대부분의 소관법률들은 행정조사와 관련하여 공정거래법 제49조 및 제50조를 준용하도록 규정하고 있다.[237] 공정위는 과징금 및 시정조치를 부과하는 등 강력한 침익적(侵益的) 행정처분을 내릴 수 있는 권한을 가지고 있다.[238] 2021년 5월 개정된 공정거래법은 공정거래위원회 조사의 적법절차를 강화하고, 조사대상 기업의 방어권을 확대하며, 사건처리의 투명성을 제고하는 등 전반적인 법집행 절차를 정비하였다.[239]

② 공정위의 조사권한[240]

공정거래위원회는 공정거래법의 규정에 위반한 혐의가 있다고 인정할 때에는 직권으로 필요한 조사를 할 수 있다(제49조 제1항). 공정거래위원회는 위반행위에 대한 조사를 위하여 필요하다고 인정하는 때에는 당사자 등의 출석 및 의견의 청취, 감정의 위촉, 경영상황에 관한 보고, 기타 필요한 자료나 물건을 제출을 명하거나 제출된 자료나 물건을 일시 보관할 수 있다(제50조 제1항부터 제3항). 더 나아가 소속공무원으로 하여금 사업장에 출입하여 장부, 서류 등의 자료나 물건을 조사하게 하는 등 광범위한 조사권한을 보유하고 있다. 대부분의 조사는 임의조사의 방식을 취하지만 예외적으로 공정거래위원회는 상호출자의 금지 적용의 면탈행위 또는 부당지원행위와 관련된 사안에 대하여 영장이 없이도 내부 회의의결을 거쳐 금융기관에 관련 금융거래정보의 제출을 요구할 수 있다(제50조 제5항). 금융거래정보의 제출을 거부하는 경우에는 1천만원 이하의 과태료에 처해질 수 있어 영장주의의 적용대상이 아닌 것으로 오해할 수 있으나 금융실명법에서 규정하는 예외적 제공사유에 해당하므로 사실상 강제조사로서의 성격을 갖는다고 보는 것이 타당하다.

공정거래위원회의 사건의 조사 등의 처리절차에 관한 세부사항에 대하여는 공정거래위원회 고시인 「공정거래위원회 회의 운영 및 사건절차 등에 관한 규칙」, 「공정거래위원회 조사절차에 관한 규칙」에서 규정하고 있다.[241] 특별히 공정거래위원회

237) 신종익 · 임상준, 앞의 보고서, 52-53면.

238) 강지원, 사건처리절차 개선을 위한 공정거래법 개정안 통과의 시사점(1): 조사절차, 국회입법조사처, 이슈와 논점 제1719호(2020.6.), 1면.

239) 공정거래위원회, 공정거래위원회 40년사, 2021, 20면.

240) 공정거래위원회의 조사권에 대한 자세한 소개로는, 이천현 외 3인, 앞의 보고서, 81면 이하.

241) 이천현 외 3인, 앞의 보고서, 88면.

는 디지털포렌식 조사 업무를 원활하게 지원하기 위하여 2010년 디지털포렌식 조사 기법을 개발하고 센터를 구축하였다. 이후 전자적 증거에 관한 조사·분석 기능을 강화하기 위하여 2017년 9월 디지털조사분석과를 신설하였고, 인력을 5명에서 22명으로 대폭 확충하였다. 또한 디지털포렌식 조사에 대한 대외적 신뢰도를 제고하기 위하여 「공정거래위원회 조사절차에 관한 규칙」에 규정되어 있던 디지털포렌식 관련 조항을 전면 개편하여, 2018년 4월 3일 「디지털 증거의 수집·분석 및 관리 등에 관한 규칙」을 제정하고 이를 구체화하는 「피조사업체에서 수집한 디지털 자료의 관리 등에 관한 규정」, 「디지털조사분석과와 사건담당부서간 업무처리지침」, 「디지털 조사분석장비의 취득 및 관리 등에 관한 규정」을 제정하여 동시 시행(2018.4.3.)하고 있다.[242] 이러한 예규 제정을 통해 디지털 포렌식 조사 수집부터 등록, 보관, 폐기까

[표 1-35] 공정위의 조사권 강화 연혁[243]

연도	조사권의 내용
1986	• 전속고발권 - 공정거래법 위반 사건은 공정위만 검찰에 고발 • 법위반에 대한 공정위의 직권조사 - 조사를 위한 출석요구권과 자료 영치권 - 조사에 비협조시 과태료(직원 1천만원, 법인 1억원)
1999	• 금융거래에 대한 계좌추적권(2년간 한시적 운영) - 검찰의 지휘나 법원의 영장 발부 불필요
2000	• 계열사와 특수관계인과 거래시 이사회 의결과 공시(대규모기업집단)
2001	• 조사발동 요건 완화: 위반 사실 → 위반 혐의 • 조사 불응시 과태료 인상: 직원은 1천만원 → 5천만원, 법인은 1억 → 2억원 • 현장 출입권: 기업의 사무소와 사업장에 출입하여 조사 • 금융거래 계좌추적권의 시한을 3년 연장 • 부당한 공동행위의 사실을 신고한 자에게는 시정조치, 과징금 등을 감경 또는 면제
2002	• 부당내부거래에 강제조사권 도입 추진 및 중도포기
2003	• 금융거래 계좌추적권(금융거래정보 제출요구권) 상설화 추진 • 카르텔 근절을 위한 강제조사권 도입 추진

242) 공정거래위원회 40년사, 공정거래위원회, 2021, 115면.

243) 이성일, 공정거래위원회의 강제조사권: 주요 쟁점과 시사점-부당내부거래조사를 중심으로-, 전경련, 2002, 3면 및 이인권, "강제조사권의 한계와 대안", 공정경쟁, 2003. 8. 3면 표 내용을 수정한 것임.

[표 1-36] 공정위의 조사권한[244)]

구분	주요 내용(2020년 12월 법 개정 이전 기준)	근거
직권조사권	• 법위반 혐의만 있어도 직권으로 착수	법§49조①
위법행위 신고	• 누구든지 법위반 혐의를 공정위에 신고 가능 - 서면신고 원칙, 긴급을 요하거나 부득이한 경우 전화·구두로도 가능	법§49조② 령§54
조사수단	• 계좌추적권, 현장조사권, 자료제출명령권 및 제출자료영치권, 출석요구 및 진술청취권, 감정인의 지정 및 위촉 등 - 계좌추적권(금융거래정보 제출요구권)은 법원의 영장 없이도 행사	법§50
카르텔신고자에 대한 감면	• 담합의 신고자 또는 조사협조자에 대해 과징금, 고발, 시정조치 등의 감면 또는 면제 제도 시행 '02.9. "공동행위신고자등에 대한 감면제도 운영지침"제정	법§22조의2
관계기관(장)에게 조사의뢰	• 금감위 등 다른 행정기관이나 단체장에게 조사를 의뢰하거나 관련자료를 요청할 수 있음	법§64
전속고발권	경쟁질서 위반행위에 대한 검찰에 전속고발	법§71
조사거부시 제재	• 조사의 거부, 방해, 기피행위에 대해 과태료 부과 - 법인: 2억원, 임직원: 5천만원 • 이행강제금 부과	법§69조의2

지의 과정을 투명하게 정비하여 등록은 디지털 포렌식 시스템에 저장하고, 소송진행 등 사유가 없는 한 공공기록물관리법에 따라 등록일로부터 5년 보관 후 폐기하도록 하였으며, 조사과정에서 피조사업체의 참여권도 강화고 수집한 파일에 대한 복사본 교부 요청권도 부여했다.[245)]

③ 사건처리절차

사건처리절차는 공정거래절차 중 법위반 사업자에 대해 시정조치, 과징금 등을 부과하기 위해 사건개시→조사→심의·의결의 3단계를 거치는 의사결정절차를 의미한다.[246)]

244) 이인권, 앞의 글, 8. 3면의 표 내용을 수정한 것임.
245) "'컴퓨터 지워도 소용없다'…공정위 '포렌식 셜록' 떴다", 이데일리, 인터넷 기사(2018.04.04.).
246) 박준영, 공정거래절차의 법리-당사자의 권리보장과 제3자 절차참여를 중심으로-, 홍진기법률연구재단, 경인문화사, 2020, 43면.

[그림 1-13] 공정위의 사건처리절차247)

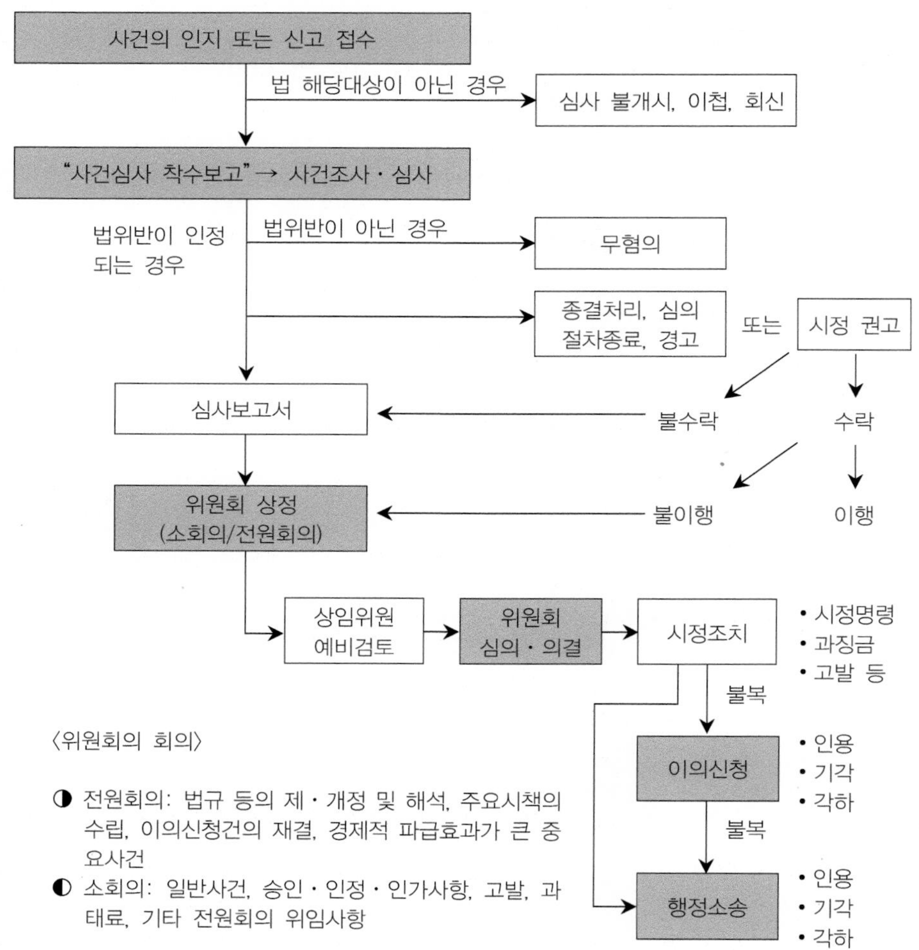

출처: 공정거래위원회

247) 이성일, 앞의 책, 5면.

[표 1-37] 공정거래법률상의 사건처리절차 규정[248)]

법 조항	제목	내용
제49조	위반행위의 인지·신고 등	공정거래절차 개시
제50조	위반행위의 조사 등	조사절차
제50조의2	조사권이 남용금지	
제50조의3	조사 등의 연기신청	
제52조	의견진술기회의 부여	조사절차
제52조의2	자료열람요구 등	
제53조의3	문서의 송달	-
제55조2	사건처리절차 등	수권규정
제37조의3	전원회의 및 소회의 관장사항	심의·의결절차
제42조	회의의사 및 의결정족수	
제43조	심리·의결의 공개 및 합의의 비공개	
제43조의2	심판정의 질서유지	심의절차
제45조	의결서 작성 및 경정	의결절차

④ 전속고발권에 대한 견제장치

공정거래법 제71조(신 제129조)는 제66조 및 제67조의 죄에 대하여 공정거래위원회의 고발이 있어야 공소를 제기할 수 있도록 하는 전속고발권을 규정하고 있다. 공정거래위원회가 고발을 하지 않으면 형사처벌을 할 수 없는데 공정거래위원회가 고발권을 소극적으로 행사함으로써 결국 검사의 소추권을 제한하는 문제점이 사회적 논란을 일으켰다. 물론 검찰총장에 의한 고발요청권이 있으나 실제 검찰총장의 고발요청이 거의 이루어지지 않는 실정에 따라 2013년 7월 16일 공정거래법을 개정하여 감사원장, 조달청장, 중기청장(중소벤처기업부장관)에게 사회적 파급효과, 국가재정에 끼친 영향, 중소기업에 미친 피해 정도 등 다른 사정을 이유로 고발을 요청할 수 있도록 하고, 이들 기관의 고발요청이 있는 경우 공정거래위원회가 의무적으로 고발토록 하여 전속고발제의 경직성을 대폭 완화시켰다.

248) 박준영, 앞의 책, 45-46면.

공정거래법(2020. 12. 29. 전부개정 이전)

제71조(고발) ①제66조 및 제67조의 죄는 공정거래위원회의 고발이 있어야 공소를 제기할 수 있다. 〈개정 1996. 12. 30.〉

② 공정거래위원회는 제66조 및 제67조의 죄 중 그 위반의 정도가 객관적으로 명백하고 중대하여 경쟁질서를 현저히 저해한다고 인정하는 경우에는 검찰총장에게 고발하여야 한다. 〈신설 1996. 12. 30.〉

③ 검찰총장은 제2항의 규정에 의한 고발요건에 해당하는 사실이 있음을 공정거래위원회에 통보하여 고발을 요청할 수 있다. 〈신설 1996. 12. 30.〉

④ 공정거래위원회가 제2항에 따른 고발요건에 해당하지 아니한다고 결정하더라도 감사원장, 중소벤처기업부장관, 조달청장은 사회적 파급효과, 국가재정에 끼친 영향, 중소기업에 미친 피해 정도 등 다른 사정을 이유로 공정거래위원회에 고발을 요청할 수 있다. 〈신설 2013. 7. 16., 2017. 7. 26.〉

⑤ 제3항 또는 제4항에 따른 고발요청이 있는 때에는 공정거래위원회 위원장은 검찰총장에게 고발하여야 한다. 〈신설 2013. 7. 16.〉

⑥ 공정거래위원회는 공소가 제기된 후에는 고발을 취소하지 못한다. 〈신설 1996. 12. 30., 2013. 7. 16.〉

이러한 제도개선의 노력에도 불구하고 전속고발권의 문제점이 완전히 해소되지 못한 상태로 남아 있으며, 이에 대한 해결방안으로서 학계는 공정거래위원회가 계속해서 전속고발권을 갖고 있는 것이 기업에 대한 고발권남용의 폐해를 방지할 수 있다는 존치론, 공정위의 고발권 불행사에 따른 당사자의 재판청구권 및 실효성 있는 공정거래관행의 정착을 위하여 전속고발권을 폐지하여야 한다는 폐지론으로 서로 다른 입장을 내 놓고 있다. 폐지론의 경우에도 다시 전면폐지와 이른바 경성카르텔 등 경쟁에의 영향이 큰 행위에 대해서 전속고발권을 폐지하자는 일부폐지 의견이 있다.[249)]

그런데 법무부와 공정거래위원회는 경성담합에 대한 전속고발제의 폐지를 포함한 공정위와 검찰 사이의 협력방안에 관한 합의문(MOU)을 2018년 8월 21일 체결하게 된다.[250)]

249) 손영화, "공정거래법상 전속고발권 폐지를 둘러싼 논의에 관한 연구", 기업법연구 제32권 제4호(2018), 226면.

250) 2020 국정감사 이슈 분석, 정무위원회 기획재정위원회, 국회입법조사처, 125-127면.

합의문의 주요 내용

1. 총칙

법무부와 공정위는, 건전한 시장경제의 발전과 소비자 후생증진을 위해
① 경성담합에 대한 전속고발제 폐지, ② 자진신고 제도 운영에 합의

2. 전속고발제 폐지 범위

공정거래법 제19조 제1항 제1호(가격담합), 제3호(공급제한), 제4호(시장분할), 제8호(입찰담합)에 위반한 범죄(경성담합)에 대해 전속고발제 폐지

3. 전속고발제 폐지시 자진신고 제도의 운영

가. 자진신고자에 대한 형벌감면 근거규정 마련

1순위 자진신고자 형 필요적 면제, 2순위 자진신고자 형 임의적 감경
검찰의 수사 및 재판에 성실히 협조한 경우 형벌감면 가능

나. 행정조사 자료 및 수사 자료 제공

검찰 수사를 위해 공정위의 자진신고 정보를 포함한 행정조사 자료 제공
공정위 행정처분을 위해 검찰의 수사 자료 제공

다. 자진신고 정보 공유 방식

자진신고 접수창구를 기존 공정위 창구로 단일화
공정위는 자진신고 관련 정보를 검찰과 실시간 공유

라. 공정위 우선 조사 사건

일반적인 자진신고 사건은 공정위가 우선 조사하며, 원칙적으로 13개월 내에 조사를 마치고 관련자료 등 검찰 송부

마. 검찰 우선 수사 사건

국민경제에 심대한 피해를 초래할 가능성이 있거나, 사회적 비난 가능성이 큰 자진신고 사건 등에 대하여 검찰 우선 수사

바. 형사면책 판단

자진신고 접수되면 공정위는 자료보정 후 공정위 의견과 검토 자료를 검찰에 송부
검찰은 형사면책 판단시 공정위 의견 최대한 존중

사. 사업자에 대한 통지

공정위는 행정면책 결정 전에 접수순서, 자료 누락여부 등을 사업자에게 확인 가능

아. 감면취소

공정위 행정면책 결정 후 행정소송에서 비협조하는 경우 행정면책 취소 가능

자. 비밀유지 등

자진신고 비밀유지 및 사건처리를 위해 대검찰청에 전문인력 별도 지정

차. 실무협의체 구성 및 운영
공정위와 검찰은 제반사항의 긴밀한 협의를 위해 실무협의체 구성 및 운영

이 합의문에 따르면 공정거래법 제19조 제1항 제1호(가격담합), 제3호(공급제한), 제4호(시장분할), 제8호(입찰담합)에 위반한 범죄(경성담합)에 대해 전속고발제를 폐지한다는 것이다. 이를 근거로 경성담합에 대한 전속고발제 폐지를 위시하여 형벌정비, 사인의 금지청구제, 자료제출 명령제, 과징금 상향 등의 내용을 담은 공정거래법 전부개정안이 2020년 8월 25일 국무회의에서 의결되어 21대 국회에 제출되기에 이르렀다. 하지만 국회의 논의과정에서 소송 남발 등 불필요한 사회적 갈등의 증가와 중복 수사로 인한 기업활동의 위축 등 부정적 요소에 대한 문제 지적으로 결국 전속고발제의 폐지와 과징금 상향의 개정을 제외한 나머지 사항만 반영하여 2020년 12월 29일 법 개정이 이루어지게 되었다. 이후 윤석열 후보가 20대 대통령으로 당선되자 2022년 4월 법무부는 인수위원회 업무보고에서 공정위에 특사경제도를 도입하는 방안 등을 보고하였다. 하지만 이러한 법무부의 정책방향에 대해서는 전속고발권 폐지에 실패한 법무부와 검찰이 특사경이라는 새로운 제도를 내세워 공정위에 대한 견제에 나선 것이라는 평가가 있다.[251]

3) 처리실적

2019년 기준 처리 건수는 총 3,063건으로 2018년 3,517건에 비해 12.9% 감소하였으며, 이 중 법위반으로 인정되어 자진시정하게 하거나 경고 이상의 조치를 한 건수는 총 1,728건으로 2018년 1,820건에 비해 5% 감소하였다. 고발 건수는 총 82건이고, 이중 과징금 부과 건수는 56건이다.[252]

2019년 과징금부과 건수는 151건으로 2018년 181건에 비해 약 17% 감소하였으며 과징금 부과금액(자진신고자 감면 반영 전 기준)은 총 1,273억원이었다.[253]

---

251) "법무부 "공정위에 경찰권 주겠다" 공정위도 반대하는 이유", 조선일보 인터넷 기사(2022.04.08).

252) 공정거래위원회, 2020년판 공정거래백서, 2020, 40면.

253) 공정거래위원회, 2020년판 공정거래백서, 2020, 40면.

[표 1-38][254] 공정위 조치유형별 사건처리 실적[1]

(단위: 건)

연도	고 발		시정명령		시정 권고	시정 요청[2]	과태료	경고	자진 시정[3]	조정	기타4)	합 계	
		과징금		과징금									과징금
2011	38	22	371	135	62	0	78	404	924	290	1,567	3,734	157
2012	44	7	391	76	51	0	58	793	703	374	2,017	4,431	83
2013	63	17	312	72	46	0	107	342	554	523	1,491	3,438	89
2014	65	45	252	68	27	0	137	310	903	468	1,917	4,079	113
2015	56	22	450	180	43	1	135	424	1,220	332	1,706	4,367	202
2016	57	30	252	81	16	0	177	953	739	85	1,606	3,885	111
2017	67	40	287	109	12	0	259	624	580	11	1,191	3,031	149
2018	84	60	277	121	19	0	159	303	978	0	1,697	3,517	181
2019	82	57	232	94	10	0	384	125	895	0	1,335	3,062	151
합계	556	300	2,824	936	286	1	1,494	4,278	7,496	2,083	14,527	33,544	1,236
구성비	1.7%	24.3%	8.4%	75.7%	0.9%	0%	4.5%	12.8%	22.3%	6.2%	43.3%	100%	100%

주: 1) 공정거래위원회가 운용하고 있는 모든 법률에 대한 사건처리실적을 의미
2) 2017전자상거래법중지명령(1건) 포함
3) 자진시정에따른경고조치.단,약관법자진시정은심의절차종료
4) 무혐의,심의절차종료,조사중지,종결처리,재결등 포함

[표 1-39][255] 공정위 과징금 부과 현황

(단위: 백만 원)

연도	건 수	증가율	사업자수	증가율	과징금액	증가율
2011	157		320		608,483	
2012	83	-47.1%	233	-27.2%	510,633	-16.1%
2013	89	7.2%	173	-25.8%	418,429	-18.1%
2014	113	27.0%	268	54.9%	804,387	92.2%
2015	202	78.8%	381	42.2%	588,959	-26.8%
2016	111	-45.0%	309	-18.9%	803,852	36.5%
2017	149	34.2%	251	-18.8%	1,330,827	65.6%
2018	181	21.5%	588	134.3%	310,448	-76.7%
2019	151	-16.6%	271	-53.9%	127,304	-59.0%
계	1,236		2,794		5,503,322	

254) 2019도 통계연보 32면 표 수정(2011년 이후 반영).
255) 2019도 통계연보 34면 표 수정(2011년 이후 반영)

[표 1-40] 공정위 고발사건처리현황256)

연도	고발[1]		검찰 조치					
			기 소	불기소 처분				수사중[3]
		피고발자		기소유예	기소중지	혐의없음	기타[2]	
2011	38	92	23	5	0	7	3	0
2012	44	83	34	1	1	3	5	0
2013	63	144	48	9	1	3	2	0
2014	65	186	51	2	0	9	3	0
2015	56	94	37	2	0	8	3	6
2016	57	143	40	3	1	4	2	7
2017	67	143	40	0	1	10	0	16
2018	84	257	35	2	0	3	2	42
2019	82	114	26	2	0	2	8	44
합계	556	1256	334	26	4	49	28	115
구성비	30.7%	69.3%	18.4%	1.4%	0.2%	2.7%	1.5%	6.3%

주: 1) 공정거래법 제71조 제3항 및 제4항에 따른 타기관 요청에 의한 고발건수는 포함되지 않음 (2014년: 5건, 2015년: 6건, 2016년: 3건, 2017년: 5건, 2018년: 7건, 2019년 10건, 2019년: 10건).

2) 내사중지,내사종결,참고인중지,공소권없음,각하 등을 의미.

3) 2020.5.15.현재 기준.

[그림 1-14] 고발 추이257)

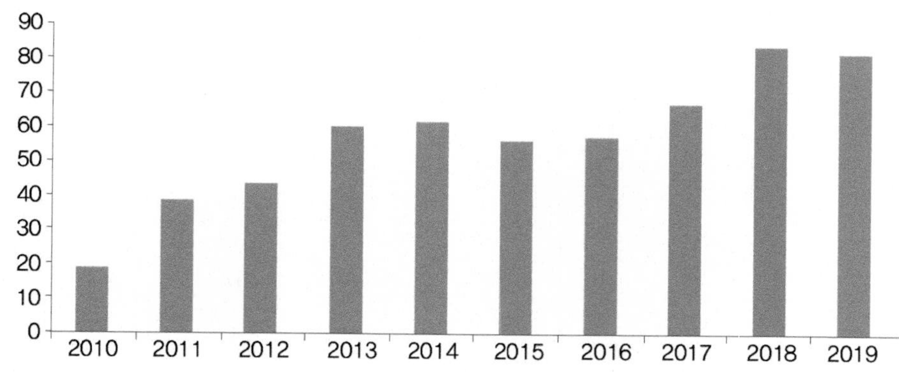

256) 2019도 통계연보 33면 표 수정(2011년 이후 반영)

257) 2020년판 공정거래백서, 공정거래위원회, 2020, 576면.

[그림 1-15] 과징금 추이[258]

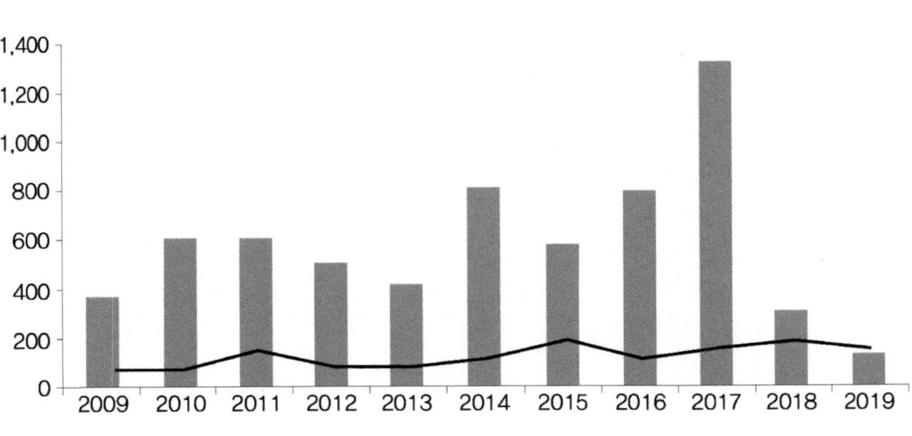

4) 과징금의 법적 성격에 대한 논의

공정거래법상 과징금은 이행강제금 제도가 도입된 경쟁제한적인 기업결합 외의 거의 모든 법 위반행위에 관하여 그 위반행위자에 대한 행정적 집행수단으로서 시정조치와 함께 규정되어 있다.[259] 공정거래위원회의 과징금부과 권한과 관련하여 법적성격의 문제가 쟁점이 되며, 그 법적 성격의 규명에 따라 공정거래위원회의 조사절차는 수사는 아니더라도 적어도 통고처분을 위한 범칙조사와 유사한 성격을 갖게 된다. 공정거래법 규정과 관련 판례의 내용을 종합적으로 고려할 때 공정거래법상 과징금의 법적 성격은 부당이득 환수와 행정제재적인 성격을 공유하고 있는 것으로 이해할 수 있다.[260] 이와 관련하여 구 '독점규제 및 공정거래에 관한 법률' 제24조의2에서 규정하고 있는 과징금과 형벌을 이중부과할 수 있도록 한 조항이 적법절차의 원칙 및 이중처벌금지의 원칙에 반하는지에 관한 위헌법률심판사건[261]에서 헌법재판소의 결정내용과 반대의견 등을 참고할 만하다.

---

258) 공정거래위원회, 2020년판 공정거래백서, 2020, 576면.

259) 공정거래법 집행의 선진화-한미FTA체결에 즈음하여-, 한국법제연구원 워크샵자료집, 2007, 68면.

260) 조성국, 공정거래법 위반에 대한 제재수준 적정화 연구, 중앙대학교 산학협력단, 2018, 15면.

261) 헌법재판소 2003. 7. 24. 2001헌가25 전원재판부 결정.

헌법재판소 2003.7.24. 선고 2001헌가25 결정

나. 이중처벌금지원칙 및 무죄추정원칙 위반 여부

(5) 결론적으로 이 사건 법률조항에 의한 과징금은 그 취지와 기능, 부과의 주체와 절차(형사소송절차에 따라 검사의 기소와 법원의 판결에 의하여 부과되는 형사처벌과 달리 과징금은 공정거래위원회라는 행정기관에 의하여 부과되고 이에 대한 불복은 행정쟁송절차에 따라 진행된다) 등을 종합할 때 부당내부거래 억지라는 행정목적을 실현하기 위하여 그 위반행위에 대하여 제재를 가하는 행정상의 제재금으로서의 기본적 성격에 부당이득환수적 요소도 부가되어 있는 것이라 할 것이고, 이를 두고 헌법 제13조 제1항에서 금지하는 국가형벌권 행사로서의 '처벌'에 해당한다고는 할 수 없으므로, 공정거래법에서 형사처벌과 아울러 과징금의 병과를 예정하고 있더라도 이중처벌금지원칙에 위반된다고 볼 수 없다. 이러한 결론은 이중처벌금지원칙에 관한 미국, 프랑스, 유럽연합(EU), 독일 등의 주요 외국의 입법례 및 판례와 그 궤를 같이 한다.

[재판관 한대현, 재판관 권 성, 재판관 주선회의 반대의견]

이것은 단지, 부당지원행위를 억제하기 위하여 그러한 행위를 한 사업자를 응징하고 이러한 응징을 통하여 장래의 법위반을 일반적으로 예방하려는 의미만을 가지고 있다고 보아야 한다. 그렇다면 이러한 과징금은 그 목적이나 효과로 보아 실질적인 처벌의 성질을 갖는 것이고 이는 헌법 제12조 제1항 후문이, 특히 명문으로 적법절차의 대상으로 삼고 있는, '처벌'에 바로 해당하는 것이다.

[재판관 김영일의 반대의견]

위 과징금 조항이 적법절차의 원칙에 위배된다는 점에서는 위 재판관 3인의 반대의견과 입장을 같이하며, 나아가 위 과징금은 부당이득환수적 요소는 전혀 없이 순수하게 응보와 억지의 목적만을 가지고 있는 실질적 형사제재로서 절차상으로 형사소송절차와 전혀 다른 별도의 과징금 부과절차에 의하여 부과되므로 행정형벌과는 별도로 거듭 처벌된다고 하지 않을 수 없어 이중처벌금지의 원칙에 위반되고, 위반사실에 대한 확정판결이 있기 전에 이미 법 위반사실이 추정되어 집행되고, 집행정지를 신청할 수 있는 당사자의 절차적 권리도 배제되어 있으므로 무죄추정원칙에도 위배된다.

헌법재판소의 결정에서 보듯이 과징금이 비록 국가형벌권 행사로서의 '처벌'에 해당하지 않는다고 평가할 수 있으나 그 부과의 주체나 절차의 측면을 제외하면 그 기능에 있어서 '벌금'과 매우 유사하다고 할 수 있으며 이른바 '준벌금'에 해당한다고 볼 수 있다.[262] 과징금의 부과수준을 볼 때 통상적으로 벌금액보다 훨씬 더 높다는 점에서도 형사상의 처벌에 준하는 것으로 보아야 하며, 결과적으로 현재의 공정거래위원회의 조사절차도 실질적인 수사 또는 이에 준하는 절차로 평가되어야 한다. 따라서 공정위의 조사공무원에게 사법경찰권을 부여하지 않았지만 과징금 부과가 전제되는 위반행위가 본래 형사처벌의 대상이며, 통고처분권한을 가지는 다른 기관과 유사하게 공정위가 전속고발권을 보유하고 있으면서 과징금 부과를 위한 조사절차를 밟고 있으므로 행정기관이 수사권을 행사하는 특수한 형태로 볼 수 있다.

5) 공정거래위원회 소속 공무원에 대한 특사경 자격부여에 대한 논의과정

2002년 공정거래위원회는 불공정거래행위의 한 유형인 '부당내부거래'행위를 조사하기 위해 필요한 압수·수색 등의 강제조사권 도입을 위한 입법을 추진한 바가 있다. 즉, 자료제출 요구 및 현장조사권, 금융거래 계좌추적권[263] 등의 현재의 수단으로는 불공정거래행위를 제대로 조사할 수 없어 강제조사권을 확보하는 방안으로 특사경법을 개정하여 공정위 소속 공무원에게 특별사법경찰권을 부여하자는 것이다.[264] 압수·수색할 수 있는 강제조사권이 없어 법위반 사업자가 공정거래위원회의 조사를 방해하거나 거부해도 과태료만 부과 받게 되어 실질적인 조사에 애로가 발생하고 있고, 사업자 입장에서는 조사방해·거부로 인한 과태료가 거액의 과징금을 내는 것보다 이익이라는 생각에서 거부·방해 사례가 발생하고 있다는 것이 주된 이유[265]였다.

그러나 1999년부터 공정위가 법원의 영장 없이 독자적으로 계좌추적을 할 수 있게 되었으며 2001년 공정위의 조사에 비협조하는 경우 부과할 수 있는 과태료를 대폭 인상(개인은 1천만원에서 5천만원, 법인은 1억원에서 2억원)하고 무엇보다도 부당내부거래 사건에 대하여 전속고발권을 보유하고 있다는 점에서 재계의 비판을 받았

262) "과징금을 부당이득환수와 행정제재벌적 성격을 동시에 가지고 있으므로 추정조항을 적용하여 부과되는 과징금 중 부당이득환수의 범위를 넘어선 행정제재금으로 부과되는 부분은 '의심스러울 경우 피고인의 이익으로'라는 원칙에 위배된다고 해석된다.", 오경식, "공정거래법상 범칙조사권의 강제성 부여 방안에 대한 연구", 비교형사법연구 제9권 제2호(2007), 289면. 291면.

263) 1999년 금융회사 등을 통하여 계열사에 대한 우회적 지원을 조사할 목적으로 금융거래 정보에 대한 계좌추적권을 한시적으로 운영하다가 2009년 상설화되었다. 이 계좌추적권은 법원의 영장 없이도 공정위가 독자적으로 행사할 수 있다.

264) 이성일, 앞의 책, 1면.

265) 공정거래위원회, 「제229회 국회(임시회) 정무위원회 주요현안보고」, 2002. 4. 15. 7면, 김남욱, "공정거래위원회의 강제조사권", 토지공법연구 제17집(2003), 234면 재인용.

다.[266] 다른 한편으로 강제성의 부여는 전속고발을 전제로 고발 이후 형사절차로 이행하는 경우 공정위가 영장 없이 임의조사를 통하여 얻은 자료의 증거사용의 적법성 문제를 해소하기 위한 방안으로서 강제조사 절차를 도입하자는 주장도 제기됐다.[267]

결국 공정위의 강제조사권 도입은 대기업과 경제전문가들이 강제조사권이 남용될 경우 시장 자율규제기능 침해 내지 과도한 시장개입에 따른 부작용의 클 것이라는 우려[268]로 무산되었다. 그 대안으로 2003년 공정위는 공정위 조사위원에게 특사경의 지위를 부여하는 내용의 특사경법 개정을 법무부에 요청하였으나 성사되지 못했다. 2004년 공정거래위원회는 재차 담합행위를 조사공무원에게 압수수색권을 부여하는 내용으로 특사경법을 개정해줄 것을 법무부에 요청하였다.[269] 그러나 이 안도 결국 무산되었다. 그런데 현재 공정위가 취하고 있는 입장에서 볼 때 공정위가 특사경의 부여를 법무부에 요구하였다는 점은 다소 아이러니한 부분이 있다. 이 대목에서 공정위가 강제조사권의 도입에 신경을 쓰면서 정작 특사경제도의 문제점과 특사경부여로 인한 결과적 측면을 미처 파악하지 못한 것이라는 해석이 가능하다. 검찰이나 법무부도 이미 막강한 권한을 보유한 공정거래위원회에 수사권까지 주는 것은 권한남용의 우려가 있다는 원론적 입장을 취한 부분이 있다. 그러나 이후 양 기관의 입장은 권력기관 사이의 주도권을 확보하려는 조직 이기주의의 관점에 따라 완전히 바뀌게 된다. 결국 특사경의 부여로 강제조사권을 확보할 수 있지만 검찰의 지휘를 받게 되고 기존에 보유했던 재량권이 상실될 수 있다는 인식은 공정위의 태도를 변화시켰으며, 반대로 검찰도 공정위가 사실상 자신들의 하부 수사기관으로 편입되는 것이므로 검찰조직의 위상강화 차원에서 결코 나쁘지 않다는 평가로 입장을 선회하게 된 것이다. 이러한 입장변화는 이후의 논의과정에서 여실히 나타난다.

박근혜 대통령이 취임전 공약으로 제시한 경제민주화를 위한 전속고발권의 폐지방안과 관련하여 검찰은 2013년 1월 대통령직인수위원회에 전속고발권의 폐지와 함께 공정거래위원회 직원을 특별사법경찰관으로 간주해 기업의 불공정 거래를 조사할 때 검사의 수사지휘를 받도록 하는 안건을 함께 보고한 바 있다.[270] 이후 2013년

---

266) 이성일, 앞의 책, 2-3면.
267) 오경식, 앞의 글, 292-293면.
268) 김남욱, 앞의 글, 235면.
269) "공정위,사법경찰권 확보 재추진", 식품음료신문 인터넷 기사(2004.07.05).

6월 법무부는 기승을 부리는 다단계 사범을 효과적으로 단속한다는 취지로 특사경 관련 법률을 개정한다는 입법예고를 하였으며 여기에 공정위와 지방자치단체에 특별사법경찰권을 부여하는 방안이 포함되었다. 그런데 입법예고 기간에 공정위는 특사경을 받지 않겠다는 거부의사를 표시하였고 결국 공정위를 빼는 방향으로 특사경법 개정안이 국회에 제출되었다. 표면적으로는 현재의 권한으로도 조사가 가능하다는 것이지만 검찰의 지휘를 받지 않겠다는 의도가 담겨 있었다. 반대로 법무부와 검찰의 특사경 도입추진은 공정위가 전속고발권을 가지고 있으며 사실상 사법기관의 역할을 하는 것에 대한 불만을 해소하기 위하여 특사경을 지렛대 삼아 공정위를 견제하려는 속내를 드러내는 것이라는 평가가 있다.271)

이에 대해 2014년 노웅래 의원이 대표발의한 특사경법 개정안은 공정거래위원회 소속 공무원에게 「대부업 등의 등록 및 금융이용자 보호에 관한 법률」 제19조 및 이와 관련되는 같은 법 제20조에 규정된 범죄와 「방문판매 등에 관한 법률」(이하 '방문판매법') 제58조부터 제63조까지 및 이와 관련되는 동법 제65조에 규정된 범죄에 대한 사법경찰권을 부여하는 것을 내용으로 하였다. 법률안 발의의 주된 이유는 관련 단속업무에 종사하는 공무원에게 실질적인 단속 권한은 없어 관련 범죄행위를 근절하는데 한계가 있으므로 단속의 실효성을 확보하자는 것이다. 그러나 지방자치단체에 등록하는 대부업 및 대부중개업을 직접적으로 관할하고 있다고 보기 어려우며, 방문판매업 위반 행위에 대한 단속업무가 전문성이 인정된다고 보기 어렵고, 정작 공정거래위원회는 단속업무 수행과정에서 강제수사권이 없어 곤란을 겪는 경우는 거의 없으며, 미등록 다단계업체 또는 불법업체에 대한 형사적 제재는 사람에 대한 제재가 주를 이루므로 체포・구속 등의 강제수사가 동반되어 현재와 같이 경찰에서 담당하는 것이 바람직하다는 반대 검토의견이 제시되어 공정위에 특사경을 도입하려는 시도는 결국 무산되었다.272)

그러나 최근 들어 학계를 중심으로 공정거래위원회에 특사경을 도입하자는 주장이 제기되고 있다. 예를 들어, 이창섭교수는 공정거래위원회가 강제수사(처분)를 할 수 없을 뿐만 아니라 전속고발사건에서 공정거래위원회의 조사와 검찰의 수사의 중

270) "전속고발권 놓고 검찰-공정위 '힘겨루기' 벌어질듯", 뉴스1 인터넷 기사(2013.01.12.).
271) "불법 다단계 수사권 주겠다는 법무부, 안받겠다는 공정위", 조선일보 인터넷 기사(2013.09.11.).
272) 국회 법제사법위원회, 사법경찰관리의 직무를 수행할 자와 그 직무범위에 관한 법률 일부개정법률안(노웅래의원 대표발의, 의안번호: 10268) 검토보고, 2014. 7. 12-13면.

복적인 실행이 기업의 부담을 가중시키고 더 나아가 인력과 시간의 투입을 비효율적으로 만든다는 점에서,[273] 이를 해소할 수 있는 방안으로 공정거래위원회 소속 공무원에게 사법경찰관리의 직무를 수행할 수 있도록 하자는 제안을 하고 있다.[274] 그런데 이러한 주장의 논거 중에는 특사경에 의해 수사(조사)를 하는 경우 검사의 지휘를 받아 수사가 개시, 진행되는 것이므로 별도의 고발이 필요하지 않게 되어 결국 고발요청권・고발의무 규정도 폐지할 수 있다는 것도 포함되어 있다. 그러나 이러한 주장은 수사개시를 위한 고발이전에 이루어지는 공정거래위원회의 조사업무의 법적 성격과 과징금 부과 등의 성격을 고려하지 못한 견해라고 할 수 있다.[275]

그런데 우리가 특사경 논의에서 주목할 것은 단순한 법리적 문제에 그치는 것은 아니라는 것이며, 여기에는 검찰과 공정위의 힘겨루기가 작용하고 있다는 것이다. 검찰도 준사법기관으로서의 막강한 권한을 가지고 있으며 공정위도 과징금의 부과 권한을 보유한 준사법기관으로서의 위상을 가지고 있다. 공정위가 부당지원행위에 대해 부과할 수 있는 과징금은 지원을 한 기업의 매출액의 100분의 2를 한도로 하는데, 만일 대기업의 매출규모가 수천억원에 이르는 경우가 많고 나아가 수조(兆)원에 이르는 경우도 있어 이들 기업이 부당지원행위를 한 경우에는 비록 그 지원규모가 소액이고 사소한 것이라고 할지라도 그에 대한 과징금은 매출액을 기준으로 상한이 결정되는 결과, 공정거래위원회는 그 기업에 대하여 수백억원 나아가 수천억원에 이르는 과징금을 부과할 수 있는 막강한 권한을 갖고 있는 것이다.[276] 공정위의 권한은 과징금을 부과할 수 있는 준사법적 권한에 그치는 것이 아니라 그러한 과징금 부과를 위한 사전절차로서 조사권한을 가지고 있다는 점이며, 이 점에서 공정위의 조사권한을 수시기관의 수사권한에 견줄 수 있다. 즉 현재의 공정위의 조사권한 내용을 살펴보면 실질적으로 압수, 수색 등 수사권과 다를 바 없는 조사와 이행수단을 확보하고 있다는 평가가 가능하다.[277] 이러한 공정위의 준사법적 권한과 실질적인 수사권한의 측면에서 또 다른 권력기관인 검찰의 감독 또는 지휘를 받는 것

273) 같은 취지로는, 이건묵・이정념, "불공정행위의 현황과 대책-전속고발권을 중심으로-" 형사정책 제22권 제2호(2010), 22면.

274) 이창섭, "공정거래법상 고발요청권에 관한 소고", 형사정책연구 제26권 제4호(2015), 101면.

275) 이창섭, 같은 글, 111-113면 및 121면.

276) 헌재 2003. 7. 24. 2001헌가25, 재판관 권성, 재판관 주선회의 반대의견 발췌.

277) 이인권, 앞의 글, 4면.

은 공정거래위원회 조직 내부적으로는 쉽게 수용될 수 없는 내용인 것이다.

바. 세무공무원(국세청)

1) 개 요

국세청은 기획재정부장관 소속하에 설치된 중앙행정기관으로서 내국세[278]에 해당하는 소득세, 법인세, 부가가치세, 상속세 등에 대한 부과·감면 및 징수에 관한 사무를 관장한다. 이에 반해 관세청은 관세의 징수에 관한 사무를 관장한다.

국가 재원의 조달이라는 역할을 수행하는 국세청은 세법이 정하는 바에 따라 세금을 부과·징수하게 되는데, 국세청이 하는 일은 크게 2가지 유형으로 구분된다. 첫째, 납세자가 세법의 규정에 따라 자신의 납세의무를 제대로 이행할 수 있도록 안

[표 1-41] 우리나라 조세체계[279]

<table>
<tr><th colspan="4">구분</th><th>세목(25개)</th><th>세법(14개)</th></tr>
<tr><td rowspan="14">국세
(14개)</td><td rowspan="13">내국세</td><td rowspan="10">보통세</td><td rowspan="5">직접세</td><td>법인세</td><td>법인세법</td></tr>
<tr><td>소득세</td><td>소득세법</td></tr>
<tr><td>상속세</td><td>상속세 및 증여세법</td></tr>
<tr><td>증여세</td><td>종합부동산세법</td></tr>
<tr><td>종합부동산세</td><td>부가가치세법</td></tr>
<tr><td rowspan="5">간접세
(거래세)</td><td>부가가치세</td><td>개별소비세법</td></tr>
<tr><td>개별소비세</td><td>주세법</td></tr>
<tr><td>주세</td><td>증권거래세법</td></tr>
<tr><td>증권거래세</td><td>인지세법</td></tr>
<tr><td>인지세</td><td></td></tr>
<tr><td rowspan="3">목적세</td><td rowspan="3">-</td><td>교통·에너지·환경세</td><td>교통·에너지·환경세법</td></tr>
<tr><td>교육세</td><td>교육세법</td></tr>
<tr><td>농어촌특별세</td><td>농어촌특별세법</td></tr>
<tr><td>관세</td><td></td><td></td><td>관세</td><td>관세법</td></tr>
</table>

278) 세금은 크게 중앙정부가 국방, SOC 건설 등에 필요한 재원 조달을 위하여 징수하는 국세와 시·군·구 등 지방자치단체가 해당지역의 교통, 복리후생 등에 필요한 재원조달 목적으로 징수하는 지방세로 구분되며, 국세는 외국으로부터 물품을 수입할 때 부과되는 관세와 내국인의 소득이나 거래에 대하여 부과되는 내국세로 구분된다. 국세청 소개, 출처 국세청 홈페이지(https://www.nts.go.kr/)

279) "우리나라 세금은 모두 몇 개일까?", 조세일보 인터넷 기사(2017.01.02).

지방세 (11개)	보통세	취득세	지방세법
		등록면허세	
		재산세	
		자동차세	
		주민세	
		지방소득세	
		지방소비세	
		담배소비세	
		레저세	
	목적세	지역자원시설세	
		지방교육세	

내하고 도와주는 서비스 기능이며, 둘째, 모든 납세자가 세법이 정하는 바에 따른 납세의무를 제대로 이행토록 하기 위하여 세금신고·납부자료의 관리·분석, 불성실 납세자 선정·조사, 체납자에 대한 세금 강제징수 등의 기능을 수행한다.[280]

2) 조직 및 인력

국세청에 청장 1명과 차장 1명을 두되, 청장은 정무직으로 하고, 차장은 고위공무원단에 속하는 일반직공무원으로 보한다(정부조직법 제27조 제4항). 행정관료 조직의 기본 형태인 계선조직으로 운영해 온 국세청 조직은 1999년에 와서 기능별 조직으로 대전환하여, 본청은 기획업무를, 지방국세청은 조사업무를, 세무서는 서비스 중심 업무로 역할을 재정립했다.[281] 국세청의 행정 인력의 변천은 1966년 개청 당시 5,500명이었던 정원이 1973년에는 1만 명을 넘었고, 2015년에는 19,900명으로 늘어났으며, 2020년 구리, 연수, 광산세무서 등 3곳 세무서 신설과 세무서 직제개편과 관련 181명을 증원했다.[282]

2019년 9월 현재 전국 지방국세청 조사분야 정원은 4,367명이며, 지방청별로 살펴보면 서울 1,714명, 중부국세청 716명, 부산국세청 576명, 인천국세청 428명, 광주국세청 313명, 대구국세청 311명, 대전국세청 309명이다.[283] 2018년 1월 기준 6개

280) 국세청 소개, 국세청 홈페이지.

281) “[국세청비록 ㊼]'격변 국세청' 60년 굴곡을 보듬다〈Ⅰ〉”, 조세금융신문 인터넷 기사(2020. 5. 16.).

282) 같은 기사.

[그림 1-16] 국세청 조직도[284)]

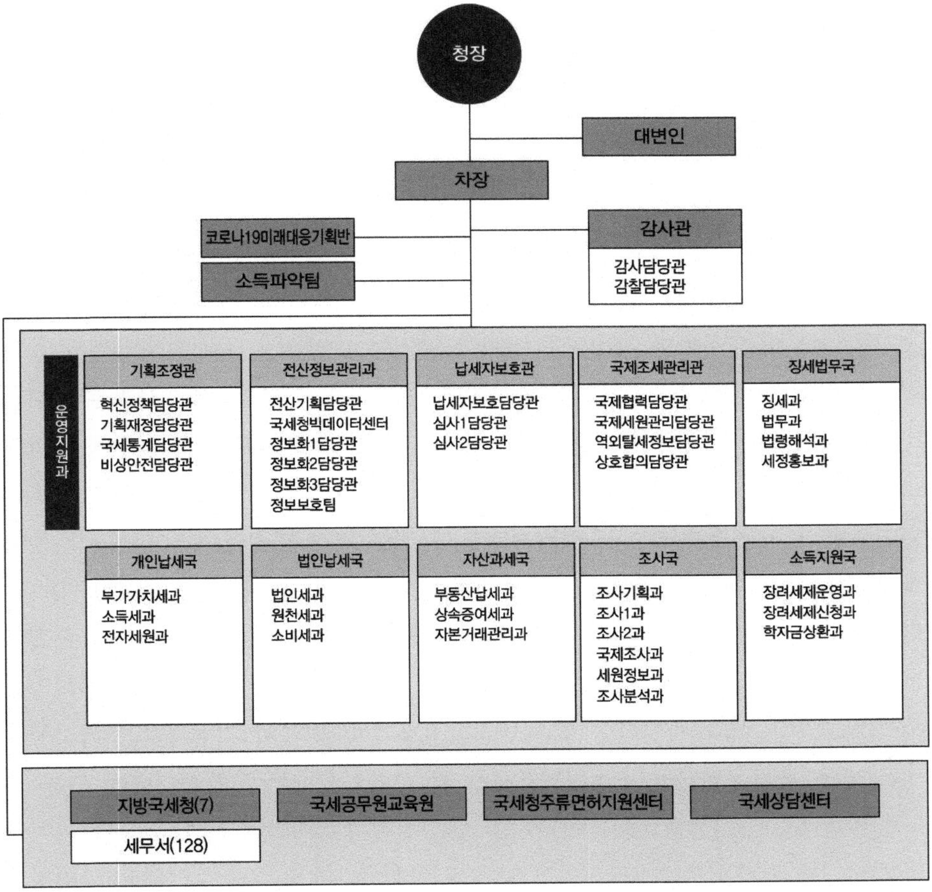

- 청장
  - 대변인
  - 차장
    - 코로나19미래대응기획반
    - 소득파악팀
    - 감사관: 감사담당관, 감찰담당관
    - 운영지원과
    - 기획조정관: 혁신정책담당관, 기획재정담당관, 국세통계담당관, 비상안전담당관
    - 전산정보관리관: 전산기획담당관, 국세청빅데이터센터, 정보화1담당관, 정보화2담당관, 정보화3담당관, 정보보호팀
    - 납세자보호관: 납세자보호담당관, 심사1담당관, 심사2담당관
    - 국제조세관리관: 국제협력담당관, 국제세원관리담당관, 역외탈세정보담당관, 상호합의담당관
    - 징세법무국: 징세과, 법무과, 법령해석과, 세정홍보과
    - 개인납세국: 부가가치세과, 소득세과, 전자세원과
    - 법인납세국: 법인세과, 원천세과, 소비세과
    - 자산과세국: 부동산납세과, 상속증여세과, 자본거래관리과
    - 조사국: 조사기획과, 조사1과, 조사2과, 국제조사과, 세원정보과, 조사분석과
    - 소득지원국: 장려세제운영과, 장려세제신청과, 학자금상환과
    - 지방국세청(7): 세무서(128)
    - 국세공무원교육원
    - 국세청주류면허지원센터
    - 국세상담센터

지방국세청 17개 조사국 소속 직원 1,900여명과 121개 일선세무서 조사과[285)] 직원 2,300여 명 중에서 관할 지방검찰청 검사장으로부터 지명을 받은 세무공무원이 세무조사 및 범칙조사의 업무를 수행하고 있다.[286)] 즉, 조사국 내지 조사과 소속 세무

283) "국세청 조사국에 '5년차 이하 직원' 확 늘어난 이유는?", 조세일보 인터넷 기사(2019. 10.10.).

284) 국세청 홈페이지(https://www.nts.go.kr/)

285) 세무서 내에 조사과가 없고 운영지원과 조사팀에서 세무조사 및 범칙조사를 수행하는 25개 세무서 포함하는 수치임.

286) 문은희a, 조세범에 대한 처벌 현황 및 개선방안, 입법 · 정책보고서 제3호, 국회입법조사처, 2018, 40면.

공무원이 세무조사와 범칙조사를 모두 담당하는 형태로, 세무조사와 범칙조사가 조직과 기능 면에서 혼재되어 운영되고 있다.[287]

3) 세무조사의 유형

세무조사는 "국세의 과세표준과 세액을 결정 또는 경정하기 위하여 질문을 하거나 해당 장부·서류 또는 그 밖의 물건을 검사·조사하거나 그 제출을 명하는 활동"을 말한다(국세기본법 제2조 제21호). 세무조사의 대상자는 신고내용의 적정성을 검증하기 위하여 정기적으로 선정(정기선정)하거나, 신고내용에 탈루나 오류의 혐의가 있는 경우에 선정(비정기선정)할 수 있다(국세기본법 제81조의6 제2항 및 제3항). 세무조사의 기본적인 사항과 사무처리 절차를 규정하고 있는 '조사사무처리규정'(국세청훈령 제2379호) 제3조는 '세무조사'의 정의를 규정하면서 조세범칙조사와 구분되는 '일반세무조사'라는 용어로 사용하고 있다. 따라서 국세청의 세무조사는 크게 일반세무조사와 조세범칙조사로 구분되며, 일반세무조사가 일반적인 세무조사를 지칭하는 개념이라면 '조세범칙조사'는 '조세범처벌법'이 정한 일정 범죄에 해당하는 위반행위 등을 확정하기 위하여 조사공무원이 조세범칙사건에 대하여 행하는 조사활동을 말한다(제3조 제19호). 조세범칙조사의 법적성격에 대하여는 논란이 있으며 그 본질이 조세범처벌법에서 규정하는 위반행위의 확정을 위한 형사절차상 수사의 일종이라는 견해가 있다.[288] 이와 관련하여 '조세범처벌절차법'에 의하여 지방검찰청 검사장의 지명을 받은 세무공무원이 조세범칙조사를 할 수 있기 때문에 특사경법에 의해 특별사법경찰권을 부여받은 것은 아니지만 실질적인 특별사법경찰관리로 볼 여지가 있다.[289] 그러나 특별사법경찰관리의 지위를 인정한다고 하더라도 '조세범처벌절차법'에 따른 제한된 조사권한을 행사할 수 있으므로 명실상부한 특사경으로 보기 어려운 측면이 있다.[290] 현행법상 조세범칙조사는 전속고발제도의 특성상 세무공무원에 의해 개시되는 것이 일반적이며, 과세관청은 수집한 정보를 바탕으로 처음부터

---

287) 같은 글, 40면.

288) 박정우·남현우, "현행 세무조사 관련규정 및 조사과정의 문제점과 개선방안: 조사대상자 선정과 조사기간 연장의 문제를 중심으로", 조세논총 제5권 제2호(2020.6.), 57-96면.

289) 특별사법경찰관리로 보는 견해로는 김태희, 앞의 글, 403-433면. 이에 대한 자세한 논의는 전술 참조.

290) 조세범들 검거에 신속하게 대처하기 위해서도 일정한 직무에 있어서는 세무공무원들에게도 특별사법경찰관 제도를 도입하는 것이 바람직하는 주장도 있다. "세무공무원 사법경찰관제 도입 시급", 세정신문 인터넷 기사(2006.2.16).

조세범칙조사에 착수하기도 하고, 일반세무조사 도중 범죄혐의를 포착하면 범칙조사로 전환하기도 한다.[291)]

일반세무조사는 세무에 종사하는 모든 일반직 공무원이면 누구나 세법이 규정하는 조사를 집행할 수 있으며, 질문조사권 또는 질문검사권에 의하여 조사대상자 및 그와 거래관계가 있는 자에게 질문하거나 관계 장부, 서류, 물건 등을 조사 또는 검사할 수 있다. 반면에 검찰총장 또는 지방검찰청 검사장의 지명을 받은 세무공무원(조세범처벌법상의 세무공무원)은 '조세범처벌절차법' 제2조에 근거하여 범칙혐의자나 참고인을 심문하거나 범칙관련서류를 영치, 압수, 수색할 수 있는 권한을 갖는다.[292)]

4) 법적근거

① 조세범처벌법[293)]

조세범처벌법은 1951년 5월 7일 제정됐다. 이에 따라 1966년 6월 벌과금 상당액 양정준칙을 제정함으로써 통일된 기준에 의해 통고처분을 하게 만들었다. 특히 자료상에 대한 처벌근거, 세금계산서 발급의무위반 등에 대한 형법상 벌금제한 가중 규정의 적용배제, 장부소각・파기은닉범의 처벌범위 확대, 공소시효 연장 등이 조세범처벌법 개정으로 반영되었다. 2004년에는 자료상의 처벌을 강화하는 쪽으로 조세범처벌법이 전면 개정됐다. 상습고액 조세포탈범에 대한 양형체계가 개선됐다. 벌과금 상당액 명칭이 '벌금 상당액'으로 바뀌면서 훈령으로 운영되어 온 금액산정 기준도 조세범처벌절차법 시행령에 반영됐다. 2000년대에는 조세범칙 조사를 대폭 강화했다. 2000년 11월에는 조세범칙 사무처리규정을 제정, 조세범칙조사심의위원회를 설치하고 자료상에 대한 대응을 강화하기 위해 거짓 세금계산서 추적 시스템을 가동해 혐의자를 신속히 색출조사, 수사기관에 고발할 수 있도록 했다.

② 조세범칙조사 관련법령[294)]

ⓘ 조세범처벌절차법

조세범이란 조세의 부과・징수・납부에 관한 범죄를 말한다.[295)] 조세범은 조세질

---

291) 문은희b, 조세범칙조사의 현황과 개선방안, 이슈와 논점 제1395호, 국회입법조사처, 2017, 1-2면.
292) 이동희, 조세범죄의 유형 및 조세범칙조사제도의 개선방안에 관한 연구, 계명대학교 대학원 석사학위논문, 2009, 64면.
293) [국세청 비록㉔] 세무조사 유형, 국세청이 새로 쓰다, 조세금융신문, 인터넷 기사(2018.06.19.).
294) 김택수b, 앞의 글, 63-64면 내용을 수정한 것임.

서범과 조세포탈범으로 구분되며, 전자는 조세에 관한 법률의 질서규정에 위반하는 범죄이고, 후자는 사기 기타 부정한 행위로써 조세를 포탈하거나 조세의 환급・공제를 받는 범죄이다.[296][297] 조세범처벌을 위한 실체법으로는 조세범처벌법과 특정범죄가중처벌등에 관한 법률, 형법이 있으며, 절차법으로는 '조세범처벌절차법'과 형사소송법이 있다. 조세범처벌절차법은 본래 벌금 또는 징역형 등이 부과되는 조세범에 대하여 일정한 요건하에 통상적인 형사절차에 의하지 않고 조세범칙조사절차에 의하여 간편, 신속하게 처리하도록 하는 특례를 규정하고 있다.

조세범처벌절차법은 총 19개의 조문으로 구성되어 있으며, 주요내용을 보면 조세범칙사건에 대한 범칙조사의 실시여부와 조세범칙처분의 결정 등을 심의하기 위한 조세범칙조사심의위원의 설치(제5조), 조세범칙조사대상의 선정(제7조), 조세범칙행위 혐의자 등에 대한 심문・압수・수색(제8조), 압수・수색영장(제9조), 심문조서의 작성(제11조), 조세범칙처분의 종류(제13조), 조세범칙처분에 대한 위원회 심의(제14조), 통고처분(제15조)[298], 고발(제17조) 등이 규정되어 있다.

ⓘ 조세범처벌절차법시행령

조세범처벌절차법에서 위임한 사항과 그 시행에 필요한 사항을 규정하기 위하여 대통령령으로 제정된 조세범처벌절차법 시행령은 총 13개의 조문으로 구성되어 있으며 주요내용으로는 조세범칙조사심의위원회의 구성과 운영에 관한 사항(제3조, 제4조, 제5조), 조세범칙조사 대상의 선정(제6조), 압수・수색의 참여인(제7조), 영장에 의하지 아니한 압수・수색(제8조), 조세범칙처분과 관련하여 조세범칙처분 대상자의 의견 제출(제11조), 통고처분(제12조), 문서의 작성과 송달(제13조) 등이 있다.

ⓘⓘ 조사사무처리규정

1989년 1월 국세청훈령으로 제정된 조사무처리규정은 총 103개의 조문으로 구성되어 있으며, 세무조사의 기본적인 사항과 사무처리 절차를 규정하기 위하여 제정되었으나 일반세무조사의 절차뿐만 아니라 조세범칙조사의 절차(제70조부터 제98조까

295) "[박진규의 리얼 절세] 형법에 우선하는 조세범 처벌법", 이코노믹리뷰, 인터넷 기사(2016.06.19.).

296) [네이버 지식백과] 조세범 [租稅犯] (두산백과)

297) 우리나라 조세범 유형 및 형사제재에 대해서는, 김진수 외, 주요국의 조세범처벌제도 연구, 한국조세연구원, 2007, 18-19면 〈표 II-2〉 참조.

298) 조세범칙행위의 확증을 얻어 대상자에게 금액이나 물품을 납부하도록 통고처분을 하는 경우 부과되는 벌금상당액의 기준은 시행령 별표에 구체적으로 규정되어 있다.

지)에 관하여도 비교적 상세하게 규정하고 있다. 비교적 간략하게 규정하고 있는 조세법처벌절차법 및 그 시행령과의 비교할 때 실질적인 절차법으로서 기능하고 있다고 해도 과언이 아니다.[299)]

사. 출입국관리공무원(법무부 출입국・외국인정책본부)

1) 개 요

1954년 4월 20일 김포국제공항에 김포출입국관리사무소가 개청되면서 본격적인 출입국심사 업무가 시작되었으며, 1961년 출입국관리업무가 외교부에서 법무부로 이관되어 운영되어 오다가, 1970년 4월 20일 '출입국관리국'으로 승격되었다. 이후 2007년 5월 10일 '출입국・외국인정책본부'로 승격되었으며, 2018년 5월 10일 출입국관리사무소의 명칭이 변경되어 현재 전국에 6개 출입국・외국인청(인천공항, 서울, 인천, 부산, 수원, 제주), 13개 출입국・외국인사무소, 2개의 외국인 보호소와 24개 출장소 및 7개의 다문화이주민 플러스센터, 1개의 출입국・외국인 지원센터가 있다.[300)]

'출입국・외국인정책본부'의 주요 임무[301)]

- 출입국심사 및 남북왕래자 출입심사, 출입국규제
- 외국인의 사증・체류관리 정책 및 체류허가, 사증면제협정, 사증발급 심사
- 외국인 동향조사 및 출입국사범 심사, 외국인 보호 및 강제퇴거
- 출입국・외국인정책행정 정보화, 출입국 외국인정책 통계 관리 및 분석
- 소관 법령 제・개정, 외국인정책위원회 운영, 외국인정책 기본계획 및 연도별 시행계획 수립 및 평가
- 귀화・국적상실 및 관련 정책・제도 개선
- 재한외국인의 사회적응 지원정책
- 난민정책 총괄, 난민인정심사, 재정착난민 수용 및 정착지원

---

299) 이 규정 제4조(다른 규정 등과의 관계) 제1항은 "조사사무 및 조세범칙조사사무에 관하여 세법 등 다른 법령 및 규정에 특별한 규정이 있는 경우를 제외하고는 이 규정에서 정하는 바에 따른다"고 규정하고 있어 법률의 위임 또는 근거 없이도 독자적으로 범칙조사절차를 형성할 수 있는 문제점이 있다.

300) 법무부 출입국・외국인정책본부 홈페이지(http://www.immigration.go.kr/immigration/2479/subview.do)

2) 조직 및 인력

출입국·외국인청(사무소)은 우리나라에 입출국하는 내외국인들에 대한 출입국심사, 출입국사범의 단속·수사·인수 및 외국인에 대한 동향조사, 국적 및 사증 등에 관한 사무를 담당하는 지방관서이며, 법무부 출입국·외국인정책본부 소속의 특별지방행정기관으로 볼 수 있다.302)

[그림 1-17] 현행 출입국외국인관서 조직구조 일반303)

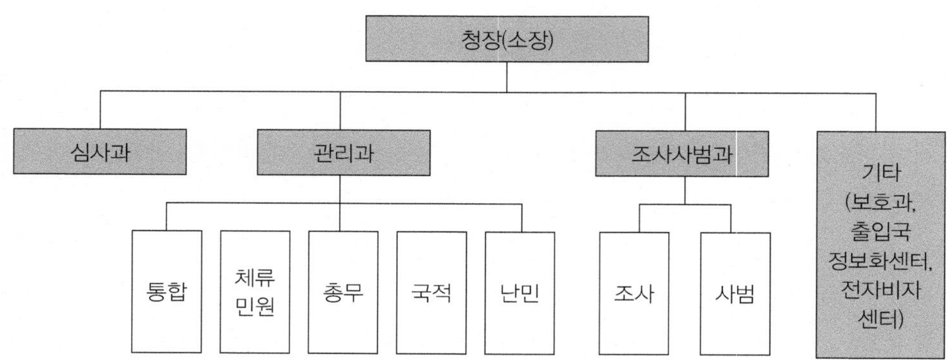

출입국 관리직 공무원은 법무부 소속으로 국경 출입국 심사, 국내에 체류하는 외국인 관리, 그리고 불법체류자 검거 및 강제퇴거 업무를 담당한다. 2020년 2월 25일 기준, 출입국외국인관서에 배치된 인원은 총 2,551명으로 인천공항으로 출입국하는 내·외국인의 심사, 기타 정보분석 및 관리, 감식 등의 독자적 업무를 담당하고 있는 인천공항청에 891명이 근무하고 있으며, 인천공항청을 제외한 서울 등 출입국외국인청에서는 평균적으로 약 117.4명, 사무소는 약 50.5명, 출장소는 약 10.0명의 정원으로 운영되고 있다.304)

출입국외국인관서 인력현황은 아래 표와 같다.305)

301) 강동관, 대한민국 이민정책 프로파일, 이민정책연구원 연구보고서, 2020, 41면.
302) 유민이 외, 출입국·외국인청(사무소)의 새로운 역할 모델 개발, 이민정책연구원 연구보고서, 2020, 60면.
303) 같은 글, 175면.
304) 같은 글, 65-66면.
305) 같은 글, 68면.

[표 1-42] 출입국외국인관서 인력현황

단위: 명(%)

출입국외국인관서	총계	청장(소장)	총무과	관리과	국적과	통합과	난민과	심사과	사범과	조사과	이민특수조사대	출입국정보화센터	전자비자센터	기타
서울청	158	2 (1.27)	13 (8.23)	27 (17.09)	9 (5.70)		26 (16.46)	-	8 (5.06)	29 (18.35)	19 (12.03)	17 (10.76)	9 (5.70)	
부산청	127	1 (0.79)	31 (24.41)					51 (40.16)		32 (25.20)	12 (9.45)	-	-	
인천청	122	1 (0.82)	46 (37.70)					29 (23.77)	24 (19.67)	22 (18.03)	-	-	-	
수원청	75	1 (1.33)	31 (41.33)					-	13 (17.33)	30 (40.00)	-	-	-	
제주청	102	1 (0.98)	19 (18.63)					60 (58.82)	22 (21.57)		-	-	-	
서울남부사무소	79	1 (1.27)	40 (50.63)					-	17 (21.52)	21 (26.58)	-	-	-	
대구사무소	71	1 (1.41)	24 (33.80)					14 (19.72)	32 (45.07)		-	-	-	
대전사무소	51	1 (1.96)	18 (35.29)					-	32 (62.75)		-	-	-	
여수사무소	65	1 (1.54)	8 (12.31)					-	25 (38.46)		-	-	-	보호과: 29 (44.62) 의무과: 2 (3.08)
양주사무소	55	1 (1.82)	18 (32.73)					-	11 (20.00)	25 (45.45)	-	-	-	
울산사무소	39	1 (2.56)	13 (33.33)					25 (64.1)	-	-	-	-	-	

출처: 법무부 내부자료(출입국·외국인기관별 공무원 배정표), 광주/창원/전주/춘천/청주는 자료에서 누락됨 각 관서별 부서조직현황은 법무부 출입국·외국인정책본부 소속기관 홈페이지를 참고하여 재구성함(http://www.immigration.go.kr/immigration/2057/subview.do)

법무부는 일선 출입국·외국인 관서를 통해 연중 상시적으로 불법체류 외국인 단속을 실시하는 한편, 효율적인 불법체류 외국인 단속을 위해 2015년부터 광역단속체제로 전환하였다. 2015년 1월 수도권광역단속팀을 신설한 이래, 2016년 2월 부산광역단속팀, 2017년 9월 광주, 대전 광역단속팀, 2018년 9월 대구, 양주 광역단속팀을 신설하여 전국 6개 권역으로 확대하였다. 한편 법무부는 불법입국 및 불법취업알선 브로커 등 불법체류 환경을 조장하는 출입국 관련 사범에 대한 조사를 전담하

는 2개의 이민특수조사대를 운영하고 있다.306)

출입국외국인관서에서 구체적으로 출입국관리법 사범에 대한 단속, 조사 및 수사 업무를 수행하는 부서는 조사과, 사범과, 이민특수조사대이다. 조사업무에는 '동향조사', '출입국관리법 위반자 단속', '체류자격외 활동 조사' 등이 있으며, 사범업무에는 '출입국사범의 조사・고발・과태료 부과' 등의 업무가 포함되어 있다.307). 2018년 10월 기준 국내 불법체류자는 총 352,749명에 달하지만, 2018년 11월 기준 법무부 소속 단속 인력 수는 257명에 불과하다.308)

[표 1-43] 출입국외국인관서 하부조직에 따른 관장사무309)

조사과	1. 외국인의 동향조사 및 정・첩보 수집에 관한 사항 2. 출입국관리법령 위반자 단속 및 조사에 관한 사항 3. 사법경찰관리의 직무를 수행할 자와 그 직무범위에 관한 법률 제3조제5항 각 호310)에 따른 출입국관리에 관한 범죄와 경합범 관계에 있는 범죄에 대한 수사 4. 송환귀국자의 인수 및 조사 5. 체류자격외의 활동을 하는 외국인에 대한 활동중지명령 6. 외국인에 대한 거소와 활동범위의 제한 및 준수사항의 결정통보	⑮, ⑨6～11
사범과	1. 출입국사범의 조사・고발 및 통고처분・과태료 부과 등 심사결정 2. 외국인의 보호 및 강제퇴거	⑯, ⑨12～13
이민 특수 조사대 (서울, 부산)	1. 외국인의 동향조사 및 정보・첩보 수집에 관한 사항 2. 국제회의, 국제행사 등 안전활동에 관한 사항 3. 사법경찰관리의 직무를 수행할 자와 그 직무범위에 관한 법률 제3조제5항 각 호에 따른 출입국관리에 관한 범죄와 경합범 관계에 있는 범죄에 대한 수사 4. 출입국・외국인청장, 출입국・외국인사무소장 또는 외국인보호소장이 조사의뢰한 사항 5. 법무부장관이 특별한 조사가 필요하다고 지정하는 사항 6. 출입국관리법령 위반자 단속 및 조사에 관한 사항 7. 제3호 또는 제6호와 관련된 출입국사범의 고발 및 강제퇴거명령・출국명령의 심사결정	⑲

306) 법무부 출입국・외국인정책본부 홈페이지(https://www.immigration.go.kr/immigration/1516/subview.do)

307) 유민이 외, 앞의 보고서, 73면.

308) 출입국관리법 일부개정법률안(이언주의원 대표발의, 의안번호: 2019357) 제안이유.

309) 유민이 외, 앞의 보고서, 71면 표 수정.

310) ⑤ 출입국관리 업무에 종사하는 4급부터 7급까지의 국가공무원은 출입국관리에 관한 범죄와 다음 각 호에 해당하는 범죄에 관하여 사법경찰관의 직무를, 8급・9급의 국가공무원은 그 범죄에 관하여 사법경찰리의 직무를 수행한다.

3) 법적근거

특사경법 제3조 제5항은 출입국관리 업무에 종사하는 공무원에 대하여 출입국관리에 관한 범죄와 이와 경합범 관계에 있는 일부 범죄에 대하여 사법경찰관리로서의 직무를 수행할 것을 규정하고 있다. 즉, 출입국관리공무원은 다른 행정기관 소속의 공무원들과 달리 지방검찰청 검사장의 지명절차 없이 특사경법에 의하여 직접 출입국관리법 위반범죄뿐만 아니라 이와 경합범 관계에 있는「형법」제2편 제20장 문서에 관한 죄, 제21장 인장에 관한 죄,「여권법」위반범죄,「밀항단속법」위반범죄에 대하여도 수사권을 행사할 수 있는 자격이 부여된다.

출입국관리법은 제1장 총칙, 제2장 국민의 출입국, 제3장 외국인의 입국 및 상륙, 제4장 외국인의 체류와 출국, 제5장 외국인의 등록 및 사회통합 프로그램, 제6장 강제퇴거 등, 제7장 선박등의 검색, 제8장 선박등의 장 및 운수업자의 책임, 제8장의2 난민여행증명서 발급 등 제9장 보칙, 제10장 벌칙, 제11장 고발과 통고처분으로 구성되어 있다. 출입국관리법은 외국인의 출・입국 요건, 입국이 금지되는 외국인, 출입국관리공무원의 입국심사, 국내체류 외국인이 준수하여야 할 사항, 강제퇴거 대상인 외국인, 강제퇴거(강제추방) 대상자에 해당한다는 혐의가 있는 자에 대한 지방출입국・외국인관서의 조사, 그러한 조사과정에서의 보호조치, 강제퇴거집행을 위한 보호조치 등에 대해 규정하고 있으며, 출입국관리법 위반행위를 형사범죄와(제93조의2 내지 제99조의3) 질서위반행위로(제100조) 나누어 위반행위에 대한 벌칙을 규정하고 있다. 또한 제11장(고발과 통고처분)에서는 범칙금 통고처분과 전속고발권 등에 대하여 규정하고 있다.[311)]

출입국사범의 대상범위에 대해서는 출입국관리법 제2조 제14호에서 규정하고 있으며, 출입국관리법 위반사항 중 형벌과 과태료로 처벌되는 행위를 말하는데 과태료 부과대상인 질서위반행위는 제100조에서 규정하는 행위들이므로 대부분은 출입국사범은 형벌로 처벌되는 행위라고 할 수 있다. 형벌로 처벌되는 출입국사범에 대하여

---

1. 출입국관리에 관한 범죄와 경합범 관계에 있는「형법」제2편제20장 문서에 관한 죄 및 같은 편 제21장 인장에 관한 죄에 해당하는 범죄
2. 출입국관리에 관한 범죄와 경합범 관계에 있는「여권법」위반범죄
3. 출입국관리에 관한 범죄와 경합범 관계에 있는「밀항단속법」위반범죄

311) 김대근・김경찬, 인권지향적 형사사법체계 구축을 위한 예비 연구, 형사정책연구원 연구총서, 2018, 25면.

적용되는 범칙금 통고처분은 출입국관리법 제102조에서 규정하고 있다. 이 통고처분제도는 1967년에 출입국관리법이 개정되면서, 일부 경미한 출입국사범들에 대해서만 적용하도록 마련되었다가, 1977년에 출입국관리법이 개정되면서, 거의 모든 출입국사범들에 대해 범칙금을 부과할 수 있도록 바뀌었다. 단, 금고이상의 형에 해당될 정도로 중한 출입국사범은 범칙금 부과대상에서 제외되었고, 벌금형에 해당할 정도의 경미한 출입국사범만 범칙금 부과대상이 되었다.312)

불법체류외국인을 포함한 출입국사범에 관한 사건은 출입국관리법 제101조 규정에 따라 지방출입국·외국인관서의 장의 고발이 없으면 공소를 제기할 수 없으며, 출입국관리공무원 외의 수사기관이 제1항에 해당하는 사건을 입건하였을 때에는 지체 없이 관할 지방출입국·외국인관서의 장에게 인계하여야 하는 등 출입국관리기관 및 그 소속 공무원에게 불법체류외국인에 대한 관리 권한을 배타적으로 부여하고 있다.313)

4) 출입국사범의 처리절차 및 현황

외국인이 체류기간을 도과하여 체류하거나 체류자격을 벗어나는 체류활동을 하거나 내국인이 취업할 수 있는 체류자격을 가지지 아니한 외국인을 불법 고용하는 등의 출입국관리법 제93조의2부터 제100조까지의 규정에 의한 죄를 범하였다고 인정되는 출입국사범에 대하여 출입국외국인관서의 장은 출입국사범에 대한 조사결과, 범죄의 확증을 얻으면 범칙금을 통고하거나, 금고이상의 형에 해당할 것으로 보이면 즉시 고발할 의무가 있다(동법 제102조).314)

불법체류외국인은 크게 밀입국자 등 정당한 입국절차를 거치지 않고 입국하여 체류하는 외국인과 정당한 입국절차를 거쳐 입국하였더라도 사증에서 정한 체류자격 외의 활동을 하거나 사증유효기간을 초과하여 체류하는 외국인 등으로 구분할 수 있다. 불법체류외국인 등에 대하여는 그 위반 정도에 따라 출국권고, 출국명령, 강제퇴거 등의 처분을 하는 외에 범칙금 부과 및 입국규제 등의 처분을 병행하도록 하고 있다.315)

---

312) "[법률칼럼] 출입국관리법 상 통고처분(범칙금) 제도의 문제점(3)", 재외동포신문, 인터넷 기사(2021.02.23.).

313) 감사원, 사증발급 및 체류관리 실태, 2004, 75면.

314) 유민이 외, 앞의 보고서, 93-94면.

2019년 처리한 불법체류 외국인 등 출입국관리법 위반자는 175,609명으로 2018년도 대비 약 07.%(1,228건) 감소하였다([표 1-44]).[316]

[표 1-44] 연도별 출입국사범 처리 현황(2014~2019)

(단위: 명, 천 원)

연도	총계	강제퇴거	출국명령	출국권고	통고처분		고발	과태로		기타
					건	금액		건	금액	
2014	113,351	18,316	3,776	3,352	31,236	32,531,430	1,613	11,000	1,528,616	44,058
2015	124,515	21,916	5,564	3,192	29,272	35,037,850	1,850	8,558	1,312,070	54,160
2016	152,486	28,784	6,183	3,345	29,380	38,592,080	2,553	7,271	988,440	74,970
2017	146,924	26,694	6,282	3,366	29,939	10,094,280	2,851	15,205	2,165,600	62,688
2018	176,849	31,811	4,770	3,273	30,395	49,452,520	3,482	15,595	2,086,170	87,523
2019	175,609	34,557	5,852	2,687	26,106	49,564,840	4,552	14,330	1,960,670	87,525

※ 강제퇴거, 출국명령, 출국권고는 통고처분 등 병과 처분이 없는 경우임
출처: 법무부 출입국·외국인정책본부, 2019 출입국·외국인정책 통계연보 2020, 89면.

출입국관리법 위반자 처리유형별로 살펴보면, 강제퇴거 34,557건(19.75%), 출국명령 5,852건(3.3%), 출국권고 2,687건(1.5%)이며, 통고처분 26,106건(14.9%), 과태료 14,330건(8.2%), 고발 4,552건(2.6%), 기타 87,525건(49.8%) 이었다.

출입국관리법 위반자 처리 관련 용어설명[317]

☞ 강제퇴거

- 출입국관리법을 위반한 외국인을 본인의 의사에 반하여 강제적으로 대한민국 밖으로 추방하는 것
- 불법입국자, 불법체류자, 금고 이상의 형의 선고를 받고 석방된 외국인 등 강제퇴거의 대상을 법 제46조 및 제68조 제4항에 규정하고 있음

☞ 출국명령

- 출입국관리법을 위반한 외국인에게 사무소장, 출장소장 또는 보호소장이 출국을 명령하는 것

315) 감사원, 사증발급 및 체류관리 실태, 2004, 18면.
316) 법무부 출입국·외국인정책본부, 2019 출입국·외국인정책 통계연보 2020, 88면.

- 그 대상은 강제퇴거사유에 해당하는 혐의가 있다고 인정되는 외국인이 본인의 부담에 의하여 출국하려고 할 때, 출국권고를 받고도 이를 실행하지 않을 때, 통고처분을 받은 자를 출국 조치하는 것이 적당하다고 인정되는 경우 등
- 강제퇴거자가 입국규제자 명단에 장기간 등재되는 반면에 출국명령을 받은 외국인은 일정기간 사증발급이 제한되는 조치가 뒤따른다는 점에서 강제퇴거와 차이가 있음

☞ **통고처분**

- 대한민국에 체류하는 외국인이 벌금에 상당하는 출입국관리법을 위반하였을 때, 출입국관리사무소장 또는 출장소장이 그 외국인에게 벌금에 상당하는 금액을 지정한 장소에 납부할 것을 통고하는 것

☞ **과태료**

- 법위반이 등록사항변경신고의 위반, 등록증 반납의 위반 등과 같이 과태료에 해당하는 경우에는(법 제100조) 출입국관리사무소장 또는 출장소장이 과태료 처분의 고지를 함

출입국사범[318]에 대한 조사에 관하여는 출입국관리법 제47조부터 제50조까지의 규정을 준용한다(제102조 제4항 전문). 즉, 출입국관리공무원은 출입국관리법 제47조부터 제50조까지의 규정 및 제102조의 규정에 따라 강제퇴거사유에 해당된다고 의심되거나 출입국관리법 또는 이 법에 의한 명령을 위반하였다고 의심되는 외국인 및 내국인에 대하여 그 사실을 조사할 수 있으며(제47조), 조사에 필요하면 용의자의 출석을 요구하여 신문할 수 있으며(제48조), 조사를 함에 있어 필요한 때에는 참고인의 출석을 요구하여 진술을 들을 수 있다(제49조). 또한 출입국관리공무원은 조사를 위하여 필요한 때에는 용의자의 동의를 받아 그의 주거 또는 물건을 검사하거나 서류 또는 물건을 제출하도록 요구할 수 있다(제50조).

출입국사범에 대한 조사절차에 대하여는 다른 행정공무원에게 적용되는 법률과 같이 별도의 범칙조사절차를 마련하고 있지 않고 일반 행정조사 절차를 따르도록 하면서 일부 절차는 형사절차에 준하는 절차를 따르도록 규정하고 있다. 예를 들어 제48조는 피의자에 대한 출석요구 및 신문절차에 준하는 방식으로 용의자에 대하여

317) e-나라지표 지표설명 요약 https://www.index.go.kr/potal/main/EachDtlPageDetail.do? idx_cd=1757#quick_02;

318) "출입국사범"이란 제93조의2, 제93조의3, 제94조부터 제99조까지, 제99조의2, 제99조의3 및 제100조에 규정된 죄를 범하였다고 인정되는 자를 말한다(출입국관리법 제2조 제14호).

출석을 요구하여 신문하도록 규정하고 있으며, 제102조 제4항 후문은 특히 출입국사범의 조사에 있어서 용의자신문조서를 형사소송법 제244조에 따른 피의자신문조서에 준하도록 규정하고 있다.

출입국사범에 대한 처리 절차는 다음의 그림과 같다.

[그림 1-18] 출입국사범처리 흐름도

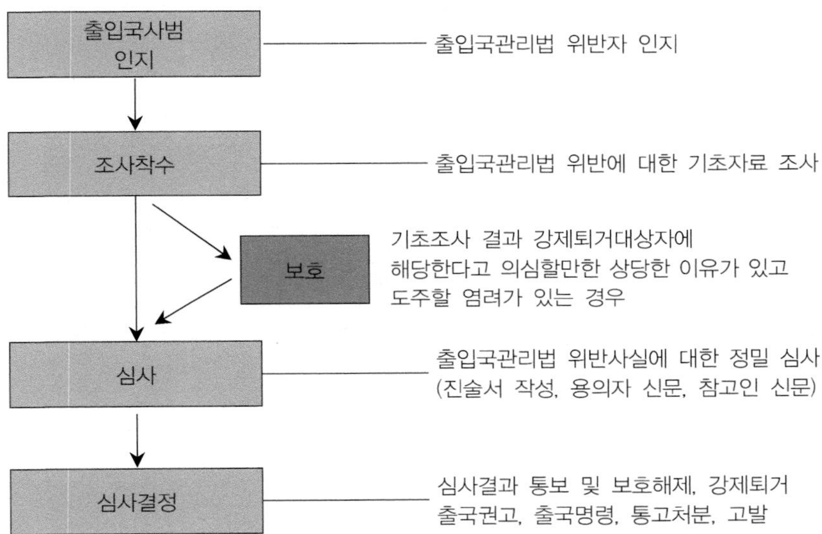

출처: 하이코리아 출입국사범 의미/조사319)

5) 평 가

출입국법 위반사항 중 과태료 부과 대상인 일부를 제외하고 나머지는 모두 형벌에 의해 처벌되는 사안인 점과 관세범과 조세범의 경우와 마찬가지로 범칙금 통고처분의 대상인 된다는 점에서 출입국공무원에 대하여 특사경의 자격을 자동으로 부여하는 것은 사실상 범칙조사를 수행할 수 있도록 특사경의 자격을 부여하는 형태로 이해할 수 있다. 하지만 다른 기관에 비하여 범칙조사에 대한 수단이 매우 미비하며 강제퇴거 대상자에 대한 조사수단을 준용하여 범칙조사를 하도록 하면서 일부

319) 하이코리아 홈페이지(https://www.hikorea.go.kr/info/InfoDatail.pt?CAT_SEQ=224&PARENT_ID=163)

용의자 조사절차와 신문조서에 대하여 형사소송법상의 피의자신문 절차를 따르도록 한 것은 중대한 흠결로 평가될 수 있다. 무엇보다도 다른 범칙조사에서 볼 수 있는 서류나 물건에 대한 영장에 의한 압수수색의 절차가 누락되고 임의조사의 방식으로 주거 또는 물건을 검사하거나 서류 또는 물건을 제출하도록 요구할 수 있도록 한 것은 영장주의를 회피하려는 의도로 비춰질 수밖에 없다.[320)]

일반적으로 특사경의 도입이 강제조사의 수단을 확보하기 위한 수단으로 활용된다는 점에서 보면 모순적이라고 할 수 있다. 또한 불법체류자들에 대한 단속이 행정조사 차원에서 행해지는 것인지, 즉시강제에 해당하는 것인지, 아니면 범죄혐의를 근거로 한 범칙조사 차원에서 행해지는 것인지 모호한 면이 있으며 특히 후자인 경우에는 개인의 주거나 사업장에 출입하는 경우에 영장을 발부받아야 함에도 이러한 절차가 마련되지 못한 문제점이 있다.[321)] 강제퇴거의 절차와 관련해서도 지방출입국·외국인관서의 장으로부터 보호명령서를 발급받아 외국인을 보호할 수 있도록 규정(제51조)하고 있으나, 출입국사범으로서 형벌에 처해지는 사안의 경우 수사목적으로 인신을 구속하는 것이 되어 일반적인 형사소송법의 체포 또는 구속의 절차를 따르지 않아 적법한 인신구속으로 보기 어렵다.[322)]

따라서 출입국공무원에 대하여 법률에 의해 직접 특사경의 자격을 부여하는 것은 문제가 있으며 행정조사와 범칙조사, 그리고 더 나아가 수사와 분리될 수 있도록 대상자를 구분할 필요가 있다. 아울러 범칙조사 절차에 대하여도 행정조사와 구별되는 별도의 절차를 마련하고 영장주의가 적용될 수 있도록 절차규정을 마련하여야 할 것이다.

---

320) "영장주의 원칙의 예외로서 출입국관리공무원 등에게 외국인 등을 방문하여 외국인동향조사 권한을 부여하고 있는 출입국관리법 규정의 입법 취지 및 그 규정 내용 등에 비추어 볼 때, 출입국관리공무원 등이 출입국관리법 제81조 제1항에 근거하여 제3자의 주거 또는 일반인의 자유로운 출입이 허용되지 아니한 사업장 등에 들어가 외국인을 상대로 조사하기 위해서는 그 주거권자 또는 관리자의 사전 동의가 있어야 한다."(대법원 2009. 3. 12. 선고 2008도7156 판결).

321) 국가인권위원회는 2005년 5월 23일 '불법체류 외국인 등에 대한 강제단속 및 연행의 권한과 요건, 절차를 명확하고 엄격하게 규정하며, 단속과 연행 과정에서 대상 외국인의 절차적 권리를 실질적으로 보장하고, 출입국관리공무원의 권한 행사, 특히 단속, 연행, 보호, 긴급보호 등 신체의 자유를 심각하게 제약하는 조치에 대하여는 형사사법절차에 준하는 수준의 실질적 감독체계를 마련할 것'을 권고한 바가 있다.

322) 인신보호법 제2조는 명시적으로 출입국관리법에 따라 보호된 자를 인신보호법 상의 "피수용자"에서 배제시키고 있어 구제청구가 불가능하도록 하고 있다.

아. 산업재산 특별사법경찰(특허청)

1) 개 요

특허청은 특허, 실용신안, 디자인, 상표 등 산업재산권에 관한 국내 · 외 출원 · 심사 · 등록 사무를 관장하며,[323] 특허심판원을 두어 산업재산권에 대한 무효심판 등 심판 제도를 운영하고 있다.[324] 2010년 5월 4일 개정된 특사경법은 특허청 소속되어 상표권 침해에 관한 단속사무를 담당하는 공무원에게 지방검찰청 검사장의 지명을 받아 사법경찰권을 행사할 수 있도록 하였다. 이로써 위조상품을 적발해도 시정권고나 행정절차밖에 할 수 없었던 문제점을 개선하여 위조상품 제조판매업자를 검거해 검찰에 송치할 수 있게 되었다.

특허청 특사경은 총 15명의 인력으로 2010년 9월 대전 · 서울 · 부산 3개 지역사무소를 둔 상표권 특별사법경찰대로 출범하였다. 출범당시 산업재산보호팀 소속이었으나 2013년 9월 산업재산과로 독립하였으며, 2018년 특사경법의 개정으로 2019년 3월부터 수사범위를 기존 상표권 침해에서 특허권, 영업비밀, 디자인권 침해 수사로까지 확대하여 '산업재산 특별사법경찰'로 변화하였다.

특허청은 상표(위조상품), 특허, 디자인, 영업비밀 등의 침해 행위 수사와 상품형태 모방, 영업외관 모방, 아이디어탈취 등의 부정경쟁행위를 조사 · 시정권고하기 위해 신고센터를 운영하고 있다.[325] 또한 특허청은 위조상품 단속 강화 및 유통 근절을 위해 2006년부터 위조상품 신고포상금 제도[326]를 운영하고 있으며, 또한 온 · 오프라인에서의 위조상품 유통 정보를 상시로 수집하고, 오픈마켓, SNS, 개인 쇼핑몰 등을 통해 위조상품이 유통된 것으로 조사되면 온라인사업자 및 방송통신심의위원회에 판매중지 또는 사이트 차단 · 폐쇄를 요청하고 있다.[327]

---

323) 정부조직법 제37조 제5항.

324) 국가지식재산위원회, 2018 지식재산 보호정책 집행 연차보고서, 2019, 27면.

325) 산업재산침해 및 부정경쟁행위 신고센터 홈페이지 자료 참고(https://www.ippolice.go.kr/bp/main/intro.do?menuDiv=intro)

326) '위조상품 신고 포상금 지급 규정'(특허청훈령 제917호, 2019.01.01.시행)

327) 국가지식재산위원회, 2018 지식재산 보호정책 집행 연차보고서, 2019, 63면.

[그림 1-19] 지식재산 보호체계[328)]

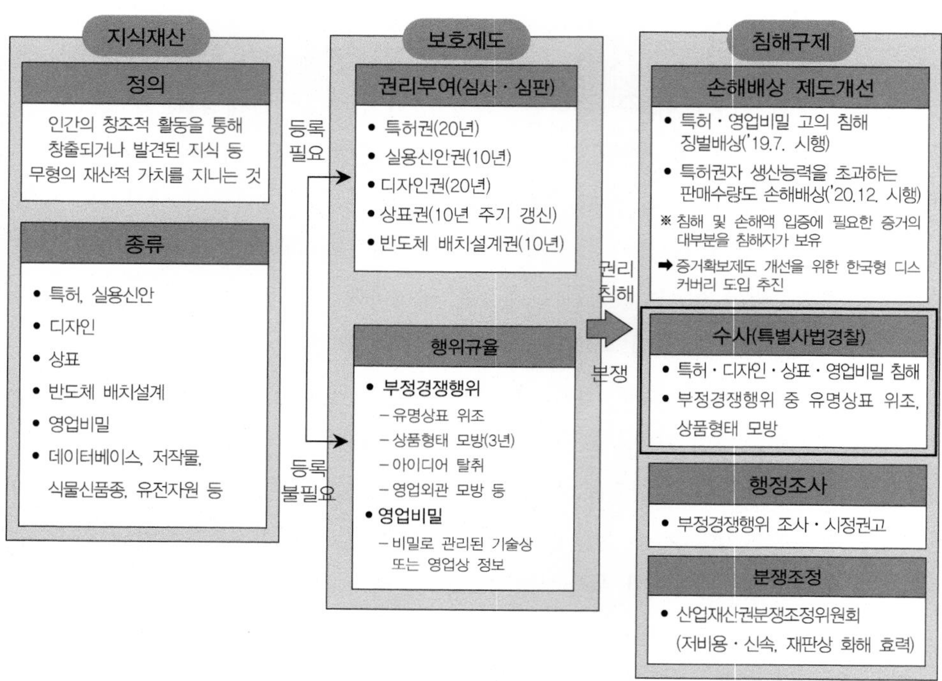

2) 조직 및 인력

특허청은 본부(대전) 및 3개 지역(서울, 대전, 부산) 사무소 체제로 운영되고 있다. 특허청 특별사법경찰 지명 인력은 2013년 총 16명이었으나 2018년에는 24명으로 증가하였다. 산업재산조사과 인력은 정원이 43명으로 상표 특사경 24명, 특허영업비밀디자인 특사경 11명 등 35명의 수사관으로 구성되어 있으며, 행정지원, 기획 등 총괄팀 3명, 부정경쟁행위 조사관 5명이 포함되어 있다. 따라서 특사경 인력은 본부 및 지역 사무소에 분산되어 있는 형태를 취하고 있다.

328) 특허청 산업재산 특별사법경찰, 특허청 산업재산보호협력국 산업재산조사과, 2020. 8., 4면.

[그림 1-20] 특허청 특별사법경찰 조직 현황[329]

3) 운영성과

상표특사경의 단속실적을 보면 상표권 침해사범 약 3,500여명을 형사입건하고, 위조상품 1,200만여점(정품가액 5,000억원)을 압수하였다. 2019년 3월부터는 특허 · 영업비밀 · 디자인 침해 사건도 활발히 수사하여 1년 6개월 동안('19.3월~'20.8월) 276건의 기술사건을 처리하고, 침해사범 438명을 형사입건 조치하는 등의 성과를 거두었다.[330]

[표 1-45] 상표 특사경 단속실적[331]

(단위: 명, 점, 억원)

구분	'11	'12	'13	'14	'15	'16	'17	'18	'19	'20.8	합계
형사입건(명)	139	302	376	430	378	351	362	361	376	386	3,461
압수물품(점)	28,589	131,599	822,370	1,114,192	1,197,662	584,094	691,630	542,505	6,269,797	639,929	12,022,367
정품가액	85.5	246.7	567.2	880.8	976.5	744.9	416.5	364.6	633.1	98.8	5,014.6

329) "특허청 특별사법경찰 출범 10년…지식재산 침해 "꼼짝마"", 특허청 보도자료, 2020. 9. 15. 7면.
330) 같은 보도자료, 3면.
331) 같은 보도자료, 3면.

[표 1-46] 특허 · 영업비밀 · 디자인 특사경 단속실적('20.8.31. 기준, 누적수치)332)

(단위: 명)

구분	특허	영업비밀	디자인	부정경쟁방지 · 상표	합계
형사입건	206	41	123	68	438
송치	103	19	82	24	228

4) 법적근거

특사경법 제6조 제35호의2에 따라 특허청에 근무하며 특허권 · 전용실시권 침해, 부정경쟁행위, 영업비밀의 취득 · 사용 · 누설 및 디자인권 · 전용실시권 침해에 관한 단속 사무에 종사하는 4급부터 9급까지의 국가공무원은 「특허법」에 규정된 특허권 또는 전용실시권 침해에 관한 범죄, 「부정경쟁방지 및 영업비밀보호에 관한 법률」 제2조제1호자목에 규정된 상품형태 모방 등 부정경쟁행위에 관한 범죄, 같은 법 제18조제1항 및 제2항에 규정된 영업비밀의 취득 · 사용 · 누설에 관한 범죄 및 「디자인보호법」에 규정된 디자인권 또는 전용실시권 침해에 관한 범죄에 대하여 수사를 할 수 있다.

[표 1-47] 산업재산 특별사법경찰 수사범위333)

유형	구분	관련법률	수사범위
상표 침해범죄 수사	상표	상표법	상표권 · 전용사용권 침해
		부경법	상품주체 혼동행위 (제2조제1호가목)
특허 · 영업비밀 · 디자인 · 상표 침해범죄 수사	특허	특허법	특허권 · 전용실시권 침해
	영업비밀	부경법	영업비밀 침해
	디자인	디자인보호법	디자인권 · 전용실시권 침해
		부경법	상품형태 모방행위(제2조제1호자목)
	상표	상표법	상표권 · 전용사용권 침해
		부경법	상품주체 혼동행위(제2조제1호가목)

특허청은 2014년 7월 3일 특사경법에 의하여 「상표법」 중 상표권 또는 전용사용권 침해에 관한 범죄와 「부정경쟁방지 및 영업비밀보호에 관한 법률」 중 제2조 제1

332) 같은 보도자료, 3면.
333) 특허청 산업재산 특별사법경찰, 특허청 산업재산보호협력국 산업재산조사과, 2020.8, 7면 표 수정.

호 가목에 규정된 부정경쟁행위에 관한 범죄를 단속하는 특허청의 특별사법경찰관리("상표권 특별사법경찰")의 업무수행에 필요한 사항을 정하기 위하여 훈령으로 '특허청 특별사법경찰관리 집무규정'을 제정·시행하였다. 이 집무규정은 총 5개의 장(총칙, 상표권 경찰 조직 및 운영, 수사, 압수물의 관리, 보고 및 비치서류)과 92개 조문으로 이루어졌다. 이후 직무범위가 특허권, 디자인권, 영업비밀 침해죄까지 확대됨에 따라 친고죄 규정 및 제도운영상의 미미사항을 정비하고 종전 집무규정이 수사방식을 총망라하는 형식으로 구성(총 5장 92개 조문)되어 실무적으로 가독성이 현저히 떨어지는 문제점이 있어 집무규정의 전체 체계를 개편하여 3장 58개의 조문으로 축소 개편하는 내용으로 2019년 4월 1일 전부개정되었다.

이후 「특별사법경찰관리에 대한 검사의 수사지휘 및 특별사법경찰관리의 수사준칙에 관한 규칙(법무부령)」이 제정되고 특허침해죄가 반의사불벌죄로로 전환('20.10.20. 시행)되는 등 환경변화를 반영하여 기존 훈령과 수사준칙에서 중복되는 규정을 간소화하고, 제도운영상 미비사항을 정비하기 위하여 2021년 4월 1일 「특허청 특별사법경찰관리 집무규정」을 전부개정하고, 아울러 훈령의 제명을 특허청 산업재산 특별사법경찰임을 명확히 하도록 변경하였다.[334)]

특허청의 특별사법경찰인 산업재산조사과는 2014년 12월 수사매뉴얼을 발간하였으며, 제1장은 특별사법경찰 제도, 권한, 수사총론, 제2장은 수사의 개시, 제3장은 임의수사, 제4장은 강제수사(I)-대인적 강제처분, 제5장 강제수사(II)-대물적 강제처분, 제6장 사건의 송치로 구성되어 있다.[335)]

5) 사건 처리 절차

산업재산 특별사법경찰의 사건처리절차는 아래와 같다.[336)]

침해신고 접수(고소, 고발 등) → 침해 유형별 전문 수사관 배정 및 수사 개시 → 신고인 진술과 제출자료 등을 기초로 침해사실 특정 → 증거자료(피신고인 진술, 제출자료 등) 수집 및 검토 → 수사자료 종합하여 침해여부 판단 → 수사 의견서 작성 및 검찰 송치

334) 법제처 법률정보시스템 제정·개정 이유 참조.

335) 정차호 외, 특허, 디자인 및 영업비밀 특별사법경찰 운영방안, 특허청 연구용역보고서, 2018, 39-40면.

336) 특허청 홈페이지(https://www.kipo.go.kr/ko/kpoContentView.do?menuCd=SCD0200350)

공익적 특성이 강한 상표권과 영업비밀의 침해범죄는 비친고죄로서 권리자의 고소나 제3자의 고발이 없어도 수사가 개시될 수 있다. 반면 특허권 침해범죄와 디자인권 침해범죄는 친고죄로서 피해자인 권리자의 고소가 있어야 수사가 개시된다. 비친고죄인 경우에 고소・고발기간에 제한이 없으나 친고죄인 특허권 침해범죄와 디자인 침해범죄는 형사소송법 규정에 따라 범인을 안 날로부터 6개월 이내에 고소를 해야 한다. 만일 침해 범죄가 계속되고 있는 경우에는 침해 범죄가 최종 종료된 시점부터 6개월이 지나지 않았다면 고소를 통해 수사가 개시될 수 있다.[337)]

통상 행정공무원에 의해 수행되는 범칙조사의 경우에는 개별법이 규정하고 있는 조사절차에 따라 조사를 진행되지만 특허청 산업재판 특별사법경찰의 수사대상인 범죄들은 범칙조사의 대상이 아닌 수사대상이므로 형사소송법이 규정하고 있는 수사절차에 따라 압수・수색뿐만 아니라 체포, 구속 등의 인식구속이 가능하다. 영장발부절차는 일반사법경찰의 경우와 마찬가지로 검사에게 신청하여 검사가 지방법원 판사에게 영장을 청구하여 판사가 이를 발부하는 절차를 따른다.

6) 평 가

특허청은 심사・심판관 1,200명을 두고 있으며 이공계 석박사 및 변호사 등 전문자격인력만 500명을 넘는 전문 기술인력조직으로서, 산업재산 분야에 전문성을 갖춘 심사관과 심판관 출신 특별사법경찰이 초동 수사부터 검찰 송치까지 직접 진행한다는 특징이 있다.[338)] 과태료, 과징금부과의 권한이 없으며 범칙금 통고처분에 대한 권한도 보유하고 있지 않아 상표권 등에 대한 침해사실 및 고의성 등이 확인되면 단순한 시정조치 등의 행정처분의 사항에 해당하지 않는 경우 수사 후 검찰에 송치하는 방식으로 운영하고 있다.

---

337) “[리걸타임즈 칼럼] 특허청 특별사법경찰의 업무범위 확대와 전망”, 리컬타임즈 인터넷 기사(2019.10.18.).

338) 특허청 산업재산 특별사법경찰, 특허청 산업재산보호협력국 산업재산조사과, 2020. 8. 10면.

2. 지방자치단체의 수사기관화

가. 수사기관화의 메카니즘

1) 수사기관화 단계

1단계: 특사경 직무영역의 확대와 지방자치시대의 도래

특사경의 직무영역의 확대는 특사경으로 지명받은 중앙행정부처의 소속공무원의 증가뿐만 아니라 시도에 소속되어 해당 업무에 종사하거나 단속을 담당하는 공무원이 특사경으로 지명되는 인원의 자연스러운 증가로 연결된다. 1995년 자치단체장을 주민이 직접 선출하는 지방자치시대를 본격적으로 맞이함으로써 특사경의 운용에 있어서 지방자치단체는 일정한 자율성을 확보하게 된다. 지방자치단체에 소속된 특사경 인원의 증가는 각 중앙행정부처에 분산된 권한과 기능이 지방자치단체에 위임되면서 특히 광역자치단체 단위에서 수렴되는 현상으로 나타나며 일정한 규모를 갖추게 된다. 2004년 4월 특별사법경찰관리집무규칙을 제정한 이유도 중앙행정부처뿐만 아니라 지방자치단체를 포함하여 특사경의 소속과 업무내용이 다양해짐으로써 집무상의 준칙을 정하여 실질적인 수사와 검사의 지휘가 가능하도록 하는 체계를 만들고자 하는 데서 찾을 수 있다.

2단계: 제주특별자치도 자치경찰의 시행

제주도 자치경찰을 출범시킨 2006월 2월 21일 제정된 '제주특별자치도 설치 및 국제자유도시 조성을 위한 특별법'(제주특별법) 제108조는 특사경법에서 자치경찰공무원의 직무로 규정하고 있는 사법경찰관리의 직무를 자치경찰의 사무로 규정하고 이를 집행하기 위한 보조기관으로 자치경찰대를 설치하도록 규정하였다.[339] 이에 따라 2006년 7월 1일 특별사법경찰관리를 포함한 자치경찰공무원으로 구성된 제주자치경찰이 출범하였다. 이와 함께 2006년 7월 19일 개정된 특사경법은 제10조를 신설하여 자치경찰공무원을 특사경으로 지정하여 제주특별자치도의 관할구역 안에서 발생하는 범죄 중 식품·보건·환경 등에 관한 범죄에 대한 특별사법경찰권을 부여하였다. 특사경제도에서 제주자치경찰의 사례가 갖는 중요한 의미는 자치경찰

339) 4. 「사법경찰관리의 직무를 행할 자와 그 직무범위에 관한 법률」에서 자치경찰공무원의 직무로 규정하고 있는 사법경찰관리의 직무

제와 특사경제도가 결합될 수 있는 모델을 보여줌과 동시에 특사경들을 통합하여 관리하는 모델을 만들어 냈다는 것이다. 이로써 각 부서별로 흩어져 있던 지방자치단체 소속 특사경들에 대한 효율적 관리와 행정단속 및 수사를 위한 인력의 집중화에 대한 필요성이 제기되고 특사경 전담부서가 신설되는 계기가 마련된 것이다. 전담부서의 형태는 초기에는 특별사법경찰지원과의 형태를 취하였으며, 서울특별시는 제주특별자치도 이후 처음으로 2008년 1월 1일 2개 팀으로 구성된 특별사법경찰지원과를 발족하였다.[340)]

3단계: 특사경 전담부서 소속 공무원에 대한 포괄적 특사경 지위부여

검사장의 특사경 지명에 있어서 전담특별사법경찰(최초에는 특별사법경찰지원과)은 서울시의 경우 2008년 2월 21일 서울중앙지검 검사장으로부터 4개 분야(식품위생, 보건, 환경, 원산지 표시에 관한 범죄)에 대하여 지명을 받게 되었다. 이후 2008년 5월 27일 청소년보호법 위반 범죄가 추가되어 총 5개 분야로 확대되었다.[341)] 경기도의 경우에도 2009년 6월 식품위생, 원산지, 청소년보호, 환경, 의약, 공중위생 등 6개 분야(78명)로 특별사법경찰관 직무지명 및 인원을 제청하였다.[342)] 일반 특별사법경찰은 해당직무 한 개 분야에 대한 수사권의 지명을 받는 것과 달리 전담특별사법경찰은 여러 개의 주요 직무에 대하여 포괄적으로 수사권의 지명을 받는다는 점에서 큰 차이가 있다.[343)] 이것은 광역자치단체에 특사경 전담부서를 설치하여 특사경을 부여받은 공무원들을 단순히 집중 관리한다는 차원을 뛰어넘어 개별 직무영역에 한정하지 않고 여러 직무영역에서 특사경의 권한을 행사하도록 하는 시스템의 도입을 가능케 하였다는 의미를 갖는다.

4단계: 특사경 전담부서 설치의 법적근거 마련과 지원체계 구축

광역자치단체를 중심으로 특사경 전담부서가 설치됨에 따라 법률자문 역할과 수사지도를 위하여 주요 광역자치단체에 '사법보좌관', '사법정책보좌관' 등의 명칭(법률자문검사로 명칭 통일)으로 부장검사를 파견 받으면서 검찰의 감독체계가 확립되고

340) 김찬동 · 이세구, 앞의 보고서, 156면.
341) 같은 글, 85면.
342) 이현우 · 이미애, 앞의 보고서, 13면.
343) 김찬동 · 이세구, 앞의 글, 157면.

수사기관화로서의 토대를 다지게 된다. 2015년 8월 11일 개정된 특사경법은 이러한 특별사법경찰 전담부서의 조직개편을 반영하여 제12조(사법경찰 직무 전담 부서 설치)를 신설하여, 이 법에 따른 사법경찰관리의 소속 관서의 장이 사법경찰 직무의 효율적인 수행을 위하여 그 직무를 전담하는 부서를 설치할 수 있도록 하는 근거를 마련하였다.

5단계: 특사경전담부서와 자치경찰의 결합 단계

문재인 정부가 들어서면서 검찰개혁의 일환으로 수사권 조정이 가시화되고 이와 병행하여 본격적인 자치경찰제의 도입이 추진되면서 광역자치단체를 중심으로 특별사법경찰권과 함께 일반 범죄까지 수사할 수 있는 일반사법경찰권의 확보에 대한 기대가 조성되었다. 제주도의 자치경찰단을 모델로 하면서 국가경찰의 수사권을 포함하여 국가경찰의 기능을 광역시도 소속으로 이양시켜 더욱 확대된 수사조직으로 발전시키겠다는 구상을 가지게 된 것이다. 하지만 후술하는 바와 같이 실질적인 자치경찰의 도입이 아닌 기형적이면서 형식적인 자치경찰제의 시행에 따라 자치경찰과 특별사법경찰조직의 결합이라는 구상은 결국 무산이 되었으나 앞으로의 논의 가능성은 계속 열려 있다고 할 수 있다.

2) 특사경 전담부서의 설치와 자치경찰제의 관계

① 특사경 전담부서를 통한 자치경찰제의 실질적 실시

광역시도 단위에서 이미 설치하고 운용하고 있는 특사경전담부서는 2020년 12월 경찰법 전부개정에 따른 일원형의 자치경찰제 도입 이전에 이미 부분적이지만 실질적인 자치경찰제를 실시하고 있었다는 평가가 가능하다. 일반 형법범이 아니지만 식품, 보건, 위생, 환경 등 주민생활과 밀접한 생활영역에서의 행정범에 대하여 전담부서의 설치를 통하여 조직적이고 통합적인 단속활동과 수사활동을 펼치고 있는 것은 사실상 자치경찰제의 모습과 다름이 없다고 하겠다. 학계 일부에서도 제주자치경찰과 다른 광역시도 특사경 조직은 법적 근거에 있어서 차이점이 있지만 우리나라도 특사경 업무를 통하여 사실상의 자치경찰제를 운영하고 있다는 평가를 내리고 있다.[344]

344) 오재환 · 이충은, 특별사법경찰관리로서 자치경찰의 역할에 관한 연구, 법학논총 제39호(2017),

② 자치경찰제의 실시와 특별사법경찰 전담조직의 변화 기대

광역시도 단위의 특사경 조직은 인력의 통합적 운용과 관리라는 측면에서 나름대로의 성과를 거두고 있지만 다양한 법적, 물리적 여건으로 인하여 일정한 한계를 보인다. 광역시도의 입장에서 자치경찰의 실시는 특사경 전담조직이 가지고 있는 전문성과 인력의 한계를 극복하고 국가경찰에 견줄만한 수사조직으로 변모할 수 있는 중대한 전환점이 될 것이라는 전망을 하면서 자치경찰제 도입에 대한 기대가 컸었다. 수사권을 포함한 자치경찰제가 실시되는 경우 사실상 지방자치행정기관이 행정권과 수사권을 모두 가질 수 있게 되는 것으로서 조직의 권한 강화라는 측면에서 보면 결코 포기하기 쉽지 않은 내용이다.

물론 자치경찰제의 형태는 매우 다양하지만 이미 유럽형의 자치경찰제가 실시되고 있는 제주도식의 모델에 대하여 경찰학 분야 학자들을 중심으로 많은 비판이 있었으며 일본의 자치경찰제 형태의 광역시도 단위의 자치경찰제 도입이 강하게 주장되어 왔다. 이와 함께 문재인 정부가 출범하면서 검찰개혁의 일환으로 수사와 기소를 분리하는 내용으로 검경간의 수사권 조정이 본격 추진되는 과정에서 집중된 경찰의 권한을 분산시키기 위한 방안으로 자치경찰제도의 도입이 정부차원에서 추진되었다.

하지만, 정작 2020년 12월 전부개정 된 경찰법('국가경찰과 자치경찰의 조직 및 운영에 관한 법률')은 당초에 추진되었던 이원형이 아닌 일원형의 모델에 따른 자치경찰제를 도입하는 것을 내용으로 하였다. 그 주된 내용은 경찰사무를 국가경찰사무와 자치경찰사무로 나누고, 각 사무별 지휘・감독권자를 분산하며, 자치경찰사무를 관장하게 하기 위해 시・도지사 소속으로 시・도자치경찰위원회를 합의제 행정기관으로 두어 자치경찰사무를 지휘・감독하도록 하는 것이다.[345]

94면.

345) 법제처 법률정보시스템 개정이유 및 주요내용 참조.

[그림 1-21] 한국 자치경찰제도 모델[346)]

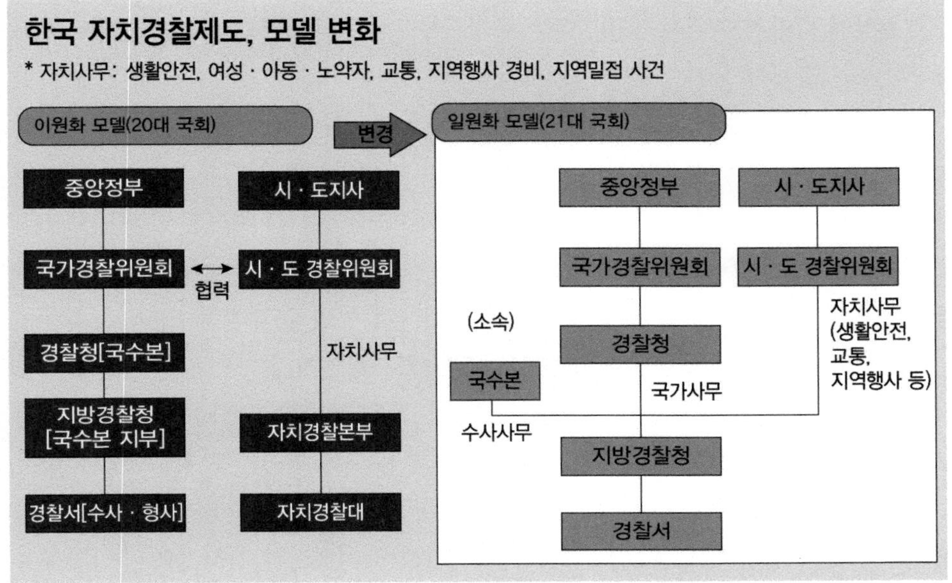

출처: 경찰청, 당정청 발표안

③ 일원형 자치경찰제와 특사경 수사사무의 문제점

전부개정된 경찰법 제4조(경찰의 사무)는 경찰의 사무를 국가경찰사무와 자치경찰사무로 구분하고 있다. 그런데 국가경찰사무에 대하여는 같은 법 제3조에서 정한 경찰의 임무를 수행하기 위한 사무로 정의하면서 단서를 통하여 제2호의 자치경찰사무를 제외시키고 있다. 이러한 조문형식에 따르면 범죄수사와 관련해서는 그것이 국가경찰사무라는 것을 전제로 하면서 제2호 라목에 해당하는 사무만을 자치경찰의 사무로 한정하여 소극적으로 정의하고 있음을 알 수 있다. 즉 이러한 정의에 따르면 제2호 라목에 해당하지 않는 사무는 전부 국가경찰사무에 속하게 된다.

그런데 경찰법 제4조는 조문의 내용이나 규정방식이 제주특별법 제90조와 유사한 구조를 취하고 있어 상호 비교가 필요하다. 수사사무를 제외한 나머지 경찰사무는 거의 동일하게 규정되어 있으나 수사사무에 있어서 내용상 큰 차이를 보인다. 물론 제주도의 경우 경찰법에 따른 일원적 체제의 자치경찰제를 적용하지 않고 기존

346) "'수사 전담' 국수본 신설…수사종결권에 대공수사까지", 머니투데이 인터넷 기사(2020.12.05.).

의 이원적 체제를 유지하는 것으로 입법자들이 결정하였으므로 얼핏 보면 별 문제가 없어 보이지만 실제로는 두 법과의 관계에서 미묘한 문제를 발생시킨다.

경찰법에 따라 자치경찰이 담당하는 수사사무는 종전과 동일하게 국가경찰조직이 담당한다는 점에서 국가경찰사무와 자치경찰사무라는 용어사용에서부터 문제가 있다.[347] 국가경찰조직과 구별되는 자치경찰조직이 없다는 점에서 주민생활과 밀접한 경찰사무에 있어서 사실상 시도지사를 포함하여 자치경찰위원회의 관여를 인정하였다는 의미를 가질 뿐이며, 더 이상의 의미를 부여하기 어렵다. 여하튼 이러한 구조적 문제에도 불구하고 국가경찰사무와 자치경찰사무를 구분하는 문제에 국한하여 보더라도 경찰법은 특사경의 수사사무를 전혀 고려하지 못한 문제점이 있다.

즉, 경찰법 제4조의 해석에 따르면 특사경의 직무영역에 속하는 수사사무는 그것이 특사경의 전속적 수사사무에 속하지 않는 한 전부 국가(경찰)사무에 해당하게 된다. 여기에 자치경찰사무에 속하는 수사를 제외하면 모든 특사경의 직무범위에 속하는 수사사무는 국가경찰사무에 해당하는 문제가 생기며 결국 특사경법의 규정과 경찰법의 규정이 충돌하는 것을 알 수 있다. 따라서 자치경찰과 특사경은 수사사무에 있어서 상호 결합될 수 없는 이질적 성격을 갖게 된다. 결국 현재와 같은 구분방식에 따르는 경우 새로운 자치경찰제의 도입논의에 있어서 특사경의 수사사무를 국가경찰사무와 자치경찰사무 중 어디에 두어야 할 것인지를 해결해야 하는 과제가 남는다.

경찰법에 제주특별법의 경우와 유사하게 특사경의 수사사무를 자치경찰의 사무에 포함시키지 않은 이유에 대하여 의문이 제기될 수 있다. 여기에 대해서는 경찰법에 따른 자치경찰제의 구조적 문제로 설명이 가능하다. 기본적으로 제주도가 이원적 체계를 따르고 있는 것과 달리 다른 광역시도에 적용되는 경찰법은 일원적 체계를 따르고 있어 그 토대가 다르다. 경찰법은 명목상 국가경찰사무와 자치경찰사무를 구분하고 있지만 일원형 모델에 따라 국가경찰사무뿐만 아니라 자치경찰사무의 수행주체가 모두 국가경찰(국가경찰공무원)이다. 엄밀히 말하자면 경찰법에서 자치경찰사무라는 용어를 사용하더라도 실상 국가경찰에 의해 수행되는 자치경찰사무라는 의미를 갖는다. 달리 말하자면, 일원적 체계에서 국가경찰사무와 자치경찰사무를 구분

347) 국가가 담당할 사무인가라는 문제와 국가경찰이 담당할 사무인가라는 문제는 구별되어야 한다.

하는 것 자체가 모순적이라고 할 수 있다.

이러한 문제점은 이원적 체계를 전제로 제주특별법이 수행주체에 맞춰 경찰사무를 국가경찰사무와 자치경찰사무를 구분한 것과 달리 경찰법이 수행주체를 분리하지 않고 단순히 시도지사 또는 시도자치경찰위원회의 지휘·감독을 받아 수행될 경찰사무를 자치경찰사무로 정의한 데서 비롯된다. 이러한 일원적 체계에서는 구조적으로 특사경의 수사사무를 자치경찰의 사무에 포함시킬 수 없는 것이다. 경찰법이 규정하는 사무분배의 체계 내에서 자치경찰사무에 특사경의 수사사무를 포함시키는 것은 불가능하며, 만일 특사경의 수사사무를 자치경찰사무에 포섭시키려면 이원적 체계의 경우에만 가능하다.

나. 서울특별시 민생사법경찰단

1) 연 혁

서울시 민생사법경찰단의 연혁을 보면, 특사경 도입 초기에는 소방 143명, 도로시설 18명, 위생 7명, 환경 5명 등 총 173명의 서울시 특별사법경찰과, 교통 141명, 위생 61명, 환경 47명 공원녹지 외 68명 등 25개 자치구의 총 317명의 특별사법경찰이 업무를 수행하였다.[348] 그러나 적발한 법규위반사례를 수사하지 못하고 검찰·경찰 고발에 그치는 일이 많았으며, 이로 인해 특사경제도가 실효성이 없다는 지적이 일어 효율적인 운영방안을 모색하게 되었다. 이후 2007년 10월 16일 식품·위생·보건·환경업무 등 행정분야의 전문성을 보유한 4-9급 공무원들에게 관련 분야 단속활동과 함께 위법사항을 적발하면 검사의 지휘를 받아 직접 수사하여 사건을 검찰에 송치할 수 있도록 하는 단속 및 수사전담 '특사경' 조직을 서울시와 25개 자치구가 공동 협력하여 창설할 것을 합의하게 되었다.[349]

이에 따라 2008년 1월 1일 지자체로는 최초로 특사경 조직으로 1과 2팀으로 구성된 '특별사법경찰지원과'가 출범하였다. 이 조직은 서울중앙지방검찰청 검사장이 지명한 82명(서울시 10명, 자치구 파견 72명)의 특별사법경찰과 지원인력(25명) 포함

348) 김찬동·이세구, 앞의 보고서, 84면; 마찬가지로 자치경찰제의 전면적 도입이 이루어지지 않은 상황에서 광역단위의 자치경찰제는 특별사법경찰 전담부서의 설치로 이미 부분적으로 도입되었다고 봐야 한다는 의견으로는, 같은 글, 162면.

349) 김찬동·이세구, 앞의 글, 84면.

107명으로 출범하여, 식품위생, 원산지표시, 공중위생, 의약, 환경 등 5개 분야의 수사직무를 시작하게 되었다.[350] 2008년 8월 26일에는 3개 팀으로 조직이 확대되고, 2009년 2월 27일에는 4팀 체제로 개편되었다.[351] 2010년 9월 27일 부서명칭을 특별사법경찰지원과에서 특별사법경찰과로 변경하고 수사총괄팀 이외에 중앙, 동부, 서부, 남부, 북부 등 5개의 지역수사팀을 두어 권역별 수사팀 편제로 개편하였다.[352] 2012년 9월 28일 부서명칭을 다시 민생사법경찰과로 변경하였으며, 다단계, 대부업 등 생활밀착형 민생침해사범 근절을 위해 2015년 11월 「서울특별시 행정기구 설치 조례 시행규칙」을 개정하여, 기존의 '민생사법경찰과'를 '민생사법경찰단'으로 명칭을 변경하였다.[353] 이에 따라 2016년 2월 4일 행정1부시장 직속기관인 '민생사법경찰단'으로 설치하고 2반 8팀으로 편성하였다.[354] 2020년 7월 10일 주택·복지수사팀이 신설되어 2반 9팀으로 편성된 후 2021년 1월 13일부터 '보건의약수사팀'을 분리하여 2반 10팀 체제로 운용되고 있다.

[표 1-48] 민생사법경찰단 조직 변천 경과[355]

조직변경일	내 용
'08.01.01	지자체 최초 특별사법경찰지원과(1과 2팀, 25개 지원반) 출범
'08.03.20	법률자문검사(사법보좌관) 파견(법무부의 현직 부장검사 파견)
'08.08.26	특별사법경찰지원과 1차 조직 확대(1과 3팀, 25개 지원반)
'09.02.27	특별사법경찰지원과 2차 조직 확대(1과 4팀, 25개 지원반)
'10.03.30	분산 25개 자치구 지원반을 권역별 5개 수사팀으로 통합 운영
'10.09.27	수사전담 특사경 조직 권역별 수사팀 체제로 개편 및 조직확대 ※ 특별사법경찰지원과를 특별사법경찰과로 명칭 변경
'12.09.28	특별사법경찰과를 민생사법경찰과로 명칭 변경
'15.11.12	'민생사법경찰단'으로 조직 확대(행정국 내 1단·2반·8팀)
'16.02.04	'민생사법경찰단' '국'조직 승격(행정1부시장 직속)

350) 서울특별시, 민생사법경찰 백서, 2018, 40면 및 48면.
351) 김찬동·이세구, 앞의 글, 85면 및 민생사법경찰 백서, 36-37면.
352) 서울특별시 홈페이지 참조.
(http://namesearch-app.seoul.go.kr/main/org/org_chart_bon.jsp?dept_cd=12110000)
353) 민생사법경찰단 주요업무보고, 서울시의회 행정자치위원회 제297회 임시회, 2020. 3. 1면.
354) 서울특별시, 민생사법경찰 백서, 37면 및 민생사법경찰단 홈페이지 참고.
355) 서울특별시, 민생사법경찰 백서, 36-37면 및 서울시 홈페이지 민생사법경찰 소개(https://news.seoul.go.kr/safe/public_cop_intro) 참조.

'17.08.22	디지털포렌식 센터 개소 ※ 전국 지자체 최초로 과학수사 시스템 도입
'18.01.18	부동산불법행위수사팀(TF) 신설(1단 · 2반 · 8팀 · 1TF)
'18.08.02	사회복지수사팀 신설
'20.01.10	디지털수사팀 신설(1단 · 2반 · 9팀 · 1TF ⇒ '21.1.13. '수사분석팀' 변경)
'20.07.10	주택 · 복지수사팀 신설(1단 · 2반 · 9팀)
'21.01.13	보건수사팀, 의약수사팀 신설(기존 '보건의약수사팀' 분리, 1단 · 2반 · 10팀)
'21.08.04	부서명칭 변경(민생수사1반→경제수사대, 민생수사2반→안전수사대)

2) 조직과 임무

① 조직현황[356]

2021년 2월 기준 1단 2반 10팀 체제로, 민생사법경찰단 산하에 2개의 반(민생수사 1반, 민생수사 2반)을 두고 있었으나, 2021년 8월 4일 민생수사1반을 경제수사대로, 민생수사2반을 안전수사대로 부서명칭을 변경하여 현재에 이르고 있다. 경제수사대는 수사정책팀과 4개의 수사팀(수사분석팀, 방문판매수사팀, 환경보전수사팀, 상표수사팀)으로 편제되어 있으며, 안전수사대는 4개의 수사팀(시민안전수사팀, 주거안전수사팀, 식품안전수사팀, 보건수사팀, 의약수사팀)으로 편제되어 있다.

[그림 1-22] 민생사법경찰단 조직도[357]

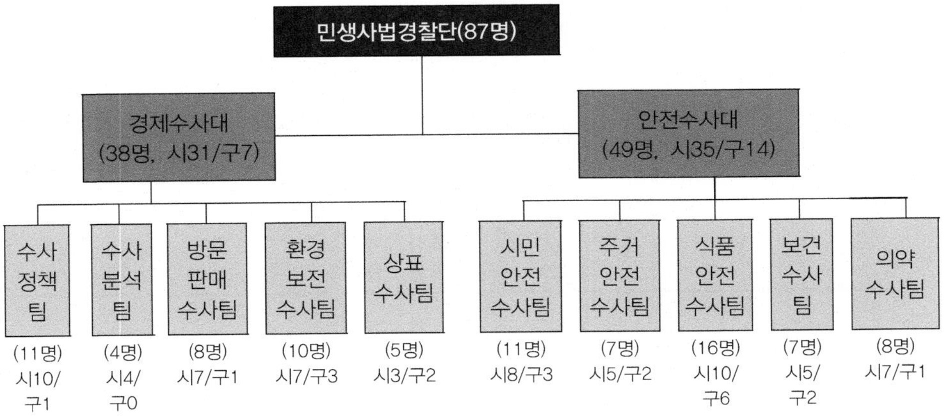

민생사법경찰단(87명)

경제수사대 (38명, 시31/구7)
수사정책팀 (11명) 시10/구1
수사분석팀 (4명) 시4/구0
방문판매수사팀 (8명) 시7/구1
환경보전수사팀 (10명) 시7/구3
상표수사팀 (5명) 시3/구2

안전수사대 (49명, 시35/구14)
시민안전수사팀 (11명) 시8/구3
주거안전수사팀 (7명) 시5/구2
식품안전수사팀 (16명) 시10/구6
보건수사팀 (7명) 시5/구2
의약수사팀 (8명) 시7/구1

356) 서울특별시, 민생사법경찰 백서, 24면.
357) 민생사법경찰단 주요업무보고, 서울시의회 행정자치위원회 제303회 정례회, 2021.11. 2면.

[표 1-49] 수사팀별 업무분야[358)]

반 명	팀 명	담당 업무(16개 분야 72개 법률 수사)
경제수사대	수사 정책팀	• 인사, 조직, 예산, 직무교육, 송치 등 특사경 업무총괄 - 단속·수사 종합계획 수립, 홍보, 제도개선, 사건송치 등
	수사 분석팀	• 디지털수사지원 및 각종 수사정보시스템 운영 - 디지털포렌식 수사지원, 수사정보포털시스템[359)] 등 운영
	방문판매 수사팀	• 불법 방문·다단계판매 및 할부거래 분야 - 불법 다단계판매, 선불식 할부거래업(상조) 행위 수사
	환경보전 수사팀	• 환경 분야 - 대기·수질·폐기물 등 환경오염물질 무단배출 행위 수사, - 가짜석유제품 불법유통 수사 등 • 개발제한구역 불법행위 분야
	상표 수사팀	• 상표권 침해 분야 - 상표·상호 도용, 원산지 표시 위반 행위 수사 등
안전수사대	시민안전 수사팀	• 불법 대부업 분야 - 불법 대부업 분야 기획·인지 수사 등 • 사회복지법인(시설), 청소년보호 분야 - 사회복지법인 보조금 목적외 사용 수사 등 - 청소년 유해 매체물 배포, 유해 약물 판매 및 출입·고용금지 위반
	주거안전 수사팀	• 부동산 분야 - 부동산 불법행위 수사 - 주택법, 공인중개사법, 부동산 거래신고 등에 관한 법률 위반 행위 수사 등
	식품안전 수사팀	• 식품·원산지표시 분야 - 식품 제조·가공·유통과정 위반, 농수축산물 원산지 위반 - 수입식품안전관리 및 식품분야 시험·검사 등에 관한 위반 행위 수사
	보건수사팀	• 공중위생·의료·정신 분야 - 위생업소 불법 행위, 무면허 의료 행위, 의료관련 개인정보 누설행위, 정신건강시설 이용자 보호 관련 수사 등
	의약 수사팀	• 의약·화장품·의료기기 분야 - 불법의약품·화장품·의료기기 제조·판매 사범 등

358) 서울시 홈페이지 민생사법경찰 소개(https://news.seoul.go.kr/safe/public_cop_intro) 참조.
359) 수사정보포털시스템은 각종 수사관련 자료를 수기로 관리하던 것을 송치 및 처분결과까지 수사업무의 표준절차를 전산처리하기 위해 2018년 12월 시스템을 구축하여 운영하여 왔다. 2020년도 민생사법경찰단 소관 예산안 검토보고, 서울시의회, 2020, 18면.

② 특사경 지명 확대 과정

민생사법경찰단은 2008년 출범당시에는 5개 분야에 대한 지명으로 시작하여, 이후 점진적으로 추가되어 현재는 16개 분야 72개 법률 위반행위로 확대되었다.

[표 1-50] 서울특별시 민생사법경찰단 특사경 지명분야 확대 현황[360)]

부여 일시	지명분야	지명분야 수
2008. 2. 21.	식품위생, 원산지표시, 공중위생, 의약, 환경	5개 분야
2008. 5. 27.	청소년보호	1개 분야
2010. 11. 22.	개발제한구역	1개 분야
2012. 4. 18.	상표권 침해 및 부정경쟁 행위	1개 분야
2015. 8. 26.	대부업·다단계판매, 석유·자동차관리, 화장품, 의료기기	4개 분야
2018. 1. 18.	의료 및 정신건강시설, 사회복지시설, 시설물안전, 부동산	4개 분야

[표 1-51] 수사직무 분야 및 관련법률(16개 분야/72개 법률)[361)]

지명 분야	직 무 내 용	직무관련 법률
대부업 및 방문판매	▸대부업·방문판매 등 이용자 보호 및 건전한 사업 육성	• 대부업 등의 등록 및 금융이용자 보호에 관한 법률 • 방문판매 등에 관한 법률 • 할부거래에 관한 법률
환경	▸쾌적한 도시환경 조성 및 맑은 환경 보전(대기·수질·폐기물 등 환경보전위반행위 등)	• 대기환경보전법, 물환경보전법 등 31개 법률 • 석면안전관리법 등 7개 법률
석유 및 자동차	▸시민의 안전과 환경오염을 위협하는 불법행위 근절(가짜석유 유통, 무등록 석유판매, 무등록 불법정비 등)	• 석유사업법, 자동차관리법 등 3개 법률
개발제한 구역	▸그린벨트 내 불법행위 차단으로 건전생활공간 조성(무허가 건축, 공작물 설치 행위 등)	• 개발제한구역의 지정 및 관리에 관한 특별조치법
시설물안전	▸시설물의 안전점검 등을 통한 재해와 재난 예방(3종 시설물 중 민간관리주체 소관 시설물 긴급안전점검을 거부하는 행위 등	• 시설물의 안전 및 유지관리에 관한 특별법
상표	▸위조상품 제조·판매 근절로 상품신뢰도 제고(상표·상호 도용 등 부정경쟁 및 상표권 침해 등)	• 상표법 • 대외무역법 • 부정경쟁방지 및 영업비밀보호에 관한 법률

360) 서울특별시, 민생사법경찰 백서, 2018, 51면.
361) 민생사법경찰단 주요업무보고, 서울시의회 행정자치위원회 제303회 정례회, 2021.11. 5면.

식품위생	▸부정식품 추방으로 시민체감 먹거리 안전 확보(식품생산→제조→유통 등 위해여부, 위생관리 등) ▸수입식품안전관리 및 식품분야 시험·검사 등에 관한 위반행위 수사	• 식품위생법 • 농수산물 품질관리법 • 건강기능식품에 관한 법률 • 보건범죄단속에 관한 특별조치법(식품위생 범죄) • 친환경농어업 육성 및 유기식품 등의 관리·지원에 관한 법률 • 축산물위생관리법 • 수입식품안전관리특별법 • 식품·의약품분야 시험·검사 등에 관한 법률
원산지표시	▸식품·농수산물, 공산품 등 먹거리에 대한 불신 해소(농·수산물·공산품 원산지허위표시, 인삼·양곡 불법판매 등)	• 농수산물의 원산지 표시에 관한 법률 • 인삼산업법 • 양곡관리법 • 대외무역법(원산지표시)
공중위생	▸다중이용시설에 대한 위생수준 제고(공중위생업소 미신고 영업행위 및 위생상태 등)	• 공중위생관리법
의료 및 정신시설	▸의료관련 개인정보 보호 ▸정신건강시설 이용자 보호	• 의료법 • 정신건강증진 및 정신질환자 복지서비스 지원에 관한 법률
의 약	▸가짜 의약품 등으로부터 시민건강 확보(무자격자 고용 의약품 판매, 의약품 불법유통 등)	• 약사법, 감염병예방법 • 보건범죄단속에 관한 특별조치법(약사 범죄)
화장품	▸안전한 화장품 보급을 통한 국민보건 향상(가짜 무등록 제품 제조 및 판매행위 등)	• 화장품법
의료기기	▸안전한 의료기기 보급을 통한 국민보건 향상(가짜 무등록 제품 제조 및 판매행위 등)	• 의료기기법
부동산	▸부동산 불법행위 수사를 통한 주거안정 도모(분양권 불법전매, 청약통장 불법거래, 떴다방 단속 등)	• 주택법 • 공인중개사법 • 부동산 거래신고 등에 관한 법률
사회복지	▸사회복지법인, 사회복지시설 및 보조금 관련 수사	• 사회복지사업법
청소년	▸청소년의 건전한 정서함양 및 탈선예방(청소년유해매체물·약물, 유해업소출입·고용위반 등)	• 청소년 보호법

③ 인력현황

다른 광역자치단체의 경우와 마찬가지로 서울시는 시(본청) 및 25개 자치구 각 행정집행 사무부서 소속으로 특사경을 보유하고 있다.

[표1-52] 서울시 특별사법경찰 인력현황[362] (2018.8.31. 기준)

(단위: 명)

합계	민생사법경찰단 363)	공원녹지정책과	서울대공원	시설안전과	토지관리과	식품정책과	도로사업소	교통지도과	38세금징수과	소방재난본부	자치구
793 (시: 506, 자치구: 287)	103	37	10	6	12	1	14	18	37	268	287

이 중에서 2021년 2월 기준 민생사법경찰단 인력현황을 보면 총 87명으로 서울시 66명과 자치구 21명으로 편성되어 있다.

[표 1-53] 민생사법경찰단 정현원 변동현황[364] (2021. 9.까지)

(단위: 명)

연도		'08	'09	'10	'11	'12	'13	'14	'15	'16	'17	'18	'19	'20	'21
정원		10	15	19	21	36	43	46	46	57	56	63	65	68	69
현원	총원	107	127	112	112	116	109	105	111	120	113	104	103	97	87
	시	13	21	26	27	35	41	42	43	62	62	62	65	64	66
	자치구	94	106	86	85	81	68	63	68	58	51	42	38	33	21

위 표에서 보듯이 총원은 2008년부터 2017년까지 110명 수준을 유지하였으나, 2018년 이후 점차 감소하고 있으며, 인적 구성에 있어서 서울시와 자치구 소속 특사경 인원의 비중이 뚜렷하게 변화한 것을 알 수 있다. 민생사법경찰단이 출범초기에 자치구에서 파견된 인원을 중심으로 편성되었으나, 각 자치구별 인력수급의 어려움

362) 서울특별시, 민생사법경찰 백서, 2018, 268면 표 내용 일부 수정함.

363) 민생사법경찰단장(3급)은 특별사법경찰 제외(사법경찰직무법 제5조)

364) 민생사법경찰 백서, 서울특별시, 2018, 40면 및 서울특별시의회 주요업무보고, 민생사법경찰단, 2019년, 2020년, 2021년 자료 참조.

이 발생하고 파견 희망직원의 부재 등에 따라 파견인원이 감소한 대신에 시 자체 정원을 확대한 것으로 분석된다. 즉, 출범초기 10명이었던 정원이 2021년 69명으로 크게 증가한 반면 자치구의 인원은 94명에서 21명으로 대폭 감소하였다. 민생사법경찰단은 수사전산장비, 디지털 포렌식 장비를 갖추고 있을 뿐만 아니라 디지털 증거 온라인 송치시스템, 범죄수사자료 온라인 조회단말기, 인공지능 범죄정보 수집 및 활용 시스템을 구축하고 있으며 10개의 조사실에 진술녹화 장비와 시스템을 갖추고 있다.[365]

④ 수사조직으로서의 인프라 구축

2021년 민생사법경찰단 예산은 약 12억 3천 3백만 원으로서, 전년 대비 20%가 증가하였다.[366] 90명이 넘는 인적규모를 갖추고 있는 민생사법경찰단은 검찰 및 경찰에 전적으로 의존하던 수사방식에서 벗어나 독자적인 범죄수사 역량을 갖추기 위해 다양한 장비와 전산시스템 및 과학수사 시설을 확충하고 있다. 먼저 2016년 말부터 경찰청 수사전산 시스템 공유 가능여부에 대한 법적 검토와 경찰청과의 업무협의를 거쳐, 2017년 5월부터 경찰청의 '범죄 수사자료 온라인 조회' 단말기를 제공받아 설치하였다. 이로써 매년 2천 건 이상의 범죄경력 조회 시 경찰서를 개별적으로 방문하지 않고도 민생사법경찰단 자체적으로 업무를 해결할 수 있게 되었다.[367] 이와 함께 2017년 7월에는 대검찰청 '국가디지털증거송부시스템(KD-NET)'을 설치하고 개통함으로써 범칙행위자로부터 압수한 디지털 증거자료 송치를 전산화하여 업무부담을 경감하였다.[368]

특히 디지털 증거수집 등 첨단 과학적 기술을 활용한 과학수사 역량을 강화시키기 위하여 서울시 민생사법경찰은 전국 지자체 최초로 과학수사시스템을 전면적으로 도입하여 범죄에 사용된 스마트폰의 카카오톡 및 메신저, 통화기록은 물론, 컴퓨터, 태블릿 등 각종 디지털 기기에서 삭제된 자료를 원상태로 복구 및 추출할 수 있는 디지털 포렌식 장비를 수사에 도입하고, 2017년 8월 22일 '디지털포렌식센터'를 개소하고 운영을 위하여 2명의 포렌식 수사관을 배치하였다.[369] 아울러 2020년 1월

---

365) 2020년도 민생사법경찰단 소관 예산안 검토보고, 서울시의회, 2020, 참조.
366) 민생사법경찰단 주요업무보고, 서울시의회 행정자치위원회 제303회 정례회, 2021.11. 3면.
367) 서울특별시, 민생사법경찰 백서, 2018, 169면.
368) 같은 글, 169면.
369) 같은 글, 166-167면.

10일 디지털수사 업무를 총괄하고 디지털포렌식 수사지원을 담당할 디지털수사팀을 민생수사 1반에 신설한 후 370) 2021년 1월 13일 수사분석팀으로 명칭을 변경하고 팀장 1명, 팀원 3명으로 인력을 보강하였다.

또한 2016년 12월부터 검찰청 및 경찰청과 수사거버넌스 구축을 통해 경찰청으로부터 '전자수사자료표' 송부 전산시스템을 도입하여 운용하고 있다. 이를 통하여 연 1,300여 건에 달하는 수사자료표 수기작성 및 등기발송 업무(약 7~15일 소요) 등의 불편을 해소하고 실시간 온라인 송부를 통하여 중복수사방지와 인적도용 차단의 효과를 높이고 있다.371)

서울시 민생사법경찰단의 수사기관으로서의 변모는 자체적인 수사역량의 강화 노력과 함께 유관기관과의 관계에서도 나타난다. 서울시 자치구와 타 부서 특별사법경찰에 대한 교육지원 및 협업을 통해 민생사법경찰단 전문수사교육의 참여기회를 제공하고, 디지털 포렌식 지원, 각종 매뉴얼 공유, 공동워크숍 개최 등 수사거버넌스를 확대하고 있다.372) 더 나아가 2017년 4월 식품의약품안전처와 식품・보건분야 위해사범 척결을 위한 업무협약을 체결하고 공조수사를 펼쳐 의료기기법 및 화장품법 위반사범 161건(225)을 형사입건 하였다.373) 특히 수사관 교육이 법무연수원과 각 지방검찰청 단위에서 실시되고 있으나, 서울시 민생사법경찰단의 경우 자체적인 교육시스템을 구축하여 운용하고 있다. 수사관 교육은 기본 직무교육(연 1회), 수사관 전환 교육(2일간) 및 전 직원 대상 직무교육(연 6회 이상)으로 구성되어 있다. 기본 직무교육은 기본과정(기초과정)과 심화과정(전문화과정)으로 구분되며, 신규 전입자와 1년 이상 근무자를 구분하여 차별화교육을 진행하고 있으며, 전입 수사관 역량강화를 위한 전환교육은 수사관 근무자세, 기본법령, 장구사용, 피의자신문 방법 및 이론교육으로 편성되어 있다.374)

---

370) "서울시 민생사법경찰단, '디지털수사팀' 신설…"수사전문성 제고"", 뉴시스 인터넷 기사(2020. 01.18.).

371) 서울특별시, 민생사법경찰 백서, 2018, 170면.

372) 같은 글, 174면.

373) 같은 글, 176면.

374) 같은 글, 177면.

[표 1-54] 민생사법경찰단 기본 직무전문교육[375]

교육과정	기본소양교육(내부교육장)	심화교육(외부교육장)	현장교육(수사실무)
내용	• 특별사법경찰 제도이해 • 근무자세, 수사보안 준수 • 특별사법경찰 직무수행 관계법령 숙지	• 실제사건 A-Z 교육 • 피의자신문, 송치서류 작성 • 수갑 등 수사장구 사용법	• 정보 채증, 증거포착 방법 • 잠복 및 추적, 사건처리 등
기간	8일	3일	2주

3) 민생사법경찰단 운용 성과

민생사법경찰단의 수사실적을 보면 2020년 12월말 기준 총 726건에 796명을 입건하였으며 이중에 검찰송치한 사건은 664건에 726명이다. 연도별 수사실적의 추이를 보면 2017년을 정점으로 입건건수가 다소 감소하는 추세에 있음을 알 수 있으나, 코로나19 상황에 따른 일시적 현상인지의 여부에 대하여는 추가적인 검토가 필요하다.[376] 민생사법경찰단의 구속실적을 보면 2017년 4명, 2019년 12명을 구속 송치하였다. 입건실적을 내용별로 살펴보면, 식품위생과 환경 분야의 실적이 가장 높으며, 상표, 공중위생, 부동산 분야 등이 일정부분 실적을 거두었으나, 다른 분야의 실적은 저조한 수준이다.

[표 1-55] 연도별 수사실적

연도	입건(A+B+C)		수사중(A)		검찰지휘(B)		검찰송치(C)		기타(D)[377]	
	건	명	건	명	건	명	건	명	건	명
2020	726	796	42	47	16	19	664	726	4	4
2019[378]	1,094	1,275	84	144	60	63	939	1,056	11	12
2018	1,115	1,311	256	285			859	1,026	5	7
2017[379]	1,385	1,631	1	1			1,384	1,630	38	53

375) 같은 글, 178면 표 내용을 참조하여 내용 일부 수정함.
376) 2008년부터 2017년까지의 자세한 실적 및 처리현황에 대하여는, 서울특별시, 민생사법경찰 백서, 2018, 283면 이하 참조할 것.
377) 타관이송, 고발취하, 기소중지, 반송 등
378) 민생사법경찰단 주요업무보고, 서울특별시의회 행정자치위원회 제291회 임시회, 2020, 2. 5면.
379) 서울특별시, 민생사법경찰 백서, 2018, 308면 자료 참조하여 재구성함.

4) 관련 규칙

지방자치단체 최초로 서울특별시예규 제721호로 '서울특별시 민생사법경찰단 인권보호수사준칙'을 2018년 5월 3일 제정하여 시행하고 있다.[380] 이 수사준칙은 5개의 장, 68개의 조로 구성되어 있으며, 구체적으로 제1장 총칙, 제2장 인권보호를 위한 제도, 제3장 수사절차에서의 인권보호, 제4장 공보에 따른 인권보호로 편성되어 있다. 민생사법경찰단의 수사 분야, 조직 인적 구성의 근거를 명확히 하고 특히 수사활동 중 '정보활동', '내사' 범위 및 절차를 포함하여 수사 절차상 준수해야 할 내용을 상세히 규정함으로써 적법절차 원칙을 확립하기 위하여 「서울특별시 민생사법경찰단 특별사법경찰관리 업무편람」을 2020년 12월 제정하였다. 이 업무편람은 총 5장, 65개의 조로 구성되어 있으며, 제1장 총칙, 제2장 전문성 제고, 제3장 정보활동, 제4장 내사, 제5장 수사로 편성되어 있다.[381] 이 외에도 민생사법경찰단 자체의 각종 운영지침과 수사매뉴얼이 제정, 제작되어 있다.

[표 1-56] 민생사법경찰단 운영지침[382]

연번	제 목	발행연도	제작팀	비고
1	영상정보처리기기 운영·관리 방침	2016. 8월	민생수사 총괄팀	제정
2	특별사법경찰 직무수행 관련 인권보호 및 보안 방침	2016. 10월	민생수사 총괄팀	제정
3	민생사법경찰단 수사관 기강확립 관리방안	2017. 3월	민생수사 총괄팀	제정
4	서울특별시 민생사법경찰단 범죄수사자료 조회 지침	2017. 4월	민생수사 총괄팀	제정
5	서울특별시 민생사법경찰단 디지털 증거의 수집·분석 및 관리 지침	2017. 8월	민생수사 총괄팀	제정
6	서울특별시 민생사법경찰단 인권보호수사준칙 (서울시 예규 제721호)	2018. 5월	민생수사 총괄팀	제정
7	서울특별시 민생사법경찰단 특별사법경찰관리 업무편람	2020.12월	민생수사 총괄팀	제정

380) 구체적 규정내용은 서울특별시, 민생사법경찰 백서, 2018, 312면 이하 참조.

381) 「서울특별시 민생사법경찰단 특별사법경찰관리 업무편람」시행 2020.12. 민생사법경찰단, 서울정보소통광장, 공개자료. 업무편람의 구체적 내용은 비공개 상태임.

382) 서울특별시, 민생사법경찰 백서, 2018, 185면 자료 수정.

5) 평가 및 향후 전망

① 전문화의 문제

민생사법경찰단이 출범초기에 자치구에서 파견된 인원을 중심으로 편성되었으나, 각 자치구별 인력수급의 어려움이 발생하고 파견을 희망하는 직원이 적어, 시 자체 정원을 확대하여 운영하고 있다. 하지만 2019년 10월 기준 민생사법경찰단의 직급별, 직렬별 재직기간 현황을 보면 시 소속 65명의 평균 재직기간은 2년 10개월에 불과하고 이 중 전체 전문관 19명의 평균 재직기간은 4년 9월이다. 재직기간이 짧은 이유는 무엇보다도 열악한 근무환경과 그에 따른 충분한 각종 수당 등의 지급이 부족하기 때문인 것으로 파악된다. 재직기간이 짧다는 것은 그 만큼 수사의 전문성이 부족하다는 평가로 이어진다. 이에 따라 민생사법경찰단은 「지방공무원 임용령」 제7조의3(전문직위의 지정 등)이 전문성이 특히 요구되는 직위를 전문직위로 지정하여 관리하고 일정한 직무수행요건을 설정하여 그 요건을 갖춘 사람을 전문관으로 선발하여 임용하도록 한 규정을 활용하여 전문성이 요구되는 수사분야(예: 환경분야, 식품 원산지 분야)에 대한 전문직위를 신청하고 선정시 해당 분야의 전문관으로 선정하도록 추진하고 있다.[383] 2019년에는 수사전문관으로 선정된 18명에서 전문직위를 25개(민생사법경찰단 정원의 40%이상)로 지정하여 수사전문관을 25명까지 확대하는 것을 추진하였다.[384] 전문관으로 선정되면 임용 후 3년 동안 다른 직위에 전보할 수 없게 되므로 일정부분 전문성 향상에 기여할 것으로 예상된다.

[표 1-57] 민생사법경찰단 직급별, 직렬별 재직기간 현황(2019. 10. 기준)

직급	재직기간					비고
	계	1년 미만	1~2년	2~3년	3년 이상	
전체평균: 2년 10개월 (전문관: 4년 9개월)	65 (전문관 19)	17 (전문관 0)	13 (전문관 1)	10 (전문관 5)	25 (전문관 13)	

383) 2020년도 민생사법경찰단 소관 예산안 검토보고, 서울특별시의회, 2020.
384) 2019년 서울특별시 민생사법경찰단 업무계획 참조.

② 장비 및 장구사용에 대한 법적 근거의 미비

민생사법경찰단은 특사경의 단속 및 수사과정에서 수사장비를 사용할 수 있는 법적근거와 각종의 위해로부터 신체와 생명을 방어 및 보호를 할 수 있는 장구의 활용에 대한 법적근거의 마련을 추진하고 있다. 현재는 민생사법경찰단 인권보호수사준칙(서울시 예규) 제20조가 장구사용의 근거와 한계를 규정하고 있으나, 특사경법이나 특사경 집무규칙(특사경 수사준칙)에 규정되어 있지 않아 충분한 법적 근거를 갖추지 못한 상태이다. 이에 따라 민생사법경찰단은 2016년 대검찰청에 수사장비 사용의 법적근거를 마련하여 줄 것을 요청하였으며, 다양한 경로를 통하여 보호장구 등의 사용근거에 대한 법적근거의 마련을 요구하고 있다.385)

서울특별시 민생사법경찰단 인권보호수사준칙

제20조(보호장구 등 사용의 한계) ① 수사관은 직무수행 중 피의자의 체포·구속을 위해 필요한 경우, 수갑, 호신용스프레이, 삼단봉, 방검복, 포승줄 등(이하 "보호장구"라 한다)을 사용할 수 있다. 다만 이 경우 보호장구를 과도하게 사용하지 않도록 하며, 필요한 최소 범위에 그쳐야 한다.

② 피의자의 자살·자해 등을 방지하기 위해 필요하다고 인정되는 경우에도 보호장구를 사용할 수 있다. 이 경우에도 보호장구를 과도하게 사용하지 않도록 하며, 필요한 최소 범위에 그쳐야 한다.

③ 민생사법경찰단 특사경의 감염병예방법 수사권 확보 추진

민생사법경찰단은 코로나19 상황에 맞춰 방역수칙 위반에 대한 신속한 단속, 수사를 위해 특사경법을 개정하여 특사경의 감염병예방법 위반 범죄에 대한 수사권 확보를 적극 추진하고 있다. 「감염병의 예방 및 관리에 관한 법률」(이하 "감염병예방법")에 규정된 범죄와 관련하여, 특별사법경찰이 될 수 있는 지명대상자를 현재 "방역관" 및 "역학조사관"으로 한정하고 있으나, 서울시의 경우 2명에 불과하여 민생사법경찰의 역할은 방역계도에 머물러 단속이나 수사가 불가능한 문제점이 있어 "감염병예방법에 따른 조사·단속에 관한 사무에 종사하는 공무원"으로 확대하자는 것이다. 이와 함께 특별사법경찰의 직무 범위 역시 "감염병예방법상 일부 범죄"에서

385) 민생사법경찰단 주요업무보고, 서울시의회 행정자치위원회 제285회 임시회, 2019.2. 34면.

"감염병예방법에 규정된 모든 범죄"로 확대하자는 것이다.[386] 감염병예방법 수사권 확보를 위해 민생사법경찰단은 2020년 8월 법무부에 건의를 하고 의원입법으로 법안이 발의되어 현재 국회 법제사법위원회에서 심사 중에 있다. 2020년 11월에 국회 법제사법위원회에 제출된 검토보고서는 "국민의 생명과 건강을 보호하기 위하여 감염병예방법상 범죄에 대한 적극적이고 실효적인 수사가 요청된다는 측면에서 개정안의 입법취지는 긍정적인 것"으로 보인다는 평가를 하면서도, 다만 "조사・단속 등에 관한 사무에 종사하는 공무원"의 범위가 불명확하여 법문을 정비할 필요가 있으며, 국민의 기본권침해를 최소화하기 위하여 교육의 내실화 등의 각종 제도 보완이 필요하다는 검토의견을 내놓았다.[387]

[표 1-58] 특사경법 개정(안) 내용 개관[388]

내용구분	현 행	개 정 안
지명대상자 확대 (제5조제21호의2)	「감염병의 예방 및 관리에 관한 법률」에 따른 방역관 또는 역학조사관	보건복지부와 그 소속 기관, 특별시・광역시・도 및 시・군・구에 근무하며「감염병의 예방 및 관리에 관한 법률」에 따른 방역관 또는 역학조사관과 조사・단속 등에 관한 사무에 종사하는 4급부터 9급까지의 국가공무원 및 지방공무원
직무범위 확대 (제6조제18호의2)	「감염병의 예방 및 관리에 관한 법률」	「감염병의 예방 및 관리에 관한 법률」에 규정된 범죄 * 결과적으로, 현행법상 직무범위에 포함되지 않던 제78조, 제79조의3, 제79조의4에 규정된 범죄가 직무범위에 추가됨.

④ 자치경찰제 도입을 통한 일반사법경찰과의 통합 구상

2009년 서울시정개발연구원이 발간한 '2009 특별사법경찰제도의 장기발전방안'은 자치경찰제 도입과 관련하여 기존 특사경 조직이 갖는 의미를 아래와 같이 중요하게 평가하고 있다.

"특별사법경찰의 수사역량 강화는 자치경찰제도를 어떻게 도입하는가와도 관련

386) 민생사법경찰단 주요업무보고, 서울시의회 행정자치위원회 제299회 임시회, 2021. 3. 13면.
387) 국회 법제사법위원회, 사법경찰관리의 직무를 수행할 자와 그 직무범위에 관한 법률 일부개정법률안(한정애의원 대표발의, 의안번호: 213500) 검토보고, 2020.11. 8-14면.
388) 같은 글, 5면.

된다. (중략) 중기적으로 자치구에 전담특별사법경찰이 배치되도록 하고, 광역시도에 특별사법경찰지원과를 설치하여 시군구 특별사법경찰에 대한 감독, 조정, 지원업무를 수행하도록 하여야 할 것이다. 장기적으로 지방정부에서 행정경찰직무에 대한 수사권의 역량을 갖추게 되면, 지방자치단체가 기존의 지방경찰청조직을 흡수하여 자치경찰제도를 실시할 수 있게 될 것이다. 다시 말해 특별사법경찰은 지방정부에서 자치경찰제의 실시를 위한 시금석의 역할을 하는 것이고, 이의 성공여부는 차후 자치경찰의 논의의 흐름을 바꾸어 놓을 수 있는 관건이 되는 것이라고 할 수 있다."[389]

결국 특사경의 장기적 발전방안은 자치경찰제의 도입과 직결될 수밖에 없는 문제로서 이 연구보고서는 수사와 정보 등과 관련된 서울지방경찰청 조직이 서울시의 경찰국(가칭)으로 통합되어 광역시도차원의 자치경찰로 거듭나게 되는 경우 특별사법경찰과 일반사법경찰이 자치경찰로 통합되어 광역시도지사의 관할 하에 일정한 준독립성을 가질 수 있을 것이라는 전망을 내놓고 있다.[390]

다. 경기도 특별사법경찰단

1) 연 혁[391]

경기도는 다른 광역시에 비해 비교적 늦은 2009년 3월 14일 특사경전담부서인 특별사법경찰지원과를 신설하였다. 당시 도 인력 14명과 시・군 파견 인력 8명으로 편성하여 1단, 3담당 체제를 구축하고, 곧바로 법률자문검사를 파견 받았다. 민선7기로 취임한 이재명 도지사는 공약사항이었던 경기도 특별사법경찰단 인력의 대폭 증원 및 전문성 강화를 추진하게 된다. 출범당시 1단 3담당(팀) 22명에서 출발하여 단계적으로 그 기능을 강화하여 2020년 6월 기준 2단 20팀 193명까지 큰 폭으로 조직을 확대하여 전국 지방정부 중 가장 규모가 큰 조직으로 성장하였다.[392]

조직 확대의 과정을 보면, 2018년 10월 1일 특별사법경찰단을 민생특별사법경찰단(8팀, 123명)과 공정특별사법경찰단(5팀 50명)으로 확대하고 인원도 종전 101명에서 173명으로 대폭 증원하였다.[393] 민생특별사법경찰단은 도민의 생활과 밀접한 민

389) 김찬동・이세구, 앞의 보고서, 183면.

390) 같은 글, 179면.

391) 경기도 특별사법경찰단 홈페이지(https://www.gg.go.kr/gg_special_cop/gg_special_cop-history)

392) 경기도, 새로운 경기도가 걸어온 길, 민선7기 주요정책 사례집('19.9.1.~'20.6.30), 2020, 16-17면.

생범죄를, 신설된 공정특별사법경찰단은 경제와 복지 등 불공정 범죄수사를 전담하였다. 이후 2019년 4월 1일에는 각종 위험물 취급관련 불법행위 단절을 위해 민생특별사법경찰단에 소방수사팀, 집값 담합행위 등 부동산 불법행위 척결을 위해 공정특별사법경찰단에 부동산수사팀을 신설하여 소방전문 5명과 지적전문 4명을 각각 배치하였다.394)

2020년 6월 대검찰청이 처음으로 전체 중앙행정기관, 지방자치단체, 공공기관의 특별사법경찰단 활동을 종합 평가하여 '2020년도 상반기 특별사법경찰 업무 최우수기관'으로 경기도를 선정하였다.395) 수사과정에서 참고인, 피의자 등 사건관계인의 인권을 보호하고 적법한 수사절차를 확립하기 위해 2020년 1월 10일 서울시와 더불어 '경기도 특별사법경찰단 인권보호수사지침'을 제정하였으며, 이와 함께 특별사법경찰의 직무확대로 증가하는 신고・제보와 경제・지능범죄의 경우 수사 착수 전 내사의 필요성이 커짐에 따라 내사의 세부절차를 규정한 '경기도 특별사법경찰단 사건수리 및 내사처리지침'을 전국 지방정부 중 최초로 제정하여 2020년 8월 10일부터 시행하고 있다.396)

2009. 03. 24.	특별사법경찰지원과 신설 1단, 3담당, 22명 (도 14, 시・군 파견 8)
2009. 04. 13.	법률자문검사 파견
2009. 05. 10.	광역특별사법경찰 시・군지원팀 구성 11개팀 68명, 31개 시군 파견

393) 경기도, 새로운 경기도가 걸어온 길, 민선7기 주요정책 사례집('18.7.1.~'19.8.31), 2019, 14면. 출처: http://ebook.gg.go.kr/20191216_150503

394) 경기도, 새로운 경기도가 걸어온 길, 민선7기 주요정책 사례집('19.9.1.~'20.6.30), 2020, 16면. 출처: http://ebook.gg.go.kr/20210115_151734

395) 경기도 특별사법경찰단은 ▲특별사법경찰단 조직 대폭 확대 ▲수사가능 법률 108개로 전국 최다 직무범위 ▲기존 수사와 연계할 수 있도록 식품, 의료, 청소년, 자동차 분야 등 12개 법률을 사법경찰직무법에 포함되도록 개정 건의하는 등 특사경 제도 개선과 발전에 중요한 역할을 한 점이 높은 평가를 받았다. 또한 디지털포렌식 시스템과 수사 자료의 체계적 관리가 가능한 수사정보시스템 등 과학적 수사시스템 구축 추진에 지속적으로 노력한 점, 인권보호 수사지침을 제정해 적법절차 확립과 수사의 공정성 확보에 앞장선 점 등도 평가에 반영됐다. "경기도, 특별사법경찰 업무유공 최우수기관 첫 선정", 경기도 특사경 최근뉴스(2020.07.08.).

396) 경기도, 새로운 경기도가 걸어온 길, 민선7기 주요정책 사례집('19.9.1.~'20.6.30), 2020, 19면.

2009. 06. 05.	특별사법경찰관 직무지명 및 인원제청 직무분야 / 6개 분야 (환경, 식품위생, 공중위생, 원산지표시, 의약, 청소년보호)
2009. 07. 13.	경기도 광역특별사법경찰 발대식
2010. 11. 25.	과명칭 변경(특별사법경찰지원과 → 특별사법경찰단)
2012. 03. 05.	조직증원(1단 3담당 → 1단 4담당)
2013. 07. 01.	조직증원 및 소속 이관 (조직증원) 1단 4팀 11개 수사센터 → 1단 7팀 11개 수사센터 (소속이관) 본청 자치행정국 → 북부청 안전행정실
2014. 10. 02.	특사경 조직 소속 이관(북부청 안전행정실 → 본청 자치행정국)
2017. 08. 17.	허상구 법률자문검사 복귀(후임검사 미파견)
2018. 10. 01.	특사경 조직 소속 이관 본청 자치행정국 → 안전행정실 과명칭 변경 및 부서 신설 특별사법경찰단 → 특별사법경찰1과 특별사법경찰2과 신설 (4팀, 39명) 2과 11팀, 155명 (도 61(43,18) 시·군 파견 94(73,21))
2018. 11. 08.	부서 명칭 변경 특별사법경찰 1과 ▸ 민생특별사법경찰단 특별사법경찰 2과 ▸ 공정특별사법경찰단
2020. 3. 16.	수사팀 확대(8팀 ⇒ 14팀)
2020. 6. 1.	신규지명(재난안전법, 도로법, 가축전염예방법 등 21개 법률 추가) ※ 87개 법률에서 108개 법률로 수사범위 확대(전국 지자체 중 최다)
2020. 8. 10.	경기도 특별사법경찰단 사건수리 및 내사처리지침(예규) 공포

2) 조직구성

경기도 특별사법경찰단은 2020년 6월 30일 기준 14팀 139명(도 67명, 시군 72명)으로 편성된 민생특별사법경찰단과 6팀 54명(도 33명, 시군 21명)으로 편성된 공정특별사법경찰단으로 조직되어 있다.[397] 인력의 구조를 보면, 민생특별사법경찰단의 경우 도 소속 공무원 67명은 일반공무원 66명과 임기제 공무원 1명으로 구성되어 있으며, 보건, 환경, 수의, 농업, 행정 등 5개 분야 12개 전문직위 중 9개만 채용되어

397) 경기도, 새로운 경기도가 걸어온 길, 민선7기 주요정책 사례집('19.9.1.~'20.6.30), 2020, 16면.

있다.[398] 현재 민생특별사법경찰단은 의약수사팀을 신설하여 15개 수사팀으로 구성되어 있으며, 행정업무를 지원하는 수사총괄팀(기획 및 지원), 소방수사팀(소방분야 전담), 의약수사팀(불법개설 의료기관 등 전담) 등 3개 수사팀을 제외하고 나머지 12개의 팀이 모두 지역수사팀으로 편성되어 있다. 이는 경기도의 관할이 광범위하다는 점을 고려하여 즉응적인 단속과 수사가 가능하도록 하였다는 의의가 있으며, 관할 시군에서 발생하는 민생범죄를 수사하고 있으며, 효과적인 업무수행을 위해 식품, 환경, 동물보호, 원산지 등 분야별로 전문팀을 지정하여 운영하고 있다.[399]

[그림 1-23] 민생특별사법경찰단 조직도[400]

민생특별사법 경찰단

수사 총괄팀 — 의약 수사팀 — 소방 수사팀 — 수사1팀 (수원 · 화성) — 수사2팀 (용인 · 오산) — 수사3팀 (안양 · 군포 과천 · 의왕) — 수사4팀 (부천 · 김포) — 수사5팀 (성남 · 여주 · 하남)

수사6팀 (여주 · 이천 · 양평) — 수사7팀 (안산 · 시흥 · 광명) — 수사8팀 (평택 · 안성) — 수사9팀 (고양 · 파주) — 수사10팀 (의정부 · 양주 동두천) — 수사11팀 (남양주 · 구리 가평) — 수사12팀 (포천 · 연천)

이에 반하여 공정특별사법경찰단은 지역수사팀을 두고 있지 않으며 경제, 복지, 부동산과 관련된 전문영역 수사팀과 과학수사업무를 담당할 과학수사팀 및 현장수사팀 등 총 6개팀으로 편성되어 있다. 공정특별사법경찰단의 경우 도 소속 공무원은 33명이고, 시군에서 파견된 공무원은 21명이다.[401]

---

398) 이진국 외, 경기도 특별사법경찰의 실효적 운영 방안: 직무수행 인식조사를 중심으로, 경기연구원 정책연구보고서, 2020, 39면.

399) “[특별인터뷰] 인치권 경기도민생특별사법경찰단장”, 환경보건뉴스 인터넷 기사(2021.05.11.).

400) 경기도 특별사법경찰단 홈페이지 (https://www.gg.go.kr/gg_special_cop/gg_special_cop-organization)

401) 이진국 외, 앞의 보고서, 39면.

[그림 1-24] 특별사법경찰단 조직도402)

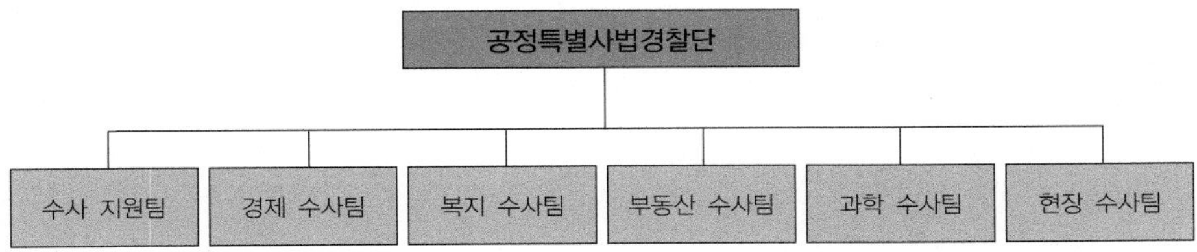

[그림 1-25] 지역별 수사팀 현황403)

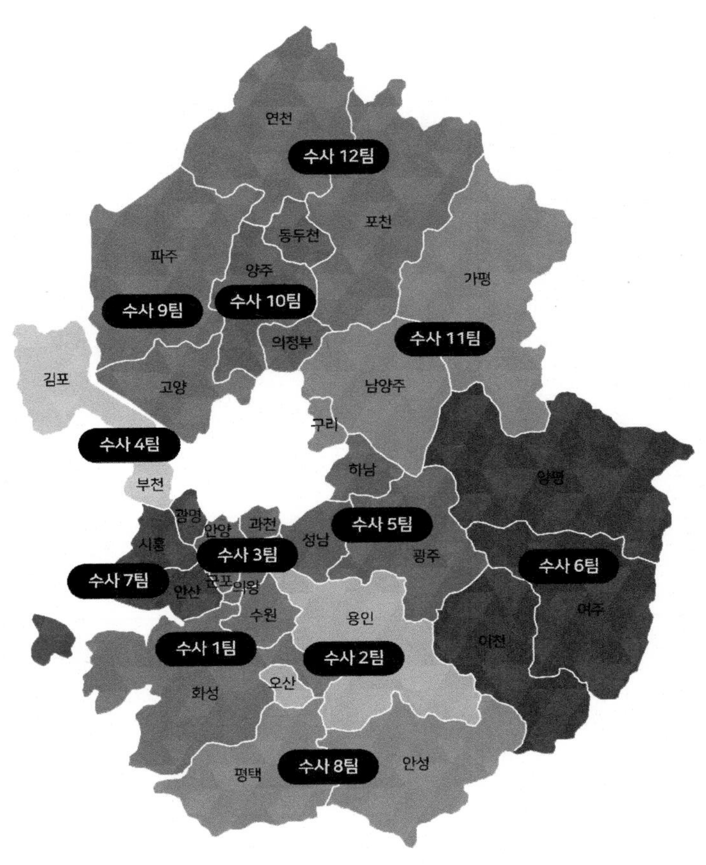

402) 경기도 특별사법경찰단 홈페이지 (https://www.gg.go.kr/gg_special_cop/gg_special_cop-organization)

403) 경기도 특별사법경찰단 홈페이지 (https://www.gg.go.kr/gg_special_cop/gg_special_cop-intro-localcenter)

3) 직무분야

2018년 이재명 도지사가 취임하면서 출범당시 식품, 환경, 공중위생, 원산지, 의료・의약, 청소년분야 등 6개 분야 52개 법률에 한정하였던 특별사법경찰단의 직무대상을 5차례에 걸친 확대를 통하여 현재는 총 33개 분야 108개 법률에 대하여 직무지명을 부여 받아 활동하고 있다.[404] 이와 같은 수사직무 확대는 특사경을 운영하고 있는 전국 14개 광역자치단체 중 제일 많은 법률과 관련된 수사 권한을 갖게 된 것으로 사실상 자치단체에서 수사가 가능한 모든 법률을 지명 받은 것이다.[405] 이 중 민생특별사법경찰단의 수사직무는 18개 분야, 87개 법률이며, 공정특별사법경찰단의 수사직무는 15개 분야, 21개 법률에 걸친다.[406]

[표 1-59] 경기도 특별사법경찰단 특사경 지명분야 확대 현황[407]

지명일	지명분야	지명분야 수
2009. 6. 5.	식품, 환경, 공중위생, 원산지표시, 의료・의약, 청소년분야	6개 분야 (52개 법률)
2018. 7. 30.	사회복지법인, 부정경쟁(상표법 등), 대부업, 여객・화물 운수, 방문판매, 선불식 할부거래	6개 분야 추가 (8개 법률)
2018. 11. 29.	농약・비료, 종자(품종), 개발제한구역, 하천, 관광, 동물보호, 공유수면, 대외무역, 문화재보호	9개 분야 추가 (12개 법률)
2019. 4. 1.	소방, 부동산	2개 분야 추가 (10개 법률)
2019. 9. 10.	수산업	1개 분야 추가 (5개 법률)
2020. 6. 1.	기존 수사업무 연계	12개 분야 추가 (21개 법률)[408]

404) 경기도, 새로운 경기도가 걸어온 길, 민선7기 주요정책 사례집('19.9.1.~'20.6.30), 2020, 17면.

405) "도 특사경 수사범위 87→108개 법률로 확대. 전국 최대 권한", 경기도 특사경 최근뉴스(2020.07.08.).

406) "도 공정특별사법경찰단 출범 3년…불공정 범죄자 2천400명 적발 '맹활약'", 경기도 보도자료(2021.9.30.).

407) 경기도, 새로운 경기도가 걸어온 길, 민선7기 주요정책 사례집('19.9.1.~'20.6.30), 2020, 17면 및 새로운 경기도가 걸어온 길, 민선7기 주요정책 사례집('18.7.1.~'19.8.31), 2019, 13면 재구성.

408) 21개 신규 직무가운데 △재난안전법 △시설물안전법 △정신건강복지법 △화장품법 △해양환경관리법 △해양생태계법 △해양심층수법 △공원녹지법 △자연공원법 △가축전염병예방법 △어촌어항법 △무인도서법 △산지관리법 △산림자원법 △목재이용법 등 15개 직무는 민생특별사법경찰단에서, △도로법 △저작권법 △석유사업법 △계량법 △자동차손배법 △자동차관리법 등 6

[표 1-60] 민생특별사법경찰단의 팀별 분장사무409)

<table>
<tr><th>팀 명</th><th>분장 사무</th></tr>
<tr><td>수사총괄팀</td><td>① 특별사법경찰 운영 총괄
② 특별사법경찰 복무관리
③ 인사, 교육, 평가, 특사경 지명·직무, 예산 및 회계
④ 시·군 종합평가
⑤ 분야별 단속실적 및 통계관리
⑥ 수사정보시스템 운영
⑦ 수사관련 법률자문 및 해석</td></tr>
<tr><td>소방수사팀
의약수사팀
및
수사1-12팀</td><td>〈직무분야 및 담당 수사센터〉
<table>
<tr><th>구분</th><th>팀명</th><th>담당수사분야</th></tr>
<tr><td rowspan="10">본 청</td><td>소방수사팀</td><td>소방</td></tr>
<tr><td>의약수사팀</td><td>불법개설 의료기관</td></tr>
<tr><td>수사1팀</td><td>식품</td></tr>
<tr><td>수사2팀</td><td>하천, 관광</td></tr>
<tr><td>수사3팀</td><td>환경-1</td></tr>
<tr><td>수사4팀</td><td>농약·비료</td></tr>
<tr><td>수사5팀</td><td>동물보호</td></tr>
<tr><td>수사6팀</td><td>원산지표시등</td></tr>
<tr><td>수사7팀</td><td>수산업</td></tr>
<tr><td>수사8팀</td><td>종자관리</td></tr>
<tr><td rowspan="4">북부청</td><td>수사9팀</td><td>공중위생</td></tr>
<tr><td>수사10팀</td><td>개발제한구역</td></tr>
<tr><td>수사11팀</td><td>원산지(수산), 공유수면</td></tr>
<tr><td>수사12팀</td><td>환경-2</td></tr>
</table>
</td></tr>
</table>

개 직무는 공정특별사법경찰단에서 수사를 담당하게 된다. "경기도 특사경 '전국 최대 권한'", 시정일보 인터넷 기사(2020.6.8.).

409) 이진국 외, 앞의 보고서, 37면.

[표 1-61] 공정특별사법경찰단의 팀별 분장사무[410]

팀 명	분장 사무
수사지원팀	① 종합 기획 · 조정 ② 수사성과 홍보 총괄 ③ 수사권 지명 ④ 제보(민원관리) ⑤ 예산, 지출, 서무 등
경제수사팀	① 경제분야 수사(대부업, 부정경쟁 · 상표, 대외무역) ② 저작권법
복지수사팀	① 복지분야 수사(사회복지 보조금, 기본재산 무허가처분, 기능보강사업비리) ② 도로법
부동산수사팀	① 부동산수사(불법중개행위, 불법거래행위, 청약 부정당첨) ② 계량법
과학수사팀	① 과학수사 지원 ② 방문판매 · 할부거래 · 다단계 ③ 여객 · 화물차 수사 ④ 문화재(매장) 수사 ⑤ 석유사업법 ⑥ 자동차관리법 · 손배법
현장수사팀	① 청소년보호 수사 ② 민생범죄 상담 및 수사 협업 ③ 미스터리쇼핑 수사 및 서민대출 상담 등

4) 운용성과

2018년 10월 1일 기존 특별사법경찰단에서 분리, 신설된 공정특별사법경찰단은 2021년 9월 15일까지(3년 간) 경기도 내 불공정 불법행위 단속으로 2,402명을 적발하였다. 공정특사경은 불법 대부업자나 부동산 거래 질서 위반자 등 15개 분야(21개 법률)를 수사하는데, 2019년 696명, 2020년 1,376명, 2021년(9월 15일 기준) 330명 등 총 2,402명의 범법자를 적발했다. 이 중 836명이 검찰에 송치됐으며, 209명이 수사 중이다.[411]

---

410) 같은 글, 38면.
411) "도 공정특별사법경찰단 출범 3년…불공정 범죄자 2천400명 적발 '맹활약'", 경기도 보도자료(2021.9.30.).

[표 1-62] 공정특별사법경찰단 수사실적(~2021.9.15.기준)[412]

(단위: 명)

구분		적 발 (2,402)			송 치 (836)			수사 중 (내사, 지휘 중 포함) (209)			내사종결 (1,357)		
		'19	'20	'21	'19	'20	'21	'19	'20	'21	'19	'20	'21
계		696	1,376	330	255	490	91	0	48	161	441	838	78
소계	경제수사	92	37	45	71	32	22	-	-	23	21	5	-
	복지수사	14	9	15	13	9	4	-	-	11	1	-	-
	부동산	557	833	210	143	154	49	-	32	83	414	647	78
	기타	31	485	56	26	284	14	-	16	42	5	185	-
	청소년	2	12	4	2	11	2	-	-	2	-	1	-

2012년부터 2020년까지 민생범죄 발생현황을 살펴보면, 총 11,131건이 발생하였으며, 이 중 2020년 1,582건으로 가장 많이 발생하였다. 유형별로 살펴보면 2020년 환경 분야(486건), 식품 분야(261건), 운수사업 분야(130건), 원산지표시 분야(118건), 소방 분야(97건), 석유대체 분야(97건), 개발제한구역 분야(91건), 부동산 분야(86건), 의약 분야(85건), 공중위생(45건) 순으로 많이 발생하였다.[413] 2020년 발생사건에 대한 처분결과를 살펴보면, 총 1,185건 중 불기소 531건, 징역 12건, 벌금 635건, 무죄 또는 기타 판결 7건으로 나타났다.[414]

5) 과학수사시스템의 구축

경기도 특별사법경찰단은 그동안 수사업무 처리 및 통계 활용을 위한 전산시스템이 없어 수사자료의 통합관리와 수사결과 활용이 어려웠던 문제점을 해결하기 위한 방안으로 수사정보 통합 전산관리 시스템인 '수사정보시스템'을 구축하였다. 이를 위해 전 단계로 '특사경 수사통계 수집 및 활용방안 연구용역'('18년 11월~'19년 1월)을 실시하여 수사시스템 구축 및 범죄통계 방안을 제시하고 특사경의 각 수사 분야별 범죄통계원표를 개발하였다.[415] 수사정보시스템의 구축으로 경기도 전체 특사경의

412) 같은 보도자료.
413) 2020년 경기도 특별사법경찰단 민생범죄통계
414) 2020년 경기도 특별사법경찰단 민생범죄통계
415) 경기도, 새로운 경기도가 걸어온 길, 민선7기 주요정책 사례집('19.9.1.~'20.6.30), 2020, 15면.

수사정보에 대한 통합관리가 가능해져 총괄기능을 수행할 수 있게 되었으며, 개별사건의 처리현황뿐만 아니라 유사사건에 대한 자료로 활용하는 등의 효율적인 수사업무지원이 가능해졌다. 또한 민생범죄를 통계정보로 가공하여 도민에게 공개할 수 있게 되었다.416)

아울러 공정특별사법경찰단은 2019년부터 최첨단 디지털 포렌식 장비와 전문분석관 3명을 갖춘 디지털 포렌식 센터를 구축하여 운영하고 있다. 디지털 포렌식은 피의자로부터 압수한 컴퓨터나 휴대전화, 폐쇄회로텔레비전(CCTV) 등 디지털기기에 있는 데이터를 분석해 범죄 단서를 찾는 과학적 수사기법으로서, 주로 피의자가 휴대전화 파손 등 고의적으로 증거를 인멸할 경우 이를 복원한다.417)

[그림 1-26] 디지털 포렌식 시스템 수사 흐름도418)

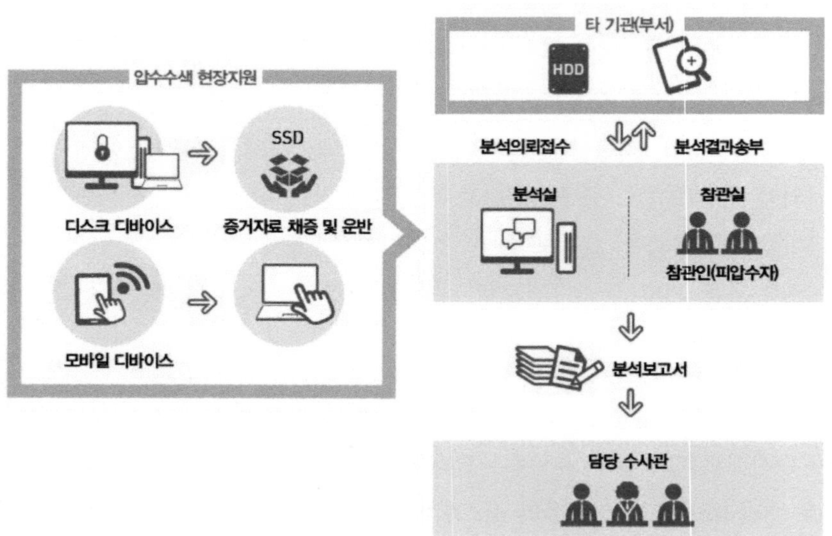

2020년 3월부터는 전국 지방정부 중 최초로 국립과학수사연구원의 첨단 과학수사 시스템인 '디지털 인증 서비스'를 도입했다. 이는 수사 현장에서 수사관이 스마트

416) 경기도, 새로운 경기도가 걸어온길 민선7기 주요정책 사례집('18.7.1.~'19. 8.31.), 2019, 15면.
417) "과학수사로 끝까지 범인…경기도 디지털 포렌식센터 구축", 연합뉴스 인터넷 기사(2019.06.16.).
418) 경기도 특별사법경찰단 홈페이지 (https://www.gg.go.kr/gg_special_cop/gg_special_cop-digital-investigation).

폰 전용앱으로 동영상·음성·사진 등을 촬영해 해당 파일의 주요 정보를 국립과학수사연구원 내 인증 서버에 전송해 해당 파일의 무결성을 입증하는 방식이다. 2021년 9월까지 8,102건의 인증서를 발급받았다.[419] 또한 수기로 작성해 오던 수사자료표를 2020년 3월부터 경찰청 전자수사자료표시스템(E-CRIS)으로 작성, 처리하면서 수사를 신속히 하고 있다.[420]

6) 향후 전망과 평가

① 인사관리의 문제

특사경은 행정법규 위반사건에 대하여 사법경찰권을 보유한 행정공무원으로서 특정 직무에 대한 전문성은 높으나 수사 전문성이 상대적으로 부족하다는 평가를 받고 있다. 다른 광역시도의 경우와 유사하게 경기도의 경우에도 시군 파견인력을 중심으로 인력운용이 이루어지고 있어 파견 후 2~3년 뒤 파견 직원들이 복귀함에 따라 축적된 지식과 경험이 사장되어 수사업무의 연속성과 전문성이 저하[421]되는 악순환이 발생한다. 이를 보완하기 위한 전문관 지정의 확대나 전보제한을 3년으로 두도록 하는 정책을 실시[422]하고 있으나 근본적인 해결은 어려운 상황이다.

최근 경기도연구원이 발간한 정책연구보고서에 따르면 경기도 특별사법경찰단의 인사발령 기준에 대한 인식조사 결과, '단순한 순환보직' 71명(51%), '개인의 선호' 35명(25.6%)로 나타나 자의적 희망에 따른 인사가 아니라는 불만을 드러냈으며, 인사이동(이직) 희망여부에 대한 조사에서도 인사이동(이직)을 희망한다는 응답이 66명(48.2%)으로 거의 절반에 가까웠다. 이러한 인사이동(이직)을 희망하는 이유로는 적성 불일치 14명(21.2%), 업무과다와 인사상 불만족이 각각 13명(19.7%)로 나타났다.[423] 이러한 조사결과는 특별사법경찰로 근무하는 것에 대한 직무만족도가 높지 않다는 것을 보여주며, 경기도가 정책적으로 특별사법경찰단의 역할강화에 노력하고 있으나 현장에서 뛰는 공무원들의 체감은 이와 다르다는 것으로 앞으로의 특별

---

419) "도 공정특별사법경찰단 출범 3년…불공정 범죄자 2천400명 적발 '맹활약'", 경기도 보도자료(2021.9.30.).

420) "도 공정특별사법경찰단 출범 3년…불공정 범죄자 2천400명 적발 '맹활약'", 경기도 보도자료(2021.9.30.).

421) 이현우·이미애, 앞의 보고서, 39면.

422) 경기도, 새로운 경기도가 걸어온 길, 민선7기 주요정책 사례집('18.7.1.~'19. 8.31.), 2019, 19면.

423) 이진국 외, 앞의 보고서, 82-85면.

사법경찰단의 운영에 있어 장애요소로 작용할 것이라는 전망을 해본다.

② 중앙정부의 KICS(형사사법정보시스템) 연계 요구

'형사사법절차 전자화 촉진법', 약식절차에서의 전자문서 이용 등에 관한 법률에 따라 구축된 형사사법정보시스템(KICS)은 법원, 법무부, 검찰, 경찰 등 4개 형사, 사법기관이 표준화된 정보시스템에서 수사, 기소, 재판, 집행업무를 수행하고 그 결과 생성된 정보와 문서를 공동으로 활용하는 전자적 업무관리 체계이다. 아직까지 지자체 단위 특별사법경찰 조직에서 사용할 수 없는 상황이지만, 경기도 특별사법경찰단은 특사경 수사의 전문성을 위해 형사사법정보시템과 연동이 필요하다고 하면서, 특사경 '수사정보시스템'구축과 연계하여 광역자치단체 차원에서의 KICS 연계 사용을 지속해서 법무부에 건의하고 있다.[424]

③ 수사의 전문성 확보문제

특사경의 경우 직무분야에 대한 전문성은 높으나, 수사전문성이 상대적으로 낮은 문제점이 있으며, 이를 보완하기 위해 전문관을 정원의 20%까지 지정하고 전보 제한 기간을 3년으로 바꿨으며, 연 6회의 전문교육을 실시하는 한편, 법률전문가, 회계전문가, 검・경찰 근무자, 디지털포렌식 전문가 등 전문경력직을 채용하여 전문성을 강화하고 있다.[425] 하지만 이러한 대응이 수사의 전문성 부족이라는 근본적 문제를 해결해줄 것으로 기대할 수 없다. 예를 들어 불법대부업을 수사하는 경제수사팀장에 경찰 출신 수사관 2명과 지능범죄가 많은 복지수사팀에 회계전문가를 채용하여 배치하였으나, 돌이켜 보면 광역시도 단위에서의 특별사법경찰 전담조직의 창설은 특사경제도의 근본적 취지와 배치되는 모습을 보인다고 하겠다. 특정 행정분야에 전문성이 높은 행정공무원에게 사법경찰권을 부여한다는 본래의 취지와는 반대로 경찰 출신이나 회계전문가를 채용한다면 경찰청 등 일반수사기관에서 관련분야의 전문가를 채용하여 수사를 하는 것과 무엇이 다른지에 대한 물음을 던지게 한다.

---

424) 경기도, 새로운 경기도가 걸어온 길 민선7기 주요정책 사례집('18.7.1.~'19. 8.31.), 2019, 20면.
425) 경기도, 새로운 경기도가 걸어온 길, 민선7기 주요정책 사례집('18.7.1.~'19. 8.31.), 2019, 19면.

라. 제주특별자치도 자치경찰단

1) 제주특별자치도 자치경찰단 연혁

2005년 5월 제주특별자치도 기본 구상에 제주도에 자치경찰제도를 도입할 것을 밝힘에 따라 정부와 제주도가 입법을 추진하였으며, 2006년 2월 21일 제정된 제주특별법은 제주특별자치도에 자치경찰단을 두고, 자치경찰단장은 자치총경으로 보하되, 제주특별자치도지사가 임명하도록 하며, 행정시에 자치경찰단의 자치경찰사무의 집행을 담당할 자치경찰대를 설치하는 것을 내용으로 하였다.[426] 이후 2006년 3월 제주자치경찰제 시행을 위한 세부실행계획이 확정되고 2006년 6월 30일 제주자치경찰제 시행과 관련된 6개 법률이 국회를 통과하여 같은 해 7월 1일 제주특별자치도 출범과 함께 제주자치경찰도 출범하였다.[427]

제주자치경찰단은 2008년 지능형교통시스템(ITS)센터와 행정시의 주정차 단속 사무를 이관 받았으며, 2011년에는 행정시의 교통시설사무도 이관 받는 등 행정사무를 확대하였다. 2012년 1월 9일 통합자치경찰단이 출범[428]하여 정원이 점진적으로 확대되고, 자치경찰공무원의 권한도 출범당시 국가경찰의 보충적 역할을 수행하는 수준에서 음주측정권, 즉결심판청구권 등으로 확대되었다.

2017년 7월 문재인 정부가 들어서고 '광역단위 자치경찰제 도입'이라는 국정과제의 실천을 위해 자치·국가경찰의 이원화 모델의 효과를 검증하고 문제점을 개선하기 위한 차원에서 2018년 4월부터 제주자치경찰의 확대 운영을 시행하였다(총 4차에 걸쳐 국가경찰 총 268명 파견).[429] 2020년 7월 30일 당·정·청에서 일원화 모형으로 도입 모델을 변경하고 제주자치경찰을 폐지하여 국가경찰로 일원화하는 내용의 경찰법개정안을 김영배 의원이 대표발의하자 제주도의회·도·민간단체가 적극적으로 대응하여 제주자치경찰은 존치되었으나, 새로이 신설된 자치경찰위원회로 소속이 변경되었다.[430] 이로써 제주자치경찰단의 소속이 기존 도지사 직속기관에서 자

---

426) 김원중, "제주자치경찰에 관한 지방자치 및 경찰사무 부합성 검토", 지방자치법연구 제16권 제3호(2016), 408면.

427) 제주특별자치도 자치경찰단 홈페이지(https://www.jeju.go.kr/jmp/intro/about.htm).

428) 2011년 5월 23일 제주특별법을 개정하여 자치경찰대를 폐지하고 '자치경찰단'으로 통합하였으며, 자치경찰단을 도 직속기관으로 전환하였다.

429) "국가경찰 268명 원대 복귀...제주 자치경찰 혼돈의 15년", 제주의 소리 인터넷 기사(2020.12.25.).

430) 2021년 자치경찰단 업무계획, 제주특별자치도 자치경찰단, 2021.9. 1면.

치경찰위원회 소속으로 변경되어 도지사의 직접 지휘가 배제되었다.[431] 제주도 자치경찰단은 다른 광역시도 단위에 설치된 특사경전담 조직과는 일부 유사점이 있지만 기본적인 골격이 다르다. 제주특별자치도가 2006년 7월 1일 우리나라 광역자치단체 중에 가장 먼저 특별사법경찰과를 만들어 전문 수사팀을 구축해 업무를 개시하였으나, 자치경찰단 산하의 특별사법경찰부서라는 차이점이 있다.[432] 또한 17개 시・도 중 유일하게 이원화 형태의 자치경찰제를 운영하고 있으며, 자치경찰단 소속 수사팀이 특사경 업무를 수행하고 있지만 기본적으로 범죄예방 및 질서유지의 임무를 수행하는 보통경찰기관에 해당한다고 할 수 있다. 이른바 제주자치도의 특사경 전담조직은 자치경찰조직에 접목된 형태로 운용되고 있는 것이다.[433]

[표 1-63] 제주특별자치도 자치경찰단 연혁[434]

2006. 07. 01	제주자치경찰 출범(국가경찰 특별임용 38명)
2007. 02. 21	1차 신임순경 45명 임용
2008. 03. 05	ITS센터 자치경찰단 이관
2008. 07. 01	행정시 주정차 단속사무 이관
2011. 01. 18	행정시 교통시설사무 이관
2012. 01. 09	통합 자치경찰단 출범(1단, 4과, 1지역대, 1센터, 11담당)
2012. 03. 08	자치경찰 기마대 신설
2012. 11. 24	자치경찰 청사(아라동) 이전
2016. 01. 25	자치경찰 단장 직급 개선(경무관)
2016. 02. 01	관광경찰과 신설
2019. 01. 31	국가경찰 파견(260명) 국가사무 시범 운영
2019. 05. 01	자치경찰 개혁추진위원회 출범
2019. 08. 02	원활한 시범사무 운영을 위한 임시 조직개편(1관 5과 1대 1센터)
2019. 10. 21	자치경찰단 통합유실물센터 개소
2020. 01. 31	국가경찰 파견(268명) 확대 시범 운영
2020. 02. 05	국가경찰 3단계 파견(268명) - 자치경찰 7개 지역관서 운영

431) 제주특별법 제88조(자치경찰기구의 설치) ① 제90조에 따른 자치경찰사무를 처리하기 위하여 「국가경찰과 자치경찰의 조직 및 운영에 관한 법률」 제18조에 따라 설치되는 제주특별자치도자치경찰위원회(이하 "자치경찰위원회"라 한다) 소속으로 자치경찰단을 둔다. 〈개정 2020.12.29.〉

432) 신현기・안영훈, 자치경찰의 특별사법경찰 사무수행 범위에 관한 연구, 한국자치경찰연구원, 2015, 22-23면.

433) 현재 광역자치단체 및 일부 기초자치단체에서 시행하고 있는 지방자치단체 일반행정국 중심의 특별사법경찰 업무 활동은 자치경찰 활동 영역으로 수행하는 것이 아닌 일반행정공무원이 각 소속 검찰청으로부터 특별사법경찰공무원으로 지명을 받아 특정분야에 대한 특별경찰업무를 수행한다. 신현기・안영훈, 앞의 보고서, 22면.

434) 제주특별자치도 자치경찰단 홈페이지(https://www.jeju.go.kr/jmp/intro/about.htm).

2020. 12. 31 확대시범 운영 파견 국가경찰관 268명 전원복귀
2020. 05. 06 제주특별자치도 자치경찰위원회 출범
2021. 07. 01 국가경찰 특별임용(경장 4명, 순경 2명)
2021. 09. 01 불법사금융 전담 수사센터 개소
2021. 10. 01 한국형사법무정책연구원 파견(자치경정 1명)

2) 자치경찰단의 조직과 인원현황

창설 당시 제주자치경찰은 아래 표에서 보는 바와 같이 생활안전, 교통, 경비, 주정차 단속과 환경, 위생 등 17종의 특사경의 사무를 수행하였다.435)

[표 1-64] 창설 당시 제주자치경찰의 인력운영 현황 및 조직436)

구분	자치경찰단(18)			제주자치경찰대(40)				서귀포자치경찰대(25)		
총원 및 업무명	경무	생활 안전	관광 환경	경무	생활 안전1	생활 안전2	관광 환경	경무	생활 안전	관광 환경
83	8	5	5	4	9	14	13	4	9	12

광역단위 자치경찰제의 도입 추진에 따라 2018년 4월 시범운영이 실시되고 2020년 2월까지 국가경찰 268명을 파견 받아 자치경찰단의 조직과 사무를 확대하였다. 이에 따라 자치경찰단은 자치경찰을 총괄하는 자치경찰단장(자치경무관), 1관(경찰정책관), 5과(생활안전과, 교통과, 아동청소년과, 관광경찰과, 수사과), 1지역대(서귀포 지역경찰대), 1센터(교통정보센터)로 조직을 확대하였다. 그리고 자치경찰단 산하에 수사1팀, 수사2팀, 수사3팀을 두고, 수사1팀은 특사경의 수사활동 계획 수립 및 사건처리 실적에 대한 분석 평가, 성과통계 분석 등 행정지원 업무를 담당하고, 수사2팀은 수사실행팀으로서 기획수사, 환경·산림, 관광·식품 등의 수사반을 두고 한림서부출장소를 운용하였다. 또한 서귀포지역경찰대 내의 수사팀은 특사경 직무범위에 속하는 다양한 법률위반 사항에 대한 수사업무를 담당하였다. 하지만, 이원화 형태의 광역자치경찰제의 도입이 무산되고 2020년 12월 31일 시범운영이 종료되면서 자치경찰단에 파견되었던 국가경찰이 복귀함에 따라 조직의 규모나 편제가 이전의 상태로

435) 양재열, "자치경찰제의 효율적인 운영방안 연구", 자치경찰연구 제7권 제1호(2014), 79면.
436) 신현기, 자치경찰론, 전영사, 2010, 417면.

돌아가게 되었으며, 현재는 1관(교통정책관), 3과(교통생활안전과, 관광경찰과, 수사과), 1센터(교통정보센터), 1지역대(서귀포지역경찰대)로 구성되어 운용되고 있다.437) 유의할 점으로 자치경찰단을 다른 광역시도의 경우처럼 특사경전담조직으로 보는 것은 맞지 않으며, 자치경찰단 소속 구성원은 대부분 자치경찰관의 신분을 가지고 있다. 제주도 전체 차원에서 보면 자치경찰단에 소속된 22명이 특사경의 임무를 수행하고 있으며, 소방 33명, 세무 10명, 수산 8명, 카지노 9명, 원산지 2명, 자동차 1명 등 총 85명의 특사경이 있다.438)

[그림 1-27] 제주자치경찰단 조직도(2020년 5월 11일 기준)439)

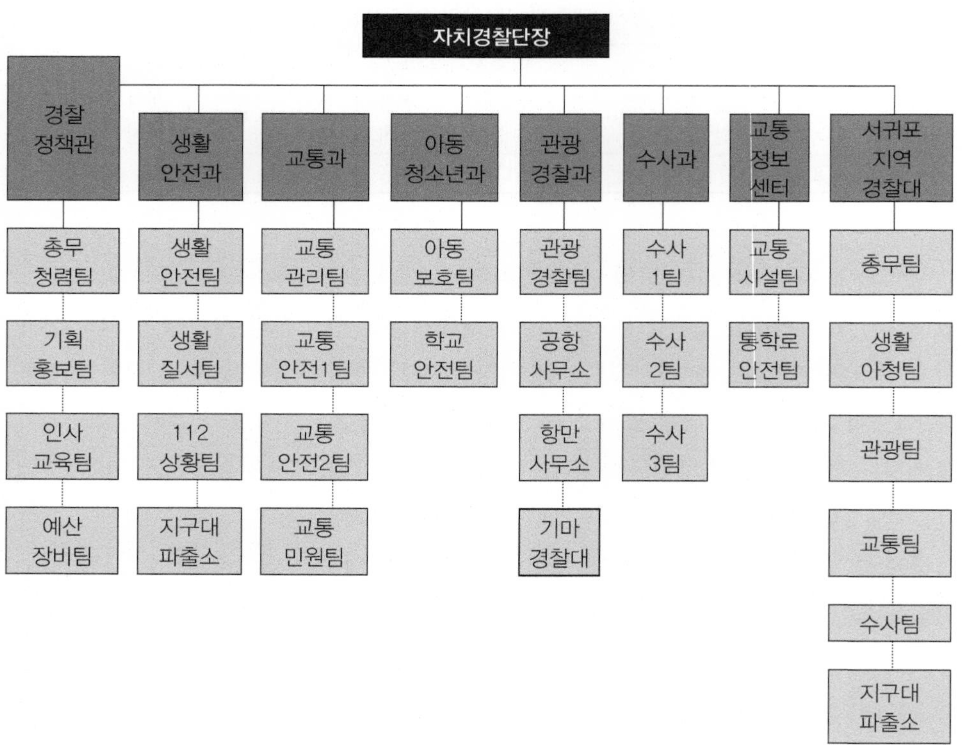

437) 제주특별자치도 자치경찰단 홈페이지(http://www.jeju.go.kr/jmp/intro/number.htm).
438) "대한민국 특별사법경찰의 나아갈 방향 모색한다", 제주자치경찰단 보도자료(2021.6.16.).
439) 자치경찰단 정현원 현황(2020.5.11.기준) 제주특별자치도 정보공개게시판 출처: https://www.jeju.go.kr/open/open/iopenboard.htm?category=1879&act=view&seq=1241936

[그림 1-28] 2021년 1월 이후 자치경찰단 조직도

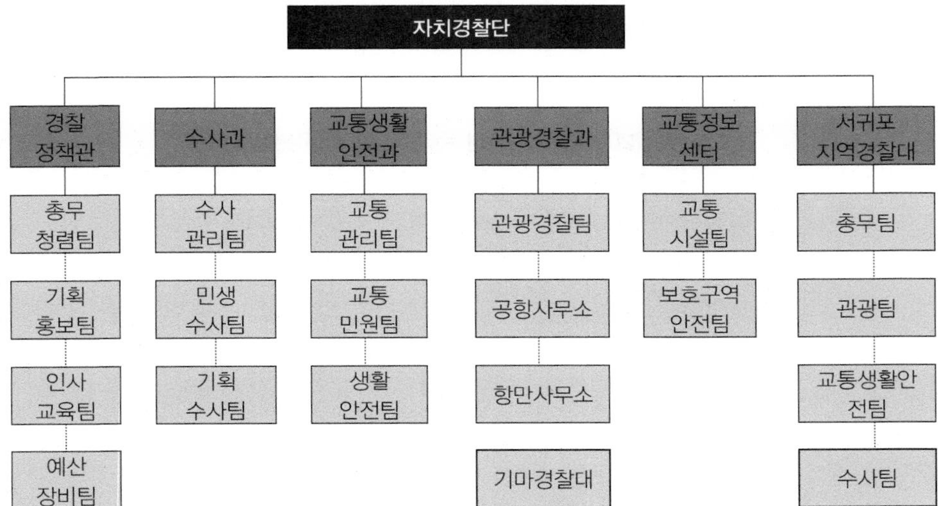

인원현황을 보면, 2006년 자치경찰 출범당시 자치경찰공무원의 정원은 총 127명이었으나, 국가경찰에서 특별임용된 38명과 창설 이후 지속적으로 자치경찰공무원을 신규채용해 왔으며 2017년 8월 기준 정원 150명(자치경찰공무원 130, 일반직 공무

[표 1-65] 제주자치경찰단 정 · 현원 현황(2022. 2. 기준)440)

구분		계	자치경찰공무원 (정원 157, 현원 156)									일반직공무원		
			소계	경무관	총경	경정	경감	경위	경사	경장	순경	소계	일반직	공무직
계	정원	170	157	1	1	7	18	30	30	38	32	13	9	4
	현원	170	156	1	1	7	17	30	33	41	26	14	9	5
자치경찰단	정원	152	139	1	1	5	14	23	26	37	32	13	9	4
	현원	153	139	1	1	5	15	25	28	38	26	14	9	5
道 본청 및 행정시 등	정원	18	18	-	-	2	4	7	4	1	-	-	-	-
	현원	17	17	-	-	2	2	6	5	2	-	-	-	-

* 道 · 행정시 전보(17명): 자치경찰위원회 6, 청렴혁신담당관 1, 안전정책과 1, 감사위원회 1, 세계유산본부 3, 행정시(교통행정과)5
* 별도정원(11명): 휴직자 8, 형사정책연구원 1, 행안부 1, 시 · 도지사협의회 1

440) 제주자치경찰단 내부자료.

원 20)에서[441] 2022년 2월 기준 자치경찰공무원 157명과 일반직 공무원 13명 등 총 170명의 정원으로 편성되어 있다. 자치경찰단에 소속된 공무원들은 대부분 자치경찰공무원이며 일부 일반직 공무원들이 포함되어 있다.

[표 1-66] 2021년1월 이전 수사과(팀) 업무분장[442]

수사과	수사1팀	● 특사경 수사활동 계획 수립 및 활동성과 홍보 ● 범죄유형별 사건처리실적 분석 평가, 성과통계 분석 등 (자동차관련수사반) 자동차무보험운행 및 무단방치 관련 특사경 수사
	수사2팀	(기획수사전담반) -자치경찰단 직무범위 기획수사 -특사경 관련 유관기관 협업 및 첩보수집활동(환경 · 산림 수사반) - 폐기물 불법처리 등 환경오염사범 수사 - 산림훼손 · 무단형질 변경 등 산림훼손사범 수사(관광 · 식품반) - 식품 · 공중위생 · 보건의료법관련 위반사범 수사 - 그 외 제주시 지역 식품 · 공중위생관련 특사경 수사활동(한림서 부출장소) - 제주시 애월, 한림, 한경면 일대 악취관리지정농가 정기 예찰 활동 - 축산악취 발생 및 무단방류 의심농가 축산 환경부서와 합동점검
	수사3팀	수사권 조정 전담 대응팀 검 · 경 수사권 조정 법안 통과에 따른 제도 정비
서귀포 지역경찰대	수사팀	산지 등 산림훼손사범 수사 폐기물 불법처리 등 환경오염사범 수사 식품 · 공중위생 · 관광 등 관광저해사범 수사 청소년보호활동 및 청소년유해행위 수사 자동차무보험운행 및 무단방치 관련 특사경 수사

441) 신현기 외, 서울시 특별사법경찰 10년, 자치경찰제로의 전환을 위한 발전방안 연구, 서울특별시 연구용역보고서, 2017, 26면.

442) 제주특별자치도 자치경찰단 홈페이지(http://www.jeju.go.kr/jmp/intro/number.htm).

[표 1-67] 2021년 1월 이후 수사과(팀) 사무분장

수사과	수사관리팀	특사경 수사활동 계획 수립 및 활동성과 홍보 수사과 업무총괄 범죄유형별 사건처실적 분석 평가
	민원수사팀	환경,식품위생 사건처리 업무 총괄 자손,자관법 사건처리 업무 총괄
	기획수사팀	기획수사(산림훼손, 관광질서,청소년위해 사범 수사) 총괄 서부출장소 관리운영 총괄
서귀포지역 경찰대	수사팀	산지 등 산림훼손사범 수사 폐기물 불법처리 등 환경오염사범 수사 식품 · 공중위생 · 관광 등 관광저해사범 수사 청소년보호활동 및 청소년유해행위 수사 자동차무보험운행 및 무단방치 관련 특사경 수사

[표 1-68] 장비현황(경찰 무기 · 장비 · 통신)443)

구분		수량	비고
총계		371	
장비종류	기동장비	59	순찰차 18대, 싸이카 12대, 승용 12대, 승합 3대, 버스 2대, 화물 5대 전기이륜차 7대
	무기류	85	3 · 8 권총 75정(실탄 22,180발, 공포탄 150발) 가스발사총 10정(약제탄74발) - 85정, 실탄 22,404발
	통신장비	183	무전기 103대, 운전면허조회기 30대 스마트범칙금단속 단말기 50대
	음주단속장비	44	음주측정기 6대, 음주감지기 38대

3) 제주자치경찰단의 특사경 업무의 법적근거

제주자치경찰단을 출범시킨 제주특별법 제106조 제1항은 "제108조의 규정에 의한 자치경찰사무를 처리하기 위하여 제주자치도에 자치경찰단을 둔다."고 규정하여 제주자치경찰단의 설치 근거를 마련하였다. 출범당시 법률은 자치경찰의 사무를 크게 ① 주민의 생활안전활동에 관한 사무, ② 지역교통활동에 관한 사무, ③ 공공시설 및 지역행사장 등의 지역경비에 관한 사무, ④ 「사법경찰관리의 직무를 행할 자

443) 제주자치경찰단, 자치경찰 활동 목표 설정 및 평가, 2020, 11면.

와 그 직무범위에 관한 법률」에서 자치경찰공무원의 직무로 규정하고 있는 사법경찰관리의 직무로 명시하였다(제108조).444)

따라서 제주자치경찰단에 소속된 특사경의 직무범위는 특사경법을 따르게 되며, 2006년 7월 19일 개정된 특사경법은 제10조를 신설하여 제주도 자치경찰공무원에 적용되는 별도 규정을 마련하였다. 이 규정은 2008년 6월 13일 전문개정이 되고, 2010년 5월 4일, 2015년 7월 24일, 2015년 8월 11일 일부개정을 거쳐 현재에 이르고 있다. 이 규정에 따르면 제주 자치경찰공무원에 대하여는 다른 광역시도에 소속된 특사경의 직무범위에 속하지 않은 직무영역(미등록 휴양펜션업, 보존자원 반출)이 포함되어 있으며, 또한 특사경의 자격부여 방식이 지방검찰청 검사장의 지명방식을 따르지 않고 법률에 의하여 직접 자격을 부여하는 방식을 취하고 있는 특징이 있다. 이 규정에 의하면, 자치경찰공무원 중 자치경무관·자치총경·자치경정·자치경감·자치경위는 사법경찰관의 직무를, 자치경사·자치경장·자치순경은 그 범죄에 관하여 사법경찰리의 직무를 수행한다.

특사경법

제10조(자치경찰공무원) 「제주특별자치도 설치 및 국제자유도시 조성을 위한 특별법」에 따른 자치경찰공무원 중 자치경무관·자치총경·자치경정·자치경감·자치경위는 제주특별자치도의 관할 구역에서 발생하는 범죄 가운데 이 법 제6조제5호(제5조제6호 및 제7호에 해당하는 자의 소관만 해당한다)·제6호·제7호·제11호·제13호·제15호·제18호·제19호·제21호·제22호·제24호·제25호·제26호·제28호·제29호·제31호·제32호 및 제41호부터 제46호까지의 범죄와 「제주특별자치도 설치 및 국제자유도시 조성을 위한 특별법」 제471조·제473조 및 이와 관련되는 같은 법 제477조·제478조에 규정된 범죄에 관하여 사법경찰관의 직무를, 자치경사·자치경장·자치순경은 그 범죄에 관하여 사법경찰리의 직무를 수행한다.

2006년 7월 제주자치경찰이 출범 당시에는 특별사법경찰의 지명사무가 17개 분야 59개 법률이었으나, 2020년 5월 기준 19개 분야 86개 법률 위반사항에 대한 수사권한을 보유하고 있다.445)

444) 2020년 12월 29일 개정된 제주특별법 제88조 제1항은 제주특별자치도자치경찰위원회 소속으로 자치경찰단을 두도록 규정하고 있다.

[표 1-69] 자치경찰 수사 직무범위[446)]

〈사법경찰관리의 직무를 수행할 자와 그 직무범위에 관한 법률〉[20.8.28. 시행기준]

연번	조항 (6조)	분야 (19개)	직무 범위[90]
1	5호	산 림	관할 구역 임야에서 발생하는 산림, 그 임산물과 수렵에 관한 범죄 산지관리법, 산림자원조성및관리에관한법률, 산림문화휴양에관한법률, 사방사업법, 소나무재선충방제특별법, 산림보호법, 목재의 지속가능한 이용에 관한 법률 [7]
2	6호	식품・위생	식품위생법, 수입식품안전관리특별법, 보건범죄단속에관한특별조치법(식품위생에 관한 범죄), 건강기능식품에 관한 법률 [4]
3	7호	의약품	약사법, 화장품법, 의료기기법, 식품・의약품분야시험검사등에관한법률, 보건범죄단속에관한특별조치법(약사에 관한 범죄) [5]
4	11호	문화재	문화재보호법, 매장문화재보호및조사에관한법률, 경범죄 현행범 [3]
5	13호	공원관리	자연공원법, 경범죄 현행범 [1]
6	15호	수산업	수산업법, 양식산업발전법, 어업자원보호법, 수산자원관리법, 어선법, 내수면어업법 [6]
7	18호	공중위생	공중위생관리법, 의료법, 정신건강증진및정신질환자복지서비스지원에 관한법률(제84조~제87조 및 이와 관련한 제88조), 사회복지사업법(제53조,제54조 및 이와 관련한 제56조) [4]
8	19호	환경	대기환경보전법, 물환경보전법, 소음진동관리법, 화학물질관리법, 폐기물관리법, 가축분뇨의 관리 및 이용에 관한 법률, 환경분쟁조정법, 환경범죄 등의 단속 및 가중처벌에 관한 법률, 자연환경보전법, 환경영향평가법, 폐기물의 국가간 이동 및 그 처리에 관한 법률, 하수도법, 환경기술 및 환경산업지원법, 먹는 물 관리법, 토양환경보전법, 폐기물처리시설설치촉진 및 주변지역지원 등에 관한 법률, 자원의 절약과 재활용 촉진에 관한 법률, 실내공기질관리법, 수도법(상수원보호구역오염행위), 지하수법(지하수오염방지명령 위반), 보건범죄단속에 관한 특별조치법(제4조), 야생생물보호 및 관리에 관한 법률, 악취방지법, 건설폐기물의 재활용 촉진에 관한 법률, 습지보전법, 독도 등 도서지역생태계보전에 관한 특별법, 대기관리권역의 대기 환경개선에 관한 특별법, 환경보건법, 석면안전관리법, 화학물질의 등록 및 평가 등에 관한 법률, 생물다양성보전 및 이용에 관한 법률, 환경분야시험검사들에 관한 법률, 잔류성유기물질관리법, 환경오염피해배상책임 및 구제에 관한 법률, 환경오염시설의 통합관리에 관한 법률 [35]

445) 2020년 8월 기준 19종 91개 법률로 확대되었다(한국형사정책연구원 업무협약 체결 보도내용 참조).

446) 제주특별자치도 정보공개게시판 "자치경찰 특별사법경찰 수사직무범위"(작성일: 2020.02.22.)

9	21호	도로	도로법(제40조,제46조,제49조,제52조,제61조,제75조~제78조) [1]
10	22호	관광	관광진흥법 [1]
11	24호	청소년	청소년보호법 [1]
12	25호	농축수산물	농수산물의원산지표시에 관한 법률, 농수산물품질관리법, 친환경농어업육성 및 유기식품등의 관리지원에 관한 법률, 축산물위생관리법, 인삼산업법, 양곡관리법 [6]
13	26호	대외무역	대외무역법(원산지표시에 관한범죄) [1]
14	28호	농약・비료	농약관리법, 비료관리법 [2]
15	29호	하천	하천법 [1]
16	31호	질병	가축전염병예방법, 식물방역법, 수산생물질병관리법 [3]
17	45호		
18	32호	자동차	자동차관리법(무등록자동차정비업, 자동차소유권 이전등록 미신청 및 자동차무단방치) 자동차손해배상보장법(의무보험미가입자동차운행) [2]
19	41호	석유	석유 및 석유대체연료사업법 [1]
20	42호	경제	대부업 등의 등록 및 금융이용자보호에 관한 법률 [1]
21	43호		방문판매 등에 관한 법률 [1]
22	44호		할부거래에 관한 법률 [1]
23	46호		자본시장과 금융투자업에 관한 법률 [1]
제주특별법			제주특별법제471조(관광분야벌칙), 제주특별법제473조(환경분야벌칙) 제477조(마수범 등), 제478조(양벌규정) [1]
특정범죄가중처벌법			제9조(「산림자원의 조성 및 관리에 관한 법률」 등 위반행위의 가중처벌) [1]

4) 실 적

제주자치경찰은 19개 분야 86개 법률에 걸친 직무를 수행하며, 환경・산림사범, 식품위생사범 처리 등 제주 맞춤형 수사활동을 전개하고 있다. 또한 제주도의 핵심 1차 산업인 감귤가격 안정화를 위한 비상품 감귤 유통행위 단속과 조류인플루엔자 등 전염병 차단을 위한 검문검색 활동을 지원하여 도정 집행력 강화에 일조하고 있다.[447] 2016년부터 2019년 2월까지의 분야별 특사경 수사활동 추진실적을 보면 아래 〈표 1-70〉에서 보는 바와 같이 자동차위반사범 단속이 3,621건으로 전체의

447) 신현기 외, 앞의 보고서, 29-30면.

72.0%를 차지하고, 다음으로 식품위생사범 419건(8.3%), 산림사범 214건(4.8%), 환경사범 220건(4.3%) 등의 순으로 실적을 올렸다.

[표 1-70] 특사경 수사활동 추진실적(2016.1.~2019.2 기준)448)

(건/명)

구분	계	환경	산림	관광	농·수산물	식품위생	공중위생	자동차	기타
건/명	5028	220/364	214/312	178/183	87/103	419/468	176/206	3,621/3,692	113/130
비율(%)	100	4.3	4.8	3.5	1.7	8.3	3.5	72.0	2.2

5) 문제점과 전망

① 포괄적 직무범위 설정의 문제점

일반적 특사경의 자격부여는 특정 행정분야에서 근무하는 행정공무원에게 개별적으로 직무분야를 지정하여 지명하는 방식을 따르지만, 제주자치경찰단의 경우 특사경법과 제주특별자치도법이 정한 일정한 범주에 속하는 다양한 직무영역에 대하여 사법경찰권을 행사할 수 있도록 그 지위를 포괄적으로 부여하는 방식을 따르는 특징이 있다. 이처럼 특정 행정분야에서 근무하는 행정공무원이 아니라 자치경찰단 소속의 자치경찰공무원에 대하여 조건 없이 사법경찰권을 부여하는 것은 특사경 제도의 본래의 취지에 반하는 것으로 그 정당성이 결여되어 있다고 하겠다. 발전방안으로서 제주자치경찰단에서 특사경을 분리하고 자치경찰의 역량을 강화하는 것이 바람직할 것으로 보인다. 자치경찰단 소속 자치경찰공무원의 수는 다른 광역시도의 특별사법경찰 전담부서의 인력과 비교하여 적은 편은 아니지만 그 구성이 다르다. 제주자치경찰 소속 경찰관들은 대부분 교통사고 방지, 관광지에서의 질서유지 등의 임무를 수행하고 있으며, 실제 특사경의 자격을 부여받아 수사업무를 수행하는 수사과 소속 인력은 본대 18명과 지역대 일정 명의 규모로써 다양한 특사경의 직무를 수행하기에는 인원이 매우 부족한 실정이다. 따라서 다른 광역시도와 마찬가지로 도 소속으로 별도의 특별사법경찰 전담부서를 설치하여 자치경찰과 분리하여 운영하는 것이 타당할 것이다. 이는 무엇보다도 업무의 성격이 다르다는 점에서 더욱 그러하다.

448) 제주자치경찰단 정보공개자료 재구성. 출처: https://www.jeju.go.kr/open/open/iopenboard.htm?category=1890&act=view&seq=1242029

② 자치경찰공무원의 특사경과 자치경찰관으로서의 권한 부조화

자치경찰단에 소속된 자치경찰공무원은 수사과에 소속된 경우에 특별사법경찰관리로서 직무범위에 속하는 범죄에 대하여 일반사법경찰관리와 동등한 수사권을 행사할 수 있다. 반면에 수사과가 아닌 다른 부서에 소속된 경우에는 공항만 및 관광지를 중심으로 질서유지와 범죄예방 등의 기본적인 행정경찰의 업무를 수행하게 된다. 그런데 특사경의 직무영역에 속하지 않는 다른 일반범죄에 대하여는 매우 제한된 사법경찰권만을 보유한다. 즉, 자치경찰공무원은 경찰청이나 해양경찰청에 소속된 국가경찰공무원에 비해 제한된 행정경찰권과 제한된 일반사법경찰권을 행사할 수 있다.

먼저 자치경찰관이 보유한 행정경찰권을 살펴보면 행정경찰작용의 일반법으로 평가되는 경찰관직무집행법도 그 적용대상을 국가경찰공무원에 한정하고 있으며, 제주특별법에서 개별조문을 준용하는 방식을 취하고 있다.[449] 구체적으로 제주특별법 제96조 제1항 "자치경찰공무원이 자치경찰사무를 수행할 때에는 「경찰관 직무집행법」 제3조부터 제7조까지, 제10조, 제10조의2부터 제10조의4까지, 제11조 및 제12조를 준용한다."고 규정하여 불심검문, 보호조치, 위험발생의 방지, 범죄의 예방과 제지, 위험방지를 위한 출입, 경찰장비의 사용, 경찰장구의 사용, 분사기 등의 사용, 무기의 사용 등의 권한을 행사할 수 있으며, 의무위반이나 직권남용에 대한 처벌규정이 적용된다. 따라서 권한 및 책임의 측면에서 사실상 경찰관직무집행법의 모든 규정이 적용된다고 할 수 있다. 다만 제주특별법 제97조 제1항에 따라 무기사용의 경우에 사전에 도지사의 신청으로 제주자치도경찰청장의 승인을 받은 자치경찰공무원만 무기를 휴대하고 사용할 수 있다.

다음으로 일반사법경찰권을 살펴보면, 형사소송법상 자치경찰공무원은 국가경찰공무원과 유사한 계급체계를 따르지만 일반사법경찰관리에 해당하지 않으며 제주특별법은 매우 기본적인 권한만을 인정하고 있다. 즉, 직무수행 중 범죄를 발견한 경우에는 특사경의 직무영역에 해당하는 범죄와 경범죄처벌법 및 도로교통법 등에 따라 통고처분의 대상이 되는 범칙행위를 제외하고 범죄의 내용 또는 증거물 등을 국가

---

449) 제주 자치경찰공무원의 일반사법경찰상의 제한된 권한행사는 프랑스의 제도와 유사하다. 프랑스의 경우 자치경찰관은 사법경찰보조리의 지위를 가지며 형사소송법에 규정된 매우 제한된 권한만을 행사할 수 있다. 김택수a, 15-17면 참조.

경찰에 통보하고 인계하여야 한다(제98조 제1항). 또한 일반인에게 인정되는 현행범인에 대한 체포권한은 자치경찰공무원에게도 당연히 인정되지만, 특사경의 직무영역에 해당하는 범죄가 아닌 경우에는 즉시 국가경찰에 인도하여야 하는 권한상의 제약이 있다. 따라서 일반범죄에 대하여 범죄현장에서의 초동수사권도 없으며 피의자에 대한 신문이나 참고인조사 등도 불가능하다.

교통경찰의 분야에서도 기존에 제주자치경찰은 교통질서관리 등의 치안질서를 전개하는 과정에서 음주단속 권한이 없기 때문에 업무추진에 있어서 문제가 발생함에 따라 「도로교통법」을 개정하여야 한다는 요구가 있었다.[450] 이에 따라 2014년 12월 30일 개정된 도로교통법 제44조 제2항은 음주운전자에 대한 단속권한이 있는 경찰공무원의 범위에서 자치경찰공무원을 제외시키고 있는 조문 일부를 삭제하여 제주특별자치도 자치경찰공무원에게도 음주운전에 대한 단속 및 호흡조사 등을 할 수 있는 권한을 부여하였다. 반면에 도로교통법 제54조(사고발생 시의 조치)는 교통사고 시의 조치권한과 교통사고 조사권한을 국가경찰공무원에 한정시키고 있어, 교통경찰의 업무수행에 있어서도 국가경찰공무원과 자치경찰공무원의 권한에 대한 차등을 두고 있다.[451]

이와 같이 일반 행정경찰과 사법경찰의 영역에서 제주자치경찰의 역할을 제한적으로 규정하게 된 것은 보충성의 원칙에 따라 자치경찰이 국가경찰에 대한 보충적 역할을 수행한다는 자치경찰의 기본원리에서 비롯된다. 이는 제주자치경찰이 모델로 하고 있는 유럽형, 그 중에서도 특히 프랑스의 자치경찰제와 매우 유사하다. 프랑스 형사소송법 제21조는 자치경찰관을 사법경찰리보다 한 단계 낮은 사법경찰보조리(agent de police judiciaire adjoint)로 분류하여 기초적인 수사권한만을 행사할 수 있도록 규정하고 있다. 그런데 이와 달리 한편으로는 낮은 수준의 행정경찰권과 일반사법경찰권을 부여하면서 다른 한편으로는 일정 직무범위에 속하는 범죄에 대하여는 일반사법경찰관과 동등한 사법경찰권을 부여하고 있어 이들 권한 사이에 심한 불균형을 초래하는 문제점이 있다. 이러한 문제는 제주자치경찰단에 소속된 자치경

450) 황정익, "제주자치경찰의 효율적 운영방안", 제주발전포럼 제38호(2011), 29-31면.

451) 제주자치경찰단은 제주경찰청과 근무장소를 분담해, 학교별 등하교시간(등교시간: 오전 8~9시, 하교시간: 오후 1~4시) 스쿨존 내 교통경력을 집중 배치하고 어린이 교통사고를 예방하기 위해 스쿨존 스팟 이동식 과속단속과 기타 법규위반 행위 단속 등을 병행 추진한다. "제주자치경찰, 스쿨존 과속단속 장비 5월부터 가동", 헤드라인제주 인터넷 기사(2022.04.29.).

찰공무원은 자치경찰관이라는 신분과 특별사법경찰관리라는 이중적 지위를 갖기 때문에 발생한다.

[표 1-71] 제주자치경찰단 소속 자치경찰공무원의 이중적 지위

법적 지위	자치경찰관으로서의 지위		특사경으로서의 지위
권한의 수준	제한된 행정경찰권	제한된 일반사법경찰권	완전한 특별사법경찰권

돌이켜 보면, 이러한 현상은 자치경찰단의 출범 당시 특사경과 자치경찰공무원이라는 성격과 권한이 서로 다른 조직을 인위적으로 결합시킨 기형적 형태에서 비롯된다. 궁극적으로는 자치경찰조직과 특사경 조직이 하나의 조직으로 결합될 수 있는 것인지에 대한 본질적 의문을 제기하게 한다. 이러한 권한상의 불균형을 해소하고 바람직한 특사경제도를 운용하기 위해서는 향후 특사경을 자치경찰단에서 분리할 필요가 있다. 특사경과 자치경찰을 분리하고 자치경찰관으로 하여금 자치경찰사무 중 주민의 생활안전활동, 지역교통활동, 공공시설과 지역행사장 등의 지역경비 등 주민들의 일상생활과 밀착된 치안활동에 주력하도록 하는 것이 현 단계의 제주자치경찰단의 위상과 역할에 걸맞다고 평가된다.

제주특별자치도법

제98조(범죄의 발견 시 조치) ① 자치경찰공무원이 직무수행 중에 범죄를 발견한 경우에는 범죄의 내용 또는 증거물 등을 소속 자치경찰단장을 거쳐 즉시 제주자치도경찰청장 또는 경찰서장(해양경찰서장을 포함한다)에게 통보하고 그 사무를 인계하여야 한다. 다만, 제90조제4호의 직무에 속하는 범죄와 「경범죄 처벌법」 제7조 및 「도로교통법」 제163조에 따른 통고처분의 대상이 되는 범칙행위의 경우에는 그러하지 아니하다. 〈개정 2017. 7. 26., 2020. 12. 22.〉

② 자치경찰공무원이 현행범인을 발견하여 현장에서 체포한 경우에는 즉시 경찰공무원에게 인도하여야 한다. 다만, 제90조제4호의 직무를 수행하는 중에 현장에서 체포한 현행범인의 경우에는 그러하지 아니하다. 〈개정 2020. 12. 22.〉

③ 제2항에 따라 자치경찰공무원이 현행범인을 체포하는 경우에는 범죄사실의 요지, 체포의 이유와 변호인을 선임할 수 있음을 알려주고 변명할 기회를 주어야 한다.

③ 일원형 자치경찰제와 이원형 제주자치경찰의 결합문제

이원형의 광역단위 자치경찰제의 도입이 무산되고 2021년 일원형의 자치경찰제가 전국에서 전면 시행되었지만 제주도는 기존의 이원형 체제를 유지할 수 있게 되었다. 그런데 이원형의 자치경찰을 종전과 같이 유지하면서도 자치경찰위원회로 소속을 변경하고 국가경찰사무와 자치경찰사무로 구분하는 경찰법의 적용을 받게 되어 다른 광역시도의 경우와 달리 제주도의 경우에는 큰 변화와 혼란을 초래할 것으로 전망된다. 이미 제주특별법 제90조는 자치경찰의 사무를 명시하고 있으나, 전면 개정된 경찰법 제4조 제1항은 자치경찰의 사무를 생활안전・교통・경비・수사와 관련하여 가) 지역 내 주민의 생활안전 활동에 관한 사무, 나) 지역 내 교통활동에 관한 사무, 다) 지역 내 다중운집 행사 관련 혼잡 교통 및 안전 관리, 라) 일부 수사사무로 명시하고 있고 있다. 경찰법이 규정하고 있는 자치사무는 수사사무를 제외하고 사실상 제주특별법의 자치경찰사무에 관한 규정을 참고한 것이라고 할 수 있다. 따라서 두 법률에서 규정하는 유사한 자치경찰의 사무가 제주도에 있어서는 제주경찰청 소속의 국가경찰공무원과 제주자치경찰단 소속의 자치경찰공무원에 의해서 수행되는 중복성을 피할 수 없게 되었으며, 업무의 충돌이나 지휘체계의 혼선이 불가피한 상황이라고 할 수 있다.[452] 한 마디로 제주도에는 두 개의 자치경찰이 존재하는 형국인 셈이다.[453]

더욱이 수사사무와 관련해서는 경찰법이 학교폭력 등 소년범죄, 가정폭력, 아동학대 범죄, 교통사고 및 교통 관련 범죄, 일부 성범죄, 경범죄 및 기초질서 관련 범죄, 가출인 및 실종아동 수색 및 범죄를 자치경찰의 사무로 규정하고 있지만, 정작 자치경찰단에 소속된 자치경찰공무원은 이러한 범죄들에 대하여 수사권한이 없는 모순성이 발생한다. 이러한 분야의 수사사무를 자치경찰의 사무로 정하였다면 이론상 제주자치경찰단이 수사권한을 갖는 것은 당연하다고 할 것이다. 그럼에도 불구하고 실질적인 수사권한을 부여하지 않는 이유는 일원형의 자치경찰제의 도입에 따라 자치경찰사무를 수행할 경찰관을 지방자치단체 소속으로 두지 않고 국가경찰체제의 유지라는 틀에서 단순히 자치단체장과 자치경찰위원회가 국가경찰의 '자치경찰사무'에

452) 관련 기사로는 "제주특별자치도 자치경찰단 위상 '흔들'…인력・업무 혼선", 연합뉴스 인터넷 기사(2020.12.15.).

453) "제주에 2개의 자치경찰…업무 중복・혼선 불가피", 제주일보 인터넷 기사(2021.01.01.).

개입할 수 있도록 한 기형적 자치경찰제에서 비롯된다고 할 수 있다. 이러한 맥락에서 다른 광역자치단체보다 우선하여 제주도가 한국형사·법무정책연구원과 업무협약을 체결하여 제주형 이원화 자치경찰제를 기반으로 한 전국 특사경 표준모델을 제시하고, 개정 경찰법상 자치경찰 수사사무와 특사경 수사 분야의 연계방안을 분석·검토하겠다는 계획[454]을 발표한 것은 제주자치경찰의 구조적 문제점을 해결하고자 하는 강한 의지의 표명으로 이해될 수 있다.

454) “제주자치경찰, 전국 특별사법경찰 방향 모색”, 프레시안 인터넷 기사(2021.06.16.).

제 2 장

행정기관에 의한 수사권 행사의 작용법적 전개

제2장

행정기관에 의한 수사권 행사의 작용법적 전개

Ⅰ. 행정조사의 범죄수사화

1. 행정조사와 범죄수사의 연계성

가. 행정조사의 개관

1) 행정의 실효성 확보수단과 행정조사

행정기관에 의한 수사권 행사의 본질이 중앙행정기관이나 지방자치단체가 수행하는 행정의 실효성 확보라는 차원에서 특정 분야에 근무하는 행정공무원에게 사법경찰권을 부여하여 법규위반에 대한 단속과 수사를 가능하도록 하는데 있다는 관점에서 접근하면 무엇보다도 행정조사에 대한 이해가 선행되어야 한다. 행정조사가 통상 행정법의 영역에서 다뤄지는 주제라고 한다면 범죄수사(사법조사)는 형사법의 영역에서 다뤄지는 주제로서 이론적으로는 상호 엄격하게 구분될 수 있지만 실제로 두 개념을 구분하는 것은 용이하지 않다.

범죄수사가 범죄혐의를 규명하기 위하여 수사기관이 행하는 범인의 체포, 증거수집 등의 조사활동(형사소송법 제196조 및 제197조 제1항)을 의미한다면, 행정조사는 적정하고 효과적인 행정수행을 위해 행정기관이 개인, 기업 등에게 각종 자료나 정보를 수집하는 사실행위로서, 조사주체가 행정기관이라는 점에서 입법조사(국정조사, 국정감사 등)나 사법조사(범죄수사)와 구별된다.[1] '행정조사기본법' 제2조는 행정조사를 "행정기관[2]이 정책을 결정하거나 직무를 수행하는 데 필요한 정보나 자료를

1) 이성일, 앞의 책, 2면.

수집하기 위하여 현장조사 · 문서열람 · 시료채취 등을 하거나 조사대상자에게 보고요구 · 자료제출요구 및 출석 · 진술요구를 행하는 활동"으로 정의하고 있다.

그런데 행정의 실효성을 확보하기 위해서는 행정법규나 명령에 의하여 부과된 의무를 자발적으로 이행하지 않은 경우에 그 의무를 이행시키거나 이행된 것과 같은 상태를 실현하는 여러 가지 법적 수단인 '행정의 실효성 확보수단'을 필요로 한다. 전통적으로 행정의 실효성 확보수단에는 행정강제와 행정벌이 있다. 행정벌은 다시 행정형벌과 행정질서벌로 구분되며, 행정강제는 다시 강제집행과 즉시강제로 구분된다. 여기에 더하여 수익적 행정행위의 철회, 명단의 공표, 수익적 행정행위의 거부, 과징금, 가산세가 새로운 실효성 확보수단으로 개별법에서 규정되고 있다.[3)]

따라서 행정조사는 그 자체가 행정의 실효성 확보수단으로 보기 어렵지만 행정조사의 결과가 의무를 부과하는 행정처분에 반영될 수 있으며 행정법규나 명령의 위반여부를 확인하는 사전절차에 해당하기 때문에 행정조사는 행정기관의 행정작

[그림 2-1] 행정의 실효성 확보수단 체계

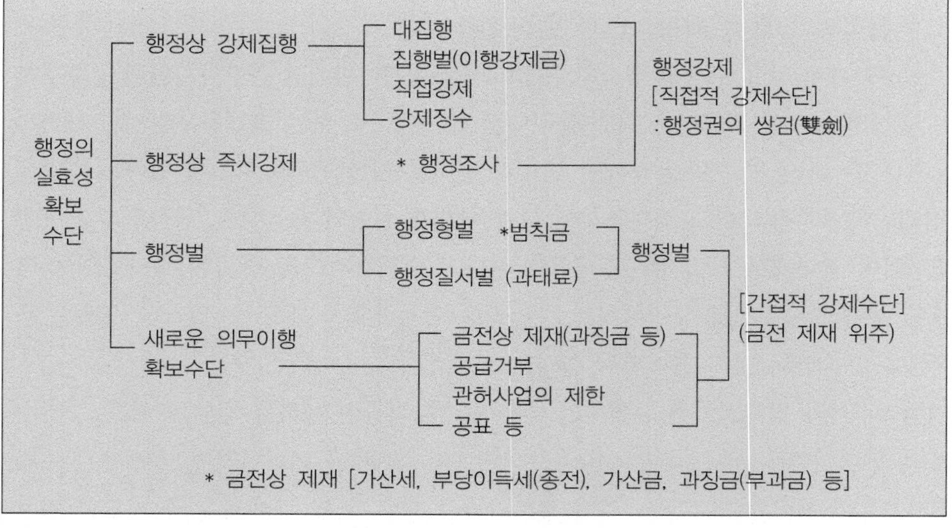

출처: 한상우, 2009년 시 · 도 법률교육: 실무행정법, 법제처, 2009, 267면 참조.

2) 여기서 행정기관이란 "법령 및 조례 · 규칙에 따라 행정권한이 있는 기관과 그 권한을 위임 또는 위탁받은 법인 · 단체 또는 그 기관이나 개인"을 말한다(행정조사기본법 제2조 제2호).

3) 김지영, "행정의 실효성 확보수단의 현황과 법적 과제", 경북대학교 법학연구원, 법학논고 제65집(2019), 56면.

용 또는 행정활동을 위하여 필요한 자료를 얻기 위하여 행하는 '준비적 · 보조적 수단'으로서의 성질을 가진다.[4)]

2) 행정조사의 독자성 문제

즉시강제와 관련하여 행정조사의 독자성에 대하여 다양한 견해들이 대립한다. 행정조사의 독자성을 부인하고 행정조사를 즉시강제의 일종으로 보는 견해, 행정조사의 독자성을 인정하면서 권력적 조사만을 행정조사로 정의하는 견해, 행정조사를 권력 조사에만 국한하지 않고 비권력적 조사를 포함하는 것으로 보며 행정조사의 독자성을 인정하는 견해 등이 있다.[5)] 행정조사기본법 제2조가 정의하고 있는 행정조사는 권력적 행정조사에 한정하고 있지 않고, 임의적 행정조사까지 포함시키는 입장에 따른 것이다.[6)]

권력적 조사활동만을 행정조사로 보아 행정법상의 의무이행확보의 수단으로 이해하는 견해(협의설)[7)]에 따르더라도 행정조사를 즉시강제의 한 유형으로 보는 것은 타당하지 않다. 행정조사를 즉시강제의 한 유형으로 보게 되면 행정조사를 행정의 실효성을 확보하는 수단의 일종으로 보게 되는 모순점이 생긴다. 또한 행정조사를 권력적 조사뿐만 아니라 비권력 조사까지 포함하는 광의의 개념으로 파악하게 되면 그 자체로 즉시강제의 한 유형으로 볼 수 없게 된다. 결론적으로 행정조사가 강제적인 수단에 의해 행해지는 경우 '직접적인 실력행사'라는 측면에서 공통적인 요소를 발견할 수 있으나, 즉시강제는 행정상의 장해제거라는 직접적인 목적을 갖는 반면에 행정조사는 행정목적을 위하여 자료나 정보 등을 수집하는 활동이라는 면에서 상호 다른 개념으로서 엄격히 구분하여야 한다.[8)] 종래 행정조사는 즉시강제의 한 유형으

---

4) 행정상의 즉시강제는 직접 개인의 신체나 재산에 실력을 행사하여 행정상 필요한 구체적, 직접적, 종국적인 결과를 실현시키는 것을 목적으로 하는 데 대하여, 행정조사는 그 자체가 목적이 아니라 행정작용을 위한 자료를 얻기 위하여 하는 준비적, 보조적 수단으로서의 성질을 가진다. 신상환, "행정조사의 법이론과 법제소고", 법제연구 제13호(1997), 240면.

5) 행정학전자사전, "행정조사", 한국행정학회 홈페이지(http://www.kapa21.or.kr/)

6) 김태우, "과징금 제도의 입법론적 문제점과 개선방안", 법제 통권 제660호(2013), 50-51면.

7) 행정조사의 개념에 대한 견해소개로는 정한중, "행정조사와 진술거부권 고지의무: 대법원 2014. 01.16. 선고 2013도5441 판결", 외법논집 제38권 제2호(2014), 55면 참조

8) 같은 취지로는, 김태우, 앞의 글, 50-55면. "전통적인 행정법이론에서는 행정조사는 권력적 작용임을 그 요소로 할 뿐만 아니라, 사전에 구체적인 의무를 부여하여 그 불수행을 기다리지 아니하고 직접적으로 수행되는 강제적 작용이라는 점에서 행정상의 즉시강제와 동일한 개념으로 제시되어 왔다. 그러나 행정상의 즉시강제와는 엄밀히 볼 때 그 목적, 내용 및 성질을 달리하는 별개의

로 파악되었으나 행정상 즉시강제로부터 독립되어 논의되기 시작한 것은 비교적 최근이다.[9)]

행정조사를 즉시강제에 포함시켜 파악되었던 이유는 그 대상과 수단의 측면에서 개인의 신체 또는 재산에 대한 실력행사를 수반한다는 유사성에 기인한 것으로 추정된다. 예를 들어 개별법에서 규정하고 있는 행정상 즉시강제의 수단인 대인적 강제, 대물적 강제, 대가택 강제들은 외형적으로 행정조사의 수단과 유사하다.

[표 2-1] 행정상 즉시강제의 수단[10)]

대인적 강제	•「경찰관직무집행법」: 보호조치, 경고・억류・피난 등의 위험발생 방지 조치, 범죄의 예방 조치, 경찰장구・무기의 사용
	• 개별법 -「전염병예방법」상 전염병환자의 강제수용, 강제건강진단과 교통차단 -「마약류관리법」상 마약류중독자의 강제수용 -「소방기본법」상 화재발생 시의 원조 강제 -「수난구호법」상 수난구호 시의 원조 강제
대물적 강제	•「경찰관직무집행법」: 무기・흉기・위험물의 임시 영치, 위험방지 조치
	• 개별법 -「식품위생법」 및 「약사법」상 물건의 폐기 -「소방기본법」상 물건의 파괴 -「도로교통법」상 교통장애물의 제거
대가택 강제	•「경찰관직무집행법」: 위험방지를 위한 가택 등 출입
	• 개별법 -「약사법」, 「조세범처벌법」, 「총포・도검・화약류 등 단속법」 등에서의 임검・검사 및 수색

즉 행정조사의 경우에도 그 대상에 따라 대인적 조사, 대물적 조사, 대가택 조사로 구분할 수 있으며, 대인적 조사의 예로 신체의 수색, 불심검문 및 질문(관세법 제216조 및 제221조 내지 제225조, 어업자원보호법 제4조 등), 대물적 조사의 예로 물건의 수거, 검사(마약류관리에 관한 법률 제41조, 식물방역법 제7조의3, 약사법 제69조, 원자력법 제103조 등), 대가택조사의 예로 가택출입, 임검(소방법 제5조 등)을 들 수 있다.[11)]

것이다.", 신상환, 앞의 글, 239-240면.

9) 한현희, 행정조사의 한계에 관한 연구-위법성 판단기준의 구체적 정립을 중심으로-, 석사학위논문, 서울대학교 대학원, 2018, 6-7면.

10) 한상우, 2009년 시・도법률교육: 실무행정법, 법제처, 2009, 273면 표 일부 수정.

행정조사의 수단과 즉시강제의 수단이 유사성을 가질 뿐만 아니라 개별법에서 규정하는 출입 및 임검, 영치, 시료채취(물건의 수거) 및 검사 등은 행정조사로서의 성격과 즉시강제로서의 성격을 동시에 갖는 것으로 평가될 여지가 있다. 예를 들어, 식품위생법에 근거한 영업소의 출입・검사 및 식품의 수거행위(제22조)는 행정조사의 수단으로 볼 수 있지만 불량식품이 국민의 건강에 미치는 영향과 위해를 제거해야 할 긴급성에 따라 통상적인 행정조사가 아닌 즉시강제로 볼 수 있기 때문이다.[12] 결론적으로 행정조사와 즉시강제의 관계는 동일선상에서 고찰될 수 있는 성격의 것이 아니라 목적과 수단의 차원에서 구분해야 하며, 행정조사는 즉시강제를 포함한 행정기관의 결정이나 처분을 위한 준비행위로서의 의미를 갖는다고 하겠다. 다시 말해, 행정상의 즉시강제는 직접 개인의 신체나 재산에 실력을 행사하여 행정상 필요한 구체적, 직접적, 종국적인 결과를 실현시키는 것을 목적으로 하는 데 대하여, 행정조사는 그 자체가 목적이 아니라 행정작용을 위한 자료를 얻기 위하여 하는 준비적, 보조적 수단으로서의 성질을 가진다고 보는 것[13]이 타당하다.[14]

[표 2-2] 즉시강제와 행정조사의 차이점[15]

구분	즉시강제	행정조사
목적	- 직접 개인의 신체・재산에 실력을 가하여 행정상 필요한 구체적・직접적・종국적 결과 실현	- 행정조사 자제가 목적이 아니며 행정작용을 위한 준비적・보조적 수단
수단	- 직접적인 실력행사를 통해 일정한 상태를 실현	- 행정벌, 행정질서벌 등 불이익 처분에 의해 간접적으로 행정조사를 수인
성질	- 권력적 집행작용	- 권력적・비권력적 조사작용

11) 신상환, 앞의 글, 246면

12) 다른 예로서, 풍속영업법 제9조(출입)는 경찰공무원이 풍속영업소에 출입하여 법 준수사항을 지키고 있는지 검사할 수 있도록 하는 근거를 규정하고 있으나, 출입 거부에 대한 별도의 벌칙규정을 마련하지 않아 강제로 출입할 수 있는지가 문제된다. 예외적으로 위험방지 또는 범죄제지의 차원에서 경찰상의 즉시강제의 법리에 따라 강제출입이 허용된다고 보는 것이 타당하다. 이에 대한 논의로는, 김혁, "경찰의 풍속업소 출입 및 단속에 관한 연구", 경찰학연구 제14권 제1호(2014), 29-51면.

13) 신상환, 앞의 글, 240면.

14) 예를 들어, 마약류 관리에 관한 법률 제47조는 식품의약품안전처장이 부정 마약류에 대하여 압류나 그 밖에 필요한 처분을 할 수 있도록 규정하고 있으며, 이는 행정조사가 아닌 즉시강제에 대한 규정으로 보아야 한다.

15) 이성일, 앞의 책, 3면.

3) 행정조사의 목적과 특징

행정조사는 전통적 침해행정 뿐만 아니라, 부과행정, 급부행정 등 사실관계의 확인을 필요로 하는 행정의 모든 영역에서 필수적 과정이라고 할 수 있다.[16] 행정조사의 목적에 대하여 행정조사기본법 제2조에 따르면 정책결정 또는 직무수행에 필요한 정보나 자료수집으로 명시하고 있으나, 개별법상 행정조사의 목적은 비록 포괄적으로 규정된 경우가 많지만, ① 관리감독 차원, ② 법령이나 규제 위반 여부 확인, ③ 행정처분의 전단계로서의 사실 확인, ④ 정책 입안에 필요한 실태 파악으로 분류될 수 있다.[17]

[표 2-3] 행정조사의 성질별 유형[18]

구분	내 용
관리감독	- 행정기관이 관리감독의 차원에서 피감독 사업자(체)의 전반적 업무상황 등을 파악하기 위한 조사 〈예〉 금융기관에 대한 재산·업무 등에 대한 건전성 검사(보험업법§14, 은행법§48, 종합금융회사법§25 등)
위반확인	- 사업자의 법 또는 규제 위반사실을 확인하기 위한 조사로, 의무위반자에 대해 제재 또는 의무이행 확보등의 행정처분을 실시하기 위한 조사 〈예〉 공정거래법§50의 부당내부거래 조사, 부당공동행위 조사 등
사실확인	- 행정처분의 전단계로 단순한 사실확인을 위한 조사 〈예〉 납세액의 결정 등 부과처분을 위한 세무조사(소득세법§170, 법인세법§122, 지방세법§64 등)
실태조사	- 행정기관이 행정계획의 수립, 정책의 입안 등을 위해 전반적인 동향과 실태를 파악하기 위한 조사 〈예〉 인력수급실태 조사(고용정책기본§10), 독과점 시장구조 조사(공정거래법§3), 연안실태 조사(연안관리법§26) 등

법 또는 규제의 위반 여부를 확인하기 위한 행정조사는 개인이나 기업과 관련한 규제분야에 집중되어 있으며 의무위반자에게 대해 제재 또는 의무이행 확보 등의 행정처분을 실시하기 위한 목적으로 행해진다. 관리감독 차원의 조사는 행정기관이 관리감독의 차원에서 사업자(체)의 전반적인 업무상황 등을 파악하

16) 이근우e, "행정조사의 형사법적 한계설정", 고려법학 제72호(2014), 354면.

17) 장민선·박훈, 불합리한 행정조사 정비방안 연구, 국무조정실 연구용역보고서, 한국법제연구원, 2017, 14면.

18) 이성일, 앞의 책, 2002, 5면.

기 위한 조사로서 금융과 노동분야에 주로 행해진다. 사실확인 차원의 행정조사는 행정처분의 전단계로 단순한 사실확인을 위한 조사로서 세무조사 분야에서 많이 나타난다. 실태조사는 행정기관이 행정계획의 수립 또는 정책의 입안 등을 위해 전반적인 동향과 실태를 파악하기 위한 조사로서 고용관련 조사나 인구조사 등이 여기에 해당한다. 이 중에서 실태조사를 제외한 대부분의 행정조사가 위반확인・관리감독・사실확인의 특징이 복합된 성격을 띠고 있고, 위반사항의 적발시 행정처분 등의 제재가 뒤따른다는 점에서 사실상의 구분이 어렵다.[19]

그런데 현행 약 1,500여개의 법률에서는 대부분 행정조사에 관련한 규정을 두고 있다.[20] 실태조사를 제외한 나머지 행정조사들은 이른바 규제를 담당하는 행정기관에 의해 행해진다고 할 수 있다.[21] 7,800여 개에 이르는 현행 행정규제는 각종 인・허가 등을 위한 기준설정과 행위금지 규제로 대별되며, 규제준수의 수단도 신고, 등록, 특허, 인가, 면허 등 행정관청의 인・허가와 금지나 기준에 위반한 경우를 적발하여 제재하는 것으로 대별될 수 있다.[22] 이처럼 단순한 실태조사를 제외하고는 대부분 위반시 행정제재가 뒤따른다는 점에서 공통된 성질을 띠며, 행정조사는 규제를 집행하는 수단이므로, 행정조사와 규제는 동전의 양면과 같다.[23]

실태조사 차원의 행정조사가 원칙적으로 임의적 수단에 의해 행해진다면 규제차원의 행정조사들은 임의적 수단뿐만 아니라 강제적 수단을 통하여 실시될 수 있다는 차이점이 있다. 행정기관에 의한 수사권 행사의 문제는 대부분 행정규제의 차원에서 법령이나 의무 위반여부의 확인과 관련되며, 이 경우 단순히 위반여부에 대한 확인으로 그치는 것이 아니라 궁극적으로는 의무위반자에 대해 행정적 또는 형사적 제재로 귀결된다는 특징이 있다. 이 점에서 특사경법에서 규정하고 있는 특사경의 직무범위들은 규제차원에서 행해지는 행정조사의 분야와 상당부분 겹친다는 것을 알 수 있다.

---

19) 신종익・임상준, 앞의 보고서, 39면.
20) 이천현 외 3인, 앞의 보고서, 41면.
21) 행정조사를 크게 법령 등 위반에 따른 행정벌의 부과와 같은 처벌 또는 제재를 목적으로 하는 행정조사와 행정목적을 달성하기 위한 일반적인 자료수집 활동으로서 처벌보다는 법령 등을 준수하도록 유도하는데 중점을 두고 있는 일반적인 행정조사로 구분하는 입장으로는, 강수진, "공정거래위원회의 조사권 행사와 형사절차상 원칙과의 관계", 형사법의 신동향 제37호(2012), 5-7면.
22) 신종익・임상준, 앞의 보고서, 18면.
23) 같은 글, 18면.

그런데 행정조사기본법은 광의의 행정조사의 개념에 따라 통상적 행정조사인 정부활동과 관련된 정책수립이나 업무수행을 위해 필요한 정보 또는 자료를 수집하는 활동에 초점을 맞추고 있어 각칙에서 규정하고 있는 조사계획의 수립, 조사의 사전통지, 정기조사의 원칙 등은 규제차원의 행정조사에 적용하기 어려운 문제점이 있다. 아울러 개별 규제분야와 관련한 법률들은 대부분 자체적인 행정조사 절차를 마련하고 있으며, 행정조사기본법이 본 법의 적용에 대한 예외를 광범위하게 인정하고 있다는 점에서 행정조사기본법의 한계가 드러나며, 실태조사 차원에서의 행정조사와 규제차원의 행정조사를 통합하여 규정하기 보다는 이를 분리하여 독자적 법체계를 갖도록 하는 것이 바람직하다고 하겠다.[24]

나. 행정조사와 강제수단의 문제

1) 행정조사기본법의 적용범위

2007년 5월 17일 제정되어 같은 해 8월 18일부터 시행되고 있는 '행정조사기본법'은 과거 정책수립 등을 위하여 행정기관이 실시하여 온 행정조사가 조사요건이 포괄적으로 되어 있고, 절차규정이 미흡하며, 조사활동에 대한 통제장치가 제대로 마련되어 있지 아니하여 조사의 투명성과 예측가능성이 낮았다는 지적에 따라 행정조사에 관한 원칙・방법 및 절차 등에 관한 기본적인 사항을 정함으로써 절차적 정의를 실현한다는 취지로 제정이 되었다. 이는 궁극적으로 행정조사의 공정성・투명성 및 효율성을 높여 행정조사의 대상이 되는 기업의 부담을 덜어주고 국민의 권익을 보호하려는 목적이 있다.[25]

행정조사기본법이 제정됨에 따라 기본법과 관계되는 다른 법률들도 기본법의 입법목적이나 기본이념을 존중하여 기본법에 규정되어 있는 내용을 구체화하는데 충실하도록 제정・개정되어져야 하는 것은 당연하다고 할 것이다.[26] 기본적으로 행정조사에 대하여는 개별법에서 규정하고 있으며 행정조사기본법이 다양한 분야에 적용될 수 있는 행정조사들에 적용되는 기본원칙과 공통적인 사항들을 규정하고 있기

24) 이천현 외 3인, 앞의 보고서, 61면.
25) 행정조사기본법 제정이유, 법제처 법률정보시스템 참조.
26) 김재광,"행정조사기본법의 입법방향", 행정조사기본법안(정부제출)에 관한 공청회 자료집 2006. 11. 24(금), 29면.

때문에 행정조사에 관한 개별법과 행정조사기본법의 관계문제가 발생할 수밖에 없다. '행정조사기본법'이 개별 법령에 산재되어 있는 행정조사의 기본원칙과 방법과 절차 등의 공통사항을 규정하기 위해 제정된 것이라는 점에서 행정조사를 실시하는 행정기관은 개별 법령에서 다르게 규정되어 있지 않는 한, 「행정조사기본법」의 원칙과 방법, 절차 등을 준수해야 한다.[27] 이 법률 제3조 제1항도 "행정조사에 관하여 다른 법률에 특별한 규정이 있는 경우를 제외하고는 이 법으로 정하는 바에 따른다."고 규정하여 다른 관련 법률들도 이 법률이 규정하는 내용을 따를 것을 원칙으로 정하고 있다. 하지만 이 법률 제3조 제2항은 이 법의 적용을 받지 않는 예외 사항들로서 구체적으로 국방, 정보, 근로감독, 조세, 형사에 관한 사항들과 금융, 공정거래위원회 관련 법률위반행위 조사에 관한 사항들을 명시하고 있다. 행정조사기본법 제3조 제3항은 제3조 제2항 각 호에 해당하는 사항에 대하여도 제4조(행정조사의 기본원칙), 제5조(행정조사의 근거) 및 제28조(정보통신수단을 통한 행정조사)의 규정을 적용하도록 명시하고 있다.

제3조(적용범위) ① 행정조사에 관하여 다른 법률에 특별한 규정이 있는 경우를 제외하고는 이 법으로 정하는 바에 따른다.

② 다음 각 호의 어느 하나에 해당하는 사항에 대하여는 이 법을 적용하지 아니한다. 〈개정 2016. 5. 29.〉

1. 행정조사를 한다는 사실이나 조사내용이 공개될 경우 국가의 존립을 위태롭게 하거나 국가의 중대한 이익을 현저히 해칠 우려가 있는 국가안전보장·통일 및 외교에 관한 사항
2. 국방 및 안전에 관한 사항 중 다음 각 목의 어느 하나에 해당하는 사항
   가. 군사시설·군사기밀보호 또는 방위사업에 관한 사항
   나. 「병역법」·「예비군법」·「민방위기본법」·「비상대비자원 관리법」에 따른 징집·소집·동원 및 훈련에 관한 사항
3. 「공공기관의 정보공개에 관한 법률」 제4조제3항의 정보에 관한 사항
4. 「근로기준법」 제101조에 따른 근로감독관의 직무에 관한 사항
5. 조세·형사·행형 및 보안처분에 관한 사항
6. 금융감독기관의 감독·검사·조사 및 감리에 관한 사항

27) 장민선·박훈, 앞의 보고서, 한국법제연구원, 2017, 36면.

7. 「독점규제 및 공정거래에 관한 법률」, 「표시・광고의 공정화에 관한 법률」, 「하도급거래 공정화에 관한 법률」, 「가맹사업거래의 공정화에 관한 법률」, 「방문판매 등에 관한 법률」, 「전자상거래 등에서의 소비자보호에 관한 법률」, 「약관의 규제에 관한 법률」 및 「할부거래에 관한 법률」에 따른 공정거래위원회의 법률위반행위 조사에 관한 사항

③ 제2항에도 불구하고 제4조(행정조사의 기본원칙), 제5조(행정조사의 근거) 및 제28조(정보통신수단을 통한 행정조사)는 제2항 각 호의 사항에 대하여 적용한다.

행정조사기본법에서 제3조 제2항 각 호에 해당하는 사항들에 대하여 본 법의 적용을 제외하도록 한 취지가 명확하지 않다. 다만, 조세・금융・공정위 관련 행정조사의 경우는 국민의 납세의무, 금융 및 경제질서 등을 교란하는 행위에 대한 제재와 관련한 조사절차로서 독자적 법체계를 갖는 것이 바람직하다는 점 및 특히 상시적인 조사활동이 필요하다는 점을 고려하여 제한하게 되었다.[28] 학계 일부는 개별법이 행정조사기본법에서 규율하고 있는 절차보다 동일하거나 더 엄격하게 규율해야 한다는 것으로 이해되어야 한다고 주장한다.[29] 하지만, 제3조 제2항(적용의 제외) 각 호에 해당하는 사항들은 공익에 미치는 영향이 매우 큰 영역과 관련된 것으로서 개별법이 행정조사에 관하여 달리 규정하고 있는 경우 개별법이 우선적으로 적용된다는 것을 규정한 것으로 보는 것이 타당하다. 이른바 '원칙과 예외'의 관계라고 할 수 있다. 그러나 개별법이 정하고 있는 행정조사의 절차가 행정조사기본법이 정하고 있는 절차에 비해 조사주체인 행정기관에게 과도한 권한을 부여하면서 반대로 조사의 대상이 되는 개인이나 법인 등에 대하여 방어권의 보장과 같은 적법절차의 보장이 제대로 이루어지지 못하는 경우 법익침해의 우려와 권리구제가 어려워지는 문제가 발생할 수 있다.[30]

---

28) 金재광, "행정조사기본법 입법과정에 관한 고찰", 단국대학교 법학연구소, 법학논총 제33권 제2호(2009), 500면.

29) 박준영, 앞의 책, 71면.

30) 행정조사기본법 제3조 제2항 4호 이하의 분야들이야 말로 현실에서는 가장 빈번하고, 심각하게 대상자의 헌법적 기본권을 침해하는 '조사'가 이루어지는 곳이며, 지나치게 넓은 적용 제외 영역을 가지고 있어 그 존재의의가 반감된다는 비판으로는, 이근우e, 앞의 글, 355면: 조세범, 금융범, 그리고 공정거래 관련 범죄가 중요하며 이런 부분에 대한 권력의 남용이 심각한 문제인데도 적용대상에서 배제시킨 것을 잘못이라는 비판으로는, 이상돈, "'행정조사기본법안'에 대한 의견", 행정조사기본법안(정부제출)에 관한 공청회 자료집 2006. 11. 24(금), 37면.

행정기관에 의한 수사권의 행사문제와 관련하여 주목해야 할 부분은 제3조 제2항에 열거된 사항들 중 공정거래위원회의 법률위반행위 조사에 관한 사항, 조세에 관한 사항, 금융감독기관의 조사 등에 관한 사항, 근로감독관의 직무에 관한 사항 등은 공정거래위원회를 제외하고 공교롭게도 특사경의 직무영역에 속하는 사항들이면서 국민과 기업의 경제활동에 미치는 영향이 큰 영역이라는 점이다. 이와 같이 중요한 분야에서 광범위하게 그 적용의 예외를 인정하는 것은 행정조사기본법이 마련하고 있는 적법절차에 관한 규정을 회피하도록 하는 도피처를 마련하였다는 비판을 면하기 어렵다. 이에 대하여 공정거래위원회의 사건조사는 행정조사의 일종이지만, 독점규제법의 집행절차는 이른바 준사법적 성격(quisi-judicial procedure)을 가지고 있어 행정조사기본법과 행정절차법의 적용범위에서 제외된다는 설명이 있다.[31] 이와 같이 준사법적 성격을 강조한다면 형사절차에 준하는 영장주의와 방어권의 행사가 보장되어야 하는데 과연 그러한지는 의문이다.

"금융감독위원회의 조사의 경우 금융사고는 국민경제에 미치는 파급효과가 지대하기 때문에 금융안전시스템의 확보를 위해 상시적인 조사활동이 필요하고 금융기관의 건전성 검사나 불공정 증권거래조사 등은 예측할 수 없는 금융환경의 변화로 사전에 조사계획을 수립하기 곤란하고 금융기관에 대한 조사사실이 알려질 경우 대규모 자금유출사태, 증권가격의 폭락 등 경제에 미치는 부작용이 심각할 수도 있다. 그리고 공정거래위원회의 조사는 심결을 전제로 이루어지는 준사법적 조사의 성격을 지니고 있고 불공정거래행위, 기업결합위반 등 공정거래법 위반행위에 대해 공정위의 고발이 없으면 검찰이 공소를 제기할 수 없는 등 조사의 특수성이 있으며(공정거래법 제71조), 공정위 소관 조사에 관하여는 별도의 공정거래관련 법령에 조사요건, 절차 등을 구체적으로 규정하고 있다. 또한 노동부 조사는 우리나라가 ILO협약 제81호(공업 및 상업부문에서 근로감독에 관한 협약)에 가입하고 있고, 본 법률과 협약의 내용이 사전통지 조항 등에서 상충되어 적용제외에 포함시킨 것은 불가피한 측면이 없지 않다."[32]

31) 정승영・김수연, 공정거래위원회 조사제도 개선방안 연구, 한국경제연구원, 2015, 6면: 김재광, 앞의 글, 501면.

32) 같은 글, 501면.

2) 행정조사의 실효성 확보 수단

① 임의조사와 강제조사의 구별 기준

행정조사는 권력적 행정조사와 비권력적 행정조사로 구분되며 각각 강제조사와 임의적 조사라고도 불려진다.[33] 이는 범죄수사가 강제수사와 임의수사로 구분하는 것과 대응한다고 하겠다. 하지만 행정조사에 있어서 임의조사와 강제조사의 구별은 그 강제성의 측면에서 형사소송법에서 일반적으로 이해되는 강제수사와 임의수사의 개념과 일치하지 않으며, 이로 인해 행정조사의 성격에 대한 왜곡현상이 발생하고 있다.

형사법적 관점에서 임의수사와 강제수사의 구별기준은 기본적으로 실질설을 따른다. 실질설은 물리적 강제력의 행사 여부를 기준으로 판단하자는 입장과 상대방의 의사에 반하여 실질적으로 법익 또는 기본권의 침해를 수반하는지의 여부를 기준으로 판단하자는 입장(법익 또는 기본권 기준설)으로 세분화된다. 여기에 덧붙여 영장주의와 같이 최소한의 절차적 보장, 즉 적법절차가 요구되는 수사방법을 강제수사로 보자는 주장(적법절차 기준설)도 법익기준설의 변형된 형태라고 할 수 있다. 이 중에 법익기준설이 다수의 입장이라고 하겠다.

반대로 임의수사는 상대방의 동의 또는 협력에 의해서 이루어질 수 있는 수사방법으로서 임의수사가 적법하려면 '임의성'이 보장될 것이 요구된다. 예를 들어 수사상 임의동행의 경우에는 판례에 의하여 '오로지 피의자의 자발적 의사에 의할 것'[34] 이라는 요건이 충족되어야 하며, 임의제출물의 압수의 경우에도 보관자 등이 물건이나 서류를 임의로 제출하였다는 점이 증명되어야 한다.[35]

행정조사에 대하여 행정법학계는 형식적인 기준에 따라 판단하는 입장과 실질적인 기준에 따라 판단하는 입장으로 나뉜다. 형식적인 기준을 따르는 입장은 행정조사에 대한 거부나 방해에 대한 제재수단의 유무에 초점을 맞춰 형벌이나 과징금, 과태료 등의 제재수단에 의해 수인의무를 강제로 실현시키고 있다는 점을 근거로 강제조사로 파악하는 입장이 있다. 반면에 즉시강제와 비교하여 사람의 신체, 재산 또는 가택 등에 대하여 조사를 실현시키기 위하여 직접적인 실력행사가 가능한지의

33) 유지태, 행정법신론, 1995, 276면, 신상환, 앞의 글, 245면 재인용.

34) 대법원 2006. 7. 26. 선고 2005도6810판결 참조.

35) 대법원 2019. 11. 14. 선고 2019도13290판결; 2020. 4. 9. 선고 2019도17142판결.

여부를 기준으로 강제조사여부를 파악하는 입장이 있다. 이에 따르면 대부분의 행정조사의 수단들은 직접적 실력행사를 허용하고 있지 않으므로 행정조사를 원칙적으로 임의조사로 보게 된다.[36]

그러나 형사법적인 관점에서 볼 때 조사의 거부나 방해에 대한 제재가 뒤따르는 조사방법을 엄격한 의미에서 강제조사로 분류하는 것은 잘못이라고 할 수 있다. 형벌 또는 과징금, 과태료 등의 제재수단을 통하여 심리적으로 강제하고 있다는 점에서 임의조사와 강제조사의 중간영역인 '반강제적 조사'로 분류하는 것이 타당하다. 다만, 억지로 분류하자면 비록 제재의 대상이라고 하더라도 눈앞의 조사행위에 대하여 일단은 자유의사에 따른 거부가 가능하다는 점에서 임의조사에 포함시키는 것이 타당하다. 예를 들어, 수사절차상 출석요구는 이에 불응하는 경우에 체포영장에 의하여 체포될 수 있으므로 강제적 색채를 띤다고 할 수 있으나 강제수사가 아닌 임의수사로 분류된다. 또한 음주운전여부를 조사하기 위한 음주측정요구도 마찬가지로 이에 불응하는 경우 별도의 음주측정불응죄가 성립하지만 음주측정의 절차는 임의수사로 평가된다.[37] 다만 수사의 경우 통상 조사거부 행위에 대하여 형벌이나 행정질서벌에 의한 제재수단이 마련되어 있지 않다면, 법위반을 확인하기 위한 행정조사는 조사거부나 방해에 대하여 일반적으로 제재수단을 마련하고 있다는 점에서 동일선상에서 파악하기 어려운 측면이 있다. 그럼에도 불구하고 행정조사를 임의조사와 강제조사로 구분하여야 할 실익은 단순히 조사거부 행위에 대하여 제재수단을 두고 심리적으로 강제하는 것을 강제조사로 보게 되는 경우에는 압수수색 등의 직접적 물리력을 사용하여 조사하는 경우와 구분하는 것이 어렵고 설명하는데 혼선이 생길 수 있기 때문이다.

② 행정조사를 위한 실력행사의 허용성 문제

행정조사의 성격 및 그 수단과 관련하여 행정조사 과정에서 상대방이 이를 거부하거나 방해하는 경우 행정기관 소속 관계공무원이 실력을 행사하여 이를 저지할 수 있는가의 문제가 제기된다. 여기에는 긍정설과 부정설, 절충설(원칙적으로 부정하

---

36) 예를 들어, 공정거래법상 조사는 행정조사에 해당하는 행정행위로서 원칙적으로 임의조사라고 보는 것이 통설의 견해라는 설명으로는 강수진, 앞의 글, 5면.

37) 헌법재판소 1997. 3. 27. 선고 96헌가11결정에서 전원재판부는 주취운전의 혐의자에게 주취여부의 측정에 응할 의무를 지우고 이에 불응한 사람을 처벌하는 부분이 헌법 제12조 제3항의 영장주의에 위배되는지 않는다고 판단하였다.

되, 행정조사 목적상 반드시 실력행사가 필요한 경우에 인정)의 입장이 있다.[38] 긍정설의 입장에서는 권력적 행정조사를 규정하는 개별법규가 대체로 피조사자 측의 거부·방해에 대하여 처벌이나 불이익 등의 제재를 가할 수 있도록 규정하였다는 것은 곧 피조사자 측의 저항이 위법한 것임을 전제로 한 것임으로 조사공무원은 비례원칙의 범위 안에서 피조사자 측의 신체나 재산에 실력을 가할 수 있다는 논리이다.[39] 그러나 학계 다수의 견해는 행정조사와 즉시강제를 구분하는 입장[40]에서 현행법이 행정조사를 거부, 방해하거나 기피한 자에 대하여 별도의 벌칙규정을 두고 있기 때문에 직접적인 실력행사 자체는 허용되지 않는다는 입장이다.[41] 만일 실력에 의한 행정조사를 인정하게 되면 형사절차에서보다 심한 인권침해가 발생할 수 있다는 것이 주된 논거이다.[42] 따라서 행정조사를 위한 영업장의 출입을 거부하는 경우에 직접 실력을 행사하여 출입할 수 없고, 조사의 거부나 방해에 대한 벌칙을 부과함으로써 (예: 식품위생법 제77조 제2호 등), 간접적으로 강제가 가능하게 된다.[43]

그러나 행정조사는 임의조사가 원칙이며, 직접적인 실력행사가 허용되는 즉시강제와 구별된다고 해서 임의적 수단만이 허용된다고 보는 것은 잘못이다. 이는 행정조사의 전제가 되는 위반행위에 대한 제재가 통상 범칙금이나 과태료, 과징금과 같은 금전벌이거나 영업정지, 허가취소와 같은 행정제재인 점을 감안할 때 비례성의 원칙에 따라 조사수단을 임의조사의 방식으로 규정할 것일 뿐 행정조사의 내재적 또는 본질적 속성으로 인해 강제조사가 부정되는 것은 아니다.[44]

38) 이호용, 행정법입문, 삼영사 4판, 342면.

39) 이근우e, 앞의 글, 367면.

40) 행정조사의 수단과 즉시강제의 수단이 중첩되는 경우의 일환으로 볼 수 있는 경우, 예를 들어 폐수를 방류하는 사업장에 출입하여 임검하는 경우 주된 목적이 폐수방류를 차단하기 위한 것이라면 이는 경찰상의 즉시강제에 해당하여 물리력을 행사하여 출입할 수 있다고 보아야 한다.

41) "행정조사와 즉시강제를 구분하는 입장에 서는 한, 행정조사에 대해서는 상대방에 대해 직접적으로 실력을 행사하는 수단이 인정될 수 없고, 단지 간접적으로 벌칙 등에 의해 강제요소가 인정될 뿐이라고 보아야 한다.", 신상환, 앞의 글, 251-252면; "다수설은 관계법에 명시적으로 규정이 없는 경우에는 직접적인 실력행사는 불가능하고 조사거부에 대한 법적인 불이익 또는 형벌, 과태료 부과를 통한 간접적 강제력만 가진다는 견해를 취하고 있다.", 강수진, 앞의 글, 5-7면.

42) 이호용, 앞의 책, 342면; 이재구·이호용, "수사로 활용될 수 있는 행정조사의 법적 쟁점: 실무자의 관점에서", 한양대학교 법학연구소, 법학논총 제35집 제2호(2018), 434면.

43) 이호용, 앞의 책, 336면.

44) 이와 다른 의견으로, "행정조사와 즉시강제를 구분하는 입장에 서는 한, 행정조사에 대해서는 상대방에 대해 직접적으로 실력을 행사하는 수단이 인정될 수 없고, 단지 간접적으로 벌칙 등에 의해 강제요소가 인정될 뿐이라고 보아야 한다.", 신상환, 앞의 글, 251-252면.

만일 실력행사에 의한 행정조사를 부정하는 입장에 따르면 강제적 물리력의 행사를 내포하는 조사행위를 위해서 영장주의가 적용되어야 한다는 주장은 자기모순에 빠지게 된다. 범죄수사와 달리 행정조사에는 강제조사가 폭넓게 허용되지 않으며 조사의 거부 또는 방해 행위에 대하여 형벌이나 과태료 등의 제재를 통하여 간접적으로 강제하는 차이점이 있지만, 경우에 따라 행정조사의 성질, 중요성, 수단의 내용과 필요성 등 여러 사항들을 종합적으로 고려하여 비례성의 원칙에 따라 직접적인 실력행사가 허용될 수 있다. 이는 입법적으로 결정할 사항에 해당한다.[45] 따라서 명시적인 실력행사의 근거규정이 있다면 조사 거부나 방해에 대한 처벌규정의 유무와 상관없이 직접적인 실력행사가 허용된다고 보는 것이 타당하며, 이를 허용하는 명시적 규정이 없더라도 조사의 긴급성과 중대성을 고려하여 실력행사가 허용될 여지가 있다. 다만, 실력행사가 기본권의 제한을 내용으로 하는 경우에는 영장주의의 적용 여부를 고려하여야 한다. 이러한 점에서 행정조사는 실력행사를 수반하는 조사(강제조사)와 실력행사가 수반되지 않는 조사(임의조사)로 구분할 수 있을 것이다.[46]

다만, 현실적으로 행정조사를 규정하고 있는 대부분의 개별법들이 행정조사를 거부하거나 방해하는 행위에 대하여 형벌 또는 행정적 제재 장치를 마련하고 있을 뿐 직접 상대방의 신체나 재산에 실력행사를 허용하는 규정을 두고 있지 않고 있어 행정조사의 실효성을 담보할 수단이 미흡한 문제점이 발생하고 있다. 바로 이 점이 각종의 규제를 담당하면서 행정조사를 수행하는 행정기관들이 특사경의 자격부여를 통하여 수사권을 확보하고자 노력하는 이유를 일정부분 설명한다고 하겠다.

③ 조사거부에 대한 제재의 한계

행정조사의 실효성 확보를 위하여 조사거부에 대하여 과태료가 아닌 형벌의 제재를 가할 수 있도록 조사거부 행위를 범죄화하면 조사거부에 대하여 수사권을 발동할 수 있게 되며, 실제로 수사권을 발동하지 않더라도 형벌의 강한 위하력을 통하여 조사를 수인하도록 한다. 행정조사에 대한 거부, 방해, 기피 행위들은 개별법에서 벌

45) 예를 들어, 공정거래법 제125조는 "자료제출 요청에 대하여 정당한 이유 없이 자료 제출을 거부하거나 거짓의 자료를 제출한 자" 및 "조사 시 자료의 은닉·폐기, 접근 거부 또는 위조·변조 등을 통하여 조사를 거부·방해 또는 기피한 자"를 2년 이하의 징역 또는 1억5천만원 이하의 벌금에 처하도록 규정하고 있다.

46) 이러한 분류에 대하여는 김재광, 행정조사기본법안(정부제출)에 관한 공청회 자료집 2006. 11. 24(금), 12면.

칙규정을 통하여 다양한 형태로 제재된다. 가장 중한 제재로 징역형이나 벌금형이 규정된 경우가 있으며, 통상 과태료 등의 행정질서벌의 제재가 부과되거나 영업정지(직장폐쇄), 허가취소 등의 행정처분에 의한 제재[47]가 규정되는 경우가 있다. 선행연구에 의하면, 176개의 행정조사 중 19개를 제외한 157개(89%)의 행정조사가 조사의 거부행위 등에 대하여 제재를 가할 수 있는 근거규정을 두고 있으며, 제재수단으로는 행정질서벌인 과태료가 115건(65%), 벌금 또는 징역 등 형사벌 부과가 52(30%)이며 이 중 22건은 벌금 또는 징역을 선택적으로 부과할 수 있도록 규정하고 있는 것으로 나타났다.[48] 제재수단이 다양할 뿐만 아니라 동일한 제재수단 내에서도 그 강도에 큰 편차를 보이는 문제점이 있다.[49] 물론 조사거부에 대하여 동일한 제재를 가해야 하는 것은 아니며, 규제법률의 대상, 조사의 중요성과 조사의 필요성 등에 대한 고려에 따라 다양하게 규정될 수 있다. 하지만 벌칙조항은 각 개별법의 목적과 위반정도, 처벌의 필요성 등을 고려하더라도 지나치게 강도를 달리하고 있을 뿐만 아니라, 유사한 행정조사의 거부·방해 행위에 대해 법률별로 제재 형태와 강도가 다른 것은 문제라고 하겠다.[50] 예를 들어, 징역이나 벌금을 규정하고 있는 법률의 경우 최고 3년 이하의 징역이나 2억원 이하의 벌금(구 공정거래법 제124조)[51]에서 최저 50만원 이하의 벌금(광산보호법 제26조)까지 규정되어 있으며, 과태료를 규정하고 있는 법률의 경우에도 최고 5,00만원(수산업법 제98조)에서부터 최저 50만원(원자력손해배상법 제20조)까지 다양하다.[52]

더욱이 징역형이나 벌금형으로 제재를 하도록 한 것은 전과자의 양산문제뿐만 아니라 행정조사의 전제가 되는 법위반에 대한 제재가 통상 범칙금, 과태료 또는 과징금, 행정처분인 점을 고려하면 조사거부라는 수인의무의 위반행위를 더 강력하게 처벌하는 모순성을 보인다고 하겠다. 또한 조사공무원이 특사경의 지위를 갖는 경우

47) 「가정폭력방지 및 피해자보호 등에 관한 법」 제12조 제1항 제3호에서는 조사거부에 대해 시설의 폐쇄, 업무의 폐지 또는 6개월 범위내의 업무정지를 규정하고 있다. 또한 「가축분뇨의 관리 및 이용에 관한 법률」 제32조 제1항 제19호는 허가취소, 6개월 내 영업의 전부 또는 일부의 정지를 규정하고 있다.

48) 신종익·임상준, 앞의 보고서, 48면.

49) 조사행위 방해 등에 관한 제재의 내용(자세한 표)는 이천현 외 3인, 앞의 보고서, 85면 이하 참조.

50) 신종익·임상준, 앞의 보고서, 48면; 이성일, 앞의 책, 22-23면.

51) 제124조 제2항 13. 제81조 제2항에 따른 조사 시 폭언·폭행, 고의적인 현장진입 저지·지연 등을 통하여 조사를 거부·방해 또는 기피한 자.

52) 신상환, 앞의 글, 252면.

조사거부시 범죄수사로 전환하여 수사하거나 수사기관(검찰)에 고발할 수도 있는 점을 고려하면 조사거부에 대하여 형벌에 의하여 제재하는 것은 더욱 심각한 문제점이 있다.[53)]

그런데 조사 거부 또는 방해의 범주에 넓게는 진술거부나 거짓진술도 포함시킬 수 있다. 진술거부나 거짓진술은 일반적인 조사거부, 조사방해와는 또 다른 차원의 법적 문제를 발생시킨다. 우선 헌법상 보장되는 진술거부권은 형사절차에서 원칙적으로 보장되는 것과 달리 대부분의 행정조사에서는 진술거부나 거짓진술의 경우 형사처벌의 대상이 되거나 과태료 부과의 대상이 된다.[54)] 그런데 대법원은 진술거부권을 고지받을 권리가 헌법 제12조 제2항에 의하여 바로 도출된다고 할 수 없으며, 이를 인정하기 위해서는 입법적 뒷받침이 필요하다는 입장을 취하고 있다.[55)] 이러한 판례의 태도는 행정조사에서 진술거부권의 고지 없이 수집된 진술증거가 동일사안의 형사절차에서 증거로 사용될 수 있는지에 대한 논쟁을 불러일으킨다.[56)] 결국 조사에 대한 거부 또는 방해에 대하여 형벌을 통하여 과도하게 제재하는 것은 헌법상의 과잉금지의 원칙에 반하는 행정편의적 입법(과잉입법)이며, 행정기관의 권한남용이라는 비판을 면하기 어렵다.[57)][58)] 대표적인 예로 공정거래법은 공정거래위원회의 조사에 대하여 폭언·폭행, 고의적인 현장진입 저지·지연 등을 통하여 조사를 거부·방해 또는 기피한 자를 3년 이하의 징역 또는 2억원 이하의 벌금에 처하도록 규정하고 있다(제124조). 이처럼 행정조사에 있어 입법자들이 조사거부 행위 등에 대한 제재장치를 마련하여 간접적으로 강제하는 방식을 선호하는 것은 행정조사는 임의조사를 원칙으로 하며 영장을 발부받아 강제하는 것은 예외적인 것으로 보는 시각도 작용을 한다.

그러나 조사거부에 대하여 행정형벌이나 행정질서벌 등으로 제재하여 조사를 수

53) 동 취지, 신종익·임상준, 앞의 보고서, 123면.
54) 신상환, 앞의 글, 251면.
55) 대법원 2014.01.16. 선고 2013도5441판결.
56) 진술거부나 거짓진술에 대한 제재의 문제점으로는, 이재구·이호용, 앞의 글, 428면.
57) "행정조사 협력의무에 대한 위반은 단순한 보고의무의 불이행이나 자료제출 의무의 위반에 해당하는 것으로 과도한 형벌 부과는 그 정당성을 인정하기 어렵기 때문에 -특별한 이유가 없다면- 행정조사 방해 등의 행위에 대한 형사제재는 과태료로 전환하는 것이 타당할 것이다.", 이천현 외 3인, 앞의 보고서, 3면.
58) 과태료 등 행정질서벌이 아닌 형벌로 진술 또는 보고의무를 부과하는 것은 진술거부권의 본질적 침해이므로 위헌이라는 의견으로는, 정한중, 앞의 글, 62면.

인하도록 간접적으로 강제하는 것은 한계가 있다. 조사거부 등에 대한 제재는 이른바 사후적 제재로서 조사거부를 통해 얻는 이익이 조사를 받음으로써 얻게 되는 불이익보다 더 큰 경우에는 조사거부를 하여 행정조사를 무력화하려는 시도가 발생할 수 있다.[59] 조사거부에 대하여 형사벌을 포함하여 과도한 제재를 부과하는 것은 한편으로는 행정조사의 실효성을 확보하기 위한 것이지만 다른 한편으로는 가급적 영장주의를 적용받는 것을 회피하려는 의도가 담겨 있음도 주지하여야 하겠다. 영장주의는 그 본질이 국민의 기본권을 침해할 수 있는 공권력의 행사와 관련하여 독립성과 신분이 보장되는 법관이 발부한 영장에 의한다는 것, 즉 사법부의 통제를 의미한다. 아울러 우리 헌법규정에 따라 검사의 신청이라는 절차를 밟아야 하는 또 다른 제약이 따르기 때문에 행정기관들은 영장주의의 도입을 기피하는 경향을 보인다. 즉, 영장주의를 회피하면서도 조사의 실효성을 확보할 수 있는 수단으로 조사거부 또는 방해에 대하여 징역, 벌금형 등의 과도한 제재장치를 마련한 것이라는 설명이 가능해진다. 이러한 점에서 행정조사와 영장주의의 관계를 살펴볼 필요가 있겠다. 결국 행정조사에서의 간접적 강제수단에 의한 조사수인의 한계와 영장주의의 미정비는 특사경의 도입을 통한 강제조사권의 확보로 연결된다고 하겠다.

3) 행정조사와 영장주의

① 행정조사에 대한 영장주의 적용의 논의

행정조사는 임의조사가 원칙이며, 조사의 거부 등에 대하여 불이익 처분에 의해 간접적으로 강제되는 것이 일반적이라고 할 수 있지만, 이것이 곧 행정조사의 본질적 요소가 되는 것은 아니다. 행정조사의 성격과 관련하여 직접적인 실력행사를 부인하게 되면 상대방의 신체나 재산에 실력을 가하는 경우에 논해질 수 있는 영장주의에 대한 논의[60]는 불필요하게 된다. 학계 일부는 범죄수사와 관계없는 행정작용이 행해지는 경우에는 신분증 등 증표의 제시로 족하고 영장은 요하지 않는다는 입장이다.[61] 하지만 학계의 주류적 입장은 행정조사를 위한 가택출입, 영업장에서의

---

59) 이재구 · 이호용, 433면; 정한중, 앞의 글, 53-72면.

60) "행정조사에도 영장주의의 적용될 것인가 여부에 대한 학설은 완전부정설, 완전긍정설은 없고 절충설만이 있는데, 절충설은 긴급한 경우에는 영장주의가 배제될 수 있다는 원칙적 긍정설, 행정조사의 성격, 조사의 필요성, 기타의 권익보호제도의 존재 등을 고려하여 개별적으로 결정하여야 한다는 개별적 긍정설로 나뉜다.", 김태우, 앞의 글, 52면.

61) 이호용, 앞의 책, 341면.

임검, 시료채취 등의 경우에 긴급을 요하는 불가피한 경우와 비권력적 조사의 경우를 제외하고 행정상 즉시강제의 경우처럼 상대방의 신체나 재산에 직접 실력을 가하는 것인 한 그리고 행정조사의 결과가 형사책임의 추급과 관련성을 갖는 한 사전영장주의는 원칙적으로 적용되어야 한다고 본다.[62]

판례[63]의 입장에 대해 행정조사에 영장주의의 적용을 긍정한다고 소개되는 경우가 있으나, 순수한 행정조사가 아닌 통고처분을 위한 범칙조사의 차원이거나 특사경이 주체가 되는 경우에 관한 것으로서 이를 일반화하여 긍정하는 입장으로 보는 것은 무리이다. 오히려 수사기관의 강제처분으로 볼 수 없는 행정조사에 대하여는 원칙적으로 영장주의가 적용되지 않는다는 입장을 취하고 있다고 평가할 수 있다.

대법원 2016.7.27. 선고 2016도6295 판결

수출입물품 통관검사절차에서 이루어지는 물품의 개봉, 시료채취, 성분분석 등의 검사는 수출입물품에 대한 적정한 통관 등을 목적으로 조사를 하는 것으로서 이를 수사기관의 강제처분이라고 할 수 없으므로, 세관공무원은 압수·수색영장 없이 이러한 검사를 진행할 수 있다. (중략) 그러나 마약류 불법거래 방지에 관한 특례법 제4조 제1항에 따른 조치의 일환으로 특정한 수출입물품을 개봉하여 검사하고 그 내용물의 점유를 취득한 행위는 위에서 본 수출입물품에 대한 적정한 통관 등을 목적으로 조사를 하는 경우와는 달리, 범죄수사인 압수 또는 수색에 해당하여 사전 또는 사후에 영장을 받아야 한다.

하지만 이론적으로 행정조사에 영장주의를 도입하는 것이 불가능한 것은 아니다. 다만 형사법 영역에서 수사의 종류를 임의수사와 강제수사로 구분하여 강제수사의 경우에 영장주의를 적용하여야 한다는 일반적 견해를 그대로 행정조사에 대입하는 것은 무리가 있다. 따라서 행정조사에 있어서 영장주의의 적용대상을 획정하는 것이 중요하며, 범죄수사와 행정조사의 차이점에 대한 치밀한 분석을 통하여 도출하여야 한다.[64] 무엇보다도 행정조사의 실효성을 담보하는 수단으로서 조사거부, 방해 등에

---

62) 신상환, 앞의 글, 248-249면..
63) 대법원 1976.11.9. 선고 76도2703 판결.
64) 이와는 달리, 행정조사에 영장주의를 도입하면 조사거부에 대해 영장에 의해 수사를 할 수 있으므로 조사거부에 대한 물리력 행사가능성여부 논의는 실익이 줄어든다는 의견이 있으나 행정조사에 영장주의 도입논의와 조사거부에 대한 물리력 행사가능성 논의는 반드시 표리관계에 있지 않다고

대하여 다양한 제재수단을 마련하고 있다는 점이 고려되어야 하며,[65] 또한 범죄수사의 경우에는 법령위반에 대한 벌칙이 징역이나 벌금과 같은 형벌이라는 점도 고려해야 한다.

따라서 조사거부 등에 대한 제재수단이 마련되지 않은 경우에는 개별적으로 판단하여 실력행사에 의하더라도 상대방의 기본권 침해 또는 제한의 정도가 심각하지 않고 법령위반에 따른 벌칙이 과태료나 행정처분과 같이 경미한 제재로 규정된 경우에는 영장 없이 직접적인 실력행사를 허용하는 것이 타당하다. 이와 반대로 기본권의 침해 또는 제한의 정도가 중대하며 법령위반에 대한 벌칙이 징역이나 벌금의 경우에는 영장을 발부받아 실력행사를 허용하는 하는 것이 타당하다.

[표 2-4] 실력행사의 허용성에 따른 행정조사의 분류

비권력조사	권력적 조사		
실력행사 불가	조사거부에 대한 제재 유	조사거부에 대한 제재 무	
	실력행사 불가(간접강제)	직접강제	영장에 의한 실력행사

그러나 이론적으로 행정조사에 영장주의를 적용하는 것이 가능하다고 하더라도 현실적으로 이를 개별법에 도입하는 것은 용이하지 않은 문제점이 있다. 물론 일부 개별법에서 영장주의를 규정한 사례들이 있다. 관세법, 조세범처벌법, 지방세기본법에 근거하여 세관공무원, 세무공무원, 범칙사건조사공무원(지방검찰청 검사장이 지명한 세무공무원)은 압수수색영장을 발부받아 집행할 수 있다. 하지만 영장주의를 적용하고 있는 규정들을 살펴보면 모두 조세범이나 관세범과 같이 통고처분과 결합된 범칙조사의 절차에 관한 것이거나, 예외적이지만 자본시장법상 불공정거래에 대한 조사를 위한 압수수색에 한정된다. 범칙조사의 성격이 범죄수사에 가깝다고 보거나 행정조사와 범죄수사의 중간적 영역이라고 보면 순수한 행정조사(또는 협의의 행정조사)에 영장주의가 적용된다는 주장은 일정한 한계에 부딪히게 된다.

무엇보다도 실정법의 측면에서 순수한 행정조사와 관련하여 영장주의를 규정한

하겠다. 이재구・이호용, 앞의 글, 434면.

65) 물론 형사절차에서도 예외적이지만 조사거부행위에 대하여 처벌규정을 두어 조사에 대한 수인을 강제하는 사례가 있다. 예를 들어, 도로교통법상 음주측정의 요구에 대한 거부행위는 음주운전의 경우와 동일하게 형사처벌의 대상이 된다.

사례는 극히 예외적이며,[66] 행정조사에 대하여 영장주의의 적용이 인정되지 않는다고 이해할 수 있다.[67] 하지만 이러한 실정법의 태도와 행정조사에 대하여 영장주의가 적용되지 않는다는 학계 일부의 주장에도 불구하고 출입국관리공무원의 동향조사의 권한과 관련한 판례의 입장을 보면, 영장주의가 적용되지 않는 것이 아니라 영장주의에 관한 절차규정이 없으므로 영장주의의 원칙에 따라 주거권자나 관리권자의 사전동의가 있어야 한다는 것을 확인하고 있다. 따라서 판례의 입장을 오히려 영장주의의 적용을 긍정하는 입장으로 해석하는 것이 타당하다.

대법원 2009. 3. 12. 선고 2008도7156 판결

출입국관리법에서는, 출입국관리공무원 및 대통령령이 정하는 관계기관 소속 공무원(이하 '출입국관리공무원 등'이라고 한다)은 외국인이 이 법 또는 이 법에 의한 명령에 따라 적법하게 체류하고 있는지 여부를 조사하기 위하여 외국인, 그 외국인을 고용한 자, 그 외국인의 소속 단체 또는 그 외국인이 근무하는 업소의 대표자와 그 외국인을 숙박시킨 자를 방문하여 질문을 하거나 기타 필요한 자료의 제출을 요구할 수 있고(출입국관리법 제81조 제1항), 위 규정에 의하여 질문을 받거나 자료의 제출을 요구받은 자는 정당한 이유 없이 이를 거부하여서는 아니 되며(같은 법 제81조 제4항), 위와 같은 출입국관리공무원의 장부 또는 자료 제출 요구를 기피한 자는 100만 원 이하의 과태료에 처한다(같은 법 제100조 제2항 제3호)고 규정하고 있다.

영장주의 원칙의 예외로서 출입국관리공무원 등에게 외국인 등을 방문하여 외국인동향조사 권한을 부여하고 있는 위 법 규정의 입법 취지 및 그 규정 내용 등에 비추어 볼 때, 출입국관리공무원 등이 출입국관리법 제81조 제1항에 근거하여 제3자의 주거 또는 일반인의 자유로운 출입이 허용되지 아니한 사업장 등에 들어가 외국인을 상대로 조사하기 위해서는 그 주거권자 또는 관리자의 사전 동의가 있어야 한다고 할 것이다.

그런데 행정조사에 있어서 영장주의의 적용문제는 우리나라 영장제도의 구조적 문제와 밀접하게 관련되어 있으며, 행정조사에 영장주의가 도입되지 못하는 입법상의 중요한 장해요소로 작용한다. 헌법 제12조 제3항과 제16조는 영장발부와 관련하여 검사가 청구(신청)하도록 명시하고 있어 행정절차에 있어서 영장주의를 논하는

66) 다만, 자본시장법은 조사공무원의 압수수색에 대하여 영장주의를 규정하고 있다.
67) 대법원 2013.9.26. 선고 2013도7718판결.

것은 개별법에 검사에게 신청하여 검사가 영장을 청구하는 절차를 마련해야 하는 한계에 부딪히게 되며 행정법적인 관점에서 행정조사를 위하여 수사기관인 검사에게 영장을 신청하는 것을 설명하기가 어려운 측면이 있다.[68] 앞에서 범칙조사와 관련하여 영장주의가 적용된 조문들을 보면, 이러한 문제점들이 잘 드러나 있다. 예를 들어, 관세법 제296조 제1항은 검사에게 신청하는 절차를 마련하지 않고 "관할 지방법원 판사의 영장을 발부" 받도록 규정하고 있으며, 조세범처벌법 제9조는 "관할 검사에게 신청하여 검사의 청구를 받은 관할 지방법원판사가 발부"받도록 규정하고 있으며, 지방세기본법 제115조 제1항도 동일하게 "관할 검사에게 신청하여 검사의 청구를 받은 관할 지방법원 판사가 발부"받도록 규정하고 있다. 그런데 흥미로운 것은 2016년 12월 27일 전부개정 전 지방세기본법 제133조의3은 관세법과 유사하게 "법관이 발부한 압수ㆍ수색영장"이라고 명시하였던 것을 개정 지방세기본법 제115조는 "관할 검사에게 신청하여 검사의 청구를 받은"이라는 문구로 변경하였다는 점이다. 이는 헌법 규정에 법조문을 일치시키려는 의도를 잘 보여준다고 하겠다.

관세법

제296조(수색ㆍ압수영장) ① 이 법에 따라 수색ㆍ압수를 할 때에는 관할 지방법원 판사의 영장을 받아야 한다. 다만, 긴급한 경우에는 사후에 영장을 발급받아야 한다.
② 소유자ㆍ점유자 또는 보관자가 임의로 제출한 물품이나 남겨 둔 물품은 영장 없이 압수할 수 있다.

조세범처벌절차법

제9조(압수ㆍ수색영장) ① 세무공무원이 제8조에 따라 압수 또는 수색을 할 때에는 근무지 관할 검사에게 신청하여 검사의 청구를 받은 관할 지방법원판사가 발부한 압수ㆍ수색영장이 있어야 한다.

지방세기본법(2016. 12. 27., 전부개정 후)

제115조(압수ㆍ수색영장) ① 범칙사건조사공무원이 범칙사건조사를 하기 위하여 압수 또는 수색을 할 때에는 근무지 관할 검사에게 신청하여 검사의 청구를 받은 관할 지방법원 판사가 발부한 압수ㆍ수색영장이 있어야 한다.

68) 유사한 취지로는 김태우, 앞의 글, 50-55면.

지방세기본법(2016. 12. 27., 전부개정 전)

제133조의3(압수·수색영장) ① 범칙사건조사공무원이 범칙사건을 조사하기 위하여 압수 또는 수색을 할 때에는 법관이 발부한 압수·수색영장이 있어야 한다.

자본시장과 금융투자업에 관한 법률

제427조(불공정거래 조사를 위한 압수·수색)

② 조사공무원이 위반행위를 조사하기 위하여 압수 또는 수색을 하는 경우에는 검사의 청구에 의하여 법관이 발부한 압수·수색영장이 있어야 한다.

결과적으로 행정조사에 영장주의를 적용하기 위한 법리적, 현실적 어려움으로 인하여 행정조사의 실효성 확보수단으로서 조사거부에 대한 제재의 방법을 선호하는 현상으로 나타날 수밖에 없다.[69] 하지만 행정조사에 있어서 영장주의의 구체적 실천이 용이하지 않다고 하여 조사거부, 방해에 대하여 징역형 등의 형벌로 제재하는 것은 과잉금지의 원칙에 위배되는 것이며 기본권 침해의 소지가 있다. 조사거부에 대하여 과태료나 행정처분에 의한 불이익의 부과에 그치는 것이 아니라 징역형의 형사처벌을 부과하는 것은 영장에 의한 실력행사를 허용하는 것보다 상대방에게 과도한 불이익을 주는 것으로 허용되지 않는다고 보아야 한다. 또한 영장주의의 적용을 꺼리는 이유 중에는 검사를 포함한 사법기관의 통제를 받지 않으려는 의도도 다분히 깔려있다고 하겠다. 그러나 행정조사에 있어서 영장 없이 직접적인 실력행사를 허용할 것인지 아니면 영장을 통하여 실력행사를 허용할 것인지의 여부는 행정조사의 성격이나 본질과 관련된 문제가 아니라 조사로 인한 기본권 제한의 가능성과 중대성을 고려하여 입법자가 결정해야 하는 입법재량의 영역에 속하는 문제라고 할 수 있다.[70] 현재의 행정조사기본법과 다른 개별법에서도 영장주의와 관련한 규정을

---

69) 이에 대하여는 과태료의 부과를 통한 간접적인 강제의 경우, 필요성과 상당성 등 비례의 원칙 범위 내에서 조사권이 행사된다면 영장주의의 사실상 예외로서 허용된다고 볼 수 있지만, 간접적 강제수단으로써 형사처벌이 규정되는 경우 조사대상자로서는 그 진의가 어떤지 여부를 떠나 '조사에 응하지 않겠다'는 의사표시를 할 수 없게 되고, 그 결과 현장조사의 임의성이 상실되고 실제로는 영장없는 (강제조사로서의)수색을 허용하는 셈이 된다고 하면서 조사거부에 대한 형사처벌이 영장주의에 반한다는 의견이 있다. 강수진, 앞의 글, 16면.

70) "수사절차에서 발생하는 의무부담 또는 기본권제한의 경우 그 범위가 광범위하여 명확한 기준을 제시해준다고 볼 수 없고, 모든 의무부담 또는 기본권제한을 법관이 발부한 영장에 의하도록 하는 것이 가능하지도 않다." 헌법재판소 2004.9.23. 선고 2002헌가17·18(병합) 전원재판부.

두고 있지 않으므로 이에 대한 규정신설과 정비가 필요하며, 궁극적으로 영장발부를 위하여 행정기관이 형사문제를 다루는 검사를 경유하는 것은 행정의 독립성이라는 측면에서 결코 바람직하지 않으므로 관련 헌법 규정을 개정하여 직접 영장청구가 가능하도록 하여야 한다.[71)]

② 행정조사에 있어서 영장주의의 적용 필요성에 대한 관점[72)]

행정조사에 대한 영장주의의 적용여부의 문제는 두 가지 관점에서 고찰될 수 있다.

첫 번째 관점은 행정조사의 경우에도 적법절차의 요구에 비춰볼 때 영장주의가 적용되어야 한다는 입장이다. 헌법은 적법절차의 원칙을 헌법의 기본원리로 명시하고 있으며, 이는 형사절차상의 영역에 한정되지 않고 입법, 행정 등 국가의 모든 공권력의 작용에 적용되며,[73)] 따라서 행정조사의 경우, 특히 불이익한 행정처분이나 행정형벌 부과를 위한 사전조사행위에 해당하는 법위반 사실에 대한 조사의 경우에 행정조사 과정에서 발생할 수 있는 권리침해를 방지하기 위하여 적법절차의 원칙 및 개별법에 따른 절차적 규제의 필요성은 충분히 인정된다는 것이다.[74)] 만약 압수의 개념을 수사기관의 그것으로 한정짓게 된다면 행정기관의 조사활동 등의 명목으로 사실상 강제적으로 물건의 점유를 취득함으로써 개인의 재산권 및 프라이버시를 침해하는 행태에 대하여 유효 적절히 대처하지 못하는 결과를 불러오게 된다.[75)] 이러한 입장에 의하면 헌법 제12조 제3항 및 제16조 제2문이 규정하고 있는 압수수색에 있어서의 영장주의는 수사가 아닌 행정조사에 있어서도 적용되는 것이 당연하다고 할 것이다.[76)] 그러나 권력적 성격의 행정조사와 관련하여 영장주의가 적용된다는 원칙을 따르는 경우에도 현실적인 문제로 그 예외를 인정하여야 한다는 입장이 있다. 통관검사를 받는 우편물의 양,[77)] 신속한 통관으로 인한 국민편익 등에 비추어

---

71) 관련 논문으로 황문규, 앞의 글, 25-26면.

72) 김택수, "세관공무원에 의한 마약류 압수의 절차적 문제점과 해결방안", 경찰법연구 제14권 제2호(2016), 68-69면의 내용을 일부 수정한 것임.

73) 헌법재판소 1992.12. 24. 선고 92헌가8 결정.

74) 오명신, "경찰행정조사와 수사의 구별", 경찰학연구 제14권 제1호, 2014, 177면.

75) 기노성, "행정기관의 압수수색에 대한 헌법적 통제", 형사법의 신동향 통권 제22호(2009), 7면.

76) 김성태, "통신법상의 행정조사", 행정법연구 제17호, 행정법이론실무학회, 2007, 187면.

77) 미국의 사례를 토대로 국경수색(border searches), 이민수색(immigration searches)의 법리는 명시적 또는 묵시적으로 영장주의에 대한 특별한 예외가 인정되는 방향으로 발전하고 있다는 설

시료채취, 성분분석 등을 할 때마다 영장주의가 적용되도록 하는 것은 지나치게 절차를 복잡하게 함으로써 세관의 통관업무를 지연시킴과 동시에 국민 불편을 가중시킨다는 것이 근거이다.[78] 또 다른 영장주의 예외의 근거는 행정조사 중에서도 급박성을 요건으로 하는 즉시강제에 대하여는 영장주의가 적용되지 않는다는 것이다.[79]

두 번째 관점은 행정조사에 수집된 자료가 범죄에 대한 증거로 활용될 소지가 있어 영장주의를 통한 사전적 통제가 필요하다는 입장이다. 즉 형벌이라는 법적 효과를 초래하며, 궁극적으로 형사절차로 이행될 수 있는 경우의 조사는 행정법적 절차보장을 넘어서 형사법상의 수사라는 그 실질에 부합하는 형사절차법상의 제 원칙을 준수하여야 한다는 입장이다.[80] 특히 위험방지를 위한 (경찰)행정조사와 형사소추를 위한 범죄수사는 이론적으로는 구별되나 실제에 있어서는 (경찰)행정조사를 바탕으로 수집된 자료가 이후 수사기관에 접수될 고발의 증거자료로 활용되는 등 형사절차와의 관련성이 적지 않으므로 그 실질에 상응하는 정도로 헌법과 형사소송법이 정하는 적법절차 원리에 따라야 한다는 것이다.[81] 이러한 주장의 근거는 만약 행정조사의 이름을 빌린 범죄수사가 허용될 경우에는 헌법 및 형사소송법에 의해 규정된 범죄수사를 위한 엄격한 적정절차를 침탈할 우려가 있기 때문이라는 것이다.[82]

다. 특사경제도의 근저: 행정조사와 범죄수사의 유사성

1) 조사수단의 유사성

행정조사와 범죄수사는 행정법규 또는 명령에 대한 위반에 대한 확인과 형벌권의

명으로는, 심희기, "세관직원의 국제우편물 개봉 · 시료채취와 수사기관의 통제배달", 비교형사법연구 제16권 제2호(2014), 62면 참조.

78) 전승수, 앞의 글, 666면.

79) 문화관광부장관, 시 · 도지사, 시장 · 군수 · 구청장이 '음반 · 비디오물및게임물에관한법률' 제18조 제5항의 규정에 의한 등급분류를 받지 아니하거나 등급분류를 받은 게임물과 다른 내용의 게임물을 발견한 때에는 관계공무원으로 하여금 이를 수거하여 폐기하게 할 수 있게 한 것에 대하여, 헌법재판소는 행정상 즉시강제는 그 본질상 급박성을 요건으로 하고 있어 법관의 영장을 기다려서는 그 목적을 달성할 수 없다고 할 것이므로, 원칙적으로 영장주의가 적용되지 않는다고 보아 위헌이 아니라고 판단하였다(헌법재판소 2000헌가12, 2002.10.31.결정).

80) 이근우e, 앞의 글, 361면

81) 오명신, 앞의 글, 174면

82) 동일한 취지 송진경, "압수, 수색으로서의 실질적 의미를 가지는 행정조사에 있어서 영장주의의 준수필요성에 대한 소고", 법과 정책 제20집 제3호(2014), 120면.

적용을 전제로 한 범죄사실의 규명이라는 목적의 차이와 적용되는 법리의 차이 등 본질적인 차이에도 불구하고 행정조사의 수단과 범죄수사의 수단 사이에 유사성이 존재하며 이는 행정조사와 관련하여 특사경을 통한 수사권의 활용으로 유인하는 원인을 제공한다. 즉, 우리나라 특사경제도의 특징으로서 행정조사에 특사경이 활용되는 바탕에는 바로 서로 다른 두 절차상 조사수단의 유사성이 존재하기 때문이다.

형사소송법은 형사절차법의 일반법으로서 기능을 하지만, 행정조사와 관련해서는 행정조사기본법이 행정조사에 전반에 대하여 통일적으로 적용되는 절차들을 마련하고 있지 못한 한계가 있다. 또한 법 적용의 예외사유를 폭 넓게 인정하고 있어 개별법에서 세부적인 절차를 마련하고 있는 실정이다. 그런데 개별법에서 규정하고 있는 행정조사들은 그 목적과 이를 실현시키기 위한 수단들이 다양하고 지칭하는 용어도 통일되지 못한 문제점이 있다. 통상적으로 자주 사용되는 행정조사의 수단에는 출입검사, 자료제출 요구, 보고요구, 출석 및 진술 요구, 시료의 수거(수거영치), 변경사용 등이 있으며 이외에도 수사의 수단과 공통되는 계좌추적, 압수수색 등이 있다.[83]

행정조사의 수단에 대하여 행정조사기본법 제2조 제1호는 “조사대상자에게 출석이나 진술을 요구, 보고나 자료제출을 요구하거나 현장조사·문서열람·시료채취 등을 열거하고 있다. 아울러 행정조사의 구체적 절차에 대하여는 행정조사기본법 제3장(제9조~제15조)에서 규정하고 있다. 이 중에서 현장조사, 서류열람, 시료채취 등은 행정기관의 적극적 행위 발동을 요건으로 하는 경우에 해당하며, 보고나 자료제출 요구, 출석이나 진술 요구 등은 조사대상자에게 일정한 행위를 요구하거나 명령하는 경우에 해당한다.[84] 행정조사가 법령이나 규제 위반 여부를 확인하기 위한 목적으로 행해지는 경우 일반적으로 출입검사, 자료·장부 열람, 자료제출 명령 등을 통해 이루어진다.[85] 여기에 더하여 필요한 경우 출석·진술 요구, 보고요구, 현장조사, 시료채취, 자료 등의 영치 등의 방법의 사용이 부정되지 않는다.[86]

83) 행정조사의 방식에 대한 입법유형을 분석한 연구로는, 최환용·장민선, 국민 중심의 행정조사 관련 법제 개선방안 연구, 한국법제연구원, 2016, 93-139면.

84) 장민선·박훈, 앞의 보고서, 16면.

85) 같은 글, 26면.

86) 각 분야별 법령에 따른 행정조사의 구체적 수단 유형 및 제재의 내용에 대하여는, 신상환, 앞의 글, 255-263면.

[표 2-5] 부처별 행정조사의 수단현황[87)]

부처	계	보고	자료 제출	출입 조사	출석 진술	수거 영치	진단 검정	계좌 추적	압수 수색	변경 사용
산자	17	8	11	4	-	-	-	-	-	1
건교	21	15	16	18	3	-	1	-	-	1
복지	2	1	2	2	1	1	-	-	-	-
노동	15	9	11	14	9	-	-	-	-	-
농림	12	3	6	11	2	8	1	-	-	-
해수	16	7	13	15	4	2	-	-	-	4
행자	4	4	3	4	3	-	-	-	-	-
정통	13	2	9	12	3	-	-	-	1	-
환경	18	7	12	18	-	3	-	-	-	1
공정위	8	5	8	6	6	5	5	1	-	-
금감위	24	21	24	23	22	1	-	22	1	-
국세청	17	-	16	7	8	2	1	2	2	-
중기청	5	2	4	5	1	-	-	-	-	-
관세청	2	-	1	1	-	-	-	-	-	-
식약청	2	-	2	2	1	2	-	-	-	-
계	176 (100%)	84 (48%)	138 (78%)	142 (81%)	63 (36%)	24 (14%)	8 (5%)	25 (14%)	4 (2%)	7 (4%)

행정조사 수단을 지칭하는 용어와 범죄수사의 수단을 지칭하는 용어에 다소 차이가 있으나, 행정조사의 수단인 출입·조사, 질문, 자료제출요구, 물품수거, 검사 등은 범죄수사에 있어서 압수·수색·검증, 피의자 또는 참고인에 대한 조사, 임의제출물의 압수, 검증(감정) 등과 대응된다.[88)] 이처럼 범죄수사와 행정조사 사이의 조사수단의 유사성은 행정조사 과정에서 조사의 실효성을 확보하기 위하여 직접적인 실력행사가 폭넓게 인정되는 범죄수사의 수단을 활용하고자 하는 동기를 제공하며, 실제 수사절차를 활용하는 경우 조사의 법적 성격을 파악하는데 어려움이 생긴다.

87) 신종익·임상준, 앞의 보고서, 43면.

88) 행정조사의 절차 중에서 행정공무원의 출입·검사 및 수거(시료채취) 행위를 행정기관에 의한 압수수색으로 보는 입장으로는 기노성, 앞의 글, 12면.

[표 2-6] 행정조사와 범죄수사의 수단과 이행방법 비교

행정조사		범죄수사	
수단	이행방법	수단	이행방법
출석요구	거부에 대한 제재	출석요구	체포영장 발부(피의자) 원칙적 없음(참고인)
진술요구	거부에 대한 제재	피의자신문, 참고인조사	없음
자료제출 요구(명령)	거부에 대한 제재	임의제출물의 압수	없음
출입·조사	거부에 대한 제재	압수·수색	영장 발부
물품수거(시료채취)	거부에 대한 제재	압수·수색	영장 발부
자료 등의 영치	거부에 대한 제재	압수	영장 발부
검사·분석	거부에 대한 제재	검증·감정인 위촉	영장 발부
금융계좌추적 (금융거래정보 제출요구)89)	거부에 대한 제재	금융계좌추적	영장 발부

식물방역법상 행정조사의 수단과 조사거부에 대한 제재 규정

제7조의3(식물검역관의 권한 등) ① 식물검역관은 규제병해충, 잠정규제병해충 또는 제32조제3항에 따른 방제 대상 병해충이 붙어 있다고 의심되는 식물검역대상물품·토지·저장소·창고·사업장·선박·차량 또는 항공기 등을 검사할 수 있다. 〈개정 2011. 7. 14.〉

② (생략)

③ 식물검역관은 제1항에 따른 검사를 위하여 필요하다고 인정하면 토지·저장소·창고·사업장·선박·차량 또는 항공기 등에 출입하여 관계인에게 질문을 하거나 화물 목록(전자문서를 포함한다. 이하 같다)을 확인할 수 있으며, 검사에 필요한 최소량의 시험용 재료를 무상으로 수거할 수 있다. 〈개정 2011. 7. 14., 2016. 12. 2.〉

④ 누구든지 정당한 사유 없이 제1항에 따른 검사나 제3항에 따른 출입, 화물 목록의 확인 및 수거를 거부·방해하거나 기피하여서는 아니 된다. 〈신설 2011. 7. 14., 2016. 12. 2.〉

⑤ (생략)

제48조(벌칙) 다음 각 호의 어느 하나에 해당하는 자는 1년 이하의 징역 또는 1천만원 이

89) 구 공정거래법 제50조 제5항.

하의 벌금에 처한다. 〈개정 2011. 7. 14., 2016. 12. 2.〉
1. 제7조의3제4항을 위반하여 정당한 사유 없이 같은 조 제1항에 따른 검사를 거부·방해 또는 기피한 자
2. 제7조의3제4항을 위반하여 정당한 사유 없이 같은 조 제3항에 따른 토지 등의 장소 출입 또는 시험용 재료의 수거를 거부·방해 또는 기피한 자
제50조(과태료) ① 다음 각 호의 어느 하나에 해당하는 자에게는 1천만원 이하의 과태료를 부과한다. 〈개정 2016. 12. 2.〉
③ 다음 각 호의 어느 하나에 해당하는 자에게는 300만원 이하의 과태료를 부과한다. 〈개정 2016. 12. 2.〉
1. 제7조의3제3항 또는 제31조의3제2항에 따른 질문에 거짓으로 진술한 자
1의2. 제7조의3제4항을 위반하여 정당한 사유 없이 화물 목록의 확인을 거부·방해 또는 기피한 자

2) 조사목적과 제재수단의 유사성

행정조사의 유형 중에서 법령위반에 대한 사실확인에 한정하여 고찰하면 범죄수사의 수단을 통하여 행정조사를 실현시키고자 하는 현상은 단순히 두 절차 사이의 수단의 유사성에 기인한 것은 아니며 법령위반에 대한 제재라는 동일한 목적과 제재수단의 유사성에 기인한 측면도 있다. 범죄수사의 결과 피의자의 범죄혐의가 입증되면 징역, 벌금 등 형벌을 부과하나, 행정조사의 결과는 행정형벌 또는 행정질서벌의 부과이외에 영업정지나 직장폐쇄 또는 대집행 등 행정적 제재까지 한다는 점에서도 구별된다.[90] 통상적으로 행정법규의 위반에 대하여는 과태료 또는 과징금이 부과되기 때문에 형사제재의 수단인 벌금과 유사하며, 벌금 상당액의 범칙금 통고처분의 부과대상도 일차적으로 징역 또는 벌금에 의해 처벌되는 행위라는 점에서 동시에 행정조사와 범죄수사의 대상이 될 수 있다.

그런데 범칙조사를 포함하는 광의의 행정조사에 따르면 범죄수사의 대상인 형벌법규의 위반행위와 행정조사의 대상인 행정법규의 위반행가 중첩되는 문제가 발생하여 제재수단이 금전벌(벌금)로 동일해져 버린다. 벌금형으로 규정된 경우를 제외하더라도 행정질서벌인 과태료와 새로운 제재수단인 과징금의 경우에도 이것이 실질적으로 또는 본질적으로 형벌인 벌금과의 차이점이 있는지에 대하여는 많은 의문

90) 이재구·이호용, 앞의 글, 17면.

[표 2-7] 범죄수사와 행정조사의 비교

구분	범죄수사	광의의 행정조사(범칙조사 포함)	협의의 행정조사
조사주체	수사기관(검사, 사법경찰관리)	관계공무원(특사경 포함)	관계공무원
제재 내용(수단)	형벌(사형, 징역, 금고, 자격상실·정지, 벌금, 구류, 과료, 몰수)	범칙금(징역, 벌금 제재 대상) 과징금·과태료 부과, 인·허가 취소, 영업정지 등	행정질서벌 및 행정제재(영업정지, 과징금 부과)
목적	형사처벌의 대상인 법위반 사실 확인	행정벌(행정형벌 및 행정질서벌)의 대상인 법령위반 사실확인	행정상 불이익처분 대상인 법령위반 사실확인

이 제기된다. 행정법규 위반행위에 대하여 행정질서벌인 과태료를 부과할 것인지 아니면 행정형벌에 처할 것인지는 기본적으로 입법권자가 제반사정을 고려하여 결정할 입법재량에 속하는 사항91)으로서, 행정형벌과 행정질서벌은 제재수단의 종류만 다를 뿐이지 제재수단으로서의 목적과 기능, 성질 등을 달리하는 것이 아니기 때문이다.92) 행정형벌과 행정질서벌의 개념은 법익침해의 강약 등에 따른 처벌의 강약에 차이가 있으며, 특정 행위의 법익침해의 정도가 강하여 강한 처벌이 필요하면 행정형벌로 규정하게 되고 미약하다면 행정질서벌로 규정하게 된다.93) 이처럼 과태료에 의하여 제재할 사항과 벌금에 의하여 제재할 사항이 명확하게 구분되지 않기 때문에 현실에서는 행정범과 형사범의 성질상 차이라는 이론적 설명94)에도 불구하고 행정법규 중에 형벌규정이 없는 것이 없을 정도로 형벌과잉의 현상이 나타나고 있다.95) 물론 이러한 형벌과잉 현상에 직면하여 행정형벌을 과태료로 전환하는 작업

91) "어떤 행정법규 위반행위에 대하여 이를 단지 간접적으로 행정상의 질서에 장해를 줄 위험성이 있음에 불과한 경우(단순한 의무태만 내지 의무위반)로 보아 행정질서벌인 과태료를 과할 것인가, 아니면 직접적으로 행정목적과 공익을 침해한 행위로 보아 행정형벌을 과할 것인가, 그리고 행정형벌을 과할 경우 그 법정형의 종류와 형량을 어떻게 정할 것인가는, 당해 위반행위가 위의 어느 경우에 해당하는가에 대한 법적 판단을 그르친 것이 아닌 한 그 처벌내용은 기본적으로 입법자가 제반 사정을 고려하여 결정할 입법재량에 속하는 문제이다"(헌재 2016. 9. 29. 2015헌바121 등).

92) 김명길, "행정벌의 법리: 행정형벌과 행정질서벌의 병과를 중심으로", 법학연구 제49권 제2호, 부산대학교 법학연구소, 2009, 109-132면.

93) 홍정선, 기본행정법, 박영사, 제8판, 237면.

94) "행정벌은 행정질서의 유지를 위해 특정한 명령·금지의 행정법규의 위반에 대한 제재인 반면, 형사벌은 반윤리성 내지 반사회성이 인정되는 범죄행위에 대한 제재이다. 형사범은 자연범의 성격을 가진다.", 정남철, 한국행정법론, 법문사, 2020, 330면.

을 진행하였으며, 독일의 입법례를 모델로 하여 과태료의 부과, 징수, 재판 및 집행 등의 절차를 규율하기 위하여 2007년 12월 21일 한 질서위반행위규제법[96]이 제정 되었다.

결국 법령위반에 대하여 부과되는 과태료의 금액이 높아지고,[97] 과태료에 비해 위하력이 더 강한 형벌을 행정의 실효성을 확보하는 수단으로 선호하게 되는 현상으로 발전하게 되었다. 이처럼 법령위반에 대한 제재수단의 유사성은 위반에 대한 조사절차도 혼재하도록 만들었으며, 본래 과태료나 행정제재의 대상이 되는 위반에 대한 행정조사가 벌금 사안의 범죄수사의 영역으로 확장되는 문제점을 낳게 되는 것이다. 행정조사가 범죄수사의 영역으로 확장되는 현상은 행정법상의 의무를 부과하고 있는 개별법들이 대부분 벌칙규정에서 징역이나 벌금에 의하여 처벌되는 행위와 과태료 등에 의해 처벌되는 행위를 동시에 규정하고 있다는 입법기술적인 문제에서도 비롯되며, 궁극적으로는 이들의 경계를 설정하는 명확한 기준이 없다는 데서도 그 원인을 찾을 수 있다.

라. 행정조사와 범죄수사의 혼재 문제

규제와 관련된 개별법은 개인 또는 사업자에게 부과하는 각종의 의무를 위반하는 행위에 대하여 벌칙조항을 통하여 그 성격 및 경중에 따라 징역 또는 벌금인 행정형벌이나 과태료인 행정질서벌로 제재하도록 규정하고 있다. 여기에 더하여 근래에는 경제, 금융분야에서 과징금이라는 새로운 제재수단이 광범위하게 도입되고 있다. 그런데 행정법규에서 정한 의무위반에 대한 벌칙조항이 행정형벌(징역 또는 벌금)과 행정질서벌(과태료)을 함께 규정하는 것이 일반적이므로 행정조사가 가능한 대상범위가 어디까지인지에 대한 혼란이 발생한다. 이는 관련법 분야를 연구하는 학자들도 마찬가지이며 관련분야에서 법을 집행하는 공무원의 입장에서도 마찬가지이다.

일반적으로 행정법 학자들은 "행정법상의 의무위반에 대해 부과하는 제재"를 행정벌로 정의하면서 행정벌을 다시 행정벌과 행정질서벌로 구분하는 입장을 취하고

95) 이호영, 앞의 책, 347-348면.

96) "질서위반행위"란 법률(지방자치단체의 조례를 포함한다. 이하 같다)상의 의무를 위반하여 과태료를 부과하는 행위를 말한다."(질서위반행위규제법 제2조)

97) 예를 들어 관세법 제277조에 규정된 과태료는 1억 원에서 100만 원까지 위반행위별로 다양하게 규정되어 있다.

있다. 그런데 행정법 학자들이 범하는 오류 중의 하나는 행정조사의 대상이 되는 제재의 유형에 행정형벌을 포함시킨다는 점이다. 하지만 행정조사와 범죄수사가 엄격하게 구분된다는 입장에서 보면, 형벌에 의해 처벌되는 행위는 이것이 동시에 행정질서벌에 의해 제재되는 위반행위가 아닌 이상 모두 범죄수사의 대상인 범죄에 해당하며, 따라서 행정조사와 범죄수사의 대상이 중첩되는 것은 이론적으로 설명이 곤란해진다. 다시 말하자면 행정법규의 의무위반에는 행정형벌에 의하여 제재되는 행위도 포함되기 때문에 의무위반에 대한 조사가 모두 행정조사에 포섭되는 것은 아니다. 그러나 이론적으로 범죄수사와 행정조사의 개념이 명확히 구분될 수 있을지라도 현실적으로 이를 구분하는 것은 용이하지 않다. 행정기관에 의한 행정조사가 개시단계에서부터 그 성격이 분명한 경우도 있지만 구체적인 법령위반의 내용은 단일한 법률 내에서 행정형벌과 행정질서벌로 구분되어 규정된 사례들이 많기 때문에 결국 조사를 통해서 적용될 수 있는 구체적 조문과 위반내용이 확정될 수 있기 때문이다. 즉, 조사이전에 행정조사와 범죄수사의 경계를 획정하는 것은 매우 어렵다.98)

더욱이 행정조사와 범죄수사의 구분을 어렵게 만드는 것은 범칙조사에 의한 통고처분의 문제이다. 법령위반에 대한 사실확인의 절차가 행정조사인지 아니면 범죄수사인지는 일차적으로 법령위반에 대한 제재수단의 법적 성격에 의해 평가되어야 하지만 통고처분과 결합된 범칙조사의 법적 성격의 판단은 단순하지 않다. 통고처분은 본래 형사재판을 통하여 징역 또는 벌금에 처하도록 한 위반행위에 대하여 사법기관의 개입 없이 행정기관이 벌금 상당액을 납부하도록 통고처분하고 범칙자가 이를 이행하면 형사처벌을 면하도록 하는 특별한 형태의 과벌절차이다. 뒤에서 상술하듯이 통고처분의 성격을 행정기관의 개입에 의한 일종의 (형사)화해절차로 보게 되면 범칙조사는 행정조사의 개념에 포섭되지만 본래 형사처벌의 대상이며 범칙금은 벌금에 준하는 성격의 제재라는 점에서 보면 수사절차로서의 성격도 가지게 된다. 이러한 특수성으로 인해 개별법들이 통고처분을 위한 범칙조사의 절차를 일반적인 행정조사의 절차와 분리하여 규정하는 입장을 취하고 있으며, 강제처분이 필요한 경우 압수·수색의 영장을 발부받도록 하는 등 임의조사를 원칙으로 하는 행정조사의 절

---

98) 법 위반행위와 관련한 조사행위는 행정조사 성격과 수사행위 성격을 동시에 갖는 것이 일반적일 수 있으므로, 조사행위에 형사절차로서의 성격을 조금이라도 갖는 것이라면 행정조사가 아닌 수사행위로 보아야 한다는 입장이 있다. 이천현 외 3인, 앞의 보고서, 112면.

차가 아닌 형사절차에 준하도록 규정하고 있다. 따라서 본래 형벌의 하나인 징역 또는 벌금에 처해지는 행위에 대한 조사라는 점에서 이를 수사로 보아야 한다는 주장[99]이나, 반대로 이를 일반적인 행정조사의 한 형태로 보는 입장은 모두 일방의 측면에서 본 잘못이 있다고 하겠다. 결론적으로 행정조사의 특수한 형태이지만 형벌부과절차에 상응하는 수사절차의 원칙들이 적용되어야 하는 영역이라고 할 수 있다.

[표 2-8] 제재수단에 따른 행정조사와 범죄수사의 관계

조사유형	제재유형	제재수단의 분류	대상 제재수단
행정조사	행정벌	새로운 제재수단	과징금
		행정질서벌	과태료
		행정형벌	징역, 벌금
범죄수사	형사벌	형벌	
		보안처분	치료감호 등

2. 행정조사와 특사경제도의 결합

가. 법규위반 적발(단속)을 위한 특사경제도의 운용

1) 강제조사권과 특사경 지위 부여

① 정당성 근거로서의 단속과 조사의 효율성 확보

1956년 특사경법의 제정이유를 보면 "삼림・해사・전매・세무등 특수행정분야에 관한 범칙사건을 일반사법경찰관리로 하여금 수사케 함은 그 특수성을 감안할 때 부적당하고 매우 곤란하므로 (중략) 이들 특수행정분야를 직접 담당하여 그 부면에 정통한 공무원으로 하여금 이를 처리하게 하여 범죄수사에 신속과 철저를 기하려는 것임"[100]으로 기술되어 있어 본래 특사경제도의 도입이 특수행정분야에서의 범칙사건에 대한 수사를 목적으로 한 것임을 알 수 있다. 하지만, 최근까지의 특사경 직무범위의 확대를 내용으로 하는 법개정의 취지들을 살펴보면, 상당 부분 행정기관

99) 예를 들어, "행정조사가 수사로서 성격을 가지고 있는지 여부를 파악하기 위해서는, 행정조사의 결과 파악되는 행정의무 위반에 대해 그 제재수단으로 형벌로서 벌금, 징역형 등이 규정되어 있다면, 그 행정의무 위반 여부를 파악하기 위한 행정조사는 국민의 기본권 보호를 위한 통제 측면에서 수사작용으로서의 성질을 가지고 있다고 파악할 수밖에 없다.", 김태우, 앞의 글, 50-55면.

100) 법제처 국가법령정보센터 '사법경찰관리의직무를행할자와그직무범위에관한법률', 제정이유.

이 주무 규제분야의 실효성 있는 단속이나 조사를 위해 당해 행정기관 소속 공무원들에게 특사경의 지위를 부여한다는 것을 공공연히 밝히고 있다.

원자력안전법(2016. 12. 20., 일부개정)

※ 개정이유

원자력 안전과 관련된 범죄행위 단속 사무의 실효성을 높이고 이를 통해 국민의 안전을 도모하기 위하여, 원자력안전위원회 및 그 소속기관에서 근무하는 공무원에게 사법경찰권을 부여하고 전문적인 지식이 요구되는 원자력 안전 등 관련 행정의무 위반행위에 대해서 사법경찰관리로서의 직무를 수행하도록 하려는 것임.

여기서 특사경 지위부여의 주된 취지와 관련된 단속의 개념[101]을 짚고 넘어갈 필요가 있다. '단속'이라는 용어 자체가 가지는 모호성, 즉 그것이 행정작용을 의미하는 것인지[102] 또는 범죄수사의 성격을 가지는지에 대한 불명확성이 존재한다.[103] 단속은 법령위반을 적발하는 행위로서 위반에 대한 신고나 의심이 있는 경우 관계공무원이 직접 가택 또는 사업장에 출입하여 현장에서 서류나 물건, 경우에 따라서는 사람의 존재 상태를 확인하는 조사활동으로 정의할 수 있다. 그런데 단속은 다시 행정단속과 사법단속으로 구분할 수 있으며, 일반 행정공무원이 행하는 행정단속은 과태료 등 행정처분의 대상이 되는 법령위반 사항이라면, 사법단속은 형사처벌의 대상이 되는 법령위반 사항이다.[104] 실무상 행정공무원이 형사처벌의 대상이 되는 법령위반 사항들에 대한 단속을 하는 경우가 있으나, 엄밀히 말하자면 이것은 과태료 등 행정처분의 대상이 되는 행위에 대한 적발에 수반하여 발견된 형벌법규의 위반사항에 대한 것으로서 통상 적발보고서를 첨부하여 수사기관에 고발[105]하는 절차로

101) 행정조사와 행정단속의 관계에 대하여 설명하는 자료로는, 김용주, 앞의 글, 89면.

102) 단속을 경찰상의 즉시강제와 행정조사가 결합하는 형태로 이해하여야 한다고 보는 견해도 있다. 김민규, 앞의 글, 69면.

103) 김혁, 앞의 글, 30면.

104) 대전지방법원 2012. 10. 10. 선고 2012노33판결은 노래연습장에 도우미를 고용하거나 주류를 판매하는 등의 위반사항을 단속하기 위하여 출입한 행위는 범죄수사로 보면서, 주류보관 행위에 대한 단속은 행정조사로 구분하는 입장을 취하고 있어, 단속의 법적 성격이 두 가지로 구분된다는 입장을 취하고 있다.

105) 형사소송법 제234조 제2항은 "공무원은 그 직무상 범죄를 행함에 있어 범죄가 있다고 사료하는

나아갈 뿐이며, 직접적으로 범죄적발을 목적으로 하지 않는다. 과거 식품위생법위반에 대한 단속을 지자체 소속 관계공무원과 관할 경찰서 또는 지구대(파출소) 소속 경찰관들이 합동으로 관내 유흥업소, 단란주점 등에 대한 단속을 실시하는 사례들이 종종 볼 수 있었다. 이는 행정기관과 수사기관 사이에 단속의 대상이 엄연히 구분되며, 단속의 성격도 행정조사로서의 성격과 범죄수사로서의 성격이 구분된다는 것을 잘 보여주는 것이다.

특사경의 자격부여는 통상적인 행정조사가 임의조사를 원칙으로 조사거부에 대한 제재를 수단으로 실시되는 한계로 인하여 단속의 실효성을 확보하기 위한 차원에서 법률상 근거를 마련하여 특별사법경찰관리로의 지명을 통해 강제수사권을 획득하고자 하는 것으로 분석될 수밖에 없다.[106] 다시 말하자면 일반행정기관에서 행정목적의 달성을 위해 부여된 행정조사의 권한이 강제력이 부족하여 조사활동이 곤란한 경우가 발생하는데, 이런 불편함이 야기되는 경우에 이를 만회하기 위한 대안의 수단으로 '사법경찰권'을 활용하고자 하는 것이다.[107] 특정 행정기관 소속 공무원에 대하여 특사경의 지위를 부여하여야 한다는 주장은 통상 당해 행정기관이 실무적 차원에서 제기되지만, 학계 일부도 실무의 입장을 옹호하면서 그 정당성을 제시하기도 한다. 학계 일부의 의견들을 살펴보면, 먼저 입법을 통하여 일정한 행정적 조사활동에 대하여 법원을 통한 사법적 통제를 받도록 하는 방법이 고려될 수 있지만 법개정 없이도 기본권 침해가 중한 조사활동이나 조사과정에서 강제력이 필요한 경우에 특별사법경찰관리로 하여금 영장을 발부 받아 수사의 형태로 행정조사의 활동을 전개토록 하는 방법이 오히려 실효성이 높다는 의견이 있다.[108] 다음으로 단속의 효율성을 높이기 위해서는 전문적인 개별분야에 대해 전문성을 가진 행정공무원에게 특사경의 자격을 부여하여 단속과 수사를 결합하는 것이 필요하다는 의견이 있다.[109] 종합하면 특사경 자격부여의 정당성을 행정기관의 강제조사권 확보에서 찾고 있는 것이다. 이처럼 규제분야의 주무 관청들은 조직속성상 과태료로 처해지는

때에는 고발하여야 한다"는 고발의무규정을 두고 있다.

106) 이근우a, 앞의 글, 196면.

107) 김민규, 앞의 글, 61면.

108) 기노성, 앞의 글, 26면.

109) "전문성이 부족한 일반사법경찰보다는 전문성을 가진 공무원으로 하여금 관련 분야를 단속하고 수사하게 함으로써 궁극적으로는 행정목적의 효율적인 달성이 확보될 것으로 보인다.", 윤진아, "위생용품의 안전관리를 위한 특별사법경찰제 도입방안", 법학논총 제37집 제2호(2020), 68면.

위반뿐만 아니라 징역 또는 벌금에 처해지는 중한 위반에 대하여도 단속과 수사, 더 나아가 처벌의 권한까지 보유하고 싶어 한다. 이것이 행정조사에 있어서 강제적 조사수단의 부재의 문제와 결합되어 행정조사의 실효성을 확보하는 동시에 행정형벌에 의해 처벌되는 위반사항에 대하여도 직접 조사할 수 있도록 요구하게 만든다.

그런데 최근에 행정기관 소속 공무원에 대하여 특사경의 지위를 부여하는 것의 정당성을 적법절차의 보장이라는 새로운 각도에서 설명하는 의견들이 등장하고 있다. 행정조사가 실질적으로 수사의 수단으로서 활용되는 문제점과 함께 행정조사의 결과가 형사절차로 연결되는 경우 행정조사에도 수사절차에 준하는 적법절차가 보장되어야 하며 이를 실현시키기 위해서는 특사경의 지위를 부여하여 형사소송법에 따라 검사의 통제를 받도록 하여야 한다는 것이다.[110] 하지만 특사경의 도입을 통하여 적법절차를 실현시킬 수 있다는 주장은 논리적 비약으로서 행정조사 절차 내에서도 입법의 정비를 통하여 적법절차를 충분히 실현시킬 수 있다는 점에서 설득력이 떨어진다고 하겠다.

② 영장청구의 절차적 문제

특사경의 직무분야가 폭증하는 현 상황은 행정조사에 대한 법적체계가 정립되지 못한데서 기인한 측면이 크다. 첫째, 행정조사는 임의적 수단에 의한다는 잘못된 인식이다. 행정조사는 즉시강제와는 구별되는 준비적 수단으로서의 성격을 가지기 때문에 조사거부 등에 대하여 제재를 통하여 간접적 강제만 가능할 뿐 직접적인 실력행사가 불가능하다는 기본적 입장은 행정조사의 자체적 방법으로서는 실효성을 확보할 수단이 없다는 인식을 심게 한다. 둘째, 행정의 실효성을 확보하기 위한 직접적인 수단으로서 물리적 강제력을 행사하기 위해서는 그것이 비록 즉시강제로 성격이 규정된 것이든 그렇지 않든 대상자에 대한 기본권 제한을 내용으로 하기 때문에 영장주의가 적용되어야 한다는 논리가 적용된다. 이는 실천적 측면에서 볼 때 헌법 제12조 제3항의 규정에 따라 반드시 검사가 영장신청(청구)를 해야 하므로 행정기관이 수사기관인 검사에게 영장을 신청해야 하는 문제가 발생하며, 형사소송법에 따라

110) "형사책임 추급 목적이 있는 행정조사의 경우에는 애초부터 이를 수사절차로 편입하여 특별사법경찰의 조사 아래 검사의 지휘를 받게 하는 등의 방법으로 적법절차를 구현하는 것이 필요하다.", 김태우, 앞의 글, 50-55면; "금감원은 강제수사권이 없어 변호인 참여를 제한하고 있는데 특별사법경찰 지명시 수사절차에 변호인 입회가 허용되고 적법절차를 준수해야 하므로 전반적으로 피조사자의 인권이 강화될 수 있다고 본다.", 신현기a, 앞의 글, 122면.

원칙적으로 사법경찰관만이 검사에게 영장을 신청할 수 있으므로 특사경제도에 의존하지 않는 한 영장신청이 불가능한 것으로 인식된다. 실정법을 보더라도 현행 법제하에서 행정조사를 위하여 영장신청의 절차를 마련한 규정도 형사절차에 준하는 통고처분을 위한 범칙조사와 금융위원회의 조사 분야 외에는 찾을 수 없다.[111] 즉 행정조사에서의 영장주의의 적용여부에 대한 논란과 개별법에서 행정조사를 위한 영장신청 및 발부절차에 대한 규정들의 부재로 인하여 특사경을 통하여 형사소송법상의 절차를 활용하는 구조를 취하게 되는 것이다.[112] 바로 이러한 영장주의의 절차적 문제로 인하여 행정기관의 입장에서는 특사경제도를 도입해야 하는 당위성이 생기게 된다.[113] 행정조사에 강제적 조사권한이 미비하다는 점과 행정공무원에게 영장을 신청할 권한이 없다는 점은 특사경제도를 통하여 우회적으로 강제조사권한을 확보할 수 있는 길을 찾도록 만든다. 문제는 특별사법경찰관의 자격을 부여받은 공무원의 조사행위는 실질적으로 수사에 해당한다고 평가되기 때문에 행정조사가 범죄수사로 그 성격이 전환되고 검사의 지휘대상에 들어가게 된다는 모순적 효과가 발생한다.[114]

2) 특사경제도를 통한 수사절차의 유용(流用)

행정조사 특히 단속의 실효성 확보를 위하여 수사권을 부여받아 이를 활용하겠다는 일반적인 특사경 도입의 주장은 행정적 제재의 대상이 되는 법령위반뿐만 아니

---

111) 이근우 교수는 행정조사에 영장주의가 필요한 경우라고 하더라도 당해 공무원이 개별법에 의해서든 특사경법에 의해서이든 특별사법경찰관리의 자격을 부여 받지 못한 경우에 형사절차법의 일반원칙에 비추어 일반행정기관이 영장을 청구하고 집행하는 것이 과연 가능한 것인지에 대한 의문을 제기하고 있다. 이근우e, 앞의 글, 377면.

112) "별도의 수권규정 없이 수사기관이 아닌 금융위원회, 공정거래위원회 등의 일반행정기관이 압수·수색 등 사실상의 강제수사를 하는 것은 정당화될 수 없다. 현행법적으로는 이렇게 강제수사에 해당하는 권한을 행사하려는 행정기관은 특별사법경찰관리 지명제도를 통하여 명시적으로 사법경찰관리로서 영장 신청 및 집행 등에 관한 문제를 이론적으로나 법기술적으로나 해소하여야 한다. 강제수사에 해당하는 권한을 행사하려는 행정기관은 특별사법경찰관리 지명제도를 통하여 명시적으로 사법경찰관리로서 영장 신청 및 집행 등에 관한 문제를 이론적으로나 법기술적으로나 해소하여야 한다." 이근우e, 앞의 글, 382면.

113) 윤동호 교수는 특사경의 신분을 부여받지 않은 세무공무원에게 조세범칙조사와 관련하여 압수수색의 권한을 부여하면서 지방법원판사에게 직접 영장을 청구할 수 있는 권한을 부여한 것과 금융위원회 소속 공무원이 압수수색 영장을 발부 받아서 압수수색하는 것은 헌법 제12조 제3항에 반하는 위헌이라고 주장한다. 윤동호, "검찰개혁 이후 수사권 분산의 체계와 과제", 형사정책 제31권 제3호(2019). 86면.

114) 이근우e, 앞의 글, 382면.

라 행정형벌로 처벌되는 법령위반까지도 망라하여 수사권(강제조사권)을 확보하겠다는 의도가 담겨 있다. 그런데 행정조사 절차에 특사경을 조사주체로 편입하고 행정법 체계가 아닌 형사법의 체계에 따라 강제조사가 가능해짐으로써 행정조사와 범죄수사가 동일한 절차 내에서 혼재하는 상황이 초래된다.

학계 일부에서도 공공연하게 특사경의 지위를 부여 받은 공무원이 행정조사를 수행하면서 수사절차에 따라 강제조사권을 행사할 수 있다고 설명한다. 예를 들어, "특별사법경찰관리는 수사권이 있으므로 행정형벌 규정 위반이 있으면 형사소송법에 따라 수사를 진행하기도 하고 행정조사를 진행하기도 하는데, 행정조사를 하는 경우 형사소송법의 적용을 받지 않고 행정조사기본법, 행정절차법, 개별 행정법규에 의해 조사를 진행하므로 영장주의 내지 미란다 원칙과 같은 적법절차와 관계없이 단순한 행정조사를 하고 그 조사결과에 따라 일반적으로 통고처분을 통해 범칙금을 부과한다."는 의견이 있다.[115] 또 다른 예로 "특별사법경찰의 수사를 통하여 물적증거를 신속히 확보하게 되면 조사원이 혐의사실 확인을 위해 실시하던 장기간의 계좌추적, 자료요구, 출석요구를 통한 문답조사 등이 크게 줄어들게 되어 피조사자의 조사부담이 완화되고 조사기간도 단축될 수 있을 것으로 보인다"는 의견[116]도 같은 맥락이다. 이는 특사경의 자격을 부여받은 행정공무원이 행정조사의 권한과 범죄수사의 권한을 동시에 행사할 수 있다는 설명이다.[117]

행정조사를 목적으로 한 수사절차의 활용에 대한 논의와 달리 수사를 목적으로 행정조사의 수단을 활용하는 문제에 대하여 학계의 논의[118]는 많지 않다. 다만, 일부사례에서 판례가 문제점을 지적한 바가 있다.[119] 예를 들어, 경찰관이 노래방에서

115) 이재구・이호용, 앞의 글, 418면: 이러한 의견을 따르면 범죄인지보고서의 작성 여부에 따라서 수사인지 행정조사인지를 판별하게 되며, 범죄인지보고서를 작성했다면 수사에 해당하고 범죄인지보고서를 작성하지 않고 조사를 진행하면 그것은 행정조사에 해당한다고 본다. 이재구・이호용, 앞의 글, 431면.

116) 신현기a, 앞의 글, 122면.

117) 단속의 효율성을 지금보다 높이기 위해서는 전문적인 개별분야에 대해 전문성을 가진 행정공무원을 통한 단속과 수사를 결합하는 것이 필요해 보인다는 의견도 이러한 입장을 전제로 하는 것으로 이해된다. 윤진아, 앞의 글, 68면: "특정한 분야에서 특별사법경찰권을 부여받은 행정공무원은 기본적으로 ① 소속기관의 공무원과 ② 특별사법경찰이라는 이중적 신분을 갖게 된다. 따라서 이들 공무원은 그 소속기관의 공무원로서 행정조사를 실시할 수도 있으며, 특별사법경찰의 신분으로서 - 검사의 지휘를 받으며 - 수사를 진행할 수도 있다.", 이천현 외 3인, 앞의 보고서, 36면.

118) 이천현 외 3인, 앞의 보고서, 2020, 58-60면.

의 주류 판매여부를 확인 또는 단속하기 위하여 노래방에 출입하거나 검색하는 행위는 풍속영업의 규제에 관한 법률 제9조 제1항이 규정하고 있는 행정조사의 일환인 '검사'에 해당하지 않고 범죄적발을 목적으로 한 범죄수사에 해당하므로 업주의 거부의사에도 불구하고 출입, 검색한 행위는 적법한 직무집행에 해당하지 않는다고 본 대법원 및 하급심의 판례[120]도 수사목적으로 행정조사의 수단을 활용하는 문제에 대하여 행정조사와 범죄수사의 절차가 분리돼야 한다는 원칙을 제시하는 것으로 이해될 수 있다.[121]

대법원 2005. 10. 28. 선고 2004도4731 판결

피고인이 운영하는 노래연습장을 검색한 사실, 피고인이 이에 강력히 항의하면서 경찰관들의 위 각 검색업무를 방해한 사실을 각 인정한 다음, 경찰관들이 주류 판매여부를 확인하기 위하여 노래연습장을 검색하는 행위는 풍속영업의 규제에 관한 법률 제9조 제1항에서 규정하고 있는 '검사'에 해당하지 아니하고 또 이를 일반적으로 허용하는 법령도 없어서, 법관이 발부한 영장 없이는 노래연습장 업주의 의사에 반하여 이를 행할 수 없다고 할 것인데, 위 경찰관들은 피고인의 의사에 반함에도 불구하고 영장 없이 이를 행하였음이 기록상 분명하므로, 위 경찰관들의 위 각 행위는 적법한 직무집행으로 볼 수 없고, 따라서 피고인이 이를 방해하였다고 하더라도 공무집행방해죄를 구성하지 아니 한다고 판단하였다.

기록과 관계 법령, 그리고 위 법리에 비추어 보면, 원심의 위와 같은 판단은 정당하고, 거기에 상고이유의 주장과 같은 채증법칙 위배로 인한 사실오인, 경찰관의 직무집행에 관한 법리오해 등의 위법이 없다.

이처럼 규제분야의 업무를 취급하면서 특사경의 지위를 동시에 가지고 있는 행정공무원이 행정조사와 범죄수사를 수행하게 되면 구체적인 조사행위가 행정조사에 해당하는지 아니면 범죄수사에 해당하는지 구별하는데 어려움이 발생하며,[122] 궁극

119) 행정조사가 범죄수사를 위한 변칙수단으로 악용될 우려가 있다는 지적으로는, 김혁, 앞의 글, 43면.

120) 대법원 2005. 10. 28. 선고 2004도4731판결; 대전지방법원 2012. 10. 10. 선고 2012노33판결

121) 범죄수사의 일환으로 행해지는 행정공무원의 압수・수색의 경우 영장이 필요하다고 본 대법원 판례도 같은 입장으로 이해된다. 대법원 2016.7.27. 2016도6295판결.

122) 행정공무원이 소속기관의 공무원 신분으로서 행정조사를 실시하는 경우에는 수사와 무관하지만 특별사법경찰 신분으로서 조사를 실시하는 경우에는 수사가 된다는 의견으로는 이천현 외 3인,

적으로는 행정조사와 범죄수사가 혼재되어 운용되는 것이 적법한 것인지에 대한 본질적 질문을 던지게 한다.[123]

3) 특사경에 의한 조사행위의 적법절차차원의 문제점

행정조사와 범죄수사가 혼재되고 두 절차의 수단을 상호 유용하는 문제점과 관련하여 행정조사가 범죄에 대하여 처벌을 구하는 고발로 연결되거나 행정조사에 이어 범죄수사가 행해지는 경우 행정조사에서 취득된 증거들이 범죄수사에 활용될 수 있음에도 행정조사의 절차에서는 헌법 및 형사소송법이 보장하는 다양한 방어권의 보장 장치들과 영장주의를 포함한 적법절차의 원칙들이 적용되지 못하는 문제점[124]들이 있으므로 형식상 행정조사라고 하더라도 실질적인 수사로 취급하여 위법수집증거배제 법칙을 포함하여 형사절차에 준하는 적법절차의 원칙을 도입하자는 주장[125]들이 행정법 및 형사법 학계에서 강하게 제기되고 있다.

그런데 행정조사와 범죄수사의 경계가 불분명하고 혼재되어 운용되는 상황에 대한 개선책으로 행정조사를 실질적으로 수사로 취급하자는 주장에 그치지 않고 더 나아가 수사와 관련된 행정조사(형사책임의 추급목적 또는 고발)를 수사절차로 편입하여 사법경찰의 조사 아래 검사의 지휘를 받게 하는 방법으로 적법절차를 구현하는 것이 필요하다는 의견이 제시된다.[126] 이러한 주장은 행정조사와 범죄수사의 관련성을 토대로 행정조사를 수행하는 행정공무원에게 특사경의 지위를 부여하는 것에 대한 또 다른 정당성을 제공하는 주장이다. 하지만 적법절차의 원칙을 적용하는 문제와 특사경의 지위를 부여하는 문제는 별개의 문제로서 상호 연관성을 갖는 것은

앞의 보고서, 36면.

123) 예를 들어, 식품위생법 또는 공중위생관리법 위반여부를 조사하기 위해 부여되는 행정조사권과 병행해서 관계공무원에게 수사권을 부여하는 것이 타당한 것인지에 대한 문제제기로는, 김용주, 앞의 글, 108면.

124) 이에 대한 구체적 분석으로는 이근우e, 앞의 글, 378면; 홍지은, "특별사법경찰의 행정조사와 수사: 진술서 작성 및 자료제출 요구를 중심으로", 범죄수사학연구 통권 제10호(2020), 112면.

125) 예를 들어, "행정조사와 형사절차가 조사 초기단계부터 명확히 구분되어 있지 않은 우리 공정거래법의 현실에서는, 일단 조사의 범위와 한계를 가능한 한 구체화하고, 행정조사로서의 성격을 벗어나 형사상 수사의 단계에 이르렀다고 판단되는 경우에는 실질적 형사절차로 간주하여 헌법 및 형사소송법 등에서 보장하고 있는 형사절차상의 기본원칙, 예를 들어 영장주의, 강제처분 법정주의, 진술거부권의 보장 및 각종 증거법 원칙들을 적극적으로 적용함으로써 적법절차의 대원칙을 지키려는 노력이 필요하다. 강수진, 앞의 글, 33-34면; 이재구 · 이호용, 앞의 글, 418-419면.

126) 김태우, 앞의 글, 50-55면; 이근우c, 앞의 글, 55-56면.

아니라고 하겠다.

행정조사로부터 획득된 자료가 형사증거로 활용될 수 있다는 점을 염두하고 조사활동을 실질적인 수사로 보자거나 조사공무원에게 특사경의 자격을 부여하자는 주장은 과도한 것이라고 하겠다. 형사소송법상 증거자유주의 원칙에 따르면 위법수집배제법칙 또는 전문법칙에 의하여 증거능력이 부정되는 경우를 제외하고 모든 증거들이 증거로 사용될 수 있기 때문에 적법한 행정조사를 통하여 획득한 증거가 단지 형사재판에 사용된다는 이유로 증거능력을 부정하는 것은 타당하지 않다. 마찬가지로 행정조사를 통하여 법령위반에 대한 고발로 연결된다고 하더라도 형사처벌이라는 결과만을 가지고 평가되어서는 안 되며 행정조사가 직접적으로 형사책임의 추급을 목적으로 활용되었는지의 여부를 기준으로 적법성을 판단하여야 할 것이다. 이와 달리 적법절차의 보장이라는 명목으로 특사경제도의 도입을 통하여 수사와 행정조사를 결합시키게 되면 행정조사와 범죄수사의 경계를 획정하는 작업을 더 어렵게 만들며, 행정조사의 범죄수사화를 가중시키게 된다. 물론 학계의 일부 주장과 같이 그리고 판례의 입장과 같이 특사경의 자격을 부여 받은 행정공무원이 형사처벌의 대상이 되는 법령위반에 대한 조사행위를 하는 경우[127]에는 수사에 해당한다고 보는 것이 타당하며 행정조사로 취급하여서는 안 된다. 그렇지만 행정조사와 범죄수사의 법적 성격을 구분하는 문제와 행정조사의 적법성을 확보하기 위한 차원에서 행정조사를 수사로 취급하자는 문제는 구분해야 한다.

행정조사가 형사절차상의 엄격한 기본권 보장과 적법절차의 원칙을 회피하는 수단으로 활용되는 문제점을 해결하는 방안은 두 절차를 명확히 구분하고 행정조사에 대한 이론적 체계를 정립함으로써 그 자체에서 적법절차의 원칙이 도출될 수 있도록 하는 것이다. 행정조사의 이름을 빌린 범죄수사가 행해질 수 있는 문제점을 방지하기 위해 일본의 다수 법률(어업법, 비료단속법 등)에서는 '출입, 검사, 질문의 권한을 범죄수사를 위한 것으로 해석할 수 없다'는 명문의 규정을 두고 있다[128]는 점도

127) 특사경의 지위를 가지는 세관공무원에 의한 마약압수 사안에 대한 대법원 2016.7.27. 선고 2016도6295 판결 참조.

128) 오명신, 앞의 글, 174면; 마찬가지로 일본의 '풍속영업 등 규제 및 업무의 적정화 등에 관한 법률'도 경찰관이 행정조사의 목적으로 영업소에 출입할 수 있다는 근거규정(제37조)을 두고 있으면서 "경찰관의 출입권한은 범죄수사를 위해서 인정되는 것으로 해석하여서는 아니된다(제37조 제4항)"는 규정을 두어 행정조사가 범죄수사의 목적으로 악용되어서는 안 된다는 점을 명확히 하고 있다. 김혁, 앞의 글, 37면.

참고할 필요가 있다.

나. 범칙조사를 위한 특사경 제도의 운용

단속의 실효성을 높이기 위하여 행정공무원에게 특사경의 자격을 부여하여 강제조사권을 도입하자는 것이 특사경 확대의 한 축을 이루고 있다면, 다른 한 편에서 일부 행정기관이 보유하고 있는 통고처분과 결합된 범칙조사의 권한은 특사경 확대의 또 다른 축을 이루고 있다. 범칙금 통고처분이 행정기관에 의한 과형절차라는 관점에서 보면 사법적인 형벌과 행정적 제재의 경계면에 위치한다고 할 수 있으며,[129] 이러한 통고처분의 특성은 특사경 제도를 활성화 시키는 법적 여건을 조성하고 있다.

1) 통고처분과 범칙조사의 관계

① 범칙조사와 통고처분의 성격

범칙조사라는 용어는 법률에서 공식적으로 사용되는 용어이지만 범칙조사의 개념에 대하여 정의를 하고 있는 규정이 없으므로 범칙조사의 개념을 파악하는 것이 선행되어야 한다. 이와 관련하여 오경식 교수는 범죄구성요건을 충족하고 있으나 그 행위를 범죄라 하지 않고 범칙 또는 범칙사건이라는 용어를 사용하는 것은 그 처리절차에서 차이가 나기 때문이라고 설명하면서 범죄사건의 경우 그에 대한 제재는 형벌이며, 그 실현을 위해서는 형사절차가 적용되는데 반하여, 범칙사건의 경우 그에 대한 제재는 행정공무원 등에 의해 행해지는 행정처분이 적용되며 그 중 일부만이 형사절차로 진행된다고 부언하고 있다.[130] 이러한 입장에 따르면 범칙조사는 본래 형사처벌의 대상이 되는 법령위반 행위에 대하여 수사기관이 아닌 행정공무원이 형사처벌을 목적으로 수행하는 조사(수사)가 아닌 행정처분을 목적으로 수행하는 조사(행정조사)로 정의할 수 있다.

그런데 행정기관이 수행하는 범칙조사의 법적성격을 어떻게 볼 것이냐에 대하여 학계에서 많은 논란이 있다.[131] 행정조사와 범죄수사는 법위반의 확인이라는 점에

---

129) 조만형, "통고처분 유형분류에 관한 재고", 공법연구 제44권 제2호(2015), 475면.

130) 오경식, 앞의 글, 281면.

131) 범칙조사의 법적성격에 대한 자세한 소개로는 윤소현, "세무공무원의 조세범칙조사와 관련된 문제점에 관한 연구", 석사학위논문, 서울대학교 대학원, 2013, 58-59면: 범칙조사는 이중적 성격을 지니며 일반적인 행정조사와 수사의 중간에 위치하는 '제3의 영역'이라는 설명으로는, 김택수 c, 앞의 글, 78-79면.

서 공통점을 가지며, 법위반의 효과에서 있어서도 범죄수사가 형벌 및 보안처분의 부과를 전제로 한다면 행정조사의 경우 통상 행정질서벌이 부과되거나 영업정지, 직장폐쇄, 허가 또는 면허의 취소 등의 행정처분이 부과될 수 있어 상호 구분이 명확한 것으로 볼 수 있다. 하지만 행정법 학계에서 주장되는 것처럼 행정조사의 대상에 징역 또는 벌금과 같은 행정형벌에 의해 처벌되는 법령위반 사항도 포함된다고 보는 입장에 따르면 행정조사와 범죄수사가 중첩되는 영역이 발생하며, 특히 통고처분을 위한 범칙조사가 수사의 특수한 형태인지 아니면 행정조사의 특수한 형태인지에 대한 의문을 제기하게 한다.[132][133]

범칙조사의 법적성격을 규명하는 작업은 그에 따라 적용되는 법 원리가 달라지며 또한 범칙혐의자에 대하여 부여되는 각종의 권리보장 장치와 증거법적 규제가 달라진다는 점에서 중요한 의미를 갖는다.[134] 이에 대하여는 대체적으로 강제조사의 권한에 초점을 맞춰 수사로 보는 견해,[135] 범칙조사를 수행하는 공무원의 법적 지위에 따른 견해,[136] 범칙조사의 목적 및 통고처분 등 범칙처분의 성격에 따른 견해[137] 등 다양하게 나누어져 있다. 그러나 범칙조사의 법적성격은 단순히 어느 하나의 기준에 의해서가 아니라 다양한 요소들에 대한 종합적 평가에 의해서 도출되어야 한다.[138]

---

132) 범칙조사는 행정조사와 범죄수사가 통합된 '행정수사(administrative inspection)'라고 설명하는 입장으로는, 이상돈, 조세형법론, -조세범처벌의 형사실무와 형법이론적 제한-, 세창출판사, 2009, 105면.

133) 조세범칙조사는 행정목적 달성을 위한 행정조사가 아닌 형사절차상의 범죄수사에 해당한다는 의견으로는, 김태희, 앞의 글, 409-410면.

134) 권광현, 앞의 글, 311면.

135) 세무공무원이 실시하는 압수・수색은 형사소송법상 규정된 강제수사의 한 방법임을 감안할 때 조 세범처벌차는 형사소송의 특별절차이다. 윤소현, 앞의 글, 59면; 일본은 공정거래에 관한 범칙조사 및 조세범죄에 관한 범칙조사를 전부 행정조사로 본다. 안창남, "과세관청의 세무조사권 행사 남용방지에 관한 연구", 원광대학교 법학연구소, 원광법학 제29권 제1호(2013), 16면.

136) 조세범칙조사에 종사하는 세무공무원을 특별사법경찰관리로 보는 입장은 당연히 조세범칙조사를 형사사법절차로 보지만, 특별사법경찰관리의 지위를 부정하는 입장에서도 형사소송의 특별절차(즉 수사절차)로 보는 입장과 행정절차로 보는 입장으로 나뉜다는 설명으로는, 윤소현, 앞의 글, 58면.

137) 조세범칙조사는 통고처분 또는 고발을 종국적인 목적으로 하는 것이며, 이는 과세목적을 달성하기 위한 것이므로 그 본질적 성격은 행정절차라는 입장으로는, 강구진, "제재세와 조세범에 관한 고찰", 서울대 법학 제24권 제2, 3호(1983), 234-235면; 이와는 반대로 과세요건에 대한 행정절차적 성격에도 불구하고 조세범칙자의 범칙증거를 수집하는 형사절차적 성격이 강하다는 견해로는, 안창남, 앞의 글, 각주 9번 참조.

138) 조세범칙조사를 담당하는 세무공무원은 사법경찰관리가 아니지만 세무공무원이 실시하는 압수 수색은 형사소송법상의 강제수사의 방법임을 감안할 때 조세범칙조사절차는 형사소송의 특별절

특히 범칙조사는 행정기관의 통고처분 또는 고발로 귀결된다는 점에서 무엇보다 통고처분의 법적 성격에 대한 규명작업이 선행되어야 한다.

통고처분이란 행정형벌의 부과에 관한 특별절차로서 일반형사소송절차에 앞서 일정한 위법행위의 범법자에게 범칙금을 납부토록 하고, 범칙자가 그 범칙금을 납부하면 처벌이 종료되는 과형절차를 말한다.[139] 헌법재판소도 "통고처분이라 함은 법원에 의하여 자유형 또는 재산형에 처하는 과벌제도에 갈음하여 행정관청이 법규위반자에게 금전적 제재를 통고하고 이를 이행한 경우에는 당해 위반행위에 대한 소추를 면하게 하는 것을 말한다."[140]고 판시하고 있다. 대법원도 "조세범처벌절차법 제15조 제1항에 따른 지방국세청장 또는 세무서장의 조세범칙사건에 대한 통고처분은 법원에 의하여 자유형 또는 재산형에 처하는 형사절차에 갈음하여 과세관청이 조세범칙자에 대하여 금전적 제재를 통고하고 이를 이행한 조세범칙자에 대하여는 고발하지 아니하고 조세범칙사건을 신속・간이하게 처리하는 절차로서, 형사절차의 사전절차로서의 성격을 가진다."[141]고 판시하여 헌법재판소와 유사한 입장을 취하고 있다.

통고처분의 법적 성질에 대한 학설로는 확인행위설(과벌적 행정처분설), 조건부 화해설, 사법행정행위설 등이 있다.[142] 확인행위설은 통고처분을 형사절차에 선행하여 이루어지는 벌금 상당액을 확인하는 행정처분으로서 사법적 판단에 속한다는 것이다. 조건부 화해설은 통고처분의 이행여부가 범칙행위자의 자유의사에 일임되어 있다는 점에 착안하여 통고권자가 범칙자에게 벌금 상당액 등의 납부를 조건으로 화해를 신청하는 재정행정상의 처분이라고 본다. 사법행정행위설은 통고처분이 공권적 의사표시라는 행정행위의 성질을 가지고 있지만 형사절차에 앞서서 신속, 간편하

차라는 입장으로는 윤소현, 앞의 글, 59면 참조.

139) 홍정선, 기본행정법, 박영사 제8판, 236면; "통고처분은 행정범에 대하여 형사절차에 의한 형벌을 과하기 전에 행정관청이 형벌을 대신하여 금전적 제재인 범칙금을 과하고 행정범을 범한 자가 그 금액을 납부하면 형사처벌을 하지 아니하고, 만일 지정된 기간 내에 그 금액을 납부하지 않으면 형사소송절차에 따라 형벌을 과하도록 하는 절차이다.", 박균성, 행정법론(상), 박영사, 2013, 529면.

140) 헌법재판소 1998. 5. 28. 선고 96헌바4 전원재판부.

141) 대법원 2016. 9. 28. 선고 2014도10748 판결.

142) 이하의 학설소개는 신동운, 앞의 글, 136-137면의 내용을 요약한 것임; 이외에도 학설소개로는, 예상균a, "조세범칙조사의 사법적 통제방안 강화에 대한 연구", 석사학위논문, 서울시립대 법학전문대학원, 2014, 39-42면.

게 처리하기 위한 처분이라는 점에서 사법판단으로서의 성질도 갖는다는 것이다.[143] 확인행위설이 다수설이지만 확인행위설과 조건부 화해설이 상반된 별개의 학설이라고 보기 어려우며 두 학설을 종합한 절충적 입장을 취하는 것이 타당하다. 즉 통고처분은 범칙혐의 사실을 확정하고 그에 따른 벌금액을 행정기관이 확인하여 이를 납부하도록 통고함으로써 범칙자의 의사에 따라 통고처분을 이행하는 경우 일사부재리의 효과를 부여하여 동일한 사건에 대한 형사처벌을 면제받도록 하는 일종의 조건부 화해의 성격이 강하다고 하겠다.

통고처분은 완전한 행정처분도 아니며 반대로 완전한 사법판단도 아니라는 점에서 행정처분으로서의 성격과 형벌의 부과라는 사법적 성격을 동시에 갖는다고 하겠다.[144] 다만, 그 정도에 있어서 통고처분의 대상행위가 본래 형사처벌의 대상이며, 통고처분의 내용도 벌금상당액의 납부, 과료, 몰수를 포함하고 있다는 점에서 볼 때 사법적 판단에 더 가깝다고 할 수 있으며, 다만 사실상의 형벌의 부과가 법원이 아닌 행정기관에 의해 대체 또는 위임되고 있다고 하겠다. 범칙조사는 통상 징역 또는 벌금의 형벌로써 제재하도록 행정법규가 규정하였으나, 사법기관이 개입하기 이전에 행정기관이 통고처분를 통하여 간이하고 신속하게 종결시킬 수 있도록 한 절차라는 이중적 성격은 행정범에 대한 간편하고 신속한 처리라는 이점을 가져오는 동시에 다른 한편에서 권한남용의 문제와 적법절차 보장의 결여라는 문제점을 내포할 수밖에 없는 구조를 갖게 된다.

범칙조사의 성격을 혼란스럽게 하는 것은 형사소송법과 범칙사건 절차를 두고 있는 개별법과의 관계에 관한 것이다. 예를 들어 관세법은 범칙조사절차에 준용규정을 두어 관세법에 특별한 규정이 있는 것을 제외하고는 형사소송법을 준용[145]하도록 규정하고 있다. 형사소송법과의 관계에 있어서 관세법은 일반법과 특별법의 관계에

143) 신동운 교수가 주장하는 사법행정행위설은 기본적으로 사법기관을 그 주체로 하여, 사법절차의 진행과정에서 발생하는 행정적 성격의 작용을 의미한다. 예를 들어, 사건에 대한 재판부의 지정이나 검사의 불기소처분 등이 여기에 해당하며, 따라서 조세행정관청은 사법기관이 될 수 없으므로 사법행정행위설은 타당하지 않다.

144) 대법원도 세무관청의 통고처분이 행정소송의 대상이 되지 않는다는 것을 분명히 밝히고 있다. 대법원 1980. 10. 14. 선고 80누380 판결.

145) 관세범에 관하여 관세법에 특별한 규정이 있는 것을 제외하고 형사소송법을 준용하도록 한 준용규정은 1967년 11월 29일 관세법 전부개정에 의하여 제235조에 도입된 것으로 이전에는 이와 유사한 준용규정이 없었다.

있지 않으며, 관세법에서 특별히 규정한 경우를 제외하고 형사소송법의 수사 관련 규정이 그대로 적용되기 때문에 사실상 형사소송법상의 해당규정의 확인 정도에 그친다고 하여 독자적 의미를 부여하지 않는 입장도 있다.[146] 하지만 범칙조사가 간소화된 형사절차이며 중하지 않은 법위반에 대한 조사절차라는 측면에서 본다면 범칙조사는 행정조사보다는 범죄수사에 가까우며 관세법의 범칙조사 절차규정은 형사소송법과의 관계에서 특별법으로서의 지위를 갖는다고 보는 것이 타당하다. 통고처분과 범칙조사의 성격에 대하여는 프랑스법과 일본법의 비교를 통해서도 파악될 수 있다.

② 통고처분과 프랑스의 행정기관에 의한 형사화해와의 유사성

프랑스에는 우리의 범칙금 통고처분과 유사한 절차가 있으나, 별도의 용어를 사용하지 않고 일반적인 형사화해(transaction pénale)의 범주에 포함된다. 범죄자와 피해자 사이의 화해는 공소에 아무런 영향을 주지 않으며, 마찬가지로 범죄자와 검사를 포함한 행정청 사이의 화해도 원칙적으로 공소에 아무런 영향을 주지 않는다. 반면에 개별법에서 행정기관에 대하여 형사화해의 권한을 부여한 경우에 공소권을 소멸시키는 효력을 발생시킨다. 즉, 형사소송법 제6조 제3항은 법률이 명시적으로 규정한 경우에 행정청과 범죄자 사이에 화해가 성립하면 공소권을 소멸하도록 규정하고 있다. 이러한 행정청에는 간접세청(l'administration des contributions indirectes), 관세청(l'administration des douanes), 수자원산림청(l'administration des eaux et forêts) 등이 있으며, 이 외에도 민간항공분야, 해양조업분야, 경제분야, 공정거래분야 등 여러 분야의 일부범죄들에 대하여 인정된다.[147] 판결에 앞서 화해가 성립하면 공소는 소멸하며, 자유형뿐만 아니라 금전적 형의 적용도 소멸한다. 반면에 판결의 확정 이후에 성립하면 금전적 형에 대하여만 효과가 발생하며 선고된 자유형에 대하여는 아무런 영향이 없으며, 경우에 따라 세무제재에도 영향이 없다. 더 나아가 검사와 달리 행정청은 무죄판결의 경우 사당사자[148]와 마찬가지로 소송비용을 부담하여야 한다.[149] 경쟁청(공정거래위원회)은 공소가 제기되지 않은 경우에 검사의 동의를 받아

146) 박영기, 앞의 책, 2020, 673면.
147) Bernard Bouloc, Procédure pénale Dalloz, 2020, 190-191면.
148) 사인소추를 통하여 형사절차에 참여하는 피해자에게 부여된 지위를 칭한다.
149) Bernard Bouloc, 앞의 책, 176면.

형사화해를 제안하게 된다(상법전 第490-5조).[150]

③ 일본의 통고처분 및 범칙조사와의 유사성[151]

국세통칙법 제11장에서 규정하는 국세범칙조사절차는 형식적으로는 행정절차이지만 실질적으로는 형사절차에 가깝기 때문에 행정법과 사법 양자의 성격을 가지고 있다.[152] 누구든지 재판소에서 재판을 받을 권리가 헌법에 보장되어 있으므로(헌법 第32조), 세무관청의 처분에 대해서는 정식재판을 받을 권리가 아직 남아있다. 즉, 세무관청이 행하는 행정처분인 통고처분은 범칙자에 대한 사적 화해(私的和解)의 신청으로 해석되므로, 범칙자는 세무관청의 통고처분에 대하여 그 이행이 강제되는 것이 아니다. 범칙자가 이 통고처분에 복종하고 통고의 취지를 이행한 경우에는 그 범칙사실에 대한 공소권은 소멸하고, 그 사건에 대하여 그 범칙자는 처벌되지 않으므로, 실질적으로는 통고처분은 확정판결과 거의 동일한 효과가 발생하게 된다.

통고처분이라는 것은 한마디로 말하면, "형사소송의 절차에 따르지 아니하는 행정상의 과형을 대신하는 절차이다."라고 할 수 있다. 그 성질은 국가와 범칙자 간에 행하는 일종의 사적 화해로 해석되며, 형식적으로는 사법처분이 아닌 것은 분명하나, 그 실질적 효과는 사법처분과 유사하다.

2) 통고처분 및 범칙조사 관련 법제 분석

우리나라에 처음 통고처분이 도입된 것은 정부수립 초기인 1949년 11월 23일 제정된 관세법으로 알려져 있다. 이후 조세범처벌법(1951.5.7.), 지방세법(1951.6.2.), 출입국관리법(1967.3.3.), 도로교통법(1973.3.12.), 경범죄처벌법(1980.12.31.), 자동차손해배상보장법(2002.1.29.), 수산동물질병관리법(2007.12.21.), 자동차관리법(2009. 2.6.) 등 5개 영역 13개 법률에 도입되어 현재까지 유지되고 있으며, 일부 다른 법률에 도입되었으나 폐지된 경우도 있다.[153] 학계에서는 통고처분에 관하여는 비교적 활발한 논의를 하고 있으나 통고처분과 범칙조사의 관계 및 더 나아가 특별사법경찰관

---

150) 같은 글, 191면.

151) 國稅通則法(基礎編), 稅務大學校, 令和3年度版(2021), 125-126면 및 154면의 내용을 발췌하여 정리한 것임. 출처: https://www.nta.go. jp/

152) 일본은 공정거래에 관한 범칙조사 및 조세범죄에 관한 범칙조사를 전부 행정조사로 본다는 설명으로는, 권광현, 앞의 글, 294면

153) 조만형, 앞의 글, 476-477면.

제도와의 관계에 대해서는 특별한 논의가 없는 상황이다. 아울러 범칙조사에 대하여는 특별한 구분 없이 일반 행정조사에 포함시켜 설명되고 있는 문제점이 있다.

그런데 통고처분과 범칙조사, 사법경찰권의 관계는 통고처분권을 보유하고 있는 행정기관들을 중심으로 비교하여 고찰하면 분명하게 드러난다. 다만, 통고처분의 일정부분을 차지하고 있지만 일반수사기관인 경찰의 통고처분 분야인 도로교통법과 경범죄처벌법은 논의에서 제외하기로 한다.

[표 2-9] 통고처분 관련 규정 내용 비교

구분	조세범 처벌 절차법	지방세 기본법	관세법 등[154]	출입국 관리법[155]	자동차 관리법	자동차 손해 배상 보장법	수산생물 질병관리법
범칙조사절차 유무	유(7~12)	유 (113~119)	유 (290-310)	유 (47~50)	무(수사절차에 따름)	무	무 (수사절차에 따름)[156]
영장 유무	유 (압수수색)	유 (압수수색)	유 (압수수색)[157]	무	유	무	유
수사권	실질적 특별사법 경찰권	실질적 특별사법 경찰권	특별사법 경찰권	특별사법경찰권[158]	특별사법경찰권[159]	특별사법 경찰권[160]	특별사법 경찰권
전속수사권	인계의무	인계의무 · 전속수사권	인계의무 · 전속수사권	인계의무	없음	없음	전속수사권
통고처분 대상 형벌의 종류 및 범위	3년 이하의 징역 또는 포탈세액 등의 3배 이하의 벌금	3년 이하의 징역 또는 포탈세액등의 3배 이하에 상당하는 벌금	10년 이하의 징역 또는 1억원 이하의 벌금	7년 이하의 징역 또는 7천만원 이하의 벌금	3년 이하의 징역 또는 3천만원 이하의 벌금	1년 이하의 징역 또는 1천만원 이하의 벌금	1년 이하의 징역 또는 1천만원 이하의 벌금
범칙금 범위	벌금상당액	벌금, 추징금 상당액	벌금에 상당하는 금액으로 법무부령으로 정함	벌금에 상당하는 금액	벌금의 범위에서 대통령령으로 정함	벌금액의 범위에서 대통령령으로 정함	벌금의 범위 이내에서 대통령령으로 정함
전속고발권	유(조세범처벌법21)	유(111)	유(284)	유(101)	무	무	무

154) 관세사법, 자유무역협정법, 자유무역지역법 포함.

155) 출입국관리공무원의 조사행위는 행정조사와 범죄수사가 혼재된 형태를 취하고 있으며, 범죄로 처벌되는 행위에 대한 사실확인에 행정조사의 수단을 활용할 가능성이 매우 높다.

위의 표에서 보듯이 행정기관의 통고처분권과 범칙조사 및 사법경찰권이 밀접하게 연결되어 있음을 알 수 있다. 통상 통고처분을 위하여 범칙자에 대한 조사절차가 필요로 하며, 일부의 법률은 별도의 범칙조사 절차를 규정한 경우도 있으나, 일부 법률은 별도의 범칙조사 절차 없이 일반 행정조사를 통하여 위반여부에 대한 확인과 증거수집을 하도록 규정하고 있으며, 일부 법률은 수사절차에 따르도록 규정하고 있다. 그런데 별도의 범칙조사를 규정하고 있는 조세범처벌절차법, 지방세기본법, 관세법은 조사절차 내에 압수수색을 하는 경우에 법관이 발부한 영장에 의할 것을 명시하고 있으며, 수사절차에 따르는 경우에는 당연히 영장주의가 적용된다고 할 수 있다. 또 다른 특징들로서 범칙조사 절차를 직접 규정한 법률들과 수사절차를 따르도록 한 법률들은 범칙조사의 주체로서 특별사법경찰관리를 명시하고 있다. 다만, 출입국관리법의 경우 특사경법에 따라 출입국관리공무원은 지명절차 없이 법률에 의하여 당연히 특별사법경찰권을 부여받는다는 차이점이 있으며 범칙조사의 대상에 해당하지 않는 출입국사범[161]에 대하여는 더 강력한 조사권한이 부여되어 있다는 특징이 있다. 이와 함께 출입국관리공무원은 특사경의 지위에서 영장을 발부 받아 수사를 할 수 있다. 이 점에서 출입국관리공무원의 조사행위가 행정조사의 성격을 가지는 것인지 범죄수사에 해당한 것인지에 대한 구별을 매우 어렵게 만든다. 또한 자동차관리법, 자동차손해배상보장법, 수산물질병관리법을 제외하고 행정기관에 전

---

156) 제58조 ④ 범칙행위에 대한 수사는 검사와 「사법경찰관리의 직무를 행할 자와 그 직무범위에 관한 법률」에 따라 지명을 받은 공무원(이하 "특별사법경찰관리"라 한다)이 전속적으로 행한다.

157) 제296조(수색·압수영장) ① 이 법에 따라 수색·압수를 할 때에는 관할 지방법원 판사의 영장을 받아야 한다. 다만, 긴급한 경우에는 사후에 영장을 발급받아야 한다. ② 소유자·점유자 또는 보관자가 임의로 제출한 물품이나 남겨 둔 물품은 영장 없이 압수할 수 있다.

158) 특사경법 제3조 ⑤ 출입국관리 업무에 종사하는 4급부터 7급까지의 국가공무원은 출입국관리에 관한 범죄와 다음 각 호에 해당하는 범죄에 관하여 사법경찰관의 직무를, 8급·9급의 국가공무원은 그 범죄에 관하여 사법경찰리의 직무를 수행한다. 〈개정 2015. 8. 11.〉

159) 제85조 ④ 범칙행위에 대한 수사는 검사, 사법경찰관리 또는 「사법경찰관리의 직무를 행할 자와 그 직무범위에 관한 법률」 제5조제35호에 따라 지명을 받은 공무원(이하 "특별사법경찰관리"라 한다)이 한다. 〈개정 2015. 8. 11.〉[전문개정 2009. 2. 6.]

160) 제53조 ② 특별사법경찰관리(「사법경찰관리의 직무를 수행할 자와 그 직무범위에 관한 법률」 제5조제35호에 따라 지명받은 공무원을 말한다) 또는 사법경찰관은 다음 각 호의 어느 하나에 해당하는 경우에는 지체 없이 관할 지방검찰청 또는 지방검찰청 지청에 사건을 송치하여야 한다. 〈개정 2012. 2. 22.〉

161) 제2조 14. "출입국사범"이란 제93조의2, 제93조의3, 제94조부터 제99조까지, 제99조의2, 제99조의3 및 제100조에 규정된 죄를 범하였다고 인정되는 자를 말한다.
제102조 ④ 출입국사범에 대한 조사에 관하여는 제47조부터 제50조까지의 규정을 준용한다.

속고발권을 부여하고 있는 특징이 있다.

3) 범칙조사의 대상

제정관세법 제213조는 "본법에 관세범이라 함은 본법 또는 본법에 의거하여 발한 명령에 위배하는 행위로서 본법에 의하여 형벌을 과할 것을 말한다."고 규정하였으며, 관세범에 대한 벌칙은 "벌금, 과료, 몰수"로 한정되었다. 이에 따라 관세법 제239조는 세관장은 관세범에 대하여 통고처분으로써 그 이유를 명시하고 벌금 또는 과료에 상당한 금액, 몰수에 해당하는 물품 또는 추징금에 상당한 금액을 세관장에게 납부할 것을 통고할 수 있도록 규정하였다. 따라서 통고처분의 내용에 있어서 현재와 특별한 차이점이 없으나 관세범에 대한 처벌이 벌금 이하의 재산형이며 고발권의 행사와 관련하여 관세법 위반의 중대성을 고려하지 않고 조사에 의하여 범죄에 관한 증명이 있을 때에는 즉시 통고처분을 하도록 하였다. 이후 1951년 개정된 관세법은 징역형의 도입 등 처벌을 강화하는 법 개정과 함께 제240조를 "세관장은 증빙의 조사에 의하여 범죄에 관한 증명이 있을 때에는 즉시 통고처분을 하여야 한다. 단, 그 정상이 징역형에 처할 것으로 사료되는 때에는 즉시 고발하여야 한다."고 개정하여, 정상이 중한 경우에 통고처분을 하지 않고 즉시고발하도록 하는 체계를 도입하였다.

1951년 제정된 '조세범처벌절차법'은 범칙금통고처분의 대상에 벌금형뿐만 아니라 징역형에 처해지는 범칙사건도 포함하였으며, 다만 제9조는 범칙자가 통고대로 이행할 자력이 없다고 인정되는 때, 정상징역에 처할 것으로 사료되는 때에도 즉시 고발하여야 하도록 규정하였다. 현재도 통고처분이 금전적 과벌절차이며, 개별법에서 규정하고 있는 범칙금의 범위도 통상 벌금에 상당하는 금액이라는 점과 통고처분의 제외사유로서 일반적으로 "범죄의 정상이 징역형에 처해질 것으로 인정"되는 경우로 정하고 있다는 점에서 비춰볼 때 비교적 경미한 법령위반에 해당하는 경우에 통고처분이 내려질 수 있다는 것을 알 수 있다. 아울러 범칙조사 절차에 있어서 압수수색의 강제처분이 허용되는 반면에 현행범인 체포를 제외하고 체포와 구속의 대인적 강제처분이 불가능하다는 사실도 통고처분의 대상이 경미한 법위반에 한정되고 조사절차가 단순화되어 있다는 것을 설명한다.[162]

---

162) 제정조세범처벌절차법 제1조는 "본법은 조세에 관한 범칙사건(以下 犯則事件이라 稱한다)을 간

그런데 징역형의 기간과 벌금액이 대폭 상향되고 징역과 벌금이 선택형으로 규정된 현재의 상황에 비춰볼 때 정상을 고려하여 벌금형에 처할 사건으로 판단하여 통고처분을 할 수 있도록 한 것은 과거에 비하여 행정청에 지나치게 광범위한 권한과 재량을 부여하였다는 비판이 가능하다. 더욱이 범칙조사가 통고처분을 위한 조사절차로서 행정조사의 한 형태라는 점과 일반 수사절차에 비해 대폭 간소화된 절차라는 점을 고려하면 범칙조사를 수행하는 공무원에게 특사경의 자격을 부여하는 것은 모순적이라고 할 수 있다. 특별사법경찰관리는 본래 형사소송법에 규정된 모든 수사권한을 행사할 수 있기 때문에 개별법에서 범칙조사를 수행하는 자를 특사경으로 규정하면서 동시에 개별법 위반에 대한 수사까지 할 수 있도록 한 것은 법리적으로 설명이 곤란해진다. 왜냐하면 범칙조사를 위하여 특사경의 자격을 부여받은 공무원의 경우 그 권한이 범칙조사로 제한되는 것인지 아니면 통상적인 수사권한까지 보유하는 것인지 분명하지 않다. 만일 범칙조사에 국한되는 것이라면 조사를 수행하는 자에게 특사경의 자격을 부여한 것은 과도한 권한부여라고 할 수 있다. 다만 관세범에 대한 범칙조사 절차에서 형사소송법의 절차를 활용할 수 있게 된 것은 1967년 11월 29일 관세법 전부개정에 따라 제235조에 "관세범에 관하여는 이 법에 특별한 규정이 있는 것을 제외하고는 형사소송법을 준용한다."는 준용규정을 마련한 것에서 찾을 수 있으나, 이러한 준용규정은 오히려 범칙조사의 성격을 파악하는데 혼란을 초래하고 범칙조사의 독자성을 부정하는 논거가 될 수 있다는 문제점이 있다.

4) 범칙조사와 특사경과의 관계

1949년의 제정관세법은 범칙조사와 관련하여 그 주체를 세관관리로만 명시하고 특별사법경찰관의 자격부여를 규정하지 않았으며, 이후 1951년 12월 6일 개정된 관세법은 제224조의2[163]를 신설하여 세관장의 제청에 의하여 그 관할지방검찰청 검사장이 지명한 세관관리는 관세범에 관하여 사법경찰관리의 직무를 행하도록 규정하였다. 범칙조사의 법적성격을 판단함에 있어서 신설된 이 조항의 의미를 음미할 필

편신속하게 처리함을 목적으로 한다."고 규정하여 이러한 점을 명확히 하고 있다. 반면에 현행 규정은 "이 법은 조세범칙사건(犯則事件)을 공정하고 효율적으로 처리하기 위하여 조세범칙사건의 조사 및 그 처분에 관한 사항을 정함을 목적으로 한다."고 조문을 변경하였다.

163) 제224조의2 "세관장의 제청에 의하여 그 관할지방검찰청 검사장이 지명한 세관관리는 관세범에 관하여 사법경찰관리의 직무를 행한다."

요가 있다. 관세범에 대하여 우선적으로 통고처분을 위한 범칙조사를 실시하고 사안이 중하여 징역형으로 처벌해야 하거나 통고처분이 곤란한 경우에 즉시고발을 하여 통상적인 수사절차를 밟도록 한 점에서 범칙조사는 수사로서의 성격을 갖는다. 전통적으로 행정경찰과 사법경찰의 개념을 구분하였던 프랑스 법을 계수한 일본의 행정경찰규칙과 이를 모방하여 갑오개혁기에 제정된 행정경찰장정은 경찰이 수사를 하는 경우에 사법경찰규칙에 따라 검사의 지휘를 받을 것을 명확히 하였다.164) 이러한 전통은 일제강점기에 그대로 유지되었으며 일제강점기로부터 해방되고 한국전쟁을 맞이한 시기에도 마찬가지였을 것으로 추정된다. 따라서 관할지방검찰청 검사장이 지명한 세관관리로 하여금 관세범에 대하여 사법경찰관리의 직무를 행하도록 한 규정을 둔 것은 범칙조사가 사법경찰작용(사법경찰관리의 직무)에 해당한다는 것을 입법적으로 확인하고 그에 따라 행정청이 아닌 검사의 지휘를 받도록 하는 체계를 명확히 하였다는 의미를 갖는다. 통고처분을 규정하고 있는 일부 법률들이 '범칙행위에 대한 수사'라는 표현을 사용하고 있는 것도 범칙조사가 수사에 해당한다는 것을 명문화한 것으로 볼 수 있다. 아울러 이 시기에는 아직 특사경법이 제정되지 않았다는 점도 참고할 필요가 있다. 하지만 이후 개별법이 아닌 특사경법을 통하여 검사로부터 지명을 받아 사법경찰관리의 직무를 수행하도록 한 것은 단순히 범칙조사의 권한을 넘어 형사소송법상의 수사권을 부여한 것으로 그 성격이 변화한 것이라고 평가할 수 있다. 아울러 여기에는 영장제도에 있어서 검사가 영장을 청구해야 한다는 절차적 특수성도 반영된 것으로 보인다. 결론적으로 범칙조사를 수행하는 공무원에 대하여 사법경찰권을 부여하는 것은 불필요한 것이며 과도한 것이라고 하겠다.

다만, 세무공무원의 경우에는 범칙사건을 처리하는 공무원에 대하여 사법경찰관리의 직무를 행하도록 하는 명시적 규정을 두지 않았으며, 2011년 12월 31일 전부

164) 1875년 제정된 일본의 행정경찰규칙은 프랑스 죄와형벌법전(Code des délits et des peines)에 나타난 행정경찰의 개념과 사법경찰의 개념 구분을 채용하고 있으며, 이 행정경찰규칙 제4조는 "행정경찰의 예방력이 미치지 못하여 법률에 위배하는 자가 있을 때, 그 범인을 탐색체포하는 일은 사법경찰의 직무로 한다. 그 직무를 행정경찰관이 행할 때는 검사장정 및 사법경찰규칙에 따라야 한다"고 규정하였다. 일본의 행정경찰규칙의 직접적 영향을 받아 1894년 제정된 행정경찰장정은 제4조는 "행정경찰의 사찰이 충분하지 않아 만약 법률에 위배되어 수색과 체포에 이르게 되면 사법경찰의 직무에 해당하므로 행정경찰은 이러한 업무를 수행하는데 있어 마땅히 검사장정 및 사법경무규칙에 따라야 한다"고 규정하였다. 이운주, "한국 경찰작용법의 형성과정과 그 의미에 관한 연구", 경찰학연구 제3호(2002), 14-16면.

개정된 '조세범처벌절차법' 제2조(정의) 제4호는 조세범칙사건을 조사하는 세무공무원을 지방국세청장의 제청으로 지방국세청 또는 해당 세무소의 소재지를 관할하는 지방검찰청 검사장이 지명하는 공무원으로 규정하였다. 아울러 법무부예규인「특별 사법경찰관리 지명절차 등에 관한 지침」제10조에 따라 일반적인 특별사법경찰관리에 대한 지명절차를 준용하도록 하고 있다. 이러한 내용들은 세무공무원이 세관공무원과 마찬가지로 범칙사건을 조사하기 위해서는 지방검찰청 검사장의 지명을 밟아야 한다는 원칙을 마련한 것이라고 하겠다. 하지만 특사경법에 의하여 지명절차를 두지 않은 것은 국세청과 검찰의 관계 면에서 범칙조사에 있어서 영장청구의 경우를 제외하고 검사의 지휘를 배제하겠다는 의도가 담겨있다고 평가된다.

5) 범칙조사에서의 영장주의의 문제

행정조사에 있어서 영장주의가 적용되는 사례는 극히 일부의 예외를 제외하고 대부분 통고처분을 위한 범칙조사와 관련되어 있다. 범칙조사는 대표적으로 관세법, '조세범처벌절차법', 지방세기본법, 출입국관리법 등에서 활발하게 이루어지고 있다. 먼저 관세분야를 살펴보면, 1949년 제정 관세법은 제225조에서 "본법에 의하여 수색, 차압을 할 때에는 관할재판소의 법관의 영장을 받어야 한다. 단, 급속을 요하는 경우에는 사후에 영장의 교부를 받어야 한다."고 규정하여 영장주의를 명시하였지만 검사에 의한 영장청구 절차를 규정하지 않았다. 2000년 12월 29일 전부개정된 관세법 제319조(준용) "관세범에 관하여는 이 법에 특별한 규정이 있는 것을 제외하고는 형사소송법을 준용한다."고 규정하였다. 이에 따라 세관관리(공무원)가 검사에게 영장을 신청하여 검사가 영장을 청구하는 법적 근거가 마련되었다고 할 수 있다.

마찬가지로 1951년 제정 '조세범처벌절차법' 제4조는 "형사소송법중 압수, 수색과 수색영장에 관한 규정은 본법에 규정된 압수, 수색과 수색영장에 준용한다."고 규정하였다. 따라서 비록 제3조가 "세무공무원이 범칙 사건을 조사하기 위하여 압수 또는 수색을 할 때에는 법원이 발한 수색영장이 있어야 한다."고 규정하여 세무관리가 직접 법원에 영장을 청구할 수 있는 여지가 있는 것으로 보이지만 실제 영장신청 및 발부의 절차는 형사절차에 따르도록 하여 검사의 영장청구 절차를 밟은 것으로 판단된다. 이로부터 알 수 있는 것은 범칙조사에 필요한 강제조사권을 행사하기 위해서는 영장주의의 적용을 받아야 하며, 이를 위해서 특사경의 지위부여가 필요하다는 것이다. 즉, 행정조사에 직접적으로 영장주의를 도입하는 것이 아니라 특사경의 자격부여를 통하여 우회적으로 강제조사를 실현시키고 있다. 앞서 살펴 본 행정조사 차원에서의 강제조사권의 도입과 유사한 구조를 취하고 있다고 하겠다.

다. 개별 범칙조사의 구조

1) 조세범칙조사[165]

① 개 념

조세범칙조사란 조사공무원이 조세범처벌법 제3조부터 제14조까지의 죄에 해당하는 위반행위 등을 확정하기 위하여 조세범칙사건에 대하여 행하는 조사활동을 말

[표 2-10] 일반세무조사, 조세범칙조사, 범죄수사의 비교[166]

구분	일반세무조사	조세범칙조사	범죄수사
목적	납세자의 신고내용의 적정성 평가와 과세처분	조세범의 범칙사실 확인	범죄사실의 확인
근거	개별법상 질문조사(검사)권, 조사사무처리규정	조세범처벌절차법, 조사사무처리규정	형사소송법
법적성격	행정조사	행정조사+사법조사	사법조사
조사방법	임의조사 원칙(금융계좌추적)	임의조사 및 강제조사(심문, 압수수색)	임의수사 및 강제수사
조사자	모든 세무공무원	세무공무원으로서 관할 지방검찰청 검사장의 지명을 받은 자	검사 및 사법경찰관
권리보장 여부	질문에 대한 거짓진술 또는 직무집행의 거부 또는 기피하는 경우 2천만원 이하 과태료 부과, 변호인 등의 조력권 보장, 협력의무 부과	진술거부권 보장	진술거부권, 변호인의 참여권 등 다양한 권리보장
조사결과 처분	세금추징	통고처분, 고발	공소제기
불복허용 여부	과세처분에 대한 행정심판	행정심판 불가, 형사재판을 통한 다툼	행정심판 불가, 형사재판을 통한 다툼

165) 김택수b, "행정기관에 의한 수사권 행사의 문제와 규제방안-과세관청에 의한 조세범칙조사를 중심으로-", 경찰법연구 제16권 제2호(2018), 63-69면의 내용을 수정한 것임.

166) 예상균a, 앞의 글, 21면의 내용을 기초로 범죄수사를 추가하여 표로 작성한 것임.

한다. 조세범칙조사와 구별되는 세무조사의 근거에 대하여는 일반법인 국세기본법 제81조4에 '세무조사권'이 규정되어 있고 각 개별세법에서는 '질문 · 조사권' 또는 '질문 · 검사권'의 명칭으로 각각 규정되어 있다.[167)]

② 조세범칙조사 절차

ⓘ 조세범칙조사의 개시

과세관청은 중요 탈세범의 경우 국세청 자체정보, 외부정보 및 타 기관 이첩자료 등을 수집한 후 처음부터 조세범칙조사에 착수하거나, 주로 일반세무조사를 하다가 혐의점을 포착하여 범칙조사로 전환하기도 한다.[168)] '조세범처벌절차법' 제7조 제1항 및 동법 시행령 제6조의 규정에 따라 조세범칙행위 혐의 있는 자를 처벌하기 위하여 증거수집이 필요하거나 연간 신고수입금액에 따라 연간 조세포탈 혐의금액 또는 연간 조세포탈 혐의비율이 일정 이상인 경우 및 조세포탈 예상세액이 연간 5억원 이상인 경우 조사대상으로 선정한다. 특히 조사사무처리규정 제76조 제2항은 일반세무조사 과정에서 조세범칙조사로 전환할 수 있는 사유들을 규정하고 있다. 조세범칙조사 대상으로 선정 또는 전환하고자 하는 경우 원칙적으로 조세범처벌법 제3조에 해당하는 조세범칙사건은 조세범칙심의위원회의 심의를, 그 밖의 조세범칙사건은 조사관서장의 승인을 받아야 한다.

ⓘⓘ 범칙조사방법

세무공무원이 조세범칙조사를 하기 위하여 필요한 경우에는 '조세범처벌절차법' 제8조에 따라 조세범칙행위 혐의자 또는 참고인을 심문하거나 압수 또는 수색할 수 있으며, 국세기본법 제81조의10에 따라 장부 · 서류 등을 일시보관 할 수 있다(조사사무처리규정 제79조). 압수수색은 형사소송법상의 일반적인 압수수색의 절차에 준하여 압수수색이 필요한 경우 검사에게 영장의 발부를 신청하여 법원으로부터 영장을 발부 받아야 한다. 다만, 형사소송법의 압수수색절차와 달리 조세범칙행위가 진행중이거나, 조세범칙행위 혐의자가 도주하거나 증거를 인멸할 우려가 있어 압수 · 수색영장을 발부받을 시간적 여유가 없는 경우에는 영장 없이 압수 또는 수색을 할 수 있다(조세범처벌절차법 제9조). 영장 집행 시에는 참여인 등의 참여를 보장하여야 한다. 또한 압수수색을 완료한 때에는 압수수색 조서 및 압수목록을 작성하여야 한다.

167) 안창남, 앞의 글, 38면.
168) 문은희a, 앞의 보고서, 2018, 6면.

'조세범처벌절차법'에 규정한 사항 외에 압수 또는 수색과 압수·수색영장에 관하여는 형사소송법 중 관련 규정을 준용한다(제10조). 조사사무처리규정은 심문절차에 대하여 상세하게 규정하고 있으며 이에 따르면, 세무공무원은 혐의자 또는 참고인을 심문하기 위하여 필요한 경우에는 출석을 요구하거나 증빙물건 등의 제출을 요구할 수 있으며(제85조), 조세범칙행위 혐의자 등을 심문하기 전에 형사소송법상의 진술거부권과 동일한 내용의 권리를 고지하여야 하며(제87조의2), 마찬가지로 형사소송법상 피의자신문조서의 작성방법과 동일한 방식으로 심문조서를 작성하여야 한다(제87조의3). 세무공무원이 조세범칙조사를 마쳤을 때에는 처리의견 등 그 결과를 조사관서장에게 보고하여야 한다(조사사무처리규정 제90조).

ⅲ 통고처분 및 고발 등의 범칙처분

조사관서장이 통고처분, 고발, 무혐의 등의 범칙처분을 하고자 하는 경우에는 조세범칙심의위원회에 심의를 요청하여 심의 등을 거쳐 조세범칙행위 혐의자 등에 대하여 범칙의 확증을 얻었을 때에는 벌금상당액 등을 납부하도록 통고처분을 한다(조세범처벌절차법 제14조 제1항 및 제15조). 조사관서장은 정상에 따라 징역형으로 처할 것으로 판단되는 경우 또는 통고처분을 이행할 자금이나 납부 능력이 없다고 인정되는 경우 등의 경우에는 통고처분을 거치지 아니하고 그 대상자를 고발서에 의하여 고발하여야 하며, 통고처분을 받은 자가 통고대로 이행하지 않은 경우에도 고발하여야 한다(조세범처벌절차법 제17조). 그런데 조세범처벌법 위반 범죄에 대하여는 전속고발권이 인정되어 국세청장, 지방국세청장 또는 세무서장의 고발이 없으면 검사는 공소를 제기할 수 없다(조세범처벌법 제21조). 통고처분을 받은 자가 통고대로 이행하였을 때에는 동일한 사건에 대하여 다시 조세범칙조사를 받거나 처벌받지 않는다(조세범처벌절차법 제15조 제3항).

③ 조세범칙조사 현황 및 분석

ⅰ 고발건수 및 통고처분 건수

[표 2-11]의 조세포탈범에 대한 조세범칙 조사실적을 보면, 고발건수는 2007년 434건(불이행고발+직고발)에서 2016년 273건으로 대폭 감소하였으나, 부과세액은 2007년 약 8천3백2십억에서 2016년 약 1조5천5백4십억으로 대폭 증가하여, 범칙처분 건당 약 45억원에 달한다. 최근 10년간 우리나라 조세범에 대한 검찰 기소율은

[표 2-11] 조세포탈범에 대한 조세범칙 조사실적[169)]

(단위: 백만 원)

구분	처분유형					부과세액 [d] (6)	벌금 상당액 (7)
	계[a] (1=2+3+4+5)	통고 처분(2)	불이행 고발[b] (3)	직고발 [c] (4)	무혐의 (5)		
2007	554	96	21	413	24	832,667	22,326
2008	565	68	72	396	29	800,196	23,922
2009	383	46	81	220	36	700,782	12,526
2010	443	52	68	301	22	1,079,967	14,304
2011	527	55	58	391	23	1,656,943	10,393
2012	641	44	53	517	27	1,382,381	14,364
2013	583	69	55	399	60	2,275,259	20,667
2014	461	39	59	327	36	1,280,642	14,894
2015	364	52	46	240	26	1,039,014	12,855
2016	346	42	47	226	31	1,554,247	14,587
계 (%)	4,867 (100.0)	563 (11.6)	560 (11.5)	3,430 (70.5)	314 (6.5)	잘못된 계산식	잘못된 계산식

주: a) 해당연도 중 조사 완료한 실적을 기준
b) 통고처분 불이행 고발
c) 통고처분없이 직접 고발
d) 부과세액은 모든 세액을 합한 것임

평균 23.1%로, 전체 형사범 평균 기소율 39.1%에 비해 크게 낮은 실정으로 알려져 있다.[170)]

ⓘ 통계자료에 대한 평가 및 분석

범칙조사와 관련된 통계자료에 대한 분석 및 평가는 다양하게 나타난다. 그러나 대부분의 문제점 분석은 검사의 기소율이 낮고 법원의 무죄판결 비중이 증가하고 있다는 점에 초점이 맞춰져 있으며, 그 해결방안으로 조세범칙조사 전담 조직체계로 개편하거나 범칙조사 담당 세무공무원의 지위를 사법경찰관리로 지정하는 등의 수사력 강화 방안이 제시된다.[171)]

169) 국세통계 시계열통계(2007-2016) 자료를 재구성한 것임(출처: http://stats.nts.go.kr/)

170) 문은희, 앞의 보고서, 13면.

171) 같은 글, 53면; 김연정・서희열, “과세관청의 조세범칙 조사절차 및 조사결과 처분제도의 문제점과 개선방안”, 세무와 회계연구 통권 제15호(2018), 125-127면.

그러나 위의 표에 대한 분석은 통고처분건수의 감소와 검사의 기소율이 낮다는 차원에서 접근할 것이 아니라 다른 지표에 대한 수치들과 종합적으로 고찰할 필요가 있다. 즉 통고처분 건수의 감소추세 및 직고발 건수의 감소추세는 범칙조사 건수의 감소에 따른 것으로 볼 수 있지만, 범칙처분 건당 부과세액의 급증이라는 또 다른 통계수치를 놓고 볼 때 범칙혐의자의 감소보다는 과세당국이 범칙조사자체를 꺼려하는데 기인한다는 분석이 가능하다.[172] 이러한 분석에 대하여는 몇 가지 근거를 제시할 수 있다.

먼저 일반세무조사 대비 조세범칙조사 건수를 비교하면 연간세무조사 총 건수는 약 1만7천에서 1만 8천여건에 달하는 것으로 알려져 있으며,[173] 2016년 기준 개인사업자 5,482,678 중 세무조사건수는 4,985건이며, 법인사업자 673,374 중 5,445건으로 세무조사선정비율은 각각 0.09%와 0.8%에 불과하다. 반면에 건당 평균 추징세액은 개인사업자 약 2억원, 법인사업자 약 9억9천만원에 달한다.[174] 이처럼 세무조사 선정건수 및 추징세액의 규모에 비춰볼 때 2016년 기준 범칙조사건수가 346건(2020년 기준 217건)이라는 것은 매우 미미한 수준이라고 할 수 있다.

특히 주목할 것은 전체 범칙처분내용 중 통고처분 없이 즉시고발되는 건수의 비중이 매우 높다는 점이다. 예를 들어 2007년부터 2016년 사이 조세포탈범에 대한 범칙처분 유형을 보면 무혐의 6.5%, 통고처분 11.6%, 형사고발(통고처분 불이행으로 인한 고발포함) 82% 비중을 차지하고 있다.[175] 이러한 수치는 직고발의 주요사유가 징역형이 예상되는 경우라는 점에 비춰볼 때 조세범칙조사가 형사고발을 위한 요식절차로 변질된 것은 아닌가라는 의구심이 들게 한다.[176] 범칙조사를 기피하는 현상은 조세범죄에 대한 특가법위반 건수의 추이를 통해서도 확인될 수 있다. 고액 조세범죄에 대해 가중처벌하는 특가법 위반 조세범죄로 검찰에 접수된 인원은 2008년 568명에서 2017년 1,560명으로 지난 10년간 2배 가까이 증가하였으나,[177] 범칙조사

---

172) 과세관청이 가급적 범칙사건으로 취급하기를 꺼려하고 있다는 점과 조세범칙사건으로 처리할 것을 특별세무조사제도라는 형식으로 변칙처리하고 있다는 점이 주된 요인으로 지적된다. 서희열 · 김형상, "현행 조세범칙조사 제도의 문제점과 개선방안", 세무학연구 제20권 제2호(2003), 77-78면.

173) "자영업 폐업률 90% … 국세청 "569만 곳 세무조사 면제"", 중앙일보 인터넷 기사(2018.08.17.).

174) 2017 국세청 통계연보 참조.

175) 문은희a, 앞의 보고서, 10면.

176) '조세포탈' 직고발률 90%… 명확한 처벌 기준 필요", 법률신문 인터넷 기사(2014.10.20.),

건수 및 통고처분 건수가 오히려 감소하고 있다는 것은 조세범칙조사의 활용도가 매우 낮다는 것을 보여준다.178)

[그림 2-2] 조세범칙조사 절차

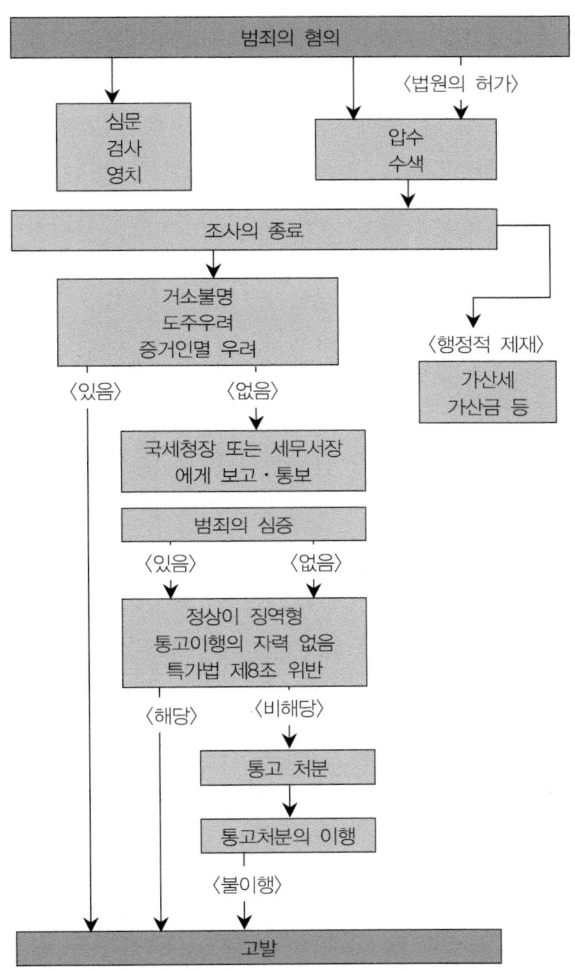

출처: 오영근 외, 조세범처벌법 개정방향에 관한 연구, 한국조세연구원, 2008, 201면.

177) 문은희a, 앞의 보고서, 2018, 2면.

178) 2017년, 2018년, 2019년, 2020년의 통계를 보더라도 범칙조사건수는 각각 276건, 386건, 313건, 217건으로 대체적으로 감소추세에 있음을 알 수 있다. 국세통계포털 국세통계조회(https://tasis.nts.go.kr/) 참조.

④ 범칙조사의 수단: 압수수색 절차 및 영장주의의 문제[179)]

조세범칙조사는 압수수색의 강제조사만이 허용되며 체포나 구속 등의 대인적 강제처분 및 검증 등은 허용되지 않는다. 그런데 '조세범처벌절차법'이 유일하게 마련하고 있는 압수수색의 권한은 실무상 거의 사용되는 경우가 없는 것으로 알려져 있다.[180)] 그 이유는 압수수색 규정 자체의 문제점과 함께 검사의 영장청구권에 따른 문제점을 들 수 있다. 먼저 영장주의의 예외와 관련하여 헌법 및 형사소송법의 일반적 범위를 벗어나고 있다. 즉 '조세범처벌절차법'은 현행범인 상황에서 영장 없는 압수수색을 허용하고 있으나 형사소송법은 범죄의 실행 중 또는 직후의 장소에 대하여만 영장 없는 압수수색을 허용하고 있어 그 대상 범위가 불명확하고 광범위한 문제점이 있다. 또한 증거인멸이나 도주의 우려에 따른 영장 없는 압수수색은 형사소송법이 이와 유사한 규정을 두고 있지 않으며, 다만 긴급체포된 자가 소지, 소유, 보관하는 물건에 대하여 영장 없는 압수수색을 허용하고 있을 뿐이다. 따라서 이 규정들은 헌법상의 과잉금지원칙 및 명확성의 원칙을 위배할 뿐만 아니라 형사소송법이 예정하고 있는 영장 없는 압수수색의 일반적 형태를 벗어나고 있다고 하겠다.

다음으로 압수수색을 위하여 원칙적으로 검사의 청구에 따른 영장이 필요하다는 점에서 검사와 조세범칙조사를 수행하는 세무공무원과의 관계가 문제된다. 세무공무원이 특사경의 지위를 갖는지에 대하여는 일부 논란이 있으나 특사경의 지위를 부정하는 다수설의 입장에 따르면 검사는 세무공무원에 대하여 범칙사건에 대한 지휘권을 행사할 수 없게 된다. 그런데 세무공무원이 범칙조사를 위하여 압수수색영장을 신청한 경우 검사가 영장청구권을 근거로 범칙조사에 대한 지휘가 가능한지가 논란이 된다. 이는 검사의 통제로부터 벗어나고자 하는 취지에서 세무공무원을 특별사법경찰관리로 지정하지 않은 것[181)]과 배치되는 상황이라고 하겠다. 결국 세무공무원이 범칙조사를 하는 경우에는 영장에 의한 압수수색의 방법보다는 관련 서류 등에 대하여 임의제출 받는 형식을 선호하게 된다.[182)] 이러한 조사방식은 궁극적으

179) 김택수b, "행정기관에 의한 수사권 행사의 문제와 규제방안-과세관청에 의한 조세범칙조사를 중심으로-", 경찰법연구 제16권 제2호(2018), 72-73면의 내용을 수정한 것임.

180) 국세청 제출자료에 따르면, 2015년부터 2017년까지 3년간 전국 세무관서의 조세범칙조사에서 압수수색 영장이 집행된 건수는 총 10건(연평균 3.3건)에 불과하다. 문은희a, 앞의 보고서, 8면.

181) "현재의 통설은 세무공무원에게 사법경찰관리의 지위를 인정하지 않음으로써 세무공무원을 검사의 지휘, 감독에서 벗어나게 하려는 시도의 한 표현이라고 할 수 있다", 신동운, 앞의 글, 129면.

182) 국세청 조사단계에서 검찰과의 수사협조 내지 수사지휘를 받는 것을 꺼리는 관행이 영향을 미친

로는 세무조사와 범칙조사의 경계를 모호하게 만드는 원인으로 작용한다.[183)]

영장주의와 관련하여 더욱 심각한 문제는 법률이 아닌 국세청 훈령인 사무처리규정 제17조 및 제43조에 근거하여 '현장확인'이란 명칭으로 지방국세청장의 승인으로 영장 없는 금융계좌추적이 광범위하게 이루어지고 있다는 점이다.[184)] 임의조사를 원칙으로 하는 세무조사에서 사실상 강제조사가 이루어지고 있으며, 수사의 성격이 강한 범칙조사에 대하여 수사기관과 달리 영장 없이 금융계좌에 대한 추적이 허용된다는 것은 국민의 기본권에 대한 중대한 침해요소가 된다. 아울러 영장 없는 금융계좌추적은 범칙조사가 아닌 일반 세무조사의 방식을 선호하게 하는 또 하나의 이유를 제공한다고 볼 수 있다.

⑤ 세무범칙조사와 통고처분 등의 문제점[185)]

ⓘ 세무행정기관에 대한 과도한 권한부여로 인한 문제점

범칙조사는 행정조사와 범죄수사를 연결시켜주는 고리 역할을 하는 동시에 우리 법제의 특수한 현상으로 특사경의 문제 및 전속고발권의 문제와 연결된다는 점에 유의할 필요가 있다. 행정기관에 소속된 공무원이 행정조사에 대한 권한과 범칙조사에 대한 권한을 동시에 보유하는 경우 권한남용의 문제를 낳을 수 있으며 이는 일련의 세무조사, 범칙조사, 통고처분, 전속고발의 과정을 통해서 관찰될 수 있다.

조세범칙조사의 개시 원인은 처음부터 범칙조사를 실시하는 경우보다는 일반세무조사 과정에서 범칙혐의를 포착하여 조세범칙조사로 전환되는 경우가 많다. 그런데 조사사무처리규정 제76조 제2항은 범칙조사대상 선정을 필요적으로 규정하고 있는 조세범처벌절차법 제7조 제1항과 달리 조세범칙조사로의 전환을 임의적 사항으로 규정하고 있다. 즉 이 규정은 세무당국에게 '처벌가치' 판단, 즉 범칙조사의 개시여부에 대한 재량을 부여하고 있다고 할 수 있다.[186)] 물론 2011년 '조세범처벌절차법'

다는 지적으로는 문은희a, 앞의 글, 42면.

183) 일본의 실무는 상당 부분이 압수수색영장 등에 의하여 범칙조사를 시행하고 있으나 우리나라의 범칙조사는 대부분 임의제출의 형식으로 사실상 강제조사가 행해지는 것이 아닌지에 대한 의문이 제기된다. 권광현, 앞의 글, 297면.

184) 국세청이 영장 없이 진행한 금융거래 조회 건수는 2010년 3,172건에서 2016년 6,587건으로 두 배 넘게 늘어났으며, 국세청의 권한 남용에 대한 우려가 제기된다. "국세청, 영장 없는 계좌추적 7년간 2배 급증", 헤럴드경제 인터넷 기사(2017.10.10.).

185) 김택수b, "행정기관에 의한 수사권 행사의 문제와 규제방안-과세관청에 의한 조세범칙조사를 중심으로-", 경찰법연구 제16권 제2호(2018), 76-79면의 내용을 수정한 것임.

의 개정을 통하여 조세범칙조사심의위원회를 설치하여 그 심의를 거치도록 하고 있으나[187] 그 활용도가 매우 낮을 뿐만 아니라 세무조사를 범칙조사처럼 운용하는 것에 대한 통제는 이루어지지 못하는 문제점이 있다.[188] 이처럼 통상적인 세무조사 과정에서 범칙조사로의 전환 가능성은 통고처분 및 형사고발의 여부까지 연결될 수 있다는 점[189]에서 범칙혐의자에 대한 심리적 압박으로 작용하며 과세당국의 요구에 응할 수밖에 없는 구조를 만든다.[190] 통고처분에 의한 벌과금이 대체적으로 벌금형의 최고법정형에 준하는 경향[191]을 보이는 것도 이와 무관하지 않다.

전술한 바와 같이 대부분의 범칙처분이 통고처분이 아닌 즉시고발이라는 사실은 세무당국이 범칙조사를 기피한다는 것을 보여주며, 이는 범칙조사에 따른 보고, 심의, 승인 등의 절차의 번잡성과 압수수색의 방법을 사용하지 않더라도 장부 및 서류 등에 대한 임의제출의 형식으로 증거를 수집할 수 있기 때문에 영장신청에 따른 번거로움을 피할 수 있다는 점이 작용한다.[192]

다음으로 범칙조사 후 통고처분 또는 고발 과정에서의 문제점이다. 세무공무원이 범칙조사를 종결한 후 통고처분 또는 고발이 이루어지지만 이에 대한 판단기준이 불분명한 문제점이 있다. 조세범처벌절차법은 정상에 따라 징역형에 처할 것으로 판단되는 때에 즉시고발하도록 하고 있으나, 양형수준에 대한 판단을 하게 된다는 점

---

186) 윤소현, 앞의 글, 60면.

187) 범칙조사의 개시결정과 범칙처분을 모두 심의위원회의 심의를 거치게 하는 문제점과 심의위원회의 구성과 관련하여 내부위원의 결정에 따르게 될 우려가 있어 공정성이 보장되지 않는다. 김연정 · 서희열, 앞의 글, 113면.

188) 조세범칙심의위원회의 심의를 거치지 아니한 조세범칙조사의 실시 등은 중대한 절차 위반이 될 수 있지만, 조세범칙조사심의위원회의 범칙조사 전환 불승인 결정에 반하여 제기된 공소가 공소권 남용에 해당하는지 여부에 대하여 대법원은 해당하지 않는다고 판결하고 있다.(대법원 2015. 9. 10. 선고 2014도12619판결).

189) '범칙행위'에 불과한 것이 고발에 의하여 '범죄행위'로 전환된다는 점에서 과세관청은 조세포탈 등 조세범칙행위자에 대하여 형사처벌 여부를 결정할 수 있는 유일무이한 권한을 보유하고 있는 비판이 있다. 예상균a, 앞의 글, 54면.

190) 이처럼 형사차로의 이행을 두려워하는 위반자가 국가기관의 무언의 압력에 승복할 수밖에 없는 현행 통고처분제도는 인권을 침해할 위험성도 있기 때문에 다른 방법으로 통고처분의 효력 등을 다툴 수 있는 보다 근본적인 해결방안을 모색해야 할 필요성이 있다. 이동찬, "통고처분에 관한 소고-현행법의 문제점과 개선방향을 중심으로-", 법학논총 제20권 제2호(2013), 360면.

191) 박정우 · 마정화, "조세범처벌제도의 실효성 확보방안", 세무학연구, 제23권 제4호(2006), 243면.

192) 과세당국이 세무조사의 강도를 높이기 위하여 실질적으로는 부과처분이 목적인 세무조사를 범칙사건에 준하는 조사로서 실시하는 경우가 있어 왔다. 김유찬, 세무조사제도의 문제점과 개편방향, 한국경제연구원, 2004, 143면.

에서 자의적 판단의 가능성이 크다고 하겠다.[193] 더욱이 현행 조세범처벌법 및 '조세범처벌절차법'에 따라 통고처분에 의한 벌금상당액은 최고 15억까지 가능하다는 것[194]은 과세당국에 지나친 권한을 부여한 것이라고 하겠다.

이상과 같이 범칙조사의 개시단계에서부터 종결단계인 통고처분 또는 즉시고발 여부의 결정의 과정에서 세무공무원은 사건 봐주기가 가능하며, 일정부분 사법거래의 가능성도 배제할 수 없다. 반대로 표적 세무조사 등을 통하여 형사고발을 하는 등의 과도한 권한행사의 가능성도 있다. 이러한 문제들의 근본적 원인은 세무공무원[195]이 행정조사의 권한과 범칙조사의 권한을 중복하여 행사하며,[196] 두 절차의 경계에 대한 명확한 기준이 마련되어 있지 못하다는 데에 있다.[197]

ⓘ 범칙혐의자에 대한 형사절차상의 권리보장의 문제

세무행정기관에 의해 수행되는 일련의 범칙조사, 통고처분, 즉시고발의 절차들은 형사절차와의 유사성 또는 형사절차와의 연계성이라는 관점에서 볼 때 형사절차에 준하는 권리보호와 적법절차의 보장이 요구된다. 그러나 통고처분이 가지는 신속하고 간편한 처리라는 이점이 부각됨으로써[198] 법적 규제와 통제가 제대로 이루어지지 못하는 문제점이 나타나고 있다.

현행의 조세범칙조사의 문제점은 무엇보다 헌법 제12조 제1항 및 제3항이 규정하고 있는 적법절차의 원칙이라는 관점에서 고찰될 필요가 있다. 적법절차의 원칙은 형식적인 절차뿐만 아니라 실체적 법률내용이 합리성과 정당성을 갖춘 것이어야 한다는 실질적 적법절차를 의미한다는 점에서 세무공무원 및 과세관청에 부여된 과도한 권한은 이 원칙을 침해할 소지가 크다고 하겠다. 즉 행정조사의 성격을 갖는 세무조사와 범죄수사의 성격이 강한 범칙조사의 경계가 모호하며, 그 주체도 동일하다

193) 박정우·마정화, 앞의 글, 242면.

194) 조만형, 앞의 글, 490면.

195) '세무공무원'이란 용어 자체에서도 권한중복의 요소가 있다. 조세범처벌절차법은 조세범칙사건을 처리하는 자를 세무공무원으로 정의하고 있으나, 국세기본법은 국세청장, 지방국세청장, 세무서장 또는 그 소속 공무원에 해당하는 자를 세무공무원으로 정의하고 있어 명칭에 따른 절차의 구별이 곤란하다.

196) 세무조사에서 범칙조사로 전환하는 경우 범칙조사를 전담하는 조사관은 별도로 없고, 세무조사를 진행하던 세무공무원이 그대로 범칙조사를 병행하게 된다. 문은희a, 앞의 글, 40면.

197) 예를 들어, 프랑스의 사법세무공무원은 어떠한 경우에도 세무조사에 참여할 수 없으며, 형사소송법에 명시된 권한만을 행사할 수 있으며, 더 나아가 세무조사의 차원에서 알게 된 사안에 대하여 관련 사건의 수사에 참여할 수 없다. 김택수c, 앞의 글, 76면.

198) 통고처분의 활성화에 대한 주장으로는, 신동운, 앞의 글, 146면.

는 점에서 권한의 중복에 따른 권한남용의 소지를 가지고 있다. 또한 범칙조사와 범죄수사의 유사성에 비춰볼 때 범죄피의자에게 보장되는 각종의 권리들이 범칙조사의 대상자에 대하여는 보장되지 않는 문제점이 있다. 즉 수사상 피의자에게는 보장되는 신문과정에 변호인의 참여권 및 변호인의 조력을 받을 권리가 보장되지 않으며, 영상녹화에 대한 규정도 없다. 피의자에게 인정되는 압수 및 압수물의 환부 등에 관한 처분에 대한 수사상 준항고절차가 마련되어 있지 못하다. 이는 적법절차를 위반하여 범칙혐의에 대한 증거를 수집한 경우에도 통고처분의 불이행을 통하여 형사재판절차에서 증거수집의 위법성을 다툴 수 있을 뿐 범칙조사 절차 내에서 이에 대한 불복이 불가능하다는 것을 의미한다.

무엇보다도 심각한 문제점은 범칙조사의 결과에 따라 내려지는 통고처분은 사실상 형사재판과 유사한 성질을 갖고 있다는 점에서 형사피고인에게 보장되는 법관에 의한 재판을 받을 권리를 침해[199]할 소지가 크다는 점이다. 이와 관련하여 헌법재판소는 "통고처분에 대하여 이의가 있으면 통고내용을 이행하지 않음으로써 고발되어 형사재재 절차에서 통고처분의 위법·부당함을 얼마든지 다툴 수 있다. (중략) 통고처분에 대하여 행정쟁송을 배제하고 있는 이 사건 법률조항이 법관에 의한 재판을 받을 권리를 침해한다든가 적법절차의 원칙에 저촉된다고 볼 수 없다"고 판시한 바가 있다.[200] 그러나 이는 통고처분에 대한 불복의 가능성이라는 형식만을 고려한 것으로 형사절차에 따른 시간 및 비용의 감수, 전과자 낙인의 우려 등을 고려한다면 타당한 논거가 될 수 없으며, 통고처분을 이행할 수밖에 없는 것이 현실이라고 하겠다.[201]

2) 관세범 범칙조사

① 범칙조사절차의 개요

관세범은 관세법 또는 관세법에 따른 명령을 위반하는 행위로서 관세법에 따라 형사처벌되거나 통고처분되는 것을 말하며(제283조 제1항), 관세범에 대한 1차적 조사·처분권은 세관공무원에게 있다(제283조 제2항). 범칙조사를 수행하는 세관공무

---

199) 과세당국은'통고처분'이라는 형사사법절차에 준하는 권한을 갖고 대상자에 대한 형사처벌 여부를 사실상 결정할 수 있는 지위를 보유하고 있어 법관에 의한 재판을 받을 수 있는 권리를 침해할 소지가 높다는 지적으로는, 예상균a, 앞의 글, 40면; 같은 취지로는 이동찬, 앞의 글, 363-364면.
200) 헌법재판소 1998. 5. 28. 선고 96헌바4 전원재판부.
201) 같은 취지로는, 권영성, "범칙금 납부의 통고처분", 헌법학연습, 1981, 156면.

원(조사요원)은 일반 세관공무원과 달리 특사경법에 따라 세관장의 제청으로 관할 지방검찰청검사장에 의해 특별사법경찰관리로 지명을 받아 사법경찰관리의 직무를 수행한다(제295조). 세관공무원의 범칙조사 결과 범칙사실이 확인되면 관세청장 또는 세관장이 통고처분을 하거나 고발을 하게 된다.[202]

관세범 범칙조사는 세관공무원이 범칙행위에 대하여 범인을 검거하고 범죄사실 및 증거를 확인·확보·보전하기 위하여 수행하는 일련의 조사활동을 말하며, 범칙조사의 절차는 관세법 '제12장 조사와 처분'에서 규정하고 있다. 범칙조사는 형사소송법상의 수사절차와 유사하게 임의조사와 강제조사로 구분하여 살펴 볼 수 있다. 임의조사의 방법으로 피의자·증인 또는 참고인에 대하여 출석을 요구하여(제294조), 진술을 청취하는 조사를 할 수 있으며(제291조), 이 경우 조서를 작성하여야 한다(제292조). 강제조사에는 현행범의 체포(제297조), 압수, 수색, 검증이 있으며, 수색·압수를 할 때에는 관할 지방법원 판사의 영장을 발부받아야 하며, 긴급한 경우에는 사후에 영장을 발급받아야 한다. 소유자·점유자 또는 보관자가 임의로 제출한 물품이나 남겨 둔 물품은 영장 없이 압수할 수 있다(제296조 제1항 및 제2항). 또한 관세범 조사에 필요하다고 인정할 때에는 선박·차량·항공기·창고 또는 그 밖의 장소를 검증하거나 수색할 수 있으며(제300조), 범죄사실을 증명하기에 충분한 물품을 피의자가 신변(身邊)에 은닉하였다고 인정될 때에는 이를 내보이도록 요구하고, 이에 따르지 아니하는 경우에는 신변을 수색할 수 있다(제301조). 세관공무원은 피의자·증인 또는 참고인에 대한 조사·검증·수색 또는 압수 중에는 누구를 막론하고 그 장소에의 출입을 금할 수 있으며(제307조), 조사·검증·수색 또는 압수를 할 때에는 제복을 착용하거나 그 신분을 증명할 증표를 지니고 그 처분을 받을 자가 요구하면 이를 보여 주어야 한다(제308조). 세관공무원은 조사절차에서 필요하다고 인정하는 경우에는 경찰공무원의 원조를 요구할 수 있다(제309조). 세관공무원이 조사를 종료하였을 때에는 관세청장이나 세관장에게 관계서류와 함께 서면으로 그 결과를 보고하여야 한다(제310조). 관세법이 범칙조사의 절차에 대하여 규정하고 있으나 세관공무원이 수행하는 범칙조사에 관한 기준 및 자세한 절차는 '세관공무원의 범칙조사에 관한 훈령'(관세청훈령, 2021. 2. 1., 일부개정)에서 규정하고 있다.

202) 박영기, 앞의 책, 669면.

② 심화: 세관공무원에 의한 마약류 압수의 절차적 문제점과 해결방안[203]

ⓘ 범칙조사상의 압수수색의 문제

행정조사에 대한 영장주의를 논함에 있어 범칙조사차원에서의 조사행위(범칙조사)인지 아니면 구체적인 범칙혐의를 전제로 하지 않는 일반 행정조사(임의조사)인지에 대한 구분이 필요하며,[204] 세관공무원에 의해 수행될 수 있는 조사행위는 통상적인 통관검사절차로서의 일반적 물품검사, 관세범에 대한 범칙조사, 마약류사범 등 특사경법이 지정한 직무범위에 속하는 범죄에 대한 수사로 그 영역을 나눠볼 수 있다.

그런데 세관공무원이 수행하는 세 가지 유형의 조사행위의 관계가 불분명함으로써 여러 법적 문제들이 생기게 된다. 구체적인 사례로서 세관공무원이 자동차부품 제조업체 S사가 중국 공장에서 한국으로 보내는 화물컨테이너에 가짜 발기부전치료제와 필로폰을 숨겨 들여온 사실을 통관검사 과정에서 발견하여 특별사법경찰관인 세관공무원에게 필로폰을 인계하고, 이를 인수받은 세관공무원이 검찰에 임의제출한 사안과 관련하여 1심 법원이 세관공무원이 필로폰 등을 가져간 것은 범죄수사 목적의 압수가 아니라 행정조사로서 세관공무원이 검찰에 임의제출하는 것이 가능하다고 판단하였다. 그러나 2016년 대법원은 이 사안에서 세관공무원의 수출입물품 검사, 보관 등 행위가 통상적인 통관업무가 아닌 구체적인 범죄사실에 대한 수사에 이르렀다고 인정되는 경우에는 압수·수색영장이 필요하다며 임의제출되어 압수된 필로폰에 대한 증거능력을 배척한 항소심 판결[205]을 지지하였다.[206] 이는 2013년 대법원[207]이 통관검사절차에서 행해진 우편물 개봉 등이 행정조사의 성격을 가지는 것으로 수사기관의 강제처분에 해당하지 않는다고 판단한 것과 외형상 대비되는 판결이라고 하겠다.

본 사안에서 항소심이 형사소송법 제215조와 관세법 제296조의 규정을 언급하고

---

203) 김택수c, "세관공무원에 의한 마약류 압수의 절차적 문제점과 해결방안", 경찰법연구 제14권 제2호(2016), 70-71면 및 79-81면의 내용을 수정한 것임.

204) 행정조사와 범칙조사를 구분하는 입장으로는 오경식, 앞의 글, 279-306면.

205) 서울고등법원 2016.4.14. 선고 2015노2962판결(미공개).

206) 대법원 2016.7.27. 2016도6295판결(미공개); 이 판결에 대한 언론보도 내용은 "대법 '범죄수사' 목적 통관물품 압수때도 영장받아야", 연합뉴스 인터넷 기사(2016.08.03).

207) 대법원 2013.9.26. 선고 2013도7718판결. 이 판결에 대한 평석으로는, 심희기, 앞의 글, 49-71면; 예상균b, "마약수사에서의 통제배달기법 고찰", 법과 정책연구 제15집 제2호(2015), 665-689면; 전승수, 앞의 글, 651-683면.

있어 세관공무원의 마약류에 대한 점유취득이 관세법에 따른 압수수색에 해당하는지의 여부를 살펴보아야 하겠다. 관세법 제296조 제1항이 영장주의를 규정하고 있음에도 불구하고 법적 근거가 이원화된 이유는 관세법의 구조에 기인한다. 즉 관세법 제296조 제1항은 같은 법 제290조가 규정하고 있는 관세범에 적용되는 것으로 마약류사범은 관세범에 해당하지 않아 이 법의 적용을 받지 않는다. 이와 관련하여 2018년 4월 27일 개정전 '세관공무원의 범칙조사에 관한 훈령' 제7조 제1항은 "관세사범 조사는 관세법 및 관세법 관련 법령을 적용하고, 대외무역법 위반사범・상표법 등 지식재산권 침해사범, 외국환거래법 위반사범, 마약류 위반사범 등에 대한 조사는 형사소송법 등에서 정하는 법령을 적용한다."고 규정하였다. 따라서 특별사법경찰관리로 지정된 세관공무원의 압수수색의 절차는 관세법상의 압수수색과 형사소송법상의 압수수색 절차로 이원화된다고 할 수 있다.

이러한 법적구조는 특사경법이 특별사법경찰관리로 지명된 세관공무원에 대하여 외국을 왕래하는 항공기 또는 선박이 입・출항하는 공항・항만과 보세구역에서 발생하는 마약류사범에 대한 수사권한을 부여하고 있음에도 불구하고 정작 관세법에 의한 압수수색의 대상사건을 관세범으로 한정시키는 모순성을 보여준다. 그런데 이러한 모순성은 관세범에 대한 처리절차와 관련되어 있다. 즉 마약류사범을 관세범에 포함시켜 영장주의에 관한 제296조 제1항의 적용을 고려할 수 있으나, 관세범에 통고처분제도와 전속고발권이 결합되어 있어 마약류사범의 특성을 고려할 때 관세범에 포함시키는 것이 곤란해진다.

따라서 본 사안에서 항소심이 관세법에 의한 압수수색의 가능성을 언급하고 있지만 마약류사범의 경우에는 그 적용이 배제되며, 더욱이 세관공무원에 의한 마약류 점유취득의 문제를 특별사법경찰관리에 의한 압수의 문제로 한정시킨 것은 통관검사절차에서 세관공무원에 의해 일반적으로 행해지는 마약류를 포함한 밀수품에 대한 적발절차를 도외시한 것이라는 비판을 면하기 어렵다. 즉, 특별사법경찰관인 세관공무원이 개입하게 된 경위를 보면 이미 세관공무원이 통관검사절차를 통해 밀수품을 적발하고 사실상 해당 물품에 대한 점유가 이루어지고 있는 시점에서 이를 인계한 것이기 때문이다. 따라서 특별사법경찰관이 개입하여 밀수품을 인수한 단계에 앞서 세관공무원에 의하여 마약류를 발견하여 범죄를 적발한 시점에서의 마약류에 대한 점유취득의 여부와 그 적법성에 대한 검토가 선행되어야 한다고 하겠다.

세관공무원에 의한 마약류의 적발은 통상 통관검사절차에서 이루어진다는 점에서 범죄 또는 범칙 혐의를 전제로 하지 않으며, 통관검사절차에서 마약류 등의 밀수품을 발견한 경우 즉시 압수할 수 있어야 함에도 불구하고 관세법은 이러한 절차를 마련하고 있지 못하며, 실무상 통관보류[208]의 조치 또는 특별사법경찰관의 지위를 가지는 세관공무원을 호출하여 인계하는 형태를 취하게 된다. 다시 말하자면 통관검사를 행하는 세관공무원이 마약류를 발견한 경우에도 직접적인 조치를 취할 수 없는 중대한 입법상의 흠결이 존재한다.

ⓘ 세관공무원에 대한 적발권한 및 압수권한 도입론

위에서 살펴 본 사안[209]에서 항소심이 세관공무원이 통관검사절차에서 마약류를 포함한 밀수품을 발견하였음에도 불구하고 사법경찰권을 보유한 세관공무원의 점유취득 행위에 초점을 맞춘 것은 결과적으로 통관검사 세관공무원에게 마약류에 대한 적발 및 압수권한이 없었다는 점에서 비롯된다. 이러한 입법상의 불비로 인하여 실무상 특별사법경찰관의 개입을 요청하여 범인에 대한 체포 및 마약류를 압수하는 현재의 방식은 그에 대한 합리적 이유를 찾기 어려우며 효과적인 마약류 범죄의 대응이라는 측면에서도 문제라고 하겠다. 더 나아가 법적 성격이 다른 행정조사에서 범죄수사로 연계되는 과정에 대하여 법률에 의한 규율이 이루어지고 있지 못하다는 것은 권한중복으로 인한 남용의 우려를 낳기도 한다.

이러한 문제점들에 대한 해결방안[210]으로 먼저 통관검사업무를 수행하는 일반 세관공무원에 대하여 마약류 및 밀수품에 대한 압수(압류)권을 부여할 필요가 있다. 이와 관련하여 수출입 금지품목을 지정하고 있는 관세법 제234조에 마약류를 포함시켜 제237조에 따른 통관보류 또는 제206조에 따른 유치 또는 예치의 방안을 고려할 수 있으나, 이는 몰수대상물[211]에 대한 강제적 점유취득의 수단으로서의 압수로 보기는 어렵다. 더욱이 제234조의 위반은 관세범에 해당되어[212] 제296조에 따른 압

208) 제237조(통관의 보류) 세관장은 다음 각 호의 어느 하나에 해당하는 경우에는 해당 물품의 통관을 보류할 수 있다. 3. 이 법에 따른 의무사항을 위반하거나 국민보건 등을 해칠 우려가 있는 경우

209) 대법원 2016. 7. 27. 선고 2016도6295판결.

210) 특별사법경찰관리를 현재의 광역시도에 설치한 전담부서와 같이 일반부서와 분리하자는 주장으로는 김용주, 앞의 글, 109-110면 참조. 그러나 권한중복의 문제는 단순히 조직을 분리하는 것으로는 해결될 수 없다고 할 것이다.

211) 관세법 제282조는 몰수・추징에 관한 규정을 두고 있으나, 행정상의 압수규정은 두고 있지 않다.

212) 제269조(밀수출입죄) ① 제234조 각 호의 물품을 수출하거나 수입한 자는 7년 이하의 징역 또

수절차를 밟아야 하는 순환논리에 빠진다. 따라서 관세법 제246조 및 제265조가 물품 및 운송수단 등에 대한 검사를 허용하고 있어 해당조항 또는 별도의 조항을 마련하여 마약류를 포함한 밀수품을 적발한 경우 직접 압수할 수 있도록 하는 것이 타당하다. 다만 이 경우 영장주의의 적용여부와 관련하여 세관공무원에 의한 압수의 법적 성격을 명확히 할 필요가 있다.

세관공무원에게 부여하는 압수권은 범죄수사에 있어서 증거수집을 위한 수단으로서의 수사상의 압수가 아니라, 몰수대상물[213]인 밀수품(마약류)의 보존을 위한 행정상의 압수로 평가되어야 한다.[214] 이와 관련하여 2002년 헌법재판소는 불법게임물을 발견한 경우 관계공무원으로 하여금 이를 수거·폐기하게 할 수 있도록 한 규정에 대하여, "불법게임물은 불법현장에서 이를 즉시 수거하지 않으면 증거인멸의 가능성이 있고, 그 사행성으로 인한 폐해를 막기 어려우며, 대량으로 복제되어 유통될 가능성이 있어, (...) 직접강제 등 행정상의 강제집행으로 나아가는 원칙적인 방법으로는 목적달성이 곤란하다고 할 수 있으므로, (...) 위와 같은 급박한 상황에 대처하기 위한 것으로서 그 불가피성과 정당성이 인정된다."[215]고 판시한 바 있다.

이러한 헌법재판소의 결정취지에 따르는 경우 세관공무원에 의한 통관검사과정의 압수[216]는 관세 부과·징수 및 수출입물품 통관의 적정성 확보와 함께 사회안전 및 국민보건 등 관세법의 목적을 위한 행위로서 부정물품의 국내유입을 차단하고 국고환수를 위한 긴급한 조치로서 평가될 수 있다. 즉, 세관공무원에 의한 압수는 행정상 즉시강제에 해당하며 그 성격상 영장적용이 배제된다고 하겠다. 만일 마약류에 대한 압수 후에 영장을 발부받아야 한다고 하더라도 이는 사후영장의 문제로서 사전 영장을 원칙으로 하는 영장주의의 본질에 비춰볼 때 그 의미는 크지 않다고 하겠다.

또한 압수에 대한 규정과 함께 범죄적발권에 대하여도 명시적인 규정을 두어야

는 7천만원 이하의 벌금에 처한다.

213) 압수행위가 몰수를 위한 것이므로 궁극적으로 마약류도 몰수·추징에 관한 관세법 제282조의 적용대상에 포함시키는 것이 타당하다.

214) 프랑스에서 세관공무원에 의한 압수(saisie)는 몰수의 대상이 되는 물품 또는 증거를 구성할 수 있는 서류에 대한 보관을 허용하는 보존적 성격의 조치로서 정의된다(관세법 제65조). 출처: 프랑스 관세청 홈페이지(http://www.douane.gouv.fr/articles/a11055-lexique-du-contentieux-douanier).

215) 헌법재판소 2002.10.31. 선고 2000헌가12결정.

216) 압수라는 용어의 선택은 오히려 수사상 압수와의 구별에 있어 혼동을 초래할 우려가 있어, 압류, 영치 등 다른 용어로 대체될 필요성도 있다.

한다. 현재의 관세법 체계에 따르면 마약류를 발견한 경우 세관공무원이 아닌 특별사법경찰관의 자격을 보유한 세관공무원이 행하도록 하고 있다.217) 그러나 통관검사를 실시하는 세관공무원에게 직접적인 적발권을 부여하고 이에 대한 사항을 조서로 작성하도록 할 필요가 있다. 조서는 범죄수사 및 형사재판에 있어서 마약류의 압수와 범죄적발의 절차적 객관성과 투명성을 보장하도록 하고 동시에 증거로서 활용하기 위한 것이다.

마지막으로 위와 같은 범죄적발권 및 그에 따른 압수권을 신설하는 경우 수사기관에 인계하여 수사를 하도록 하는 이행절차를 마련해야 한다. 마약류사범의 경우에는 관세범에 해당하지 않으며, 통고처분의 대상도 아니라는 점에서 즉시 고발의 절차를 통하여 검찰 또는 경찰에 인계를 하거나 공항만 및 보세구역에서의 수사에 한정하는 경우에는 일정한 형식을 갖춰 내부적으로 특별사법경찰관리에게 인계를 하도록 해야 한다.

3) 제2의 범칙조사권 – 공정거래위원회의 과징금부과 권한

공정거래위원회에 의한 과징금부과 절차가 행정기관에 의한 수사권 행사의 범주에 포섭될 수 있는지에 대한 검토가 필요하다. 관세범, 조세범, 출입국관리사범 등 통고처분의 권한을 보유한 기관들의 통고처분을 위한 조사절차에 대하여는 범칙조사라는 용어를 사용하고 있는 것에 반해, 공정거래위원회의 과징금 부과절차에 대하여는 범칙조사라는 용어를 사용하지 않는다. 그러나 학계 일부에서는 일본의 경우와 유사하게 범칙조사라는 용어를 사용하기도 한다.218)

통고처분을 위한 범칙조사의 경우 법령위반 행위가 형벌의 처벌대상에 해당한다는 점에서 과징금부과의 대상이 되는 위반행위도 일반적으로 징역 또는 벌금에 처해지는 형사처벌의 대상이라는 점에서 공통점이 있다. 따라서 공정거래위원회의 과징금부과를 위한 조사절차에 대하여도 동일하게 범칙조사라는 용어를 사용하더라도

---

217) 마약류 등 정보업무 수행에 관한 훈령(관세청훈령 제1711호) 제11조는 제1항에서 마약조사요원이 마약류 등을 적발했을 경우 마약류적발보고서를 작성하여 즉시 관세청장에게 보고하도록 하고 있으며, 제2항은 적발된 마약류 등에 대한 조사 결과 혐의점이 밝혀진 때에는 「세관공무원의 범칙조사에 관한 훈령」에 따라 범죄인지보고를 하도록 규정하고 있다.

218) 예를 들어 오경식교수는 공정거래법상 공정거래위원회의 조사권은 현재 행정조사의 형태로 되어 있으나, 행정조사 후 행정규제 뿐만 아니라 형사제재를 위한 고발처분이 인정되므로 조사개념을 넓은 의미의 범칙조사라는 용어로 사용하였다. 오경식, 앞의 글, 281면.

무방하다고 본다. 그런데 앞에서 다루어졌던 다른 기관들의 통고처분을 위한 범칙조사의 경우 수사절차에 준하는 절차로서 통상 범칙조사를 수행하는 공무원을 특사경으로 지명하여 조사를 하도록 한다는 점에서 공정거래위원회에 소속되어 조사업무를 수행하는 공무원은 특사경의 자격을 부여받지 않는다는 점에서 차이가 있다. 결국 공정거래위원회가 가지는 과징금 부과권한의 성격을 어떻게 볼 것이냐가 조사절차의 성격을 결정하는 핵심적 기준이 되는 것으로서, 일정부분 과징금 부과절차는 다른 행정기관에 의해 행해지는 범칙금 통고처분과 상당한 유사성을 갖고 있다.

헌법재판소는 과징금의 법적 성격에 대하여 "부당내부거래 억지라는 행정목적을 실현하기 위하여 그 위반행위에 대하여 제재를 가하는 행정상의 제재금으로서의 기본적 성격에 부당이득환수적 요소도 부가되어 있[다]"고 보면서, 이를 두고 "헌법 제13조 제1항에서 금지하는 국가형벌권 행사로서의 '처벌'에 해당한다고는 할 수 없으므로, 공정거래법에서 형사처벌과 아울러 과징금의 병과를 예정하고 있더라도 이중처벌금지원칙에 위반된다고 볼 수 없다"는 입장을 취하고 있다.[219] 이러한 입장에 따르면 과징금 부과절차는 범칙금 통고처분의 절차와 다른 구조를 취하는 것으로 볼 수 있으나, 범칙금 통고처분의 권한을 보유한 다른 행정기관과 마찬가지로 전속적 고발권을 보유하고 있으며, 과징금 부과를 위한 조사절차는 범칙조사절차와 유사하게 광범위한 조사권한과 함께 금융거래정보제출 요구권을 보유하고 있어 압수수색에 준하는 강제조사권[220]을 보유하고 있다고 하겠다.[221]

이와 관련하여 헌법재판소 전원재판부의 결정에 대한 일부 재판관들의 소수의견을 참고할 필요가 있다. 이에 따르면 "과징금은 그 목적이나 효과로 보아 실질적인 처벌의 성질을 갖는 것이고 이는 헌법 제12조 제1항 후문이 특히 명문으로 적법절차의 대상으로 삼고 있는 '처벌'에 바로 해당하는 것이다." 이러한 소수의견에 따르면 과징금 부과절차는 범칙금 통고처분과 유사하게 형벌을 부과하는 과형절차로서의 성격을 갖게 되며, 이중처벌금지의 원칙을 적용하여 과징금을 납부한 경우에는 범칙금을 납부한 경우와 마찬가지로 형사처벌을 면제하거나 형사재판에서 벌금액의

219) 헌법재판소 2003. 7. 24. 선고 2001헌가25 전원재판부.
220) 공정위의 강제조사권에 대한 자세한 설명으로는 김남욱, 앞의 글, 233-252면.
221) 공정거래위원회의 조사가 행정조사인 점과 더불어 공정거래위원회에서 독점규제법상의 위반사항에 대한 전속고발권을 보유하고 있는데 이러한 점은 과세관청에서 조세범칙행위 등에 대해서 전속고발권을 보유하고 있는 점과 동일하다는 의견으로는, 정승영 · 김수연, 앞의 보고서, 7면.

산정에 반영하도록 하는 것이 타당하다. 즉, 범칙금 통고처분의 절차와 유사한 방식으로 운용하고 통고처분의 이행의 효과와 유사한 효력을 부여하는 것이 타당할 것이다. 이 점은 일본의 절차와 비교할 때 잘 드러난다.

3. 행정조사 이후의 형사절차의 이행

가. 일반적 절차

1) 공무원의 고발의무와 전속고발권[222)]

수사의 단서인 고발은 범인・고소권자가 이외의 제3자가 수사기관에 범죄사실을 알리고 범인의 소추 및 처벌을 희망하는 의사표시로서 고소 및 자수와 함께 수사기관이 아닌 타인의 체험에 의하여 수사가 개시되는 경우에 해당한다. 이러한 고발은 단순한 범죄신고와 달리 일정한 법적 효과를 발생시키며, 이에 대하여는 형사소송법 등이 다양한 규정을 두고 있다. 즉 사법경찰관이 고발을 받은 때에는 신속히 조사하여 관계서류와 증거물을 검사에게 송부하여야 하며(제238조), 검사는 고발을 수리한 날로부터 3개월 이내에 수사를 완료하여 공소제기를 결정하여야 한다(제257조). 검사가 불기소처분을 한 경우에 고발인은 검찰항고 및 재항고(일부 범죄에 대하여는 재정신청)를 할 수 있으며, 수사, 공소제기 및 공판절차에서 각종의 처분결과에 대한 통지를 받을 권리를 갖는다. 이처럼 고발은 적극적인 처벌희망의 의사표시이며 수사기관의 수사가 강제된다는 점에서 고발인이 고의로 허위사실을 고발한 경우에는 무고죄로 처벌될 수 있다. 고발은 일반 사인의 경우 하나의 권리로서 인정되지만, 공무원이 직무수행 과정에서 범죄를 안 경우에는 의무로서의 성격을 갖는다(형사소송법 제234조).[223)]

고발은 일반적으로 수사의 단서에 불과하지만 예외적으로 친고죄에 있어서의 고소와 유사하게 소송조건으로 될 수 있으며, 이 경우 고발 없이 공소가 제기되면 공소제기의 절차가 법률의 규정에 위반하여 무효인 경우로서 공소기각판결의 대상이 된다.[224)] 이처럼 소송조건이 되는 고발을 즉시고발이라고 하며, 법률이 지정하는 행

---

222) 김택수b, "행정기관에 의한 수사권 행사의 문제와 규제방안-과세관청에 의한 조세범칙조사를 중심으로-", 경찰법연구 제16권 제2호(2018), 71-72면의 내용을 수정한 것임.
223) 김택수e, "형사절차상 전속고발권의 문제", 형사법연구 제25권 제1호(2013), 293면.
224) 신동운, 앞의 글, 139면.

정관청 또는 공무원에게 고발권이 부여된다는 점에서 전속(적) 고발권 또는 독점적 고발권으로 불려지기도 한다.[225] 전속고발권에 대하여는 과거 공정거래위원회의 자의적 고발권 행사의 문제점과 고소불가분의 원칙의 유추적용여부를 중심으로 그 존폐의 문제가 주로 다루어 졌었다.[226] 18대 대통령 선거 시기에 대선공약으로 여당 및 야당 후보자들이 공정거래위원회의 전속고발권 폐지와 함께 집단소송제의 도입, 징벌적 손해배상제도의 도입 등을 발표하였으며, 박근혜 대통령 인수위원회의 가동과 새 정부의 출범으로 다시 한 번 전속고발권과 관련한 논의가 뜨거운 쟁점으로 부각되었다. 그러나 전속고발권의 문제는 공정거래위원회와 관련한 「독점규제 및 공정거래에 관한 법률(이하 '공정거래법'으로 칭함)」,「표시·광고의 공정화에 관한 법률」, 「하도급거래 공정화에 관한 법률」, 「가맹사업거래의 공정화에 관한 법률」, 「대규모유통업에서의 거래 공정화에 관한 법률」등 일부 경제법에 분야에 국한된 것은 아니다. 이 외에도 전속고발권을 규정하고 있는 법률로 「관세법」, 「조세범처벌법」, 「지방세법」, 「출입국관리법」, 「해운법」, 「항공법」, 「교정시설경비교도대설치법」, 「물가안정에 관한 법률」, 「석탄산업법」, 「근로기준법」등이 있다. 따라서 여러 분야에서 인정되고 있는 전속고발제도의 법적 체계에 대한 논의가 필요하다.[227]

전속고발권은 형사사법기관의 업무부담을 경감하고 형사처벌보다는 자율적·행정적 제재수단[228]의 활용이라는 그 필요성에도 불구하고,[229] 실상 행정기관이 보유하고 있는 범칙조사권 및 통고처분권과 직접적으로 관련되는 메카니즘을 가지고 있다.[230] 즉 범칙금 통고처분의 성격상 행정청의 통고처분은 형사절차로의 이행 이전

225) 고발의 유형에 대해서는, 최병각, "전속고발제도에 관한 연구", 한국형사정책연구원, 1999, 138면 이하 및 김연정·서희열, 앞의 글, 94면 참조.

226) 예를 들어, 손수진, "공정거래법상 전속고발제도에 관한 연구", 법과 정책연구 제11집 제1호(2011), 115-128면.

227) 전속고발권에 대한 일반적 논의로는 최병각, 전속고발제도에 관한 연구, 한국형사정책연구원, 1998가 있으나, 공정거래위원회의 전속고발권에 대한 논의로는, 박영동, "전속고발제도에 대한 소고", 경쟁법연구 제21권(2010), 163-184면; 박찬걸, "공정거래법상 전속고발과 관련된 법리의 검토", 서울법학 제20권 제1호(2012), 371-410면; 김형준, "공정거래위원회 전속고발권과 형사고발 면제에 관한 소고", 법조 제603권(2006); 이건묵·이정념, 앞의 글 등 다수가 존재한다.

228) "사무소장 등에게 전속적 고발권과 더불어 출입국관리공무원에게 특별사법경찰관리로서의 지위를 부여한 취지는 출입국관리에 관한 전문적 지식과 경험을 갖춘 출입국관리공무원으로 하여금 출입국관리에 관한 행정목적 달성을 위하여 자율적·행정적 제재수단을 형사처벌에 우선하여 활용할 수 있도록 하려는 데에 있다고 볼 것이다.", 대법원 2011. 3. 10. 선고 2008도7724 판결.

229) 예상균a, 앞의 글, 80면.

230) 전속고발권에 대한 논의로는, 김택수e, 앞의 글, 293-320면 참조.

에 행정청에 의한 특수한 형태의 과형절차로 기능하며, 전속고발제도는 형사절차에 의하여 처벌해야 할 사건에 대하여 선택할 수 있는 권한을 행정기관에 부여하고 있다는 의미를 갖는다. 이처럼 전속고발권은 형사절차로 이행하도록 하는 창구를 일원화시켜 검사의 소추권 행사를 제한하는 효과를 가져 오지만, 단순히 이에 그치지 않고 일반 행정조사와 범칙조사에 있어서 범칙혐의자에 대하여 조사에 협력하도록 하는 심리적 압박의 장치가 된다.

전속고발제도는 고발의 권한을 규제를 담당하는 행정기관에게 전속시키면서 공소제기의 요건으로 설정하였다는 점에서 일반적인 고발의 법리가 적용되지 않으며, 친고죄와 반의사불벌죄의 경우처럼 행정기관의 의사를 형사소추권의 발동에 반영한다는 특징이 있다. 더욱이 전속고발권과 관련한 규정을 해석하고 적용하는 법원도 행정기관의 의사를 적극 고려하는 입장을 취하고 있다. 예를 들어 고소에 대하여 적용되는 주관적 불가분의 원칙은 즉시고발에 대하여는 그 적용이 부정되어 공범 중 특정인만을 지정하여 고발하는 것이 허용되며 결과적으로 행정관청이 처벌할 자를 선택할 수 있게 한다.[231] 또한 친고죄에 대한 고소와 마찬가지로 제1심 판결선고 전까지 고발을 취소할 수 있으며, 고발이 취소되면 소송조건이 결여되어 형식재판에 의하여 절차가 종료된다. 더 나아가 대법원 판례[232]에 따르면 조세범칙사건에 대하여 관계 세무공무원의 즉시고발이 있으면 그로써 소추의 요건은 충족되는 것이고, 법원은 본안에 대하여 심판하면 되는 것이지 즉시고발 사유에 대하여 심사할 수 없다. 따라서 명백히 자의적인 판단에 의한 고발임에도 고발사유가 없거나 또는 고발사유에 오류가 있는 경우에도 적법한 고발로서 범칙혐의자에게 불리한 결과를 초래하게 된다.[233] 다만, 즉 고발 사건에서 관할 행정관청의 적법한 고발이 있었는지의 여부가 문제되는 경우에 법원은 증거조사의 방법이나 증거능력의 제한을 받지 아니하고 제반 사정을 종합하여 적당하다고 인정되는 방법에 의하여 자유로운 증명으로 그 고발 유무를 판단하면 된다.[234]

231) 이에 반해 프랑스는 조세분야에서 전속고발권을 채택하고 있으나 주관적 불가분의 원칙을 적용하고 있다(Cass. crim., 31 janvier 1983, n° 82-90516).
232) 대법원 2014. 10. 15. 선고 2013도5650 판결.
233) 김연정・서희열, 앞의 글, 96면.
234) 대법원 2021. 10. 28. 선고 2021도404 판결.

2) 범칙조사에 따른 통고처분

범칙조사는 행정기관이 통상 벌금에 상당하는 금액(범칙금)의 통고처분을 위하여 수행하는 사전절차이지만 조사결과 정상이 징역형에 처해야할 중한 사안이거나 통고처분을 받기를 거부하거나 주소지의 불명 등으로 그 이행이 어려운 경우에는 통고처분이 아니라 검사 또는 수사기관에 고발을 하여 범죄사건으로 정식 수사 절차를 거쳐 통상적인 형사사건의 처리절차를 밟도록 한다. 통고처분은 형벌인 "벌금"이 "벌금에 상당하는 금액"(범칙금)으로 전환된다는 점에서는 형벌의 비범죄화 정신에 접근하고, 또 통고처분은 경제적 측면에서 볼 때 벌금과 마찬가지의 효과를 가지며 징역형 등 자유형의 대상이 될 수 있는 위반행위까지도 그 대상이 된다는 점에서 최근의 형벌의 금전벌화 경향과도 그 맥을 같이 한다고 하겠다.[235]

행정청이 범칙혐의를 포착한 경우에 범칙조사를 통하여 위반여부에 대한 사실을 확인하고, 위반의 경중이나 형사처벌의 필요성 등을 고려하여 통고처분을 할 것인지 아니면 고발을 할 것인지에 대하여 선택하게 된다. 하지만 선택이 가능할 뿐 통고 자체를 유예하는 것은 불가능하다.[236] 더 나아가 행정청은 고발의 대상에 대하여도 선택할 수 있는 재량권을 가지고 있다. 통고처분을 받은 범칙자가 이를 이행하지 않게 되면 행정청은 즉시고발을 하여야 하며, 고발을 받은 수사기관은 통상적인 형사사건에 대한 수사절차에 따라 처리하게 된다. 범칙사건이 징역형 또는 벌금형을 포함하는 경우가 일반적이며 더욱이 최근에 행정법상의 의무 위반에 대한 제재수준이 상향되는 추세에 비춰볼 때, 행정청의 통고처분에 대하여 행정심판이나 행정소송의 대상에서 제외하는 통고처분 관련 법 규정이 헌법이 보장하는 재판청구권이나 적법절차의 원칙에 반하는 것인지에 대한 논란이 발생한다. 이에 대하여 헌법재판소는 관련 법 규정이 헌법을 위반하지 않는다는 입장을 취하고 있다.

235) 헌법재판소 1998. 5. 28. 선고 96헌바4 전원재판부.

236) 박영기, 앞의 책, 735면

헌법재판소 1998. 5. 28. 선고 96헌바4 전원재판부
[관세법제38조제3항제2호위헌소원] (발췌)

통고처분은 상대방의 임의의 승복을 발효요건으로 하기 때문에 통고처분 그 자체만으로는 통고이행을 강제하거나 상대방에게 아무런 권리의무를 형성하지 않는다. 피통고자가 통고이행을 하지 않는다고 하여 강제집행에 의하여 실현시킬 수 없다. 조문상은 관세범에게 "벌금에 상당하는 금액……을 납부할 것을 통고할 수 있다"라고 표현하고 있기 때문에 마치 의무를 부과하는 것처럼 볼 여지가 있으나 법구조의 전체의 취지는 어디까지나 본인의 임의이행에 맡겨져 있다고 보는 것이 일반적인 견해이다. 따라서 통고처분은 행정쟁송 대상으로서의 처분성이 없고 통고처분 그 자체가 위법·부당하여 이의가 있는 경우에 그 취소·변경을 구하는 행정쟁송을 제기할 수 없다고 할 것이다. 다만, 통고처분을 받은 자는 사실상 통고이행을 거부하기를 주저하게 되고 본의아니게 그 처분에 따를 가능성이 적지 않기 때문에 통고처분은 사실상 강제력을 가지고 있다.

통고처분에 대하여 불복할 수 있는 길이 전혀 없는 것은 아니다. 통고처분에 대하여 이의가 있으면 통고내용을 이행하지 않음으로써 고발되어(예: 관세법 제312조) 형사재판절차에서 통고처분의 위법·부당함을 다툴 수 있다. 범죄자측에서 먼저 적극적·능동적으로 이의제기할 수는 없지만 통고불이행이라는 묵시적·소극적 이의제기에 의하여 형사재판절차로 이행하게 된다. 통고처분은 이와 같이 법관이 아닌 행정청에 의한 것이지만 처분을 받은 당사자의 임의의 승복을 발효요건으로 하고 불응시 정식재판의 절차가 보장되어 있으므로 통고처분에 대하여 행정쟁송을 배제하고 있는 법률조항이 법관에 의한 재판받을 권리를 침해한다든가 적법절차의 원칙에 저촉된다고 볼 수 없으며, 통고처분에 대하여 어떠한 불복절차도 인정하지 않는 것과 같이 그 내용이 현저하게 불합리하여 재판청구권을 침해하거나 적법절차에 위배되는 정도에 이르지 않는 한 헌법에 위반되는 것이라고 할 수 없다.

나. 심화: 전속고발권의 특수한 문제[237)]

1) 전속고발권의 법적 성격과 기소권과의 관계

① 고발의무와 전속적 고발권 행사의 재량성 문제

ⓘ 전속고발권의 의의

누구든지 범죄가 있다고 사료하는 자는 고발을 할 수 있지만(형사소송법 제234조 제1항), '전속고발'은 고발권이 특정인 또는 특정기관에게 한정된 경우를 말한다. 전

237) 김택수e, "형사절차상 전속고발권의 문제", 형사법연구 제25권 제1호(2013), 295-316면의 내용을 발췌한 것임.

속고발권에 대한 본격적인 논의에 앞서 이와 관련한 용어들을 정리할 필요가 있다. 정확한 용어의 선택은 전속고발(권)의 소송법적 효과에 대한 이해와도 무관하지 않기 때문이다. 전속고발은 '즉시고발', '즉고발' 등과 혼용되어 사용되고 있는데, 관계기관의 고발이 있어야 기소할 수 있는 범죄라는 소송법적 효과의 측면에서 '즉시고발사건'(卽告發事件) 또는 '즉고발사건'이라는 용어가 주로 사용되었다. '즉시고발사건'이라는 용어가 사용된 이유는 전속고발권을 명시한 특별법의 규정들이 "... 즉시 고발하여야 한다"는 표현을 통상적으로 사용하고 있어[238], 즉시고발의 의무[239]를 근거로 하여 칭해진 것으로 이해된다. 그러나 이 용어는 고발권이 특정 기관에게만 부여되어 있으며, 공소제기의 요건이 된다는 사실을 제대로 반영하지 못하는 문제점이 있다. 또한 전속고발권의 규정형식이 반드시 즉시고발의무의 형태로 되어 있는 것도 아니다. 단순히 "...고발하여야 한다"는 형식으로 규정된 경우가 있으며[240], 고발의무의 규정자체를 두지 않고, 소송조건으로만 규정된 경우가 있다.[241] 따라서 즉시고발의무에 관한 규정을 근거로 '즉시고발사건'으로 칭하는 것은 적절하지 않은 것으로 보여 진다.

오히려 핵심은 각 개별 법률에서 공통적으로 명시하고 있는 것처럼 고발이 있어야 공소를 제기할 수 있다는 점이며, 그 고발의 권한은 일반 사인이 아닌 행정기관에게 전속되어 있다는 점에 있다. 이러한 시각에서 보면 '즉고발사건'으로 칭하는 것이 좀 더 적절한 것으로 보인다. 이에 대하여 신동운 교수는 '즉고발사건'에서 '즉(卽)'은 '따른다'는 의미를 가지고 있다고 설명하면서 기존의 '즉시고발사건'이라는 표현은 '즉고발사건'으로 고쳐서 사용하기로 한다고 언급하고 있다.[242] 그러나 이러한 설명은 친고죄의 고소에 대응시켜 고발이 있어야 법원은 당해 사건에 대하여 심리와 재판을 할 수 있는 범죄(사건)이라는 점을 강조하는 것이지만, 범죄 피해와 무

---

238) 이러한 예로는 '조세범처벌절차법' 제17조 제1항, 관세법 제312조, 출입국관리법 제102조 제3항 등이 있다.

239) 즉시고발의무는 모든 범죄는 처벌되어야 한다는 이념에 입각하여 수사기관의 신속한 개입을 촉진하기 위한 형사소송법상의 공무원의 고발의무를 좀 더 구체화한 것으로 보인다.

240) 이러한 예로는 공정거래법 제71조 제2항, 하도급거래 공정화에 관한 법률 제32조 제2항 등이 있다.

241) 이러한 예로는 항공법 제181조, 근로기준법 제112조 제1항, 해운법 제60조 제1항(2015. 1. 6. 삭제), 교정시설경비교도대설치법 제13조 제1항, 물가안정에관한법률 제31조, 석탄산업법 제43조 제2항 등이 있다.

242) 신동운, 신형사소송법, 법문사, 2011, 118-119면.

관한 제3자의 고발이라는 관점에서 고발권이 특정 기관 또는 관청에게 전속되어 있다는 사실과 그 논리적 귀결로서 고발권은 고소권과 마찬가지로 소송법상의 권리라는 점을 함축하지 못하는 한계가 있다. 따라서 범죄 또는 대상 사건을 기준으로 보면 즉고발사건(범죄)으로, 고발을 행하는 기관의 권한을 기준으로 보면 전속고발권으로 달리 칭해질 수 있으나, 용어순화의 차원과 용어의 통일성을 기하자면 '전속고발권' 또는 '전속고발사건'이라는 표현이 더 적절하다고 본다.

ⓘ 고발의무와 고발재량의 조화

특정 기관에 고발의 권한이 전속되어 있으며 소송조건이 된다는 것을 의미하는 전속고발권의 법적 성격과 관련하여 우선적으로 다루어야 할 부분은 전속고발권의 행사가 재량행위로서의 성격을 가지는 것인지 아니면 기속행위로서의 성격을 가지는 것인지에 관한 것이다. 왜냐하면 형사소송법에 따르면 일반인과 달리 공무원이 직무수행과정에서 범죄를 알게 된 경우에는 수사기관에 고발을 하여야 하므로, 공무원이 소속되어 있는 행정기관도 동일한 의무를 따라야 하는지 의문시되기 때문이다.

전속고발제도의 근거가 되는 법 규정은 즉시고발의무 또는 고발의무를 부과하는 형태로 되어 있거나, 공소제기의 요건으로만 규정된 경우가 있다. 개별 법률에 고발의무가 명시되었거나, 그렇지 않은 경우에도 형사소송법상의 공무원의 고발의무를 근거로, 전속고발권을 보유한 관계 기관은 범죄를 알게 된 경우 반드시 고발하여야 하는 것으로 이해될 수 있다. 이처럼 전속고발권은 표면적으로는 반드시 고발하여야 하는 '고발강제주의'의 모습을 갖추고 있다. 그러나 전속고발권이 단지 범죄에 대한 적발의 효율성을 높여 형벌권의 발동을 강화하려는 취지에서 만들어진 것이라면 굳이 소송조건과 결부시킬 하등의 이유가 없을 것이다. 소송조건이라는 전속고발권의 개념적 요소를 고려할 때, 전속고발권은 '고발편의주의'로 귀결될 수밖에 없는 구조를 취하고 있으며, 재량적 성격을 갖는다고 할 것이다. 예를 들어, 관세법은 "관세청장이나 세관장은 범죄의 정상이 징역형에 처해질 것으로 인정될 때에는 제311조 제1항에도 불구하고 즉시 고발하여야 한다."(제312조)고 규정하고 있으며, 조세범처벌절차법은 "지방국세청장 또는 세무서장은 다음 각 호의 어느 하나에 해당하는 경우에는 통고처분을 거치지 아니하고 그 대상자를 즉시 고발하여야 한다."(제17조 제1항), 출입국관리법은 "지방출입국·외국인관서의 장은 조사 결과 범죄의 정상이 금고 이상의 형에 해당할 것으로 인정되면 즉시 고발하여야 한다."고 규정하고 있으며, 공정거래법은 "공정거래위원회는 제66조 및 제67조의 죄중 그 위반의 정도가 객관적으로 명백하고 중대하여 경쟁질서를 현저히 저해한다고 인정하는 경우에는 검찰총장에게 고발하여야 한다."(제71조 제2항)고 규정하고 있다. 그렇다면 전속고발권이 자유재량에 해당하는지 아니면 내재적 한계를 가지는 기속재량에 해당하는 것인지 따져볼 필요가 있다.

이와 관련하여 헌법재판소는 개정 전 공정거래법 제71조[243]를 근거로 한 공정거래위원회의 전속고발권 불행사로 인하여 헌법상 보장된 평등권과 재판을 받을 권리를 침해당하였다는 취지로 제기된 헌법소원심판사건에서 "전속고발제도에 의한 공정거래위원회의 고발재량권도 그 운용에 있어 자의가 허용되는 무제한의 자유재량이 아니라 그 스스로 내재적인 한계를 가지는 합목적적 재량으로 이해하지 않으면 안된다."고 판시하였다. 이는 공정거래위원회의 고발권이 일종의 기속재량에 해당함을 밝히고 있는 것으로 이해된다. 또한 헌법재판소는 "법목적에 비추어 행위의 위법성과 가벌성이 중대하고 피해의 정도가 현저하여 형벌을 적용하지 아니하면 법목적의 실현이 불가능하다고 봄이 객관적으로 상당한 사안"에 있어서 고발을 하여야 할 의무가 있고, 이러한 작위의무에 위반한 고발권의 불행사는 명백히 자의적인 것으로서 당해 위반행위로 인한 피해자의 평등권과 재판절차진술권을 침해하는 것이라고 하였다.[244] 이와 같은 헌법재판소의 결정이후 1996년 12월 공정거래법 제5차 개정에서는 공정거래위원회의 고발권행사에 관한 재량의 한계를 분명히 하여, 그 위반의 정도가 객관적으로 명백하고 중대하여 경쟁질서를 현저히 저해한다고 인정하는 경우에는 검찰총장에게 고발하도록 하였으며(제71조 제2항), 검찰총장의 고발요청권(제71조 제3항)과 공소제기 후 고발취소의 금지(제71조 제4항)를 신설하였다.

헌법재판소의 입장은 고발편의주의에 따른 것이지만 법목적의 취지에 비춰 범죄가 중대하고 형벌적용의 불가피한 경우에는 고발을 하여야 한다는 내재적 한계를 보여준다. 그렇다면 내재적 한계를 갖는 고발재량권의 이론적 근거를 찾을 필요가 있다. 행정기관에게 특정범죄에 대하여 전속고발권을 인정한 이유는 특정범죄의 처벌이 필요성에 대한 판단의 우선권은 형사소추기관인 검사가 아닌 행정기관에게 부여함으로써 법위반행위에 대하여 우선적으로 자율적·행정적 제재수단을 활용하

243) 제71조(고발) 제66조 및 제67조의 죄는 공정거래위원회의 고발이 있어야 공소를 제기할 수 있다.
244) 헌법재판소 1995. 7. 21. 선고 94헌마136 결정.

여 처리하는 것이 형벌권행사에 의한 통제보다 효율적이라는데 있다.[245)]

이처럼 일반적으로 전속고발권이 예정되어 있는 분야는 행정형법 또는 경제형법의 영역에 속하는 것으로서 권한 있는 행정기관은 법규 위반행위에 대하여 형사적 제재 이외에 민사적 또는 행정적 제재에 대한 선택이 가능하다. 다만, 행정기관의 법위반행위에 대한 제재수단의 선택에 있어서는 분야별로 우선순위에 다소 차이가 있다. 이와 관련하여 학계에서는 일반적으로 행정제재 우선형 전속고발과 행정제재 병행형 전속고발로 분류하는 방식을 취하고 있다.[246)] 먼저 행정제재 우선형은 법위반행위에 대하여 행정제재를 우선적으로 부과한 다음 그 불이행이 있을 경우에 형사처벌을 할 수 있도록 고발하는 것을 말하며, 행정제재 병행형은 법위반행위에 대하여 행정기관이 행정제재와 전속고발 중 하나를 선택하거나 그 둘을 동시에 할 수도 있는 경우를 말한다.[247)] 예를 들어 조세범처벌절차법상 전속고발권은 행정제재 우선형으로서, 조세범칙행위에 대한 통고처분을 받은 자가 이를 이행하지 않은 경우에 고발하도록 하고 있다(제17조 제2항). 이에 반해 공정거래법상의 전속고발권은 행정제재 병행형으로서, 행정적 제재인 시정조치, 과징금, 과태료 등의 제재를 부과할 수 있으며 민사상 손해배상 그리고 형사처벌 등의 제재를 가할 수 있다.[248)]

이러한 분류의 필요성은 법률이 고발의 요건으로서 이행명령, 통고처분 등의 행정처분을 취한 후에 이를 이행하지 않은 경우에 고발을 할 수 있도록 한 경우, 즉 행정제재 우선형의 전속고발에 있어 행정제재의 부과 없이 곧바로 고발을 한 경우에 법원이 고발의 절차를 위반한 사유로 공소기각 등의 판결을 할 수 있는가라는 논의와 연결되기 때문이다.[249)] 관세범에 대한 전속고발과 관련하여 대법원은 통고처분을 할 것인지의 여부는 관세청장 또는 세관장의 재량에 맡겨져 있다고 할 것이고, 따라서 관세청장 또는 세관장이 관세범에 대하여 통고처분을 하지 아니한 채 고발하였다는 것만으로는 그 고발 및 이에 기한 공소의 제기가 부적법하게 되는 것은 아니라고 판시하였으며[250)], 이와 유사한 조세범칙 사건에 있어서도 법원은 본안에 대

245) 박미숙, "공정거래법상 전속고발제도에 대한 소고", 한국형사법의 오늘:정온이영란화갑기념논문집, 2008, 751면.

246) 이에 대하여는 최병각, 앞의 보고서, 37-39면 및 박찬걸, 앞의 글, 377-379면 참조.

247) 선종수, "공정거래위원회의 전속고발권과 검사의 공소제기", 형사법의 신동향 통권 제36호(2012), 228-229면.

248) 같은 글, 242면.

249) 이에 대한 문제제기로는 신동운, 앞의 책, 119면 참조.

하여 심판하면 되는 것이지 즉시고발 사유에 대하여 심사할 수 없다는 입장[251]을 취한 바가 있다.

그러나 여기서 유의하여야 할 점은 행정기관에게 통고처분이나 전속고발을 선택할 재량이 주어져 있다면, 이것이 범죄를 구성할 수 있는 행위에 대하여 불처벌의 선택권까지 주어진 것이라고 보는 것은 잘못이라는 것이다. 형법상의 친고죄는 피해자 등 고소권자에게 고소여부에 대한 선택권이 있지만 행정형법상의 전속고발범죄는 고발권자에게 불처벌을 선택할 재량이 부여되어 있지 않다.[252] 결국 법 위반행위에 대하여 전문성을 갖춘 행정기관이 위반행위의 경중을 판단하여 민사적 제재, 행정적 제재, 형사처벌을 위한 고발 가운데 적정한 선택을 하여야 한다는 것으로 그 선택의 정당성에 대하여는 법원이 심사할 수 없다는 것을 뜻한다.

ⓘⓘⓘ 고소불가분원칙의 유추적용 문제

형사소송법 제233조는 "친고죄의 공범 중 그 1인 또는 수인에 대한 고소 또는 그 취소는 다른 공범자에 대하여도 효력이 있다"는 고소의 주관적불가분의 원칙을 규정하고 있다. 이 원칙을 두게 된 취지는 범죄사실의 획일적 규명이 필요하다는 점과 고소권자의 의사 여하에 따라서 국가형벌권의 행사가 지나치게 좌우되는 일이 없어야 한다는 것이다.[253] 그런데 친고죄의 고소와 마찬가지로 전속고발권을 갖는 행정기관이 공범 중 일부에 대하여만 고발을 한 경우 고발대상에 포함되지 않은 다른 공범에 대하여도 검사가 기소할 수 있는가라는 문제가 있다. 학설은 반의사불벌죄에서의 논의를 그대로 원용하여 준용규정을 두지 않은 것은 입법상의 오류로서 당연히 불가분의 원칙을 유추적용하여야 한다는 주장(적극설)과 오히려 준용규정에서 이를 제외한 것은 입법자의 결단에 의한 것으로 유추적용될 수 없다는 주장(소극설)으로 나눠진다. 이에 대해 판례는 소극설의 입장을 취하고 있다.[254]

대법원이 유추적용을 부정하는 논거는 크게 두 가지로 정리될 수 있다. 첫째, 고발의 주관적 불가분 원칙의 적용 여부에 관하여는 아무런 명시적 규정을 두지 않고

250) 대법원 2007.5.11. 선고 2006도1993 판결.
251) 대법원 2011.9.29. 선고 2011도4720 판결 및 대법원 2007.11.15. 선고 2007도7482 판결.
252) 심희기 · 양동철, 형사소송법 판례백선, 홍문사, 2012, 91면.
253) 신동운, 앞의 책, 150면; 이재상, 신형사소송법, 박영사, 2008, 207면.
254) 대법원 1992.7.24. 선고 92도78 판결; 대법원 2010.9.30. 선고 2008도4762 판결; 백형구, 조해 형사소송법, 법률문화사, 2002, 489면.

있고, 친고죄에 관한 고소의 주관적 불가분 원칙을 규정한 형사소송법 제233조에 대한 준용규정도 존재하지 않는다는 것이다. 둘째, 만일 형사소송법 제233조가 고발에도 유추적용된다고 해석한다면 이는 고발이 없는 행위자에 대해서까지 형사처벌의 범위를 확장하는 것으로서, 결국 피고인에게 불리하게 형벌법규의 문언을 유추해석한 경우에 해당하므로 죄형법정주의에 반하여 허용될 수 없다는 것이다.[255] 더 나아가 대법원은 특별법이 양벌규정이 둔 경우에도 마찬가지라는 입장을 취하고 있다. 즉 "공정거래법 제70조의 양벌규정에 따라 처벌되는 법인이나 개인에 대한 고발의 효력이 그 대표자나 대리인, 사용인 등으로서 행위자인 사람에게까지 미친다고 볼 수도 없다."[256]는 것이다.

대법원은 앞선 판례에서 이른바 '고발불가분의 원칙'의 배제를 입법자의 입법형성에 관한 재량권으로 판단하였다.[257] 그러나 고발불가분의 원칙의 배제를 단순히 입법자의 선택의 문제로 귀결시키는 것은 타당한 논리라고 볼 수 없다. 대법원의 입장은 전속고발권의 본질과 관련된 법적 성격의 관점에서 접근하지 못한 한계를 보여준다. 불가분의 원칙이 적용될 수 없는 근거는 바로 전속적 고발권의 재량적 성격에 따른 것으로, 전술한 바와 같이 고발여부에 대한 재량성은 고발대상의 선정에 대한 재량도 포함된다는 점을 간과한 것이다. 대법원이 "소추요건이라는 성질상의 공통점 외에 그 고소·고발의 주체와 제도적 취지 등이 상이"하다고 하여 간접적으로 전속고발권의 특수성을 언급하고 있듯이, 친고죄의 경우 고소권의 주체가 피해자인 사인인 반면에 전속고발권은 통상적으로 행정기관에게 부여되어 있다. 즉, 개인과 달리 행정기관은 적절하게 재량을 행사하여야 할 의무가 있고, 이 점에서 사인의 고소 또는 고발과는 전혀 다른 것이다. 또한 전속고발권 행사는 단순한 고발여부에 대한 선택의 결과가 아니라, 위반행위에 가담한 공범들의 불법성은 개별적으로 평가되고 그에 부합하는 제재수단의 선택이 이루어져야 하는 것이다. 특히 공범 중에서도 고발기관의 조사행위에 적극 협조하거나 죄질이 형벌을 가할 정도로 나쁘지 않은 경우가 있기 때문이다. 예를 들어, 공정거래법에 따른 「부당한 공동행위 자진신고자

---

255) 대법원 2010.9.30. 선고 2008도4762 판결.

256) 대법원 2011.7.28. 선고 2008도5757 판결.

257) 최근의 하급심판결에서는 현실적으로 유추적용의 필요성이 인정된다고 하더라도 이는 입법적으로 해결하는 것이 타당하다고 적시하고 있다. 서울중앙지방법원 2008.2.12. 선고 2007고단7030 판결.

들에 대한 시정조치 등 감면제도 운영고시」는 담합행위 등의 적발의 어려움으로 인하여 자진신고자에 대하여는 형사처벌을 면제하는 제도를 마련하고 있기도 하다.[258][259]

② 전속고발과 공소제기의 관계

ⓘ 기소독점주의에 대한 침해논란

'전속고발사건'은 특정 행정기관에 의한 고발이 있어야 검사의 공소제기가 가능하므로 고발이 없는 상태에서 검사가 공소를 제기하면 법원은 공소기각의 판결을 하게 된다. 전속고발은 이처럼 단순히 수사단서에 그치는 것이 아니라 소송조건이 되므로 이를 결한 경우 검사의 공소권 행사는 제약을 받을 수밖에 없다.[260] 공정거래위원회의 전속고발권을 폐지하자는 주장의 논거 중의 하나는 바로 전속고발권이 기소독점주의를 침해할 수 있다는 것이다.[261] 그러나 전속고발사건에 있어서도 고발된 사건에 대한 기소권도 검사가 보유하는 것이고, 고발기관이 기소를 하는 것이 아니므로 기소독점주의에 대한 예외가 되는 것은 아니다.[262] 행정기관의 고발이 있는 경우에는 행정기관의 의사에 구속되지 않고 검사가 기소여부를 판단할 수 있으며, 행정기관의 고발이 없는 경우에 한하여 검사의 공소제기가 불가능할 뿐 다른 기관이 검사를 대신하여 소추를 하는 것은 아니다. 이는 엄격히 말하자면 기소독점주의에 대한 예외인 것은 아니며, 기소권 행사가 고발기관의 의사에 반하여 제기될 수 없다는 것이다.

이것은 친고죄에 있어서의 고소의 효과와 동일하다고 할 것이며, 범죄피해자가 가지는 고소의 권한을 기소독점주의에 대한 제한 또는 침해로 평가되지는 않는다.

---

258) 「부당한 공동행위 자진신고자들에 대한 시정조치 등 감면제도 운영고시」제20조는 감면고시에 의하여 지위확인을 받은 사업자에 대해서는 검찰에 고발하지 않도록 규정하고 있다. 그런데 감면고시에서 고발면제를 규정하는 것은 상위법령의 위임범위를 벗어나는 것으로 고발면제의 근거가 될 수 없다는 견해가 있다. 박영동, 앞의 글, 163면.

259) 다만, 일본의 경우에는 고발불가분의 원칙이 적용되어 고발되지 않는 피의자(공범)에 대하여도 소추가 가능하지만, 실무상 검사가 그 소추재량권의 행사에 있어서 전속 고발권한을 가지는 공정취인위원회(우리의 공정거래위원회에 해당)가 아예 형사고발을 하지 않았다는 사실을 충분히 고려하기 때문에 조치감면제도는 유효하게 기능하는 것으로 알려져 있다. 이에 대하여는 이영호, "일본의 독점금지법의 개정", 법제, 통권 제578호(2006), 115-116면.

260) 같은 취지, 선종수, 앞의 글, 224면.

261) 선종수, 앞의 글, 227면.

262) 임영철, 공정거래법(해설과 논점), 박영사, 2001, 413-414면, 박영동 앞의 글, 171면 재인용.

다만 전속고발권은 기소편의주의에 입각한 검사의 기소권 행사에 대한 중대한 제약사유가 되는 현실적 측면에서 검찰이나 법무부의 입장에서는 결코 달갑지 않다. 특히 대법원이 고소불가분의 원칙의 유추적용을 부정한 판결에 비춰볼 때 검사의 기소권은 더욱 제한된다고 할 것이다.

고발기관이 고발여부에 대한 선택을 할 수 있으며, 고발불가분의 원칙이 적용되지 않아 고발대상의 선정까지도 가능하게 되어 형사절차상 중대한 권한을 보유함으로써 자의적 운용으로 인한 폐단의 우려가 있지만[263], 전속고발제도는 일반 사인이 아닌 전문성을 갖춘 행정기관에 의하여 형사제재 이외의 다른 제재수단의 선택이 가능하도록 하는 장점이 있음을 간과해서는 안될 것이다. 따라서 전속고발권이 검사의 절대적 기소권 행사에 대한 제약사유가 되는 것이지만, 전속고발제도의 폐지논의는 기소독점주의와의 관계에서 접근할 것이 아니라, 친고죄에서의 논의와 마찬가지로 범죄별로 범죄의 중대성과 제도의 취지를 고려하여[264] 전속고발의 대상범죄로 유지할 것인가에 대한 검토가 선행되어야 한다.[265]

ⓘ 전속고발권에 의한 피해자의 권리 침해의 문제

소송조건이 되는 전속고발의 중대한 문제점은 검사의 기소독점주의에 대한 침해에 있는 것이 아니라, 위반행위가 명백하고 중대하여 형사처벌의 대상이 됨에도 불구하고 고발을 하지 않으면 행위자에게 형사면책권을 부여하는 것으로 실질적으로 검사의 불기소처분과 다를 바가 없다는 것이다. 더욱이 이에 대한 뚜렷한 불복장치가 마련되어 있지 못하다. 일반범죄의 경우 고소인 및 고발인은 검사의 불기소처분에 대하여 검찰항고 및 재정신청의 절차를 통하여 불복을 할 수 있다. 그러나, 전속고발 대상범죄의 직접 피해자 또는 제3자가 고소 또는 고발을 하더라도, 해당기관이 전속고발을 하지 않는다면 검사의 기소권행사 자체가 불가능하여 이에 대한 불복도 불가능하게 된다.[266] 전속고발제도로 인한 피해자의 권리침해 문제는 2007년 형사

263) 이와는 반대로 전속고발제도는 검사의 공소권 남용 또는 오용에 대한 통제기능을 갖는다는 주장도 있다. 박찬걸, 앞의 글, 383면.

264) 헌법재판소는 공정거래위원회의 고발권 불행사 위헌확인을 구하는 헌법소원심판사건에서 공정거래법 위반행위에 대한 형벌은 가능한 한 위법성이 명백하고 국민경제와 소비자 일반에게 미치는 영향이 특히 크다고 인정되는 경우에 제한적으로 활용되어야 한다고 판시하였다. 헌법재판소 1995.7 21. 선고 94헌마136..

265) 행정처분으로도 가능한 범주의 위반행위와 형사벌로 다루어야 할 범주가 명확하게 구분할 수 있도록 입법적으로 정비할 필요가 있다는 주장으로는 선종수, 앞의 글, 240면.

소송법 개정에 의해 모든 범죄로까지 재정신청의 대상범죄를 확대하였다는 점에서 더욱 심각하다고 하겠다.

이처럼 전속고발제도는 피해자 등이 행사할 수 있는 고소권 및 고발권을 제한함으로써 부당하게 전속고발사건의 피해자 등을 차별하여 헌법상의 평등권을 침해할 소지가 있다. 전속고발권을 규정한 개정 전 공정거래법 제71조에 의하여 공정거래법 위반행위에 의한 피해당사자의 형사재판을 받을 권리 및 재판절차진술권 등의 기본권을 침해당하였다는 내용[267]으로 제기된 헌법소원심판청구와 관련하여, 1995년 헌법재판소 전원재판부는 위 조항은 공정거래법위반죄의 소추요건을 규정하고 있는 것에 불과하여 그 자체로서는 기본권침해와 관련한 어떠한 내용도 포함하고 있다고 볼 수 없어 이 사건 헌법소원심판청구는 직접관련성이 결여된 부적법한 것이라고 판시하였다. 다만, 헌법재판소는 공정거래법 제71조에 근거하여 고발권을 현실적으로 행사하거나 행사하지 아니하였을 때, 그로 인하여 기본권이 침해되었다고 볼 수 있을 것인가의 여부는 별론이라는 단서를 달고 있다. 이에 대하여 조승형 재판관의 반대의견을 보면, 기본권에 대한 침해의 직접성은 인정되지 않는다 하더라도, 같은 법에 공정거래위원회의 고발 여부의 결정[268]에 대하여 이의를 제기할 수 있는 방법에 관하여 아무런 규정을 두고 있지 아니하므로, 공정거래법 제71조의 규정은 그 집행행위를 대상으로 하는 구제절차가 없거나 구제절차가 있다하더라도 권리구제의 기대가능성이 없는 경우로 보아 헌법소원의 직접대상으로 보아야 한다는 의견을 제시하였다.[269]

헌법재판소의 입장은 범죄의 직접 피해자에게 전속고발의 불행사에 대하여 헌법소원을 제기할 수 있는 가능성을 열어 둔 것이지만, 이는 형사절차상의 구제수단이 아니며, 확실한 구제장치도 아니라는 점에서 그 한계를 가지며, 전속고발제도의 특수성을 고려하더라도 일반범죄에 비해 지나치게 불균형적이라고 할 수 있다. 공정거래위원회가 보유한 독점적 전속고발권에 대한 통제수단으로 검찰총장, 감사원장, 중

---

266) 같은 취지, 김형준, 앞의 글, 4면.

267) 재정신청제도가 범죄피해자의 기본권을 보장하는 수단이 된다는 설명에는 김태명, "재정신청제도의 의의와 범위의 확대", 형사법연구 제21호(2004), 339-341면 참조.

268) 더욱이 대법원은 "공정위의 고발조치는 항고소송이 대상이 되는 행정처분으로 볼 수 없다"라고 판시한 바 있음. 대법원 1995. 5.12. 선고 94누13794 판결.

269) 헌법재판소 1995.7.21. 선고 94헌마191 결정.

소벤처기업부장관, 조달청장의 고발요청에 대하여 의무적으로 고발을 하도록 하는 장치가 마련되었지만, 이는 자의적 고발권의 불행사를 억제한다는 면만 고려된 것이고, 기업의 불공정 행위로 인한 직접적인 피해자인 소비자들의 권리보호의 문제는 고려되지 못한 측면이 있다. 수사기관에 대한 일반 사인의 고소 또는 고발의 권한과 효력을 사실상 무력화시키는 전속고발제도에 있어서, 고발관청은 고발뿐만 아니라 다른 제재수단도 선택할 수 있으며 고발이 검사의 기소권 행사에 직접적인 영향을 준다는 점에서 피해자 등이 전속고발권을 가지는 기관에 고소 또는 고발을 할 수 있도록 하며, 전속고발기관이 검사에게 고발을 하지 않는 경우에 불복할 수 있는 내・외부적 장치를 마련하여 다른 범죄들과 균형을 맞출 수 있도록 하여야 한다.[270] 물론 이 경우에도 전속고발이 이루어 졌으나, 검사가 불기소처분을 한 경우에는 일반적인 검찰항고나 재정신청의 절차가 피해자 등에게 열려 있다고 보아야 할 것이다.

2) 고발기관에 대한 수사권 부여와 사법경찰관제도의 문제

① 특별사법경찰제도와 고발권의 행사

ⅰ 고발기관에 대한 수사권한 부여방식

전속고발권은 조세, 세관, 출입국관리, 기업의 경제활동 등 특정 행정 또는 규제 영역에서 이를 담당하는 주무 행정기관에게 부여된 권한이다. 앞에서 살펴본 바와 같이 전속고발이 단순히 수사의 단서가 아닌 소송조건으로서의 기능이 강조되는 이유는 위반행위에 대한 제재수단의 선택이 행정기관의 재량으로 맡겨져 있다는 점에 있다. 제재의 수단을 선택하고 경우에 따라서는 직접 제재를 할 수 있는 준사법적 기능을 수행하는 고발기관은 법 위반사실에 대한 조사권한을 가지고 있어 업무처리의 효율성과 행정의 실효성을 확보할 수 있게 된다. 이 점에서 전속고발권을 규정하고 있는 대부분의 특별법들은 다양한 형태의 조사권한 내지 수사권한을 행정기관에

---

270) 조승형 재판관은 앞서 본 헌법재판소결정(94헌마191결정)의 반대의견에서 "일반 피해자가 공정거래위원회에 고발할 것을 신청할 수 있다거나 신청기각이나 고발의 결정이 되었을 때에 이의신청을 할 수 있는 불복방법과 절차에 관하여 아무런 규정을 두고 있지 아니하므로 구제절차가 있을 수 없다."고 하여 '고발신청제도'를 상정하고 있으나, 고발은 고발에 대한 후속조치를 취할 수 있는 권한 있는 기관에 하여야 한다는 점에서 볼 때, 고발의 신청은 적정한 표현으로 보이지 않는다. 또한 피해자 또는 제3자가 수사기관에 고발하는 것을 금지할 수도 없으므로 원칙적으로 전속고발기관에 고발을 하도록 하고, 해당 기관이 고발에 따른 심의과정을 거쳐 전속고발여부를 결정하도록 하는 것이 타당하다.

부여하고 있으며, 이에 따라 행정기관은 준수사기관으로서의 지위를 가지게 된다.

개별법이 행정기관에 대하여 조사권한 또는 수사권한을 부여하는 방식은 획일적이지 않으며, 권한의 필요성과 정도를 고려하여 차등화 된다. 즉, 단순한 출입 및 조사권한 등 임의조사부터 실질적인 형사소송법상의 압수·수색의 강제조사권한을 부여하거나 소속공무원에 대하여 특별사법경찰관리의 지위를 부여하여 검사의 지휘를 받아 수사를 하도록 하는 형태 등 다양하다.

이 중에서 세관공무원 및 출입국관리공무원은 특사경법 제3조 제5항 및 제5조 제17호에서 각각 특별사법경찰관리로 지정되어 있으며, 이를 근거로 형사소송법상의 수사권한을 행사할 수 있다. 따라서 이들은 행정조사의 권한을 가질 뿐만 아니라 소관 범죄에 대하여는 수사를 할 수 있는 이중적 지위를 가지게 된다.[271] 그런데 압수·수색의 강제조사권한에 한정하지 않고, 특별사법경찰관리의 지정을 받아 형사소송법상의 수사권을 행사할 수 있도록 하는 것은 단순히 단속의 실효성을 높이는 것에 그치지 않고 행정기관의 권한을 강화하는 장치가 된다. 이 때문에 전속고발권을 보유한 행정기관은 범칙조사를 수행하는 소속 공무원에 대하여 특별사법경찰관리의 자격을 부여하도록 요구하는데, 그 동안 논란이 되었던 대표적 사례는 공정거래위원회 소속 공무원[272]과 세무공무원[273]에 관련한 것이다. 그러나 전속고발기관에 대하여 특별사법경찰관리의 지정을 통하여 수사권을 부여하는 것은 전속고발권이라는 막강한 행정적 권한에 수사권을 결합시키는 것으로 행정기관의 권한이 비대화되는 문제점을 낳는다.[274] 또한 행정처분(통고처분)을 위한 행정조사와 형사처벌을 위한 수사의 구분을 혼란스럽게 하여,[275] 통일적인 법적용과 권리구제를 어렵게

271) 공무원의 이중적 지위와 절차상의 문제점 등 특별사법경찰제도의 형사법적 문제점에 대하여는, 이근우a, 앞의 글, 195-200면 참조.

272) 2004년과 2005년에 공정거래위원회에 '강제조사권'을 부여하는 내용의 공정거래법 개정이 일부 의원에 의해 추진되고, 정부차원에서 공정위직원에게 사법경찰권을 주는 방안이 검토된 바가 있었다. 그러나, 공정위에 사법경찰권을 부여할 경우 조사권이 아닌 포괄적인 수사권을 갖기 때문에 논란이 있을 수 있다는 부정적인 시각으로 공정위에 압수·수색권을 부여하는 쪽으로 가닥이 잡혔다가 이마저 무산되는 과정을 겪었다. 이에 대하여는, "여, 공정위에 압수수색권 부여 검토", 한겨레 인터넷 기사(2005.07.18.).

273) 이에 대한 논의로는, 김민규, 앞의 글, 90면 참조.

274) 2004년 12월에 개정된 공정거래법 제50조의2(조사권의 남용금지)는 "조사공무원은 (...), 다른 목적 등을 위하여 조사권을 남용하여서는 아니된다."고 규정하고 있다.

275) 일본은 2005년 '사적독점금지 및 공정거래 확보에 관한 법률' 범칙조사권을 도입하여 카르텔 사건조사는 과징금 등 행정조치를 위한 행정조사 절차와 형벌부과를 위한 범칙조사(압수수색) 절

하며, 특히 진술거부권 및 영장주의와 같은 적법절차를 침해 문제를 발생시킨다.[276]

ⓘ 고발의무와 사법경찰관제도와의 충돌

전속고발사건의 경우 행정기관이 고발을 하면 수사기관은 통상적인 고발사건의 처리절차에 따라 수사를 진행하며, 범죄사실의 규명과 증거수집 등의 수사활동이 완료되면 검사가 공소제기 여부를 결정하게 된다. 그런데 행정조사의 권한만을 가지고 있는 기관은 고발을 한 후 수사기관의 수사에 협력하는 형태를 취하게 되며 수사의 주도권은 검사와 일반사법경찰관리가 가진다. 반면에 특별사법경찰관리를 보유하고 있는 행정기관의 경우에 고발권의 행사는 법리적으로 여러 가지 복잡한 양상을 보여 준다. 즉 행정청 소속 공무원이 법위반사실에 대한 조사를 한 후 내부 보고를 통하여 행정기관장이 수사기관에 고발을 하게 되는데, 소속 행정공무원이 사법경찰권을 부여 받은 경우에 형사소송법상 수사기관에 해당하므로 행정기관이 별도로 수사기관에 고발을 하여야 하는 것인지 논란의 소지가 있다.

일반적으로 고발은 범인 및 피해자가 아닌 제3자가 수사기관에 행하지만 수사기관인 특별사법경찰관리를 보유하고 있다면 이미 해당 기관은 범죄를 자체적으로 인지할 수 있으며, 수사를 진행할 수 있으므로 이 경우 고발은 수사단서로서의 기능은 배제된다고 할 것이다.[277] 따라서 고발기관 내부적으로 범죄를 인지할 수 있는 상황이라면 현실적으로 자체적인 수사능력이 부족한 경우를 제외하고 고발은 이미 고발의 본래적 의미를 상실하게 된다. 더욱이 법무부령인 '특별사법경찰관리에 대한 검사의 수사지휘 및 특별사법경찰관리의 수사준칙에 관한 규칙' 제119조(행정고발사건의 수사기관)는 "특별사법경찰관리가 소속된 행정기관의 장이 고발한 사건은 해당 기관의 특별사법경찰관이 검사의 지휘를 받아 수사함을 원칙으로 한다."고 규정하여 특별사법경찰관에 의한 직접수사를 원칙으로 하고 있다. 이처럼 특사경을 보유하여 자체적으로 수사를 할 수 있는 기관이 다른 수사기관에 고발을 하도록 하는 체계는 논리적으로 모순된다고 하겠다.

이러한 문제점의 발생원인은 한편으로는 행정기관에 대하여 통고처분과 결부시켜

차로 구분하고 있다. 박영동, 앞의 글, 166면 참조.

276) 이와 관련하여 일본의 독점규제법 개정과 관련한 논의에 대하여는 이영호, 앞의 글, 117면.

277) 고발의무자로서의 공무원에는 수사기관은 포함되지 아니한다. 왜냐하면 수사기관인 검사 또는 사법경찰관리는 범죄가 있다고 사료하는 때에는 스스로 수사에 착수하여야 하기 때문이다. 정영석 · 이형국, 형사소송법, 법문사, 1996, 160면.

전속고발권을 부여하면서, 다른 한편으로는 범칙조사를 위하여 특별사법경찰관리의 지명을 받도록 함으로써 법적 체계성이 맞지 않은 문제점에서 비롯된다. 그런데 우리와 유사한 제도를 두고 있는 일본의 경우 전속고발제도가 독점금지법에만 인정되고 있으며, 입국경비관, 세관직원, 국세사찰관, 간접국세 단속담당 국세청 사무관, 지방세 사무담당 지방자치단체 공무원, 증권거래 등 감시위원회 증거거래 특별조사관 등은 특별사법경찰관리로 지정되어 있지 않아 공소제기를 전제로 한 수사권을 갖고 있지 않으며, 제한된 강제조사권만을 행사할 수 있도록 하여,[278] 전속고발권과 특별사법경찰관리의 결합으로 인한 문제는 발생하지 않고 있지 않다. 이 점은 앞으로 전속고발제도와 특별사법경찰제도를 어떻게 운영하여야 할 것인가에 대한 시사점을 제시한다고 하겠다.

② 전속고발기관과 일반사법경찰과의 수사권경합 문제

ⓘ 전속고발기관에 대한 수사의 우선권 인정여부

전속고발기관이 특별사법관리를 보유하여 수사를 개시・진행하는 경우 일반사법경찰관리와의 수사권 경합문제가 발생할 수 있다. 다만 법률에 의하여 예외적으로 전속고발기관에 전속적 수사권이 부여되는 경우에는 일반사법경찰관리의 수사권은 배제되며, 경합문제는 발생하지 않는다. 이처럼 전속적 수사권을 두고 있는 법률로는 근로기준법 제105조[279], 관세법 제283조 제2항[280] 등이 있다. 그러나 이러한 경우를 제외하고 전속고발권이 고발기관에 대한 전속적 수사권한을 부여하는 것은 아니므로 일반수사기관과의 수사와 중첩될 수 있다. 그런데 우리 입법자들은 명시적으로 '전속적 수사' 또는 '수사의 전담'이라는 표현을 사용하지 않지만, 고발기관 이외의 수사(행정)기관 또는 그 소속 공무원이 범죄를 인지한 경우에 지체없이 고발기관에 인계하도록 하는 규정을 마련한 경우가 있다.[281] 그런데 이 규정에 대한 해석이

278) 안영훈, 우리나라 특별사법경찰제도의 개선방안 연구, 대검찰청 연구용역보고서, 2005, 150면.

279) 제105조(사법경찰권 행사자의 제한) "이 법이나 그 밖의 노동 관계 법령에 따른 임검, 서류의 제출, 심문 등의 수사는 검사와 근로감독관이 전담하여 수행한다. 다만, 근로감독관의 직무에 관한 범죄의 수사는 그러하지 아니하다." 반면에 근로기준법과 규율내용이 유사한 선원법은 전속적 수사권 규정을 두고 있지만 전속고발에 대한 규정은 두고 있지 않다.

280) 제283조(관세법) "관세범에 관한 조사・처분은 세관공무원이 한다."

281) 출입국관리법 제101조 제2항 "출입국관리공무원 외의 수사기관이 제1항에 해당하는 사건을 입건(立件)하였을 때에는 지체 없이 관할 사무소장・출장소장 또는 외국인보호소장에게 인계하여야 한다." 조세범처벌절차법 제4조(조세범칙사건의 인계) "지방국세청 또는 세무서 외의 행정기

법적 쟁점이 된 사례가 있다.

사안은 체류자격이 없는 외국인들을 고용하여 출입국관리법위반으로 기소된 피고인이 당초 위 사건을 입건한 지방경찰청이 지체없이 관할 출입국관리사무소장에게 인계하지 않고 고발 없이 수사를 한 후에 고발의뢰에 따라 출입국사무소장이 고발을 하여 검사가 공소제기를 한 것으로 위법한 고발절차에 근거하여 제기된 공소제기는 무효로서 공소기각판결을 하여야 한다고 주장한 것이다.

이에 대해 1심 법원은 출입국관리소장의 고발은 단순한 공소제기의 요건이거나 고발여부 또는 직접 수사의 여부를 선택할 수 있다는 의미가 아니라, 소장 등이 직접 입건하거나 일반 수사기관으로부터 사건을 인계받아 실질적인 조사를 거친 뒤 고발이 이루어져 한다는 점에서, 경기지방경찰청으로부터 받은 고발의뢰에 의거하여 이루어진 형식적인 고발은 출입국관리법 제101조 제2항을 명백히 위반한 것으로 효력이 없으므로 공소제기의 절차가 법률의 규정에 위반하여 무효인 때에 해당한다고 하여 공소기각의 판결을 하였다. 즉, 1심 법원은 출입국관리법 제101조 제2항의 규정을 사건을 인계받은 소장이 통고처분을 할 것인지 아니면 고발을 할 것인지 결정하기 위한 '실질적인 조사'를 위해 마련한 규정으로 이해하고, 전문성을 갖춘 소장 등이 일차적인 수사권을 행사하는 것이 타당하다는 논리를 따르고 있다.

반면에 2심 법원은 위 조항은 전속적 수사권에 대한 규정이 아니므로 일반사법경찰관리가 우선하여 수사하더라도 위법한 것은 아니며, 이 조항의 입법취지는 출입국사범에 대한 수사는 일반 사건에 대한 수사와 구별되는 것으로 출입국관리공무원에게 특별사법경찰권을 부여한 것에 불과하다는 것이다. 대법원은 2심 법원과 마찬가지로 제101조 제2항을 수사 전담권에 관한 규정이라고 볼 수 없는 이상 해당 기관의 고발이 있기 전에 일반사법경찰관리가 수사를 하였더라도 위법한 것은 아니라는 판시를 하였다.[282] 구체적으로 출입국관리법 제101조 제1항이 출입국사범에 관한 사건을 즉고발사건으로 규정하면서 제2항에서 사건인계의 의무를 규정하고 있다고 하더라도, 일반사법경찰관리가 특사경의 직무영역에 해당하는 범죄에 대하여 해당 기관에 우선하여 수사를 하더라도 위법하지 않다는 것이다.[283]

관과 그 소속 공무원이 입수한 조세범칙사건에 관한 증거 등은 국세청장이나 관할 지방국세청장 또는 세무서장에게 지체 없이 인계하여야 한다."

282) 또한 이 판례에 따르면 출입국관리 사무소장 등이 전속적 고발권을 가지는 경우에도 고발에는 편의주의가 적용된다는 입장이다. 대법원 2011. 3. 10. 2008도7724판결.

그러나 2심과 대법원의 해석은 수사기관이 지체없이 인계하도록 한 규정의 문리적 해석과 상반된다. 대법원은 이 규정의 취지를 사무소장 등의 전속적 고발권 행사의 편의 등을 위한 것이라고 봄이 상당하고 일반사법경찰관리의 관계에서 존중되어야 한다고 밝혔다. 이러한 2심과 대법원의 입장은 사실상 이 규정에 대한 법적 구속력을 인정하지 않고 단지 훈시적 규정으로 보는 문제점을 드러내고 있다.

결론적으로 2심과 대법원은 고발은 단지 소송조건에 불과하기 때문에 고발 이전의 수사도 원칙적으로 허용되며, 제101조 제2항의 규정은 수사전담권에 대한 규정이 아니므로, 일반사법경찰관리도 대등하게 수사를 할 수 있다는 점을 강조하고 있다. 그러나 출입국사범에 대한 전속고발권이 출입국관리소장에게 부여되어 있다는 사실이 간과된 문제점이 있다. 이러한 입장은 고발기관이 통고처분을 할 수 있는 기관이면서 동시에 수사를 할 수 있는 특별사법경찰관리를 보유하고 있기 때문에 지체없이 인계하여야 한다는 규정을 유명무실하게 만드는 문제점이 있다.

생각건대 행정기관에게 지체없이 인계하여야 한다는 규정은 전속적 수사권을 부여하기 위한 것은 아니지만, 행정의 전문성과 신속성의 차원에서 실질적인 조사(수사)권한이 고발기관에게 있다는 것을 규정하고 있는 것으로 이해하는 것이 타당하다. 다만, 법해석의 문제와 전속고발권 부여의 타당성 문제는 별개의 것으로 이에 대하여는 깊이 있는 논의가 필요할 것으로 보인다.

ⓘ 검사에 의한 고발기관의 통제문제

고발이 없으면 공소를 제기할 수 없는 전속고발제도의 특수성으로 인해 생기는 고발기관의 검사에 대한 우월적 지위는 고발기관이 특별사법경찰관리를 보유한 경우에는 다른 양상으로 나타난다. 이는 공정거래위원회의 사례를 통해서 잘 알 수 있다. 형사소송법에 근거하여 특별사법경찰관리는 검사의 지휘를 받아 수사를 하며, 그 지휘에 따라야 한다. 따라서 검사와 특별사법경찰관리의 지휘관계가 강할수록 검사에 대한 전속고발기관의 독립성은 약화될 수밖에 없다. 특히 아직까지 행정기관의 조사행위와 수사행위의 구분이 명확하지 않은 상황에서 특별사법경찰관리가 조사행위와 수사행위를 중첩하여 수행하는 경우 검사에 의한 행정기관의 업무에 대한 부

283) 그러나 이 경우에도 경찰이 수사를 종결하고 검찰에 직접 송치를 할 수 있다는 것을 의미하는 것으로 해석되어서는 안 된다. 고발이 있어야 공소제기가 가능하므로 고발을 할 수 있도록 최소한 수사종료 후에 사건일체를 인계해야 할 의무를 지게 된다.

당한 간섭을 초래하고 독립적인 고발여부에 대한 판단을 어렵게 만든다. 물론 비교법적인 검토에 비춰볼 때 행정기관이 검사와의 협의 없이 독자적으로 형사처벌의 대상인 위반행위에 대하여 독자적으로 통고처분이나 고발의 여부를 결정하는 것이 합리적인 것인지는 별론으로 한다. 궁극적으로는 행정과 사법의 분리라는 권력분립의 원칙에 반할 소지가 있다.

그런데 '특별사법경찰관리에 대한 검사의 수사지휘 및 특별사법경찰관리의 수사준칙에 관한 규칙' 제110조 제2항[284]은 통상의 특별사법경찰관리가 아닌 전속고발기관에 소속된 특별사법경찰관이 송치 등 사건을 종결하는 처분(고발)을 하기 전에 검사로부터 증거 판단, 소추요건, 법령의 해석·적용 등에 관한 지휘를 받을 것을 규정하고 있다. 이 규정을 둔 취지는 법률의 비전문가인 고발기관 소속 공무원의 불충분한 증거수집과 법률적용의 오류로 인하여 검사의 공소제기의 업무에 지장을 초래함으로서 결과적으로 전속고발사건의 효율적 처리가 어려워지는 것을 방지하기 위한 조치로 판단된다. 반면에 전속고발에 있어서 고발의 비중이 비록 소송조건의 충족이라는 면이 강조되는 것이지만 고발은 그 개념상 수사의 단서가 되는 것이므로, 재량적 성격을 가지는 행정기관의 수사를 청구하는 의사표시에 대하여 사전에 검사가 개입을 하여 그 적정성을 심사하도록 하여 고발의 가부를 판단하도록 하는 것은 전속고발제도를 둔 취지와 상충된다고 하겠다. 아울러 전속고발제도를 둔 취지에 비춰볼 때 법률이 아닌 법무부령으로 행정기관이 보유한 고발권 행사에 대하여 제한을 가하는 것은 상위법에 위반되는 것이다.

이처럼 전속고발제도는 수사조건 및 소송조건과 관련하여 고발기관의 우월적 지위를 보장하는 것이지만, 반대로 특별사법경찰제도는 행정기관에 대한 검사의 영향력을 보장하고 통제할 수 있는 수단으로서의 의미를 가진다. 따라서 이 두 제도가 분리되지 않고 통합되는 경우에는 전속고발제도는 본래의 기능을 발휘할 수 없게 된다. 이 점에서 공정거래위원회 소속 공무원에 대한 특별사법경찰권부여의 논란을

---

284) "특별사법경찰관은 「출입국관리법」 위반범죄, 「관세법」 위반범죄 및 「조세범 처벌법」 위반범죄 등 관계 행정기관의 장의 고발을 공소제기 요건으로 하는 범죄를 수사하는 경우에는 송치 등 사건을 종결하는 처분을 하기 전에 해당 사건의 증거 판단, 소추요건, 법령의 해석·적용 등에 관하여 검사의 지휘를 받아야 한다. 다만, 관계 행정기관의 장이 법무부장관이나 검찰총장, 관할 지방검찰청 검사장 또는 지청장과 미리 협의하여 정한 처리기준에 따라 처리할 때에는 검사의 지휘를 받지 않고 사건을 종결하는 처분을 할 수 있다."

재음미할 필요가 있다. 과거 공정거래위원회는 조사권한을 강화시킬 목적으로 특별사법경찰권을 부여받기를 희망하였었다.[285] 그러나 이것은 수사권을 확보하는 반면에 검사의 지휘를 받아야 하는 결과를 예상하지 못한 것이다. 반면에 과거 크게 논란이 되었던 공정거래위원회의 전속고발권 폐지의 논의는 법무부(검찰)와 공정위간의 힘겨루기의 양상을 보여주었다. 공정위는 독점적 고발권을 다른 기관(감사원, 중소기업청, 조달청 등)에 분산시키는 것을 골자로 하여 여전히 우월적 지위를 유지하려는 모습을 보였고, 검찰은 공정위의 조사관련 직원에 대해서는 특별사법경찰관의 지위를 부여하여 검찰로부터 수사지휘를 받도록 해야 한다는 주장을 펼쳤다.[286]

전속고발권은 법률에 의하여 범죄구성요건에 충족된 행위라고 하더라도 수사기관에 고발할 것인가의 여부를 선택할 수 있는 권한을 의미하며, 동시에 검사의 지휘권으로부터 벗어날 수 있는 장치이기도 하다. 만일 고발기관 소속공무원에게 특별사법경찰관리의 자격을 부여하게 된다면, 고발여부에 대한 독점적 권한을 가진 행정기관에 대하여 수사지휘를 통한 통제가 가능해지고, 고발여부에 대한 판단을 궁극적으로 검사가 하게 될 위험성이 있다.[287] 이는 현재의 특별사법경찰관리의 직무영역의 확대로 인하여 발생하는 문제점보다 더욱 심각한 검사에 의한 행정기관에 대한 통제현상을 초래하고 지금보다 더 비대한 검찰권력을 만들도록 할 것이다.

3) 소 결

전속고발제도는 고발의 권한을 특정 행정기관에 부여하고 고발을 공소제기의 요건으로 하고 있어, 일반 사인 및 다른 기관의 고소 및 고발에 대하여 소송법적 효력을 부정함으로서 일반적인 고발의 법체계를 변경시킨다. 우선적으로 공무원의 고발의무와 달리 해당 기관에 고발에 대한 재량을 부여하지만 이는 자의적인 고발권의 행사를 허용하는 자유재량이 아니라 기속재량의 성격을 갖는 것으로 범죄의 중대성과 사회적 파급효과를 고려하여 다른 제재수단을 선택하거나 고발을 하여야 한다. 고발행위의 재량적 성격은 고발여부에 대한 선택뿐만 아니라 고발불가분의 원칙을

---

285) 좌승희, 한국 경제를 읽는 7가지 코드, 굿인포메이션, 2005, 145면.

286) "공정위 전속고발권 5개 기관 〈공정위 · 중기청 · 감사원 · 조달청 · 권익위〉에 분산", 헤럴드경제, 인터넷 기사(2013.01.15.).

287) 법무부 훈령인 '출입국사법 고발규정' 제3조 제1항 제4호에 따라 검사와 협의하여 형사고발이 부적당하다고 결정한 자에 대하여는 고발하지 아니하고 통고처분할 수 있도록 하였다.

적용하지 않음으로써 고발대상의 선택도 포함한다. 또한 전속고발권은 검사의 기소편의주의에 기초한 기소권 행사에 대한 제약사유로 작용하고, 고발이 없는 경우에 수사기관의 수사도 일정부분 제약을 가하게 된다. 마찬가지로 고발기관이 검사의 불기소처분에 준하는 불고발을 선택하더라도 일반 고소인 및 고발인에게 형사절차상의 아무런 구제수단을 마련하지 않아 심각한 불평등을 초래하는 문제점을 가지고 있다.

전속고발제도는 우리나라와 일본만이 가지고 있는 독특한 제도이며, 일본의 경우에는 독점금지법에서 인정되고 있을 뿐이다. 이러한 사실만 보더라도 우리의 전속고발제도가 지나치게 다양한 분야에서 인정되고 있는 것은 아닌가하는 의문이 든다. 더욱이 전속고발권을 보유한 일부 행정기관이 행정조사의 권한을 넘어서 특별사법경찰권을 통하여 수사권을 가지게 됨으로써 권한의 비대화가 초래되고, 반대로 검사는 특별사법경찰관리에 대한 지휘권을 근거로 행정기관의 행정조사에 개입하는 문제점이 발생하고 있다.

전속고발제도가 가지고 있는 문제점을 해결하기 위해서는 첫째, 전속고발대상인 법규위반행위가 과연 형사벌을 가할 대상인지 재검토되어야 한다. 대부분의 전속고발은 범칙금 납부를 내용으로 하는 통고처분의 이행을 강제하는 수단으로 활용되고 있다는 점[288]에서 지나치게 행정편의적으로 운용되고 있음을 알 수 있으며, 그 외 죄질이 중하여 자유형(징역, 금고)에 처해야 하는 경우에 고발을 하도록 하고 있으나 실제로 징역형을 선고하는 사례가 드물다는 점에서 다른 금전적 제재로 대체하는 방안을 고려하여야 하겠다. 둘째, 병립될 수 없는 특별사법경찰권과 전속고발권의 결합은 일반적인 고발의 법체계를 왜곡시키고, 행정기관에 지나친 독점적 권한을 부여하는 문제점을 낳고 있으므로, 이를 분리시켜야 하겠다. 셋째, 전속고발권을 존치시키는 경우에는 일반인의 고소권과 고발권의 행사가 침해되지 않도록 행정기관이 고소 및 고발을 수리하고, 조사를 통하여 전속고발의 불결정을 한 경우에는 내부적인 구제장치와 법원의 결정에 의하여 전속고발을 강제할 수 있도록 하는 장치를 마련하여야 하겠다. 넷째, 현재의 공정거래위원회에 부여된 전속고발권의 자의적 행사의 문제는 대상범죄의 축소방안[289]과 함께, 준사법적 기능을 수행하는 위원회의

288) 배순기, "통고처분 -행정강제로서 통고처분의 문제점을 중심으로-", 법학연구 제29집, 전북대학교 법학연구소, 2009, 337-358면.

독립성을 보장하는 차원에서 접근되어야 한다. 따라서 위원회의 인적구성과 임명절차에 대한 재검토가 이루어져야 할 것이다.

Ⅱ. 검경 수사권 조정이 행정기관에 의한 수사권 행사에 미치는 영향

1. 검사와 특별사법경찰관리의 관계 변화의 개요

1954년 형사소송법 제정 이후 경찰의 숙원과제였던 수사권 독립은 오랜 좌절의 시기를 맞기도 하였지만 2000년대에 들어서면서 사회적 분위기의 조성과 정부의 의지가 결합되어 그 결실을 보게 되었다. 수사권 조정으로 불리 우는 경찰의 수사권 독립은 크게 두 차례의 형사소송법 개정과 검찰청법의 개정으로 축약될 수 있다.[290] 2011년의 법 개정은 대부분의 사건을 검사의 지휘 없이 경찰이 직접 수사를 개시, 진행하는 실무를 반영하여 수사의 주체성을 명문화하였다는 의미를 갖는다면, 2020년의 법 개정은 검찰개혁의 일환으로 사법경찰관과 검사의 관계를 상호 협력관계로 설정하고 사법경찰관에게 일차적인 수사권을 부여하였다는 그 의미를 갖는다. 이로써 경찰은 모든 범죄에 대하여 독자적으로 수사를 개시, 진행, 종결할 수 있게 되었으며, 검찰은 일부 중대범죄에 한정하여 직접 수사를 개시할 수 있게 되었다.[291] 또한 검사가 작성한 피의자신문조서의 증거능력 요건도 사법경찰관작성의 피의자신문조서의 증거능력 요건과 동일하게 변경되었다. 2011년의 법 개정을 1차 수사권 조정이라고 한다면 2020년의 법 개정은 2차 수사권 조정이라고 할 수 있을 것이다.

수사지휘권과 관련한 형사소송법 등의 개정은 단순히 검찰과 경찰의 관계에 국한되는 문제가 아니라 필연적으로 다른 부류의 사법경찰관리, 특히 특별사법경찰관리와 관련된다. 그러나 두 차례의 수사권 조정 과정에서 수사지휘권이나 권한의 배분

289) 조세범죄의 비범죄화 유형에 관하여는 이천현, “조세범죄의 보호법익과 비범죄화 유형”, 형사법연구 제23호(2005), 270-273면 참조.

290) 2022년 5월에 본 회의를 통과하여 개정된 형사소송법과 검찰청법에 대하여는 논의에서 제외하기로 한다.

291) 김택수f, “2020년 수사권 조정과 범죄피해자의 지위 변화”, 범죄수사학연구 통권 제12호(2021), 6면.

문제에 초점이 맞춰지고 검찰제도와 특별사법경찰관리를 포함한 사법경찰관제도라는 큰 틀에서 접근되지 못한 한계가 있었다. 즉, 검찰과 경찰 모두 국민인권과 형사사법시스템에서의 견제와 균형을 부르짖었지만 정작 검찰은 수사지휘권을 포함한 기득권을 빼기지 않으려는 모습을 보였고, 경찰은 검사의 지휘를 배제시키고 독자적으로 수사를 개시, 진행, 종결할 수 있는 권한을 확보하려는데 치중하는 모습을 보였다. 아래에서는 사법경찰관제도의 관점에서 수사권 조정 이전의 상황과 두 차례에 걸친 수사권 조정 이후에 변화된 상황들에 대하여 분석하고 입법상의 문제점들을 살펴보고자 한다.

2. 제1차 수사권 조정(2011. 7. 18. 법 개정)

가. 법 개정 전 검사와 특별사법경찰관리의 지휘관계[292]

1) 지휘감독 관계의 우월성

사법경찰관리는 횡적으로 일반사법경찰관리와 특별사법경찰관리로 나뉜다. 일반사법경찰관리는 소속기관과 지정하는 근거법률에 따라 다시 검찰청법에서 규정하는 검찰청 소속의 검찰수사관과 형사소송법에서 규정하고 있는 경찰청(해양경찰청 포함) 소속의 경찰공무원으로 세분할 수 있다. 통상 검사와 사법경찰관리의 지휘관계에 대하여 대표적인 법적근거로 제시되는 것이 1차 수사권 조정 전 형사소송법 제196조와 검찰청법 제53조이었다. 검사와 사법경찰관리의 관계를 보여주는 규정들을 헌법, 형사소송법, 형법, '폭력행위 등 처벌에 관한 법률', 검찰청법 등에서 찾아 볼 수 있지만 검사와 사법경찰관리의 관계를 지휘감독의 관계로서 직접적으로 보여주는 규정은 검찰청법과 형사소송법이었다. 1차 수사권 조정 이전의 상황에서 볼 때, 경찰청 소속 사법경찰관리를 제외하고 다른 종류의 사법경찰관리와 검사와의 지휘관계는 법적근거가 취약하였다. 검찰청 소속의 사법경찰관리에 대하여는 논외로 하고 특별사법경찰관리에 대하여만 살펴보기로 한다.

형사소송법 제197조는 다른 법률에 의하여 특별사법경찰관리를 지정할 수 있는 근거를 마련하고 있을 뿐 지휘관계에 대한 명시적 또는 묵시적 근거를 제공하고 있

292) 김택수g, "형사소송법 등 개정에 따른 검사와 사법경찰관리의 지휘관계 변화에 관한 연구", 동아법학 통권 제55호(2015), 142-153면의 내용을 수정한 것임을 밝힌다.

지 않아 제196조 제1항 및 제2항의 지휘관계가 그대로 적용되는 것인지가 불분명하였다. 다만, 형사소송법 제197조 "법률로써 사법경찰관리를 정할 수 있다"는 의미를 조문체계상 제196조에서 명시하고 있는 지휘관계의 적용을 전제한다는 것으로 해석될 여지가 있다. 반면에 법무부령인 특별사법경찰관리집무규칙 제2조 제3항이 특별사법경찰관리가 범죄를 수사하거나 그 수사를 보조하는 때에는 검사의 지휘를 받을 것을 명시하고 있으나, 형사절차를 규율하는 법원성(法源性)을 인정하기 어려우며, 이는 제196조의 적용여부에 대한 불명확성을 해소하고 지휘관계를 명확히 하려는 의도가 담겨 있는 것으로 보인다.

그런데 제196조 제1항 및 제2항이 검찰청 소속 사법경찰관리 및 다른 조직의 특별사법경찰관리에게 적용될 수 있는가에 대한 불분명성에도 불구하고, 지휘관계를 도출할 수 있는 근거는 모든 사법경찰관리에게 적용되는 검찰청법 제53조 명령복종의무의 규정을 통해서였다.[293] 이 규정은 다양한 형식으로 존재하는 수사지휘권의 근거들을 통합하고 지휘관계의 불분명성을 해소시키는 강력한 도구가 되고 있기 때문이다. 구체적으로 제53조의 기능을 살펴보면, 우선 경찰청 소속의 사법경찰관리에 대하여는 개정 전 제196조 제1항 및 제2항에 의한 지휘관계를 국가공무원법상의 상사의 명령에 대한 복종의무와 동일한 수준의 절대적 구속력을 부여하고 있다. 다음으로 지휘관계가 불분명한 검찰청 소속의 일반사법경찰관리와 다른 기관에 소속된 특별사법경찰관리에 대해서는 명령복종의무를 통하여 "대는 소를 포함한다"는 원칙에 입각하여 제196조의 지휘관계가 자연스럽게 도출된다. 이처럼 제196조와 제53조는 한편으로는 수사지휘권을 강화하고, 다른 한편으로는 수사지휘권을 도출할 수 있는 보완적 관계에 있으며, 결국 제196조의 지휘관계는 직접적이든 제53조를 매개로 간접적이든 모든 사법경찰관리에게 공통적으로 적용될 수가 있었던 것이다.

---

293) 검찰도 형사소송법 개정 전 형사소송법 제196조와 검찰청법 제53조가 수사지휘를 설정하는 중요한 조문으로 인식하였다. "특히 수사지휘의 근거조문인 제196조 제1항과 효력조문인 검찰청법 제53조가 검사와 사법경찰관리의 수사지휘관계를 설정하는 두 개의 기둥이다. 검찰청법 제53조는 서로 다른 기관에 속해있는 검사와 사법경찰관리 사이의 지휘가 단순히 기관간의 협조요청이나 임의적 협력을 구하는 것이 아니라 법률적으로 복종의무가 있는 것이라는 효력을 부여한 중요한 조항이다." 이완규, "개정 형사소송법상 수사체제", 법조 제660호(2011), 9, 11면 및 17면.

2) 법 개정 과정에서 나타난 지휘관계의 인식

① 검찰과 경찰관계의 문제로 한정

2010년 2월 국회 사법제도개혁특별위원회의 출범이후부터 2011년 6월 30일 형사소송법 개정안의 국회통과와 2011년 12월 30일 '검사의 사법경찰관리에 대한 수사지휘 및 사법경찰관리의 수사준칙에 관한 규정'의 제정까지 일련의 논의과정에서 사법경찰관에 대한 수사주체성의 인정과 명령복종의 문제를 검찰과 경찰의 문제로 다뤄진 것은 사법경찰관제도에 대한 이해의 부족을 보여준다. 이러한 문제점은 법 개정과 관련된 많은 논의과정에서 검찰과 경찰, 입법자, 학계를 통틀어 일관되게 나타났다. 예를 들어, 2011년 3월 11일자 국회사법제도개혁특별위원회 제11차 회의에서 "경찰이 검사도 수사할 수 있고 국회의원도 수사할 수 있습니다. 수사할 수 있는 수사개시권이 있음에도 불구하고 형사소송법에는 마치 없는 것처럼 되어 있기 때문에 이걸 명문화해주는 것입니다. 두 번째 검찰청법에 규정되어 있는 경찰의 복종의무를 삭제하는 것은 (후략)"이라는 언급이 있다. 즉, 형사소송법 제196조 제1항의 사법경찰관과 검찰청법 제53조의 사법경찰관리가 모두 '경찰'로 치환되는 것을 볼 수 있다.

물론 사법경찰관리의 대다수를 차지하는 것이 경찰청 소속의 경찰공무원이지만 그 외에도 검찰청 소속의 사법경찰관리와 법률에 의하여 지정된 특별사법경찰관리가 존재한다는 사실을 간과한 것이다. 논의의 발단은 검찰과 경찰의 관계문제이지만 형사소송법상 검사와 전체 사법경찰관리의 문제로 다뤄져야 하는 것임에도 검찰과 경찰의 문제로 한정시킨 것이다. 제196조의 개정과정에서 검찰과 경찰을 대표하는 인물들이 협의에 참여하였을 뿐 제196조의 지휘관계가 간접적으로 적용되는 검찰청 소속의 사법경찰관리의 대표 또는 특별사법경찰관리의 대표가 협의과정에 참여하여 의견을 표명할 수 있는 기회를 갖지는 못하였으며, 결과적으로 이들의 입장이 무엇인지 알 수가 없었다. 이처럼 검찰과 경찰의 관계변화를 위한 제196조의 개정은 다른 종류의 사법경찰관리에게 미칠 파장을 고려하지 못한 중대한 입법상의 오류라고 할 수 있다.

② 검찰청법 제53조의 삭제에 대한 과소평가

사법경찰관리의 종류가 다양함에도 불구하고 경찰에 대한 수사주체성의 부여를 형사소송법 제196조의 개정문제로 직결시킨 것은 사법경찰관제도를 둘러싼 법체계를 정확하게 이해하지 못한 결과라고 할 수 있다. 특히 더욱 중대한 입법기술의 문제점은 검찰청법 제53조를 삭제한 것에서 드러난다. 입법자들의 취지는 형사소송법 제196조와 검찰청법 제4조에 수사지휘 규정이 명시되어 있기 때문에 제53조의 규정과 중복되며 그 표현이 구태의연하므로 이를 삭제하자는 것이었다. 그러나 제53조의 규정을 지휘관계에 관한 중복규정으로 본 것은 그 기능을 잘못 이해한 것이다. 앞서 살펴본 바와 같이 검찰청법 제53조는 제196조와 상호보완적으로 작용하여 사법경찰관리의 종류를 불문하고 한편으로는 지휘관계를 강화시키고, 다른 한편으로는 지휘관계를 도출시키는 핵심적인 지휘관계의 근거조항이다. 입법자들의 제53조 삭제구상에 대하여 검찰은 이것이 지휘규정과 중복된 규정이 아니며, 이 규정을 삭제하는 것은 지휘권을 형해화할 우려가 있다는 문제제기를 하였다. 결국 사개특위 검찰소위의 조문 논의과정에서 검찰청법에서 삭제하되 대체조문을 형사소송법으로 이전하여 규정한다는데 합의하게 되었고, 형사소송법 제196조 제3항에 "사법경찰관리는 검사의 지휘가 있는 때에는 이에 따라야 한다."는 내용을 삽입하게 된 것이다. 비록 검찰과 경찰의 관계개선을 위하여 구시대적인 제53조의 규정을 삭제하고, 형사소송법 제196조 제3항에 지휘에 대한 준수의무를 규정하게 된 것이지만, 형사소송법상 검사와 사법경찰관리의 관계에 대한 문제를 검찰과 경찰이라는 두 조직의 문제로 접근한 잘못이 있다. 검찰청법 제53조가 경찰청소속의 사법경찰관리뿐만 아니라 검찰청소속 및 다른 조직의 사법경찰관리와도 직접적으로 연관되어 있다는 점을 간과한 것이다. 결과적으로 모든 사법경찰관리에게 공통적으로 적용되는 명령복종의무를 검찰청법에서 삭제함으로써 경찰공무원이 아닌 다른 사법경찰관리와 검사와의 지휘관계의 근거를 모호하게 만들었다.

[표 2-12] 2011년 법 개정 전후 비교

	2011. 7. 18. 개정 전	개정 후
형사소송법	제196조(사법경찰관리) ① 수사관, 경무관, 총경, 경감, 경위는 사법경찰관으로서 검사의 지휘를 받어 수사를 하여야 한다. ② 경사, 순경은 사법경찰리로서 검사 또는 사법경찰관의 지휘를 받어 수사의 보조를 하여야 한다. ③ 전2항에 규정한 자 이외에 법률로써 사법경찰관리를 정할 수 있다.	제196조(사법경찰관리) ① 수사관, 경무관, 총경, 경정, 경감, 경위는 사법경찰관으로서 모든 수사에 관하여 검사의 지휘를 받는다. ② 사법경찰관은 범죄의 혐의가 있다고 인식하는 때에는 범인, 범죄사실과 증거에 관하여 수사를 개시·진행하여야 한다. ③ 사법경찰관리는 검사의 지휘가 있는 때에는 이에 따라야 한다. 검사의 지휘에 관한 구체적 사항은 대통령령으로 정한다. ④ 사법경찰관은 범죄를 수사한 때에는 관계 서류와 증거물을 지체 없이 검사에게 송부하여야 한다. ⑤ 경사, 경장, 순경은 사법경찰리로서 수사의 보조를 하여야 한다. ⑥ 제1항 또는 제5항에 규정한 자 이외에 법률로써 사법경찰관리를 정할 수 있다. [전문개정 2011. 7. 18.]
	제197조(특별사법경찰관리) 삼림, 해사, 전매, 세무, 군수사기관 기타 특별한 사항에 관하여 사법경찰관리의 직무를 행할 자와 그 직무의 범위는 법률로써 정한다.	제197조(특별사법경찰관리) 삼림, 해사, 전매, 세무, 군수사기관 기타 특별한 사항에 관하여 사법경찰관리의 직무를 행할 자와 그 직무의 범위는 법률로써 정한다.
검찰청법	제53조(사법경찰관리의 의무) 사법경찰관리는 범죄수사와 관련하여 소관 검사가 직무상 내린 명령에 복종하여야 한다.[전문개정 2009. 11. 2.]	삭제 〈2011. 7. 18.〉

나. 법 개정 후 지휘관계 성립의 모호성

과거 검사와 특별사법경찰관리의 관계가 검찰청법 제53조를 매개로 제196조가 준용되는 구조를 취하였다면, 검찰청법 제53조가 삭제됨에 따라 종전과 마찬가지로 제196조의 지휘관계가 그대로 인정될 수 있는지에 대해서는 논란의 소지가 있다. 입법자들의 의도가 애초부터 특별사법경찰관리를 염두한 것은 아니며, 검찰의 입장에서도 독자적인 수사개시 및 진행권을 특별사법경찰관에게까지 확대하는 것은 부담

스러운 부분이다. 이러한 입법상의 오류와 검찰의 의도는 뒤늦게 제196조 제3항의 위임에 따른 대통령령(수사준칙)에 반영된다. 즉, 대통령령 제109조[294]는 명시적으로 제197조에 의한 특별사법경찰관리에게 적용되지 않는다는 것을 밝히고 있다. 그러나 입법자들이 경찰청 소속의 사법경찰관리를 염두하여 제196조를 개정한 것은 사실이지만 그렇다고 하더라도 입법자들이 제196조의 적용대상에서 특별사법경찰관리를 배제하였다고 볼 명확한 근거를 찾기도 어렵다. 따라서 제196조의 규정을 모든 사법경찰관리에게 적용되는 일반원칙이라고 보는 경우 대통령령이 상위규범인 형사소송법에 반하여 자의적으로 특별사법경찰관리를 배제한 것이 아닌가라는 비판이 가능하다.

여하튼 검찰청법 제53조의 규정이 일반사법경찰관리에 관한 형사소송법 제196조 제3항에 흡수되고, 대통령령이 적용대상에서 특별사법경찰관리를 배제함에 따라 제196조를 근거로 검사와 특별사법경찰관리와의 관계를 설명하는 것이 곤란해졌다.[295] 따라서 다른 법률에서 그 근거를 찾아야 하는데, 우선 검찰청법 제4조를 상정할 수 있으나, 이는 검사의 직무의 범위에 관한 것으로 특별사법경찰관리에 대한 수사지휘권의 근거가 되지 못하며, 또한 특사경법은 지방검찰청 검사장에 의한 사법경찰관리의 지명에 대한 규정은 있으나 검사와 특별사법경찰관리 사이의 관계를 언급하는 규정을 두고 있지 않다.

이에 대하여는 2004년 4월 26일 법무부령으로 제정된 특별사법경찰관리집무규칙을 지휘관계에 대한 근거로 제시하는 시도가 가능하다. 그런데 이 규칙 제2조 제3항은 특별사법경찰관리가 범죄를 수사하거나 그 수사를 보조하는 때에는 검사의 지휘를 받을 것을 규정하고 있다. 이 규칙은 또한 특별사법경찰관에게 정보보고의무, 단속계획 및 실적보고의무 등을 부과하고 있다. 이 규칙 제2조 제3항이 수사지휘권에 대한 근거가 될 수 있는지의 여부는 이 규칙의 법적성격에 따라 달라진다. 일단 검찰청법 제11조가 검찰청 사무에 관한 법무부장관의 명령제정권을 규정한 것이라면

---

294) 제109조(특별사법경찰관리에 대한 적용 제외) 법 제197조 및 「사법경찰관리의 직무를 수행할 자와 그 직무범위에 관한 법률」에 따른 사법경찰관리에 대해서는 이 영을 적용하지 아니한다.

295) 국회 사법제도개혁특별위원회 제18차 회의록에 의하면 이귀남 법무부장관은 "지금까지 있었던 사법경찰관리에 대한 집무규칙은 그러면 어디서 나온 것이냐? 검찰청법에 과거에 복종의무를 규정한 조항이 있었습니다. 그 조항에 근거해서 법무부령으로 사법경찰관리의 집무규칙을 정해 왔던 것"이라는 언급은 특별사법경찰관리집무규칙의 근거에 대하여도 동일하게 적용된다. 제301회 사법제도개혁특별위원회회의록, 제18호(2011. 6. 20), 3면.

법규명령으로서 대외적인 구속력을 갖는다고 할 것이다. 그러나 검찰청법 제53조의 폐지로 인해 지휘관계에 관한 뚜렷한 근거가 없는 상태에서[296] 법무부령이 지휘관계를 설정하는 것은 명령제정권의 한계를 벗어난 것으로 봐야 한다. 반대로 검찰청법 제11조가 행정청의 내부 사무처리지침에 대한 규칙제정권을 확인한 규정에 불과하다면 검찰청 이외의 기관에 소속된 특별사법경찰관리에 대하여는 법적 구속력이 없다고 보는 것이 타당하다.[297] 또한 특별사법경찰관리집무규칙 제2조 제3항을 지휘관계의 근거로 보는 경우 일반사법경찰관리에 대하여는 형사소송법이 규율하고, 특별사법경찰관리에 대하여는 법무부령이 규율하는 불균형이 생기며, 수사절차의 중요한 내용이라 할 수 있는 수사지휘권의 근거는 법률에 규정하는 것이 타당하다.

결론적으로 형사소송법 제196조와 함께 지휘관계의 근거가 되었던 검찰청법 제53조를 삭제하여 그 내용을 경찰조직에 소속된 사법경찰관리에게만 적용되는 제196조 제3항에 포함시킨 것은 경찰에 대한 검사의 수사지휘권의 확보라는 취지에도 불구하고 오히려 나머지 사법경찰관리에 대하여는 지휘관계의 성립여부를 불명확하게 만드는 결과를 초래하였다. 특별사법경찰관리에 대한 관계에 있어서도 대통령령이 명시적으로 그 적용을 배제하는 규정을 두고 있어 제196조의 지휘관계를 인정하기 어려우며, 특별사법경찰관리집무규칙 제2조가 지휘관계에 관한 규정을 두고 있으나 뚜렷한 법적근거 없이 법무부령으로 지휘관계를 설정한 것은 명령제정권을 위반한 것으로 봐야 한다. 이상과 같이 형사소송법 및 검찰청법의 개정은 입법자들과 검찰 및 경찰이 의도하였든, 의도하지 않았든 검사와 사법경찰관리의 지휘관계에 중대한 변화를 초래하였다.

앞에서 지적한 지휘관계의 불명확성에 대한 입법적 오류를 시정하기 위해서는 형사소송법 제196조를 개정하여 모든 사법경찰관리에게 적용될 수 있는 지휘관계의 원칙을 마련하거나[298] 또는 이를 분리하여 검사와 검찰청 소속의 사법경찰관리의

---

296) 이완규 검사(현 법제처장)는 폐지되기 전 사법경찰관리집무규칙에 대하여 검찰청법 제11조의 위임규정과 구체적 조문으로서 검찰청법 제4조, 제53조, 제54조에 근거한 것이라고 설명하고 있다. 이것은 검찰청법 제53조의 폐지로 인해 검찰청법 제11조에 의한 특별사법경찰관리집무규칙의 제정이 근거가 미약하다는 것을 반증하고 있다. 이완규, 앞의 글, 41면.

297) 참고로 헌법재판소는 검찰사건사무규칙의 규정에 대하여 검찰청 내부 사무처리지침에 불과한 것일 뿐, 법규적 효력을 가진 것이 아니라고 보고 있다(헌재 1991. 7. 8, 91헌마42결정).

298) 형사소송법 제196조 제1항을 "사법경찰관리는 소속과 상관없이 모든 수사에 관하여 검사의 지휘를 받는다."로 변경하는 입법안이 제시될 수 있다.

지휘관계에 대하여는 검찰청법에, 검사와 특별사법경찰관리의 지휘관계에 대하여는 특사경법에 이를 명시하여야 하는 것이었다.299)

3. 제2차 수사권 조정(2020. 2. 4. 법 개정)

가. 주요 개정내용

형사소송법	적용대상
제195조(검사와 사법경찰관의 관계 등) ① 검사와 사법경찰관은 수사, 공소제기 및 공소유지에 관하여 서로 협력하여야 한다. ② 제1항에 따른 수사를 위하여 준수하여야 하는 일반적 수사준칙에 관한 사항은 대통령령으로 정한다.[본조신설 2020. 2. 4.]	검사 및 국가경찰 소속 사법경찰관리
제196조(검사의 수사) 검사는 범죄의 혐의가 있다고 사료하는 때에는 범인, 범죄사실과 증거를 수사한다.[전문개정 2020. 2. 4.]	검사
제197조(사법경찰관리) ① 경무관, 총경, 경정, 경감, 경위는 사법경찰관으로서 범죄의 혐의가 있다고 사료하는 때에는 범인, 범죄사실과 증거를 수사한다. 〈개정 2020. 2. 4.〉 ② 경사, 경장, 순경은 사법경찰리로서 수사의 보조를 하여야 한다. 〈개정 2020. 2. 4.〉	국가경찰 소속 사법경찰관리
제245조의9(검찰청 직원) ① 검찰청 직원으로서 사법경찰관리의 직무를 행하는 자와 그 직무의 범위는 법률로 정한다. ② 사법경찰관의 직무를 행하는 검찰청 직원은 검사의 지휘를 받아 수사하여야 한다. ③ 사법경찰리의 직무를 행하는 검찰청 직원은 검사 또는 사법경찰관의 직무를 행하는 검찰청 직원의 수사를 보조하여야 한다. ④ 사법경찰관리의 직무를 행하는 검찰청 직원에 대하여는 제197조의2부터 제197조의4까지, 제221조의5, 제245조의5부터 제245조의8까지의 규정을 적용하지 아니한다.[본조신설 2020. 2. 4.]	검사 및 검찰청 소속 검찰수사관
제245조의10(특별사법경찰관리) ① 삼림, 해사, 전매, 세무, 군수사기관, 그 밖에 특별한 사항에 관하여 사법경찰관리의 직무를 행할 특별사법경찰관리와 그 직무의 범위는 법률로 정한다. ② 특별사법경찰관은 모든 수사에 관하여 검사의 지휘를 받는다. ③ 특별사법경찰관은 범죄의 혐의가 있다고 인식하는 때에는 범인, 범죄사실과 증거에 관하여 수사를 개시·진행하여야 한다. ④ 특별사법경찰관리는 검사의 지휘가 있는 때에는 이에 따라야 한다. 검사의 지휘에 관한 구체적 사항은 법무부령으로 정한다.	검사 및 특별사법경찰 관리

299) 검찰청법 제47조 제1항 및 제2항에 "...구분에 따른 직무를 수행하며 소속 검사의 지휘를 받는다." 및 특사경법 제2조에 "이 법률에 의하여 사법경찰관리의 직무를 수행하는 자는 검사의 지휘를 받는다."로 개정하는 입법안이 제시될 수 있다.

⑤ 특별사법경찰관은 범죄를 수사한 때에는 지체 없이 검사에게 사건을 송치하고, 관계 서류와 증거물을 송부하여야 한다. ⑥ 특별사법경찰관리에 대하여는 제197조의2부터 제197조의4까지, 제221조의5, 제245조의5부터 제245조의8까지의 규정을 적용하지 아니한다. [본조신설 2020. 2. 4.]	
검찰청법(2020. 2. 4. 개정)[300]	
제4조(검사의 직무) ① 검사는 공익의 대표자로서 다음 각 호의 직무와 권한이 있다. 〈개정 2020. 2. 4.〉 1. 범죄수사, 공소의 제기 및 그 유지에 필요한 사항. 다만, 검사가 수사를 개시할 수 있는 범죄의 범위는 다음 각 목과 같다. 가. 부패범죄, 경제범죄, 공직자범죄, 선거범죄, 방위사업범죄, 대형참사 등 대통령령으로 정하는 중요 범죄 나. 경찰공무원이 범한 범죄 다. 가목・나목의 범죄 및 사법경찰관이 송치한 범죄와 관련하여 인지한 각 해당 범죄와 직접 관련성이 있는 범죄 2. 범죄수사에 관한 특별사법경찰관리 지휘・감독[301]	검사

2020년 수사권 조정[302]에서 가장 두드러진 부분은 수사와 기소를 분리한다는 원칙에 따라 기존의 전건송치 의무를 변경하여 범죄혐의가 인정되는 사건에 대하여만 검찰에 송치하도록 하고 범죄 혐의가 인정되지 않는 사건에 대하여는 불송치할 수 있도록 한 것이다. 사법경찰관에게 수사종결의 권한을 부여한 것에 대하여 학계를 중심으로 다양한 찬반 의견들과 우려의 목소리들이 나오고 있다. 물론 경찰이 사건을 무마하거나 수사권을 남용할 수 있다는 우려로 인해 검사에게 다양한 사후적 통제권한을 부여하고 고소인, 고발인, 피해자 등 사건관계인들에게도 구제신청과 이의신청을 허용하는 통제장치를 마련한 부분도 있지만 이는 불가피한 협상의 수단으로 받아들여진다.[303]

---

300) 〈개정이유〉 2018년 6월 21일 법무부장관과 행정안전부장관이 발표한 「검・경 수사권 조정 합의문」의 취지에 따라 검찰과 경찰로 하여금 국민의 안전과 인권 수호를 위하여 서로 협력하게 하고, 수사권이 국민을 위해 민주적이고 효율적으로 행사되도록 하기 위하여 검사가 수사를 개시할 수 있는 범죄의 범위를 부패범죄, 경제범죄, 공직자범죄, 선거범죄, 방위사업범죄 등으로 구체적으로 규정하고, 검사의 범죄수사에 관한 지휘・감독 대상을 특별사법경찰관리로 한정하는 등 현행 제도의 운영상 나타난 일부 미비점을 개선・보완하려는 것임.(출처: 법제처 법률정보시스템)

301) '2. 범죄수사에 관한 사법경찰관리 지휘・감독'에서 변경됨

302) 2020년 검・경 수사권 조정에 따른 형사소송법 등 개정내용에 대한 분석연구로는, 박찬걸, "검・경 수사권조정에 대한 비판적 분석: 2020. 2. 4.자 개정 형사소송법 및 검찰청법의 내용을 중심으로", 형사정책연구 제31권 제1호(2020), 29-63면.

303) 김택수g, "2020년 수사권 조정과 범죄피해자의 지위 변화", 범죄수사학연구 통권 제12호(2021),

개정된 형사소송법 제195조 제1항은 검사와 사법경찰관의 관계가 과거의 상명하복의 관계에서 상호 협력관계로 전환되었다는 점을 전제로 검사와 사법경찰관은 수사, 공소제기 및 공소유지에 관하여 서로 협력할 것을 규정하고 있다. 더불어 제195조 제2항은 이러한 협력관계 하에서 검사와 사법경찰관이 수사를 위하여 준수하여야 하는 일반적 수사준칙에 관한 사항은 대통령령으로 정하도록 규정하였다. 이에 따라 제정된 대통령령인 '검사와 사법경찰관의 상호협력과 일반적 수사준칙에 관한 규정'[304]은 검사와 사법경찰관의 상호협력과 일반적 수사준칙에 관한 사항을 규정함으로써 수사과정에서 국민의 인권을 보호하고, 수사절차의 투명성과 수사의 효율성을 보장함을 목적으로 한다(제1조). 이 준칙은 검사와 사법경찰관의 협력관계, 일반적인 수사의 절차와 방법에 관하여 다른 법령에 특별한 규정이 있는 경우를 제외하고는 이 영이 정하는 바에 따르도록(제2조)고 규정하여 다른 법령과의 관계에서 우선 적용의 원칙을 제시하고 있다. 이 준칙이 검사와 국가경찰공무원인 일반사법경찰관리 사이의 협력관계와 수사준칙에 관하여 규율하고 있으므로 검사와 특별사법경찰관리의 관계에 대하여는 아무런 법적 효력을 갖지 않는다.

검사와 국가경찰공무원인 일반사법경찰관리의 관계를 협력관계로 설정한 것과 달리 검사와 특별사법경찰관리의 관계는 수사권 조정에 따른 영향을 받지 않고 종전의 체계를 그대로 유지하게 된다. 이 점은 신설된 형사소송법 제245조의10이 명확하게 규정하고 있다. 즉, 개정 이전 형사소송법 제197조의 규정을 제245조의10 제1항에 위치시키고, 제2항에서는 모든 수사에 관하여 검사의 지휘를 받을 것을 규정하면서, 제4항에서는 검사의 지휘가 있는 때에는 이에 따를 것을 규정하고 있다. 결정적으로 수사권 조정에 따른 영향이 없다는 점을 명확히 하기 위해서 국가경찰공무원인 일반사법경찰관리에게 적용되는 제197조의2부터 제197조의4까지, 제221조의5, 제245조의5부터 제245조의8까지의 규정이 특별사법경찰관리에게는 적용되지 않는다는 점을 제6항에서 명시하고 있다.

이에 덧붙여 제4항은 검사의 지휘에 관한 구체적 사항은 법무부령으로 정하도록 규정하였다. 이에 근거하여 2021년 1월 1일 법무부령으로 제정된 것이 바로 '특별사

6면

304) 이 규정에 대한 자세한 분석으로는, 김혜경, "'검사와 사법경찰관의 상호협력과 일반적 수사준칙에 관한 규정 제정안'상의 경찰의 수사권과 경찰개혁 방안", 형사법연구 통권 제84호(2020), 83-117면.

법경찰관리에 대한 검사의 수사지휘 및 특별사법경찰관리의 수사준칙에 관한 규칙'(법무부령 제995호)이다. 일명 '특별사법경찰관리수사준칙'은 검사의 수사지휘에 관한 구체적인 사항과 특사경법에 따라 사법경찰관리의 직무를 행하는 자의 범죄수사에 관한 집무상의 준칙을 규정함으로써 수사과정에서 국민의 인권을 보호하고, 수사절차의 투명성과 수사의 효율성을 보장함을 목적으로 한다(제1조). 이 준칙은 특별사법경찰관리가 범죄를 수사하거나 그 수사를 보조하는 경우에는 검사의 지휘를 받을 것을 규정하여 형사소송법과 준칙을 통하여 검사와 특별사법경찰관리의 관계가 지휘복종의 관계라는 점을 명확히 하고 있다(제2조 제3항). 하지만 이러한 규정들에도 불구하고 지휘복종의 관계에 대하여는 몇 가지 반대논리가 성립할 수 있다.

우선 아래 조문 비교에서 보는 바와 같이 신설된 제245조의10의 규정내용은 법 개정 전 검사와 일반사법경찰관리의 관계를 규정하였던 제196조를 사실상 그대로 옮긴 것이다. 그렇다면 개정 전 제196조가 1차 수사권 조정을 통하여 일반사법경찰관리에게 수사의 주체성을 인정하였다는 점을 주목하면 신설된 규정에 대하여도 특별사법경찰관리의 독자적인 수사 주체성을 인정한 것이라는 의미를 부여할 수 있게 된다. 이러한 의미부여는 입법자들이 의도하였던 의도하지 않았던 중대한 변화라고

[표 2-13] 2차 수사권 조정 전후의 조문 비교

2020년 개정 전	2020년 개정 후
제196조(사법경찰관리) ① 수사관, 경무관, 총경, 경정, 경감, 경위는 사법경찰관으로서 모든 수사에 관하여 검사의 지휘를 받는다. ② 사법경찰관은 범죄의 혐의가 있다고 인식하는 때에는 범인, 범죄사실과 증거에 관하여 수사를 개시·진행하여야 한다. ③ 사법경찰관리는 검사의 지휘가 있는 때에는 이에 따라야 한다. 검사의 지휘에 관한 구체적 사항은 대통령령으로 정한다. ④ 사법경찰관은 범죄를 수사한 때에는 관계 서류와 증거물을 지체 없이 검사에게 송부하여야 한다.	제245조의10(특별사법경찰관리) ① 삼림, 해사, 전매, 세무, 군수사기관, 그 밖에 특별한 사항에 관하여 사법경찰관리의 직무를 행할 특별사법경찰관리와 그 직무의 범위는 법률로 정한다. ② 특별사법경찰관은 모든 수사에 관하여 검사의 지휘를 받는다. ③ 특별사법경찰관은 범죄의 혐의가 있다고 인식하는 때에는 범인, 범죄사실과 증거에 관하여 수사를 개시·진행하여야 한다. ④ 특별사법경찰관리는 검사의 지휘가 있는 때에는 이에 따라야 한다. 검사의 지휘에 관한 구체적 사항은 법무부령으로 정한다. ⑤ 특별사법경찰관은 범죄를 수사한 때에는 지체 없이 검사에게 사건을 송치하고, 관계 서류와 증거물을 송부하여야 한다.

할 수 있다. 결국 검사의 지휘가 없더라도 특별사법경찰관리는 독자적으로 수사를 개시, 진행할 수 있으며 검사의 지휘가 있는 경우에만 지휘를 따를 의무가 발생한다는 원칙이 적용될 수 있는 것이다. 이 점에서 향후 국가경찰공무원인 일반사법경찰관리의 전철을 밟는다면 특별사법경찰관리들이 검사와의 관계에서 대등하고 협력적인 관계로의 변화를 요구할 가능성도 배제할 수 없다.

나. 검찰의 직접 수사개시권 제한과 특사경의 관계

수사권 조정으로 인하여 특별사법경찰관리도 그 지위에 있어서 일정부분 영향을 받았다면, 경찰과 검찰 사이에 이루어진 수사권 조정은 최고 국가수사기관으로서의 위상을 점하고자 하는 검찰의 전략에도 상당부분 변화를 초래하였다. 2차 수사권 조정의 골자는 수사와 기소의 분리라는 원칙하에 검찰의 직접 수사기능을 축소하는 것이었다. 이를 위해 검찰청법 제4조를 개정하여 부패범죄, 경제범죄, 공직자범죄, 선거범죄, 방위사업범죄, 대형참사 등 대통령령으로 정하는 6개 분야 범죄에 대하여만 검찰이 직접 수사를 개시할 수 있도록 한 것이다. 이에 따라 2020년 10월 7일 대통령령으로 '검사의 수사개시 범죄 범위에 관한 규정'이 제정되었다. 6대 범죄로 제한을 두었지만 실제로 이 규정이 열거하고 있는 관련 법률은 매우 광범위하다. 이 부분에서 과연 검사의 직접 수사권을 일부 범죄로 제한한 것이 맞는지에 대한 의구심이 생긴다. 그런데 과거와 달리 검사의 수사지휘를 받던 국가경찰 소속의 경찰공무원, 중앙행정기관 및 지방자치단체 소속의 특사경, 검찰청 소속의 검찰수사관의 세 부류 중 국가경찰 소속의 경찰공무원이 직접적인 지휘범위에서 벗어나고, 나머지 두 부류에 대하여는 여전히 지휘권을 유지하게 된 것이지만 직접 수사의 권한이 축소됨으로써 이를 만회할 수 있는 방안은 결국 계속적으로 직무범위가 확대되고 있는 특사경을 활용하는 것으로 연결될 수밖에 없다.

즉, 검찰청 소속의 검찰수사관은 검사와 마찬가지로 검찰청법이 규정하고 있는 6개 분야 범죄에 대하여만 직접 수사를 개시할 수 있다. 반면에 특사경은 자신의 직무분야에 속하는 범죄에 대하여는 검사의 지휘를 받아 수사를 개시, 진행하게 되므로 결과적으로 검사는 특사경에 대한 수사지휘를 통하여 직접 수사를 할 수 없는 범죄들에 대하여도 간접적으로 수사를 개시 및 진행할 수 있어 수사권을 상당부분 확보할 수 있게 된다.

검찰이 최근에 들어 특사경 조직에 대하여 각별한 관심을 보이는 것도 이러한 이유에서 찾을 수 있다. 특히나 특사경법의 빈번한 개정을 통하여 새로운 특사경의 직무영역이 확대되고, 기존에 특사경을 보유하고 있는 기관들이 특사경전담부서를 신설하여 점진적으로 수사기관화 하는 경향에 편승하여 특사경 조직을 검찰의 하부조직처럼 관리하겠다는 의도가 담겨져 있는 것이다. 이러한 관점에서 보면 특사경의 직무영역 확대는 과거 다소 부정적인 태도를 보였던 것과 달리 법무부나 검찰이 긍정적이고 적극적으로 관심을 보이는 영역으로 변화하였다고 평가할 수 있다.

다. 경찰과 특사경의 관계 변화[305)]

1) 수사권 경합의 문제

① 일반적 상황

일반사법경찰관리는 원칙적으로 범죄의 종류 및 장소를 불문하고 모든 수사를 할 수 있으므로 제한적인 직무범위를 가지고 있는 특별사법경찰관리의 수사권한과 경합될 수 있다. 개별 법률에 의하여 특별사법경찰관리에게 전속적 수사권이 인정되는 경우에 수사권의 경합문제는 발생하지 않지만, 그렇지 않은 경우에는 수사의 우선권 문제가 발생하게 된다. 일반사법경찰이 원칙적으로 직무영역에 제한을 받지 않고 모든 범죄에 대하여 수사할 수 있는 것과 달리, 특별사법경찰은 한정된 직무의 범위 내에서만 수사를 할 수 있기 때문이다. 또한 수사의 경합문제와 관련하여 국가경찰 소속의 일반사법경찰관리는 검사의 지휘를 받지 않으나, 특별사법경찰관리는 일반사법경찰관리와 달리 검사의 지휘를 받아 수사를 하여야 한다는 차이점이 있다.

수사권이 조정되기 이전 상황에서 일반사법경찰관리와 특별사법경찰관리의 수사권이 서로 경합하는 경우에는 특별사법경찰관리가 수사의 일차적인 책임이 있다는 의견이 있었다.[306)] 즉, 수사권이 경합되는 경우 특별사법경찰이 우선적으로 권한을 행사하고, 일반경찰은 보충적·종국적으로 권한을 행사하여야 한다는 것이다. 이와 관련하여 2차 수사권 조정 이후 제정된 특별사법경찰관리수사준칙 제119조는 "특별사법경찰관리가 소속된 행정기관의 장이 고발한 사건은 해당 기관의 특별사법경찰

305) 김택수, 수사의 효율성 및 공정성 향상을 위한 사법경찰관제도의 정비방안, 치안정책연구소, 2013, 58면 이하의 내용을 수정한 것임을 밝힌다.

306) 김희옥, 특별사법경찰관리, 고시연구 통권 제197호(1990), 140면.

관이 검사의 지휘를 받아 수사함을 원칙으로 한다. 다만, 검사가 직접 또는 다른 기관에서 수사함이 상당하다고 판단한 경우에는 해당 기관의 특별사법경찰관이 수사하지 않는다."고 규정하고 있다. 이 규정은 수사권 조정 이전에 시행된 특별사법경찰관리집무규칙 제70조를 그대로 옮겨 놓은 것이다. 특별사법경찰관리수사준칙 제119조는 간접적으로 행정기관 고발사건에 대한 특별사법경찰관의 우선수사원칙을 명시하고 있다. 다만, 이 조항 단서는 검사가 달리 판단하는 경우에는 해당 특사경이 소속된 기관의 특별사법경찰관리가 아닌 다른 기관, 즉 일반사법경찰관 또는 다른 기관에 소속된 특사경에게 수사를 하도록 지휘할 수 있다는 것을 명시하고 있다. 그런데 이 조항은 몇 가지 측면에서 문제점이 있다. 먼저, 특별사법경찰관리의 전속적 수사권이 인정되는 경우가 아니라면, 일반사법경찰관리의 권한을 배제하거나 제한할 법적 근거는 존재하지 않는다.[307] 다음으로 고발의 개념에 비춰볼 때 행정공무원 또는 행정기관의 고발은 수사기관에 행해지는 것이므로 고발이 검찰에 접수되는 경우만을 상정하고 있는 것은 문제가 있으며, 여기에 더하여 국가경찰 소속의 사법경찰관에 대한 수사지휘권이 폐지되었음에도 마치 수사지휘권에 근거하여 배당(이첩) 권한이 있는 것처럼 해석되어지는 문제점이 있다.

이와 관련하여 경찰청 소속의 일반사법경찰관리의 수사에 관한 규정을 담고 있는 범죄수사규칙(경찰청훈령)은 제1편 총칙 제3조부터 제6조까지에서 수사 우선권에 대한 특별사법경찰관리와의 관계를 규정하고 있으며,[308] 제3조는 "경찰관은 특별사법경찰관리의 직무범위에 속하는 범죄를 먼저 알게 되어 직접 수사하고자 할 때에는 경찰관이 소속된 경찰관서의 장(이하 "소속 경찰관서장"이라 한다)의 지휘를 받아 수사하여야 한다. 이 경우 해당 특별사법경찰관리와 긴밀히 협조하여야 한다."고 규정하고 있다. 이 규정에 따르면 경찰이 직접 수사를 하려면 두 가지 조건, 즉 범죄를 먼저 인지하여야 하고, 아울러 수사를 진행하고자 하는 의사가 갖추어질 것이 요구된다. 따라서 범죄를 사실상 인지하였더라도 수사진행의 의사가 없다면 범죄수사규칙 제4조에 따라 특별사법경찰관리에게 사건을 이송하여야 한다.

그런데 범죄수사규칙은 경찰공무원인 사법경찰관리가 특사경의 직무범위에 속하

307) 이준서, 해양환경특별사법경찰 시행기반 구축에 관한 연구, 한국법제연구원, 2009, 45면

308) 근로감독관집무규정(훈령) 제50조(수사공조)는 감독관은 노동쟁의과정에서 발생한 불법행위가 노동관계법 위반의 죄와 형사법 위반의 죄가 경합될 경우에는(「형법」제40조의 상상적 경합을 포함한다) 구속을 요하는 사건은 검사의 지휘를 받아 경찰과 공조수사할 것을 규정하고 있다.

는 범죄를 먼저 알게 된 경우에 대하여만 규정하고 있을 뿐 반대의 상황, 즉 특사경이 자신의 직무범위에 속하는 범죄를 먼저 알게 되어 수사를 하는 경우에 대하여는 아무런 규정을 두고 있지 않다. 특사경의 직무영역에 속하는 범죄에 대하여 일반사법경찰관리와 특별사법경찰관리 사이에 아무런 권한 차이가 없는 것이지만 사건에 따라서 수사인력의 규모나 수사의 전문성, 수사장비의 보유 여부 등 여러 측면에서 국가경찰 소속의 일반사법경찰관리가 수사를 하는 것이 적합한 경우가 있을 수 있다. 이러한 상황을 범죄수사규칙 제6조는 수사가 경합하는 경우로 보고 있다. 그런데 제6조는 "경찰관은 특별사법경찰관리가 행하는 수사와 경합할 때에는 경찰관이 소속된 경찰관서 수사부서의 장(이하 "소속 수사부서장"이라 한다)의 지휘를 받아 해당 특별사법경찰관리와 그 수사에 관하여 필요한 사항을 협의하여야 한다."고 규정하고 있을 뿐 구체적인 해결방안을 제시하지 않고 있다. 이 규정은 국가경찰공무인 일반사법경찰관리에 대한 수사지휘권을 폐지한 수사권 조정 이후에 수사실무에서 발생할 수 있는 문제점을 잘 드러내고 있다고 하겠다. 수사권 조정 이전 범죄수사규칙 제21조는 수사가 경합되는 경우, 경찰관서장의 지휘를 받아 특별사법경찰관리와 필요한 사항을 협의하도록 하면서, 경우에 따라 관할 지방검찰청 또는 지청의 검사에게 보고하여 그 조정에 관한 지휘를 받을 수 있도록 규정하여 최종적으로 검사가 결정하도록 하였다. 하지만 검사와 사법경찰관리가 대등한 관계로 설정된 현행 형사소송법의 체계 하에서는 검사가 수사경합에 대한 조정권자로 등장하는 것은 법 개정의 취지를 벗어나는 것이기 때문에 과거의 방식을 유지할 수 없어 수사의 우선권을 둘러싼 갈등의 불씨를 그대로 남겨놓았다.[309] 이에 대한 특별한 해결책은 없으나 경찰청은 특별사법경찰관리의 직무영역과 중복되는 영역에 대하여 사전에 파악하여 해당기관과 수사업무에 관한 공조협약을 체결하여 적극적으로 대응하여야 할 것이다.

범죄수사 규칙

제3조(특별사법경찰관리 직무범위 사건을 직접 수사하는 경우) 경찰관은 특별사법경찰관리의 직무범위에 속하는 범죄를 먼저 알게 되어 직접 수사하고자 할 때에는 경찰관이 소

309) 특사경의 직무영역에 속하는 범죄에 대하여 특사경이나 경찰 어느 누구도 수사를 진행하지 않는 경우에 수사의 주체를 어떻게 결정할 것인가의 문제도 규정되어 있지 않은 채로 남아 있다.

속된 경찰관서의 장(이하 "소속 경찰관서장"이라 한다)의 지휘를 받아 수사하여야 한다. 이 경우 해당 특별사법경찰관리와 긴밀히 협조하여야 한다.

제4조(이송하는 경우) 경찰관은 특별사법경찰관리에게 사건을 이송하고자 할 때에는 필요한 조치를 한 후 관련 수사자료와 함께 신속하게 이송하여야 한다.

제5조(사건을 이송받았을 경우) ① 경찰관은 특별사법경찰관리의 직무범위에 해당하는 범죄를 이송받아 수사할 수 있으며, 수사를 종결한 때에는 그 결과를 특별사법경찰관리에게 통보하여야 한다.

② 제1항의 경우에 있어서 필요한 때에는 해당 특별사법경찰관리에게 증거물의 인도 그 밖의 수사를 위한 협력을 요구하여야 한다.

제6조(수사가 경합하는 경우) 경찰관은 특별사법경찰관리가 행하는 수사와 경합할 때에는 경찰관이 소속된 경찰관서 수사부서의 장(이하 "소속 수사부서장"이라 한다)의 지휘를 받아 해당 특별사법경찰관리와 그 수사에 관하여 필요한 사항을 협의하여야 한다.

수사권 경합의 문제와 관련하여 법리적 문제의 검토와 별개로 국가경찰의 인식변화가 요구된다고 하겠다. 수사업무의 과중과 전문성이 심화되는 상황에서 국가경찰은 행정공무원에 대하여 수사권을 부여하는 것에 대하여 일정부분 업무에 대한 부담을 감소시키고 사회적 이슈가 되는 강력범죄나 조직범죄에 주력할 수 있게 된다는 긍정적 효과가 인정된다. 하지만 다른 한편에서 국가경찰은 특별사법경찰의 직무범위에 속하는 범죄들에 대한 관심과 연구를 소홀히 하게 되고, 사건수사가 경합되는 경우에도 특별사법경찰관리에게 업무를 떠넘기는 현상이 심화될 것으로 예상된다.[310] 범정부차원에서 또는 국가경찰 내부적으로 특사경의 직무영역에서 특사경과 일반사법경찰관리가 공조와 협력체계를 구축할 수 있는 방안을 도출하는데 노력해야 할 것이다.

② 특수한 상황

일반사법경찰과 특별사법경찰 사이의 수사권 경합의 문제는 일반적 상황 이외에 법률이 특별사법경찰관리에게 전속적 수사권을 부여하거나 일반사법경찰관리가 범죄를 인지한 경우 사건을 인계하도록 규정한 경우에 그 해결이 다소 난해해 진다. 먼저 개별법이 특정 기관에 소속된 특별사법경찰관리에게 전속권 수사권을 부여한

310) 박창호, 경찰개념의 재정립과 경찰권의 배분에 관한 연구: 프랑스와 한국의 경찰법을 중심으로, 박사학위논문, 단국대학교 대학원, 2013, 232-233면.

경우이다. 예를 들어, 근로기준법 제105조는 "이 법이나 그 밖의 노동 관계 법령에 따른 현장조사, 서류의 제출, 심문 등의 수사는 검사와 근로감독관이 전담하여 수행한다."고 규정하여, 검사 및 근로감독관의 전속(전담)수사권을 규정하고 있다.[311] 관세법 제283조 제2항도 "관세범에 관한 조사·처분은 세관공무원이 한다."고 규정하여 전속수사권을 인정하고 있다. 이 때 특별사법경찰관리에게 전속적 수사권이 있는 행정범이 일반사법경찰관리에게 인지되었을 경우에는 특별사법경찰관에게 이첩하여야 하고, 특별사법경찰관리가 권한 외의 행정범을 인지하였을 경우에는 관할 일반사법경찰관에게 이첩하여야 한다.[312] 이처럼 법률이 특별사법경찰관리에게 전속수사권을 부여한 경우 일반사법경찰관리의 수사권을 배제되는 것이므로 이를 인지하여 수사하는 것은 허용되지 않으며, 두 기관 사이에 수사권의 경합문제는 발생하지 않는다.

이와 달리 법률에 의하여 다른 기관(수사기관)이 범죄를 인지한 경우 즉시 또는 지체없이 해당 기관에 인계하도록 규정한 경우가 있다.[313] 그러한 예로 출입국관리법 제101조 제2항은 "출입국관리공무원 외의 수사기관이 제1항에 해당하는 사건을 입건(立件)하였을 때에는 지체 없이 관할 지방출입국·외국인관서의 장에게 인계하여야 한다."고 규정하고 있다. 출입국사건의 인계의무와 관련하여, 체류자격이 없는 외국인들을 고용하여 출입국관리법위반으로 기소된 사안에서 당초 위 사건을 입건한 지방경찰청이 지체없이 관할 출입국관리사무소장에게 인계하지 않고 고발없이 수사를 한 사안이 문제된 바가 있다. 이 사안에서 대법원은 제101조 제2항을 수사전담권에 관한 규정이라고 볼 수 없는 이상 친고죄에 있어서 고소의 법리와 마찬가지로 해당 기관의 고발이 있기 전에 일반사법경찰관리가 수사를 하였더라도 그 수사가 장차 고발의 가능성이 없는 상태하에서 행해졌다는 등의 특단의 사정이 없는 한, 고발이 있기 전에 수사를 하였다는 이유만으로 그 수사가 위법하게 되는 것은 아니라고 판시하였다.[314] 이러한 대법원의 입장에 따르면 출입국관리법이 출입국사

311) 2007. 8. 3. 개정된 가축전염병 예방법은 전속수사권에 관한 제61조 제4항 "범칙행위에 대한 수사는 검사와 사법경찰관리의직무를행할자와그직무범위에관한법률 제5조제35호의 규정에 따라 지명을 받은 공무원(이하 "특별사법경찰관리"라 한다)이 전속적으로 행한다."를 삭제하였다.

312) 김희옥, 앞의 글, 139면.

313) 출입국관리법 제101조 제2항.

314) 또한 이 판례에 따르면 출입국관리 사무소장 등이 전속적 고발권을 가지는 경우에도 고발에는 편의주의가 적용된다는 입장이다. 대법원 2011. 3. 10. 2008도7724판결.

범에 관한 사건을 전속적 고발사건으로 규정하면서 사건인계의 의무를 규정하고 있다고 하더라도, 출입국관리공무원으로 하여금 수사를 전담하도록 한 것은 아니므로 일반사법경찰관리가 특사경의 직무영역에 해당하는 범죄에 대하여 해당기관에 우선하여 수사를 하더라도 위법하지 않으며, 특사경에게 수사의 우선권이 부여되는 것이 아니라는 결론에 이르게 된다.

그러나 이러한 분석에도 불구하고 경찰이 수사를 종결하고 검찰에 직접 송치를 하는 것까지 허용하는 것은 아니라고 보아야 한다. 더욱이 인계의무를 마련한 취지를 고려할 필요가 있다. 위 사안에서 대법원은 "법에서 사무소장 등에게 전속적 고발권과 더불어 출입국관리공무원에게 특별사법경찰관리로서의 지위를 부여한 취지는 출입국관리에 관한 전문적 지식과 경험을 갖춘 출입국관리공무원으로 하여금 출입국관리에 관한 행정목적 달성을 위하여 자율적·행정적 제재수단을 형사처벌에 우선하여 활용할 수 있도록 하려는 데에 있다고 볼 것이다."라는 의견을 내놓고 있다. 이는 출입국사범에 대하여 출입국관리 당국이 행정조사를 통하여 통고처분을 할 수 있는 권한을 갖는 것이므로 경찰이 수사를 진행한 후 고발의뢰를 하여 출입국관리사무소장이 고발을 하는 것은 행정조사(범칙조사)와 수사의 전후관계 및 상호관계를 무시한 것이라고 하겠다. 전속고발권과 통고처분권을 보유한 행정기관의 고발에는 친고죄의 고소와는 또 다른 법리가 적용되는 것이다. 따라서 경찰은 일정한 수사를 진행한 경우라고 하더라도 출입국관리사무소에 사건을 인계해야 하며, 고발이 소송조건인 이상 최소한 수사를 종료하면 사건일체를 인계[315]하여 행정기관이 수사서류와 증거 등을 토대로 통고처분 여부 또는 고발 여부를 결정할 수 있어야 한다. 하지만 위 사례에서는 경찰이 출입국관리사무소장에게 고발을 의뢰하여 고발을 받은 후에 수사를 진행, 완료하여 검찰에 송치한 것으로서 비록 고발여부에 대하여 구체적인 검토에 따라 재량으로 행하여진 것이라고 하더라도 결과적으로 사건인계 의무에 관한 규정이 유명무실해지는 문제가 발생한다.[316]

---

315) 대법원 1995.3.10. 선고 94도3373 판결 참조.

316) 위 사안에서 원심법원은 "경기지방경찰청에서 출입국관리법 제101조 제2항의 규정을 위반하였다고 하더라도 경기지방경찰청 및 검찰의 수사가 위법하고 따라서 공소제기의 절차가 법률의 규정에 위반되어 무효인 때에 해당한다고 볼 수도 없다."고 판시하였다(서울중앙지방법원 2008. 8. 14. 선고 2008노1995 판결).

2) 고발 대상기관의 문제

일반적으로 고발은 수사기관인 검사 또는 사법경찰관에게 하여야 한다(형사소송법 제237조 제1항). 과거 수사권 조정 이전에는 검사는 일반수사기관으로서 모든 범죄에 대한 수사권을 가지며 일반사법경찰관리에 대하여 수사지휘를 할 수 있었으므로 검찰에 접수된 고발사건에 대하여도 검찰이 직접 수사하거나 경찰에 이첩을 하여 사건수사를 할 수 있도록 하였다. 하지만 2차 수사권 조정 이후에 검사의 수사권이 일부 범죄로 제한을 받게 됨으로써 검찰에 고발이 접수된 경우에 검사가 직접 수사를 개시할 수 없는 범죄에 대하여 다른 수사기관에 이송해야 한다(수사준칙 제18조 제1항). 그런데 일반적 고발의 경우에 위에서 언급한 절차를 따르지만, 전속고발권을 보유한 행정기관의 고발의 경우에는 다소 복잡한 문제가 생긴다. 전속고발권을 규정하고 있는 개별법은 고발의 대상기관을 명시적으로 규정한 경우가 있으며, 이를 명시적으로 규정하지 않은 경우로 나뉜다. 예를 들어, '조세범처벌절차법'은 고발의 대상기관을 명시하지 않고 통고처분을 하지 않는 경우 즉시고발하도록 규정하고 있을 뿐이다. 반면에 국세청 내부 훈령인 '조사사무처리규정' 제94조는 별지 제46호 서식 '고발서'에 의하여 고발하도록 규정하면서, 해당 서식의 고발서의 수신자를 지방검찰청검사장으로 표기하고 있다. 비록 사법경찰권을 부여받고 있지 않지만 공정거래위원회의 경우에도 공정거래법 제129조는 명시적으로 검찰총장에게 고발하도록 규정하고 있다.

수사권 조정에 따라 검사의 직접 수사개시권이 대폭 축소된 현 상황에서 전속고발의 의미를 되새길 필요가 있다. 해당분야에 대한 수사권의 행사가 제약을 받는 검사에게 고발을 하는 것이 타당한지가 문제된다. 검사와 국가경찰 소속의 일반사법경찰관리가 대등한 관계에 있으므로 검사의 수사권이 제한을 받는 직무영역에 속하는 범죄라면 고발은 실제로 수사를 해야 할 기관인 경찰에 하는 것이 타당하다. 반대로 검사의 직접 수사가 가능한 범죄에 해당하더라도 양 기관이 대등한 관계라는 점에서 보면, 공정거래법과 같이 검사(검찰총장)만을 고발의 대상기관으로 규정하는 것은 잘못이라고 하겠다.[317] 물론 이에 대한 반론으로 전속고발권을 보유한 기관의 고발은 공소제기의 요건에 해당하므로 수사기관이 아닌 공소기관이 검사에게 하여야

---

317) "공정위 전속고발권, 검경수사권 조정 방향 역행", 뉴스토마토 인터넷 기사(2022.03.07.).

한다는 주장도 있을 수 있다. 하지만, 고발기관이 공소제기를 할 수 있을 정도로 수사를 완전하게 완료한 후에 고발하는 것이 아니라 통상 추가적인 수사가 필요하다는 점에서 이러한 주장도 설득력은 없을 것이다.

제 3 장

행정기관에 의한 수사권 행사의 정비방안

제3장

행정기관에 의한 수사권 행사의 정비방안

Ⅰ. 사법경찰관제도의 정비

1. 비교법적 고찰[1)]

가. 일 본

일본의 사법경찰직원은 우리의 사법경찰관리에 대응하며, 횡적으로 일반사법경찰직원과 특별사법경찰직원으로 나뉜다.[2)] 일반사법경찰직원에 대하여는 형사수속법 제189조가 규정하고 있으며, 특별사법경찰직원에 대하여는 형사수속법 제190조가 "삼림·철도 기타 특별한 사항에 대하여 사법경찰직원으로서 직무를 행할 자 및 그 직무범위는 별도의 법률로 이를 정한다."고 규정하고 있다. 특별사법경찰직원의 지정에 관하여는 「사법경찰직원등지정응급조치법」(소화 23년 법률 제234호)('응급조치법') 제1조[3)]에 의한 「사법경찰관리 및 사법경찰관리의 직무를 수행하기 위한 자의 지정에 관한 건」(대정 12년 칙령 제528호)(1921년)에 규정되어 있거나, 개별법에 규정되어 있다.[4)]

1) 김택수a, "사법경찰관제도의 구조에 관한 비교법적 고찰-프랑스, 일본, 한국을 중심으로-", 경찰법연구 제10권 제1호(2012), 9-12면의 내용을 수정한 것임.

2) 일본의 특별사법경찰관리(직원)에 대한 소개로는 승재현·전현욱, 앞의 보고서, 68면 참조.

3) "삼림, 철도 그 외 특별한 사항에 대하여 사법경찰직원으로서 직무를 실시해야 할 사람 및 그 직무의 범위는 다른 법률에 특별한 규정이 없는 한 당분간 사법경찰관리 및 사법경찰관리의 직무를 실시해야 할 사람의 지정 등에 관한 건이 정하는 바에 의한다."

4) 구법에서는 특별사법경찰직원은 '사경법률'에 규정된 자만이 수사권이 있었으나, 현행법은 칙령 제528호를 그대로 원용하여 사법경찰직원지정응급조치법에 의한 자 외에도 많은 단행법들에 의해서 특별사법경찰직원으로 인정되어 특별사법경찰직원이 폭넓게 규정되어 있다. 김형만·

'응급조치법'에 근거한 전통적인 특별사법경찰관리에는 ① 형무직원(응급조치법) ② 영림국서직원(응급조치법), ③ 공유임야사무담당北海島청직원(응급조치법), ④ 선장 및 선원(응급조치법), ⑤ 황궁호위관(경찰법 제69조), ⑥ 조수보호 및 수렵사무담당 도도부현청직원(조수보호 및 수렵에 관한 법률 제76조), ⑦ 노동기준감독관(노동기준법 제102조), ⑧ 선원노무관(선원법 제108조), ⑨해상보안관 및 해상보안관보(해상보안청법 제31조), ⑩ 마약단속관원(마약단속법 제54조 제5항), ⑪ 광무감독관(광산보안법 제37조), ⑫ 어업감독관원(어업법 제74조 제5항), ⑬ 자위대 형무관(자위대법 제96조 제1항)가 있다.[5] 과거 국유철도 내에서의 범죄를 단속하던 특별사법경찰직원인 철도공안관은 국철의 민영화조치(1987년)에 따라 폐지되었으며, 현재 도도부현경찰에 설치된 철도경찰대가 이를 담당하고 있다.[6] 또한 우편국의 민영화로 인하여 특별사법경찰직원인 우정감찰관도 폐지되었다.

이에 따라 과거 15종의 특별사법경찰관리가 운영되었으나 현재는 총 13종류의 특별사법경찰관리가 남아 있다. 따라서 이러한 일본의 상황은 특별사법경찰관리의 직무영역을 확대하고 그 활용을 극대화 하려는 우리의 상황과는 다르다. 그 이유로는 일본의 높은 검거율과 치안율이 유지되고 있고 범죄발생율도 낮아 현재의 경찰력에 대한 신뢰가 매우 높다는 점과 이를 유지 및 적절히 대응하기 위해 경찰자체의 인력을 꾸준히 늘리고 있다는 사실로 설명된다.[7] 일본 특별사법경찰관제도의 특징은 사법경찰직원으로서의 지정은 없지만 직무내용상 임검 · 수색 · 압수 등 사법경찰권과 유사하고, 특정한 범죄에 일차적인 강제조사권을 행사하는 기관을 준사법경찰로 분류하고 있으며, 여기에는 철도 공안직원, 국세청 감찰관, 국세조사관 및 세무서 직원, 전매공사 임직원, 세관장 및 세관직원, 입국경비관, 소방장 및 소방서장, 공안조사관 등이 있다. 이들의 조사행위는 수사와 유사하지만 원칙적으로 행정상의 처분을 행하기 위한 것이라는 점에서 수사의 권한이라고 보기 어렵다.[8] 특별사법경찰관리의 유무를 불문하고 모든 공무원은 직무상 범죄를 알게 된 경우에 고발해야 할 의무

차용석, 주요국가의 수사구조 및 사법경찰제도, 치안연구소 연구보고서, 1996, 43면.

5) 일본 특별사법경찰직원의 종류, 근거법규 및 직무범위에 대한 자세한 소개로는 김찬동 · 이세구, 앞의 보고서, 44-45면 참조.

6) 이동희 외 공저, 비교수사제도론, 박영사, 2005, 703면.

7) 승재현 · 전현욱, 앞의 보고서, 68면

8) 이에 대하여는 青柳文雄 외, 註釋 刑事訴訟法 제2권, 立花書房, 1976, 39면.

를 지며, 독점금지법위반, 의원증언법위반, 관세법위반 등의 경우에는 예외적으로 소추조건이 된다.[9)]

나. 프랑스

1) 특별사법경찰관리 지정 조문체계

사법경찰관제도의 기원은 프랑스에서 찾을 수 있다. 프랑스는 우리와 달리 수사권한의 차이에 따라 사법경찰관, 사법경찰리, 사법경찰보조리 3가지 범주로 구분하고 있다. 일반사법경찰관리는 국가경찰인 국립경찰과 국립군경찰에 소속된 경찰공무원과 군경찰관(군인)이다. 반면에 프랑스는 우리나라 및 일본과 달리 특별사법경찰관(원)이라는 용어를 사용하고 있지 않으며, 통상 '사법경찰의 직무를 담당하는 관리'(les fonctionnaires et agents chargés de fonctions de police judiciaires)라는 표현을 사용한다.[10)] 입법형식에 있어서 형사소송법의 단일조문에서 직접 지정하거나 다른 법률에 지정에 관하여 위임하는 형식이 아니라, 여러 조문에 걸쳐 특정한 사항에 관하여 수사를 할 수 있는 자를 지정하면서, 다른 법률에 의하여도 지정할 수 있도록 위임에 관한 규정을 두는 혼합적 형식을 취하고 있다.

이들에 대한 조문을 구체적으로 살펴보면, 형사소송법전 제22조부터 제27조까지는 농림부에 소속된 산림치수기사(ingénieurs), 지방산림치수주사(chefs de district) 및 산림치수기술직원과 자치단체에 속해있는 전원감시원(gardes champêtres)에 대하여 규정하고 있다. 다음으로 제28조부터 제28-2조까지는 행정기관 및 공공기관의 관리에 대하여 규정하고 있으며 제29조는 특별감시원(gardes particuliers)에 대하여 규정하고 있다.

이 중에서 특히 형사소송법전 제28조는 다른 법률에 의해 일정한 사법경찰권한을 부여받은 행정기관 및 공공기관의 관리가 법률이 정한 요건 및 범위내에서 일정한 사법경찰의 권한을 행사할 수 있다는 일반적 규정을 두고 있다. 형사소송법 제28조에 의하여 일정한 수사권한을 부여받은 관리들에는 근로감독관, PTT(체신청)의 관리, SNCF(국철) 또는 RATP(도시철도)의 관리, 계량검사관, DGCCRE(공정거래, 소비 및 부정행위 처벌국)의 관리, 시청각통제관리, 금융위원회관리, 유적탐사관리, 자

9) 池田修・前田雅英, 刑事訴訟法講義, 동경대학출판회, 제3판, 100-101면.

10) 형사소송법전 제1권 제1편 제1장 제4절 제목

연보호분야의 국립삼림국관리, 하천어업통제를 위하여 권한을 부여받은 관리, 암호문연구관리, 국가 및 영조건조물의 관리, 정보통신관리, 국립수렵국관리 등이 있다. 이들은 특별법들에 의해 정해진 요건 및 범위내에서 사법경찰의 권한을 행사할 수 있다.11)

여기에 재경부 산하의 '금융정보분석 대책실'(TRACFIN)을 덧붙일 필요가 있다. 1990년 5월 9일의 데크레에 의해 창설된 이 대책실은 마약유통으로부터 유래하는 자금세탁의 발견에 대한 조정임무를 수행한다. 상술하면 이 기관은 한편으로는 지하금융과 관련한 정보들을 수집하고 배포하는 것을 목적으로 하며, 다른 한편으로는 1990년 7월 12일의 법률에 의한 요건 하에서 금융기관의 특정거래정보(의심정보)를 수집하고 처리한다.12)

일부 행정공무원에게 제한된 수사권한을 부여한 경우와 달리 특정분야에서 형사소송법상의 모든 수사권한을 행사할 수 있는 사법경찰관리를 규정하고 있는 조문들이 있다. 제28-1조는 일부 세관공무원에 대한 수사권부여에 관하여, 제28-2조는 일부 세무공무원에 대한 수사권부여에 관하여, 제28-3조는 환경부 소속 일부 공무원에 대한 수사권에 관하여 규정하고 있다. 이들의 수사권에 대하여는 종전 개별법에 의해 규율하였던 것을 형사소송법전에 편입한 것이다. 좀 더 구체적으로 살펴보면, 1999년 6월 23일자 법률에 의해 신설된 형사소송법전 제28-1조에서 지정하는 사법세관공무원13)은 위원회의 동의를 받은 후 법무부장관 및 기획예산부장관의 공동부령에 의해 지명되고 고등검사장에 의해 자격을 부여받는다. 2009년 12월 30일자 법률에 의해 신설된 형사소송법전 제28-2조는 동일한 방식으로 세무공무원에 대하여 조세와 관련된 범죄에 대한 수사의 권한을 부여하고 있다. 여기에 더하여 2020년 12월 27일자 법률에 의해 신설된 제28-3조는 마찬가지로 환경부 소속 공무원에 대하여 환경법전에 규정된 범죄에 대한 수사권한을 부여하고 있다. 이들은 사법경찰관에게 부여된 것과 동일한 권한과 의무를 가지며, 따라서 이 세 부류가 실질적으로 우리나라의 특별사법경찰관리에 해당한다고 할 수 있다.

형사소송법전 제29조는 수렵과 어업분야에서 종사하며, 과거에 사법경찰관의 하

---

11) Gaston Stefani et autres, Procédure pénale, Dalloz, 16éd., 307면.

12) Jean Pradel, Procédure pénale, Cujas, 2008, 166면.

13) 이들은 수사에 대한 권한만을 가지며 관세법전에 의해 세관의 다른 공무원에게 인정되는 권한들은 행사할 수 없다. Hervé Vlamynck, Droit de la police, Vuibert, 2008, 42면.

부관리로 여겨졌던 특별감시원(les gardes particuliers)에 대한 규정을 두고 있다. 이들은 자신들이 경비하고 있는 재산을 침해하는 경죄 및 위경죄를 적발할 수 있는 권한이 있다. 이들이 유효하게 임무를 수행하기 위해서는 소유자로부터 위임을 받아야 하며, 도지사의 승인과 함께 지방법원에서 선서를 하여야 한다.[14] 위에 열거된 자들은 경찰조직에 소속되어 있지 않지만 소속기관에 속하는 범죄들에 관하여 사법경찰의 권한을 가지며, 사법경찰의 구성원으로 분류된다.[15] 이처럼 프랑스는 제한된 수사권한을 가지는 자에 대하여 형사소송법전이 직접 지정하는 방식과 개별법에서 지정하는 방식을 병용하고 있다. 우리와 같이 특별사법경찰관리의 지정을 원칙적으로 단일의 특별법을 통하도록 하는 방식은 특별사법경찰관리의 종류와 직무범위를 통일적으로 이해하도록 하는 장점이 있지만 특별사법경찰관리의 직무영역의 특수성을 고려하지 않고 획일적으로 일반사법경찰관리와 동등한 수사권한을 부여한다는 점에서 문제점이 있다.

2) 범죄적발을 위한 제한된 사법경찰권 부여

사법경찰관리라는 용어는 수사개시에서부터 수사완료까지 전 과정에서 수사권을 행사할 수 있다는 의미를 갖는 것으로 이해하면 프랑스에서 진정한 특별사법경찰관리는 사법세무공무원, 사법세관공무원, 사법환경공무원 세 부류만이 해당된다. 반면에 형사소송법전과 개별법에서 일정한 사법경찰권을 행사할 수 있는 공무원들을 지정하여 구체적인 권한을 명시하고 있다. 이러한 원칙에 따라 프랑스 형사소송법전 제28조[16]는 "특별법에 의하여 일정한 사법경찰의 권한을 부여받은 행정기관 및 공공기관의 관리"라는 용어를 사용하고 있으며, 이는 특별법이 정하는 바에 따라 권한의 정도가 매우 다양하며 획일적이지 않다는 것을 의미한다. 일반적으로 여기에 해당하는 특별법들은 행정기관의 소관 사무에 속하는 범죄들의 적발권한만을 부여하고 있다. 따라서 이 적발권한은 자신들의 소관 법규들의 준수를 보장하기 위한 범죄들로 제한된다. 적발권한은 다양한 특별법들이 행정기관 및 공공기관의 관리로 하여

---

14) Serge Guinchard et Jaques Buisson, Procédure pénale, Litec, 2001, 167면.

15) Gaston Stefani et autres, Procédure pénale, 16éd., Dalloz, 306면.

16) Les fonctionnaires et agents des administrations et services publics auxquels des lois spéciales attribuent certains pouvoirs de police judiciaire exercent ces pouvoirs dans les conditions et dans les limites fixées par ces lois.

금 적발의 권한과 함께 그러한 적발에 필요한 보충적 권한들을 부여하는 형태를 취한다. 예를 들어, 근로감독관은 사업장에 출입(노동법전 제8113-1조), 신원검사(제8113-2조), 분석을 위한 시료채취(제8113-3조), 문서 또는 장부의 수거(제8113-3조) 등을 할 수 있다. 이처럼 행정기관의 관리가 갖는 다양한 권한의 범위를 확인하기 위해서는 형사법전 이외의 다른 특별법의 관련 규정들을 참조하여야 한다.[17]

2. 특사경의 수사전문성 결여의 문제[18]

특별사법경찰의 직무영역의 확대는 일반사법경찰관리의 장소적 접근성의 결여보다는 단속과 관련한 행정공무원의 전문성에서 정당성의 근거를 찾을 수 있다. 그러나 특사경은 해당 행정분야에서는 전문가이지만 수사 그 자체에 대해서는 비전문가라는 모순적 상황에 처해 있다. 이로 인해 수사능력의 결여와 수사권의 남용가능성의 문제가 발생하고 있다.

대부분의 특사경은 '수사'보다는 '단속'에 치중하여 단순히 단속결과를 경찰・검찰에 고발하는 방식으로 업무를 처리하고 있다. 위험하면서도 번거로운 '수사'활동을 하기 보다는 본격적인 수사는 검찰이나 경찰에 넘기고 이를 위한 '범죄의 인지'에 중점을 두고 활동하고 있다. 이러한 문제의 원인으로는 ① '특별사법경찰의 수사업무에 대한 전문적 지식의 결여,' ② '잦은 인사이동으로 업무의 연속성 및 전문성의 결여,' ③ '일반행정업무와 겸임하고 있어 특별사법 경찰 업무에 대한 소홀과 무관심' 등으로 지적되고 있다.[19]

수사의 전문성 문제는 행정업무와 병행하는 기존의 특사경 운영체제와 광역자치단체를 중심으로 한 특사경전담부서의 운영체제로 구분하여 설명할 필요가 있다. 전자의 경우 관련 업무분야의 전문가일지라도 사법경찰권의 행사에 있어서는 기본적인 수사방법에 대해서도 각종 수사관련 공문 처리방법 등 실무적 능력이 현저히 떨어지는데, 이러한 업무수행이 기존의 업무에 특별사법경찰업무를 부가하는 것이라면 담당공무원으로서는 이를 환영할 이유가 없을뿐더러 업무만 가중하는 것이 되어

17) Serge Guinchard et Jaques Buisson, Procédure pénale, LexisNexis, 2019, 219면.

18) 김택수, 수사의 효율성 및 공정성 향상을 위한 사법경찰관제도의 정비방안, 치안정책연구소, 2013, 38-40면의 내용을 발췌하여 수정한 것임을 밝힌다.

19) 오병두, 앞의 글, 75면.

오히려 실효성을 저해할 우려가 있다.[20] 이처럼 특별사법경찰의 수사 및 업무처리 능력은 행정부서별로, 개인별로 많은 차이가 있으며, 전반적으로 일반사법경찰에 비해 상대적으로 수사에 대한 지식과 경험이 부족하여 피의자 조사, 증거 수집 등이 제대로 이루어지지 않는 것으로 평가된다.[21]

다음으로 후자의 경우 지방자치단체의 경우 2008년 본격적인 조례의 정비를 통해 특별사법경찰활동에 들어간 서울특별시, 부산광역시 등 일부 광역자치단체를 제외하고는 특별사법경찰의 제도적 뒷받침을 담당할 수 있는 인적, 물적 설비가 마련되어 있지 않은 실정이다.[22] 특별법위반사건이라도 일반적으로 범죄수사의 과정은 동일하나 특사경의 수사단계에서는 몇 가지 특이점이 있다. 대부분이 인지사건이므로 인지보고서를 작성하여야 하며, 입건된 피의자를 본격적으로 수사하기 위해서는 우선 피의자의 범죄경력서를 확보하여야 하는데 특사경은 자체적으로 조회할 전산망이 없으므로 피의자를 소환하기 전에 국가경찰에 의뢰할 수밖에 없다. 또한 즉결심판대상자와 일부 경미범죄를 제외한 모든 피의자는 수사자료표를 작성해야 한다. 이 경우에도 국가경찰의 전산망(E-CRIS)을 이용하거나 인근 경찰서에서 빌려 온 수사자료표에 일련번호를 부여한 후 사본은 특사경이 보관하고 원본은 국가경찰에 송부해야 한다. 더욱이 유치장 시설의 문제점이 있다. 긴급체포에 의하거나 사전영장에 의해 신병을 확보한 피의자는 인근 경찰서에 입감의뢰를 하여야 한다. 그 외에도 특사경이 단독으로 행할 수 없는 수사절차로는 지명수배 · 지명통보와 해제가 있으며, 국가경찰에 전산입력을 요구하여야 하며 수배된 피의자의 인수도 국가경찰에 의존하여야 한다.[23]

물론 일부 광역자치단체의 특사경전담조직들은 경찰청과의 협의를 통하여 일부 시스템을 활용할 수 있게 되었으나, 경찰이나 검찰이 보유하고 있는 다양한 수사지원전산시스템의 접근은 현실적으로 어려운 실정이다. 특히 2010년 형사사법절차 전자화 촉진법에 근거하여 2010년 5월부터 운용되고 있는 형사사법정보시스템(KICS)은 현재 경찰청, 해양경찰청, 검찰, 법원, 법무부가 참여하여 사건의 접수, 기소, 판결, 형의 집행까지 일련의 형사사법체계가 하나의 시스템으로 연계되어 처리되고 있

20) 이근우a, 앞의 글, 202면.
21) 민형동, 앞의 글, 62면; 같은 취지로는 이근우, 앞의 논문, 200-201면.
22) 김민규, 앞의 논문, 37면.
23) 황정익, "제주자치경찰 현황과 치안업무의 범위", 형사정책 제19권 제1호(2007), 446-447면 참조.

다. 2016년 처리된 사건을 기준으로 볼 때, 검찰로 송치된 사건의 88% 이상이 KICS로 접수된 사건이며, 나머지 약 12%의 사건은 KICS를 사용하지 않는 특사경에 의해 송치된 사건으로 추정된다.[24] 이처럼 특사경의 양적 확대와 전담부서의 설치에도 불구하고 형사사법정보시스템에 접근할 수 없는 한계로 인하여 검찰과 경찰에 비해 사건진행 상황이나 수사대상자에 대한 정보조회가 불가능하여 업무처리가 비효율적으로 이루어지고 있다.

수사 전문성의 결여는 업무수행능력의 저하로 그치는 것이 아니라 수사권한의 남용으로 이어져 인권침해의 결과를 초래할 수 있다. 특사경으로서 수사업무를 수행하기 위해서는 기본적으로 형사법 및 관련 분야에 대한 법적 지식을 갖추어야 하며, 과학수사를 포함한 수사와 관련한 전문적 지식과 경험을 갖추어야 한다. 그런데 실질적인 제도의 운영에 있어서 피의자 또는 사건관계인이 소환에 불응하거나 증거인멸, 도주우려 등이 예견되는 경우에 긴급체포, 체포영장 처리, 구속영장 신청 등과 같은 강제절차에 대한 이해와 경험부족으로 인해 실행과정에 있어서도 형사절차상 국민의 기본권 보호에 충실하지 못한 문제점이 야기될 뿐만 아니라 소극적인 자세를 보이는 경우 피의자에게 강력한 대응을 하지 못할 수 있다.[25] 특별사법경찰관리의 자격을 부여하는 과정에서 고려하지 못한 문제점은 헌법과 형사소송법이 규정하고 있는 적법절차를 통한 국민의 기본권 보호의 측면을 도외시하였다는 것이다. 특정분야의 행정업무에 대한 전문성이 인정되더라도 형사소송법상의 수사절차에 관한 전문성은 결여되어 있다는 것이다.[26].

이러한 수사절차에 대한 지식습득의 필요성에 따라 '특별사법경찰관리 지명절차 등에 관한 지침' 제9조(교육)는 지방검찰청 검사장 또는 지청장은 소속 검사 또는 5급 이상 직원으로 하여금 매년 1회 이상 특별사법경찰관리에 대한 직무교육을 실시하도록 규정하고 있으며, 대검찰청은 현재 '특별사법경찰관리 실무교재'를 개발하여 전국의 지방검찰청에 보급하고 있다.[27] 아울러 법무연수원에 특사경을 대상으로 특사경 수사실무 프로그램을 개설, 운용하고 있다.[28] 하지만 수사의 전문성은 단기간

24) 경찰대학 산학협력단, 특별사법경찰 수사통계 수집 및 활용방안 연구, 2019, 175면.
25) 민형동, 앞의 글, 61면; 김민규, 앞의 글, 36면.
26) 같은 글, 38면.
27) 민형동, 앞의 글, 63면.
28) 2022년 기준 특사경 수사실무(단기)는 50명 정원으로 5일간의 교육 총 17회를 실시하고, 특사경

의 교육에 의해 쉽게 획득될 수 있는 성격의 것이 아니며 그렇다고 하더라도 수사를 실질적으로 행할 수 있는 인적, 물적 수단의 구비와 수사를 지원할 수 있는 각종의 수사지원시스템이 구축이 병행되어야 한다. 이러한 것들이 갖추어지지 못한다면 수사의 효율성을 거둘 수 없으며, 결과적으로 부당한 인권침해의 문제로 연결될 수밖에 없다.

3. 특사경 직무분야의 축소

1956년 특사경법의 제정이유를 보면 “삼림·해사·전매·세무등 특수행정분야에 관한 범칙사건을 일반사법경찰관리로 하여금 수사케 함은 그 특수성을 감안할 때 부적당하고 매우 곤란하므로 형사소송법 제197조(현행 제245조의10)에 의거하여 이들 특수행정분야에 관한 범칙사건을 수사하는 자 및 그 직무범위를 규정함으로써 이들 특수행정분야를 직접 담당하여 그 부면에 정통한 공무원으로 하여금 이를 처리하게 하여 범죄수사에 신속과 철저를 기하려는 것임”으로 기술되어 있다.[29] 즉, 특사경제도를 두게 된 주된 근거를 바로 업무분야의 전문성과 범죄수사의 신속성에서 찾고 있다. 최근까지의 특사경의 확대도 해당 행정분야의 전문성과 범죄수사의 효율성이 그 주된 취지로 설명되고 있다.

그런데 특별사법경찰관리는 형사소송법 제245조의10에 의하면 직무범위가 사항적 또는 장소적으로 제한을 받게 된다. 따라서 특사경의 지정에 있어서도 일반사법경찰관리의 접근이 곤란함으로 인하여 수사의 어려움이 있고 신속히 대응해야 할 경우로서의 장소적 제한성으로 인하여 특사경을 두도록 한 경우와 업무의 전문성으로 인하여 특사경을 두도록 한 경우를 구분할 필요가 있다. 이에 따르면 법 제정당시 장소적 이유로 반영된 것은 형무소장과 소년원장, 산림주사·주사보, 중앙임업시험장 공무원, 농림부 산림국 공무원, 선장과 해원 등 대부분의 경우이며, 업무의 전문성을 이유로 반영된 것은 지방전매청 공무원, 보건사회부 공무원 등에 불과하다는 것을 알 수 있다. 그러나 현재의 상황은 장소적 이유보다는 업무의 전문성 이유가

수사실무(타켓)은 50명 정원으로 2일간의 교육 총3회를 실시하고 있다. 출처: 법무연수원 홈페이지(https://www.ioj.go.kr/)

29) 법제처 국가법령정보센터 ‘사법경찰관리의직무를행할자와그직무범위에관한법률’, 제정이유.

대부분을 차지하는 역전현상을 볼 수 있으며, 특사경의 직무분야가 대폭 증가하였다. 하지만 우리와 비슷하게 출발하였던 일본의 경우에도 특사경의 종류는 오히려 줄어들었으며, 사법경찰관제도의 기원을 두고 있는 프랑스의 경우에도 일반사법경찰관리와 동등한 수사권을 가지는 행정공무원은 세무공무원, 세관공무원, 환경공무원에 불과하다는 점을 주목할 필요가 있다.

아울러 앞서 언급한 바와 같이 우리의 특사경제도에 있어서 심각한 문제점은 특정 행정분야에 대한 전문적 지식을 가지고 있다는 것과 수사의 전문성 보유여부는 별개의 사항임에도 불구하고 이를 동일시하여 행정의 전문성을 수사의 전문성으로 연결시킨 오류가 있다는 점이다. 또한 개인의 수사역량뿐만 아니라 조직차원에서 일정 규모의 인적, 물적 수단이 갖춰져야 하며 수사를 지원할 수 있는 각종의 수사지원시스템이 구축이 되어야 한다. 이러한 요소들이 갖추어지지 못하면 수사역량을 발휘할 수 없으며 수사의 효율성을 거둘 수 없다. 수사의 전문성과 효율성이라는 관점에서 과도하게 특사경의 직무영역이 신설된 분야에 대하여는 엄격한 재검토를 통하여 필수불가결한 영역을 제외하고 대폭 축소하여야 할 것이다. 그런데 오히려 특사경의 직무영역이 특정 행정분야에 한정하지 않고 일반범죄의 영역으로 넘어오는 현상까지 볼 수 있다. 예를 들어, 출입국관리업무에 종사하는 국가공무원에게 출입국관리에 관한 범죄와 경합범의 관계에 있는 형법상의 문서 관련 범죄 등에 대한 수사권을 부여하고, 철도공안 사무에 종사하는 공무원의 권한을 "소속관서 역구내 및 열차 안에서의 현행범"에서 "소속 관서 역구내 및 열차 안에서의 범죄"에 대한 수사권을 부여하여, 일반범죄(형법범)에 대해서까지 널리 수사권을 인정하고 있다.[30] 이러한 경향이 지속된다면 수사권의 충돌의 문제뿐만 아니라 경찰수사 분야의 잠식현상도 예상할 수 있을 것이다. 따라서 특사경제도의 왜곡을 인식하고 무분별한 특사경의 확대보다는 행정공무원들의 단속의 실효성을 확보하고 이들의 전문성을 수사에 활용할 수 있도록 하는 방안을 찾아야 할 것이다. 이는 결국 일반 수사기관 특히 일차적 수사권을 보유하고 있는 경찰의 수사역량을 강화하고 전문화하는 데에 있다. 이 과정에서 경찰수사와 중복되면서 경찰에 의해 수사가 가능한 영역에 대하여는 특사경 지정을 철회하고, 고도의 특수성이나 장소적 접근성의 문제로 부득이 존치를

30) 오병두, 앞의 글, 70면.

시켜야 하는 경우에는 경찰과 특사경 소속 행정기관 사이에 수사업무공조협약을 체결하거나 수사인력 파견 등의 제도를 활용하여 합동근무를 활성화하는 것이 바람직할 것이다.

Ⅱ. 범죄적발권 도입을 통한 행정조사제도의 정비

1. 비교법적 고찰

가. 일본의 사례: 입국경비관

일본은 현재 13개 분야에 대하여만 특별사법경찰직원이 있으며, 그 외에 사법경찰직원으로 지정되어 있지 않지만 사법경찰권과 유사하며 특정한 범죄에 대하여 일차적인 강제조사권을 수행하는 기관들이 다수 있다. 이들에 대하여는 일반 사법경찰과 구분하여 준사법경찰로 칭한다. 대표적인 유형으로는 국세청 감찰관, 국세 사찰관 및 세무서 직원, 전매공사 임직원, 세관장 및 세관직원, 입국경비관, 소방장 및 소방서장, 공안조사관, 공정거래위원회 직원, 증권거래 특별조사관 등이 있다.

일본 '출입국관리 및 난민인정법'은 제5장 강제퇴거절차 제1절 위반조사에서 입국경비관에 의한 위반조사절차에 관하여 규정하고 있다. 위반조사절차를 보면 제31조에서 입국경비관이 위반조사를 할 필요가 있을 때에는 그 소속관서의 소재를 관할하는 지방법원 또는 간이법원의 재판관의 허가를 얻어 임검, 수색 또는 압수를 할 수 있도록 규정하고 있으며(제1항), 청구가 있는 경우에 지방법원 또는 간이 재판소의 재판관은, 임검해야 할 장소, 수색해야 할 신체 또는 물건, 압수해야 할 물건, 청구자의 관직 성명, 유효기간 및 재판소명을 기재하고 스스로 기명날인한 허가장을 입국 경비관에게 교부하도록 규정하고 있다(제4항). 허가장을 발부받은 입국경비관은 수색 또는 압수를 하기 위해 필요한 때에는 시정장치를 여는 등 필요한 처분을 할 수 있다(제32조).[31] 입국경비관은 허가장에 일출 전, 일몰 후 야간에서도 집행할 수 있다는 취지의 기재가 없으면 원칙적으로 수색 또는 압수를 위해 주거 기타 건조

31) 마찬가지로 일본 국세청 감찰관은 재무성설치법 제27조에 제1항의 규정에 따라 국세청의 소속 직원이 한 그 직무에 관한 범죄(1호), 국세청의 소속 직원이 그 직무수행 중에 범한 범죄(2호) 등을 수사하며 같은 조 제2항의 규정에 따라 체포, 압류, 수색, 검증 등에 있어서 제한된 수사권을 행사할 수 있다.

물 내에 출입할 수 없으며(제35조 제1항), 다만 풍속을 해치는 행위에 사용되는 것으로 인정되는 장소와 공개한 시간내에는 여관, 음식점 등 야간에도 공중이 출입할 수 있는 장소에 대하여 예외가 인정된다(제35조 제3항). 이처럼 일본의 사례는 특사경의 자격부여가 없이도 행정공무원이 직접 법원의 판사로부터 허가장(영장)을 발부 받아 강제조사를 할 수 있음을 보여준다.

나. 프랑스의 사례: 세관공무원에 의한 관세법 적발권

우리의 경우 특사경법에 따라 관세법상 공항만 및 보세구역에서의 마약류 사범에 대한 적발과 마약류의 압수는 특별사법경찰관으로 지명을 받은 세관공무원에 의해 이루어진다. 이와 관련하여 프랑스에서는 어떤 방식으로 통관검사 과정에서 마약류에 대한 적발과 압수가 이루어지는지 살펴볼 필요가 있다. 앞서 설명한 바와 같이 프랑스 형사소송법 제28조 제1항은 다른 법률에 의해 일정한 사법경찰권을 부여받은 행정기관 및 공공기관의 관리가 그 법률이 정한 요건 및 범위 내에서 이 권한을 행사할 수 있다는 원칙을 규정하고 있다. 이에 따라 개별 법률들은 이들 행정 공무원에 대하여 범죄적발의 권한과 이에 필요한 최소한의 강제조사권만을 규정하고 있다.[32)]

사법세관공무원이 특별사법경찰권을 가지고 있는 것과 달리 일반 세관공무원은 관세법(Code des douanes)상의 행정조사의 권한과 범죄적발의 권한을 가지고 있다. 프랑스 관세청은 물품경찰(police des marchandises)로서 관세법 제60조[33)]에 근거하여 물품, 운송수단, 사람에 대한 일반적 검색권한을 보유하고 있으며, 세관공무원은 국경지역에서의 통관을 위한 물품검사뿐만 아니라, 전 국토상에서 물품, 운송수단, 사람에 대하여 검색(visite)과 경우에 따라 물품에 대한 유치 및 압류 등을 할 수 있다.[34)] 특히 주목할 점은 관세법 제323조 제1항에 따라 세관공무원과 기타 행정청은 관세법령을 위반한 범죄를 적발할 수 있으며, 같은 조 제2항에 따라 몰수의 대상이

32) 개별법률에 의하여 이러한 권한을 보유한 공무원 및 관리의 종류에 대하여는 Bernard Bouloc, Procédure pénale, Dalloz, 24éd(2014). 387-388면 참조.

33) 제60조 본 법률의 규정을 적용하고 부정행위에 대한 발견을 목적으로 세관 공무원은 물품 및 운송수단에 대한 검색 및 사람에 대하여도 검색할 수 있다.

34) Rozenn CREN, Poursuites et sanctions en droit pénal douanier, Université Panthéon-Assas(thèse), 2011, 46-47면.

되는 모든 물건에 대하여 압류할 수 있으며, 더 나아가 제323-1조에 따라 세관공무원은 1년 이상의 구금형에 처해지는 현행범인에 대하여 세관조사를 위하여 필요한 경우 체포 및 세관유치(retenue douanière)를 할 수 있다는 것이다.[35]

우리나라가 마약류 밀수사범을 관세범에 포함시키지 않고 있는 것과 달리 프랑스는 마약류 밀수사범에 대하여도 관세법 제414조[36]의 규정을 적용하여 관세범으로 분류하고 있으며, 마약류에 대한 적발은 다른 관세범과 동일한 방식을 따른다. 세관공무원이 관세범을 적발하는 방식은 현행범의 상황과 비현행범의 상황으로 구분된다. 먼저 관세법은 현행범죄에 대하여 압류조서(procès-verbal de saisie)에 의한 적발방식을 마련하고 있으며, 이 경우 압류조서라는 명칭에도 불구하고 반드시 압류를 요하는 것은 아니다.[37] 압류조서는 장소를 불문하고 작성될 수 있으며(적발하는 장소, 압류물의 영치장소, 세관 사무실 등), 다만 적발과 동시에 또는 압류물의 운반 및 영치 직후에 작성되어야 한다(관세법 제324조 제2항). 관세법은 몰수의 대상이 되는 물건의 압류를 수반한 범죄적발의 경우에 좀 더 엄격한 조서의 기재사항을 요구하고 있다(관세법 제325조 내지 제327조에서 규정).[38] 관세법 제241조 제3항에 따라 관세범의 현행범인으로 체포를 한 경우 지방검찰청 검사장에게 인치할 수 있으며, 실무상 현행범죄를 적발한 세관공무원은 즉시 지방검찰청 검사장에게 보고를 하여 현행범 수사의 개시여부에 대한 지휘를 받는다.[39]

다음으로 관세법은 확인조서(procès-verbal de constat)에 의한 적발방식을 규정하고 있다. 이 조서는 현행범의 상황에서 작성되는 압류조서와 달리 관세법 제65조에 규정된 서류제출요구(서류에 대한 압류가 행해진 경우 포함)의 시행 이후에 행해지는 단속의 결과 및 세관공무원에 의해 수행된 조사, 심문 등의 결과를 기록하기 위하여 작성된다. 이외에도 관세법 제63조의3에 규정된 영업의 장소 또는 시설에 대한 출입

---

35) 세관유치가 되면 즉시 관할 지방검찰청 검사장에게 보고를 하여야 하며(제2323-3조), 24시간의 유치기간이 종료되면 검사는 자신 또는 세관사법경찰관리에게 인치할 것을 명할 수 있으며, 경우에 따라 수사를 개시하여 피의자를 경찰유치(garde à vue)할 수 있다(제323-9조).

36) 프랑스 관세법(Code des douanes) 제414조는 관세법에 의하여 수출입이 금지된 물품을 신고없이 수출입하는 행위를 관세범으로 규정하여 3년 이하의 구금형 및 가액의 2배 이하의 벌금형에 처하도록 규정하고 있으며, 마약류에 대한 밀수입의 경우 이 규정에 따라 처벌된다.

37) Rozenn CREN, 앞의 글, 138면.

38) Douanes & Droits Indirects, Charte des contrôles douanes, 2015, 20-22면.

39) Circulaire de la direction des Affaires criminelles et des Grâces Signalisation des circulaires du 1er avril au 30 juin 2001

권의 시행, 관세법 제64조에 의해 규정된 가택조사의 시행, 조사가 결과가 없거나 제63조의3에 근거한 시료채취 등의 경우에 작성된다. 관세법 제334조를 적용하여 확인조서에는 단속의 일시, 적발 및 수집된 정보의 성격, 경우에 따라 압류된 서류, 관리의 성명, 자격, 소재지를 기재하여야 한다. 조서에는 관련인에 대한 심문의 결과가 기재될 수 있다(관세법 제334조). 또한 관련인은 변호인의 조력을 받을 수 있다.[40] 특히 현행범에 대한 세관유치(retenue douanière)의 각 과정을 조서에 기재하도록 하여 증거의 신의칙 원칙에 따라 증거자료가 수집되었다는 것을 보장토록 한다.[41] 이와 같이 엄격한 형식과 요건을 갖춘 조서는 위경죄에 대하여는 일정부분 법관의 판단을 구속한다.[42]

범죄적발에 따른 압류는 형사소송법의 적용을 받는 압류(압수)가 아니라 관세법상 몰수를 전제로 하여 세관공무원에게 인정된 행정상의 조사행위라는 점에 주의해야 한다. 따라서 압류를 통한 범죄적발은 범죄수사에 포함되는 행위가 아니라 행정조사의 일환으로서 범죄수사의 개시를 위한 전(前)단계로서의 의미를 갖는다고 하겠다.

참고로 프랑스에서 관세범은 위경죄(délit)와 경죄(contravention)로 구분되며, 경죄의 경우에는 원칙적으로 검사가 수사개시여부를 판단한다. 이 경우 검사는 통상적인 형사절차에 따라 예심을 청구하거나 세관사법경찰을 포함한 수사기관을 지휘하여 수사를 진행하도록 하며, 최종적으로 검사에 의해 공소(action publique)가 제기된다. 그런데 위경죄 및 경죄에 대하여 관세청은 화해(transaction)[43]절차를 밟거나 관세제재금(amende douanière)의 부과 또는 몰수(confiscation)를 위한 세무의 소(action fiscale)를 제기한다. 프랑스 관세법은 범죄의 적발방식과 범죄수사로의 이행절차를 명확히 구분함으로써 세관공무원의 행위가 행정조사로서의 성격을 가지는지 아니면 범죄수사로서의 성격을 가지는지에 대한 논란의 소지를 차단하고 있다.

---

40) Douanes & Droits Indirects, 앞의 글, 20-22면.

41) Rozenn CREN, 앞의 글, 139면.

42) 조서의 증명력에 대하여는 관세법 제336조 제1항 참조.

43) 행정처분의 하나로서 법적 근거는 민법 제2044조 이하에 규정된 화해절차를 근거로 한다. 일정부분 우리의 통고처분제도와 유사한 면이 있으나, 화해금을 지불하더라도 상급 관청의 승인을 받아야 하며, 동일 사안에 대하여 다른 법률에 의한 벌금과 병과될 수 있다는 특징이 있다. 이에 대하여는 Rozenn CREN, 앞의 글, 2011, 257-258면 및 312면 참조.

2. 강제조사권의 도입을 통한 범죄적발권 부여

규제분야의 개별법들은 행정조사의 실효성 확보를 위해 간접적 강제수단을 강화하는 추세이며,[44] 더 나아가 다수의 행정기관들은 강제조사권의 확보수단으로서 사법경찰권을 확보하는데 많은 노력을 기울이고 있다. 특사경의 직무영역을 신설하는 내용의 특사경법 개정안들의 주된 취지를 보면 규제를 담당하는 행정기관이 소관 법령위반에 대한 단속의 실효성을 높이는 것이다. 행정공무원은 과태료나 행정제재의 부과대상이 되는 법령위반에 대하여 단속할 권한이 있으나, 통상적으로 형벌에 처해지는 법령위반에 대하여는 단속권한이 없다는 점에서 그 대상을 엄격하게 구분하여 단속하는 것이 용이하지 않으며 형벌에 처해지는 법령위반에 대하여 별다른 조치를 취할 수 없다는 불합리성은 나름대로 단속사무를 수행하는 공무원에게 사법경찰권을 부여할 필요성을 합리화한다. 반면에 단속이 범죄적발의 수단이며 일반사법경찰관리에 의한 적발이 용이하지 않다는 점에서 보면 범죄적발을 위하여 형사소송법상의 모든 수사권한을 부여하여 수사개시에서부터 수사종료 후 송치까지의 전 과정에 걸쳐 행정공무원에게 수사권을 부여하는 것은 과도한 권한부여라고 하겠다. 범죄적발을 위하여 수사권을 부여하는 것에 대하여는 "참새를 잡으려고 대포를 쏴서는 안 된다."는 독일 행정법 법언의 의미를 새겨보아야 한다. 비례성의 원칙에 관한 이 법언은 입법자들이 가지고 있는 입법재량의 한계에도 적용될 수 있으며 모든 수사권을 행사할 수 있는 특사경의 지위를 부여하는 방식은 과도하며 재량의 한계를 벗어나는 것이라고 할 수 있다.

일본과 프랑스의 사례 등을 보면 특사경의 자격부여 없이 행정조사를 위한 강제조사권을 개별 행정법에서 규정하는 태도를 취하고 있음을 알 수 있다. 즉, 개별 행정분야의 특성과 단속 및 조사업무의 특수성을 반영하여 조사의 실효성을 확보할 수 있는 수단으로서 필요한 강제조사권을 도입하는 것이 필요하다. 현재의 우리 상황은 강제조사를 특사경의 자격부여를 통하여 우회적으로 가능하도록 하는 시스템

44) "행정조사가 규제의 준수 여부를 파악하여 제재하는 쪽으로 운영함에 따라 규제도 양산되고 있다. 대부분의 부처에서는 통상 조사결과 법위반 사실이 적발되면 이를 막기 위해 새로운 규제를 신설하고 행정조사권과 제재수준을 강화한다. 즉 규제신설 → 규제이행 여부 확인(행정조사) → 규제의 미준수 적발 → 규제강화 및 행정조사권 강화 → 규제 미준수 적발 등의 악순환으로 이어진다.", 신종익 · 임상준, 앞의 보고서, 2004, 146면.

이라고 할 수 있다. 특사경이 수행하는 단속의 법적 성격을 규명하고, 부득이하게 강제조사권을 행사하여 단속을 하는 경우에는 최소한의 권한을 개별법에 규정하는 방식으로 해결해야 한다. 예를 들어, 사업장 또는 주거에 대한 출입검사권, 서류나 물건에 대한 압수수색권, 계좌추적권 등의 강제조사권을 부여하는 방식의 패러다임의 전환이 필요하다. 현재와 같이 행정공무원에게 특사경의 자격을 부여하여 범죄인지에서부터 일반사법경찰관리와 대등하게 모든 임의수사 및 강제수사권을 부여하는 극단적인 처방은 행정공무원의 본래의 직무와 역할에 부합하지 않는다고 할 것이다.

실제 우리법에서도 예외적인 사례이지만 자본시장법이 금융위원회 소속 공무원에 대하여 증권불공정거래 조사와 관련하여 압수수색 등의 강제수사권을 부여하고 있다는 점을 주목할 필요가 있다.

3. 영장주의의 도입

행정조사와 즉시강제가 구별이 될 뿐만 아니라 즉시강제에도 원칙적으로 영장주의가 적용된다는 학계의 일반적 입장에 비춰볼 때 행정조사에 영장주의를 적용하는 문제는 헌법 규정에 충실하게 검사에게 영장을 신청을 해야 하는 절차적 문제가 생긴다. 아울러 행정법상의 영장청구라는 다소 익숙하지 못한 상황에서 압수수색이 형사절차의 수단이라는 잘못된 인식 때문에 특사경제도를 빌려 검사에게 영장을 신청하는 체계가 행정조사에 도입되었다고 평가할 수 있다. 결국 행정법상 강제조사권과 영장주의가 제대로 정비되지 못한 상태에서 조사의 현실적 필요성으로 인해 특사경제도를 활용할 수밖에 없었던 것이다.

그런데 영장주의의 적용문제와 검사에 의한 영장신청주의(영장의 검사경유제도)를 구분할 필요가 있다. 국민의 기본권 보호차원에서 행정조사에도 영장주의를 적용하는 것이 바람직하며, 영장주의를 적용함으로써 행정조사 이후 형사절차에서 행정조사에서 획득한 증거를 사용하더라도 위법수집증거배제의 문제를 해소할 수 있는 이점이 있다. 또한 행정기관이 영장신청에 따른 검사와 사법기관의 통제를 회피하기 위한 방안으로 조사거부 등의 행위에 대해 과도한 과태료나 과징금을 통하여 간접적으로 강제하는 문제점도 개선할 수 있게 된다. 다만, 적용범위와 관련하여 형사절차상 증거수집을 목적으로 하는 압수수색과 행정기관의 출입검사를 동일시하여 획일적으로 영장주의의 적용을 요구하는 것은 과도하며 이 경우 단속의 실효성이 저하될 수 있으므로 행정목적 달성과 법익침해의 정도를 형량하여 비례성의 정도를 넘어서는 경우에 한하여 영장주의를 적용하는 것이 타당할 것이다.[45] 즉 헌법 제12조 제3항과 제16조의 규정을 국민의 기본권이 침해될 우려가 있는 강제처분에 대하여 독립성이 보장되는 법관의 통제를 받아야 한다는 영장주의의 본질에 부합하는 범위내에서 행정조사에도 영장주의의 적용을 인정하는 것이 타당하다.

헌법상의 영장주의는 본래 형사사법권의 남용을 방지하려는 데 그 근본적 취지가 있는 것이지만, 행정조사가 형사소추절차로 이행할 가능성이 있거나, 직접적 강제를 수반하는 경우에 원칙적으로 영장주의를 적용해야 한다.[46] 하지만 행정조사분야에 영장주의의 도입이 곧 헌법이 명시하고 있듯이 검사의 신청을 거쳐야 한다는 절차까지 포함하는 것으로 해석되는 것은 잘못이다. 행정조사에 영장주의를 도입하자는 대부분의 학자들의 입장은 관련 공무원에게 특사경의 자격을 부여하여 형사소송법의 일반적인 절차에 따라 검사에게 영장을 신청하도록 하자는 것이다.[47] 그러나 궁극적으로는 헌법상의 영장의 '검사 경유제도'는 행정기관을 수사기관에 예속시키는 현상을 발생시키고, 행정과 사법의 분리라는 권력분립의 원칙에 반하는 문제점이 있으므로 행정조사에는 그대로 적용할 수 없다. 따라서 행정기관 소속 관련 공무원이 직접 법원에 영장을 청구하는 것이 허용된다고 해석하는 것이 타당하며 입법론으로 영장청구 절차를 개별법에서 명문화할 필요가 있다.

이와 관련하여 현행 관세법에서는 검사에게 영장을 신청하여 검사가 법원에 영장을 청구하는 절차는 명시되어 있지 않으며, 직접 법원으로부터 영장을 발부받을 수 있는 것으로 규정하고 있는 점도 참고할 만하다.[48] 아울러 개별법에서 영장주의가 적용된 사례를 보면 관세법, 조세범처벌절차법이 통고처분과 결합된 범칙조사의 차

---

45) 박창호, 앞의 글, 199면; 형사절차가 아니라 하더라도 영장주의가 적용될 가능성을 열어두되, 시간적・장소적 제약이나 국가행위의 성격에 비추어 영장의 신청・발부를 기대하기 어려운 사안에서는 영장주의를 완화하거나 예외를 인정하면 된다는 의견으로는, 김종현, 영장주의에 관한 헌법적 연구, 헌법재판소 헌법재판연구원, 2019, 37면 이하.

46) 행정조사기본법안(정부제출)에 관한 공청회 자료집 2006. 11. 24(금), 12-13면.

47) 사실상 영장의 검사 경유제도는 행정조사에 강제조사권을 도입하자는 논의에 있어서 큰 걸림돌이 되고 있다.

48) 제296조(수색・압수영장) ① 이 법에 따라 수색・압수를 할 때에는 관할 지방법원 판사의 영장을 받아야 한다. 다만, 긴급한 경우에는 사후에 영장을 발급받아야 한다.

원에서 영장을 발부 받도록 규정하고 있으나, 영장주의가 범칙조사에 국한되는 것은 아니며, 일반 행정조사에도 적용될 수 있다.[49] 따라서 범칙조사의 경우에도 굳이 영장청구의 절차적 문제로 인하여 관계공무원에게 특별사법경찰관의 자격을 부여하여야 하는 것은 아니며, 그러한 주장도 타당하지 않다.

참고로 일본은 2005년 공정거래분야에 범칙조사권을 도입하였으며, 우리의 공정거래위원회에 해당하는 공정취인위원회가 범칙사건을 조사하기 위하여 필요한 경우에 지방법원 등 법관이 사전에 발부한 허가장에 의해 임검, 수색 또는 차압할 수 있다(일본 독점금지법 제101조 및 제102조).[50] 결론적으로 영장주의의 절차적 실현과 특사경제도가 필수불가결하게 맞물려 있는 것은 아니며, 현행 헌법의 해석에 의해서도 특사경의 도입 없이도 영장주의는 실현될 수 있다.

4. 행정조사와 범죄수사의 엄격한 분리와 증거사용의 제한

행정기관 소속 공무원이 행정조사를 통하여 범죄를 적발한 경우에 수사기관에 고발을 하게 되지만, 행정기관이 통고처분의 권한을 보유한 경우에는 사안에 따라 처음부터 고발을 하거나 통고처분의 미이행의 경우에 고발을 하게 된다. 행정기관이 고발을 할 때에는 범죄를 적발하게 된 경위서와 함께 증거자료를 첨부하는 것이 일반적이다. 이때 수사기관이 인계받은 자료 또는 증거를 형사절차에서 증거로 사용하거나 이를 토대로 새로운 증거를 수집하는 경우에 증거능력의 문제가 발생하게 된다.[51] 이러한 문제가 발생하는 근본적 원인은 행정기관이 수집한 증거라는 점에 있는 것이 아니라 행정기관이 증거를 수집하는 절차가 형사절차에서 요구되는 영장주의나 방어권이 보장되는 엄격한 절차에 따르지 않고 임의조사를 원칙으로 하면서 조사거부나 방해에 대한 제재라는 간접적 강제수단을 통해 수집된 증거라는 점에서

49) 미국의 경우에도 1967년 Cammara 판결을 통하여 연방대법원은 영장주의가 행정조사 상대방인 당사자가 수정헌법 제4조(비합리적인 수사와 압수의 금지)에 규정한 프라이버시권을 주장하는 경우에 한하여 인정된다고 판단하였다. 최환용 · 장민선, 국민중심의 행정조사 관련 법제 개선방안 연구, 한국법제연구원, 2016, 68-69면.

50) 정승영 · 김수연, 앞의 보고서, 29면.

51) "간접강제력이 있는 현 상황에서 조사 과정에서 자료 등을 영치 하게 되는 경우에 임의 제출되어 확보된 자료가 형사절차 과정에서 증거능력을 가진 것으로 보는 것이 올바른 지에 대한 검토가 필요하다", 정승영 · 김수연, 앞의 보고서, 48면.

비롯된다. 즉, 형사절차에 준하는 적법절차에 의하여 수집된 증거가 아니거나 문답서나 진술서 등이 진술거부권의 보장이 없는 상태에서 작성된 서류이기 때문에 증거로 사용할 수 없게 되는 것이다. 이와 관련하여 아래의 판례를 참조할 필요가 있다.

대법원 2015. 5. 28. 선고 2015도3136 판결

현재 형사피의자나 피고인으로서 수사 및 공판절차에 계속 중인 자 뿐만 아니라 장차 형사피의자나 피고인이 될 가능성이 있는 자에게도 그 진술내용이 자기의 형사책임에 관련되는 것일 때에는 그 진술을 강요받지 않을 자기부죄 거절의 권리가 보장되는 것이다. 또한 진술거부권은 형사상 자기에게 불리한 내용의 진술을 강요당하지 아니하는 것이므로 고문 등 폭행에 의한 강요는 물론 법률로서도 진술을 강제할 수 없음을 의미한다. 그러므로 만일 법률이 범법자에게 자기의 범죄사실을 반드시 신고하도록 명시하고 그 미신고를 이유로 처벌하는 벌칙을 규정하는 것은 헌법상 보장된 국민의 기본권인 진술거부권을 침해하는 것이 된다(헌법재판소 1990. 8. 27. 선고 89헌가118 전원재판부 결정 참조).

구 새마을금고법(2014. 6. 11. 법률 제12749호로 개정되기 전의 것) 제85조 제2항 제9호(이하 '이 사건 처벌규정'이라 한다)는 "새마을금고나 새마을금고중앙회의 임직원 또는 청산인이 감독기관의 검사를 거부·방해 또는 기피하거나 해당 검사원의 질문에 거짓으로 진술한 경우 3년 이하의 징역이나 500만 원 이하의 벌금에 처한다."고 규정하고 있고, 위와 같은 질문을 하기 전에 진술거부권을 고지하여야 한다는 규정은 따로 두고 있지 않다. 그런데 새마을금고는 특정경제범죄 가중처벌 등에 관한 법률(이하 '특정경제범죄법'이라 한다) 제2조 제1호의 "금융회사 등"에 해당하고, 특정경제범죄법 제12조 제2항은 "금융회사 등의 장이나 감사 또는 검사의 직무에 종사하는 임직원 또는 감독기관의 감독업무에 종사하는 사람은 그 직무를 수행할 때 금융회사 등의 임직원이 그 직무에 관하여 이 법에 규정된 죄를 범한 정황을 알았을 때에는 지체 없이 수사기관에 알려야 한다."고 규정하고 있으며, 같은 조 제4항은 "정당한 사유 없이 제2항을 위반한 사람은 200만 원 이하의 벌금에 처한다."고 규정하고 있다.

위와 같은 규정을 앞서 본 법리에 비추어 살펴보면, 이 사건 처벌규정은 적어도 새마을금고의 임직원이 장차 특정경제범죄법에 규정된 죄로 처벌받을 수도 있는 사항에 관한 질문을 받고 거짓 진술을 한 경우에는 특별한 사정이 없는 한 적용되지 않는다고 해석하여야 한다. 이러한 경우까지 항상 이 사건 처벌규정으로 처벌될 수 있다고 본다면, 이는 실질적으로 장차 형사피의자나 피고인이 될 가능성이 있는 자로 하여금 수사기관 앞에서 자신의 형사책임을 자인하도록 강요하는 것과 다르지 않기 때문이다.

위 판례는 행정조사 과정에서 검사원의 질문에 거짓으로 진술한 경우에 행정형벌에 의하여 처벌하도록 한 규정은 사전에 진술거부권의 고지에 대한 규정을 따로 두지 않았다면 형벌법규에 의하여 처벌될 수 있는 사항에 관하여 질문을 받고 거짓진술을 한 경우에는 특별한 사정이 없는 한 처벌할 수 없다는 것을 보여준다.[52] 이를 뒤집어 보면 진술거부권에 반하거나 자기부죄금지의 원칙에 반하여 행정조사에 의하여 획득한 증거를 형사절차에서 증거로 사용될 수 없다는 결론을 도출할 수 있다.[53] 결국 진술증거의 경우에 진술의 임의성이 보장되지 않거나 진술거부권이 보장되지 않았다면 형사절차에서 증거로 사용할 수 없는 것이다.[54] 더 나아가 임의성이 보장되고 진술거부권의 고지 등 적법절차를 준수한 경우에도 행정조사에서 획득된 진술증거를 형사절차에서 활용할 수 있느냐의 문제가 생기는데 형사소송법은 피의자의 진술이 기재된 조서와 참고인의 진술이 기재된 조서의 증거능력을 달리 규정하고 있으며 비록 피의자 또는 참고인이 직접 진술서를 작성하여 제출하더라도 조사과정에서 제출된 경우에는 조서에 준하여 증거능력을 판단하도록 규정하고 있으므로 행정조사에서 획득한 위반혐의자의 진술이 기재된 서류는 사실상 형사절차에서 증거로 사용하기 곤란하고 그 실익도 없다고 할 수 있으므로 진술증거에 대하여는 형사절차에서의 사용을 금지하는 것이 바람직하다.[55]

그런데 진술증거와 달리 비진술증거에 대하여도 살펴볼 필요가 있다. 형사소송법 제108조의 규정에 따라 소유자, 소지자 또는 보관자가 임의로 제출한 물건 또는 유류한 물건은 영장없이 압수할 수 있으므로, 행정공무원이 행정조사를 통하여 수집한 증거들을 임의로 제출하는 경우에 수사기관은 적법하게 압수할 수 있다. 하지만 이 경우 영장주의를 침탈하여 증거획득의 수단으로 행정조사가 활용되는 문제점이 발

---

52) 유럽인권재판소도 행정조사과정에서 질문에 답변을 거부하는 행위를 사법방해죄와 동등한 형으로 처벌하도록 한 규정이 공정한 재판을 받을 권리를 침해한다고 결정한 바가 있다. CEDH, SAUNDERS c.Royaume-Uni, 17 décembre 1996.

53) 예를 들어, 관세법 제291조 및 제292조의 규정에 따라 세관공무원은 피의자를 조사하여 조서를 작성하지만 진술거부권을 고지할 필요가 없다. 오히려 제276조 제4항은 세관공무원의 질문에 대하여 거짓의 진술을 한 경우 1천만원 이하의 벌금에 처하도록 규정하고 있다.

54) 영국의 경우 경쟁법위반 사건의 조사에서 이루어진 진술을 원칙적으로 기업법상 카르텔 범죄의 기소를 위한 증거로 사용할 수 없도록 하고 있다. 강수진, 앞의 글, 30면.

55) 예를 들어, 단속과정에서 제출한 자인서(진술서)의 경우 형사절차에서 증거능력을 판단함에 있어서 피의자신문조서로 보아야 할 것인지, 참고인진술조서로 보아야 할 것인지 아니면 단순한 진술서로 보아야 할 것인지의 증거법적 문제가 생기며 이에 대한 해결은 용이하지 않다.

생할 수 있다.[56)][57)] 행정조사를 통하여 수집된 증거를 형사절차에서 사용할 수 있는지에 대하여는 아직까지 정립된 이론이 없는 실정이다. 이에 반해 행정조사에서 수집된 증거를 수사 또는 소추에 활용할 수 있도록 하는 장치를 마련하거나,[58)] 빈대로 행정처분을 위하여 수사기관에 수사 관련 자료를 요구할 수 있도록 하는 입법시도는 매우 우려스러운 일이다.[59)] 장차 이 주제에 대해서는 많은 고민과 연구가 필요하다고 하겠다.[60)]

만일 행정공무원이 법원으로부터 영장을 발부받아 증거를 수집한 경우라면 형사절차에서 증거로 사용하는 것은 문제되지 않을 것이다. 하지만 범죄수사의 목적으로 행정조사의 수단을 활용하거나 의도적이지 않지만 결과적으로 행정조사 이후 형사절차로 연결되는 경우에 있어 증거로 사용하는 것에 대하여는 일정한 제한이 필요하다. 영장에 의하지 않고 제출거부 등에 대한 제재의 수단을 통하여 간접적으로 제출을 강제하여 영치(압류)한 경우에 증거사용을 제한하여야 한다.

그런데 행정조사를 통하여 수집한 증거의 형사절차에서의 증거사용 문제는 행정기관이 통고처분을 위한 범칙조사를 할 수 있는 권한을 보유하거나, 조사하는 공무원에게 사법경찰권이 부여된 경우에는 매우 복잡한 양상으로 전개되며 그 한계를 설정하는 것이 용이하지 않다. 외국의 사례를 참고하여 수사절차에 준하여 권리가 보장된 절차에 따라 수집된 증거에 대하여는 증거능력을 인정하고, 진술거부권을 보장하지 않거나 자기부죄금지의 원칙에 반하는 조사행위가 있었던 경우에는 증거사용을 부정하는 것이 타당하다.

수사와 행정조사의 절차를 상호 유용하는 문제를 개선하기 위해서는 행정조사절

---

56) 이러한 문제제기로는, 정승영 · 김수연, 앞의 보고서, 48면.

57) 형사추급을 위한 행정조사는 물론이고 형사고발권의 행사를 위한 행정조사도 이를 통해 수집된 증거자료들이 행정청의 고발에 첨부되거나 수사자료가 됨으로써, 실질적으로 이중수사의 문제가 발생하고 영장주의가 형해화될 수 있다는 의견으로는, 이근우e, 앞의 글, 376면.

58) 자본시장법 제178조의3 참조.

59) 윤관석 의원이 대표발의한 자본시장법 개정 법률안은 금융위원회가 과징금을 부과하기 위하여 수사 관련 자료를 요구하는 경우에는 검찰총장이 이를 제공할 수 있도록 하고 있어 금융위원회와 검찰 상호 간 불공정거래 사건 정보공유를 위한 근거를 마련하도록 하고 있다. 국회 정무위원회, 자본시장과 금융투자업에 관한 법률 일부개정법률안(윤관석의원, 박용진의원 대표발의, 의안번호: 2103921, 2104121) 검토보고, 2020.11. 13면.

60) "실제로 일본의 다수 법률(어업법, 비료단속법 등)에서는 이러한 문제점을 근절하고자 '출입, 검사, 질문의 권한을 범죄수사를 위한 것으로 해석할 수 없다'는 명문의 규정을 두고 있다.", 오명신, 앞의 글, 174면.

차와 수사절차를 수행하는 공무원들을 조직적 차원에서 분리하여 운용하는 것이 필요하다.[61] 현재처럼 중앙행정기관 및 지방자치단체 소속된 행정공무원들에게 광범위하게 사법경찰권을 부여하게 되면 행정업무를 수행하는 공무원이 행정조사와 수사업무를 중복하여 수행하는 문제가 생기게 된다. 따라서 우선적으로 서로 다른 성격의 업무를 중복하여 수행하지 않도록 업무분장을 명확히 하고, 부서편성에 있어 행정조사를 수행하는 부서(조사부서)와 수사업무를 수행하는 부서(수사부서)를 분리하여 그 경계를 세워야 한다.[62] 특사경을 운영하는 일부 기관에서도 이처럼 조사부서와 특사경 부서를 엄격하게 분리하여야 한다는 원칙을 규정한 경우를 찾아 볼 수 있다. 예를 들어, 금융위원회고시인 '자본시장조사 업무규정' 제2조의2(정보차단장치 구축)는 "금융위위원장 및 금융감독원장은 「사법경찰관리의 직무를 수행할 자와 그 직무범위에 관한 법률」 제5조 제49호 및 제7조의3에 따른 사법경찰관리의 수사업무와 조사부서 업무간 부당한 정보교류를 차단하기 위하여 업무 및 조직의 분리, 사무공간 및 전산설비 분리 등의 조치를 하여야 한다."고 규정하고 있다. 그러나 조사부서와 수사부서를 분리하여야 한다는 필자의 주장이 특히 광역자지단체를 중심으로 특별사법경찰 전담조직의 설치를 옹호하는 것은 아니다. 부서의 분리와 업무성격이 다른 특사경들의 통합은 서로 다른 차원의 문제이기 때문이다.

Ⅲ. 범칙조사 및 통고처분제도의 개선

1. 비교법적 고찰

가. 일본: 공정취인위원회

일본은 2005년 독점금지법을 개정하여 입찰담합 카르텔 등 전형적인 조직범죄행위와 같이 악질적이고 중대한 사안(독점금지법 제89조에서 제91조까지의 죄)에 대

61) 행정조사는 법치주의적 관점에서 그 자체로도 다수의 문제점이 검토되어야 하고, 분야별 행정공무원에게 행정조사권과 수사권이라는 이중적 권한을 부여하는 것은 검토의 여지가 많다고 지적하면서, 그 개선방안으로 특별사법경찰 전담조직을 설치하여 사법경찰관리는 사법경찰사무만 수행하도록 하자는 의견으로는, 김용주, 앞의 글, 108-111면.

62) 금감원에 특별사법경찰을 도입하여 운영하게 되면 조사업무와는 별도로 특별사법경찰 전담조직을 분리 독립해 신설해야 한다는 의견으로는, 신현기a, 앞의 글, 136면.

하여 형사고발을 할 수 있는 범칙조사권을 도입하였다.[63] 따라서 범칙조사 대상사건과 범칙조사 대상 이외의 사건으로 구분이 되며 범칙조사절차와 일반 행정조사절차가 엄격하게 구분하고 있으며, 범칙조사직에 있는 자는 행정조사권한을 행사할 수 없으며 일반 행정조사의 차원에서 행해진 처분권한은 범죄수사를 위하여 인정된 것으로 해석하여서는 안 된다는 명시적 규정을 두고 있다(제47조).

우선 공정취인위원회는 기존의 일반 행정조사를 수행할 수 있으며, 피조사인 또는 참고인에게 출석 및 진술을 요구하거나 감정인을 지정하여 감정을 위촉, 자료나 물건의 제출을 명하거나 제출된 자료나 물건을 유치, 사업자 또는 사업자단체의 사무소 또는 사업장에 출입하여 자료나 물건을 조사할 수 있다.[64]

한편 공정취인위원회의 지정을 받은 공정취인위원회 직원은 범칙조사를 위해 임의조사의 방법으로 필요할 때에는 범칙혐의자 또는 참고인(범칙혐의자 등)에 대해 출두를 요구하여 질문을 하고, 범칙혐의자 등이 소지 또는 보유하고 있는 물건을 검사하거나, 임의로 제출받아 영치할 수 있으며, 관공서 또는 공사의 단체에 조회해 필요한 사항의 보고를 요구할 수 있다(제111조). 또한 공정취인위원회 직원은 강제조사의 방법으로 범칙사건의 조사를 위해 재판소로부터 허가장을 발부받아 임검(臨檢), 수색 또는 압류(差押え) 등의 처분을 할 수 있어 영장주의를 실현시키고 있다.[65] 공정취인위원회는 범칙사건의 조사에 의하여 범칙의 심증을 얻는 때에는 반드시 검사총장에게 고발하여야 하고(동법 제74조 제1항) 이는 공소조건이 된다(제96조 제1항) 이 외에 독점금지법의 규정에 위반하는 범죄가 있다고 사료하는 때에는 검사총장에게 고발하여야 하며(제74조 제2항), 공소제기 후에는 고발을 취소할 수 없다(동법 제96조 제4항).[66]

일본 공정취인위원회는 우리의 과징금부과 권한에 상응하는 과징금 납부명령권을 가지고 있으며, 독점금지법 제63조는 공정취인위원회가 납부명령을 행한 후 동일 사건에 대하여 해당 납부명령을 받은 자에 대하여 벌금의 형에 처하는 확정재판이 있을 때는 원칙적으로 공정취인위원회의 결정으로 해당 납부명령에 관련된 과징금의 액수를 그 금액에서 당해 재판에서 명한 벌금액의 2분의 1에 상당하는 금액을 공제

63) 정승영, 김수연, 앞의 보고서, 28면.
64) 같은 글, 28면.
65) 이창섭, 앞의 글, 108면.
66) 같은 글, 109면.

한 금액으로 변경하도록 규정하고 있다. 이는 우리나라에서 논란이 되고 있는 동일 사안에 대하여 과징금을 부과하고 벌금을 선고하는 이중처벌의 문제와 관련하여 중요한 참고가 된다. 아울러 범칙조사에 의하여 범칙의 심증을 얻어 검사총장에게 고발하는 경우에 영치물건, 압류물건 또는 기록명령부 압류물건이 있는 때에는 이를 영치목록, 압류목록 또는 기록명령부 압류목록과 함께 인계하도록 하면서(제116조 제1항), 인계된 해당물건은 형사소송법의 규정에 따라 압수된 것으로 보도록 하여(제116조 제3항) 형사절차에서 증거로 사용하는 문제에 대한 논란을 없애고 있다.

이상의 내용을 종합하면 일본의 공정취인위원회의 범칙사건에 대한 고발권은 우리의 공정위원회가 가지는 전속고발권과는 그 성격이 다르며, 오히려 범칙의 심증을 얻은 때에 반드시 고발하여야 할 의무를 진다고 하겠다. 또한 일본이 전속적고발권의 형태를 취하지 않으면서 범칙조사 후에 범칙의 심증을 얻은 경우에 고발의무를 부과하고 있는 것은 고발에 따라 벌금형에 취해지더라도 과징금의 액수를 경감하는 방식을 취하고 있기 때문이라는 설명이 가능하다.

나. 프랑스: 공정거래국(DGCCRE)[67]

프랑스 상법전(Code de commerce) 및 소비법전(Code de la consommation)은 '공정거래, 소비 및 부정행위 처벌국'(Direction générale de la concurrence, de la consommation et de la répression des fraudes)(이하 공정거래국)[68]의 관리에게 두 가지 형태의 조사권한을 부여하고 있다. 먼저, 일반 조사권한들로서, 공정거래국 소속 관리는 문서 및 자료를 수집하고 범칙사실에 대한 적발을 수행하기 위한 목적으로 사업장에 접근할 수 있다 특별히 계약서, 계산서 등 문서를 열람하고 자료를 수집할 수 있으며, 시료를 채취하거나 제품을 수거하여 의무위반이나 범죄를 입증하기 위한 분석을 할 수 있다. 기준부합에 대한 의심이 있으면 단속의 결과를 기다리는 동안 제품의 유통을 차단하기 위하여 임시로 영치할 수 있으며 기준에 부합하지 않는 제

---

67) 이하의 내용은 프랑스 경제재정부 산하 공정거래국이 발간한 보고서 'Les contrôles de la DGCCRF'(공정거래국의 통제) 종합편(synthèse) 내용을 발췌한 것임을 밝힌다. Ministère de l'economie, des finances et de la relance, Les contrôles de la DGCCRF, 2021, 3-5면.

68) 우리나라와 달리 프랑스는 독립행정청인 경쟁청(l'autorité de la Concurrence)이 반경쟁분야에서 공정거래국과 업무를 분담하고 있다. 경쟁청은 경제의 원활한 작동을 위한 경제적 역할이라는 점에 중점을 두고 중요한 사건들에 집중하는 반면에, 공정거래국은 지역적 수준의 영향을 주는 사건들에 대하여 명령하거나 화해 등의 절차를 진행한다.

품을 압류할 수 있다. 인터넷상에서의 판매 절차를 준수하는지를 확인할 수 있도록 가명을 사용한 위장조사를 할 수 있다. 단속에 필요한 분야의 전문가로 하여금 단속에 동행하도록 할 수 있다. 다음으로 판사의 허가를 받아 수행하는 특별 조사권한이 있다. 위에 열거된 일반적 권한으로는 의무위반이나 범죄의 증거수집이 불가능한 경우에 공정거래국은 석방구금판사(juge des liberté et de la détention)[69]에게 '출입·압류'로 칭해지는 압수수색의 권한사용에 대한 허가를 청구할 수 있다.

공정거래국의 적발 이후의 처리절차는 다양하다. 의무 또는 금지위반에 대해 적용되는 제재에는 금전벌(amende)이 있으며, 그 기준은 획일적이지 않으며 행정청이 각 사안의 상황에 따라 제재의 선고여부를 결정하며 선고하는 경우 사안의 중대성에 비례한 제재를 결정한다. 일부의 제재, 예를 들어 경고, 명령, 행정상의 금전벌은 행정청에 의해 결정되며 집행도 된다. 다른 제재에 대해서는 공정거래국이 절차를 개시하지만 결정권한이 없으며, 민사 또는 형사 법원의 권한에 속한다. 이러한 처리는 세 가지 범주로 구분된다. 먼저, 교육적 처리(la suite pédagogique)는 의무위반 또는 경미한 범죄의 위반의 경우에 선호된다. 경고(avertissement)가 사업자에게 통보되며 법위반 또는 법적용상의 과실에 기인한 의무위반 또는 경미한 범죄에 대한 적발사항이 안내된다.

다음으로 교정적 처리(les suites correctives)는 사업자로부터 신속한 이행을 확보하도록 한다. 특히 명령과 같은 행정경찰상의 처분은 행정청에게 예컨대 사업자에게 일정한 기한내에 규범의 준수를 이행하도록 하는 교정적 조치들(les mesures correctives)을 채택할 것을 요구하는 명령을 할 수 있게 한다. 다음으로 소환장(les assignations)을 발부하여 사법절차를 개시하고, 이를 통해 공정거래국이 예를 들어 불법적 행위들의 중단이나 남용적 조항(clause abusive)의 삭제를 명령할 것을 청구한다. 다음으로 제재(les sanctions)로서 행정청은 직업인의 행위가 특별히 중대하고 제재되어야 하는 경우에 이 방법을 택하며, 위반형태에 따라 다음과 같이 달라진다. 기업은 민사적 제재(금전벌, 계약조항의 무효 등)의 선고를 목적으로 제소될 수 있으며, 형사법원으로 하여금 벌금이나 금고형을 선고하도록 조서가 검찰에 송부될 수 있으며, 행정청은 독자적으로 행정상의 제재를 부과할 수 있다.

69) 우리나라의 영장전담판사로 이해할 수 있다.

이와 더불어 2020년 12월 3일의 법률은 공정거래국의 활동수단을 강화하였다. 화해(transaction)[70]제도가 더 충실하게 되었으며, 일정금액의 납부 외에도 기업과 체결된 협약(l'accord)은 장차 준수이행에 대한 의무와 소비자들이 입은 피해에 대한 회복을 포함하도록 하였다. 또한 화해절차를 활용할 수 있는 가능성을 확대하여, 형사상의 화해뿐만 아니라 장차 행정분야에서도 화해가 가능하도록 하였다.

2. 통고처분 대상 범죄의 제한

특사경의 확대 및 이를 통한 강제조사권의 강화는 국민의 복리를 증진시키고 행정서비스를 제공하여야 할 행정기관을 형벌의 위하력을 갖춘 수사기관으로 변질시킬 위험성을 안고 있다. 특히 개별법이 일정 행정기관에 대하여 통고처분의 권한을 부여한 경우에 행정기관은 적법절차의 요청이 엄격하게 요구되는 형사절차에 의하지 않고 방어권의 충분한 보장도 없이 범칙조사를 거쳐 사실상의 벌금을 부과하는 준사법기관으로서의 권한을 행사하게 되어 법치주의의 통제를 벗어나는 문제가 발생하고 있다. 예를 들어, 출입국관리법은 제102조 이하에서 통고처분에 관한 규정을 두고 있으며, 이에 따르면 출입국사범에 대한 조사결과 범죄의 확증을 얻었을 때에는 서면으로 벌금에 상당하는 금액(범칙금)을 납부할 것을 통고할 수 있도록 하였으며, 범죄의 정상이 금고 이상의 형에 해당하거나 통고서를 송달받은 후 10일 이내에 범칙금을 납부하지 않은 경우 고발하도록 규정하고 있다. 이는 행정기관이 재판을 통하여 선고되어야 할 형벌(벌금)에 대하여 일종의 '즉결'하는 형태라고 할 수 있으며, 벌금의 상한[71]을 정하지 않고 통고처분을 하도록 하는 것은 헌법상의 재판을 받을 권리를 침해하는 내용이라고 하겠다.[72] 특히 통고처분제도는 중한 범죄사실에 대한 증거가 충분하지 않는 경우 사전에 범칙자와의 협상을 통하여 형사고발이 아닌 통고처분으로 처리할 수 있는 사법거래의 수단으로 악용될 우려[73]가 있다는 점

70) 우리나라의 통고처분에 준하는 절차이다.

71) 범칙금의 양정기준에 대하여는 법무부령인 출입국관리법 시행규칙 별표7 및 8에서 정하고 있다. 이에 따르면 범칙금의 최고 상한이 5천만 원인 경우가 포함되어 있다.

72) 통고처분과 재판을 받을 권리에 대하여는 이동찬, 앞의 글, 363-364면 참조.

73) 세무당국이 조세범에 대한 형사고발권이 있음을 내세워 과도한 범칙금의 납부를 통고할 경우 형사처벌이 두려워 납부자가 통고처분에 승복할 우려가 있다는 점은 문제점이라 할 수 있다. 조정찬, "통고처분에 의한 범칙금제도", 법제 제330호(1991), 30면.

에서 그 문제의 심각성이 크다고 할 수 있으며 삼권분립의 원칙에도 반하는 것이라고 하겠다. 물론 범칙자가 통고처분을 이행하지 않으면 고발되어 일반 형사사건으로 처리되어 불이익이 없다는 반론이 가능하지만 이는 이론적인 것에 불과하며 현실에 있어서 불복은 용이하지 않다.

행정기관에 의한 통고처분이 통상적인 형사절차에 따라 처리되는 경우 형사사법 시스템에 과부하를 초래할 수 있어 경미한 범죄에 대한 신속처리절차로 기능한다는 나름대로의 의미를 부여할 수 있지만 현재의 통고처분과 이와 연계된 고발방식은 개선이 필요하다고 하겠다. 지금의 통고처분제도는 행정기관에 지나친 재량을 부여하여 자의적으로 운용될 수 있는 구조를 취하고 있다. 먼저, 통고처분을 할 수 있는 대상범죄에 대하여 특별한 제한이 없는 문제점이 있다. 벌금형뿐만 아니라 징역 또는 금고형에 처해지는 범죄까지도 상한에 대한 제한 없이 벌금형과 선택될 수 있는 자유형이 모두 그 대상이 되는 문제점이 있다. 따라서 통고처분의 대상이 되는 징역형 또는 금고형의 경우 법정형을 기준으로 장기 2년 또는 3년 등의 상한을 설정하는 것이 필요하다.[74]

다음으로 통고처분의 대상인지 아니면 고발의 대상인지에 대한 판단을 전적으로 행정청에 맡기는 문제점이 있다. 물론 행정기관이 내부규칙을 마련한 경우도 있지만 대부분의 개별법들은 "범죄의 정상이 징역형 또는 금고형에 처해질 것으로 인정되는 때"에 고발의 대상으로 규정하고 있어 그 판단이 매우 자의적으로 행해질 가능성이 있다. 더욱이 통고처분의 대상이 본래 형벌에 처해지는 범칙행위라는 점에서 통고처분에 의할 것인지 아니면 형사절차에 의해 처리할 것인지의 여부에 대하여 검사 또는 사법기관이 관여할 수 있어야 함에도 불구하고 그러한 절차를 마련하지 않은 것은 결과적으로 검사의 기소권을 침해하는 것이다. 따라서 행정청의 고발 이전 단계에서 검사와 협의[75]하는 절차를 마련하거나 통고처분에 대하여 사법기관의 승인을 받는 절차를 두는 것이 타당하다.

---

74) 참고로 일본의 통고처분제도는 우리나라와 달리 간접세에 관해서만 인정되고, 벌금형으로 처벌가능한 사안에 대해서만 통고처분이 가능하고 징역형에 해당하는 범칙행위에 대해서는 통고처분 할 수 없다. 문은희a, 앞의 보고서, 35면.

75) 일본의 경우 범칙조사 후 또는 과정에서 사안의 중대성이 발견된 경우에는 검사와 협의하여 고발여부를 결정하도록 하고 있다.

3. 전속고발제도의 개선

전속고발제도는 고발을 공소제기의 요건으로 설정하면서 고발의 권한을 특정 행정기관에 부여하여, 피해자의 고소권과 일반인의 고발권을 제한하는 등 일반적인 고발의 법체계를 변경시킨다. 전속적 고발권을 보유한 행정기관은 사실상 고발여부에 대한 재량을 가지고 있으며, 주관적불가분의 원칙이 적용되지 않음으로써 고발대상도 선택할 수 있는 권한을 가진다. 또한 전속고발권은 검사의 기소권을 부당하게 제약하는 문제점도 가지고 있다. 더 나아가 검사의 불기소처분에 대하여 고소인과 고발인이 검찰항고나 재정신청을 통하여 불복할 수 있는 것과 달리 전속고발사건에 대하여 행정기관이 통고처분을 하더라도 피해자 등이 이에 대하여 불복하거나 수사기관에 고소 또는 고발을 할 수 없는 문제점이 있다. 이처럼 형사절차상 차지하는 전속고발권의 의미가 매우 중대함에도 불구하고 현재의 논의는 공정거래위원회의 전속고발권을 폐지하거나 제한하는 것에 초점이 맞춰져 있을 뿐, 전체 형사소송법 체계의 틀 안에서 그 본질과 기능에 대한 접근이 이뤄지지 못하는 문제가 있다.

외국의 사례에서도 전속고발제도는 찾아 볼 수 있지만 인정되는 분야가 극히 제한적이다. 이러한 사실만 보더라도 우리의 전속고발제도가 지나치게 다양한 분야에서 인정되고 있어 형사처벌의 대상인 개인이나 기업에 대하여 오히려 형사처벌을 피할 있도록 하는 장치로 기능하는 것이 아닌가 하는 의구심을 들게 한다. 그런데 전속고발권의 문제는 여기서 그치지 않고 전속고발권이 부여된 여러 기관들이 범칙조사를 수행하는 행정공무원들을 특별사법경찰관리로 지명함으로써 행정조사권과 범죄수사권을 동시에 갖게 되어 권한의 비대화가 초래되고 있다는 점이다.

전속고발제도가 가지고 있는 문제점을 해결하기 위해서는 첫째, 전속고발제도를 폐지하거나 대폭 축소하여야 한다. 예를 들어, 공정거래법의 현행 벌칙을 그대로 두고 전속고발권을 폐지할 경우 발생할 수 있는 문제점[76]들을 종합적으로 고려하여 명확한 고발기준을 마련하고 두 기관의 협의절차를 공정거래법 등에 명문화할 필요가 있다. 둘째, 전속고발대상인 법규위반행위가 과연 형사벌을 가할 대상인지에 대하여 검토가 필요하다. 대부분의 전속고발은 통고처분의 이행을 강제하는 수단으로 활용되고 있다는 점[77]에서 지나치게 행정편의적으로 운용되고 있음을 알 수 있으

76) 신종익 · 임상준, 앞의 보고서, 146면; 손영화, 앞의 글, 225-258면.

며, 죄질이 중하여 자유형 등을 가하여야 하는 경우에 고발을 하도록 하고 있으나 실제로 징역형을 선고하는 사례가 드물다는 점에서 벌금 또는 과태료 등 다른 금전적 제재로 대체하는 방안을 고려하여야 하겠다. 셋째, 전속고발권을 존치시키는 경우에는 일반인의 고소권과 고발권의 행사가 침해되지 않도록 공정거래법에서 인정하는 검사의 고발요청권을 다른 분야에 확대하고 재정신청에 준하는 절차를 마련하여 행정청의 통고처분에 대하여 법원의 승인을 받도록 하는 절차를 마련하여야 하겠다. 형사피해자에 대하여 재판절차에서 진술권을 보장하는 것은 헌법상의 기본권에 해당[78]하기 때문에 기본적으로 하위 법률이 이를 침해하는 절차를 두는 것은 위헌의 소지가 있다.[79]

4. 범칙조사를 위한 특사경 폐지

행정조사와 수사를 엄격하게 분리하여야 한다는 원칙은 통고처분과 결부된 범칙조사와 관련하여 어려움에 봉착하게 된다. 범칙조사의 성격을 어떻게 볼 것인지에 따라 그 결과는 매우 다르게 나타날 수 있기 때문이다. 앞에서 상술하듯이 범칙조사가 간소화된 형사절차이며 중하지 않은 법위반에 대한 조사절차라는 측면에서 본다면 범칙조사는 행정조사보다는 범죄수사에 가깝지만 수사기관이나 사법당국의 개입 이전에 행정기관이 통상 벌금에 상당하는 금전을 부과하는 처분이라는 점에서 보면 행정조사의 일환으로 볼 수 있는 이중적 성격을 갖는다. 일본과 프랑스의 사례처럼 일종의 행정기관과 범칙자 사이의 화해절차로 보는 경우에는 더욱 그러하다. 그런데 행정조사에 가까운 범칙조사를 특별사법경찰관으로 하여금 수행하도록 하는 경우에 주체의 측면에서 범칙조사가 행정조사가 아니라 오히려 수사로 평가될 소지가 훨씬 커지도록 하는 문제점을 낳는다.[80] 범칙조사를 수행하는 공무원에게 특사경의 자격

77) 배순기, 앞의 글, 337-358면.

78) 헌법 제27조 제5항 "형사피해자는 법률이 정하는 바에 의하여 당해 사건의 재판절차에서 진술할 수 있다."

79) 이와 달리 헌법재판소는 원칙적으로 공정거래위원회의 전속고발제도를 규정한 관련 규정이 피해자의 재판절차진술권을 침해하지 않는다는 입장을 취하고 있다(헌법재판소 1995. 7. 21. 선고 94헌마191 결정).

80) 세무조사와 범칙조사는 조사의 목적과 방법, 절차 등에서 차이가 있다는 점을 고려하여 미국·독일·일본의 경우 공통적으로 과세관청에서 일반 세무조사와 범칙조사를 수행하는 조직을 독립적으로 운영하고 있다는 지적으로는 문은희a, 앞의 글, 41면.

을 부여한 것은 모순적이라고 할 수 있다. 이러한 문제점의 근본적 원인은 과거 행정조사의 법적 체계가 정비되지 않은 상황에서 수사에 준하는 강제조사권을 부여하면서 범칙조사를 사실상 수사절차로 잘못 인식한 것에서 찾을 수 있다.[81)]

하지만 가까운 일본의 사례에서 보듯이 범칙조사와 같이 제한된 수사권을 행사하는 공무원에 대하여 특별사법경찰관리가 아닌 준사법경찰이라는 용어를 사용하고 있으며, 이들의 일부는 우리와 유사하게 범칙조사와 통고처분을 할 수 있는 권한을 갖고 있지만 특별사법경찰관리로 지명을 받고 있지 않다. 이는 프랑스의 경우에도 마찬가지이며, 범칙조사를 수행하는 공무원은 특별사법경찰관리의 자격을 부여받고 있지 않다. 특별사법경찰관리란 일반사법경찰관리와 똑같이 완전한 수사권을 행사할 수 있는 자격을 의미하기 때문에 제한된 수사권을 행사하는 행정공무원에게 특별사법경찰관리의 자격부여는 불필요하기 때문이다.

범칙조사와 통고처분의 관계 및 법적 성격의 규명이 선결되어야 하지만 통고처분이 형사절차에 선행하여 행정기관과 범칙자 사이의 형사적 효과를 발생시키는 화해(transaction)라고 본다면 범칙조사는 광의의 행정조사에 포함될 수 있으며, 다만 과형절차라는 측면에서 수사에 준하는 적법절차의 보장과 피혐의자에 대한 방어권보장이 요구된다고 하겠다. 따라서 법령 위반행위를 형벌에 처하도록 규정되었다는 사실만으로 통고처분을 위한 범칙조사를 곧바로 수사로 평가하면서 범칙조사를 담당하는 공무원에게 특별사법경찰권을 부여하여야 한다고 주장하는 것은 잘못이다.[82)]

결론적으로 범칙조사가 갖는 행정조사로서의 법적성격을 명확히 하고 수사와의 관계를 명확히 하기 위해서는 범칙조사를 수행하는 조사공무원에게 특사경의 자격을 부여하도록 한 법령을 개정하여 폐지하여야 한다. 여기에는 관세범 범칙조사를 위한 세관공무원, 출입국사범 범칙조사를 위한 출입국관리공무원, 조세범 범칙조사를 위한 세무공무원, 자동차관리법 범칙행위 조사를 위한 지방자치단체소속 공무원(특사경법 제5조 제35호), 자동차손해배상 보장법 범칙행위 조사를 위한 지방자치단

81) 예를 들어, 자동차관리법 제85조 제4항은 "범칙행위에 대한 수사는 검사, 사법경찰관리 또는 「사법경찰관리의 직무를 행할 자와 그 직무범위에 관한 법률」 제5조제35호에 따라 지명을 받은 공무원(이하 "특별사법경찰관리"라 한다)이 한다."고 규정하여 범칙행위에 대한 조사에 대하여 수사로서의 성격을 명시하고 있다.

82) 선택적으로라도 형사벌이 규정되어 있는 경우, 그 '법 위반 사실에 대한 조사'는 행정조사로서가 아니라 헌법과 형사소송법이 정하는 바의 수사로서 파악되어야 한다는 의견으로는, 이근우e, 앞의 글, 381-382면

체소속 공무원(특사경법 제5조 제35호), 수산생물질병 관리법 범칙행위 조사를 위한 수산생물방역관 및 수산생물검역관 등이 포함된다.

5. 행정조사와 범칙조사의 엄격한 분리

일본은 2005년 독점금지법을 개정하여 강제조사를 통하여 고발을 할 수 있는 범칙조사권을 도입하면서 일반 행정조사절차와 엄격하게 구분하였다. 공정취인위원회의 지정을 받은 직원만이 범칙조사를 할 수 있도록 하였으며 범칙조사직에 있는 자는 행정조사권한을 행사할 수 없도록 하였다. 또한 행정조사가 범죄수사를 위한 수단으로 이용되지 못하도록 하면서도(제47조 제4항),[83][84] 범칙조사를 통하여 영치 또는 압류한 물건에 대하여 고발이후에 형사절차에서 증거로 사용될 수 있도록 하여 두 절차를 명확히 분리하고 있음을 알 수 있다. 이에 반하여 우리 법의 태도는 일반 행정조사와 범칙조사의 절차를 개별법에서 분리하여 규정하는 태도를 취하고 있으나, 일반 행정조사의 업무를 수행하는 공무원이 범칙조사를 할 수 있는지와 반대로 범칙조사 공무원이 일반 행정조사의 업무를 수행할 수 있는지에 대한 명시적 규정을 두고 있지 않아 이와 관련한 혼란을 초래하고 있으며, 일반 행정조사의 절차를 범칙조사의 수단으로 활용하거나 그 반대의 상황도 발생하고 있다. 범칙조사가 광의의 행정조사에 포섭될 수 있지만 수사에 준하는 절차라는 점을 고려한다면 이를 명확히 구분하여야 하며,[85] 아울러 일반 행정조사부서와 범칙조사부서도 분리해야 한다.[86]

---

83) 일본 독점금지법 제47조 제4항은 "제1항의 규정에 따른 처분의 권한은 범죄수사를 위하여 인정된 것으로 해석하여서는 아니 된다."고 규정하고 있다.

84) 정승영 · 김수연, 앞의 보고서, 51면.

85) 일반 세무조사반과 조세범칙조사반을 분리하여 형사법 체계로 운용하자는 제언으로는, 권형기 · 박훈, "조세 중심 및 적법절차 강화를 위한 조세정책방안:조세의 범위 및 세무조사를 중심으로", 예산정책연구 제9권 제1호(2020), 181면.

86) 범칙조사를 담당하는 공무원과 일반 행정조사를 담당하는 공무원이 분리되지 않고 행정조사를 진행하는 공무원이 그대로 범칙조사를 병행하게 되는 문제점이 있다는 지적으로는, 문은희a, 앞의 보고서, 40면.

6. 범칙조사에서의 적법절차 보장

행정기관에 의해 수행되는 일련의 범칙조사, 통고처분, 즉시고발의 절차들은 형사절차와의 유사성 또는 형사절차와의 연계성이라는 관점에서 볼 때 형사절차에 준하는 권리보호와 적법절차의 보장이 요구된다. 그러나 통고처분이 가지는 신속하고 간편한 처리라는 이점이 부각됨으로써[87] 법적 규제와 통제가 제대로 이루어지지 못하는 문제점이 나타나고 있다. 범칙조사의 문제점은 무엇보다 헌법 제12조 제1항 및 제3항이 규정하고 있는 적법절차의 관점에서 고찰될 필요가 있다. 적법절차의 원칙은 형식적인 절차뿐만 아니라 실체적 법률내용이 합리성과 정당성을 갖춘 것이어야 한다는 실질적 적법절차를 의미한다는 점에서 범칙조사를 수행하는 행정공무원에게 부여된 과도한 권한은 이 원칙을 침해할 소지가 크다고 하겠다. 즉 행정조사의 성격을 갖는 일반 행정조사와 범죄수사의 성격이 강한 범칙조사의 경계가 모호하며, 그 주체도 동일하다는 점에서 권한의 중복에 따른 권한남용의 소지를 가지고 있다. 또한 범칙조사와 범죄수사의 유사성에 비춰볼 때 범죄피의자에게 보장되는 각종의 권리들이 범칙혐의자에게 보장되지 않는 문제점이 있다. 즉 수사상 피의자에게는 보장되는 진술거부권에 대한 고지절차가 마련되어 있지 않다. 또한 신문(심문)과정에 변호인의 참여권 및 변호인의 조력을 받을 권리가 보장되지 않으며, 조사과정에 대한 영상녹화에 관한 규정도 없다. 피의자에게 인정되는 압수 및 압수물의 환부 등에 관한 처분에 대한 수사상 준항고절차가 마련되어 있지 못하다. 이는 적법절차를 위반하여 범칙혐의에 대한 증거를 수집한 경우에도 통고처분이 없이 고발되거나 통고처분의 불이행에 따라 고발되어 형사절차에서 증거수집의 위법성을 다툴 수 있을 뿐 범칙조사 절차 내에서 이에 대한 불복이 불가능하다는 것을 의미한다. 무엇보다도 심각한 문제점은 범칙조사에 따른 통고처분은 사실상 형사재판과 유사한 성질을 갖고 있다는 점에서 형사피고인에게 보장되는 법관에 의한 재판을 받을 권리를 침해[88]할 소지가 크다는 점이다. 이와 관련하여 헌법재판소는 법관에 의한 재판을 받

---

87) 통고처분의 활성화에 대한 주장으로는, 신동운, 앞의 글, 146면.

88) 과세당국은'통고처분'이라는 형사사법절차에 준하는 권한을 갖고 대상자에 대한 형사처벌 여부를 사실상 결정할 수 있는 지위를 보유하고 있어 법관에 의한 재판을 받을 수 있는 권리를 침해할 소지가 높다는 지적으로는, 예상균, "조세범칙조사의 사법적 통제방안 강화에 대한 연구", 석사학위논문, 서울시립대 법학전문대학원, 2014, 40면; 같은 취지로는 이동찬, 앞의 글, 363-364면.

을 권리를 침해한다든가 적법절차의 원칙에 저촉되지 않는다는 입장을 취한 바가 있다.[89]. 그러나 이는 통고처분에 대한 불복이 가능하다는 형식적 측면만을 고려한 것으로 형사절차에 따른 시간 및 비용의 감수, 전과자 낙인의 우려 등을 고려한다면 타당한 주장이 될 수 없으며, 범칙자로서는 통고처분을 이행할 수밖에 없는 것이 현실이라고 하겠다.[90] 따라서 최근 수사절차에서 강화되고 있는 변호인의 조력을 받을 권리, 진술거부권의 실질적 보장, 압수수색 절차에서의 피의자 또는 변호인의 참여권 보장 등의 장치들을 범칙조사에도 도입되어야 할 것이며, 이를 통하여 형사절차에서 증거로 사용하는 것에 대한 적법성도 확보할 수 있도록 해야 할 것이다.

7. 특사경제도에 대한 인식의 전환

범칙조사와 관련하여 행정공무원에게 특사경의 지위를 부여해야 한다거나 인정할 수 있다는 주장은 범칙조사가 실효성을 갖추고 통고처분제도가 활성화되어야 한다는 입장에서 비롯된다.[91] 특사경 도입의 논의는 범칙조사 및 통고처분과의 결합에서 찾을 것이 아니라 반대로 행정조사와 범죄수사를 분리해야 한다는 각도에서 새롭게 접근될 필요가 있다. 우리나라의 특수한 법현상으로 자리잡고 있는 행정기관 소속 공무원에 대한 특사경의 자격부여는 사실상 순수한 범죄수사의 측면보다는 행정기관의 단속 등의 실효성을 확보하거나 범칙조사의 수단으로 활용하기 위한 측면이 강하다.[92] 그러나 행정기관에 대한 강제조사권의 부여는 특사경의 자격부여가 아닌 조사공무원에게 직접 강제조사권한을 부여하는 방식으로 가능하다. 즉 출입검사 또는 조사행위를 일정부분 강제적 방법에 의하여 실현할 수 있도록 관련 법률을 개정하고 필요한 경우 영장주의를 도입하면 충분한 것이다. 다만 영장청구는 형사절차와 분리하여 고찰할 필요가 있으며 일정한 자격을 갖춘 행정공무원이 직접 법원에 영장을 청구할 수 있도록 법제정비가 필요하며, 영장청구를 위하여 검사에게 영

89) 헌법재판소 1998. 5. 28. 96헌바4.
90) 같은 취지로는, 권영성, 앞의 글, 156면.
91) 예를 들어, 김연정・서희열, 앞의 글, 125-126면.
92) 예를 들어, 공정거래위원회에 대한 강제조사권 도입과 관련하여 조사공무원을 특별사법경찰관리로 지정하는 것이 필요하다는 주장으로는, 최정학, "공정거래위원회의 조사절차 정비방안 —적법절차의 강화와 강제조사권의 도입", 민주법학 제65권(2017), 134-135면.

장을 신청하거나 검사의 지휘를 받아야 하는 것은 아니다.

앞서 주장한 바와 같이 현재의 범칙조사를 행정조사에 포함시키는 경우 사실상 특사경제도의 운용은 그 정당성을 잃게 된다. 하지만 경미한 법 위반행위가 아니라 중대한 범죄에 대한 전문화된 수사의 필요성[93]이라는 관점에서 접근하면 특사경의 도입은 경찰이나 검찰 등 수사기관과 공조체계를 구축하여 합동수사를 할 수 있는 전문수사조직의 도입을 의미하게 된다. 이러한 사례로는 프랑스의 세무사법경찰관리, 관세사법경찰관리, 환경사법경찰관리의 예를 들 수 있다. 프랑스의 세무사법경찰관은 2009년 신설된 형사소송법 제28-2조의 규정에 따라 고등검사장으로부터 사법경찰관의 자격을 부여받고 세법전 제1741조 및 제1743조에 규정된 범죄 및 이와 관련한 자금세탁 범죄를 적발하기 위하여 일반사법경찰관리와 동일한 수사권한을 행사한다. 이들은 경찰청 중앙수사국 산하 국가세무범죄대응반(BNRDF)에 배치되어 경찰관들과 함께 조세관련 범죄수사를 담당하고 있다.[94] 특사경의 지정은 이처럼 점차 국제화, 조직화, 지능화되고 있는 새로운 범죄현상에 대응하기 위하여 전문화된 행정공무원에게 일반 수사기관과 공조체계를 구축하여 범죄를 척결하는데 기여할 수 있도록 운용되어야 하며, 특사경제도의 근원에서부터 재검토와 인식의 전환이 필요하다고 하겠다.

93) 해외재산도피나 불법자금에 대한 조세범죄, 초국가적인 조세범죄에 대한 수사력 강화의 필요성에 대하여는 김연정 · 서희열, 앞의 글, 86면.

94) Circulaire de la direction des Affaires criminelles et des Grâces Signalisation des circulaires du 1er avril au 30 juin 2001.

끝내며

행정기관의 수사권 행사는 이제 하나의 법현상으로 자리잡고 있으며, 여기에는 법학적, 행정학적, 정치학적인 다양한 요소들이 복합적으로 작용하고 있다. 조직적 측면에서 조직의 권한을 강화하고 위상을 높이고자 하는 행정기관 자체의 문제점과 특사경에 대한 지명권과 지휘권을 빌미로 영향력을 강화하고자 하는 검찰의 의도가 결합되어 이러한 현상을 부추기고 있다. 행정기관의 수사권 행사는 기본적으로 특정 행정분야에 근무하는 행정공무원에게 사법경찰권을 부여하여 수사를 할 수 있도록 하는 형사소송법상의 특별사법경찰관제도에서 출발한다. 하지만 우리와 유사한 법체계를 갖추고 있는 다른 국가들과 비교할 때 특사경의 직무분야가 다양하고 지속적으로 증가하는 현상을 보이고 있다. 행정공무원에게 사법경찰권을 부여하게 된 취지가 범죄에 대한 적발권한을 부여하고 강제조사를 통한 행정조사의 실효성을 확보하자는 것임에도 일반 수사기관과 동등하게 형사소송법상의 모든 수사의 권한을 부여하고 더 나아가 특사경 전담조직을 설치하는 것은 '행정기관이 수사기관화'하고 있음을 보여준다.

이러한 문제들에 대한 접근방식에 있어서 단순히 행정기관의 권한 강화라는 시각에서 볼 것이 아니라 행정기관에 의한 수사권 행사가 시민들에 대한 인권침해나 적법절차 차원에서의 법적 문제점들이 없는지 면밀하게 살펴볼 필요가 있다. 그 실상을 들여다보면 특사경 자격부여의 근거가 된 행정공무원의 전문성은 단지 명분에 불과하고 수사의 전문성을 기대하기 힘들고 수사를 지원할 수 있는 각종의 과학수사나 전산시스템이 갖춰지지 못하여 양적 규모만 증가하였을 뿐 수사의 효율성이나 수사역량은 기대하기 어렵다는 것을 알 수 있다. 행정기관의 수사권 행사는 단순히 법 위반 사항에 대한 범죄수사의 문제로 그치는 것이 아니라 필연적으로 행정기관이 수행하는 행정조사와의 관계문제가 생길 수밖에 없다. 그런데 행정조사에 대한 이론적 체계의 정비가 미비된 상태에서 수사기관인 검사가 행정기관의 행정조사에 깊게 관여하고 행정기관이 특사경을 통하여 행정조사를 수행하게 됨으로써 행정조사와 범죄수사가 중복되거나 행정조사를 목적으로 수사권한이 활용되는 문제들에 대한 학계의 관심이 많지 않다. 다만 최근에 행정조사에서 수집된 증거가 형사절차에서 활용되는 부분에 대한 문제점들이 주목되고 있음은 그나마 다행으로 생각된다. 반면에 이런 문제들에 대하여 학계 일부에서는 적법절차를 보장하기 위해서 행정조사에 영장주의의 도입이 필요하며 그 실천방안으로서 행정공무원에 대한 특사경 자격부여를 제안하는 의견들이 있어 상황을 더 악화시키는 것이 아닌가라는 우려를 낳는다.

행정기관에 의한 수사권 행사를 이해하기 위해서는 이와 결부된 많은 요소들에 대한 이해가 선행되어야 한다. 여기에는 대표적으로 행정공무원에 의한 단속의 법적 성격, 행정기관이 보유한 범칙금 통고처분의 성격과 그에 따른 범칙조사의 성격, 새로운 형태의 행정제재 수단이 되고 있는 과징금의 성격과 형벌과의 구분, 행정기관이 보유한 전속고발권의 기능과 형사절차와의 관계, 범칙조사를 특사경이 수행하는 문제, 행정조사에 영장주의를 도입하는 방안 등이 있으며 이러한 주제들에 대한 분석과 통합적 이해가 행정기관에 의한 수사권 행사의 문제를 제대로 설명해 줄 수 있다.

끝으로 본 연구를 통하여 다음과 같은 제언을 하고자 한다.

첫째, 현재의 특사경의 직무분야를 대폭 축소하고 대신에 행정기관이 수행하는 단속업무의 효율성을 높일 수 있도록 단속(범죄적발)에 필요한 강제조사권을 도입하여야 한다.

둘째, 강제조사권의 도입이 특사경의 자격부여를 전제로 하는 것이 아니므로 헌법상의 검사 영장신청절차를 제한적으로 해석하여 행정공무원이 법관에게 직접 영장을 청구할 수 있는 절차를 마련하여야 한다.

셋째, 여러 행정기관들이 보유한 현재의 범칙금 통고처분제도는 많은 문제점들을 내포하고 있으며 다수의 범칙조사절차가 특사경에 의해서 이루어지고 있으므로, 학계가 통고처분과 범칙조사절차의 법적 성격을 명확히 규명하는 작업을 하여야 할 것이다.

넷째, 통고처분과 결합되어 운영되는 전속고발제도는 행정기관에게 과도한 권한과 재량을 부여하며, 피해자의 고소·고발권과 재판상의 진술권을 부당하게 침해하고, 검사의 소추권을 제한하는 문제점이 있으므로 인정영역을 대폭 축소하고 이를 통제할 수 있는 장치를 마련하여야 한다.

다섯째, 행정조사의 실효성을 확보하기 위하여 조사거부에 대하여 형벌이나 과도한 과태료의 부과 등을 벌칙으로 규정하는 것은 진술거부권의 침해나 적법절차의 원칙에 반하는 문제점이 있으므로 강제조사권의 도입을 통한 정비가 필요하다.

여섯째, 공정거래위원회나 금융위원회가 보유하고 있는 과징금 부과처분의 권한은 그 대상행위가 형벌로 처벌하도록 한 행위도 다수 포함하고 있으며 통고처분과 성격이 다르지만 유사하게 운용되는 면이 있으므로 범칙조사에 준하는 절차의 정비가 필요하다.

일곱째, 특수한 영역에서 행정공무원이 가지는 전문성을 특사경제도를 통해 수사에 활용하도록 할 것이 아니라 일반 수사기관인 경찰이나 검찰이 전문성을 갖춘 행정공무원을 활용할 수 있도록 하는 협력수사체계나 공조수사체계를 구축하는 것이 국가 차원의 형사사법시스템의 운용에 더 효과적일 것이다.

참고문헌

[단행본]

감사원, 사증발급 및 체류관리 실태, 2004

경기도, 새로운 경기도가 걸어온 길, 민선7기 주요정책 사례집('19.9.1.～'20.6.30), 2020

경기도, 새로운 경기도가 걸어온 길, 민선7기 주요정책 사례집('18.7.1.～'19.8.31), 2019

공정거래위원회, 공정거래위원회 40년사, 2021

공정거래위원회, 2020년판 공정거래백서, 2020

관세청, 관세청 50년사 제1,2권, 2020

국가공무원인재개발원, 법제업무의 이해, 2018

국가지식재산위원회, 2018 지식재산 보호정책 집행 연차보고서, 2019

금융감독원, 자본시장 불공정거래 조사 30년사, 2019

김남진・김연태, 행정법 Ⅱ, 법문사, 2020

대검찰청, 한국검찰사, 1976

박균성, 행정법론(상), 박영사, 2013

박영기, 관세형사법, 세창출판사, 2020

박준영, 공정거래절차의 법리-당사자의 권리보장과 제3자 절차참여를 중심으로-, 홍진기법률연구재단, 경인문화사, 2020

법무부 출입국・외국인정책본부, 2019 출입국・외국인정책 통계연보 2020

법제처, 행정규칙 입안・심사 기준, 2019

부산광역시, 특별사법경찰 백서, 2019

서울특별시, 민생사법경찰 백서, 2018

신동운, 신형사소송법, 법문사, 2011

신현기, 자치경찰론, 전영사, 2010

심희기・양동철, 형사소송법 판례백선, 홍문사, 2012

유지태, 행정법신론, 1995

이동희 외 공저, 비교수사제도론, 박영사, 2005

이상돈, 조세형법론 -조세범처벌의 형사실무와 형법이론적 제한-, 세창출판사, 2009

이성일, 공정거래위원회의 강제조사권: 주요 쟁점과 시사점- 부당내부거래조사를 중심으로-, 전경련, 2002

이재상, 신형사소송법, 박영사, 2008

임영철, 공정거래법(해설과 논점), 박영사, 2001

이호용, 행정법입문, 삼영사, 2018
정남철, 한국행정법론, 법문사, 2020
정영석 · 이형국, 형사소송법, 법문사, 1996
좌승희, 한국 경제를 읽는 7가지 코드, 굿인포메이션, 2005
참여연대, 문재인정부 4년 검찰보고서, 참여연대 사법감시센터, 2021
참여연대, 법무부 등 외부 기관에 파견된 검사 현황 보고서, 이슈리포트, 2015
참여연대, 문재인정부 4년 검찰보고서, 참여연대 사법감시센터, 2021
한상우, 2009년 시 · 도 법률교육: 실무행정법, 법제처, 2009
홍정선, 기본행정법, 박영사, 2020
Bernard Bouloc, Procédure pénale Dalloz, 2020
Bouloc, Procédure pénale, Dalloz, 24éd(2014)
Douanes & Droits Indirects, Charte des contrôles douanes, 2015
Gaston Stefani et autres, Procédure pénale, Dalloz, 16éd.
Jean Pradel, Procédure pénale, Cujas, 2008
Hervé Vlamynck, Droit de la police, Vuibert, 2008
Ministère de l'economie, des finances et de la relance, Les contrôles de la DGCCRF, 2021
Rozenn CREN, Poursuites et sanctions en droit pénal douanier, Université Panthéon-Assas(thèse), 2011,
Serge Guinchard et Jaques Buisson, Procédure pénale, Litec, 2001
Serge Guinchard et Jaques Buisson, Procédure pénale, LexisNexis, 2019
國稅通則法(基礎編), 稅務大學校, 令和3年度版(2021)(일본)
青柳文雄 외, 註釋 刑事訴訟法 제2권, 立花書房, 1976(일본)
池田修 · 前田雅英, 刑事訴訟法講義, 東京大學出版會, 제3판(일본)

[논문]

강구진, "제재세와 조세범에 관한 고찰", 서울대 법학 제24권 제2, 3호(1983)
강수진, "공정거래위원회의 조사권 행사와 형사절차상 원칙과의 관계", 형사법의 신동향 제37호(2012)
강현호, "금융감독원의 법적 성격", 공법연구 제31권 제3호(2003)
곽영길, "지방정부의 특별사법경찰제도에 관한 연구", 한국자치행정학보, 제26권 제1호(2012)
권광현, "일본의 조세범죄 수사실무-실제 사례를 중심으로", 형사법의 신동향 통권 제26호(2010 · 6)
권형기 · 박훈, "조세 중심 및 적법절차 강화를 위한 조세정책방안:조세의 범위 및 세무조

사를 중심으로", 예산정책연구 제9권 제1호(2020)
권영성, "범칙금 납부의 통고처분", 헌법학연습, 1981
기노성, "행정기관의 압수수색에 대한 헌법적 통제", 형사법의 신동향 통권 제22호(2009)
김남욱, "공정거래위원회의 강제조사권", 토지공법연구 제17집(2003)
김명길, "행정벌의 법리: 행정형벌과 행정질서벌의 병과를 중심으로", 법학연구 제49권 제2호, 부산대학교 법학연구소, 2009
김민규, "특별사법경찰제도의 공법적 고찰-일반행정기관에의 '사법경찰권'에 관한 법치국가적 타당성 검토-", 석사학위논문, 고려대학교 대학원, 2009
김성태, "통신법상의 행정조사", 행정법연구 제17호, 행정법이론실무학회, 2007
김연정·서희열, "과세관청의 조세범칙 조사절차 및 조사결과 처분제도의 문제점과 개선방안", 세무와 회계연구 통권 제15호(2018)
김용주, "행정조사와 특별사법경찰관리의 수사의 경계획정". 경찰학연구, 제14권 제4호(2014)
김원중, "제주자치경찰에 관한 지방자치 및 경찰사무 부합성 검토", 지방자치법연구 제16권 제3호(2016)
김종오·김태진, "특별사법경찰의 교육훈련 효율성 제공 방안에 관한 연구", 한국공안행정학회보 제20권 제3호(2011)
김종오·유영현, "지하철 경찰대의 운영실태와 역할제고 방안", 한국자치행정학보 제26권 제3호(2012)
김지영, "행정의 실효성 확보수단의 현황과 법적 과제", 경북대학교 법학연구원, 법학논고 제65집(2019)
김태명, "재정신청제도의 의의와 범위의 확대", 형사법연구 제21호(2004)
김태우, "과징금 제도의 입법론적 문제점과 개선방안", 법제 통권 제660호(2013)
김태희, "조세범칙조사시 세무공무원이 작성한 심문조서의 증거능력", 조세법연구 제25권 제3호(2019)
김택수a, "사법경찰관제도의 구조에 관한 비교법적 고찰-프랑스, 일본, 한국을 중심으로-", 경찰법연구 제10권 제1호(2012)
김택수b, "행정기관에 의한 수사권 행사의 문제와 규제방안", 경찰법연구 제16권 제2호(2018)
김택수c, "세관공무원에 의한 마약류 압수의 절차적 문제점과 해결방안", 경찰법연구 제14권 제2호(2016)
김택수d, "조직범죄 대처를 위한 잠입수사기법의 허용성과 법적 체계 -프랑스 사례를 중심으로-", 경찰법연구 제14권 제1호(2016)
김택수e, "형사절차상 전속고발권의 문제", 형사법연구 제25권 제1호(2013)
김택수f, "2020년 수사권 조정과 범죄피해자의 지위 변화", 범죄수사학연구 통권 제12호

(2021)

김택수g, "형사소송법 등 개정에 따른 검사와 사법경찰관리의 지휘관계 변화에 관한 연구", 동아법학 통권 제55호(2015)

김 혁, "경찰의 풍속업소 출입 및 단속에 관한 연구", 경찰학연구 제14권 제1호(2014)

김형준, "공정거래위원회 전속고발권과 형사고발 면제에 관한 소고", 법조 제603권(2006)

김재광, "행정조사기본법 입법과정에 관한 고찰", 단국대학교 법학연구소, 법학논총 제33권 제2호(2009)

김혜경, "'검사와 사법경찰관의 상호협력과 일반적 수사준칙에 관한 규정 제정안'상의 경찰의 수사권과 경찰개혁 방안", 형사법연구 통권 제84호(2020)

김혜리, 조세범칙조사에서 특별사법경찰권 부여방안에 관한 연구, 석사학위논문, 고려대학교 법무대학원, 2014

김희옥, 특별사법경찰관리, 고시연구 통권 제197호(1990)

민형동, "특별사법경찰의 운용실태 및 개선과제에 관한 소고", 한국민간경비학회보 제10호(2007)

박미숙, "공정거래법상 전속고발제도에 대한 소고", 한국형사법의 오늘: 정온이영란화갑기념논문집, 2008

박영동, "전속고발제도에 대한 소고", 경쟁법연구 제21권(2010).

박정우·남현우, "현행 세무조사 관련규정 및 조사과정의 문제점과 개선방안: 조사대상자 선정과 조사기간 연장의 문제를 중심으로", 조세논총 제5권 제2호(2020.6.)

박지현, 철도의 안전성 확보를 위한 철도특별사법경찰의 제도적 개선 방안 연구- 관할권 제도를 중심으로-, 석사학위논문, 서울과학기술대학교 철도전문대학원, 2019

박정우·마정화, "조세범처벌제도의 실효성 확보방안", 세무학연구, 제23권 제4호(2006)

박찬걸, "공정거래법상 전속고발과 관련된 법리의 검토", 서울법학 제20권 제1호(2012),

박창호, 경찰개념의 재정립과 경찰권의 배분에 관한 연구: 프랑스와 한국의 경찰법을 중심으로, 박사학위논문, 단국대학교 대학원, 2013

배순기, "통고처분 -행정강제로서 통고처분의 문제점을 중심으로-", 법학연구 제29집, 전북대학교 법학연구소, 2009

서희열·김형상, "현행 조세범칙조사 제도의 문제점과 개선방안", 세무학연구 제20권 제2호(2003)

선종수, "공정거래위원회의 전속고발권과 검사의 공소제기", 형사법의 신동향 통권 제36호(2012)

손수진, "공정거래법상 전속고발제도에 관한 연구", 법과 정책연구 제11집 제1호(2011)

손영택, "사법경찰관리의 직무를 행할 자와 그 직무범위에 관한 법률: 비공무원에 대한 사법경찰권의 부여에 관하여", 법제 제483호(1998)

손영화, "공정거래법상 전속고발권 폐지를 둘러싼 논의에 관한 연구", 기업법연구 제32권

제4호(2018)
송진경, "압수, 수색으로서의 실질적 의미를 가지는 행정조사에 있어서 영장주의의 준수필요성에 대한 소고", 법과 정책 제20집 제3호(2014)
신동운, "조세범칙사건의 처리절차", 서울대학교 법학, 제39권 제2호(1998)
신상환, "행정조사의 법이론과 법제소고", 법제연구 제13호(1997)
신현기a, "금융감독원 특별사법경찰제도 운용 방안", 금융감독연구, 제6권 제1호(2019)
신현기b, "식품의약품안전처 특별사법경찰 운영에 관한 실태분석", 한국민간경비학회보 제15권 제3호(2016)
심희기, "세관직원의 국제우편물 개봉·시료채취와 수사기관의 통제배달", 비교형사법연구 제16권 제2호(2014),
안창남, "과세관청의 세무조사권 행사 남용방지에 관한 연구", 원광대학교 법학연구소, 원광법학 제29권 제1호(2013)
안현수, "자본시장법상 불공정거래 조사권한의 법적 성질에 관한 연구", 법조 제68권 제4호(2019)
양재열, "자치경찰제의 효율적인 운영방안 연구", 자치경찰연구 제7권 제1호(2014)
예상균a, "조세범칙조사의 사법적 통제방안 강화에 대한 연구", 석사학위논문, 서울시립대 법학전문대학원, 2014
오경식, "공정거래법상 범칙조사권의 강제성 부여 방안에 대한 연구", 비교형사법연구 제9권 제2호(2007)
오명신, "경찰행정조사와 수사의 구별", 경찰학연구 제14권 제1호(2014)
오병두, "특별사법경찰관리제도에 관한 소고", 강원법학 제27권(2008. 12.)
오재환·이충은, 특별사법경찰관리로서 자치경찰의 역할에 관한 연구, 법학논총 제39호(2017)
우지훈, 철도범죄분석과 철도공안업무 개선방안에 관한 연구, 석사학위논문, 고려대학교 행정대학원, 2008
윤동호, "검찰개혁 이후 수사권 분산의 체계와 과제", 형사정책 제31권 제3호(2019)
윤진아, "위생용품의 안전관리를 위한 특별사법경찰제 도입방안", 법학논총 제37집 제2호(2020)
이건묵·이정념, "불공정행위의 현황과 대책-전속고발권을 중심으로-" 형사정책 제22권 제2호(2010)
이동찬, "통고처분에 관한 소고-현행법의 문제점과 개선방향을 중심으로-", 법학논총 제20권 제2호(2013)
이동희, 조세범죄의 유형 및 조세범칙조사제도의 개선방안에 관한 연구, 계명대학교 대학원 석사학위논문, 2009
이영호, "일본의 독점금지법의 개정", 법제, 통권 제578호(2006)

이완규, “개정 형사소송법상 수사체제”, 법조 제660호(2011)
이운주, “한국 경찰작용법의 형성과정과 그 의미에 관한 연구”, 경찰학연구 제3호(2002)
이인권, “강제조사권의 한계와 대안”, 공정경쟁, 2003. 8.
이근우a, “특별사법경찰제의 체계적 통일성을 위한 기초연구”, 안암법학 제35권, 2011
이근우b, “검 · 경 수사지휘 논의에서 잊힌 문제-특별사법경찰관리에 대한 수사지휘-“, 형사정책 제30권 제2호(2018)
이근우c, “특별사법경찰 제도 전면 개편의 필요성”, 형사정책 제32권 제3호 통권 제63호 (2020)
이근우d, 행정형법의 재검토-개념, 구조, 절차-, 박사학위논문, 고려대학교 대학원, 2008
이근우e, “행정조사의 형사법적 한계설정”, 고려법학 제72호(2014)
이재구 · 이호용, “수사로 활용될 수 있는 행정조사의 법적 쟁점: 실무자의 관점에서”, 한양대학교 법학연구소, 법학논총 제35집 제2호(2018)
이창섭, “공정거래법상 고발요청권에 관한 소고”, 형사정책연구 제26권 제4호(2015)
이천현, “조세범죄의 보호법익과 비범죄화 유형”, 형사법연구 제23호(2005)
전대양 · 김종오, “철도특별사법경찰제도의 문제점과 개선방안에 관한 연구”, 경찰학논총 제7권 제1호(2012)
전승수, “국제우편물에 대한 세관 검사와 통제배달”, 형사판례연구 제23권(2015)
조정찬, “통고처분에 의한 범칙금제도”, 법제 제330호(1991)
조만형, “통고처분 유형분류에 관한 재고”, 공법연구 제44권 제2호(2015)
정한중, “행정조사와 진술거부권 고지의무: 대법원 2014.01.16. 선고 2013도5441 판결”, 외법논집 제38권 제2호(2014)
최정학, “공정거래위원회의 조사절차 정비방안—적법절차의 강화와 강제조사권의 도입”, 민주법학 제65권(2017)
한현희, 행정조사의 한계에 관한 연구-위법성 판단기준의 구체적 정립을 중심으로-, 석사학위논문, 서울대학교 대학원, 2018
황문규, “헌법상 검사 독점적 영장청구제도의 의의와 한계”, 경찰법연구 제15권 제1호 (2017)
황정익, “제주자치경찰의 효율적 운영방안”, 제주발전포럼 제38호(2011)
황정익, “제주자치경찰 현황과 치안업무의 범위”, 형사정책 제19권 제1호(2007)

[연구보고서 및 자료집]

강동관, 대한민국 이민정책 프로파일, 이민정책연구원 연구보고서, 2020
경찰대학 산학협력단, 특별사법경찰 수사통계 수집 및 활용방안 연구, 2019
고문현, 환경특별사법경찰제도 개선방안에 관한 연구, 환경부 연구용역보고서, 2009
김대근 · 김경찬, 인권지향적 형사사법체계 구축을 위한 예비 연구, 형사정책연구원 연구총

서, 2018
김수연, 공정거래위원회 조사제도 개선방안 연구, 한국경제연구원, 2014
김유찬, 세무조사제도의 문제점과 개편방향, 한국경제연구원, 2004
김재광, "행정조사기본법의 일법방향", 행정조사기본법안(정부제출)에 관한 공청회 자료집 2006. 11. 24(금)
김종용, 철도치안 효율화를 위한 철도경찰 조직 분석 및 설계에 관한 연구, 국토교통부 훈련과제 연구보고서, 2019
김종현, 영장주의에 관한 헌법적 연구, 헌법재판소 헌법재판연구원, 2019
김진수 외, 주요국의 조세범처벌제도 연구, 한국조세연구원, 2007
김찬동・이세구, 2009 특별사법경찰제도의 장기발전방안, 서울시시정개발연구원, 2010
김택수 외, 불법사행산업 단속을 위한 특별사법경찰관제도 연구, 사행산업통합감독위원회 연구용역보고서, 2015
김택수, 수사의 효율성 및 공정성 향상을 위한 사법경찰관제도의 정비방안, 치안정책연구소 연구보고서, 2013
김형만・차용석, 주요국가의 수사구조 및 사법경찰제도, 치안연구소 연구보고서, 1996
박경래・이원상, 특별사법경찰의 효율적 직무수행 방안에 관한 연구: 수사장구 사용 및 불심검문을 중심으로, 한국형사정책연구원 연구용역 보고서, 2009
박경래 외 3인, 특사경 전담조직 활성화 방안에 관한 연구, 한국형사정책연구원 연구보고서, 2012
승재현・전현욱, 특별사법경찰 역량강화 및 지휘체계 개선 방안, 대검찰청 연구용역보고서, 한국형사정책연구원, 2015
신종익・임상준, 행정조사의 실태와 개선방안-규제개혁 차원의 접근을 중심으로-, 한국경제연구원 연구보고서, 2004
신현기・안영훈, 자치경찰의 특별사법경찰 사무수행 범위에 관한 연구, 한국자치경찰연구원, 2015
신현기 외, 서울시 특별사법경찰 10년, 자치경찰제로의 전환을 위한 발전방안 연구, 서울특별시 연구용역보고서, 2017
오영근 외, 조세범처벌법 개정방향에 관한 연구, 한국조세연구원, 2008
이준서, 해양환경특별사법경찰 시행기반 구축에 관한 연구, 한국법제연구원, 2009
이진국 외, 경기도 특별사법경찰의 실효적 운영 방안: 직무수행 인식조사를 중심으로, 경기연구원 정책연구보고서, 2020
이천현 외 3인, 행정기관의 범죄조사권 현황분석 및 개선방안 연구, 한국형사정책연구원, 2020
이현우・이미애, 광역자치단체 특별사법경찰의 운영 개선 방안, 경기개발연구원 연구보고서, 2013

장민선・박훈, 불합리한 행정조사 정비방안 연구, 국무조정실 연구용역보고서, 한국법제연구원, 2017

정병하・임정호, 특별사법경찰 조직의 전문화 방안에 관한 연구, 대검찰청 연구용역보고서, 한국형사정책연구원, 2009

정승영・김수연, 공정거래위원회 조사제도 개선방안 연구, 한국경제연구원, 2015

정차호 외, 특허, 디자인 및 영업비밀 특별사법경찰 운영방안, 특허청 연구용역보고서, 2018

조병인 외, 철도치안 효율화 방안 연구, 국토해양부연구용역보고서, 한국형사정책연구원, 2011

조성국, 공정거래법 위반에 대한 제재수준 적정화 연구, 중앙대학교 산학협력단, 2018

조은석・김광준, 마약류 확산실태와 21세기 마약류 통제정책의 방향, 형사정책연구원 연구보고서, 2001

최병각, 전속고발제도에 관한 연구, 한국형사정책연구원, 1999

최환용・장민선, 국민중심의 행정조사 관련 법제 개선방안 연구, 한국법제연구원, 2016

[입법자료]

국회 법제사법위원회, 사법경찰관리의 직무를 수행할 자와 그 직무범위에 관한 법률 일부개정법률안(한정애의원 대표발의, 의안번호: 213500) 검토보고, 2020. 11.

국회 법제사법위원회, 사법경찰관리의 직무를 수행할 자와 그 직무범위에 관한 법률 일부개정법률안(박용진의원 대표발의, 의안번호: 2012609)검토보고, 2018. 9.

국회 법제사법위원회, 사법경찰관리의 직무를 수행할 자와 그 직무범위에 관한 법률 일부개정법률안(윤상직의원 대표발의, 의안번호: 2001127) 검토보고, 2016. 11.

국회 법제사법위원회, 사법경찰관리의 직무를 수행할 자와 그 직무범위에 관한 법률 일부개정법률안(정부 제출, 의안번호: 1906650) 검토보고, 2014. 2.

국회 법제사법위원회, 사법경찰관리의 직무를 수행할 자와 그 직무범위에 관한 법률 일부개정법률안(임내현의원 대표발의, 의안번호: 1912559) 검토보고, 2015. 2,

국회 법제사법위원회, 사법경찰관리의 직무를 수행할 자와 그 직무범위에 관한 법률 일부개정법률안(정부 제출, 의안번호: 1810986) 검토보고, 2011. 11.

국회 법제사법위원회, 사법경찰관리의 직무를 수행할 자와 그 직무범위에 관한 법률 일부개정법률안(최도자의원 대표발의, 의안번호: 2021022), 2019. 11.

국회 보건복지위원회, 약사법 일부개정법률안(전혜숙의원, 홍익표의원, 신상진의원 대표발의, 의안번호: 2016828, 2017697, 2018525) 검토보고, 2019. 3.

국회 법제사법위원회, 사법경찰관리의 직무를 수행할 자와 그 직무범위에 관한 법률 일부개정법률안(강병원의원 대표발의, 의안번호: 2106103) 검토보고, 2021. 2.

국회 정무위원회, 자본시장과 금융투자업에 관한 법률 일부개정법률안(윤관석의원, 박용진의원 대표발의, 의안번호: 2103921, 2104121) 검토보고, 2020.11.

국회 법제사법위원회, 사법경찰관리의 직무를 수행할 자와 그 직무범위에 관한 법률 일부개정법률안(구자근의원 대표발의, 의안번호: 2102367) 검토보고, 2020. 9.

국회 법제사법위원회, 사법경찰관리의 직무를 수행할 자와 그 직무범위에 관한 법률 일부개정법률안(조응천의원 대표발의, 의안번호: 2102110) 검토보고, 2020. 9.

국회 국토교통위원회, 철도안전법 일부개정법률안(박찬우의원 대표발의, 의안번호: 2008903) 검토보고, 2017, 11.

국회 법제사법위원회, 사법경찰관리의 직무를 수행할 자와 그 직무범위에 관한 법률 일부개정법률안(노웅래의원 대표발의, 의안번호: 10268) 검토보고, 2014. 7.

국회 법제사법위원회, 사법경찰관리의 직무를 수행할 자와 그 직무범위에 관한 법률 일부개정법률안(한정애의원 대표발의, 의안번호: 213500) 검토보고, 2020.11.

2020 국정감사 이슈 분석, 정무위원회 기획재정위원회, 국회입법조사처

문은희a, 조세범에 대한 처벌 현황 및 개선방안, 입법・정책보고서 제3호, 국회입법조사처, 2018

문은희b, 조세범칙조사의 현황과 개선방안, 이슈와 논점 제1395호, 국회입법조사처, 2017

[인터넷 기사]

"대검, 특별사법경찰 현장 지원 강화", 법률신문 인터넷 기사(2021.08.09.)

"보호관찰관 1명이 17건 담당..사법경찰 지위는 있으나마나", 파이낸셜뉴스 인터넷 기사(2012.09.05.)

"경남, 특별사법경찰 가동", 김해신문 인터넷기사(2012.07.09.)

"검사 외부기관 파견 줄인다", 조선일보 인터넷 기사(2018.05.04)

"지방자치단체에 웬 검사실? … 광주 등 6곳 부장검사 파견 논란", 경향신문, 인터넷 기사(2017.08.09)

"최강 검찰의 탄생(10화)", 브런치북. 출처: https://brunch.co.kr/@haass8/2

"[단독]방침 다 정해놓고 "검사 파견 필요하냐"...법무부發 검찰개혁 곳곳서 잡음", 조선일보 인터넷 기사(2019.10.31.)

"식의약품 위해사범 '수사단' 출범", 의사신문 인터넷 기사(2009.02.11.)

"식・의약품위해사범중앙수사단 출범", 한의신문 인터넷 기사(2009.02.13.)

"식약처, 온라인 불법약 '직권차단권・국장급 조직' 필요", 데일리팜 인터넷 기사(2021. 11. 11.)

"식약처, '의약품 등 사이버조사단' 정규직제 전환 추진", 히트뉴스 인터넷 기사(2020.08. 19.)

"자본시장 특사경 대책", 현대경영 인터넷 기사(2019.06.16.)

"자본시장 특사경 세진다 …인원 2배로 늘리고 인지수사도 맡아", 중앙일보 인터넷 기사(2021.12.27.)

"자본시장 특사경 세진다 …인원 2배로 늘리고 인지수사도 맡아", 중앙일보 인터넷기사(2021.12.27.)

"'자본시장 경찰' 금감원 특별사법경찰 출범", 한겨레 인터넷 기사(2019.07.18.)

"특사경 두고 신경전 금융위 vs 금감원...'패스트트랙쟁점", 뉴스핌 인터넷 기사(2019.05.23)

"금융범죄 수사공백 우려"… 특사경 확대 방안 유력 검토", 동아일보 인터넷 기사(2021.07.26.)

"금감원 예산 쥔 금융위, 특사경 확대 요청에도 '요지부동'", 뉴데일리 인터넷 기사(2020.12.02.)

"금융증권범죄수사협력단에 "파격적 대우"", 법률신문 인터넷 기사(2021.08.19)

"관세청, 포스트 코로나 시대를 대비한 조직 전면개편 시행", 헤럴드경제 인터넷 기사(2021.03.23.)

"관세청 조직개편의 주요내용과 영향", 법률신문 인터넷 기사(2021.06.15.)

"세관 마약업무 인력 충원 없이 '기형 운영'… 수사 구멍 우려", 세계일보 인터넷 기사(2021.10.03.)

"도시철도 직원도 현행범 직접 잡게 하자" 부산일보 인터넷 기사(2011.11.07.)

"법무부 "공정위에 경찰권 주겠다" 공정위도 반대하는 이유", 조선일보 인터넷 기사(2022.04.08)

"'컴퓨터 지워도 소용없다'…공정위 '포렌식 셜록' 떴다", 이데일리 인터넷 기사(2018.04.04.)

"공정위,사법경찰권 확보 재추진", 식품음료신문 인터넷 기사(2004.07.05)

"전속고발권 놓고 검찰-공정위 '힘겨루기' 벌어질듯", 뉴스1 인터넷 기사(2013.01.12.)

"불법 다단계 수사권 주겠다는 법무부, 안받겠다는 공정위", 조선일보 인터넷 기사(2013.09.11.)

"우리나라 세금은 모두 몇 개일까?", 조세일보 인터넷 기사(2017.01.02)

"[국세청 비록㊼]'격변 국세청' 60년 굴곡을 보듬다〈Ⅰ〉", 조세금융신문 인터넷 기사(2020.05.16.)

"[국세청 비록㉔] 세무조사 유형, 국세청이 새로 쓰다", 조세금융신문, 인터넷 기사(2018.06.19.)

"국세청 조사국에 '5년차 이하 직원' 확 늘어난 이유는?", 조세일보 인터넷 기사(2019.10.10.)

"세무공무원 사법경찰관제 도입 시급", 세정신문 인터넷 기사(2006. 2. 16)

"[박진규의 리얼 절세] 형법에 우선하는 조세범 처벌법", 이코노믹리뷰 인터넷 기사(2016.06.19.)

"[법률칼럼] 출입국관리법 상 통고처분(범칙금) 제도의 문제점(3)", 재외동포신문, 인터넷 기사(2021.02.23.)

“[리걸타임즈 칼럼] 특허청 특별사법경찰의 업무범위 확대와 전망”, 리컬타임즈 인터넷 기사(2019.10.18.)
“‘수사 전담’ 국수본 신설…수사종결권에 대공수사까지”, 머니투데이 인터넷 기사(2020.12.05.)
“서울시 민생사법경찰단, ‘디지털수사팀’ 신설…” 수사전문성 제고”, 뉴시스 인터넷 기사(2020.01.18.)
“[특별인터뷰] 인치권 경기도민생특별사법경찰단장”, 환경보건뉴스 인터넷 기사(2021.05.11.)
“경기도 특사경 ‘전국 최대 권한’”, 시정일보 인터넷 기사(2020.6.8.)
“과학수사로 끝까지 범인...경기도 디지털 포렌식센터 구축”, 연합뉴스 인터넷 기사(2019.06.16.)
“국가경찰 268명 원대 복귀...제주 자치경찰 혼돈의 15년”, 제주의 소리 인터넷 기사(2020.12.25.)
“제주자치경찰, 스쿨존 과속단속 장비 5월부터 가동”, 헤드라인제주 인터넷 기사(2022.04.29.)
“제주특별자치도 자치경찰단 위상 ‘흔들’…인력・업무 혼선”, 연합뉴스 인터넷 기사(2020.12.15.)
“제주에 2개의 자치경찰…업무 중복・혼선 불가피”, 제주일보 인터넷 기사(2021.01.01.)
“제주자치경찰, 전국 특별사법경찰 방향 모색”, 프레시안 인터넷 기사(2021.06.16.)
“자영업 폐업률 90% … 국세청 “569만 곳 세무조사 면제””, 중앙일보 인터넷 기사(2018.08.17.)
“‘조세포탈’ 직고발률 90%… 명확한 처벌 기준 필요”, 법률신문 인터넷 기사(2014.10.20.)
“국세청, 영장 없는 계좌추적 7년간 2배 급증”, 헤럴드경제 인터넷 기사(2017.10.10.),
“여, 공정위에 압수수색권 부여 검토”, 한겨레 인터넷 기사(2005.07.18.)
“공정위 전속고발권 5개 기관 〈공정위・중기청・감사원・조달청・권익위〉에 분산”, 헤럴드경제, 인터넷 기사(2013.01.15.)
“공정위 전속고발권, 검경수사권 조정 방향 역행”, 뉴스토마토 인터넷 기사(2022.03.07.)
“대법 ‘범죄수사’ 목적 통관물품 압수때도 영장받아야”, 연합뉴스 인터넷 기사(2016.08.03)

[기타자료]

식품의약품안전처, 2019회계연도 세출 사업별 설명자료(2019)
금융위원회・금융감독원 보도자료(2021.12.28.)
금융위원회 보도자료(2022.03.30)
금융위원회 보도자료(2019.7.18.)
관세청 보도자료(2021.3.23.)

기동민 의원 보도자료(2020.10.15.)
국회의원 정의당 장혜영 보도자료(2021.10. 6.)
국토교통부 보도자료(2015.7.9.)
공정거래법 집행의 선진화-한미FTA체결에 즈음하여-, 한국법제연구원 워크샵자료집, 2007
특허청 산업재산 특별사법경찰, 특허청 산업재산보호협력국 산업재산조사과, 2020
민생사법경찰단 주요업무보고, 서울시의회 행정자치위원회 제303회 정례회, 2021.11
2020년도 민생사법경찰단 소관 예산안 검토보고, 서울특별시의회, 2020
2019년 서울시 민생사법경찰단 업무계획
민생사법경찰단, 서울시의회 주요업무보고, 2019년, 2020년, 2021년 자료
민생사법경찰단 주요업무보고, 서울시의회 행정자치위원회 제291회 임시회, 2020.2.5
민생사법경찰단 주요업무보고, 서울시의회 행정자치위원회 제285회 임시회, 2019.2
민생사법경찰단 주요업무보고, 서울시의회 행정자치위원회 제299회 임시회, 2021. 3
2021년 자치경찰단 업무계획, 제주특별자치도 자치경찰단, 2021.9
제주자치경찰단 보도자료(2021.6.16.)
제주자치경찰단, 자치경찰 활동 목표 설정 및 평가, 2020
국세통계 시계열통계(2007-2016) 자료
제301회 사법제도개혁특별위원회회의록, 제18호(2011.6.20)
행정조사기본법안(정부제출)에 관한 공청회 자료집 2006. 11. 24

찾아보기

[저자 약력]

경찰대학교 법학과 졸업
프랑스 NANCY2 대학교 대학원 졸업(법학박사, 형사법전공)
한국비교형사법학회 상임이사
한국경찰법학회 상임이사
한국형사정책학회 상임이사
디엔에이신원확인정보데이터베이스 관리위원회 위원
대구광역시 소청심사위원회 위원
경찰청 과학수사자문단 위원
전 경찰청 자체평가 위원
전 대구광역시체육회 스포츠공정위원회 위원
현 계명대학교 법학과 교수

[저서]
'프랑스 수사·예심제도의 이해', 계명대학교출판부(2017) 외
학술논문 다수

행정기관에 의한 수사권 행사

2022년 6월 25일 초판 인쇄
2022년 6월 30일 초판 1쇄 발행

저 자 김 택 수
발행인 배 효 선
발행처 도서출판 法 文 社

주 소 10881 경기도 파주시 회동길 37-29
등 록 1957년 12월 12일 / 제2-76호(윤)
전 화 031-955-6500~6, 팩 스 031-955-6525
e-mail(영업) : bms@bobmunsa.co.kr
(편집) : edit66@bobmunsa.co.kr
홈페이지 http ://www.bobmunsa.co.kr
조 판 광 진 사

정가 28,000원 ISBN 978-89-18-91321-6